D0896022

Pays basque
France et Espagne

Caroline Delabroy, Olivier Cirendini,
Frédéric Dalléas et Hervé Milon

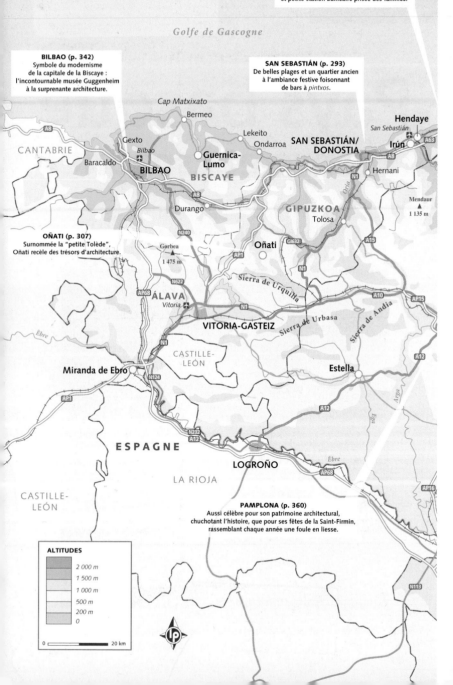

OCÉAN ATLANTIQUE

SAINT-JEAN-DE-LUZ (p. 135)
À la fois port de pêche aux maisons de corsaires et petite station balnéaire prisée des familles.

Golfe de Gascogne

BILBAO (p. 342)
Symbole du modernisme de la capitale de la Biscaye : l'incontournable musée Guggenheim à la surprenante architecture.

SAN SEBASTIÁN (p. 293)
De belles plages et un quartier ancien à l'ambiance festive foisonnant de bars à *pintxos*.

Cap Matxixato
Bermeo

Hendaye
San Sebastián

Lekeito
Ondarroa

SAN SEBASTIÁN/
DONOSTIA

Irún

CANTABRIE

Gexto
Bilbao
Baracaldo
BILBAO

Guernica-Lumo

BISCAYE

Hernani

A8

Durango

GIPUZKOA
Tolosa

Mendaur
1 135 m

OÑATI (p. 307)
Surnommée la "petite Tolède", Oñati recèle des trésors d'architecture.

Gorbea
1 475 m

Oñati

Sierra de Urquilla

N622

ÁLAVA
Vitoria

Sierra de Urbasa

Sierra de Andia

VITORIA-GASTEIZ

CASTILLE-LÉON

Miranda de Ebro

Estella

Ebre

ESPAGNE

LOGROÑO

LA RIOJA

CASTILLE-LÉON

Ebre

PAMPLONA (p. 360)
Aussi célèbre pour son patrimoine architectural, chuchotant l'histoire, que pour ses fêtes de la Saint-Firmin, rassemblant chaque année une foule en liesse.

ALTITUDES

2 000 m
1 500 m
1 000 m
500 m
200 m
0

0 ____ 20 km

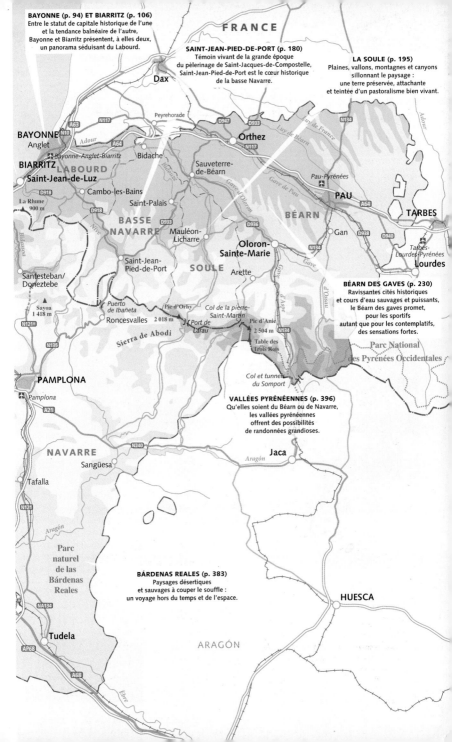

BAYONNE (p. 94) ET BIARRITZ (p. 106)
Entre le statut de capitale historique de l'une
et la tendance balnéaire de l'autre,
Bayonne et Biarritz présentent, à elles deux,
un panorama séduisant du Labourd.

SAINT-JEAN-PIED-DE-PORT (p. 180)
Témoin vivant de la grande époque
du pèlerinage de Saint-Jacques-de-Compostelle,
Saint-Jean-Pied-de-Port est le cœur historique
de la basse Navarre.

LA SOULE (p. 195)
Plaines, vallons, montagnes et canyons
sillonnant le paysage :
une terre préservée, attachante
et teintée d'un pastoralisme bien vivant.

BÉARN DES GAVES (p. 230)
Ravissantes cités historiques
et cours d'eau sauvages et puissants,
le Béarn des gaves promet,
pour les sportifs
autant que pour les contemplatifs,
des sensations fortes.

VALLÉES PYRÉNÉENNES (p. 396)
Qu'elles soient du Béarn ou de Navarre,
les vallées pyrénéennes
offrent des possibilités
de randonnées grandioses.

BÁRDENAS REALES (p. 383)
Paysages désertiques
et sauvages à couper le souffle :
un voyage hors du temps et de l'espace.

FRANCE

Dax
Peyrehorade
Orthez
Sauveterre-de-Béarn
Pau-Pyrénées
PAU
TARBES
BAYONNE
Anglet
Bayonne-Anglet-Biarritz
BIARRITZ
Saint-Jean-de-Luz
LABOURD
Bidache
Cambo-les-Bains
La Rhune
900 m
Saint-Palais
BASSE
NAVARRE
Mauléon-Licharre
BÉARN
Gan
Oloron-Sainte-Marie
Tarbes-Lourdes-Pyrénées
Lourdes
Santesteban/
Doneztebe
Saint-Jean-Pied-de-Port
SOULE
Arette
Sayoa
1 418 m
Puerto
de Ibañeta
Pic d'Orhy
Col de la pière-Saint-Martin
Pic d'Anie
2 504 m
Roncesvalles
2 018 m
Port de
Larau
Table des
Trois Rois
Sierra de Abodi
Col et tunnel
du Somport
Parc National
des Pyrénées Occidentales
PAMPLONA
Pamplona
Jaca
Aragón
NAVARRE
Sangüesa
Tafalla
Parc
naturel
de las
Bárdenas
Reales
HUESCA
Tudela
ARAGÓN
Ebre

En route

CAROLINE DELABROY

Mon premier coup de cœur, c'était sur la plage des Corsaires à Anglet, à soigner mes premières "œuvres d'art" : de vertigineux pâtés de sable. Puis vinrent les gamelles dans l'eau et ma première brasse au Port-Vieux. Ma journée idéale comporte une dose des ces joies enfantines qui sont partie prenante de mes plaisirs d'adulte : un tour aux halles de Biarritz, une longue marche sur la côte des Basques et je rejoins, pour un ultime et précieux tête à tête avec l'océan, la plage de Cenitz pour dîner.

FRÉDÉRIC DALLÉAS

Mon coup de cœur revient au plateau du Benou (p. 262), alliant la rugosité de la montagne à une sensation d'espace et de liberté apaisante, rappelant sous une autre forme la douceur du Jurançonnais, de ses paysages sucrés et rafraîchissants, comme son vin, découverts au fil de petites routes s'enfonçant entre les champs de maïs, avant de remonter soudainement, portées par une mer de collines ondulantes.

OLIVIER CIRENDINI

Je passerais des heures le long du *Paseo de la Concha*, à San Sebastián (p. 295). Au petit matin, on y croise des joggers longeant la plage à longues foulées. Viennent ensuite les surfeurs, les baigneurs. On retient son souffle à l'heure, sacrée en Espagne, où la ville se vide de ses habitants. Puis dans un sens, dans l'autre, le défilé reprend jusqu'au soleil déclinant, où le Paseo offre le jouissif spectacle d'un flot déambulatoire ininterrompu.

HERVÉ MILON

Au gré des routes navarraises, j'ai apprécié le calme et le vert des vallées pyrénéennes, les paysages sauvages des sierras d'Urbasa et d'Andia, les reliefs des Bárdenas Reales, dignes de décors de westerns, et le centre ancien de Pamplona. Jusqu'à la vallée de Roncal, la plus orientale, les paysages de douce montagne sont parcourus d'innombrables prairies et forêts. Les églises romanes qui jalonnent les chemins jacquaires sont de petites merveilles d'architecture à savourer sans modération.

Pour les biographies complètes des auteurs, voir p. 20.

Les couleurs
du Pays basque et du Béarn

Le rouge, couleur commune aux deux drapeaux, arboré les jours de fête, mérite d'être mentionné le premier. Nul doute que vous serez aussi séduit par le bleu et le jaune sable des plages de l'Atlantique et par ces mille nuances de vert auxquelles ils donnent naissance, celles des collines de l'arrière-pays, des vignobles du Jurançon et des champs de maïs du Béarn des gaves. Quant à la montagne, avant de se couvrir d'un blanc immaculé aux premières neiges, elle se plie à l'humeur du ciel : tout en ombres les jours de mauvais temps, elle resplendit de mille feux sous le soleil.

Les grands classiques

Leur histoire, leur patrimoine architectural et culturel, leurs fêtes traditionnelles mais aussi leur environnement naturel en font des destinations à ne pas manquer lors de votre séjour dans la région : véritables métropoles régionales, comme Bayonne et Bilbao, cités tout en séduction comme Biarritz ou San Sebastián, ou villes et villages plus modestes mais plein de charme du Béarn des gaves, tous vous invitent à une halte prolongée. Prenez le temps de les découvrir.

1 Bayonne

Les gourmands s'y arrêtent pour le chocolat et le jambon, les curieux pour la cathédrale Sainte-Marie (en haut à gauche) et les noctambules pour ses fêtes. Restez quelques jours pour profiter de toutes les facettes de la ville (p. 94) !

2 Biarritz

Le casino Art déco et son élégance surannée, le rocher de la Vierge, les plages de surfeurs… À découvrir absolument (p. 106) !

3 San Sebastián

Parmi ses nombreux atouts : des plages en plein centre-ville, des dizaines de bars à tapas le long des rues étroites du *casco viejo*, et le paseo de la Concha, superbe promenade s'étirant entre l'hôtel de ville et le palais de Miramar (p. 293).

4 Bilbao

Bilbao a dépoussiéré son image de ville industrielle avec son prestigieux musée Guggenheim signé Frank Gehry et les œuvres qu'il expose, de Picasso, Braque, Rothko ou encore Kandinsky (p. 342).

5 Béarn des gaves

Les rivières qui le traversent (gaves d'Oloron et gave de Pau) ne sont pas les moindres attraits de ce territoire ponctué de très belles cités historiques, telles Salies-de-Béarn, Orthez, Sauveterre-de-Béarn (en bas à droite) ou Navarrenx (p. 230).

Le long de la côte

Les localités qui jalonnent les côtes basques ont connu des fortunes diverses au fil des siècles, mais la plupart ont gardé jusqu'à aujourd'hui la vocation de port de pêche qu'elles avaient à l'époque de leur fondation. C'est ici que vous trouverez les meilleurs restaurants de fruits de mer, ici aussi que vous pourrez contempler quelques-uns des plus beaux panoramas sur le littoral depuis la terrasse d'un café ou quelque site magnifiquement isolé au milieu d'une nature grandiose.

3

❶ Lekeitio
La belle plage d'Isuntza, s'étirant face à un îlot planté de pins, et les ruelles pittoresques de sa vieille ville font de cet ancien port baleinier fondé au XIVe siècle l'un des plus attrayants de la côte de Biscaye (p. 335).

❷ Saint-Jean-de-Luz
Blottie au fond d'une jolie baie, cette station balnéaire dégage un charme certain avec son petit port de pêche aux couleurs vives où sommeillent thoniers et sardiniers, ses plages et ses ruelles piétonnes bordées de maisons d'armateurs (p. 135).

❸ Saint-Jean de Gaztelugatx
Il faut gravir plus de 200 marches pour atteindre ce sanctuaire perché sur un îlot entre Bermeo et Bakio, sur la côte de Biscaye, mais vous ne regretterez pas votre effort : le cadre naturel est aussi splendide que sauvage, et la vue extraordinaire (p. 341).

❹ Guéthary
Cet ancien petit village de pêcheurs, toujours tourné vers la mer, attire aujourd'hui les surfeurs venus affronter la "droite" déferlant sur la plage de Parlementia (p. 133).

❺ Pasaia
Passé ses faubourgs, le plus grand port de la province de Gipuzkoa prend des airs de village. Après une promenade le long de l'eau, dégustez une assiette de chipirons, une langoustine ou des gambas à la plancha (p. 291).

Une nature à vous couper le souffle

L'immensité de l'océan, les longues plages de sable fin et les falaises du littoral à l'ouest ; la démesure des sommets pyrénéens, les défilés encaissés, les cols battus par les vents et la grâce des lacs de montagne au sud… On ne peut qu'être hypnotisé par la puissance et la beauté qui émanent des paysages du Pays basque, du Béarn et de la Navarre. Pros de l'objectif ou accros à la contemplation, préparez-vous à vivre des moments privilégiés.

❶ Panoramas sur l'Atlantique

Que ce soit de la route de la corniche entre Saint-Jean-de-Luz et Hendaye, de la route reliant San Sebastián à Bilbao (en haut à gauche) ou depuis Saint-Jean de Gaztelugatx (p. 341), c'est en prenant de la hauteur que l'on profite des vues les plus spectaculaires sur l'océan.

❷ Les sierras de Navarre

Situées à l'ouest de Pamplona, elles ont pour nom sierra d'Urbasa (en bas à gauche, voir aussi p. 396), d'Andia, d'Aralar ou del Perdón. Au cœur de ces zones montagneuses où la nature règne en maître, l'empreinte de l'homme se résume à quelques dolmens ou à de plus modernes éoliennes.

❸ Cirque de Lescun

Petit village de montagne, Lescun (p. 276) est blotti au pied d'un impressionnant décor, constitué par quelques-uns des plus beaux sommets des Pyrénées béarnaises : les aiguilles d'Ansabère, le pic d'Anie, les orgues de Camplong ou encore le Billare.

❹ Lacs d'Ayous

Ces cinq lacs glaciaires et leur jolie cascade (en bas à droite), au-delà desquels se profile l'imposante silhouette du pic du Midi d'Ossau, forment l'un des paysages les plus somptueux du parc national des Pyrénées (p. 269).

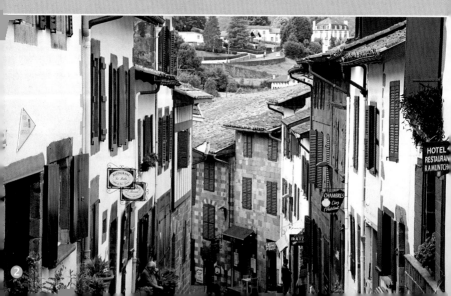

Villages et cités de caractère

Essaimés de loin en loin le long des routes, nichés au pied des montagnes, sur les coteaux ou surgissant soudain au milieu de nulle part, nombre de villages et de cités ont bien plus à offrir au voyageur que la simple possibilité d'une halte banale. Ils sont souvent riches d'une histoire ancienne, ou affichent une identité bien marquée, un goût prononcé pour les bonnes choses et les beaux paysages, tandis que dans plus d'un, le temps semble avoir des vertus paradoxalement régénératrices.

① Sare

Classé parmi les plus beaux villages de France, Sare (p. 145) jouit d'un emplacement privilégié, au pied de la Rhune. Le village attire l'été de nombreux touristes : mieux vaut venir hors saison pour profiter de la tranquillité des lieux et de la sérénité des paysages environnants.

② Saint-Jean-Pied-de-Port

Rendez-vous des pèlerins (la ville est la dernière étape sur le chemin de Saint-Jacques avant de franchir les Pyrénées), la capitale de la basse Navarre fut édifiée sur les bords de la Nive au XIIe siècle. Sa vieille ville entourée de remparts est très agréable à parcourir à pied (p. 180).

③ Oñati

Cette ville située à 80 km au sud de San Sebastián, dans le Gipuzkoa, est surnommée "la petite Tolède" en raison de son patrimoine architectural exceptionnel, dont l'incontournable Iglesia de San Miguel (en haut à droite ; voir p. 307)

④ Les maisons basques

Volets de couleur, façade blanche et colombages peints d'un rouge "sang de bœuf", la maison basque fait intégralement partie du décor, de Ciboure à Aïnhoa en passant par Saint-Pée-sur-Nivelle (en bas à gauche).

⑤ Les villages de Navarre

Si on devait en retenir deux, ce seraient Ujué, village médiéval perdu au milieu de collines, et Ochagavía, petite localité des Pyrénées aux ruelles pentues. Mais Ustés (en bas à droite, voir aussi p. 406) mérite le détour, comme bien d'autres villages de Navarre.

Traditions vivantes

Au Pays basque comme au Béarn, génération après génération, des traditions bien ancrées se perpétuent. Loin d'un simple folklore touristique, elles s'inscrivent dans la vie de tous les jours ou rythment le calendrier local, sous la forme de grands rendez-vous festifs, à ne manquer sous aucun prétexte si vous voulez vous imprégner de l'identité de cette région au caractère bien trempé.

① ⑤ Les fêtes de la Saint-Firmin

Elles se déroulent à Pamplona (p. 360), en Navarre, entre le 6 et le 14 juillet. Les rues de la ville sont envahies par une foule vêtue de blanc, chacun portant à son cou le *pañuelico* (en bas à droite), foulard rouge symbolisant la décapitation de saint Firmin au IVᵉ siècle. Grande fête populaire, la Saint-Firmin est rythmée par des défilés où se distinguent Géants et Grosses Têtes (en haut à gauche) et par ses fameux *encierros* (p. 51).

② Les ferias

Il est parfois difficile pour les non-initiés de comprendre le duel tragique opposant l'homme et le taureau dans l'arène. Ce qui est sûr, c'est que, loin des modes, la corrida fait viscéralement partie de la culture basque, et que les ferias sont aussi de grands moments de fête (voir le chapitre sur les fêtes basques, p. 48).

③ La pelote basque

Tout village basque qui se respecte possède son fronton, de préférence bien en vue au centre de la localité. Ce sport se pratique aussi en salle, dans des trinquets ou des Jaï-Alaï, à mains nues, ou équipé d'une *pala* (raquette en bois) ou d'une *chistera* (gant en osier).

④ Les fêtes pastorales

Dans les Pyrénées, la transhumance des troupeaux est encore l'occasion de belles fêtes, en particulier à Laruns, dans la vallée d'Ossau, et à Aramits, dans la vallée du Barétous. Concours de chiens de berger, foire aux fromages et concours de tonte figurent au programme.

Gastronomie

Amateurs de bonne chère, réjouissez-vous. Le Pays basque et le Béarn sont deux terroirs extrêmement riches en produits de qualité. Jugez-en par vous-même, en vous rendant sur les marchés ou, mieux encore, en allant à la rencontre des producteurs. Les restaurants, de manière générale, profitent aussi de cette fraîcheur et de cette variété. Mais lorsqu'un chef créatif ou particulièrement doué accommode ces produits du terroir à sa façon, on atteint de véritables sommets gastronomiques !

① Piments d'Espelette

Classé AOC depuis 2000, le bipper *gorria* (poivre rouge en basque) accompagne aussi bien les poissons que les charcuteries, l'*axoa* de veau que la piperade.

② Les vignobles

Le Béarn est réputé pour son délicieux jurançon et pour les vins de Madiran. Les vignobles basques d'Irouléguy (en haut à droite) sont aussi classés AOC. La Navarre compte deux appellations dans la région d'Olite.

③ Fromages des Pyrénées

Le plus fameux des fromages pyrénéens est l'ossau-iraty, fabriqué l'été dans les cabanes des bergers, à partir du lait de brebis.

Sommaire

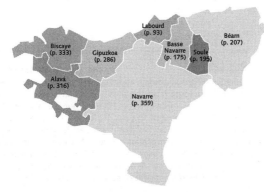

Les auteurs

CAROLINE DELABROY
Labourd, Soule, basse Navarre

C'est au quotidien *Sud-Ouest* et à la locale de Biarritz que Caroline a effectué ses premières armes en journalisme. Puis, diplôme de journaliste en poche elle a parcouru la France, pour *Le Nouvel Observateur* notamment. Ce guide l'a menée sur les traces de ses coups de cœur d'enfant car des étés, Caroline en a passé beaucoup au Pays basque, dans la maison familiale, où elle continue de se rendre régulièrement. Des raisons qui lui font aimer cette terre, elle pourrait en citer des tonnes. La plus simple, et néanmoins la plus évidente : contempler l'océan, encore et encore. Pour ce guide, elle a couvert tout le Pays basque français. Elle est également l'auteur des guides Lonely Planet consacrés au Québec et à Paris à vélib'.

FRÉDÉRIC DALLÉAS
Béarn

Originaire de Bordeaux, Frédéric a connu dès l'enfance les joies du Pays basque et du Béarn, de Saint-Jean-de-Luz à la vallée d'Ossau en passant par Ascain. Ses études l'ont mené à Paris, où il a étudié la philosophie, ainsi que le chinois à l'École normale supérieure. Après une expérience de directeur d'Alliance française à Taïwan, puis de bassiste au sein de plusieurs formations de musique africaine à Paris et un séjour à Oran, en Algérie, il revient sur les rives de la Garonne en 2005. Son goût de la nature et de la randonnée l'a porté naturellement vers l'exploration des vallées pyrénéennes. Frédéric a écrit plusieurs guides de voyages sur différentes régions françaises. Pour Lonely Planet, il est l'auteur de plusieurs contributions sur le guide *Algérie* et a écrit le guide *Bordeaux en quelques jours*.

OLIVIER CIRENDINI
Biscaye, Gipuzkoa, Álava

Journaliste et photographe, Olivier collabore régulièrement aux pages *Voyage* de plusieurs titres de la presse magazine. Voyageant pour le travail et le plaisir, des volcans d'Islande aux tréfonds de l'Androy et de l'Atacama aux terres australes, il a signé de nombreux titres de la collection Lonely Planet en français, notamment *Madagascar, Réunion et Maurice, Québec* et *Marrakech*. Après avoir collaboré à la première édition des pages de ce livre consacrées à la basse Navarre, il a cette fois-ci franchi les Pyrénées pour s'intéresser au Pays basque espagnol.

HERVÉ MILON
Navarre, Les chemins de Saint-Jacques

Sa formation de géographe le prédestinait sans doute à parcourir les routes de France. Sa curiosité insatiable aussi. Autant passionné par les porches des chapelles romanes de Charente-Maritime que par le secret d'un veau aux olives corse, Hervé n'en finit pas de sillonner l'Hexagone. À pied ou à vélo, il aime faire partager ses découvertes en écrivant ou en éditant de nombreux ouvrages et autres guides sur les richesses du patrimoine français. En fin connaisseur des chemins de Saint-Jacques-de-Compostelle, c'est tout naturellement qu'il a parcouru la Navarre, dont les paysages sauvages avaient tout pour satisfaire son goût des coins perdus et des espaces vierges.

Destination
Pays basque et Béarn

Autant vous le dire tout de suite. Nous avons une tendresse particulière pour cette région, qui réserve une variété de paysages, et révèle un caractère moins opaque et uniforme qu'il pourrait y paraître d'un premier abord. On vous en a certainement déjà beaucoup conté sur les Basques et les Béarnais, un brin rivaux et pas moins fiers, chacun, de leur identité. Il serait pourtant hors sujet de réduire ce territoire à des querelles de clochers. Prenons-le dans son bel ensemble. Avec ses cohérences et ses contradictions. Avec ses ententes et ses mésalliances. Avec, enfin, ce formidable appétit de la vie qui transcende tout le reste.

Car le Pays basque, qu'il soit français ou espagnol, et le Béarn partagent cette fête du terroir. Difficile, en ces contrées, de ne pas céder aux plaisirs de la table. L'un, parmi beaucoup d'autres, étant de simplement déguster du jambon de Bayonne, de l'Ibaïona, du *jamón ibérico* accompagnés, ici, d'un irouléguy, là, d'un madiran ou, de l'autre côté des Pyrénées, d'un rioja. Plus encore, de nombreuses traditions sont restées bien vivaces, comme en témoignent la chasse à la palombe, les danses (encore pratiquées lors des nombreuses fêtes de village), la corrida, la pelote basque et, pourrait-on citer aussi, le rugby. Débarqué sur la Côte basque il y a maintenant 50 ans, le surf fait montre d'une jeunesse certaine mais n'en a pas moins acquis ses lettres de noblesse. On vient de loin pour surfer les célèbres vagues que sont la Parlementia ou la Lafitenia !

Ainsi, le Pays basque séduira les amateurs de farniente – de belles plages, de sable ou de rochers, ponctuent le littoral – comme les vacanciers plus téméraires. La côte offre aux adultes et aux enfants une belle palette de loisirs nautiques (outre le surf, on peut pratiquer la voile, la plongée, le bodyboard, etc). Et la montagne n'est pas très loin. C'est d'ailleurs ce qui séduit ici, cette proximité. En hiver, le contraste entre le bleu de l'océan et le blanc des cimes des Pyrénées est par exemple un spectacle mémorable. Et puis, si vous souffrez des latitudes littorales – il est vrai, l'été, trop vite envahi – rien de plus facile : il suffit de mettre le cap vers l'intérieur des terres. Là, la randonnée est l'activité maîtresse. Mais on peut également juste prendre le temps de vivre et de goûter la quiétude des villages et des vallées perdues.

Itinéraires

LES GRANDS CLASSIQUES

LE GRAND TOUR   3 semaines

Le Pays basque, le Béarn et la Navarre sont aussi riches sur le plan culturel et architectural que leurs paysages peuvent être somptueux. Entre activités de plein air, visites et découverte de spécialités culinaires, offrez-vous le meilleur de ce territoire.

Bayonne (p. 94) offre une excellente entrée en matière. Sa voisine, **Biarritz** (p. 106), est aussi réputée pour ses spots de surf que pour son golf. Après une initiation à la pelote basque à **Saint-Jean-de-Luz** (p. 135), remontez la vallée de la Nivelle vers **Espelette** (p. 161), capitale du piment AOC. Arrêtez-vous à **Sare** (p. 154), au pied de la Rhune, avant de franchir la frontière jusqu'à **San Sebastián** (p. 293), pour ses bars à tapas du *casco viejo* et le mont Urgull. Filez vers **Bilbao** (p. 342) et son musée Guggenheim. Faites un crochet par **Oñati** (p. 307), puis partez découvrir **Vitoria-Gasteiz** (p. 317), aux charmes méconnus. Regagnez la France via la Navarre et **Pamplona** (p. 360), connue pour ses fêtes. À **Saint-Jean-Pied-de-Port** (p. 180), visitez la vieille ville, fréquentée depuis des siècles par les pèlerins de Saint-Jacques-de-Compostelle, ainsi que l'église romane de **L'Hôpital-Saint-Blaise** (p. 197). D'**Oloron-Sainte-Marie** (p. 230), vous pourrez rayonner vers les gorges de **Kakouetta** (p. 204) et la **vallée d'Aspe** (p. 270). Traversez le **Jurançonnais** (p. 224) pour vous rendre à **Pau** (p. 211), capitale du Béarn, puis partez à la découverte de la **vallée d'Ossau** (p. 258) et du **vignoble du Madiran** (p. 253). N'oubliez pas d'explorer le **pays des gaves** (p. 230) et offrez-vous une demi-journée de remise en forme aux thermes de **Salies-de-Béarn** (p. 244).

LE LONG DE LA CÔTE

10 jours

Un mini-séjour à **Biarritz** (p. 106) s'impose pour commencer. Au programme, promenades le long de la corniche et détente sur les terrasses du port des Pêcheurs. Pour la baignade, prenez le temps de comparer les charmes de la Grande Plage à ceux de l'une ou l'autre des 11 plages de sable fin qui font la fierté d'**Anglet** (p. 126). Côté surf, sachez que **Bidart** (p. 130), à quelques kilomètres au sud, compte de bonnes écoles, tandis que le joli village côtier de **Guéthary** (p. 133) possède un spot réputé. Après avoir flâné tout l'après-midi dans les rues piétonnes et sur le port de pêche de **Saint-Jean-de-Luz** (p. 135), prévoyez une halte à **Ciboure** (p. 143) pour vous offrir un stage de catamaran ou un baptême de plongée dans le port de Socoa. La route de la Corniche et ses superbes panoramas vous conduiront ensuite jusqu'à **Hendaye** (p. 147), où vous pourrez opter au choix pour une séance de spa ou une balade sur les sentiers balisés du domaine d'Abbadia, propriété du Conservatoire du littoral. Traversez l'estuaire de la Bidassoa, et la frontière, pour parcourir les ruelles bordées de remparts de **Fuenterrabia** (Fontarabie) (p. 288), puis empruntez la ravissante route côtière menant à **Pasaia** (p. 291), établie au bord du rio Oiartzun. Vous parviendrez ensuite à **San Sebastián** (p. 293), dont les plages en centre-ville et le *paseo* ne sont pas les moindres atouts. Poursuivez votre route jusqu'à **Ondorroa** (p. 334), le plus important port de pêche du Pays basque, et **Mundaka** (p. 339), très réputée dans le milieu du surf. En chemin, ne manquez pas de vous arrêter dans le ravissant village d'**Elantxobe** (p. 336) ainsi qu'à **Guernica** (p. 336). Pour finir, deux visites à ne pas manquer : le **cap Matxitxako** (p. 341) pour la vue sur le golfe de Gascogne, et le sanctuaire **Saint-Jean de Gaztelugatx** (p. 341), perché sur un îlot.

Plages de sable fin, spots de surf, petits ports de pêche et splendides panoramas sur l'océan jalonnent cet itinéraire cheminant le long des quelque 150 km de côte séparant Anglet du petit village d'Elantxobe, sur la côte biscayenne.

UN PAYS DE MONTAGNES   10 jours

Revoyez une dernière fois votre plan de route dans un café du boulevard des Pyrénées, à **Pau** (p. 211), avant de mettre le cap sur la **vallée d'Ossau** (p. 258). Arrêtez-vous à **Laruns** (p. 262), où le bureau des guides vous aidera à organiser une descente de canyon, une sortie rafting ou l'ascension de l'emblématique **pic du Midi d'Ossau** (p. 80). Pour une balade plus tranquille, optez pour le tour du **lac de Bious-Artigue** (p. 269), à pied ou à cheval. Le lendemain, dévalez 8 km de piste forestière en BDD (bicycle de descente) ou partez à la rencontre des bergers sur leur estive à **Artouste** (p. 269). Puis, après un crochet par le **col d'Aubisque** (p. 267), pour jouir d'une belle vue sur les Pyrénées centrales, rejoignez la **vallée d'Aspe** (p. 270) en passant par le très bucolique **plateau du Benou** (p. 262). De **Bedous** (p. 273), où l'office du tourisme vous informera sur les sites d'escalade, ne manquez pas de faire un crochet par le village perché d'**Aydius** (p. 274). Continuez votre route jusqu'à **Accous** (p. 275), où sont établies plusieurs écoles de parapente, avant de vous rendre à **Etsaut** (p. 277), d'où part le fameux **chemin de la Mâture** (p. 277), puis à **Lescun** (p. 276), paradis des randonneurs. Gagnez ensuite la vallée du **Barétous** (p. 278). D'Arette, faites un détour jusqu'aux **gorges de Kakouetta** (p. 204) puis montez jusqu'à **La Pierre-Saint-Martin** (p. 279) pour vous lancer dans l'ascension du **pic d'Anie** (p. 279). De l'autre côté de la frontière, descendez le **Valle del Roncal** (p. 406) et prenez la direction de **Pamplona** (p. 360). La capitale de la Navarre fait une excellente base pour rayonner vers les **gorges de Lumbier** (p. 374) et le **Castillo de Javier** (p. 372) à l'est, la **Sierra del Perdón** (p. 369) et les reliefs lunaires des **Bardenas Reales** (p. 384) au sud, et le parc naturel de la **Sierra de Urbasa** (p. 396) à l'ouest.

Après avoir épuisé les charmes de quelques-unes des plus belles vallées pyrénéennes, randonné à travers des chaos rocheux à l'allure lunaire ou le long de lacs de montagne reflétant les hauts sommets environnants, partez à la découverte des sierras de Navarre.

VOYAGES THÉMATIQUES

AVEC DES ENFANTS   2 semaines

Après avoir visité l'Atelier du chocolat à **Bayonne** (p. 94), prévoyez au moins 3 jours pour un stage d'initiation au surf à **Bidart** (p. 187) ou à la voile à **Ciboure** (p. 143). Ne quittez pas le Labourd sans passer par l'adorable village de **Sare** (p. 154), d'où vous pourrez monter au sommet de la Rhune en petit train. Traversez ensuite la frontière, faites une halte à **San Sebastián** (p. 293) pour son aquarium, puis un crochet par la plage de Laidaxtu à **Mundaka** (p. 339), avant de gagner **Bilbao** (p. 342) et son exceptionnel

musée Guggenheim. Rendez-vous ensuite en Navarre pour observer les oiseaux de la lagune de **Pitillas** (p. 380). Revenez en France via **Pamplona** (p. 360), et partez à la découverte du Béarn en commençant par une balade en canoë sur le gave d'Aspe à **Oloron-Sainte-Marie** (p. 230). Prenez ensuite votre temps pour explorer les Pyrénées. Le parcours, à 2 000 m d'altitude, en petit train à **Artouste-Fabrèges** (p. 269) est incontournable. Toujours dans la vallée d'Ossau, ne manquez pas la falaise aux vautours à **Aste-Béon** (p. 264) et organisez une balade en famille, par exemple jusqu'au sommet du **pic de Listo** (p. 264). Terminez cet inoubliable périple par une balade à cheval (ou à poney pour les enfants) sur le **plateau du Benou** (p. 262).

LES PLUS BEAUX VILLAGES   10 jours

Le premier jour, visitez **La Bastide-Clairence** (p. 170), classé parmi les plus beaux villages de France, avant de vous diriger vers la côte. Après avoir profité de la vue sur les Pyrénées offerte par **Arcangues** (p. 129), continuez votre route jusqu'à **Guéthary** (p. 133), dont les maisons surplombent un adorable petit port. À deux pas de l'Espagne, **Biriatou** (p. 151), environné de collines verdoyantes, mérite également le détour. En longeant la frontière, vous parviendrez à **Sare** (p. 154),

magnifiquement situé au pied de la Rhune, puis à **Aïnhoa** (p. 158), une bastide fondée au XIIIe siècle. Vous n'êtes plus loin alors d'**Itxassou** (p. 164), dans la vallée de la Nive. Filez ensuite vers **Sauveterre-de-Béarn** (p. 241), superbe cité médiévale surplombant le gave d'Oloron, et **Navarrenx** (p. 238), dont les solides remparts datent du XIVe siècle. Après un crochet par **Morlanne** (p. 250), au nord du département, mettez le cap sur les Pyrénées. Ne manquez pas **Béost** (p. 264), dans la vallée d'Ossau, **Lescun** (p. 276), joyau de la vallée d'Aspe, et **Ochagavía** (p. 404) du côté espagnol. Toujours en Espagne, passez par le village médiéval d'**Ujué** (p. 378) avant de remonter vers le nord, jusqu'aux villages côtiers de **Mundaka** (p. 339) et d'**Elantxobe** (p. 336), en Biscaye.

LES ROUTES GOURMANDES
10 jours

Après avoir dévalisé les charcuteries de **Bayonne** (p. 94) et dégusté un verre de liqueur Izarra à **Saint-Jean-de-Luz** (p. 135), arrêtez-vous au musée du Gâteau basque, à **Sare** (p. 154). Non loin de là, le village d'**Espelette**

(p. 161) est bien connu pour son piment écarlate et **Itxassou** (p. 164) pour ses cerises noires. En basse Navarre, goûtez au délicieux vin d'**Irouléguy** (p. 185), au jambon des **Aldudes** (p. 192) et à la truite fumée au bois de hêtre de **Banca** (p. 191). Remontez ensuite vers **Oloron-Sainte-Marie** (p. 230), dont la fabrique Lindt et le "russe" (un subtil mélange de pâte d'amandes meringuée et de crème au beurre aux pralines) font une étape incontournable pour les gourmands. Le **Jurançonnais** (p. 224) et son subtil vin moelleux sont tout proches. Continuez vers le nord jusqu'à **Salies-de-Béarn** (p. 244) pour acheter de la fleur de sel, puis gagnez le **Vic-Bilh** (p. 252), terre d'élection des vins du Madiran et du Pacherenc, avant de passer par la halle de **Pau** (p. 211) pour vous approvisionner en produits du terroir. Vous trouverez du fromage de brebis ossau-iraty dans tous les villages pyrénéens, en particulier à **Accous** (p. 275). Franchissez ensuite la frontière pour vous rendre au villade d'**Ujué** (p. 378), célèbre pour ses amandes. Puis, après avoir dégusté le vin d'**Olite** (p. 376), poursuivez jusqu'à **San Sebastián** (p. 293) pour découvrir ses bars à tapas et jusqu'à **Astigarraga** (p. 304) pour ses cidreries.

LES CHEMINS DE COMPOSTELLE POUR LES FAINÉANTS
10 jours

De **Lescar** (p. 222), première capitale du Béarn, dont l'admirable cathédrale abrite les tombeaux des rois de Navarre, dirigez-vous vers l'ouest jusqu'à **Sauveterre-de-Béarn** (p. 241) et visitez la chapelle de Sunarthe, où

les pèlerins faisaient autrefois étape. Après être passé par la petite cité de **Navarrenx** (p. 237), au bord du gave d'Oloron, sur la voie du Puy-en-Velay, arrêtez-vous à **Oloron-Sainte-Marie** (p. 230) qui mérite son titre de Ville d'art et d'histoire. Vous pourrez notamment y admirer le magnifique portail de la cathédrale. Après une excursion en vallée d'Aspe jusqu'au village médiéval de **Borce** (p. 277) via **Sarrance** (p. 273), où une statue miraculeuse de la Vierge trône dans l'église Notre-Dame, remontez vers le nord jusqu'à **L'Hôpital-Saint-Blaise** (p. 197) et son église romane classée au patrimoine mondial. De là, rendez-vous à **Saint-Jean-Pied-de-Port** (p. 180), étape emblématique d'où part le chemin dit "navarrais". Après avoir franchi le col de **Roncevalles** (Roncevaux ; p. 403) et atteint **Pamplona** (p. 360), en Navarre, prenez la direction de la **Sierra del Perdón** (p. 369). Vous ne tarderez pas à atteindre **Puente La Reina** (p. 388), où commence le "chemin français" (qui désigne la partie commune de tous les chemins en provenance de France), conduisant à **Estella** (p. 390), dont les deux principaux monuments sont l'Iglesia de San Miguel et le palais des rois de Navarre.

LA GRANDE GLISSE

10 jours

Commencez par affronter les vagues de la plage des Cavaliers, spot le plus fréquenté d'**Anglet** (p. 126), avant de vous rendre à **Biarritz** (p. 106). Si vous y avez préféré la côte des Basques à la Grande Plage, plus touristique, vous aimerez aussi les plages sauvages de **Bidart** (p. 130). Plus au sud, vous trouverez deux bonnes "droites", la Parlementia à **Guéthary** (p. 133) et la Lafitenia à **Saint-Jean-de-Luz** (p. 135). **Hendaye** (p. 147) conviendra davantage aux débutants, de même que la plage de Zurriola, à **San Sebastián** (p. 293). Autres spots à ne pas manquer : **Zarautz** (p. 312) et ses 2 km de plage, et surtout **Mundaka** (p. 339), le plus prestigieux site côté espagnol. Si la Côte basque est le paradis des surfeurs, le pays des gaves comblera les amateurs d'eaux vives. À **Navarrenx** (p. 238) et **Sauveterre-de-Béarn** (p. 241), le gave d'Oloron se descend en canoë, en raft ou en luge d'eau. Pour une descente sportive du gave d'Aspe ou du gave d'Ossau, rendez-vous à **Oloron-Sainte-Marie** (p. 230), pour affronter les rapides du gave de Pau, à **Lestelle-Bétharram** (p. 256). Les plus beaux canyons sont ceux du Soussouéou et de Cap de Pount en **vallée d'Ossau** (p. 258) et ceux d'Anitch et de Labrenère en **vallée d'Aspe** (p. 270).

IDÉES WEEK-END : LE PAYS BASQUE ET LE BÉARN EN QUELQUES JOURS

Pays basque

La côte (2 jours). 1er jour – Biarritz : baignade sur la Grande Plage, promenade sur le front de mer et visites du musée de la Mer et du musée du Chocolat. 2e jour – Saint-Jean-de-Luz : balade dans la vieille ville et sur le port. Assister à un match de pelote basque, avant de déguster du poisson grillé.

Le pays de Ramuntcho (3 jours). 1er jour – Bayonne. 2e jour – vallées de la Nivelle et de la Nive : Ascain, Sare, Aïnhoa et Espelette, des villages typiquement basques avec vue sur les Pyrénées. 3e jour – Depuis Sare, montez jusqu'à la Rhune (en train ou à pied) et/ou faites une incursion en Espagne, dans la Valle del Baztán, via les ventas de la frontière.

Le Pays basque vu d'en haut (2 jours). 1er jour – randonnée sur les crêtes d'Iparla, près de Bidarray (en Basse-Navarre). 2e jour – les cromlechs d'Occabe, une balade facile dans le secteur de Saint-Jean-Pied-de-Port, à la frontière espagnole.

Au plus profond de la Basse-Navarre (2 jours). 1er jour – Bidarray : visite à la maison du pottok, canyoning sur la Nive ou randonnée à pied. 2e jour – la vallée des Aldudes jusqu'à Urepele en passant par l'église de Saint-Étienne-de-Baïgorry.

De San Sebastián à Bilbao (3 jours). 1er jour – San Sebastián, pour ses églises baroques, ses plages et ses bars à tapas. 2e jour : les villages de pêcheurs de la côte. 3e jour – Bilbao (à 1 heure de route de San Sebastián) et le musée Guggenheim.

Béarn

Les petites routes du Vic-Bilh et du Montanérès (2 jours). 1er jour – route pour Lembeye, visite du vignoble du Madiranais et des églises romanes. 2e jour – le château de Montaner et, de retour vers Pau, visite de la cathédrale de Morlaàs.

Aperçu pyrénéen (3 jours). 1er jour (Ossau) – Oloron, Arudy, la Falaise aux vautours à Aste-Béon, et Laruns. 2e jour (Ossau) – Artouste-Fabrèges et le petit train d'Artouste. 3e jour (Aspe) – col de Marie-Blanque et plateau du Bénou, village de Borce et cirque de Lescun.

Le pays des gaves (2 jours). 1er jour – Navarrenx et ses fortifications, les monuments médiévaux de Sauveterre-de-Béarn. 2e jour – Salies-de-Béarn, Orthez, Morlanne et son château.

Histoire

L'histoire du Pays basque se joue essentiellement autour du franchissement des Pyrénées, sujet de nombreuses convoitises. Coincé entre les intérêts souvent conflictuels de la France, de l'Espagne et de l'Angleterre, le territoire a su, au fil de son histoire, trouver des solutions inédites pour faire entendre sa voix. Intrigues royales, scénarios improbables, mariages lourds de conséquences et rivalités seigneuriales rythment l'épopée historique de cette région qui contribua à écrire l'histoire de France.

L'histoire aura rarement rassemblé les sept provinces basques dans un même ensemble politique, même si l'Europe apporte sans doute aujourd'hui de nouvelles perspectives. C'est ainsi une Navarre réduite à la basse Navarre qui revient dans le giron français avec l'intronisation, en 1589, d'Henri III de Navarre, qui devient roi de France sous le nom d'Henri IV. La plus grande partie du royaume de Navarre est, elle, annexée par le souverain espagnol Ferdinand le Catholique en 1512.

Moins tumultueuse, l'histoire des provinces basques de la Soule et du Labourd a évolué en parallèle avec celle de l'Aquitaine, région à laquelle elles ont été intégrées dès le XIIe siècle. De l'autre côté des Pyrénées, les provinces de Guipúzcoa (Gipuzkoa en basque), Álava (Araba en basque) et Vizcaya (Biscaye en français, Bizkaia en basque) sont, pour leur part, intégrées à l'ensemble espagnol.

Le Pays basque français et espagnol est cependant parvenu à maintenir une culture commune, qui se retrouve dans la langue, les traditions, l'attachement à un système de valeurs et s'illustre – dans des proportions diverses selon les provinces – à travers des aspirations indépendantistes.

Ces bons ouvrages vous permettront d'approfondir vos connaissances sur l'histoire du Pays basque : *Histoire du Peuple basque* de Jean-Louis Davant (Éditions Elkar, 2008) et *Histoire générale du Pays basque*, de Manex Goyhenetche (tomes I à V, Éditions Elkar).

LES ORIGINES

Les origines préhistoriques du Pays basque restent floues. L'*Homo erectus* chassait probablement dans les Pyrénées il y a 450 000 ans. Les traces plus anciennes attestant de la présence de l'homme préhistorique sont cependant à porter au crédit de son descendant l'*Homo sapiens sapiens*, ou homme de Cro-Magnon. Près de Hasparren, la grotte d'Isturitz a ainsi été habitée pendant une longue période par ses contemporains. Outre une représentation rupestre de renne préhistorique, on y a exhumé de nombreux objets, dont une flûte en os de vautour. Les grottes de Santamamiñe (Biscaye) et d'Ekain (Gipuzkoa) constituent d'autres exemples de cette occupation ancienne. Chasseurs nomades, les hommes de Cro-Magnon se réfugiaient dans les grottes pour échapper au froid. Le réchauffement du climat a, par la suite, autorisé les débuts de l'agriculture et une amorce de sédentarisation.

CHRONOLOGIE

Ve siècle av J.-C.	56 av. J.-C	Ier au Ve siècle
Les Celtes dominent l'Europe.	Conquête romaine. Création de la province d'Aquitania.	Les Romains, puis les Wisigoths, sont présents au Pays basque. Les Vascons font des incursions au nord des Pyrénées. Les Francs chassent les Wisigoths en 507.

DES CELTES À LA DOMINATION ROMAINE

L'arrivée des Celtes, aux VIᵉ-Vᵉ siècles av. J.-C., marque un premier tournant. Ce peuple conquérant originaire du sud de l'Allemagne, qui s'est implanté dans de nombreux pays européens, apporte avec lui les prémices de la civilisation. Parfois décrits comme "les plus raffinés des Barbares", les Celtes ébauchent les premières villes et voies de communication de la future Aquitaine, une contrée qui s'étend alors de la rive gauche de la Garonne aux Pyrénées. C'est vraisemblablement sans heurts qu'ils se fondent avec les populations locales, qui formeront le peuple gaulois. Vestiges de cette époque, des cromlechs (cercles de pierres dressées) sont visibles ici et là au Pays basque, notamment dans la vallée des Aldudes.

Le général romain Pompée, futur grand rival politique de César, aurait donné son nom, en fondant la ville, en 75 av. J.-C. sur le site vascon de Iruña, à Pompaelo (Pamplona).

Au IIᵉ siècle av. J.-C., les Romains envahissent la vallée de l'Èbre, assoient leur domination plus au nord en fondant Pompaelo (Pamplona) en 75 av. J.-C. et créent la province Aquitania, conquise par César, en 56 av. J.-C. La cité remplace la tribu, les voies ouvrent la porte au commerce. Une voie romaine est construite d'Astorga à Bordeaux, qui permet de franchir les Pyrénées navarraises. Au IIIᵉ siècle, les Romains évacuent les Pyrénées et fixent leur *limes* (frontière) sur l'Adour et les gaves ; Bayonne (Lapurdum) devenant l'une des principales places fortes de cette ligne de protection.

LES FRANCS CHASSENT LES WISIGOTHS

À la chute de l'Empire romain (476), les Vandales puis les Wisigoths supplantent les Romains et rattachent la province à leur royaume d'Espagne. Destructions, pillages et mises à sac marquent cette époque. Les Barbares restent maîtres du terrain pendant près d'un siècle. En 507, les Francs de Clovis battent les Wisigoths à Vouillé (Vienne) et l'Aquitaine est intégrée au royaume franc. Nouvel homme fort, Clovis ne passe pourtant pas pour un libérateur et les Francs auront du mal à asseoir leur autorité sur la région, où les chefs locaux sont en quête d'indépendance.

Vraisemblablement implantés de longue date sur la partie sud de la chaîne pyrénéenne, les Vascons, ou Gascons – un peuple ibérique non latinisé dont descendent les Basques – commencent à faire, aux VIᵉ et VIIᵉ siècles, des incursions de plus en plus fréquentes et prolongées au nord des Pyrénées. Ils se heurtent aux Francs et laissent un héritage tangible en donnant leur nom à la région, Vasconia (d'où vient Gascogne). En 602, les rois francs accordent un duché aux Vascons. Mais ils ne parviendront pas à calmer leurs aspirations indépendantistes, les ducs vascons se proclamant régulièrement princes pour signifier leur autonomie. Vers l'an 630, le roi Dagobert tente de réaffirmer le pouvoir franc sur la région en créant un vaste royaume aquitain, de la Loire aux Pyrénées, afin de leur faire rempart.

778	824	1004
Les Vascons, alliés aux Maures, mettent en déroute l'armée des Francs de Charlemagne à Roncevaux.	Création du royaume de Pampelune, premier état vascon et embryon du futur royaume de Navarre, autour d'Enéko Arista proclamé roi de Pampelune.	Sanche le Grand devient roi de Navarre. Apogée de la puissance navarraise.

L'INVASION DES MAURES

Près d'un siècle plus tard, c'est également du sud qu'arrivent les Maures – ils seront stoppés à Poitiers par Charles Martel en 732. À la fin du VIIIe siècle, de nombreux combats opposent les Maures et les Vascons aux armées franques. La plus célèbre est celle de Roncesvalles (Roncevaux), en 778, relatée dans la fameuse chanson de geste *La Chanson de Roland*. Après avoir détruit les murailles de Pamplona (Pampelune), et après une bataille infructueuse dans le nord de l'Espagne, Charlemagne décide en effet de quitter Zaragosa (Saragosse) pour se replier en France. Il choisit de franchir les Pyrénées par Roncevaux, un itinéraire pourtant dangereux. La majeure partie de son armée parvient à passer sans encombre, mais l'arrière-garde conduite par son neveu Roland de Bretagne – qui y trouvera la mort – se heurte à une embuscade vraisemblablement tendue par des Vascons alliés aux Maures. Plusieurs hypothèses existent en effet sur l'identité des assaillants. L'une d'elle évoque une alliance des Vascons de chaque côté des Pyrénées.

LE PREMIER ROYAUME BASQUE

C'est au sud des Pyrénées que va réellement émerger l'état vascon. En 824, une nouvelle bataille a lieu à Roncesvalles. Elle oppose l'armée franque et les Basques réunis autour d'Enéko Arista. Elle marquera la fin de la lutte contre les Francs – côté sud – et aboutira à la création du royaume de Pampelune puis de Navarre. Le système des *fueros* se met en place (lire l'encadré). Le royaume connaît un fulgurant essor aux Xe et XIe siècles sous la dynastie des Sanche. À son apogée, et au terme d'une âpre lutte contre les Maures, il englobe la Navarre et la Castille. La Navarre se trouve alors au centre de l'histoire des Basques.

LES FUEROS, UN RÉGIME D'AUTONOMIE

Le royaume de Navarre fut historiquement gouverné par les *fueros*. Cette particularité subsiste d'une certaine façon au XXIe siècle puisqu'il est inscrit dans la loi organique de 1982 de réintégration et d'amélioration du Fuero de Navarre que "La Navarre constitue une Communauté forale dotée d'un régime, d'une autonomie et d'institutions qui lui sont propres. Indivisible et solidaire de tous les peuples d'Espagne, elle fait partie intégrante de la nation espagnole".

Véritables textes de lois, les *fueros* étaient des chartes qui, définies avec les monarques, régissaient certaines villes et territoires. Leur fonction était double. Outre celle de donner un cadre législatif et de fixer les règles des rapports entre notables et populations, les *fueros* ont surtout eu pour but de protéger l'autonomie de ces villes et de ces territoires face aux États qui les englobaient. Particulièrement bien adaptés aux réalités locales, ils ont pu aussi accorder des "privilèges" : réductions d'impôts, exemption de participation aux guerres, etc.

Le Béarn a connu un système semblable avec les *fors*.

1152	XIIe siècle	1234
Après l'annulation de son mariage (1137) avec Louis VII, Aliénor épouse Henry Plantagenêt, qui devient roi d'Angleterre en 1154.	Ascension des maisons seigneuriales de Foix-Béarn et d'Armagnac.	La dynastie des comtes de Champagne devient souveraine en Navarre. Ce royaume jusque-là tourné vers l'Espagne tombe dans l'orbite française ; la Castille convoite la Navarre.

Durant cette période, le royaume de Pampelune, qui entretient des liens de parenté avec le duché de Gascogne, voit son pouvoir, sous le règne de Sanche le Grand, s'étendre jusqu'à la Garonne. Mais la mort, en 1032, du duc de Gascogne (qui n'a pas de descendance) va mettre un terme à l'existence du duché. Celui-ci tombera dans l'escarcelle de l'Aquitaine.

Citons la situation un peu à part de Bayonne durant cette période. La ville tombe en effet, au IXᵉ siècle, sous la domination des Normands, qui seront chassés par le duc de Gascogne deux siècles plus tard.

D'après la légende, le mausolée romain où était enterré l'apôtre Jacques aurait été retrouvé, au début du VIIIᵉ siècle, par l'ermite Pelayo, guidé par l'éclat d'une mystérieuse étoile.

LE PÈLERINAGE DE SAINT-JACQUES-DE-COMPOSTELLE

La région est à la même époque le lieu de passage de milliers de pèlerins en route vers Saint-Jacques-de-Compostelle. Cette ville de Galice, qui abriterait le tombeau de l'apôtre Jacques, est alors l'un des hauts lieux du christianisme, au même titre que Rome ou Jérusalem. Les routes qui y mènent se rejoignent en Aquitaine avant le passage des Pyrénées, porte de l'Espagne. Ce pèlerinage est à l'origine de la construction de nombreux édifices religieux dans la région, qui s'enrichit d'idées et d'influences venues de toute l'Europe.

LE RÈGNE D'ALIÉNOR

Au XIIᵉ siècle, Aliénor, duchesse d'Aquitaine, offre l'Aquitaine et la Gascogne à l'Angleterre en épousant en secondes noces Henri Plantagenêt, comte d'Anjou et duc de Normandie, qui devient roi d'Angleterre en 1154 sous le nom d'Henri II. La souveraine se battit toutefois jusqu'à sa mort pour protéger l'indépendance de sa région.

Après avoir fait administrer la région par des sénéchaux qui s'opposent souvent à l'aristocratie locale, Henri II la confie à son fils Richard Cœur de Lion, mais la situation s'envenime : le fil, soutenu par Aliénor, entre en conflit avec son père, alors que les appétits capétiens se réveillent. En outre, la Guyenne (Aquitaine) assiste à l'émergence de deux grandes maisons seigneuriales antagonistes, qui profitent de l'opposition franco-anglaise pour faire de l'ombre aux rois-ducs : les familles Foix-Béarn et d'Armagnac. Certains historiens vont jusqu'à qualifier leur rivalité de "première guerre de Cent Ans".

LES EXCEPTIONS BÉARNAISE ET NAVARRAISE

Le Béarn a connu lui aussi les invasions wisigothiques, vasconnes et arabes. Constitué en vicomté au IXᵉ siècle, il est uni au comté de Foix en 1256. Son histoire est alors distincte du reste de l'Aquitaine. En 1347, un grand seigneur local, Gaston III de Foix, ou Gaston Phébus, proclame l'indépendance de la région. Quinze ans après, il vainc définitivement ses grands rivaux, les Armagnac. Gaston Phébus évite ainsi au Béarn les tourments de la guerre de Cent Ans. Le Béarn affiche une totale neutralité

1337	**1347**	**1360**
Début de la guerre de Cent Ans entre la France et l'Angleterre.	Gaston Phébus proclame l'indépendance du Béarn.	Le traité de Brétigny cède l'Aquitaine à l'Angleterre (les rois d'Angleterre n'étaient précédemment que ducs d'Aquitaine, et devaient prêter hommage au roi de France).

UNE SOCIÉTÉ BASQUE AUX ACCENTS COMMUNAUTAIRES

L'organisation de la société basque est, comme sa langue, très ancienne, et a survécu pendant des siècles, voire jusqu'à nos jours. Elle a été élaborée par et pour une société agro-pastorale, selon ses besoins et ses tendances profondes, à partir de la terre, puis des maisons qui y ont été édifiées, d'une façon empirique, en dehors de tout pouvoir légiférant. La communauté primait sur l'individu. Cette société n'était pas, comme de nos jours, individualiste.

Les hommes étaient libres. La féodalité n'y a pénétré que tardivement et partiellement, sans porter atteinte aux libertés du peuple basque. Et la monarchie, même la plus absolue, a respecté les privilèges basques.

La propriété était collective, tant au niveau de la maison et des terres exploitées, qui appartenaient à la famille tout entière – ce qui avait pour conséquences leur inaliénabilité et leur indivisibilité –, qu'au niveau des terres "vaines et vagues", qui appartenaient à la communauté des habitants – par unité territoriale, paroisse, vallée ou pays–. Elles étaient gérées par les maîtres de maison.

Dans chaque famille, l'enfant aîné de chaque génération, sans distinction de sexe, gérait le patrimoine familial, avec son conjoint et ses parents, voire les grands-parents ou le survivant d'entre eux, à égalité de droits. La *patria potestas* n'avait pas pénétré au Pays basque. C'est le système dit "de la coseigneurie".

Le régime matrimonial n'avait du régime dotal romain que la terminologie. Celui qui entrait par mariage dans la famille d'un "héritier" ou "héritière" portait une somme d'argent qualifiée de "dot" par les rédacteurs des coutumes du XVIe siècle. Elle pouvait être constituée par quiconque et était le prix de l'entrée du conjoint dotal dans l'indivision de la famille qui la recevait. Mais cette intégration n'était définitive qu'après la naissance d'un enfant et à condition qu'il demeure en vie. Au cas de prédécès de l'un des époux sans postérité, la dot devait retourner à sa souche et tout se passait comme s'il n'y avait jamais eu de mariage.

Le régime politique était une démocratie directe à base familiale. Dans chaque paroisse, les maîtres de maison assemblés administraient leurs "besoignes communes" et géraient les biens communs. En Labourd, ils désignaient l'un d'entre eux pour participer à l'assemblée des paroisses de la province, appelée "Biltzar" ; n'ayant qu'un mandat impératif, ils revenaient dans leur paroisse respective, avec les questions posées et les explications ; les maîtres de maison décidaient et votaient à égalité de voix ; les mandataires rapportaient la réponse de leur paroisse à une seconde session du Biltzar, où la décision était celle de la majorité des paroisses ; elle avait force de loi. Le pouvoir appartenait aux représentants des maisons.

Il en était de même en Soule où l'assemblée provinciale était le Silviet. Mais, à une époque inconnue, le "Grand Corps", groupant clergé et noblesse, s'était superposé au Silviet, chacun ayant une voix. Et il parvint en 1730 à obtenir du roi la suppression du Silviet qui fut remplacé par des États, comme il en existait encore dans certaines provinces périphériques, rattachées tardivement au domaine de la Couronne de France, comme en basse Navarre.

Annexé par Louis XIII en 1620, le royaume de Navarre avait ses *Cortes*, devenus les États de basse Navarre. Mais, chacun des sept pays ou vallées qui constituaient la province avait ses Juntas, analogues au Biltzar et au Silviet, qui survécurent, comme le Biltzar, jusqu'à la Révolution française.

Par Maïté Lafourcade, professeur émérite de l'université de Pau et des pays de l'Adour.

1434-1439	1453	1512
Les souverains béarnais deviennent rois de Navarre. Le Béarn et la Navarre passent cinq ans plus tard sous l'autorité de la maison d'Albret.	Victoire française de Castillon-la-Bataille. Fin de la guerre de Cent Ans. Les Anglais sont chassés d'Aquitaine.	Ferdinand d'Aragon et Isabelle de Castille annexent la haute Navarre ; la basse Navarre, au nord des Pyrénées, demeure à la maison d'Albret et reste dans l'orbite française.

face au conflit franco-anglais, ce qui garantit sa paix et sa prospérité. Le souverain béarnais peut ainsi se consacrer à la construction de bastides et consolider son organisation politique grâce, notamment, aux *fors* (voir encadré *Les fueros, un régime d'autonomie*).

La maison de Foix-Béarn tourne ensuite son regard vers le sud et la Navarre. Cette région a été brièvement rattachée à la France en 1284 avec le mariage de Jeanne de Navarre et de Philippe V le Bel, roi de France ; en 1328, les Navarrais ont refusé de laisser la couronne à Philippe VI de Valois, roi de France. Elle fut récupérée par la maison d'Évreux, avant de passer à la maison de Foix-Béarn. En 1434, le comte Gaston IV épouse en effet Éléonore d'Aragon, héritière de la Navarre. Les souverains béarnais sont dès lors également rois de cet État indépendant situé sur le territoire actuel de l'Espagne, et peuplé de Vascons (Basques).

L'épisode suivant voit le Béarn et la Navarre passer à la maison d'Albret, avec le mariage de Catherine de Navarre et de Jean d'Albret, grand seigneur français (1485). La Navarre (la haute Navarre espagnole) sera ensuite annexée en 1512 par le souverain espagnol Ferdinand le Catholique qui vient d'unifier l'Espagne. Seule la basse Navarre (au nord des Pyrénées) restera sous le pouvoir des Albret. Leur nom s'inscrit définitivement dans l'histoire en 1589 lorsque Henri III de Navarre, plus proche parent du roi de France Henri III, qui meurt sans héritier, monte sur le trône de France sous le nom d'Henri IV. La basse Navarre revient ainsi dans le giron français, autorisant les souverains français à prendre le titre de "roi de France et de Navarre". La basse Navarre voit son destin prendre un chemin différent de celui de la Navarre espagnole.

LE PROTESTANTISME ET LES GUERRES DE RELIGION

Dès 1530, des communautés protestantes émergent en Aquitaine, et notamment au Béarn. En 1571, Jeanne d'Albret, souveraine en Béarn-Navarre, impose le calvinisme au Béarn (la basse Navarre restera en revanche majoritairement catholique). L'année suivante, le massacre de la Saint-Barthélemy, au cours duquel des milliers de huguenots sont massacrés en France, relance le conflit entre la Ligue (catholiques) et les huguenots (protestants). Destructions de monuments religieux, massacres et assassinats caractérisent cette période noire. Pourtant, c'est un souverain d'origine béarnaise, un protestant converti, qui va accéder au trône de France : Henri III de Navarre, roi de France sous le titre d'Henri IV. Il promulgue en 1598 l'édit de Nantes, qui prône la liberté religieuse et met fin à la guerre civile. Le "bon roi Henri", mort assassiné en 1610, reste dans l'histoire comme le plus populaire des rois de France.

La reprise en main du royaume de France entamée par Henri IV se durcit avec son successeur, Louis XIII, et son ministre, Richelieu. En 1620,

Adapté librement du roman d'Alexandre Dumas, La Reine Margot, film de Patrice Chéreau réalisé en 1994, permet de saisir la violence des guerres de religion et le climat du début du règne du Béarnais Henri IV.

1530	**1562**	**1571**
Des communautés protestantes (huguenots) émergent en Aquitaine.	Début des guerres de religion.	Jeanne d'Albret, souveraine en Béarn-Navarre, impose le calvinisme au Béarn.

Au début du XVIIᵉ siècle, chassés d'Espagne et du Portugal, de nombreux commerçants juifs s'implantent dans le Sud-Ouest, notamment à Bayonne. Ils introduisent en France le cacao, importé par les navigateurs d'Amérique du sud à Lisbonne et Madrid.

C'est un béarnais originaire de Pau, le maréchal d'Empire Jean-Baptiste Bernadotte, qui deviendra roi de Suède en 1818.

L'impératrice Eugénie (1826-1920), est à l'origine de la vogue du tourisme dans le Pays basque, notamment à Biarritz. Elle avait l'habitude d'y séjourner lorsqu'elle vivait encore en Espagne, avant son mariage avec Napoléon III.

ils imposent l'édit d'Union au Béarn, qui tire un trait sur l'indépendance proclamée par Gaston Phébus près de trois siècles plus tôt. La politique de Louis XIV ira dans le même sens : en 1685, le Roi-Soleil révoque l'édit de Nantes, pourchasse les protestants béarnais et réaffirme le pouvoir royal sur la province.

PAYS BASQUE FRANÇAIS ET ESPAGNOL : UNE PARTITION EFFECTIVE

Vingt-cinq ans plus tôt, Louis XIV a mis fin à des décennies de rivalité entre la France et l'Espagne par le traité des Pyrénées, signé en 1659, et son mariage, à Saint-Jean-de-Luz, avec Marie-Thérèse d'Autriche. Ce traité consacre la frontière entre les deux pays de part et d'autre des Pyrénées, coupant le Pays basque historique en deux. Les quatre provinces du Sud (Navarre, Gipuzkoa, Biscaye et Álava) sont propriété de l'Espagne, tandis que celles du nord appartiennent à la France.

La Révolution française verra le centralisme triompher et avec lui la fin d'une certaine autonomie des provinces basques. Le département des Basses-Pyrénées – aujourd'hui Pyrénées-Atlantiques – est créé en 1790 et englobe le Pays basque (Labourd, basse Navarre et Soule) et le Béarn.

Au sud des Pyrénées, les guerres carlistes (1833-1876) vont mettre fin aux *fueros*. Leur retour sera réclamé par le premier parti autonomiste basque, fondé en 1895.

L'ÈRE INDUSTRIELLE

Si le Pays basque espagnol intègre pleinement, au XIXᵉ siècle, la grande marche vers l'industrialisation qui s'opère, l'Aquitaine, quant à elle, ne présente alors pas la splendeur des siècles précédents. Mal armée pour prendre sa place dans l'ère industrielle, la région reste avant tout agricole quand, dans le même temps, Bilbao devient un centre industriel de première importance. Tandis qu'un mouvement migratoire s'opère du reste de l'Espagne vers la région de Bilbao, l'ouverture de la pêche et du commerce maritime vers de nouveaux horizons – Terre-Neuve, l'Afrique ou l'Amérique latine –, amène de nombreux Basques à quitter le pays dans l'espoir de faire fortune sur le continent américain. Amorcé depuis le XVIᵉ siècle (des communautés basques – la plupart originaires des ports de la côte, parfois des villages de l'intérieur – se sont ainsi implantées à Saint-Pierre-et-Miquelon), le mouvement d'immigration s'accélère au XIXᵉ siècle, et l'Amérique latine ou le Québec deviennent aussi des terres d'asile.

Le milieu du XIXᵉ siècle voit également le développement du tourisme. En 1848, Bordeaux est relié à Paris par le chemin de fer. Dans les années suivantes, la mode du thermalisme et des plaisirs balnéaires met les villes d'eaux et les stations de la côte basque à la mode. Biarritz est alors l'une

1589	1620	1659
Henri d'Albret (Henri III de Navarre) devient roi de France sous le nom d'Henri IV.	Fin de l'indépendance du Béarn, qui est intégré au domaine royal français.	Après des années de conflits franco-espagnols, le traité des Pyrénées consacre la frontière entre les deux pays de part et d'autre des Pyrénées, coupant le Pays basque historique en deux. Conformément aux clauses du traité, Louis XIV épouse l'infante d'Espagne à Saint-Jean-de-Luz en 1660.

des destinations mondaines européennes. Le "pyrénéisme", né au siècle précédent, attire pour sa part les amoureux de la montagne. Le tourisme devient ainsi une source de revenus importante.

UN RENOUVEAU INDÉPENDANTISTE AU XXᵉ SIÈCLE

L'actualité de la première moitié du XXᵉ siècle est avant tout marquée par le bombardement de Guernica, le 26 avril 1937. Franco n'avait pas choisi au hasard cette petite ville tranquille lorsqu'il la désigna aux bombardiers nazis : depuis des siècles, Guernica était le siège de la démocratie basque. Jusqu'en 1876, les villageois de Biscaye s'y réunissaient pour débattre des problèmes régionaux sous les frondaisons d'un chêne sacré. Le *Gernikako arbola* (arbre de Guernica) d'origine n'est plus qu'un tronc mais sa force symbolique perdure grâce à un jeune arbre. Le gouvernement provincial se réunit à nouveau dans la ville depuis 1979.

La toile *Guernica* de Picasso, réalisée à la demande du gouvernement républicain espagnol suite aux bombardements, illustre, en un cri muet, toute l'horreur de cet événement.

Après Guernica, le renouveau du sentiment nationaliste basque sera plus vif que jamais. Né à la fin du XIXᵉ siècle à Bilbao (Espagne), ce mouvement trouve un écho en France à partir de 1960 avec l'hebdomadaire *Enbata*. En 1973, la création, au Pays basque français, du mouvement nationaliste clandestin Iparretarak ("Ceux du Nord") témoigne de l'implantation des idées séparatistes au nord des Pyrénées.

LE PAYS BASQUE AUJOURD'HUI

Le Pays basque est, aujourd'hui, une réalité culturelle et économique un peu différente selon que l'on se trouve d'un côté ou de l'autre de la frontière. Le tourisme constitue le principal moteur économique au nord, avec une côte qui attire une foule dense de vacanciers et de surfeurs, mais pas seulement. L'environnement préservé et les nombreuses possibilités de randonnées qu'offre l'intérieur des terres à l'heure où les chemins de

LES COULEURS DE L'IKURRIÑA, LE DRAPEAU BASQUE

Ce drapeau a été hissé pour la première fois en 1894 lors d'une réunion nationaliste en Espagne. D'abord conçu comme le drapeau de la Biscaye (Vizcaya en castillan, ou Bizkaia en basque), il fut progressivement adopté par les Basques comme un symbole identitaire. En 1936, le gouvernement autonome basque (espagnol) en fit les couleurs officielles de la région avant que le général Franco ne l'interdise. Le drapeau devint alors l'emblème du séparatisme. Côté français, cet emblème ne fut jamais interdit.

Deux croix, l'une blanche, l'autre verte, se détachent sur un fond rouge. Ces couleurs proviennent des anciennes armoiries de la Biscaye et restent on ne peut plus traditionnelles : le fond rouge symboliserait la province (et tout le Pays basque par extension) et le peuple ; la croix verte, l'assemblée et les institutions ; tandis que la croix de Saint-André, blanche, évoque la foi et Dieu, placé au-dessus de la loi et du peuple.

1685	1790	XVIIIᵉ siècle
Après la révocation de l'édit de Nantes, des persécutions contre les protestants se produisent en Béarn.	Création des départements de Gironde, des Landes et des Basses-Pyrénées.	Siècle d'or du commerce maritime de Bayonne.

PETITE HISTOIRE DE L'ETA

Euzkadi ta Askatasuna (ETA, "Patrie basque et liberté") est né sous la dictature franquiste, en 1959, avec pour objectif l'indépendance d'un "grand" Pays basque incluant la partie française et la Navarre espagnole. Le mouvement a fait parler de lui dans les décennies suivantes par une série d'attentats et d'assassinats, dont celui de l'amiral Carrero Blanco, successeur pressenti de Franco, le 20 décembre 1973.

En 1978, l'ETA s'est donné une vitrine politique, Herri Batasuna (interdit en 2003 en Espagne). Le statut de «communauté autonome" accordé au Pays basque l'année suivante, suite à un référendum, n'a pas amené la paix. Au contraire, l'année 1980 a atteint un record des actions militaires d'ETA, avec 118 tués. L'attentat le plus meurtrier du mouvement – qui est à l'origine de la mort de plus de 800 personnes depuis sa création – reste cependant l'explosion d'une bombe dans un centre commercial de Barcelone, en 1987. L'ETA a par la suite qualifié d'"erreur" cet attentat qui a coûté la vie à 21 personnes.

L'année 1998, qui vit le mouvement décréter une trêve des actions militaires, souleva brièvement des espoirs. Ils furent de courte durée, les attentats ayant repris quelques mois plus tard. Nouvel espoir en 2006 : l'ETA, qui traverse depuis quelques années une crise profonde, de nombreux Basques ne soutenant plus la politique de violence du mouvement, annonce une nouvelle trêve. José Luis Zapatero, alors Premier ministre du pays, entrevoit la "meilleure opportunité de processus de paix depuis plus de 30 ans". Son optimisme est rapidement balayé : 10 mois plus tard, une bombe déposée dans une voiture à l'aéroport de Madrid-Barajas tue 2 personnes. Nombreux sont ceux qui s'accordent à voir dans ce "dynamitage du cessez-le-feu" la signature des "durs" du mouvement, qui privilégient la solution armée à la négociation. Ils seraient également à l'origine de l'assassinat de deux policiers espagnols à Cap-Breton, dans les Landes, en décembre 2007.

Cette branche "dure" a pourtant subi d'importants revers depuis quelques années. Plus de 700 membres de l'organisation sont en effet sous les verrous de part et d'autre des Pyrénées, dont un grand nombre depuis les coups de filets policiers spectaculaires de 2007. L'arrestation en novembre 2008 de Mikel Garikoitz Aspiazu Rubina, dit "Txeroki" (référence aux indiens Cherokee), considéré comme le chef militaire de l'ETA, a été saluée par la police espagnole comme une nouvelle victoire.

D'autres, au contraire, avancent la thèse d'une diabolisation de l'ETA. Ils rappellent notamment l'épisode de mars 2004 durant lequel le gouvernement de José María Aznar s'empressa d'accuser le mouvement indépendantiste pour les attentats perpétués par Al-Qaïda, qui firent 191 morts dans les transports en commun madrilènes. L'ensemble des Basques semble osciller entre les deux approches. S'il ne fait aucun doute qu'un nombre croissant de la population dénonce la violence politique, il suffit de se promener dans les villages du Pays basque pour se rendre compte que les thèses indépendantistes remportent un réel écho.

Compostelle, remis au goût du jour, connaissent un nouvel engouement, attirent également nombre de voyageurs. Alors que le Pays basque espagnol a su se détacher des traditions et se tourner vers le monde contemporain (avec notamment le musée Guggenheim à Bilbao, ou la programmation

1833-1876	1895	1936-1939
Guerres carlistes. Appelées ainsi en référence à Charles V d'Espagne, elles débutent suite à un différend concernant la succession de la couronne d'Espagne. Les carlistes, qui ne parvinrent jamais à prendre le pouvoir, étaient attachés au respect des *fueros* (droits des provinces).	Création du premier parti autonomiste basque.	Guerre d'Espagne. 1937 : bombardement de Guernica. La guerre débouche sur le régime dictatorial de Franco, qui s'achève en 1975.

du Teatro Victoria Eugenia à San Sebastián), la culture en Pays basque français reste encore très associée au folklore, même si des acteurs tentent de faire évoluer les choses. Il faut dire que le développement industriel est davantage marqué au sud des Pyrénées (avec d'un côté l'exploitation du bois et des mines de fer en Gipuzkoa et en Biscaye, de l'autre le titre de place financière auquel peut prétendre Bilbao) qu'au nord, où il se concentre autour des activités du port de Bayonne.

L'actualité est enfin marquée par les derniers développements du mouvement nationaliste basque. Si le versant français du Pays basque affiche une position moins revendicative que les provinces situées au sud des Pyrénées, il n'en reste pas moins attaché à sa singularité. Le parti Batasuna, considéré comme la vitrine politique de l'ETA (voir encadré), a été interdit en Espagne en 2003. Il est considéré comme la "ligne dure" du mouvement nationaliste, par opposition à Abertzaleen Batasuna (AB), formation plus modérée du Pays basque nord appelant à la recherche d'un "processus souverainiste non armé" et condamnant la violence. Aux élections législatives de 2007, elle a présenté dans certaines circonscriptions une liste commune avec Eusko Alkartasuna et Batasuna (qui était encore autorisé en France lors de la mise sous presse de ce guide), sous le nom Euskal Herria Bai, le plus grand score ayant été de 9% dans la circonscription de Biarritz-Hendaye.

1959	**1973**	**1979**
Création d'ETA (Euzkadi ta Askatasuna), parti autonomiste basque.	Création du mouvement nationaliste basque Iparretarrak.	Le Pays basque devient l'une des 17 communautés autonomes d'Espagne. La Communauté autonome basque (Euskadi) regroupe le Gipuzkoa, la Biscaye et l'Álava. La Navarre forme un ensemble à part : la communauté forale de Navarre.

Culture et patrimoine

Qu'est-ce que la culture basque, béarnaise ou navarraise ? Bienheureux celui qui saura répondre de façon certaine à cette question. Si la langue et les traditions encouragent les fiertés régionales, les histoires nationales ont laissé aussi leurs empreintes de chaque côté des Pyrénées. Le temps a parsemé ces terroirs d'une mosaïque d'influences, au fil des routes commerciales, le long des chemins de pèlerinage ou au gré des unions royales, léguant un patrimoine artistique d'une incroyable diversité. Des petites églises romanes du Béarn aux superbes maisons basques rouge sang en passant par les chants populaires, les amateurs d'art, de littérature ou d'architecture ne sauront de quel côté des Pyrénées pencher la tête.

LA LANGUE BASQUE, PILIER DE L'IDENTITÉ RÉGIONALE

Le Basque se définit d'abord par sa langue. De fait, est basque celui qui parle basque : *Euskal Herria* (le Pays basque) signifie "le pays où l'on parle basque", et *Euskalduna* (l'habitant du Pays basque) veut dire, dans son acception littérale, "la personne qui parle basque". Repère identitaire, l'*euskara* (langue basque) est aussi vecteur d'affirmation et de revendication de la culture basque. Pour entendre parler basque, branchez-vous sur les radios locales (lire encadré), fréquentez les troquets et les marchés (d'Espelette, de Tardets, de Saint-Jean-Pied-de-Port par exemple), assistez à des tournois de pelote, à des manifestations culturelles comme les chants ou les pastorales, et tendez l'oreille. On utilise aussi la langue basque dans le *bertsularisme* (improvisation chantée et versifiée).

Une langue enseignée

Préservée et enrichie par l'Euskaltzaindia (www.euskaltzaindia.net), l'Académie de langue basque fondée en 1919, l'*euskara* est une langue vivante. Elle serait parlée par plus de 750 000 personnes de part et d'autre de la frontière franco-espagnole. Après avoir connu un relatif déclin au cours des siècles derniers, cette langue connaît aujourd'hui un regain certain d'intérêt, toutefois davantage côté espagnol que français.

Elle n'est reconnue comme langue officielle (au même titre que le castillan) qu'en Espagne, dans la Communauté autonome basque (Euskadi), et sur une partie de la Navarre. L'*euskara* côtoie en permanence le castillan. Les deux langues ne se ressemblent quasiment en rien. Interdit sous le régime franquiste, l'euskara serait aujourd'hui de plus en plus souvent parlé par les jeunes, notamment dans la province du Gipuzkoa, qui en compterait le plus grand nombre de locuteurs (plus de 50% des habitants de la province le parleraient). Des journaux et des stations de radio et de télévision en langue basque sont diffusés dans cette partie de l'Espagne.

Côté français, elle est considérée comme une langue régionale mais ne bénéficie pas de statut officiel. Elle est toutefois enseignée depuis 1969 (en Pays basque sud, cette pédagogie a commencé en 1954). Des options bilingues ou d'initiation existent dans les écoles publiques ou privées. Mais surtout, des *ikastola* proposent un enseignement en basque (avec introduction progressive du français, afin que les enfants sachent parler les deux langues à la fin du primaire). Plus de 6 000 enfants apprendraient ainsi l'*euskara* par l'une ou l'autre de ces filières. Mais selon l'Institut culturel basque (www.eke.org), 70% des enfants scolarisés ne bénéficient pas de sensibilisation à la langue et à la culture basques. Il existe donc une grande marge de progression. La langue basque concerne également l'enseignement

Pour mieux connaître la langue basque, consultez les sites suivants :

www.eke.org, l'excellent site de l'Institut culturel basque, une mine d'informations sur la culture et la langue basques.

www.euskara.euskadi. net, le site de la Communauté autonome basque, où vous pouvez consulter les résultats de la dernière enquête socio-linguistique ainsi qu'un dictionnaire.

www.euskararenetxea. net, site de la Maison de l'Euskara à Bilbao, qui fournit de bonnes informations et publie des statistiques sur la langue basque dans le monde

---

SUIVRE L'ACTUALITÉ BASQUE EN FRANÇAIS ... OU EN BASQUE

Plusieurs titres permettent de suivre l'actualité régionale. L'édition régionale de **Sud-Ouest** (www. sudouest.com) est incontournable, tout comme dans le Béarn, **La République des Pyrénées** (www. republique-pyrenees.com), diffusé dans le Béarn et dans le Pays basque intérieur, et **L'Éclair des Pyrénées**. Au Pays basque, il existe également un hebdomadaire, **La Semaine du Pays basque** (www.semainedupaysbasque.fr). Parmi les magazines, citons **Pyrénées Magazine** (www.pyreneesmagazine. com) et **Pays basque Magazine** (www.paysbasquemagazine.com), de bonne qualité et agrémentés d'une superbe iconographie.

Preuve du dynamisme de la culture basque, les médias en langue basque foisonnent des deux côtés de la frontière. La chaîne de télévision basque **Euskal Telebista** (www.itelebista.com/eu) émet à partir de la Communauté autonome basque et possède une antenne à Bayonne qui réalise une émission quotidienne. **France 3 Euskal Herri** (http://jt.france3.fr) diffuse aussi des informations en basque. De nombreuses radios associatives côtoient les stations de service public bascophone **Euskadi Irratia** (www.eitb.com/irratia/euskadi-irratia) et **Euskadi Gaztea** (www.eitb.com/gaztea). Au Pays basque nord, signalons trois radios **Gure Irratia** (www.gureirratia.com), **Irulegiko Irratia** (www. irulegikoirratia.com) et **Xiberoko Botza** (www.xiberokobotza.org) qui émettent respectivement en Labourd, basse Navarre et Soule.

Côté presse écrite, mentionnons le quotidien **Berria** (www.berria.info), qui a pris la succession du titre *Egunkaria*, interdit en 2003 par le juge Garzon pour ses liens présumés avec l'ETA, et les hebdomadaires **Heria** (sur l'actualité du Pays basque nord) et **Argia** (www.argia.com).

---

supérieur, le département interuniversitaire d'études basques de Bayonne permettant de suivre un cursus complet.

D'où vient la langue basque ?

Voilà la question centrale. La langue basque échappe à toute tentative de classement et pour les linguistes, elle n'a pas fini de poser problème. Ses origines restent mystérieuses car elle n'a aucune filiation avec les langues indo-européennes. On pense qu'elle est antérieure à ces langues, dont sont issues les racines latines, grecques, germaniques, etc. Pour certains, le basque s'apparenterait au groupe finno-ougrien, qui comprend le finnois et le hongrois.

Signe de la revendication identitaire : sur les panneaux routiers, le nom en castillan ou en français est souvent barré ou recouvert de peinture.

Bien que très ancienne, la langue basque n'a été écrite que tardivement. Le premier écrit basque connu ne daterait que du Xᵉ siècle de notre ère. Le vocabulaire s'est enrichi au cours du temps de nombreux mots d'origines ibère, gasconne, latine, arabe, française et espagnole, qui ont été "basquisés". De nos jours, de nombreux ouvrages sont publiés en basque.

Reportez-vous au chapitre *Langue* (p. 423) pour connaître les principaux termes en basque que vous rencontrerez lors de votre voyage.

LITTÉRATURE, DE L'INSPIRATION À LA REVENDICATION
Le temps du pittoresque

Dans la première moitié du XIXᵉ siècle, les Pyrénées sont l'un des cadres naturels qui séduisent les romantiques, peintres ou écrivains, français ou anglais. Beaucoup entreprennent le "voyage aux Pyrénées". Citons Théophile Gautier pour son récit de voyage *Tra Los Montes* et son recueil *Espana* (un poème intitulé "Le pin des Landes" s'y est glissé) ou un poème méconnu de l'Anglais William Wordsworth (1770-1850), "Le chêne de Guernica".

Quelques années plus tard, en rupture totale avec ce courant littéraire, surgissent les naturalistes. Il n'est plus question de lyrisme, de correspondance exaltée entre la Nature et l'Homme, mais de découvertes scientifiques, d'études botanistes et d'ascensions. Par ailleurs, la vogue du thermalisme amène dans les villes d'eaux pyrénéennes bon nombre d'écrivains, d'un talent

LE BÉARN, TERRE DE MOUSQUETAIRES

Les trois mousquetaires mis en scène par Alexandre Dumas dans son roman, Athos, Porthos et Aramis, auraient bien existé et seraient béarnais. Le premier serait né dans le village du même nom, non loin de Sauveterre-de-Béarn ; le second, Isaac de Portau de son vrai nom, aurait selon certains fini sa vie à Lanne-en-Barétous (pour d'autres, le château portant son nom aurait été habité par l'un de ses neveux) et serait originaire de Gan, près de Pau ; quant à Aramis, il aurait été inspiré à Dumas par Henry d'Aramitz, abbé laïque d'Aramits au XVIIe siècle, et qui entra chez les mousquetaires à la même époque qu'Athos. Ajoutons pour finir que si d'Artagnan est, lui, originaire de Lupiac, dans le Gers, le comte de Tréville, capitaine des mousquetaires, naquit à Oloron en 1598. Si ce sujet vous passionne, n'hésitez pas à contacter l'Association des mousquetaires de Béarn et de Gascogne (05 59 88 94 96, www.mousqbaretous.com).

inégal, qui laissent un récit de leur voyage. Parmi ces écrits figurent *Voyage aux Pyrénées* d'Hippolyte Taine (récit d'un séjour thermal près de la vallée d'Ossau), *Voyages dans les Pyrénées et en Corse* de Gustave Flaubert, *Le Vignemale et autres textes* d'Henri Russel (l'un des pyrénéistes les plus célèbres) ou encore les textes de Léon Dufour, un naturaliste landais qui multiplia les expéditions dans les Pyrénées.

Au-delà de la beauté naturelle des Pyrénées, c'est également le "pittoresque" des habitants de la région qui inspire les auteurs à la fin du siècle.

Edmond Rostand (1868-1918), auteur du fameux *Cyrano de Bergerac*, séjourna régulièrement dans le Pays basque ; il se rendit à Biarritz et acheta une maison à Cambo-les-Bains, la villa Arnaga (aujourd'hui transformée en musée). Dans la lignée d'Alexandre Dumas père, qui s'est inspiré d'un seigneur béarnais (Henri Aramits, abbé laïque d'un village de la vallée du Barétous) pour créer le personnage de l'un de ses mousquetaires, le Gascon Cyrano révèle un sens du "pittoresque" et du "typique régional".

À la fin du siècle, l'un des grands exemples du roman régionaliste s'incarne dans *Ramuntcho* de Pierre Loti (1850-1923), le "roman basque" par excellence. Pourtant rien ne prédisposait Loti à ancrer l'un de ses romans au cœur du Pays basque. Né à Rochefort-sur-Mer, Loti s'engage dans la marine nationale et parcourt les mers du globe ; ses voyages sont ponctués d'escales plus ou moins longues à Tahiti, en Turquie ou en Asie. En 1893, Loti rencontre Crucita Gainza, une femme d'origine basque, dont il a un fils en 1895. Il loue une maison à Hendaye, écrit *Ramuntcho* qui paraît en 1897, avant de reprendre la mer. Ce roman relate les amours d'un berger basque et de Gracieuse dans le pays autour d'Ascain. Cette histoire exotique, située dans une contrée qui ne l'était pas moins aux yeux du public de la fin du XIXe siècle, a longtemps figé le Pays basque dans une image d'Épinal – un environnement rude mais préservé, habité par des hommes simples et heureux.

On n'oubliera pas non plus le poète Francis Jammes (1868-1938), dont Orthez cultive la mémoire. Auteur de *De l'angélus de l'aube à l'angélus du soir*, du *Deuil des primevères*, de *Prière pour aller au paradis avec les ânes* ou d'*Oyharçabal*, Francis Jammes est né dans les Hautes-Pyrénées et mort à Hasparren. Il vécut à Orthez de sa petite enfance jusqu'en 1921. C'est la ville la plus citée dans ses poèmes. Il "émigra" ensuite à Hasparren.

"La langue basque est une patrie, j'ai presque dit une religion. Dites un mot basque à un montagnard dans la montagne ; avant ce mot, vous étiez à peine un homme pour lui, vous voilà son frère." Victor Hugo, *Les Pyrénées*.

La littérature basque : le renouveau

À l'origine, la littérature basque a été l'œuvre d'ecclésiastiques, parmi lesquels Pedro Aguerre "Axular", curé de Sare, à qui l'on doit *Gero* ("plus tard"), publié en 1643 et considéré comme un chef-d'œuvre de la littérature basque. C'est à partir de la seconde moitié du XIXe siècle qu'elle commence à se laïciser. Les poètes et écrivains donnent l'image d'un pays de cocagne, où

INTERVIEW > ÊTRE BASQUE AUJOURD'HUI, UN ÉCRIVAIN NOUS RÉPOND

Écrivain en langue basque née en 1959 à Bayonne, Itxaro Borda a publié de nombreux romans et recueils de poèmes. "100% basque" (Les Éditions du Quai rouge) est son premier roman traduit en français. Il a obtenu le prix Euskadi 2002.

La route des fromages sert de fil conducteur à votre récit. Pourquoi ce choix ?

Le fromage joue comme la madeleine de Proust. Il me permet de critiquer notre propre folklorisation qui créée et entretient le mythe du berger qui chante, danse, joue dans les pastorales, qui est en somme un poète rural. Le fromage 100% basque, c'est l'argument de vente. La narratrice se sent régénérée et rassurée dans son identité autochtone à chaque bouchée de fromage de brebis qu'elle mange. Mais la culture basque ne s'arrête pas aux clichés ethnographiques. Le temps ne s'est pas arrêté.

Vous critiquez ainsi un certain folklore basque.

C'est une critique effrontée du folklore produit par le système culturel français mais aussi de celui que l'on créé nous-mêmes. Mais je critique surtout le monde des nationalistes. Tout le roman se passe dans la nuit. Derrière, il y a une critique de 30 années de nationalisme. Il y a une absence de lumière et de perspective et d'une voie autre que le nationalisme qui contrôlait tout, y compris la production culturelle. Il me semble que cette pression nationaliste a baissé après les trêves successives. On ne sait pas où on va mais on se sent les mains plus libres.

Comment définiriez-vous l'identité basque aujourd'hui ?

Pour nous, la frontière n'existe pas tout comme il n'y a pas de frontière linguistique mais un multilinguisme. Nous devons faire vivre cette langue, pas contre ni sans les autres. Il faut prendre toutes les langues comme des richesses, à égalité, et dire que la langue basque nous isole. Quand je fais des lectures de poésie, je prends soin qu'elles soient lues en français et en basque.

Nous sommes un peuple vivant. J'écris, d'autres écrivent. Dans les autres pays d'Europe, nous sommes invités comme des écrivains, en France, jamais. On ne nous reconnaît pas et nous perçoit plutôt comme des indigènes. Mais il est vrai que nous n'allons pas la chercher, cette reconnaissance.

Et pour vous, que signifie être un écrivain basque ?

Je me définirai par la langue, mais en relation avec d'autres. C'est aussi parce que je suis écrivain. La société rurale telle qu'on l'a connue n'existe plus. Mais on reste très lié à ce monde, tout en étant urbains. Beaucoup de mots relevant du monde rural sont ainsi restés dans le lexique collectif basque. Par exemple, pour dire "réfléchir", on va employer "hausnar", qui signifie ruminer en basque. Le Pays basque est un beau territoire. Nous avons des déserts, des mers. Le monde est à la fois globalisé et morcelé. À partir de là, tout est possible : exister sur le plan de la production culturelle entre peuple, langue et territoire. Nous sommes toujours en devenir.

la vie rurale agit comme rempart aux bouleversements du monde moderne. On pense tout particulièrement à Jean-Baptiste Elissamburu (1828-1891) qui exalte dans ses poèmes la terre basque et la société paysanne, et au romancier Txomin Agirre (1864-1920) avec des œuvres comme *Kresala* ("Eau de mer") ou *Garoa* (Fougère).

Les années 1950 verront la littérature basque se développer, avec des auteurs comme Jon Mirande (1925-1972) et Gabriel Aresti (1933-1975), qui osent introduire de nouvelles formes littéraires ainsi que parler érotisme, préoccupations sociales et briser au passage les tabous d'une littérature catholique et bourgeoise. Gabriel Aresti (1943-1975) est ainsi l'auteur d'un immense poème, *Maldan behera* (*La Descente*, 1960), qui retrace l'épopée du peuple basque depuis les temps immémoriaux jusqu'à nos jours. Il bouscule les usages en adoptant les formules métriques des *bertsulari* (les improvisateurs basques), des termes détournés du basque ou, à la manière de Georges Perec, en refusant d'employer la lettre h dans un poème.

Le premier livre en langue basque paraît en 1545. C'est un recueil de poésies publié par Bernat Dechepare, curé de la paroisse de Saint-Michel et vicaire général du pays Cize.

DES LIVRES À LIRE SUR LA PLAGE

Petite bibliographie à lire pendant votre séjour :

- *Le soleil se lève aussi* d'Ernest Hemingway (Folio). Parce que c'est son premier roman et que le héros quitte Paris pour assister aux fêtes de la Saint-Firmin à Pampelune. Mais aussi parce que c'est durant le tournage de l'adaptation de ce livre que le scénariste, Peter Viertel, fit découvrir le surf à la Côte basque.

- *Le Mal de mer* (Folio), *Précisions sur les vagues* (POL), *Le Pays* (Folio), de Marie Darrieussecq, née à Bayonne, qui évoque dans ces trois romans la mer et le retour aux origines. L'auteur, qui a connu un succès foudroyant avec son premier roman *Truismes* (Folio), aime à se présenter comme un écrivain basque.

- *Villa Belza*, de Bernadette Pécassou-Camébrac (J'ai lu). Dans un style plus léger, ce livre transporte son héroïne Sophie dans le Biarritz des Années folles, où le lecteur pourra croiser aussi Chanel et Ravel, et savourer une histoire d'amour qui a pour décor le Pays basque.

- *Philosophie intime du Sud-Ouest*, de Léon Mazzella (Éditions des Équateurs). Originaire de Bayonne, ce journaliste et écrivain croque de façon éminemment vivante et colorée les plaisirs et les charmes du Pays basque, des Pyrénées et du Bordelais.

- *Les Trois Mousquetaires*, d'Alexandre Dumas. Un classique dont les aventures à rebondissement divertissent à souhait : ce roman de cape et d'épée compte les aventures d'un jeune Gascon, d'Artagnan, monté à Paris.

- *Les Invisibles* (Futuropolis), de Jean Harambat. Cette BD, raconte l'histoire vraie de Bernard d'Audijos, Robin des Bois gascon.

- *Impardonnables* (Gallimard), de Philippe Djian (qui a un temps vécu à Biarritz). L'histoire d'un écrivain à succès qui vit au Pays basque et a perdu sa femme et l'une de ses deux filles dans un accident de voiture. Dans plusieurs de ses ouvrages, en particulier *Sotos* (Folio), Djian évoque l'univers de la corrida.

- *Le Fils de l'accordéoniste* et *Les Gens d'Obabakoak*, deux des derniers romans traduits de Bernado Atxaga (éditions Christian Bourgois).

Pour connaître l'actualité de la production littéraire, mais également l'histoire du livre basque, connectez-vous au portail de la littérature basque : www.basqueliterature.com

Bernardo Atxaga, né en 1951 dans un petit village du Guipuzcoa, est le représentant de l'avant-garde littéraire en Pays basque espagnol, mêlant les supports d'expression artistique et les styles d'écriture. Proche de Raymond Queneau ou de Jorge Luis Borges, il a publié des poèmes (*Etiopía*, en 1978), des contes et des nouvelles (*Obabakoak* en 1989), des récits (*Les Mémoires d'une vache* en 1992, *L'Homme seul* en 1994). Récompensé par de nombreux prix en Espagne, cet écrivain prolixe et original écrit en euskara, mais il refuse de se faire cataloguer comme "auteur basque".

Parmi les écrivains contemporains, on peut aussi citer Mariasun Landa, auteur prolifique notamment pour la jeunesse (avec Bernardo Atxaga, elle est l'auteur en langue basque le plus traduit dans le monde) et Itxaro Borda dont *100% basque*, son premier roman traduit en français, a obtenu le prix Euskadi 2002 (lire son interview p. 41). Près de 1 500 livres en langue basque sont actuellement édités chaque année. Signalons deux rendez-vous importants : la foire du livre et du disque basques qui se tient chaque année début décembre à Durango (Biscaye) et la rencontre des écrivains du Pays basque qui a lieu chaque lundi de Pâques à Sare (Labourd).

UNE ARCHITECTURE TRÈS SPÉCIFIQUE
La maison basque et la maison béarnaise

La diversité des terroirs a donné naissance à une architecture rurale très spécifique selon les régions. La maison basque (l'*extea*) en est évidemment le symbole le plus célèbre d'autant qu'elle joua un rôle social de premier ordre dans les villages.

Beaucoup vous le diront : impossible de comprendre le Pays basque si l'on ne comprend pas le rôle de la maison. Car davantage qu'une architecture, l'*etxe*, comme on dit en basque, est pour ainsi dire une entité sociale à elle toute seule. En se présentant, quelqu'un dira plus couramment qu'il est le fils ou la fille de telle ou telle maison, qu'en déclinant son nom. De même, c'est le nom des maisons qui était indiqué sur les sièges qu'occupaient les femmes de la famille à l'église. Et sur le caveau familial. C'est dire l'importance accordée à la maison, véritable pilier de l'organisation sociale. Car selon le droit coutumier basque, la maison se transmet de génération en génération à un héritier, qui est l'aîné (fille ou garçon), à condition que celui-ci ait des enfants. Les meubles sont attachés à la maison. En contrepartie, l'héritier doit faire en sorte que l'unité économique soit aussi viable que lorsqu'il a reçu la maison et/ou la ferme en héritage. Cela explique la survivance de ces maisons. Sous la pression immobilière actuelle, la façon de vivre ensemble sur un même terrain est en train de changer.

La maison basque est reconnaissable entre toutes par ses pans de bois (colombages) peints en rouge. La prédominance de cette couleur provient des aléas climatiques locaux : on badigeonnait autrefois les outres de sang de bœuf pour les imperméabiliser. De même, les façades étaient le plus souvent tournées vers l'est, selon un vieux culte du soleil ou, moins prosaïquement pour ne pas être exposées à l'arrivée des pluies.

Son aspect extérieur, toutefois, varie selon les provinces, même si c'est la maison labourdine à colombages qui en est devenu l'emblème. Au Labourd, la façade, blanche, est souvent assortie d'un balcon. Recouvert de tuiles, le toit est très souvent dissymétrique, ce qui est en général dû à un agrandissement progressif du nombre de pièces. En basse Navarre, le porche sera plus imposant, en pierre de taille et parfois surmonté d'un linteau et la façade est moins chatoyante. En Soule, région plus montagneuse, la construction se rapproche de la tradition béarnaise : les demeures sont plus massives, souvent tout en largeur, et réunissent deux corps de bâtiment à angle droit, rattachés en L, qui forment à eux deux une cour de ferme. Les murs sont épais, les fenêtres étroites et les toits recouverts d'ardoise, et non de tuiles.

La présentation de la maison basque ne serait pas complète sans les meubles typiques que l'on retrouve, en général en merisier, cerisier ou noyer, à commencer par le *zuzulu*, un banc à dossier, place privilégiée des personnes âgées et des maîtres de maison, au coin de l'âtre, le *manka* (commode haute) et le *kutxa* (coffre), tous deux ornés de motifs en rosace et en virgule évoquant la croix basque. À l'intérieur de la maison, l'*ezkaratz*, grande pièce principale, structure le reste de l'espace.

En Béarn aussi, les demeures traditionnelles ont largement survécu. Elles se caractérisent par des dimensions imposantes et un toit très pentu, adapté aux intempéries, le plus souvent recouvert d'ardoise. Le rez-de-chaussée est occupé par une vaste grange, percé en façade par un large porche. On accède à l'espace d'habitation par l'escalier intérieur. Le matériau de construction est également très spécifique : on utilise parfois des galets pêchés dans les gaves. Ces pierres polies servent également à édifier les murs de clôture, traits marquant des paysages béarnais. Les bergeries, notamment dans la vallée d'Ossau, font aussi partie des constructions régionales typiques. En montagne, vous découvrirez aussi les *cayolars*, habités par les bergers (voir l'encadré *Le pastoralisme* p. 262).

L'architecture religieuse

Doit-on les considérer comme des formes d'art religieux ? Toujours est-il que dolmens, tumulis et cromlechs sont nombreux dans la région. Au Pays basque et en Béarn, on les trouve en montagne, comme en témoigne l'impressionnant site des cromlechs d'Occabe, en basse Navarre (Pays basque).

LES BIJOUX DE L'ART ROMAN

Au Moyen Âge, les voies de pèlerinage, en particulier les chemins de Compostelle qui sillonnaient la région, favorisèrent la fondation d'édifices religieux. L'itinéraire était jalonné d'hospices qui accueillaient les pèlerins. Aujourd'hui encore, on peut admirer l'église de L'Hôpital-Saint-Blaise, superbe exemple d'architecture romane influencée par l'art hispano-mauresque. Autre empreinte romane liée au pèlerinage : l'église du village de Sainte-Engrâce (XIIe siècle), en Soule. Dans le Béarn, le Vic-Bilh regorge d'églises romanes, qui peuvent même faire l'objet d'un itinéraire spécifique (voir l'encadré p. 252). Toujours dans le Béarn, l'église Sainte-Foy, à Morlaàs, possède l'un des portails romans les mieux conservés de toute la région. Non loin de là, à Lescar, le chœur et le transept de la cathédrale Notre-Dame recèlent une riche ornementation romane. En Navarre espagnole, on trouvera aussi quelques beaux exemples d'art roman, comme la crypte du monastère de Leyre, Artez (qui possède aussi un petit musée de l'art roman) et Santa Maria de Eunate, située sur les chemins de Saint-Jacques.

LE GOTHIQUE TARDIF

Nombre d'églises correspondent à ce qu'on appelle le gothique méridional, caractérisé par une large nef unique et l'absence de transept. Lié aux développements urbains et au pouvoir grandissant des évêques, le style gothique est largement représenté dans les villes. Il apparut tardivement dans le Sud-Ouest, et fut utilisé jusqu'au XVIe siècle. À Bayonne, la cathédrale Sainte-Marie marque aussi le souci de la ville et de l'archevêque d'imposer leur pouvoir. Son cloître, ses flèches et son chœur, d'une grande finesse, sont plus anciens (XIIIe siècle) et leur relative austérité trahit l'influence du nord de la France, d'où le gothique est originaire. Au Pays basque espagnol, la cathédrale Santiago à Bilbao, la cathédrale Santa Maria à Vitoria ou encore l'église San Salvador à Guetaria sont aussi des illustrations de l'art gothique, tout comme la cathédrale de Tudela en Navarre.

LE BAROQUE ET L'ÂGE D'OR DES ÉGLISES DE VILLAGE

La période baroque correspond à un certain âge d'or de l'architecture religieuse au Pays basque français. À la frontière des terres autrefois protestantes, l'église de la Contre-Réforme se devait de marquer son territoire de manière forte. Cet effort politique et le renouveau de la ferveur religieuse donnèrent naissance aux églises à clocher trinitaire, qui datent de la fin du XVIe siècle ou du XVIIe siècle. Nombreux en Soule, ces clochers prennent la forme d'un mur à 3 pinacles, surmontés d'une croix, qui évoquent la Trinité. On les appelle également les clochers calvaires. Les villages de Gotein, Aussurucq, Libarrenx et Sauguis sont dotés de ce type de clocher. En basse Navarre et dans le Labourd, les clochers-porches (ou clochers-frontons), caractéristiques des XVIIe-XVIIIe siècles, sont percés de "fenêtres" où sont accrochées les cloches.

    L'accroissement démographique durant cette période explique en partie la présence de galeries en bois (parfois jusqu'à trois étages) à l'intérieur des églises basques ; les hommes y prenaient place, les femmes demeurant assises dans la nef. Les églises d'Espelette, d'Itxassou, de Saint-Étienne-de-Baigorry, de Bidart et l'église Saint-Jean-Baptiste de Saint-Jean-Pied-de-Port, entre autres édifices, possèdent cette caractéristique. Les autels sont chargés d'éléments décoratifs polychromes.

Châteaux forts et forteresses

Les guerres entre les diverses tutelles féodales, en France et en Angleterre, ainsi que l'insoumission de certaines villes ont favorisé la construction de **châteaux** et de **forteresses**. En Béarn, le château de Pau devient une place forte sous l'autorité de Gaston Phébus. Plusieurs tours de l'édifice actuel, de forme carrée et en brique, datent encore de cette période. Autour de la ville, à Morlanne et à Montaner notamment, quelques forts furent construits sur ce même modèle. En Navarre, la ville fortifiée d'Olite et les neufs tours d'Artajona offrent également de beaux exemples d'architecture défensive médiévale.

Au XIIe siècle sont apparues les **bastides**, une forme spécifique du bourg fortifié. Jusqu'à cette période, les villes étaient implantées autour d'un château (*castelnau*) ou autour d'une église ou d'une communauté ecclésiastique (*sauveté*). Avec les bastides, la vie urbaine s'articule pour la première fois autour des marchands. Ce changement est perceptible dans la structure de ces cités, organisées autour de la place du marché, en général carrée et bordées d'arcades. Les rues sont souvent tracées au cordeau. On entoura les bastides de fortifications pour contenir les échoppes et les églises édifiées dans ces villages. La Bastide-Clairence et Navarrenx sont ainsi d'anciennes bastides.

La position frontalière du Pays basque et les guerres menées par Louis XIV ont favorisé la construction de **fortifications** tout le long du littoral atlantique. Au Pays basque, la citadelle de Saint-Jean-Pied-de-Port incarne à merveille le talent de Vauban. Mais c'est sans doute à Bayonne que les fortifications sont les plus spectaculaires. Si la citadelle n'est plus ouverte à la visite, les remparts de la ville, bien visibles, délimitent encore le centre historique actuel.

Pour admirer de beaux exemples de meubles basques, faites une petite visite au Musée basque de Bayonne (p. 98). Interactif et ludique, il est également adapté aux enfants.

LES BEAUX JOURS DES VILLAS BALNÉAIRES

Dès le Second Empire, la mode des bains de mer et du thermalisme favorise la construction de stations touristiques à l'architecture spécifique. Tous les styles y sont mêlés, car chacun veut pouvoir choisir entre les différentes périodes de l'histoire de l'art. C'est pourquoi ces villes correspondent à ce qu'on appelle aujourd'hui l'éclectisme. Villas néogothiques ou Renaissance dotées de vitraux, chalets anglo-normands à colombages, maisons mauresques... Tous les goûts étaient alors permis. Biarritz, heureuse élue de l'impératrice Eugénie, aime également à brouiller les pistes. Son cosmopolitisme en fait un carrefour expérimental : on y construit une église anglicane, une basilique russe, une église d'inspiration mexico-byzantine (la chapelle de l'Impératrice). La pierre de Bidache (val d'Adour) sert à la construction de toutes ces extravagances.

À l'orée du XIXe siècle et jusque dans les années 1950 prédomine la maison "néo-basque", qui reprend les formes de la maison traditionnelle labourdine, mais souvent uniquement de façon ornementale (les pans de bois rouges ne sont plus que décoratifs, et ne font pas toujours partie de la structure). On trouve nombre de ces villas tout le long de la Côte basque. L'architecte Henri Godbarge (1872-1943) en fut l'un des grands défenseurs. Le retour de certains émigrés basques d'Amérique latine lance également la mode des patios dans les grandes demeures balnéaires. Ce goût pour l'insolite n'échappe pas aux stations climatiques et thermales, marquées par une architecture hôtelière fin de siècle et l'apparition des casinos. En Béarn, Eaux-Bonnes, Salies-de-Béarn, Eaux-Chaudes et Pau, où la gentry anglaise construisit de belles villas, en sont de bons exemples.

Dans les années 1920, le style Art déco marque à jamais ces mêmes lieux de plaisir. Caractérisé par ses lignes géométriques, ses mosaïques, ses boiseries travaillées et ses ferronneries, il confère à Biarritz une certaine homogénéité. L'hôtel Plaza, le casino et le musée de la mer en sont les plus remarquables exemples. Les thermes de Cambo-les-Bains et la villa Leïhorra de Ciboure témoignent également de cette époque.

Architecture contemporaine

Au chapitre de l'architecture contemporaine, difficile de ne pas citer le Musée Guggenheim à Bilbao, que l'on doit à Franck Gerry. Conçu par Rafael Moneo, le centre Kursaal – le palais des congrès de San Sebastián – peut être également mentionné parmi les constructions récentes en Pays basque espagnol. Côté français, l'architecte bayonnais Xavier Leibar fait parler de lui. On lui doit le superbe cadre de Hegia, la maison d'hôte de Véronique et Arnaud Daguin (qui, lui, s'illustre à merveille dans la cuisine) et du Zazpi Hôtel à Saint-Jean-de-Luz, ainsi que le réaménagement intérieur du Centre d'éducation au patrimoine Ospitalea, à Irrisarry, installé dans une ancienne commanderie.

SCULPTURE ET PEINTURE

La région n'a pas donné naissance à des courants picturaux de première importance mais elle compte quelques artistes qui ont marqué leur époque.

Le peintre bayonnais Léon Bonnat (1833-1922) a entretenu une relation très intense avec sa ville natale, qui lui attribua une bourse afin qu'il puisse étudier à Paris. Après un séjour en Espagne, il devint peu à peu l'un des peintres les plus en vue du Paris mondain et politique, devenant un portraitiste officiel de la IIIᵉ République. Il est par exemple l'auteur d'un portrait d'Adolphe Thiers et de Jules Ferry. Ce fut également un grand collectionneur. Il légua sa collection à sa ville natale (on peut encore les admirer au musée Bonnat).

Nombre de paysagistes s'inspirèrent de la région basque pour en faire ressortir le pittoresque, à travers des scènes campagnarde. Citons par exemple

ART CONTEMPORAIN EN PAYS BASQUE ESPAGNOL

Le pays basque sud compte de nombreux sites d'exposition mettant des artistes basque et étrangers à l'honneur. Quelques lieux à ne pas manquer pour les amoureux des arts :

- **Les sculptures de San Sebastián**. La ville accorde une large part à la sculpture, notamment aux œuvres d'artistes basques exposées en plein air. Reportez-vous à l'encadré *Un peu de (s)culpture !*, p. 299
- **Museo Chillida Leku** (p. 300). Aux portes de San Sebastián, ce bel espace d'exposition, en partie en plein air, présente une quarantaine d'œuvres d'Eduardo Chillida.
- **Artium** (p. 319). Le musée d'art contemporain de Vitoria (Gasteiz) est considéré par certains comme plus riche par sa collection que le Museo Guggenheim de Bilbao…
- **Museo Guggenheim Bilbao** (p. 345). On ne le présente plus ! Certains affirment que la principale œuvre du musée est son architecture signée du maître Frank Gehry. Renseignez-vous sur ses expositions temporaires lors de votre passage.
- **Museo de Zuloaga** (p. 314). Installé dans l'ancien atelier du peintre basque Ignacio Zuloaga, il renferme plusieurs des toiles majeures de l'artiste, aux côté d'œuvres de maîtres classiques.
- **El bosque pintado de Oma** (p. 339). Une curiosité : la "forêt peinte" d'Agustín Ibarrola, au cœur de la vallée de l'Oma.

Marie Garay (1861-1953), Georges Berges (1870-1935), Pierre Labrouche (1876-1956) et Henri Zo (1873-1933), qui exposa au salon des artistes français dès 1895, et qui illustra notamment *Ramuntcho* de Pierre Loti. Mais le grand peintre du Pays basque est sans conteste Ramiro Arrue (1892-1971). Dans un style figuratif très simple, cet artiste régionaliste, écrivain également, exalte à travers ses images les traditions de son pays natal.

Au XXᵉ siècle, l'art contemporain et le Pays basque se sont rencontrés au plus haut niveau, à travers notamment l'œuvre de deux sculpteurs : Jorge Oteiza, et surtout l'espagnol Eduardo Chillida (1924-2002). Ce dernier, s'inspirant notamment des stèles discoïdales, fut un grand inventeur de formes, sculptant le métal dans la grande tradition ibérique. D'autres artistes, comme Nestor Basterretxea ou Zigor Eskultura, ont, depuis, pris la relève.

DANSE ET MUSIQUE
Instruments et danses traditionnels

Musiques et danses populaires s'expriment surtout au moment des fêtes villageoises, lors des événements familiaux (mariages) et pendant les carnavals.

Le *trikitixa* (accordéon diatonique spécifique au Pays basque), la *gaïta* (sorte de hautbois), le txistu (flûte droite à trois trous), la *txalaparta* (bâton rythmique frappant des planches de bois) et le *soinu* basque (tambourin doté de 6 cordes et tenu en bandoulière) figurent parmi les instruments d'un art populaire vieux de plusieurs siècles.

Côté danse, si Luis Mariano a lancé la mode du fandango importé d'Espagne, c'est surtout les sauts qui caractérisent la danse traditionnelle basque (dont on compte plus de 200 variantes). Les *mutxikoak*, qui appartiennent à la famille des sauts basques, sont les plus connues et pratiquées. Les sauts sont réservés aux hommes et consistent à ne bouger que les jambes, en se tenant droit, les bras le long du corps. Ils font souvent l'objet de concours.

Les chants basques

Le Pays basque est connu pour ses "voix". Jusqu'à une vingtaine d'années, la chanson populaire était surtout caractérisée par les *bertsulari* (improvisateurs), qui créent et déclament des poésies et des épopées sur des airs anciens. Mattin d'Ahetze et Xalbador d'Urepel sont des figurent historiques de cet art vocal et souvent caustique. Cette tradition se perpétue toujours, notamment à travers des concours, dont certains sont retransmis en direct sur la télévision basque.

Le chant basque connaît aujourd'hui une plus grande variété d'expression, qu'il soit liturgique ou profane. Les chœurs masculins sont les plus nombreux. Parmi les représentants de cette chanson basque, citons Imanol, Benito Lertxundi, Mikel Laboa ou encore Xavier Lete.

Et aujourd'hui ?

Biarritz accueille depuis 1998 un Centre chorégraphie national dirigé par Thierry Malandain (lire son interview p. 124). La ville met la danse contemporaine à l'honneur chaque année en septembre, lors du festival Le Temps d'aimer.

Quant à la musique, un important courant de rock basque est né dans les années 1980 alors que le Pays basque subissait aussi la crise économique. Le groupe Negu-Gorriak (issu de la séparation du célèbre groupe Korkatu fondé par les frères Mugaruza), Sutugar ou Sustraia en sont les principaux représentants.

Le compositeur Maurice Ravel (1875-1937) est né à Ciboure. Toutefois, il quitta la région très jeune et son œuvre musicale reflète peu d'influences basques.

Originaire de Pamplona et résidant en partie à Biarritz, Pablo de Sarasate (1844-1908) fut l'un des grands violonistes de son temps. Il favorisa la diffusion de sonorités espagnoles auprès de grands compositeurs comme Lalo ou Saint-Saens (dans la *Symphonie espagnole* par exemple). On peut visiter sa demeure à Pamplona.

Fêtes et traditions

Foules transportées par les processions colorées, stades de rugby enfiévrés, courses de taureaux endiablées... il n'y a aucun doute, le Pays basque et le Béarn cultivent l'art de la fête. Aucune occasion n'est manquée pour faire écho aux traditions populaires les plus anciennes, parfois lors de véritables bacchanales. Chaque village a son calendrier et, en été, il n'est pas rare d'entendre résonner des chants basques au cœur d'une église de village, le jour de la célébration du saint patron. Cette culture ne se résume pas aux folkloriques mascarades et danses basques. Elle soulève une véritable ferveur populaire, qui traverse les générations et a su évoluer, également grâce aux sports comme la pelote basque, le rugby, et même le surf, qui font aujourd'hui partie du patrimoine culturel régional.

LES TRADITIONS ANCESTRALES
Les mascarades

Mélange de défilé, de théâtre de rue et de carnaval, typique de la tradition d'inversion des mondes de l'époque médiévale, la mascarade est connue des Souletins sous le nom de Zotal egünak (jours fous). Célébrée entre le 26 décembre et le 6 janvier (cette période correspond au décalage entre le calendrier solaire et le calendrier lunaire que les Souletins respectaient autrefois), la mascarade est organisée chaque année dans un village différent de la province.

Au Moyen Âge, l'Église autorisait une fois l'an la population à s'exprimer face au seigneur des lieux. Enivrés par cette rare et précieuse liberté, les hommes dansaient et critiquaient ouvertement les déviances du pouvoir. Réintroduites en 1984, les célébrations respectent toujours les règles séculaires : elles commencent par des danses exécutées autour de bouteilles placées à même la route et se poursuivent, l'après-midi, par des saynètes (qui égratignent parfois les élus locaux), jouées par des villageois volubiles.

FÊTES ET FERIAS : LE BEST OF

Voici une sélection des fêtes les plus populaires et les plus spectaculaires du Pays basque, du Béarn et de la Navarre :

- **Fêtes de Bayonne** (5 jours, tout début août) – Concerts, bals publics, danses basques, courses de vaches, corsos lumineux, masters de pelote basque... un concentré de coutumes basques.
- **Fête de la Saint-Firmín** *(Sanfermines)* **à Pamplona** (deuxième semaine de juillet) – Une semaine de folie dans la capitale navarraise, avec *encierro*, corridas et processions enfiévrées.
- **Régates de trainières à Saint-Jean-de-Luz** (fin juin-début juillet) – Régates à la rame (les trainières sont les barques jadis utilisées pour pêcher les baleines).
- **Les Sarako Bestak à Sare** (second dimanche de septembre) – Quatre jours de fêtes colorées avec pelote, force basque, concerts de tambours.
- **Fêtes de la transhumance dans les Pyrénées béarnaises** – Des rassemblements à la fois authentiques et festifs, comme à Laruns, dans la vallée d'Ossau (début juillet) ou à Aramits, dans vallée du Barétous (fête des Bergers en septembre).
- **Les carnavals espagnols (premiers jours de février)** – Six jours de déguisements et de fêtes dans bon nombre de villages ou de plus grandes villes, comme Bilbao, San Sebastián ou Tolosa.

Pour les connaître l'intégralité du calendrier des réjouissances, voir le Carnet pratique, p. 414.

L'ensemble du village participe ainsi à la fête en se divisant en deux univers distincts et opposés : les personnages de la mascarade rouge enfilent le rôle des danseurs nobles et vertueux ; ceux de la mascarade noire se transforment en acteurs odieux et repoussants.

Les pastorales

Chaque année, en Soule, un village se mobilise afin de réaliser une pastorale. La préparation dure des mois. Le spectacle comprend des chants, des danses et des saynètes jouées en euskara suivant des règles convenues. Pratique ancestrale, ces représentations théâtrales ont connu, il y a une trentaine d'années un véritable renouveau. On estime que les premières pastorales furent données dès le XVᵉ siècle. Jouées par les bergers et les pasteurs à travers toute l'Europe, elles ne sont plus aujourd'hui perpétuées que dans la plus petite province du Pays basque. Ses villages y témoignent toujours de leurs traditions et de leur patrimoine. Toutes les générations du village investi sont associées dans cette entreprise singulière. Plus encore que pour la mascarade, chaque villageois a un rôle bien précis à tenir sur scène : il en va de l'image de la famille mais aussi du village ! Deux représentations en plein air, généralement sur la place du bourg, sont données durant l'été (l'une en juillet et l'autre en août). Contrairement aux siècles passés où le spectacle était sans fin, celui-ci dure aujourd'hui entre 3 et 4 heures. Pour le plus grand bonheur des villageois et des spectateurs, qu'ils parlent ou non basque.

> Renseignez-vous auprès des offices du tourisme pour connaître le nom du village où se déroulera la prochaine pastorale.

Les courses de traînières

La traînière est une variété basque de la barque de pêche, manœuvrée à l'aviron et à la voile. Les pêcheurs de la Côte basque rivalisaient autrefois pour être les premiers à rentrer au port et vendre leur poisson plus cher. De cette habitude datent les courses de traînières (*regatas de traineras*), une compétition à laquelle participent certaines localités du Labourd ou du Guipúzcoa. Citons en particulier les régates de Saint-Jean-de-Luz ou celles de San Sebastián.

Épreuves de force basque

Nées dans les contrées rurales de la Soule et de la basse Navarre, les épreuves de force s'apparentaient à des joutes entre villages. Les épreuves évoquent les anciens métiers du Pays basque rural : l'abattage des arbres, les travaux de la pierre (carriers et tailleurs de pierre), les travaux des champs (fauchage), etc.

Les épreuves majeures demeurent celles des scieurs de long et des bûcherons – ils doivent scier ou débiter le plus de bois possible en un minimum de temps –, ainsi que la levée de pierres ou de bottes de paille hissées, le plus de fois possible, à 9 m de haut. Le jeu de la charrette consiste à faire traîner des blocs de pierre par un attelage conduit par des bœufs. Le tir à la corde (*soka tira*) oppose le plus souvent deux villages. L'été, nombre de bourgs organisent des concours de force basque, mais le plus connu reste sans doute le festival de Saint-Palais.

PELOTE ET SPORTS D'AUJOURD'HUI
Pelote basque

Sport ancestral dont les origines remonteraient à l'*apporharis* pratiqué par les Grecs et à la *pila* jouée par les Romains, la **pelote basque** est pratiquée de nos jours dans près de 24 pays. Liée à la diaspora basque, l'expansion de ce sport reste circonscrite à certaines régions du monde. En France, environ 20 000 licenciés pratiquent l'une des disciplines de la pelote basque. Telle qu'elle se pratique aujourd'hui, la pelote basque se répartit

---

LE BÉRET, BASQUE OU BÉARNAIS ?

Lors de la moindre fête, on le porte fièrement, dès le plus jeune âge. Mais quelle est donc l'origine du béret ? On le dit basque depuis qu'il fut popularisé lors des guerres carlistes en Espagne, au XIXe siècle, mais cela n'empêche pas les Béarnais de continuer à revendiquer la paternité du célèbre couvre-chef. La vallée d'Ossau serait son véritable berceau et le mot viendrait du béarnais "berret".

Il est vrai que la trace historique la plus ancienne qui lui soit liée est une sculpture du XIIIe siècle que l'on peut voir sur le portail de l'église de Bellocq, dans le nord-ouest du Béarn (un personnage portant cette coiffe caractéristique y est représenté). On ne peut non plus ignorer que les deux derniers établissements à perpétuer la tradition de la fabrication artisanale du béret se trouvent dans le Béarn : l'entreprise Blancq-Olibet, à Nay et l'usine Béatex, à Oloron-Sainte-Marie, qui devint l'une des principales villes de production du béret lorsque Louis Barthou, enfant du pays devenu ministre de la Guerre dans les années 1920, passa commande pour coiffer les soldats français.

Il a depuis été adopté par les armées du monde entier, mais n'est pas pour autant devenu un attribut exclusivement guerrier, la mode s'étant également approprié ce symbole du pastoralisme béarnais. Si vous vous intéressez à l'histoire et à la fabrication du béret – un processus très technique ne nécessitant pas moins de 20 opérations, dont le garnissage, le foulonnage et le feutrage –, ne manquez pas la visite du musée du Béret, à Nay.

Pour connaître le calendrier des matchs, contactez les offices du tourisme ou la Fédération française de pelote basque (☎ 05 59 59 22 34 ; www.ffpb.net ; 60 avenue Dubrocq, BP 816, 64102 Bayonne Cedex).

en 22 spécialités différentes. Toutes ont leurs propres règles, mais toutes obéissent à un ensemble de conventions générales issues de la tradition euskarienne la plus ancienne. Les plus populaires des disciplines sont la main nue, la xare, la paleta cuir, la paleta gomme et le rebot.

La main nue est la base même du jeu. Chaque joueur (*pilotari*) protège ses mains avec des pansements (petits morceaux de mousse élastique placés sur les paumes) et tente de frapper la pelote de 97 grammes hors de portée de ses adversaires. La partie se joue en une manche de 50 points.

La xare est connue sous le nom de pelote avec filet. Inventée par les Argentins, c'est la seule discipline où les joueurs ne frappent pas la pelote. Chaque partie se joue au meilleur des 40 points.

La paleta cuir est la plus rapide de toutes les disciplines. Les joueurs frappent la balle avec une raquette de bois. De taille allongée et étroite, la palette pèse environ 600 g pour 2,5 cm d'épaisseur. Le vainqueur est le premier à atteindre 45 points.

La paleta gomme est la seule discipline à accueillir les femmes. On distingue deux catégories : la plus populaire est la pelote de gomme creuse appelée baline, la seconde est la pelote pleine (dite espagnole). Le match se joue en 25 points gagnants.

Le rebot est le plus ancien et le plus complexe de tous les jeux de pelote. C'est un jeu direct dont les camps inégaux sont délimités par un trait. La trajectoire de la pelote peut atteindre 100 m. La partie se joue en 13 jeux et le décompte des points est celui du tennis.

La cesta punta, un autre sport traditionnel, se joue sur un terrain mesurant entre 50 et 56 m de long, dont les limites sont constituées par le fronton (mur latéral gauche), le frontis (mur de frappe axial) et le mur de fond. Le jeu consiste à renvoyer la pelote (enrobée de peaux de cuir parcheminées) contre le frontis en débordant l'adversaire. Elle se joue par 2 équipes de 2 joueurs (un avant et un arrière), où chacun, muni d'une chistera, a la possibilité de reprendre la pelote de volée ou après un rebond sur l'une des parois. La partie se joue au meilleur des 35 points.

Le rugby

Avec la pelote basque, le rugby est l'un des sports les plus pratiqués localement. Les stades sont pleins lorsque le Biarritz Olympique (www.

bo-pb.com) ou l'Aviron Bayonnais (www.abrugby.fr) jouent, et d'autant plus lorsqu'un derby basque oppose les deux clubs ! Les matchs correspondent aussi à de véritables moments d'euphorie, qui durent en général toute la journée. Les offices de tourisme vous renseigneront sur les rencontres professionnelles ou amateurs. Vous pouvez aussi consulter les sites de la Fédération française de rugby (www.ffr.fr) et du Comité de rugby de la Côte basque-Landes (www.comitecbl.com).

Le surf
Le surf a débarqué sur les plages de la Côte basque en 1956 et a rapidement gagné ses lettres de noblesse, si bien qu'aujourd'hui, et bien qu'il soit relativement récent, il fait patrie intégrante du patrimoine culturel et sportif. Plus que d'un sport, on peut parler d'un « esprit surf », avec ses lieux, ses tenues vestimentaires et ses codes, qui ont dépassé aujourd'hui le cercle restreint des initiés. Pour plus d'informations sur la pratique du surf sur la Côte basque, reportez-vous p.63

TAUROMACHIE ET FERIA
Bain de sang pour les uns, opéra-métaphore de la lutte entre l'homme et l'animal pour les autres, décriée ou adorée, la tauromachie ne laisse jamais indifférent. Quelle que soit l'opinion de chacun, la corrida est l'une des traditions du Pays basque et de la Navarre, au nord comme au sud même si elle est beaucoup plus répandue en Espagne, où chaque petite ville a sa *plaza de toro*, c'est-à-dire ses arènes. Les corridas de Bayonne, Pamplona ou Bilbao soulèvent les foules et ne relèvent en aucun cas du folklore pour touristes. Si vous assistez à un combat, vous serez étonné de l'ambiance qui y règne.

Brève histoire de la tauromachie
Si le culte du taureau et les jeux tauromachiques remontent à l'Antiquité, la corrida telle qu'on la pratique aujourd'hui naît au XVIIIe siècle en Navarre parmi l'aristocratie espagnole. Auparavant, elle était uniquement pratiquée à cheval par la noblesse et obéissait à des règles moins strictes. Au nord des Pyrénées, les premiers jeux taurins se résumaient à des courses de bœufs et à des spectacles où les taureaux affrontaient chiens, ours ou lions dans une parodie de jeux de cirque. Sans mise en scène sophistiquée ni règles fixes, ces pratiques n'avaient encore rien à voir avec les combats pratiqués au-delà des Pyrénées.

En 1853, une première corrida espagnole est donnée à Bayonne, sous l'impulsion de l'Espagnole Eugénie de Montijo, mariée à Napoléon III. Le succès est immédiat. Davantage ritualisée et aboutissant à une mise à mort, elle s'implante rapidement dans le Sud-Ouest. Les lâchers de taureaux (*encierros* en espagnol) et autres jeux ne disparaissent pas pour autant. La mise à mort des taureaux suscite cependant de vives polémiques. Certains maires ou préfets l'interdisent, avant qu'un arrêté ministériel ne le fasse officiellement.

L'implantation des arènes, d'abord construites en bois, s'accélère pourtant dans les Landes et au Pays basque. Les premiers édifices en dur datent des années 1920, mais on note des différences régionales : en Pays basque, les provinces de la Soule ou de la basse Navarre abritent peu de *plazas de toros* (arènes), à l'inverse des provinces basques espagnoles et de la Navarre où le moindre village possède sa *plaza*.

La corrida
La corrida est un spectacle inoubliable, quelle que soit votre opinion sur cette pratique. Dégoûté ou emporté par l'esthétique de la mise en scène, vous vous souviendrez de toute façon de l'ambiance passionnée qui règne

Il existe des associations, dont les plus connues sont le Comité Radicalement Anti-Corrida Europe (ou "CRAC Europe ; www.anticorrida.com), et l'Alliance Anticorrida (www.anticorrida.org), qui luttent activement contre la tauromachie, notamment grâce à des pétitions et le soutien de nombreuses personnalités (écrivains, artistes, scientifiques).

dans l'arène. Réunissant toutes les classes sociales, hommes et femmes, jeunes et vieux, la corrida soulève les foules, attise les passions. On acclame les toreros, on les siffle, on commente les passes. La tauromachie est un univers complexe, au nombre incalculable de lois, avec son vocabulaire, sa presse et ses lieux de ralliement.

La plupart des corridas ont lieu en fin d'après-midi, vers 17h, lorsque la lumière commence à être moins forte.

Pour comprendre cet engouement, mieux vaut connaître les règles de base qui régissent le combat. Il est impossible de répertorier tous ces rituels, mais, de façon générale, rappelez-vous constamment que plus les toreros se mettent en danger, plus ils seront acclamés. Au contraire, toute initiative visant à blesser inutilement l'animal sera immédiatement suivie d'un mouvement de désapprobation parmi les aficionados.

Une corrida comprend six combats menés par trois matadors. Chaque combat se déroule en trois temps. Les premières passes permettent au matador de tester l'animal. Ce 1er tercio se conclut par l'entrée des picadors qui, sur leur cheval caparaçonné, blessent le taureau à la base du cou à l'aide d'une grande pique afin que celui-ci ne puisse attaquer qu'en ligne droite. Ils doivent laisser le taureau venir à eux. Le 2e tercio est celui des banderilles, petits harpons colorés plantés par les banderilleros juste derrière l'emplacement des piques. Lors du 3e tercio, le torero effectue des passes avec sa muleta (une cape rouge) et porte l'estocade finale. Les récompenses vont d'une oreille à deux oreilles et la queue.

Les ferias

Véritable fêtes du taureau, les ferias concilient la corrida espagnole et les *encierros* (lâcher de vachettes ou de taureaux dans les rues de la ville jusqu'aux arènes) et permettent donc d'avoir un aperçu complet des traditions régionales. C'est l'occasion de s'initier à un univers particulier, avec ses héros, son vocabulaire, son bréviaire et ses revues. C'est également durant les ferias que l'on voit dans l'arène les meilleurs matadors, français ou étrangers.

Aujourd'hui, les ferias sont aussi de bonnes occasions pour faire simplement la fête, sorte de défouloir populaire où l'alcool coule à flots. Au départ tenues par les aficionados, les *bodegas* (des caves à vin à l'origine), ces bars improvisés sur des tréteaux, déversent leur flot de musique de toutes sortes, de la techno à la musique espagnole. Les boulevards sont alors transformés en pistes où défilent les *peñas*, des *bandas* (orchestres) farfelues, qui, à l'origine, manifestaient ainsi leur soutien à tel ou tel torero. De gigantesques paellas et des marchands de *churros* (beignets) témoignent de l'héritage espagnol de la tauromachie. Dans chaque ville, la fête revêt des aspects divers selon les quartiers. C'est durant les ferias que les clubs taurins ouvrent leur *bodega* et viennent encourager leurs toreros de prédilection. Ces associations d'aficionados sont parfois très anciennes.

Réservez longtemps à l'avance votre logement et votre place dans l'arène si vous comptez assister aux plus prisées des ferias. Au moment de la réservation des billets, vous aurez à choisir entre les places à l'ombre, plus chères, et les places au soleil, plus abordables.

Parmi les meilleurs lieux pour appréhender la culture taurine : **Bayonne** (feria de Bayonne début août ; feria de l'Assomption autour du 15 août ; feria de l'Atlantique début septembre ; ww.corridas.bayonne.fr) ; **Pamplona** (Fêtes de la Saint-Firmin, 6-14 juillet environ ; www.sanfermin.com), **Bilbao** (temporada en août www.plazatorosbilbao.com) mais aussi, plus confidentielle, la feria d'**Orthez** (en juillet ; www.mairie-orthez.fr).

Cuisine basque et béarnaise

Un voyage en Pays basque et en Béarn, c'est aussi une histoire de cuisine. Le jambon de Bayonne, le fromage de brebis, le piment d'Espelette, le thon, la dorade et autres poissons pêchés au large des côtes constituent les pièces maîtresses d'un terroir où les plaisirs de la table sont indissociables de la culture locale. La tradition culinaire est ici solidement ancrée, en témoignent notamment les paysages très pastoraux et les forêts où l'on vient chercher cèpes et girolles. La cuisine locale est synonyme d'art de vivre – une assiette de charcuteries accompagnée d'un verre d'irouléguy ou une assiette de *pintxos* (tapas) et son verre de rioja suffisent à régaler bien des papilles. Elle est aussi créative ; les chefs basques jouissent en effet d'une belle réputation.

Henri de Navarre, futur Henri IV, était friand des produits issus de sa terre natale et notamment du jambon basque. Devenu Roi de France, il ne manquait pas de s'en faire régulièrement livrer à Paris.

Alors, bien sûr, il est parfois difficile de trouver une simple salade dans l'arrière-pays, les menus affichant souvent les grands classiques que sont la piperade, l'*axoa* (voir l'encadré p. 54), la garbure, le confit de canard (les Landes ne sont pas très loin). Mais à ceux qui auraient quelques scrupules à céder à ces plats souvent cuits dans les graisses animales, on rappellera simplement qu'en Aquitaine, les maladies cardiovasculaires seraient moins fréquentes qu'ailleurs. Mais foin de statistiques, laissons parler les spécialités et la gastronomie !

SPÉCIALITÉS DU PAYS BASQUE FRANÇAIS

La cuisine basque doit une part importante de sa saveur au **piment d'Espelette** (*Espeletako Bippera*, voir l'encadré *Le piment d'Espelette* au chapitre *Labourd*, p. 162), mais aussi au **piment doux d'Anglet** (récolté vert, avant son mûrissement). Doux et parfumé, le piment d'Espelette entre dans la composition de nombreux plats, en particulier dans la **piperade**, à qui il a donné son nom ; celle-ci mêle tomates et oignons sur lesquels sont cassés et brouillés quelques œufs. Le piment parfume aussi l'**axoa** (prononcer achoa), un plat mijoté, composé de viande de veau ou d'agneau émincée plus ou moins finement, d'oignons et de poivrons.

De nombreux plats basques sont traditionnellement servis avec des dés ou une tranche de **jambon de Bayonne**, lui-même frotté au piment d'Espelette

---

LA GARBURE

▪ Pour 6 personnes :	▪ 500 g de poireaux	▪ 1 bouquet garni
▪ 1 chou vert	▪ 3 oignons piqués d'un clou de	▪ 4 gousses d'ail
▪ 300 g de haricots	girofle	▪ sel et poivre
▪ 1 talon de jambon de	▪ une dizaine de pommes	▪ 1 cuisse de canard confite
Bayonne	de terre	(ou 1 cuisse par personne
▪ 500 g de carottes	▪ 1 pied de céleri	pour un plat unique)

Commencez par faire tremper les haricots (si possible la veille). Les haricots tarbais sont considérés comme les meilleurs. Faites également blanchir le chou, en le coupant en morceaux que vous plongerez 5 minutes dans l'eau bouillante. Dans un grand volume d'eau, faites ensuite cuire tous les légumes et le talon de jambon durant environ 45 minutes. Ajoutez le bouquet garni, salez et poivrez. Ajoutez enfin la cuisse de canard confite et poursuivez la cuisson environ 20 minutes avant de servir.

Il existe des dizaines de variantes de cette recette de base.

qui lui donnerait sa couleur rouge sang (voir l'encadré p. 162). Autre plat local répandu, le **poulet basquaise** est préparé avec les ingrédients de base de la cuisine basque : tomates, poivrons, piment d'Espelette, ail… Quant à la **palombe**, ou pigeon ramier, elle vous sera proposée en saison, rôtie ou en salmis (la chair et les abats sont hachés et utilisés pour réaliser une sauce épaisse). Elle se déguste également en Béarn.

Le piment d'Espelette, qui donne, avec les piments verts d'Anglet, beaucoup de son piquant à la cuisine basque, provient d'une espèce mexicaine.

Les produits de la mer ne sont pas en reste, les pêcheurs basques s'étant singularisés au cours de l'histoire sur de nombreuses mers du globe. Merlu, lotte, grondin, rascasse et langoustines entrent dans la composition du **ttoro**, une épaisse soupe de poissons. Les **chipirones** (ou chipirons), délicieux petits calamars ou seiches également appréciés du côté espagnol des Pyrénées, sont cuisinés avec des tomates, dans leur encre ou simplement poêlés à l'ail ou frits. Le **thon** est la base du **marmitako** (tomates, oignons, ail, pommes de terre, poivrons, piment d'Espelette et vin blanc) et la morue sert notamment à farcir les **pimientos del piquillo**, de petits poivrons rouges récoltés surtout en Pays basque espagnol

Enfin, la région fait une large place aux poissons d'eau douce ou aux poissons migrateurs. Le **saumon** remonte les eaux de l'Adour pour frayer dans les gaves du Béarn ou dans la Nive. Lamproie et alose se retrouvent également dans l'Adour. Les **pibales** (ou civelles) sont ici des alevins d'anguille. Cuisinées avec de l'ail et du piment, elles se dégustent essentiellement au printemps. Ne manquez pas non plus les **truites de Banca** de la vallée des Aldudes.

Fierté du Pays basque intérieur, l'excellent **fromage pur brebis d'Ossau-Iraty**, également connu sous le nom d'*ardi gasna*, bénéficie d'une appellation contrôlée (AOC) (voir aussi l'encadré *Pastoralisme et fromages pyrénéens* au chapitre *Béarn*, p. 262). Des fromages mélangeant lait de vache et de brebis sont également produits au Pays basque français. Selon la tradition, le fromage basque se consomme avec de la confiture de **cerises noires** récoltées à Itxassou.

La carte de tous les restaurants du Pays basque (ou presque) se conclut par l'incontournable **gâteau basque**. Il se compose de crème pâtissière ou de confiture de cerises noires d'Itxassou (les amateurs se divisent selon leur préférence pour l'une ou l'autre, la seconde étant considérée comme la recette d'origine), étalée entre deux couches d'une pâte parfumée au citron. Les meilleures recettes de cette pâtisserie roborative, dont il existe des dizaines de variantes, sont surprenantes de délicatesse.

Toujours dans le registre des douceurs figurent le **touron**, spécialité originaire de la Biscaye, ainsi que le **chocolat** (voir l'encadré *Terre natale du chocolat* qui lui est consacré dans *Bayonne* au chapitre *Labourd*).

Côté boisson, citons l'**Izarra**, liqueur aromatisée aux plantes de montagne, de couleur verte ou jaune – cette dernière est la moins alcoolisée. Le Pays basque s'illustre enfin par une production de **cidre brut** (*sagardoa* en basque), que vous dégusterez dans des cidreries artisanales.

L'AXOA

- 1 kg d'épaule de veau
- 2 oignons
- 1 poivron rouge
- 2 piments d'Espelette et quelques piments verts doux
- 1 grosse gousse d'ail
- 1 bouquet garni
- sel

Faites revenir dans un fond d'huile l'ail émincé, les oignons, les piments et les poivrons coupés en morceaux (n'oubliez pas d'ôter les pépins des poivrons et des piments). Après une dizaine de minutes, ajoutez la viande coupée en lanières et le bouquet garni. Faites revenir l'ensemble, puis ajoutez un verre d'eau, couvrez et laissez mijoter pendant au moins 45 minutes. Vous pouvez accompagner ce plat de pommes de terre. Servez, de préférence, avec un irouléguy rouge. Certains remplacent les piments doux par un poivron vert.

JOURS DE MARCHÉ EN PAYS BASQUE FRANÇAIS

Pour acheter les produits régionaux, rien de mieux que de fréquenter les étals de marché. N'hésitez pas à demander des conseils sur les spécialités locales ! Voici un petit récapitulatif des jours de marché :

Tous les jours de la semaine : Bayonne, Biarritz

- Le lundi : Saint-Jean-Pied-de-Port, Tardets (en juillet-août)

- Le mardi : Hasparren, Hendaye, Mauléon (haute ville), Saint-Jean-de-Luz

- Le mercredi : Espelette, Hendaye, Urt, Cambo-les-Bains

- Le jeudi : Anglet, Hendaye, Sare, Urrugne

- Le vendredi : Cambo-les-Bains, Saint-Jean-de-Luz, Saint-Palais

- Le samedi : Ascain, Bidart, Espelette, Hasparren, Hendaye, Mauléon (basse ville), Saint-Jean-de-Luz, Saint-Étienne-de-Baïgorry, Saint-Pée-sur-Nivelle, Ustaritz

- Le dimanche : Anglet, Ciboure

SPÉCIALITÉS DU PAYS BASQUE ESPAGNOL

Viandes grillées, *jamón ibérico* (**jambon sec**), délicieux poissons et fruits de mer… le Pays basque sud est riche de promesses, tant côté terre que côté mer. Les plats les plus emblématiques sont la *bacalao al pil pil* (**morue à l'ail**), la *merluza a la vasca* (**merlu à la basque**) ou encore la *chuleta de buey* (**côte de bœuf**). La région fait cependant avant tout la part belle aux *pintxos* – nom basque des **tapas** –, qui se déclinent en une infinité de formes, sont ouverts à toutes les innovations et se hissent parfois au rang d'œuvres d'art, notamment à San Sebastián (voir l'encadré *Les pintxos, ou l'art de la gastronomie minimaliste*, p. 303).

Les végétariens, en revanche, risquent de rester sur leur faim. Ils trouveront heureusement quelques *pintxos* sans viande ni poisson, des salades et les traditionnelles *tortillas* (attention, certaines de ces omelettes contiennent de la morue).

Les *pintxos* se consomment habituellement debout, au comptoir. Chaque convive doit garder face à lui les petites piques en bois, qui servent à calculer l'addition. Quelques tables sont parfois disponibles. Dans ce cas, on vous proposera souvent des *raciones*, c'est-à-dire des tapas servies à l'assiette, dans des proportions plus copieuses et à un tarif supérieur. Préférez les "véritables" restaurants aux bars à tapas si vous voulez être sûr de manger assis à table.

La cuisine basque, rarement épicée, ne présente pas de problème pour les enfants (qui adoreront, sans nul doute, faire des repas de *pintxos*…).

Les boissons les plus consommées sont le *sidra* (cidre, voir l'encadré *La belle saison des cidreries*, p. 304) et le *txacoli*, un vin blanc nouveau, léger et rafraîchissant, accompagnement classique des *pintxos*.

SPÉCIALITÉS BÉARNAISES

Confits (voir l'encadré *Le confit, une affaire de Sud-Ouest*, p.56), magrets et palombes occupent une place de choix dans la cuisine béarnaise. Le premier ambassadeur de la gastronomie locale est cependant la **garbure** (voir l'encadré p. 53), potage dont il existe des dizaines de variantes. Plus ou moins épaisse, cette soupe rustique peut être servie en plat unique ou en potage clair. Elle se compose de légumes de saison cuits avec un talon de jambon et doit sa saveur particulière au morceau de confit d'oie, de canard ou de porc qui y est ajouté en fin de cuisson.

Autre star, la **poule au pot** fut popularisée par Henri IV. Cuite plusieurs heures dans un bouillon de légumes, elle est farcie d'un mélange constitué de ses abats, de jambon, d'ail et de mie de pain hachés. Elle se déguste avec les légumes de cuisson et un peu de gros sel, à la façon d'un pot-au-feu.

Complément des viandes rouges, la **sauce béarnaise** est élaborée à partir d'échalotes, de cerfeuil, d'estragon, de vin blanc, de jaune d'œuf et de beurre.

LES VINS

En comparaison avec le reste de l'Aquitaine, le Pays basque et le Béarn ont une production évidemment plus confidentielle. Toutefois, ils ne manquent pas de beaux terroirs et de bons vins, dont la qualité va croissante. Les vignobles du Jurançon (p. 226), du Madiran et du Pacherenc (voir p. 253), ainsi que de l'Irouléguy (p. 187) sont à découvrir. Le Pays basque espagnol compte aussi d'excellents vins rouges, puissants, notamment ceux de la Rioja. Les *crianza* (vins de moins de 3 ans, dont 1 an en barrique) sont moins réputés que les *reserva* (vins de plus de 3 ans, dont 1 an en barrique) et les *gran reserva* (vieillis au moins 2 ans en barrique)

L'Irouléguy, dévalant les pentes des villages d'Irouléguy, de Saint-Étienne-de-Baïgorry et d'Andhaux, est un des plus petit vignoble de France

À LA TABLE DES CHEFS

Vous vous en apercevrez rapidement, ici les bonnes tables ne manquent pas. Celles dont on vous parle sont tenues par des chefs réputés, le plus souvent étoilés au Michelin. Il est souvent nécessaire de réserver à l'avance – surtout en été – pour goûter à leur cuisine.

Jean-Claude Tellechea s'illustre depuis des années à l'**Auberge du Cheval-Blanc** (p. 103) à Bayonne, tandis que les frères Ibarboure ont décidé de se séparer et ont chacun leur adresse, **La Table des Frères Ibarboure** (www.freresibarboure.com ; p. 133) pour l'un, à Bidart, et **Briketenia** (www.briketenia.com ; p. 135) pour l'autre, à Guéthary. À Saint-Jean-Pied-de-Port, Firmin et Philippe Arrambide font les belles heures de l'hôtel-restaurant **Les Pyrénées** (www.hotel-les-pyrenees.com ; p. 183). Après Les Platanes à Biarritz (devenu aujourd'hui Les Rosiers sous la houlette de Stéphane et d'Andrée Rosier, voir p. 123), Arnaud Daguin s'est lancé dans une nouvelle aventure en ouvrant sa propre maison d'hôte, **Hégia** (www.hegia.com), dans une ferme au-dessus de Hasparren. Quant à Eric Dequin, il est revenu dans son Béarn natal où il officie à l'**Auberge Labarthe** (www.auberge-pau.com ; p. 229) à Bosdarros. Autre table réputée du Béarn, celle du **Pastoral** (www.alysson-hotel.fr ; p. 235) à Oloron-Sainte-Marie qui, sous la houlette de Christophe Dodard, s'est vu attribuer une fourchette par Alain Ducasse.

Du côté espagnol, le Pays basque fait aussi la part belle à la gastronomie. À San Sebastián, **Arzak** (www.arzak.info ; p. 303), où officient Juan Mari et Elena Arzak, est un incontournable : un repas dans ce restaurant trois étoiles laisse un souvenir impérissable. Citons également **Martín Berasategui** (www.martinberasategui. com) à Lasarte-Oria et le **Kursaal** (www.restaurantekursaal.com, p. 303), autre établissement du célèbre chef à San Sebastián, qui a décroché une étoile au Michelin ; **Mugaritz** à Errenteria (www.mugaritz.com) ou encore **Zuberoa** (www.zuberoa.com) à Oiartzun.

LE CONFIT, UNE AFFAIRE DE SUD-OUEST

Certaines spécialités culinaires peuvent être attribuées à un terroir aquitain spécifique. D'autres, comme le confit, sont emblématiques de toute la région. Né d'une volonté de conservation de la viande, il est devenu le trait d'union de toutes les cuisines du Sud-Ouest.

Sa préparation se déroule en trois étapes. La viande (oie, canard, porc, poule) commence par être poivrée, éventuellement frottée à l'ail et couverte de gros sel durant au moins une nuit. Elle est ensuite cuite pendant plusieurs heures dans la graisse filtrée du même animal. Le confit est enfin conservé dans la graisse, dans des bocaux de verre ou en conserve.

Le confit se déguste habituellement, avec des pommes sautées à l'ail (cuites dans la graisse, bien sûr) ou une salade verte. Il s'accompagne d'un vin rouge charpenté.

Environnement

GÉOGRAPHIE

Bienvenue dans le pays vert et bleu. Ici, les éléments se rencontrent, le vert des Pyrénées se mêlant au bleu des rivières et de la mer. Le long de la Côte basque, l'océan vient heurter des falaises sédimentaires et creuser des criques et des baies. Les Deux Jumeaux, à Hendaye, témoignent de cette érosion. Jusqu'à l'Espagne et au-delà, la corniche, bien présente, est parfois ouverte par de belles plages, comme à Biarritz.

Au nord du Pays basque et du Béarn, la plaine landaise vient buter contre les piémonts pyrénéens, transition vers la partie occidentale de la chaîne des Pyrénées. Les hautes montagnes sont percées par des vallées et des gorges, pour certaines encore très sauvages et dédiées au pastoralisme – les vallées d'Aspe et d'Ossau en sont les plus beaux exemples en Béarn. À une autre échelle, citons la Haute Soule et les gorges de Kakouetta ou d'Holzarte, en Pays basque. Plaines et vallées sont irriguées et creusées par les gaves (ces cours d'eau sauvages descendus des Pyrénées). Les eaux drainent un sous-sol calcaire, qui est depuis longtemps un terrain apprécié des spéléologues. Si la Rhune, sommet le plus proche de la côte, ne dépasse pas les 900 m, les pics d'Orhy (2 017 m), d'Anie (2 504 m) et du Midi d'Ossau (2 885 m) sont les points culminants de cette portion des Pyrénées. Tranchant une frontière naturelle entre France et Espagne, la chaîne pyrénéenne constitue une véritable barrière à l'horizon. Côté espagnole, la Navarre s'ouvre vers le sud et notamment vers l'Èbre. Ses plaines fertiles et ses pâturages voués à l'élevage semblent être tournés vers Madrid.

L'Adour, long de 335 m, naît dans les Pyrénées, au col du Tourmalet. Également issus des Pyrénées, les gaves de Pau et d'Oloron, longs tous deux de 120 km, traversent les vallées béarnaises, se rejoignent pour former ce qu'on appelle les "gaves réunis", avant de venir gonfler les eaux de l'Adour. Le Pays basque est traversé par nombre de petites rivières, comme la Nive, la Nivelle ou la Bidouze.

Dans les Pyrénées, la pression touristique se fait plus forte depuis quelques années, les collectivités misant beaucoup sur le tourisme comme moteur de développement économique. L'un des symboles les plus controversés de cet essor économique est le tunnel du Somport, situé dans la vallée d'Aspe : décrié, porté devant les médias, il n'a cessé de faire motif de tension. Après son inauguration en janvier 2003, au terme de près de 10 ans d'une lutte entre les associations écologiques et l'administration, son ouverture a fortement accentué le trafic routier dans l'une des vallées pyrénéennes à la nature jusque-là préservée.

Pays basque, Béarn et Navarre abritent une population séculaire, aux traditions et à la culture très vivants. La vitalité de la langue basque est d'ailleurs l'une des fiertés identitaires de ce peuple de navigateurs. Aux 600 000 habitants des Pyrénées-Atlantiques (soit 77 hab/km² principalement concentrés dans l'agglomération de Pau et sur la Côte basque) s'ajoutent les 692 000 habitants du Gipuzcoa, les 1 134 000 habitants de la Biscaye (dont 30% vivant à Bilbao), les 300 000 habitants de l'Álava et les 530 000 habitants de la Navarre. La population totale s'élève donc à près de 3 246 000 habitants répartis sur 20 551 km².

UNE MOSAÏQUE DE PAYS

Au nord-ouest du Béarn s'étend le Béarn des gaves, caractérisé par de petites vallées encaissées, des collines habillées de forêts, et aux gaves bordés de plages de galets. L'agriculture est une monoculture vouée au maïs. Oloron-Sainte-Marie, Navarrenx, Salies-de-Béarn, Sauveterre-de-Béarn et Orthez en sont les principales villes.

Le Vic-Bihl et Monanérès sont deux pays situés au nord-est du département des Pyrénées-Atlantiques, à la limite du Béarn, déjà dans la sphère d'attraction de l'Armagnac et de la Bigorre, malheureusement excentrés des grandes voies de communication. Peu connus, ces terroirs secrets recèlent le célèbre vignoble du Madiran, mais aussi un chapelet de superbes églises romanes et de villages de caractère.

La plaine de Nay s'étire de part et d'autre du gave de Pau, au sud-est de la capitale du Béarn, sur la route de Lourdes. Si les bastides de Nay et de Lestelle-Bétharram en sont les localités les plus remarquables, ce territoire est également riche d'un bel éventail de paysages ruraux – méandres du gave, coteaux abrupts, villages pittoresques perdus dans la campagne – à découvrir à pied ou à VTT.

La vallée d'Ossau s'étend au sud de Pau, jusqu'au pic du Midi d'Ossau qui pointe à 2 884 m d'altitude. Le bourg de Laruns fait office de plaque tournante. Si le pastoralisme est encore une activité phare, cette vallée profite largement du tourisme, grâce à ses stations de ski et au thermalisme. Les multiples activités de loisir, à commencer par la randonnée pédestre, forment également une grande partie de son attrait.

La vallée d'Aspe se déploie au sud d'Oloron-Sainte-Marie, s'étirant vers le sud jusqu'au col du Somport et son tunel routier, sur une quarantaine de kilomètres. Ne manquez pas le village d'altitude de Lescun, ainsi que le chemin de la Mâture, sillon creusé à même la roche afin de débarder les grumes qui, par voie d'eau, allaient devenir les mâts de la flotte royale, à Bayonne.

La vallée du Baretous, sauvage et méconnue, marque la charnière entre le Pays basque et le Béarn. D'Aramits, à l'entrée nord de la vallée, au col de La Pierre-Saint-Martin, le Barétous offre une gamme complète de panoramas, d'ambiances et de paysages, avec le pic d'Anie comme point d'orgue.

Seule province du Pays basque espagnol à ne pas être ouverte sur la mer, l'Álava (*Araba* en langue basque) met en avant son environnement préservé, qui la distingue des régions côtières plus urbanisées. Elle est traversée d'est en ouest par des chaines montagneuses aux pieds desquelles s'étendent les vignobles de la Rioja Alavesa. Cette région, qui a toujours été une terre de passage entre la côte et l'intérieur du pays, a en effet été en grande partie épargnée par la révolution industrielle qui a touché la Biscaye et le Gipuzkoa.

Région multifacettes, la Biscaye (Bizkaia) semble échapper à toute étiquette. Longtemps, elle fut tournée vers la mer, qui lui procurait une large part de ses ressources, notamment les "balaines de Biscaye" que ses marins allaient pêcher près des côtes. Vint ensuite le temps du fer : l'exploitation du minerai contenu dans son sous-sol constitua un tournant industriel majeur de l'histoire régionale. La Biscaye est aujourd'hui connue comme un spot de surfers : le site de Mundaka en fait rêver plus d'un...

Le Gipuzkoa voisin porte encore la tradition de la pêche, même si celle-ci tend à laisser petit à petit la place au tourisme, malgré un paysage industriel (métallurgie, textile, papeterie). L'arrière-pays côtier, abrupt, est celui de vallées montagnardes qui annoncent déjà les monts Cantabriques.

La Navarre, enfin, est la région la plus vaste de toutes. Ses paysages multiples et son absence de littoral en font une aire de découvertes qui ne ressemble à aucune autre. Depuis les Pyrénées, sillonnées de vallées parallèles les unes aux autres, se succèdent des paysages de collines qui

Pour une approche environnementale du Pays basque, lire *La Végétation : les paysages ruraux du pays Basque et leur histoire (Le Trésor des Laminak)* (Éditions Lauburu, 1987) par Armand Mouras, Claude Labat et l'association Lauburu.

s'assèchent pour donner les Bárdenas Reales, une zone aride et envoûtante du sud de la province.

CLIMAT

Les variations pluviométriques apportées de l'Atlantique caractérisent un climat océanique doux et humide (plus de 1 mètre de pluie par an sur le versant nord). Sur le littoral, la température varie peu (13°C en moyenne), excepté sur la côte basque où elle s'élève de 1°C (Biarritz étant la station la plus chaude de l'Atlantique). Dans les terres des Pyrénées-Atlantiques, les massifs montagneux se chargeant de bloquer l'humidité océanique, la pluviométrie est très abondante (le Pays basque reste vert en toute saison). Enfin, on reconnaît, au Pays basque et au Béarn, une faiblesse des vents qui amena les précurseurs de l'aviation, les frères Wright, à s'installer dans la région au début du siècle pour faire des essais dans des conditions optimales. Ce qui n'est pas le cas du littoral, particulièrement exposé au vent dominant d'ouest. On a aussi coutume de dire qu'en hiver ou au printemps, il est possible de skier dans les stations des Pyrénées le matin et de surfer à Biarritz le soir !

Ce climat océanique a favorisé les cultures fourragères et l'élevage. Située en retrait de la côte, l'Álava jouit d'un climat plus sec et plus froid. La Navarre affiche de grandes amplitudes thermiques (près de 40°C entre l'hiver et l'été). Les précipitations y sont également nombreuses et abondantes à la mi-saison.

LES DIX PLUS BELLES OCCASIONS D'OBSERVER LA NATURE

- Le **parc d'Urkiola** qui, sur près de 6 000 ha, abrite l'un des sommets les plus sacrés du Pays basque, l'Anboto, mais aussi des paysages karstiques tourmentés, des crêtes affûtées, des pics spectaculaires, des grottes, des crevasses et d'étranges formations géologiques...

- La **réserve de la biosphère d'Urdabai**, premier espace naturel protégé du Pays basque, créée par l'Unesco en 1984. Sa superficie de 220 km^2 s'étend à la fois sur la ville de Guernica et sur la mer.

- Le **défilé de Sobrón**, l'un des plus beaux espaces naturels de l'Álava qui, sur plus de 20 km, forme un étroit défilé dans le cours du Río Ebro. Ne pas manquer la route sinueuse qui en suit le fond.

- Les rives ombragées du **lac de la Pounte**, à Labastide-Villefranche, sont appréciées des pêcheurs. Ce site naturel est dominé par le château Bijou et par un donjon du XIVe siècle dont l'un des murs a été reconverti en fronton.

- La **Falaise aux vautours** d'Aste-Béon, réserve naturelle où le nombre de couples nicheurs est passé de 10 en 1973 à 123 aujourd'hui.

- Les **gorges de Lumbier**, sur le río Salazar, en Navarre : un site naturel dans lequel nichent de nombreux rapaces.

- Les **sierras d'Urbasa, d'Andia** et **d'Aralar** pour leur plateau calcaire piqueté de végétation et leurs falaises du haut desquelles s'offrent de larges panoramas.

- Les **Bárdenas Reales**, dans le sud de la Navarre, pour leurs paysages arides dignes des plus grands westerns !

- Le **parc de Gorbeia**, le plus vaste du Pays basque avec une superficie de 200 km^2, à cheval sur les provinces de Biscaye et d'Álava : son relief est étagé entre 300 et 1 482 m. Il abrite quelque 500 cavernes et la cascade Gujuli qui déverse les eaux du Río Altube d'une falaise abrupte, à 100 m de hauteur.

- La **lagune de Pitillas**, en Navarre, et son point d'observation des oiseaux, visibles tout au long de l'année.

FAUNE ET FLORE
Animaux

Parmi les animaux sauvages, ce sont les oiseaux que vous pourrez observer le plus aisément. Nombre de sites préservés visent la protection de l'avifaune. Toute la région est traversée par les grandes voies migratoires, empruntées par la plupart des oiseaux du nord de l'Europe. Mais la chasse, élevée au rang de tradition séculaire par certains des habitants, rend leurs escales parfois dangereuses. En outre, la disparition de l'agriculture traditionnelle et l'urbanisation ont dramatiquement réduit l'habitat des espèces sauvages, en particulier celui de l'avifaune. On estime ainsi que les zones humides ont diminué de 50% en un siècle. Sous l'impulsion d'associations, des collectivités locales et des institutions européennes, des initiatives sont prises pour créer des réserves et permettre l'hivernage et la reproduction de nombre d'espèces, ainsi que la préservation de la flore.

Dans les vallées pyrénéennes, Aspe et Ossau en particulier, les grands ducs d'Europe, faucons pèlerins ou aigles royaux ne sont pas rares. Les forêts hébergent de nombreuses espèces parmi lesquelles la huppe, la pie-grièche, et la célèbre palombe trouvent refuge. Dans l'estuaire, l'Adour ou dans les gaves sont revenus des poissons migrants – saumons, alose ou lamproie –, dont la population augmente chaque année. Les forêts abritent chevreuils, sangliers, lièvres et lapins de garenne. Certaines espèces disparues (comme le cerf ou le chevreuil) ont été réintroduites avec succès dans les années 1950. Enfin, les Pyrénées accueillent encore quelques ours et des pottoks.

Pour plus de renseignements sur les ours, consultez www.ours.ecologie.gouv.fr

OISEAUX

Les Pyrénées-Atlantiques abritent des zones protégées, paradis des oiseaux migrateurs. La baie de Chingoudy, près d'Hendaye, est une immense vasière étalée entre la Bidassoa et l'océan Atlantique, à l'intérieur des terres ; c'est un bon refuge pour les oiseaux d'eau, présents au moment de la migration et lors de l'hivernage (septembre-mai), mais aussi une zone de chasse. La vallée d'Ossau permet l'observation de toutes les grandes espèces : la falaise d'Aste-Béon accueille notamment une colonie de vautours fauves (une espèce plutôt rare en France). Renseignez-vous auprès du Centre d'écologie montagnarde (consultez aussi le chapitre *Béarn*). En haute Soule, le col d'Orgambidexha est l'un des sites les plus connus en France pour la migration automnale des rapaces (septembre est le mois idéal pour s'y rendre). Une équipe et un accueil permanents d'août à novembre

---

LE POTTOK

Si vous randonnez sur les versants des massifs de la Rhune, de l'Artzamendi, du Baïgura, de l'Ursuya, et des sierras d'Urbasa, d'Andia et d'Aralar en Navarre, vous aurez peut-être la chance d'apercevoir une horde de petits chevaux à la robe noire ou brune, broutant dans les pâturages. Il s'agit du pottok (prononcer « potiok », signifiant « petit cheval » en basque). Cet équidé descend d'une espèce mongole qui s'installa dans les montagnes du Pays basque au quaternaire. En raison de sa petite taille (de 1,15 m à 1,47 m) et de sa robustesse, le pottok a été utilisé pour les travaux agricoles et, au XIXe siècle, pour tracter les wagonnets dans les mines de charbon du nord et de l'est de la France. Recrutée également par les contrebandiers sur la frontière franco-espagnole, cette monture est capable de passer par des routes et des chemins très escarpés, grâce à ses membres fins et à ses petits sabots très durs. C'est seulement dans les années 1970 que la race a été officiellement reconnue. Aujourd'hui, environ 500 pottokak (pluriel de pottok) sauvages sont recensés dans la région.

Pour plus d'informations, consultez le site : http://pottok.anp.free.fr.

LE DERNIER REFUGE DE L'OURS BRUN

Répandu en Europe voici 3 000 ans, l'ours brun a vu sa population diminuer de manière radicale après avoir été chassé sans merci, capturé pour être exhibé en public, et privé de son habitat. En France, il a disparu des Alpes en 1937 et il ne subsiste plus que quelques spécimens autochtones vivant dans les vallées d'Aspe et d'Ossau (les ours bruns de Bigorre et d'Ariège étant, eux, de souche slovène), où ils sont protégés depuis 1962. Selon certaines études, les chances de survie de la population d'ours en Béarn sont très minces : on ne compte plus aujourd'hui que trois ours dans les deux vallées !

La couleur de l'ours brun varie énormément, d'un pelage jaune brun à une fourrure presque noire. Reconnaissable à son dos bossu et à son cou épais, le mâle a une stature pouvant atteindre 2 m de haut et peut peser jusqu'à 240 kg, alors qu'il est capable d'effectuer sur de courtes distances des pointes de vitesse assez surprenantes, jusqu'à 50 km/h.

Ces animaux essentiellement nocturnes et solitaires vivent dans les grands massifs forestiers isolés, où chacun d'eux occupe un vaste territoire pouvant aller jusqu'à 15 km de diamètre. Bien que d'un naturel farouche, ils peuvent se montrer agressifs quand ils sont menacés ou blessés. Une ouïe très fine et un bon odorat compensent leur mauvaise vue et leur permettent de se tenir à l'écart des visiteurs trop curieux.

Bien qu'omnivores, les ours bruns sont surtout friands de baies (myrtilles, framboises), de fruits secs d'automne et de graminées. En automne, ils consomment de grandes quantités de nourriture qu'ils stockent en prévision de l'hiver, saison où ils se retirent dans des grottes ou des crevasses pour tomber dans un état de léthargie jusqu'au printemps suivant.

On se souvient de l'épisode Cannelle, cette ourse slovène introduite dans les Pyrénées et abattue par un chasseur lors d'une battue au sanglier en novembre 2004. Si le chasseur incriminée a été relaxé en 2008, ceci n'a pas empêché le gouvernement de poursuivre sa politique de réintroduction de l'ours dans le massif montagneux : depuis, les ours Balou, Kouki et Franska ont, entre autres, été relâchés dans la nature, sans tambour ni trompette… Vers la fin de l'année 2005, on estimait la population d'ours bruns des Pyrénées entre 14 et 18 individus.

permettent une découverte instructive du site. Attention : grande rivalité avec les chasseurs de palombes !

À une dizaine de kilomètres au nord-est de Vitoria-Gasteiz, la réserve de Mendijur prend corps autour du lac de retenue d'eau d'Ullibarri, donnant naissance à une **réserve ornithologique** sur la rive sud. La réserve ne dispose quasiment d'aucune installation, mais il est possible de se promener librement sur les sentiers tracés au bord du plan d'eau, dans un décor apaisant. Le lac accueille des canards et autres oiseaux. En Biscaye, à Guernica, la **maison de la réserve de la biosphère d'Urbaidai** (☎ 946 25 71 25 ; jardins du Palacio Udetxea ; www.euskadi. net/urdaibai ; ⊙ lun-sam 9h30-13h30), où il est possible d'observer de nombreuses espèces, est une étape quasi obligée pour les ornihtologues amateurs. Pour les oiseaux marins, le cap Matxitxako, près de Bermeo est considéré comme l'un des meilleurs sites ornithologiques.

POISSONS ET SURPÊCHE

La pêche a depuis des siècles fait vivre l'économie de ces régions. Aujourd'hui, le problème de la surpêche est posé sur la table des négociations européennes, au plus grand dam des populations locales. La morue, le thon rouge, le thon blanc, les sardines et les anchois du golfe de Gascogne sont pêchés en grande quantité et particulièrement visés par ce problème. Il faut dire que la manne est lucrative : avec 3 m de long et un poids pouvant atteindre jusqu'à 900 kg, le thon rouge est le roi du Golfe ; son petit frère, le thon blanc, affiche quant à lui une taille de 1 m environ pour un poids de 5 kg.

La surpêche devient un problème dès les années 1970, conjuguée à l'exploitation des fonds marins… et surtout à l'absence totale de réglementation ! Les flottes de pêche sont désormais beaucoup trop importantes au regard des stocks de poissons disponibles, les quotas étant désormais arrêtés au niveau européen. En 2004, l'Espagne –première flotte européenne de pêche avec 11 000 bateaux – a obtenu le statu quo sur la pêche de la langoustine au large de ses côtes. De son côté, la France a pu limiter la baisse de production à 15% sur les tonnages d'espèces dites "benthiques" (sabre noir, grenadier, lingue bleue, etc.), quand bien même la Commission européenne statuait pour une baisse de 30 à 50% selon les espèces. Depuis, les deux pays ont fait cause commune en joignant leurs efforts pour baisser de 10% le tonnage de pêche d'anchois dans le golfe de Gascogne (soit 33 000 tonnes autorisées en 2005) ; rappelons que l'objectif premier était de parvenir à une baisse de 85%...

Flore

Le Pays basque est riche d'une végétation variée qui se modifie selon l'altitude et le climat.

Sur le littoral, la flore résiste aux conditions maritimes de vent et de salinité. Elle est composée de la lande et de la prairie maritime, qui comprend les ajoncs, la bruyère, la sérapia langue et le crithme marin. Sur la côte espagnole, et notamment en Biscaye, des pins maritimes et des tamaris ont été plantés pour arrêter les dunes et couper le vent. On y trouve également des eucalyptus. Du fait de son instabilité et de son attrait touristique, la zone du littoral basque est aussi la plus fragile. Il n'est pas rare aujourd'hui de voir des zones fermées aux visiteurs pour permettre au sol de se reconstituer et à la végétation de reprendre ses droits.

À une altitude de 500-700 m, la lande est mélangée à la bruyère et aux fougères, notamment la fougère aigle. Le chêne et le chataîgner poussent à cette altitude. Plus haut, c'est le hêtre qui domine. Les forêts de chênes et de hêtres ont fait, un temps, la réputation des Pyrénées, puisque le bois servait autrefois à la fabrication des mâts des navires (voir p. 270). Citons les superbes massifs forestiers d'Iraty et des Arbailles en Soule (Pays basque) ou la forêt d'Issaux (Béarn). La forêt d'Irati, qui s'étend jusqu'en Navarre, est considérée comme la plus vaste hêtraie-sapinière d'Europe occidentale.

Le climat chaud et sec des plaines de Navarre permet à l'olivier et à l'amandier de se développer.

La vigne est présente dans la région qui produit notamment le vin réputé de la Rioja en Álava et en Navarre. Au Pays basque, le vignoble de l'irouléguy est planté en terrasse sur des petites parcelles de basse montagne. Les vignes du madiran et du pacharenc se déploient, quant à elles, sur de hauts coteaux ensoleillés, à une altitude moyenne de 300 m, à cheval sur les trois régions historiques de la Bigorre, du Béarn et de la Gascogne.

Surf au Pays basque

Glisser sur les vagues vous fascine mais vous n'osez franchir le pas ? C'est le moment de vous lancer ! Nul autre endroit n'est plus propice que la Côte basque pour démarrer le surf en douceur : la variété des spots peut satisfaire aussi bien les débutants que les plus confirmés.

Berceau du surf en Europe – c'est sur la plage de la côte des Basques, à Biarritz, qu'un scénariste américain fait découvrir ce sport aux habitants, en 1957 – le Pays basque bénéficie aussi de spots connus dans le monde entier.

COMMENT DÉBUTER ?

La meilleure solution pour s'initier est de s'inscrire dans une école. Un cours collectif d'une heure et demie coûte en moyenne 35 €, et un cours particulier 70 €. Il faut compter en moyenne 160 € pour un stage de 5 jours.

Préférez les écoles de surf labellisées École française de surf, qui garantissent la qualité de l'enseignement. Après, tout dépend de l'endroit où vous êtes et de l'ambiance que vous recherchez. À Biarritz, la côte des Basques est de culture longboard, tandis que la Grande Plage est plus touristique et La Milady plus sportive. La météo peut changer les lieux des cours (dans tous les cas, on vous y emmènera). La plage d'Hendaye est adaptée aux débutants. On y retrouve de nombreux clubs l'hiver.

Pour débuter, choisissez une zone à l'écart des baigneurs et des autres surfeurs, mais à portée de vue des maîtres-nageurs sauveteurs (MNS). Respectez les règles de priorité : laissez la vague au surfeur le plus proche du point de déferlement ou debout le premier. Contournez la zone de surf pour vous rendre au pic et ne lâchez jamais votre planche. Ne surfez jamais seul et méfiez-vous des courants et des baïnes à marée descendante.

LES MEILLEURS SPOTS DE LA CÔTE BASQUE

Si 38 kilomètres seulement de côtes séparent l'Adour de l'Espagne, c'est sur la Côte basque que l'on trouve la plus grande diversité de spots.

Anglet

Les 11 plages d'Anglet, étendues sur 4 km, recèlent les vagues les plus surfées à l'année de toute la France. Abritées par des jetées de cailloux qui protègent des vents de côté (*side-shore*) – ces jetées servent à stabiliser les bancs de sable et offrent par ailleurs des belvédères latéraux – uniques – les vagues angloises ont bonne réputation en toutes marées. Toutefois, attention aux marées hautes : les vagues ont alors tendance à casser sur le bord (*shorebreak*), ne se prêtant plus alors du tout au surf. Réputée pour les compétitions qui y sont régulièrement organisées, la plage des Cavaliers optimise la houle mais elle est aussi, du même coup, extrêmement fréquentée. Celle du VVF, en revanche, a la prédilection des débutants, notamment quand le vent vient du sud.

Biarritz

Dédiée au surf depuis 1956, la cité balnéaire possède de beaux écrins de vagues où le cadre naturel de falaises et de rochers épars s'intègre à l'architecture particulière de la ville. La plage de la Côte des Basques est un haut lieu du longboard. Oubliez la marée haute et poussez vers Ilbarritz si vous voulez échapper à l'affluence de la Grande Plage.

Pour plus d'informations sur les différentes écoles, consultez le site du Comité départemental de surf 64 (www.surfing64. fr) ; et pour choisir le bon spot du jour, vous pouvez regarder les vidéos diffusées sur www. viewsurf-attitude.com.

Plages de Bidart

Plus au sud encore qu'Ilbaritz, la plupart sont difficiles d'accès, mais peuvent réserver de bonnes surprises à qui sait éviter les rochers. Quand à l'Ouhabia, plus accessible (on peut apercevoir ses vagues depuis la RN10), c'est hélas ! l'une des plages les plus polluées de la côte.

Guéthary

La longue droite de Parlementia, à Guéthary, fait partie de ces vagues pour lesquelles on vient de loin. Très appréciée pour sa régularité, cette vague de rochers est réservée aux surfeurs confirmés et bien équipés, capables d'affronter des murs d'eau à plus de 500 m du bord. La gauche des Alcyons, tout aussi puissante, éclate beaucoup plus près du bord ... et des rochers !

Saint-Jean-de-Luz

La Lafitenia à Saint-Jean-de-Luz, autre droite réputée mais difficile à surfer, se réveille les jours de bonne houle ; elle est protégée des vents de nord : attention, l'embouteillage est garanti au pic !

Hendaye

C'est le spot idéal pour les débutants : une longue plage de sable faiblement pentue où l'on peut perfectionner son take-off sur des déferlantes moins puissantes que sur les spots voisins.

San Sebastián

Les surfeurs débutants y apprécient notamment les vagues de la Playa de Zurriola.

Zarautz

La plage de sable de Zarautz s'étend sur 2 km, ce qui en fait l'une des plus longues de cette portion de côte. Elle est fréquentée par les surfeurs et accueille régulièrement des compétitions internationales. Plusieurs écoles dispensent des cours sur place.

Mundaka

Ce petit village de Biscaye est un spot réputé mondialement. Il doit cette réputation à sa gauche, qui peut atteindre près de 400 mètres, entre la plage de Laida et la barre de Mundaka.

D'autres spots existent, mais certains demandent beaucoup plus d'expérience. Par exemple, seuls des surfeurs très avertis peuvent tenter les grosses vagues de Belhara entre Saint-Jean-de-Luz et Hendaye ou la Vanthrax, un spot au large d'Hendaye. Enfin, sachez qu'il n'est pas plus fragile qu'une vague, et certaines peuvent venir à disparaître telles les vagues de La Barre et de la Bidassoa.

CE QU'UN SURFEUR DOIT RETENIR
Marées et vents

Les marées peuvent dépasser 6 m et transformer l'apparence d'un spot en l'espace d'une heure ; aussi, consultez un calendrier (vous pouvez en demander dans les offices de tourisme ou dans un magasin spécialisé ; ils sont gratuits) : il vous informera sur les horaires et les coefficients de marée, l'index de hauteur d'eau variant de 20 à 120. Généralement, il est préférable de viser la marée basse par petite houle, et vice versa. Des houles d'ouest/nord-ouest arrosent la côte à longueur d'année, mais beaucoup plus faiblement au cours de l'été. En période anticyclonique, les vents sont *offshore* (de terre) le matin jusque vers 11h, puis la brise thermique de nord-ouest se lève.

INTERVIEW > LE SURF, POUR TOUS LES JOURS ET TOUS LES NIVEAUX

François Pradier, directeur technique national à la Fédération française de surf

Peut-on parler de culture surf en Pays basque ?

Le surf est un sport jeune mais, en 50 ans, il s'est inscrit parmi les sports dits culturels de la région, au même titre que le rugby, la pelote ou le golf. Le surf a petit à petit gagné ses lettres de noblesse dans le patrimoine collectif, si bien qu'aujourd'hui, même les gens qui ne surfent pas sont fiers de leurs vagues. Il faut dire que la région a toujours entretenu une histoire très forte avec l'océan. Les Basques étaient des pêcheurs. De nos jours encore, la pêche professionnelle demeure une activité à part entière, comme à Saint-Jean-de-Luz. Et au début du XXᵉ siècle, l'essor de Biarritz comme ville balnéaire a ancré la tradition des bains de mer. Même s'il est moins développé au niveau des structures et clubs de surf, le Pays basque espagnol connaît aussi de bonnes vagues et une forte communauté surf.

Quelles qualités offre la côte basque pour la pratique du surf ?

La côte réunit les conditions optimales de surf. Les conditions météo, la topographie du littoral font qu'il y a tous les jours un spot surfable sur la Côte basque, et cela douze mois de l'année sur douze. Il existe en outre différents types de vague, des vagues de sable, des vagues de rocher, des spots qui tiennent une houle plus grosse. Bref, que l'on soit débutant ou d'un très haut niveau technique, chacun trouvera de quoi satisfaire ses envies.

Quels conseils donner, en particulier aux débutants ?

On ne saurait trop leur conseiller de suivre un stage d'initiation. La Fédération française de surf a mis en place un réseau de l'École française de surf qui identifie et réunit des structures qui s'engagent à respecter une charte de qualité. La liste est consultable sur le site (www.surfingfrance.com. Les spots de la Côte basque sont très fréquentés à certaines périodes, ce qui implique d'adopter une attitude de prudence. Le surf n'est pas un sport dangereux à condition de bien respecter certaines règles : vérifier les conditions météo, s'assurer de son niveau de surf, observer et bien connaître les spécificités du spot, en se rapprochant par exemple des surfeurs locaux (vous les rencontrerez sur les parkings des plages, dans les *surfshops*, ou dans des bars comme Les 100 Marches à Biarritz).

Le surf, c'est aussi toute une économie dans la région...

L'industrie du surf-wear s'est en effet implantée dans la région avec des marques comme Quicksilver, Billabong, Ripcurl ou Oxbow. Le secteur pèse 1 milliard d'euros de chiffre d'affaires annuel. Il compte en Aquitaine près de 385 entreprises pour, on estime, 10 000 emplois directs ou indirects, la plupart sur la Côte basque et le sud des Landes.

Quelles compétitions peut-on suivre sur la Côte basque ?

En juillet, il y a le Roxy Jam Biarrtitz, compétition de longboard féminin sur la plage de la côte des Basques. La Côte basque accueille aussi des compétitions professionnelles de l'ASP (Association de surfing professionnel).

Attention à la météo

La température de l'eau peut dépasser les 20°C en été, permettant de courtes sessions en short, mais elle descend jusqu'à 10°C en hiver. Une combinaison courte et légère (*springsuit*) fera l'affaire de juin à septembre, une combinaison intégrale est nécessaire le reste de l'année. Septembre et octobre sont les meilleurs mois pour le surf : la saison touristique est passée, l'eau est encore bonne, les bancs de sable bien formés, les vents offshore fréquents et les premières houles importantes font leur apparition.

COMMENT ET OÙ S'ÉQUIPER ?

L'industrie de la glisse est florissante dans la région et de nombreuses marques y ont établi leur base européenne. Les nombreux *shapers* (fabricants de planches) pourront réparer votre planche ou vous en faire une sur

---

PETIT GLOSSAIRE POUR NON-INITIÉS

Beach break : une vague qui déferle sur un banc de sable

Body board : planche en mousse sur laquelle on surfe allongé

Curl : partie la plus creuse de la vague

Droite : vague déroulant vers la gauche quand on la regarde depuis la terre ferme

Gauche : vague déroulant vers la droite quand on la regarde depuis la terre ferme

Gun : grande planche utilisée pour les grosses vagues (environ 2,10 m)

Leash : cordon reliant la cheville du surfer à sa planche.

Lèvre : c'est la partie de la vague qui tombe et qui crée un tube

Longboard : grande planche à l'avant arrondi (au moins 2,70 m)

Malibu : planche de taille moyenne (2,40 m) à l'avant arrondi

Off shore : un vent qui souffle des terres et qui fait se lever les vagues

On shore : un vent qui souffle du large et écrase les vagues

Pic : c'est là où les surfers attendent les vagues

Rider : une personne qui pratique un sport de glisse

Set : une séries de vagues

Spot : lieu de glisse, là où l'on surfe

Shortboard : petite planche facilitant les manœuvres

Take off : lancement du surfer sur la vague

Tube : l'espace d'air compris entre la lèvre et le haut de la vague

---

mesure. Parmi les plus réputés figurent **Stark** (☎ 05 59 63 94 78 ; www.starksurf. com ; 7 allée Louis-de-Foix) à Anglet, **Wave's** (☎ 05 59 23 75 95 ; www.waves.fr ; 9 bis rue Luis-Mariano) à Biarritz, **PSM** (☎ 05 59 54 80 18 ; www.psmsurf.com ; route de la Chapelle) à Bidart et **Uhaina** (☎ 05 59 20 35 63 ; chemin de Teilleria) à Hendaye.

Un longboard est l'outil idéal pour les débutants ou dans les petites conditions d'été. Les surfeurs expérimentés apporteront leur shortboard préféré, une petite planche de type fish pour l'été ou un gun pour les grosses vagues en hiver. Pour un leash, un pain de wax ou un bon tuyau, passez la porte d'une des nombreuses *surfshops* de la côte.

EN SAVOIR PLUS

Le guide *Stormrider Europe* publié par Low Pressure (la dernière édition est épuisée mais on en trouve encore sur Internet d'occasion) contient cartes et informations détaillées sur tous les spots d'Aquitaine, ainsi que sur les autres régions de surf en Europe. Le magazine *Surf Session* (www. surfsession.com) offre chaque mois une bonne dose de récits et de photos aux adeptes de la vague.

Pour connaître les conditions du moment et/ou des jours à venir, appelez le Surf Report au ☎ 08 92 68 13 60 ou consultez leur site sur www.surf-report.com, ainsi que les caméras de www.viewsurf.com. Toujours sur le net, surfez du côté de www.surfer64.com ou le site des shapers d'Aquitaine (www.shaper.fr). Pour consulter les hauteurs de houle au large, connectez-vous sur la bouée 62001 du NOAA (National Oceanic and Atmospheric Administration, www.ndbc.noaa.gov).

Enfin, n'oubliez pas : les vagues sont fragiles. Contribuez à leur protection en adhérant à Surfrider Foundation (www.surfrider-europe.org).

Randonnées et balades dans les Pyrénées

Ce chapitre s'adresse à ceux qui vivent la randonnée comme un moyen de découverte. Il invite à pénétrer des univers secrets, des mondes étranges, insolites ou spectaculaires, qui livrent une partie de l'âme pyrénéenne, du moins dans sa partie basquaise et béarnaise. C'est l'occasion de découvrir des hameaux ancrés dans les vallées, des villages endormis où perdurent des pratiques oubliées, des bergeries nichées dans un vallon, des paysages insolites nés d'une géologie compliquée, une faune et une flore caractéristiques…

Les possibilités de randonnée dans les Pyrénées sont bien entendu illimitées. Les itinéraires présentés ci-après ne sont que des morceaux choisis, et l'éventail retenu exclut toute notion d'exhaustivité.

La sélection, géographiquement représentative, porte sur les Pyrénées basquaises et béarnaises. Les parcours sont de tous niveaux, de la randonnée familiale de quelques heures, au dénivelé modeste, à l'ascension plus engagée. Enfin, l'aspect historique et culturel n'est pas oublié.

NATURE ET ENVIRONNEMENT

À cheval sur la frontière franco-espagnole, les Pyrénées forment une barrière de collines et de montagnes qui s'étire presque sans interruption sur 400 km entre l'Atlantique et la Méditerranée.

Géologie

Cette chaîne se compose essentiellement de granit et de gneiss, dans la partie est, et de calcaire couvert de granit dans l'ouest. La vaste calotte glaciaire qui recouvrait autrefois une grande partie de la région a laissé des traces multiples, notamment des petits glaciers. Par ailleurs, la région abrite

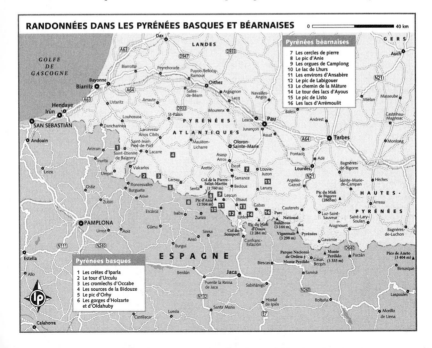

RANDONNÉES DANS LES PYRÉNÉES BASQUES ET BÉARNAISES

Pyrénées béarnaises
7 Les cercles de pierre
8 Le pic d'Anie
9 Les orgues de Camplong
10 Le lac de Lhurs
11 Les environs d'Ansabère
12 Le pic de Labigouer
13 Le chemin de la Mâture
14 Le tour des lacs d'Ayous
15 Le pic de Listo
16 Les lacs d'Arrémoulit

Pyrénées basques
1 Les crêtes d'Iparla
2 Le tour d'Urculu
3 Les cromlechs d'Occabe
4 Les sources de la Bidouze
5 Le pic d'Orhy
6 Les gorges d'Holzarte et d'Oldahuby

LE PARC NATIONAL DES PYRÉNÉES

Le parc national des Pyrénées abrite des paysages parmi les plus spectaculaires des Pyrénées françaises. Fondé en 1967, il longe la frontière espagnole sur 100 km depuis le sud de Lescun, au-dessus de la vallée d'Aspe, jusqu'au massif de la Nouvelle, à l'est de la vallée de Luz-Gavarnie. La totalité de la partie centrale de 45 700 ha se situe à une altitude supérieure à 1 100 m et englobe la réserve naturelle de Néouvielle, superbe région accidentée jalonnée de pics granitiques dominés par le pic de Néouvielle (3 091 m) et de nombreux lacs aux eaux sombres et profondes ; cette vaste superficie ne compte aucune habitation. La zone périphérique étendue couvre 206 300 ha et regroupe environ 40 000 habitants.

La mission du parc consiste à préserver la biodiversité, les paysages et les sites, à accueillir et informer le public et à contribuer au développement durable des vallées.

À l'intérieur du parc, la réglementation qui s'applique est très stricte. Sont interdits, sous peine d'amende :

- le camping (on peut néanmoins faire un bivouac, autrement dit monter sa tente à la tombée de la nuit et repartir à l'aube, à plus d'une heure de marche d'une entrée du parc)
- les véhicules motorisés
- les chiens, même tenus en laisse
- la cueillette des fleurs, le ramassage des insectes ou d'échantillons de roches
- les feux de camp. En revanche, les réchauds à gaz sont autorisés
- les détritus. Tout doit être ramassé, même les plus petits objets
- le VTT
- la chasse
- le parapente et le deltaplane à moins de 1 000 m

Pour en savoir plus, consultez le site www.parc-pyrenees.com.

des cirques magnifiques, ces grandes parois supérieures des vallées glaciaires, comme le cirque de Lescun, aux confins de la vallée d'Aspe. Les lacs, petits ou grands, et les cascades se comptent par centaines.

Depuis l'Atlantique, les contreforts onduleux s'élèvent progressivement sur 70 km jusqu'au seuil des hautes montagnes, qu'annonce le pic d'Anie (2 504 m), à quelques kilomètres à l'ouest de la vallée d'Aspe.

Plusieurs longues vallées – des Aldudes, du Saison, d'Aspe, d'Ossau, du Barétous – s'enfoncent profondément dans la montagne, le long d'un axe nord-sud, perpendiculaire à l'orientation de la chaîne. Certaines mènent à des cols d'altitude dont quelques-uns seulement, notamment celui du Somport et du Pourtalet, respectivement situés en vallée d'Aspe et en vallée d'Ossau, sont ouverts en permanence au trafic transfrontalier.

Faune et flore

Au-dessus des grandes forêts de chênes des contreforts, des forêts de hêtres et de sapins argentés recouvrent certaines pentes basses.

Entre 1 500 et 2 600 m, on trouve des pins sylvestres robustes, quelques bouleaux et des épicéas, tandis que les prairies alpestres sont parsemées de roses des Alpes et de genévriers. Aux limites de la couverture végétale, des saules nains poussent parmi les rochers.

Le parc national des Pyrénées (voir l'encadré) abrite une flore et une faune d'une richesse exceptionnelle, avec environ 160 espèces végétales endémiques, telles que la gentiane des Pyrénées, le lis martagon jaune, la ramondie à fleurs pourpres et l'adonis des Pyrénées (de la famille des renoncules). C'est l'une des régions d'Europe les plus propices à l'observation des oiseaux de proie (aigles royaux, griffons, gypaètes barbus, aigles bottés, buses, faucons) et d'autres espèces encore : accenteurs alpins, chocards à bec jaune, lagopèdes, bruants fous et martinets à ventre blanc.

La faune comprend 42 des 110 espèces de mammifères présentes en France. Les isards (cousins des chamois) sont assez nombreux, les marmottes, amenées des Alpes dans les années 1950, bien établies, et des blaireaux, des écureuils, voire des martres vivent dans les endroits boisés. Les ours bruns, autrefois nombreux, sont désormais très rares et confinés aux forêts des contreforts (voir l'encadré *Le dernier refuge de l'ours brun* dans le chapitre *Béarn*), dans certaines vallées béarnaises. On rencontre fréquemment des reptiles, notamment couleuvres et vipères.

Climat

La région qui s'étend de la côte Atlantique et mène vers l'est jusqu'aux Hautes-Pyrénées, battue par des vents de sud-ouest, bénéficie d'un climat atlantique, généralement humide et relativement doux, excepté en altitude. Les chutes de neige, possibles en toute saison, sont pratiquement garanties entre début octobre et avril. La neige peut persister dans les hautes vallées exposées au nord tout au long de l'année et sur les cols les plus élevés (plus de 2 500 m) jusqu'à début juillet.

En été, et plus particulièrement en août, les conditions climatiques sont variables, avec de fréquents orages et de fortes averses dans l'après-midi. Dans les vallées centrales, les températures atteignent au moins 25°C et peuvent dépasser les 30°C plus loin à l'est.

Septembre amène souvent un temps plus clément et une excellente visibilité. Vers le milieu du mois, de courtes tempêtes annoncent le temps plus orageux de la fin de l'automne et de l'hiver.

RENSEIGNEMENTS
Cartes

Les références des cartes utiles pour les randonnées décrites dans ce chapitre sont indiquées dans la présentation de chaque itinéraire.

Livres

Les offices du tourisme commercialisent des petites brochures recensant des randonnées de tous niveaux dans leur périmètre.

Le parc national des Pyrénées (voir ses coordonnées ci-dessous) publie par ailleurs, pour chacune des vallées du parc, des séries de brochures intitulées *Randonnées dans le parc national des Pyrénées*. Chaque série comprend une dizaine de fiches accompagnées de cartes planimétriques (sans courbes de niveau) faciles à lire, de descriptions générales des randonnées et d'informations utiles.

Parmi les topo guides édités par la FFRP (voir ci-dessous), citons *Les Pyrénées occidentales* (réf. 1086), *Le Béarn à pied* (PR, réf. P641), *Le Pays basque à pied* (PR, réf. P642).

Organismes à connaître

Le **parc national des Pyrénées** (☎ 05 62 44 36 60 , fax 05 62 44 36 70, www.parcsnationaux-fr.com/pyrenees/, 59 route de Pau, 65 000 Tarbes) fournit d'utiles informations sur le milieu naturel, les moyens d'accès au parc et les activités possibles. Merci de vous reporter à l'encadré ci-contre.

La **Fédération française de la randonnée pédestre** (FFRP ; ☎ 01 44 89 93 93, www.ffrandonnee.fr) regroupe près de 1 800 associations et clubs. Très efficace, cet organisme national dispose de quelque 6 000 volontaires pour entretenir ses sentiers. Le centre d'informations et la librairie sont situés au 64 rue du Dessous-des-Berges, 75013 Paris.

RÈGLES DE SÉCURITÉ ÉLÉMENTAIRES EN RANDONNÉE

Prévoyez suffisamment de temps pour accomplir une randonnée avant la tombée de la nuit, surtout au printemps et à l'automne car les jours sont plus courts.

Ne surestimez pas vos capacités. Étudiez soigneusement votre itinéraire avant le départ afin de noter les routes secondaires possibles et le point de non-retour (lorsqu'il est plus rapide de continuer que de rebrousser chemin). Contrôlez votre allure au fil de la journée et comparez-la avec le temps nécessaire calculé au départ. Surveillez la météo.

Si vous n'êtes pas très expérimenté, ne partez jamais seul. Indiquez à quelqu'un de confiance le détail de votre itinéraire, le nombre de participants ainsi que l'heure à laquelle vous comptez rentrer ; annoncez-vous à votre retour.

Avant le départ, vérifiez, selon le type de parcours prévu et la région, que vous emportez la bonne carte, une boussole, une trousse à pharmacie, des vêtements chauds de rechange, des vêtements de pluie, de la nourriture et de l'eau. Renseignez-vous sur la météo des prochaines 24 heures. Enfin, ne vous fiez pas à votre GPS dans les régions isolées : nous ne répéterons jamais assez qu'un marcheur ne doit jamais partir sans une carte topographique et une boussole.

Dans les régions isolées, emportez un bivouac, une torche et des piles de rechange, un sifflet, un carnet et un crayon, une réserve d'aliments énergétiques, des gants et des chaussettes de rechange.

La FFRP publie plusieurs ouvrages sur les randonnées dans la région – notamment les fameux topo guides (voir ci-dessus).

DANS LES PYRÉNÉES BASQUES

LES CRÊTES D'IPARLA

Départ : ferme de Bordazar
Accès : de Saint-Jean-Pied-de-Port, prendre la direction de Cambo-les-Bains (D918) ; au hameau d'Eyharce, bifurquer à gauche (D948) en direction de Saint-Étienne-de-Baïgorry. Rouler environ 5 km et tourner à droite, direction "Urdoze, Bastida". Suivre cette route de campagne sur 3,3 km jusqu'à La Bastide, puis jusqu'à la ferme Bordazar (deuxième ferme après le hameau de La Bastide)
Difficulté : moyenne
Durée : 3 heures 45 environ
Balisage : partiel (GR®10 sur la crête)
Carte : IGN 1/25 000 n°13460T *Saint-Jean-Pied-de-Port* ou Rando Éditions 1/50 000 carte n°2, *Pays basque est*

Une superbe boucle dans un paysage impressionnant, où l'on chemine sur une crête dominant un vaste amphithéâtre, paradis des vautours.

Depuis la ferme de Bordazar, engagez-vous dans le chemin qui part sur la gauche. Après un quart d'heure de marche, facile, vous arriverez à une jonction ; prenez à gauche la piste qui s'élève en lacets. En 30 minutes, elle vous conduit jusqu'au col de Larrarté, puis redescend légèrement jusqu'à une bergerie. On découvre une très belle perspective sur l'amphithéâtre délimité par la crête d'Iparla. Après avoir dépassé la bergerie (comptez 10 minutes), un panneau installé à un croisement signale la direction du col de Tontoulia. La montée se fait plus raide. Vous parviendrez d'abord au col d'Harrieta (808 m) en une vingtaine de minutes où l'on rattrape le balisage rouge et blanc du GR®10, puis, 15 minutes d'efforts plus tard, vous rejoindrez la crête de Tontoulia. Vous voici au sommet de la muraille qui, vue d'en bas, paraissait inaccessible, en surplomb d'un vaste cirque, superbe, d'où la vue s'envole vers tout

le Pays basque. Vous apercevrez sans doute des vautours, pour qui cette crête sert de piste d'envol. Cheminez sur la crête en suivant le balisage du GR®10 jusqu'à un poteau en ciment matérialisant le pic d'Iparla, que l'on rejoint en 30 minutes environ. Du poteau, continuez encore une dizaine de minutes en redescendant sur la crête, jusqu'au col d'Iparla, signalé seulement par la borne-frontière n°30. De la borne, les choses se corsent, car la descente est vertigineuse, voire périlleuse par temps de pluie (le couloir peut alors se transformer en toboggan). Plongez à droite toute, dans le couloir herbeux, très pentu, jusqu'à une clôture basse que vous enjamberez ; descendez encore une centaine de mètres et dirigez-vous vers la droite pour rattraper un étroit sentier à flanc de versant, qui vous mènera à une bergerie (soit une demi-heure de marche environ depuis la borne-frontière). De la bergerie, suivez le chemin sur la croupe qui descend le long d'une clôture jusqu'au petit col de Galarzé. Au col, empruntez la piste à droite. Après avoir dépassé une bergerie en contrebas, quittez la piste au bout de la clôture et engagez-vous dans le sentier qui part à gauche dans le vallon. Traversez le ruisseau, puis prenez le chemin sur la gauche qui vous ramènera en 30 minutes jusqu'à la jonction pour le col de Larrarté. Un quart d'heure plus tard, vous serez de retour à la ferme de Bordazar.

LE TOUR DE L'URCULU

Départ : parking du col d'Arnostéguy (1 236 m), près de la borne-frontière 205
Accès : de Saint-Jean-Pied-de-Port, prendre la D301 en direction d'Estérençuby, puis, à 3,5 km après Estérençuby, suivre la D428 jusqu'au col d'Arnostéguy
Difficulté : moyenne
Durée : 2 heures 45 environ
Balisage : non
Cartes : IGN 1/25 000 n°13460T *Saint-Jean-Pied-de-Port* ou Rando Éditions 1/50 000 carte n°2, *Pays basque est*

Une jolie randonnée, égrenant des intérêts divers : une ancienne tour romaine, un lapiaz, des cabanes de berger et des pâturages.

Du parking, le sommet de l'Urculu, coiffé d'une tour circulaire en ruine, est nettement visible, au nord-est. Il n'y a pas vraiment de sentier balisé pour y accéder ; suivez les sentes évidentes. Comptez environ 30 minutes de montée sur une pente herbeuse relativement abrupte. Au sommet (1 419 m), attardez-vous près de la tour en ruine, d'environ 3 m de haut pour 20 m de diamètre, d'une émouvante simplicité. On suppose qu'il s'agit d'un ancien oppidum romain, du Ier siècle de notre ère. On découvre un panorama sublime avec, à l'est dans le lointain, les masses imposantes du pic d'Orhy et du pic d'Anie. Le paysage alentour est constitué d'un lapiaz, autrement dit un immense chaos composé de blocs calcaires et percé de crevasses. Fascinant ! Continuez plein nord et traversez le lapiaz à l'estime, en laissant la tour dans votre dos. Vous distinguerez rapidement en contrebas un réservoir, une piste et des cabanes, qui vous serviront de repère. Descendez jusqu'aux cabanes (une demi-heure environ), puis empruntez la route qui descend en lacets jusqu'à la D428. Traversez-la, et descendez à l'estime jusqu'au fond du vallon. Cette prairie très pentue est impressionnante et dépourvue de sentiers ; essayez de zigzaguer en vous calant sur les traces laissées par des chevaux ou des brebis. En face, sur l'autre versant, vous distinguez une série de bergeries, appelées cabanes d'Oillascoa, et une grotte creusée dans une éminence calcaire, que vous allez rejoindre (comptez 50 minutes depuis le réservoir). Au fond du vallon, traversez le ruisseau à gué. Remontez en suivant les sentes des chevaux et marchez jusqu'à la cabane la plus à droite. Avancez sur la crête située juste au-dessus de cette cabane, puis décrochez légèrement vers la droite pour trouver la grotte, cachée dans le flanc nord de la paroi. Cette grotte servait d'abri aux bergers. Rebroussez chemin, et rattrapez la piste pour 4x4, visible, qui mène à la D428 en moins d'une demi-heure. Tournez à gauche et rejoignez le parking en marchant prudemment sur le bord de la route (25 minutes).

LES CROMLECHS D'OCCABE

Départ : parking du chalet Pedro
Accès : de Saint-Jean-Pied-de-Port, prendre la D933 jusqu'à Saint-Jean-le-Vieux. De là, emprunter la D18 jusqu'au chalet Pedro *via* le col de Burdincurutcheta ; à 2,5 km après le col, ignorer la bifurcation sur la gauche (D19, qui mène à Larrau), dépasser le petit lac d'Iratiko-Etchola, ignorer la D301 qui part à droite et poursuivre jusqu'au chalet Pedro, à environ 1,5 km plus loin
Difficulté : facile
Durée : 2 heures 30 environ
Balisage : oui
Cartes : IGN 1/25 000 n°1346ET, *Forêt d'Iraty-Pic d'Orhy* ou Rando Éditions 1/50 000 carte n°2, *Pays basque est*

Une randonnée facile et agréable, à visée culturelle : le sentier mène à un ensemble de vestiges mégalithiques.

Le début du sentier, balisé, se trouve à 30 m du chalet Pedro, sur la droite. Il s'agit en fait du balisage blanc et rouge du GR®10. Pas d'équivoque : le panneau porte la mention "Okabe". Le parcours prend la forme d'une montée en lacets, régulière et progressive, agréable et sans difficulté particulière, sur une piste forestière, à l'ombre des frondaisons généreuses d'une futaie de hêtres et de bouleaux. Au bout d'une quarantaine de minutes, vous arriverez à un replat dégagé. Suivez toujours le balisage du GR®10 et la direction indiquée par la pancarte "Okabe". On distingue, sur la gauche, le dôme de l'Okabe, criblé de blocs rocheux. La montée reprend, pendant un quart d'heure environ, dans un pâturage, jusqu'à un panneau indicateur signalant "cromlechs d'Okabe". À hauteur du panneau, prenez à gauche pour monter au sommet (1 466 m), parsemé de monticules rocheux, que vous rejoindrez en quelques minutes. Vos efforts seront récompensés par un panorama sublime, ménageant des perspectives sur le massif de l'Iraty, la Soule, la basse Navarre, la Navarre espagnole et, en toile de fond, la chaîne pyrénéenne. Le site des cromlechs proprement dit se déploie sur un tertre herbeux en contrebas, à environ 10 à 15 minutes de marche. Ces énigmatiques cercles de pierre, disposés çà et là au beau milieu des pâturages, constituent un haut lieu archéologique, puisqu'il s'agit d'une nécropole préhistorique, la plus vaste du Pays basque, qui remonterait à plus de 2 000 ans avant notre ère. Les spécialistes supposent que les bergers qui vivaient là enterraient les défunts sur place et que ces pierres abritaient leurs cendres. À l'attrait particulier que suscite cette évocation historique s'ajoute l'intérêt d'une ambiance non dénuée d'émotion et de mystère.

Le retour s'effectue par le même itinéraire (comptez 1 heure 15).

Près du chalet Pedro, le lac d'Iratiko-Etchola constitue un lieu de pique-nique idéal. Vous avez également le choix entre deux restaurants : le Chalet Pedro et le Kayolar.

LES SOURCES DE LA BIDOUZE

Départ : parking du hameau d'Arla ou aire de pique-nique, 3 km plus loin

Accès : de Saint-Jean-Pied-de-Port, prendre la D933 en direction de Saint-Palais jusqu'à Larceveau, puis prendre à droite la D918 en direction du col d'Osquich. À la sortie de Saint-Just-Ibarre, suivre à droite la route signalée par le panneau "Sources de la Bidouze", jusqu'au parking du hameau d'Arla. Par beau temps, continuez sur la piste, jusqu'à son terme, près d'une passerelle

Difficulté : facile

Durée : 1 heure 45 environ (depuis la passerelle)

Balisage : oui

Cartes : IGN 1/25 000 n°1346ET, *Forêt d'Iraty-Pic d'Orhy* ou Rando Éditions 1/50 000 carte n°2, *Pays basque est*

Une vallée pénétrante, au cœur de la forêt des Arbailles, qui se termine par deux grottes et deux sources. Un site plein de sortilèges, facilement accessible.

Si vous avez laissé votre véhicule au parking principal, au hameau d'Arla, vous commencerez par une marche d'approche de 3 km sur une piste carrossable, qui remonte la vallée de la Bidouze et prend fin à hauteur d'une aire de pique-nique. Ce tronçon ne présentant pas d'attrait remarquable, n'hésitez pas à l'écourter en couvrant en voiture si la météo le permet (s'il a plu, vous risquez de vous embourber). Vous pourrez garer votre véhicule à hauteur de l'aire de pique-nique, au terme de la piste.

Franchissez la petite passerelle de béton, pour accéder à la rive droite de la Bidouze. Le sentier décrit une montée en lacets dans un sous-bois, puis file plein sud, le long de la vallée, en corniche au-dessus de la Bidouze.

Le balisage, jaune et rouge, est bien visible. La progression est lente et régulière, sans difficulté notable, si ce n'est quelques passages glissants par temps humide. Vous évoluerez sous un couvert forestier, essentiellement des hêtres, des fougères, et des roches moussues. Au fur et à mesure, la vallée s'encaisse, et laisse deviner un amphithéâtre aux parois calcaires. Vous franchirez plusieurs petits torrents à gué avant de monter au milieu d'éboulis rocheux, jusqu'à la première grotte, d'où sourdent les eaux de la Bidouze. Une seconde grotte, nettement plus petite, se trouve à 5 minutes de la première, vers l'est (suivre le fléchage). En théorie, on peut continuer le sentier et accéder au plateau situé au-dessus de l'amphithéâtre calcaire, mais certains passages sont très escarpés, voire dangereux. De la passerelle jusqu'à la première grotte, comptez 45 minutes de marche.

Le retour s'effectue par le même chemin.

LE PIC D'ORHY

Départ : parking du col d'Erroymendi (1 362 m)

Accès : depuis Mauléon-Licharre, prendre la direction Tardets-Sorholus par la D918, puis Larrau par la D26. Passé Larrau, continuer sur 7,5 km en direction du port de Larrau jusqu'au col d'Erroymendi

Difficulté : moyenne

Durée : 3 heures aller-retour

Balisage : non

Carte : IGN 1/25 000 n°1346ET, *Forêt d'Iraty-Pic d'Orhy* ou Rando Éditions 1/50 000 carte n°2, *Pays basque est*

Un joli dénivelé de 700 m sur une crête pour rejoindre ce sommet-symbole aux confins de la Soule, à la frontière espagnole, premier 2 000 en venant de l'océan et toit du Pays basque. Vues à couper le souffle garanties !

Du parking, on distingue nettement la masse imposante de l'Orhy, plein sud-ouest. Le parcours est on ne peut plus simple à décrire : il suffit de suivre la crête, c'est tout droit ! En l'absence de sentier matérialisé, la végétation rase facilite le repérage, et il n'y a aucun risque de s'égarer (évitez tout de même cette randonnée par temps de brouillard). Restez bien sur la crête (à votre droite, le versant est très abrupt). La première partie du parcours, d'une durée de 20 à 30 minutes, consiste à remonter le fil de cette crête, appelée crête de Béhastoy, jalonnée d'une succession de 14 palombières. La progression est régulière, jusqu'à la dernière palombière, sur un sol herbeux. La deuxième partie de l'ascension est plus éprouvante. Continuez en restant au plus près de la crête, et servez-vous des petits couloirs de ravinement ou des sentes tracées par le bétail pour progresser (vous pouvez également vous écarter vers la gauche et zigzaguer là où la pente est un peu moins prononcée). Au bout d'une demi-heure, vous déboucherez sur un replat, signalé par un cairn et parsemé de pierres hérissées. La vue est superbe : le profil en forme de dôme de l'Orhy s'offre dans toute sa splendeur. C'est le moment de reprendre quelques forces, avant la troisième étape jusqu'au sommet, réalisable en 30 à 45 minutes environ. Avec un peu de chance, vous apercevrez des vautours et des milans. L'ascension est sans concession. Marchez à l'estime, en suivant les sentes et les couloirs, car il n'y a pas de sentier bien défini. En arrivant sur l'arête sommitale, vous passerez devant la borne-frontière. Du sommet (2 017 m), par temps clair, on se régale de perspectives exceptionnelles sur tout le Pays basque français et espagnol, sur les sommets pyrénéens, et sur la forêt d'Iraty.

Après vous être arraché à cette contemplation, il est temps de redescendre par le même itinéraire. Comptez environ 1 heure 15 jusqu'au parking.

À signaler : cette randonnée est à éviter pendant la saison de la chasse à la palombe (octobre-novembre), car des chasseurs prennent position dans les palombières, sur la crête.

DANS LES PYRÉNÉES BÉARNAISES

Pour toutes les randonnées décrites ici, le meilleur choix est la carte IGN au 1/25 000 n°1547OT, *Ossau-Vallée d'Aspe*. La carte de Rando Éditions au 1/50 000 n°3, *Béarn – parc national des Pyrénées*, donne une vue d'ensemble de la région.

LE LAC DE LHURS

Durée : 5 heures 30
Distance : 10 km
Niveau : moyen
Départ/arrivée : Lescun

Ce sentier, astucieusement tracé, parfois accidenté, mène à l'un des rares lacs des alentours de Lescun, isolé et presque entièrement entouré de pics imposants.

Le lac se dissimule dans une haute vallée nichée entre les formidables parois qui se dressent du côté ouest du cirque de Lescun et les rochers escarpés non moins impressionnants qui bordent la frontière franco-espagnole.

Si cette promenade peut se faire en une demi-journée, il est préférable de compter une journée entière, car le trajet s'effectue sur un terrain assez accidenté, le long de chemins forestiers et de sentiers étroits, et comporte un passage à travers un éboulement relativement récent.

Le parcours, indiqué par deux bandes jaunes, part du parking d'Anapia pour remonter dans la forêt. Plus haut, il est ponctué de cairns, ces pyramides de pierre signalant le passage d'alpinistes, qui s'en servent de point de repère. Les temps et kilométrages donnés ci-dessus s'entendent pour un départ de Lescun. En allant jusqu'au parking en voiture, vous gagnerez 100 m de dénivelé, 5 km et 1 heure 30 de marche. L'itinéraire traversant des pâturages où broutent des moutons et du bétail, veillez à ne pas boire dans les cours d'eau (munissez-vous de bouteilles d'eau minérale).

Traversez Lescun en direction du sud-ouest en laissant la poste sur votre droite, continuez jusqu'à un carrefour et suivez le panneau "Lhurs" (lac). La route descend vers un ruisseau qu'elle franchit au **pont de Lauga**. Environ 150 m plus loin, bifurquez à droite vers le parking d'Anapia et les "Cayolars d'Anaye". Suivez la route vers le sud et l'ouest et prenez la troisième à droite pour emprunter un chemin en terre qui conduit à un carrefour en Y (cote P indiqué sur la carte IGN au 1/25 000). Là, prenez à gauche vers le lac de Lhurs. Le sentier contourne la **colline d'Aloun**, aux pentes escarpées. Avant d'arriver à un ruisseau, prenez à droite un sentier balisé qui suit le ruisseau vers le nord, le traverse à gué et continue à monter le long de la rive. Vous verrez bientôt un champ sur votre gauche. Ouvrez l'œil pour ne pas rater un virage à gauche qui s'éloigne du ruisseau et montez le chemin dans la forêt. Tournez à droite à la bifurcation et passez la barrière en travers du chemin.

Un balisage indique la direction à prendre à deux autres bifurcations et le sentier suit une pente boisée et raide en direction du sud-ouest. De temps à autre, une trouée offre une vue spectaculaire sur le **pic du Dec de Lhurs** (2 176 m), au sud. Prenez à gauche un chemin forestier (non indiqué sur la carte) et continuez à monter quelques minutes jusqu'à un sentier pierreux à travers des éboulis. Vous atteindrez un passage extraordinaire qui semble avoir été dynamité ou creusé au pied d'un escarpement imposant. Le sentier pierreux poursuit sa montée dans une **forêt de hêtres** avant d'émerger en terrain dégagé pour traverser une pente escarpée. Suivez les cairns et le balisage occasionnel pour franchir le lit du ruisseau et remonter par un éperon couvert d'une végétation basse et rabougrie.

Le parcours continue par un défilé dans la paroi conduisant à un terrain rocheux découvert et rejoint les bords partiellement herbeux du **lac de Lhurs** (entre 2 heures 30 et 2 heures 45 depuis Lescun). Empruntez le même chemin au retour.

LES ENVIRONS D'ANSABÈR

Durée : 7 heures 30
Distance : 22 km
Niveau : difficile
Départ/arrivée : Lescun

Les trois pics d'Ansabère sont le but de cette randonnée à couper le souffle, tant pour ses points de vue que pour l'ascension. Il existe deux autres itinéraires, plus courts et tout aussi pittoresques.

La grande et la petite aiguille d'Ansabère et le pic d'Ansabère (2 377 m) se dressent à la frontière espagnole, là où le gave d'Ansabère prend sa source, au sud-ouest de Lescun. Ces spectaculaires pics rocheux, comme la longue vallée du gave d'Ansabère et le col de Pétragème (2 082 m), constituent les attraits de cette randonnée assez exigeante.

On peut cependant la raccourcir de 8 km (soit 200 m de dénivelé et 2 heures de marche), en se rendant en voiture jusqu'au pont Lamareich, au bout de la route goudronnée. Une autre solution consiste à s'arrêter aux cabanes d'Ansabère, au pied des aiguilles, sans grimper vers le col (un gain de 3 km, de 400 m de dénivelé et de 1 heure 30 de marche). Ces deux itinéraires abrégés sont d'un niveau facile à moyen.

Le parcours emprunte de tranquilles routes rurales et des sentiers forestiers et champêtres avant de monter jusqu'au col par une piste raide balisée par de nombreux cairns. N'ayant pu mener à terme notre randonnée à cause des intempéries rendant le chemin dangereux au-delà de l'éboulis, nous vous conseillons de consulter la brochure n°6 de la série *Randonnées dans le parc national des Pyrénées – vallée d'Aspe*, dont cette randonnée fait l'objet. La description de l'ascension finale mentionne que, depuis les cabanes, il faut tourner en direction du col, à gauche de la petite aiguille, et suivre le sentier champêtre qui monte à travers une pente caillouteuse. Veillez à emporter de l'eau potable.

Prenez le **GR°10** (clairement balisé) qui traverse Lescun et franchit le gave de Lescun. Laissez derrière vous le camping du Lauzart et continuez jusqu'à un carrefour ; là, quittez le GR°10 pour suivre à droite le panneau vert "Masousa-Ansabère". Longez cette route tranquille vers le sud-ouest et le sud-sud-ouest, à travers des terres cultivées, jusqu'au **pont Lamareich** (entre 1 heure 15 et 1 heure 30 depuis Lescun). Immédiatement à droite se trouve un vaste parking. Franchissez le pont au-dessus du **ruisseau des Oueils** et remontez un petit chemin forestier pour gagner de l'altitude. Après un peu plus de 30 minutes de marche dans la forêt, vous serez aux abords d'une prairie dégagée où des panneaux indiquent, au sud, le col de Laraille et, au sud-ouest, les cabanes d'Ansabère et le col de Pétragème. Traversez le **pont Lamary** surplombé par le **pic Poure de Lamary** (1 915 m).

De là, le chemin gravit une pente raide jusqu'à une autre prairie, à la confluence de deux ruisseaux, vaste, retirée et presque entièrement entourée de pics déchiquetés (30 minutes depuis le pont Lamary). Suivez les traces de pneus vers le sud-sud-ouest, puis le sud, et franchissez le plus petit des cours d'eau, le **ruisseau de Pédain**, avant de remonter dans une **forêt de hêtres**. Après moins de 30 minutes d'une montée assez raide, on rejoint une magnifique vallée de tertres herbeux dominée par les **aiguilles d'Ansabère**, leurs voisines et les deux **cabanes d'Ansabère**, utilisées par les bergers en été. Celle qui se tient le plus à l'est n'est pas fermée à clé et permet de s'abriter par mauvais temps.

Pour atteindre le col de Pétragème, prenez la pente qui s'élève au nord des cabanes. Vous verrez bientôt un sentier qui monte vers la petite aiguille. Laissant derrière vous l'herbe et les cailloux, suivez l'itinéraire balisé par des cairns pour franchir un éboulis de petits rochers noirs. De là, un sentier très étroit plonge de façon inquiétante à travers une pente pierreuse avant de remonter pour traverser un éperon herbeux au sommet tronqué. Continuez, le col ne se trouve plus très loin. Pour retourner à Lescun, refaites le même chemin en sens inverse.

LES ORGUES DE CAMPLONG

Durée : 7 heures
Distance : 18,5 km
Niveau : moyen à difficile
Départ/arrivée : Lescun

Les massives parois des orgues fréquentées par les aigles royaux forment la toile de fond de cette randonnée spectaculaire en direction de

l'imposant pic d'Anie. Sans oublier une halte bienfaisante dans la cabane du cap de la Baitch.

Les principaux centres d'intérêt de cette promenade dans les hauteurs de la vallée de Lauga sont les grandes parois rocheuses des orgues de Camplong survolées par les oiseaux de proie, la cabane du cap de la Baitch, où l'on peut acheter du fromage, ainsi que le col des Anies, sur le plateau calcaire qui s'étend au nord depuis le pic d'Anie (2 504 m). L'ascension de ce pic massif, à 580 m au-dessus du col des Anies, ne présente pas de difficulté particulière (nous ne la décrivons pas ici).

Les fleurs sauvages sont un autre point fort de cette randonnée, et pas seulement au printemps. Au début de l'automne, des bruyères roses et violettes, des crocus pourpres et blancs, des ajoncs jaune vif et des reines des Alpes reconnaissables à leur tige et à leurs fleurs bleues (semblables à des chardons) tapissent le sol rocailleux au-dessus et à l'ouest de la cabane.

À environ 4 km du village (Lescun), à une courte distance du parking aménagé au bout de la route, vous trouverez le refuge de Labérouat (pour plus d'informations, voir la rubrique *Lescun* dans le chapitre *Béarn*), situé à 1 442 m d'altitude, dans le cirque de Lescun, sous les orgues de Camplong, près du pic d'Anie.

Pour une marche facile (2 heures 30 et seulement 630 m de dénivelé), montez du refuge jusqu'à la cabane du cap de la Baitch et redescendez. Prévoyez du temps pour observer les rapaces près des orgues de Camplong et… déguster le fromage fraîchement coupé acheté au berger.

Entre Lescun et la cabane, le parcours suit le GR®10 – il est donc bien balisé. Si vous partez du refuge, le chemin qui remonte la vallée jusqu'à la cabane n'est pas balisé ; après la cabane, l'itinéraire est assez bien indiqué par des cairns.

Il peut être intéressant de se procurer la brochure n°9 des *Randonnées dans le parc national des Pyrénées*, qui décrit la promenade jusqu'aux pas d'Azuns et au pas de l'Osque, au nord de la cabane du cap de la Baitch.

À Lescun, empruntez le **GR®10** immédiatement à l'ouest de l'église et remontez la rue Henri-Barriot jusqu'à un croisement en T. Prenez à gauche le chemin indiqué par le panneau "refuge de l'Abérouat" (variante de Labérouat). Arrivé à une route, tournez à droite, puis, à moins de 150 m, à gauche à la bifurcation. Quittez la route à 200 m de là et suivez un sentier à travers champs qui s'incline bientôt à gauche pour s'enfoncer dans les bois. Après une montée en pente raide jusqu'à une route secondaire, dirigez-vous à gauche. Continuez sur 75 m, puis prenez à droite un sentier assez escarpé qui serpente sur une colline partiellement boisée. Vous atteindrez un ancien chemin longeant une terrasse herbeuse, que vous prendrez à gauche (50 minutes depuis Lescun).

Là, vous pouvez suivre fidèlement le GR®10 jusqu'au **refuge de Labérouat** en faisant un détour par des prairies et des bois, ou bien monter directement au refuge par le chemin (environ 30 minutes) : vous découvrirez un point de vue grandiose sur la **vallée de Lescun** et le **pic du Midi d'Ossau**, reconnaissable à son pic fendu, nettement visible à l'est. Vous pourrez également apercevoir des vautours et des aigles royaux survolant les rochers escarpés.

Depuis le refuge de Labérouat, le chemin gagne une **forêt de hêtres**. Le terrain est rocailleux par endroits : faites attention s'il a plu car le calcaire mouillé est très glissant. Après moins de 1 heure de marche, on quitte la forêt pour déboucher dans une vallée dégagée en contrebas de la **cabane d'Ardinet**, bien cachée. La **cabane du cap de la Baitch** se trouve à 30 minutes de là à peine.

Une fois que vous y êtes parvenu, si vous souhaitez continuer vers le **col des Anies**, traversez l'espace dénudé où sont rassemblés les moutons et prenez le sentier bien visible qui part en direction du sud-ouest. Après quelques centaines de mètres, franchissez un ruisseau juste au-dessus du point où l'eau jaillit de la roche. Le sentier s'élève progressivement sur un terrain essentiellement pierreux et passe à gauche d'un grand à-pic avant d'atteindre une minuscule vallée, puis remonte une pente caillouteuse jusqu'à une seconde cuvette herbeuse. Sur le côté sud, des cairns et un balisage bleu clair indiquent le chemin. La vue époustouflante sur les **orgues de Camplong** et les plaines en contrebas ralentira votre progression. Franchissez le pavement calcaire en passant dans les brèches qui s'ouvrent entre les blocs de pierre et grimpez en direction du col si la pente ne vous fait pas peur. Depuis la cabane du cap de la Baitch, comptez 1 heure 15 pour atteindre le col. Pour revenir, suivez le même chemin en sens inverse. À partir du col, comptez près de 2 heures 30 pour rejoindre Lescun.

LE CHEMIN DE LA MÂTURE

Durée : 5 heures
Distance : 10,5 km
Niveau : moyen
Départ/arrivée : Etsaut
Cartes : vous pouvez consulter les cartes IGN au 1/25 000 n°1547OT *Ossau-Vallée d'Aspe* et Rando Éditions au 1/50 000 n°3, *Béarn-parc national des Pyrénées*. L'itinéraire suivi par le GR®10 vers le sud-est à partir d'Etsaut emprunte aujourd'hui des sentiers à travers bois cheminant au-dessus de la route principale, comme indiqué ci-dessous.

Cette randonnée grisante est centrée sur le chemin de la Mâture, un sentier historique creusé dans des parois verticales. Le trajet offre, au retour, de superbes vues sur la vallée d'Aspe.

Bien qu'il ne fasse que 10 km de long, ce sentier est l'un des plus célèbres des Pyrénées. Creusé dans une paroi rocheuse assez raide, il remonte la profonde gorge du Sescoué, un affluent du gave de l'Aspe. À son point le plus étroit, le chemin ne fait que 1,8 m de large (une épreuve !), mais la majeure partie de son tracé couvre près de 3 m de large et s'avère parfaitement sûr et rassurant. Situé sur le GR®10, ce chemin est le point fort d'une belle randonnée d'une journée à partir d'Etsaut qui, au retour, part des hauteurs au-dessus de la vallée pour redescendre vers le village via le col d'Arras. Le parcours se situe dans la partie périphérique du parc national et s'inscrit dans un circuit plus long qui conduit jusqu'au pic du Midi d'Ossau (voir cette randonnée plus loin).

Le **GR®10** part d'Etsaut sur le côté sud de la place du village, juste en face du pont enjambant le ruisseau. Suivez le chemin et montez à gauche, puis à droite, le long d'un ancien sentier bien gradué qui grimpe en zigzags dans une forêt d'arbres à feuilles caduques. Au bout de 35 minutes environ, vous verrez sur votre droite un **bâtiment de pierre en ruine**. Poursuivez jusqu'à une route surmontée d'une ligne à haute tension. Tournez à droite et continuez dans la descente. Quelque peu frustrante mais offrant au moins de belles vues sur la vallée, cette descente se poursuit sur 2 km environ jusqu'à un parking où se trouvent plusieurs panneaux, dont l'un indique le chemin de la Mâture. Suivez ce petit sentier, qui passe au-dessus de l'imposant **fort du Portalet**, bâti au XIXᵉ siècle, et de l'une des parties les plus étroites de la vallée d'Aspe. (D'Etsaut, il est également possible de gagner le départ du chemin de la Mâture en voiture par une petite route partant vers le sud. Vous arriverez à un premier parking au bout de 1,5 km, puis à un 2ᵉ parking 1 km plus loin, où vous retrouverez le petit sentier menant au chemin de la Mâture.)

Le sentier tourne brusquement dans la gorge et gagne le fascinant **chemin de la Mâture** qui s'étire sous – ou plutôt à travers – la paroi en surplomb. Le panorama est spectaculaire ; plusieurs points de vue aménagés sur les tronçons les plus larges permettent de s'arrêter. Le chemin finit par s'écarter de la gorge tandis que la vallée s'élargit. Environ 1 heure 30 après le point de départ du chemin, on atteint les bâtiments en pierre de la **grange de Perry** (vous pourrez vous abreuver dans la cour). De là, un sentier, en général excellent, grimpe en pente raide dans la forêt jusqu'à un croisement matérialisé par des panneaux (25 minutes depuis la grange de Perry) ; on quitte alors le GR®10 pour se diriger vers le col d'Arras, à l'ouest.

Le chemin continue à progresser dans la forêt et aboutit bientôt à des prairies à flanc de coteau escarpé, avec une vue imprenable sur la vallée d'Aspe. Après quelques centaines de mètres, il traverse le **col d'Arras**, gagne des arbres

HISTOIRE DU CHEMIN DE LA MÂTURE

Le chemin de la Mâture fut tracé en 1772 pour transporter les troncs d'arbre provenant des forêts situées sur le versant sud de la gorge. Construit par des bagnards dotés d'un outillage rudimentaire, il constitua pour son époque un véritable exploit en termes d'arpentage, d'ingénierie et de construction. Très demandé, le bois (hêtre, buis et sapin) servait à faire les poutres, les poulies et les mâts des vaisseaux de la marine royale, d'où le nom de chemin de la Mâture. Chaque chargement de rondins était tiré par un attelage de bœufs : deux à l'avant et quatre à l'arrière qui freinaient l'attelage à la descente. Le bois était stocké à Athas, d'où il partait sur des radeaux jusqu'à Bayonne, avant d'être acheminé jusqu'aux arsenaux de Brest.

et commence à descendre. Le sentier se divise à plusieurs reprises : veillez à rester sur la bonne route en suivant les marques rouge et jaune. Environ 1 heure 15 après avoir quitté le GR®10, on rencontre une bifurcation que l'on prend à droite pour suivre le balisage jaune. On arrive bientôt à un tournant ; la **vallée d'Aspe** s'offre aux regards et on peut apercevoir **Borce** tout en bas. Le chemin descend en pente raide jusqu'à l'extrémité d'une route secondaire que l'on suit à flanc de coteau pendant environ 2 km jusqu'à un virage serré. De là, un sentier étroit descend progressivement jusqu'au village d'**Etsaut** qu'il rejoint au niveau du panneau d'information planté près du pont, dans le centre du village (environ 1 heure 45 depuis le début du chemin balisé en jaune).

LE PIC DE LABIGOUER

Durée : 8 heures 30
Distance : 21 km
Niveau : difficile
Départ/arrivée : Etsaut ou Borce
Transports publics : oui
Cartes : La carte IGN au 1/25 000 n°1547OT *Ossau-Vallée d'Aspe* et celle de Rando Éditions au 1/50 000 n°3 *Béarn-parc national des Pyrénées* peuvent être utiles, même si nous proposons ici des itinéraires quelque peu différents.

Cette randonnée magnifique et exigeante vous conduira hors des sentiers battus jusqu'à une arête surplombant la vallée d'Aspe ; des variantes permettent d'en alléger la difficulté sans en sacrifier les attraits.

Le pic de Labigouer (2 175 m) coiffe une longue arête sur le versant ouest de la vallée de Belonce, qui court parallèlement à la vallée d'Aspe au-dessus de Borce et d'Etsaut ; il domine également le cirque de Lescun. Bien qu'il ne soit pas particulièrement élevé, il se tient relativement isolé des pics qui bordent la frontière espagnole et des arêtes avoisinantes et permet ainsi d'embrasser tout l'horizon : les plaines des Pyrénées au nord, le pic d'Anie, les pics d'Ansabère, le col du Somport et le Balaïtous (3 144 m) au sud-est, le pic du Midi d'Ossau et la profonde tranchée de la vallée d'Aspe.

Le balisage est variable, indiqué par les marques familières du GR® ou inexistant le long de l'arête principale.

Telle qu'elle est décrite ici, cette randonnée est plutôt longue pour une sortie d'une journée. Vous pouvez toutefois, après avoir atteint le pic de Labigouer, rentrer à Borce par le même chemin, ce qui correspond au même dénivelé mais vous fait gagner 1 heure 30 et au moins 7 km.

Une autre solution consiste à passer la nuit au **refuge d'Arlet** (☎ 05 59 36 00 99/05 59 34 76 88 ; nuitée 10 €, demi-pension 30 € ; ☷ de mi-juin à mi-sept), à une altitude de 2 000 m, à côté du lac d'Arlet et au-dessus de la tête de la vallée de Belonce, près de la frontière. Ce refuge d'une capacité de 43 places est géré par le parc national des Pyrénées. On y propose des paniers pique-nique.

Si vous optez pour cette solution, nous vous conseillons de faire le parcours en sens inverse, car la montée dans la vallée de Belonce est plus progressive que l'ascension qui mène au col de Barrancq et à l'arête principale.

Prenez la route qui quitte **Etsaut** vers le nord, franchissez la N134 puis montez à **Borce**. À l'entrée du village, tournez à gauche à la bifurcation : vous arrivez dans le village. Avancez dans ses ruelles étroites bordées de belles demeures anciennes jusqu'à l'**église**. Laissez-la à votre gauche et prenez la petite route qui monte, traversez une route plus importante, et continuez à monter par un chemin qui arrive bientôt à un carrefour. Tournez à gauche et continuez par un sentier qui grimpe en zigzags jusqu'à une route que vous prendrez à droite. Vous rencontrerez bientôt un ruisseau. Franchissez-le. Un peu plus loin, au carrefour, prenez à gauche vers "Maison Sayerse-Nardet GR®10" et retraversez peu après le ruisseau. Environ 30 m plus loin, tournez à droite, puis à nouveau à droite au bout de 30 m pour emprunter un sentier qui monte.

De là, l'ascension se poursuit presque sans interruption. Le chemin franchit bientôt le ruisseau et grimpe à flanc de coteau. On part ensuite en direction du sud par des **routes forestières balisées** qui traversent des bois mixtes et franchissent quelques ruisseaux avant d'atteindre une vaste prairie, dont l'extrémité la plus lointaine est occupée par la petite **cabane d'Udapet-de-Bas**, utilisée par les bergers en été (1 heure 30 depuis Borce). Continuez à monter, en terrain essentiellement découvert, jusqu'aux ruines des **cabanes de Haut-Udapet**. Un sentier peu marqué s'élève parmi l'herbe et les massifs de bruyères vers le point le plus bas de l'horizon. À peu près à mi-chemin, il s'infléchit à droite en

direction du nord et pénètre dans un bois pour atteindre bientôt le **col de Barrancq** (1 601 m), à 30 minutes de marche d'Udapet-de-Bas.

Poursuivez vers le sud à travers une forêt dense et le long d'une crête étroite – un sentier devient rapidement visible et, en quelques minutes, vous aurez laissé les arbres à votre gauche. Le chemin monte en pente raide jusqu'à une large arête herbeuse (à la cote "1913"), l'endroit idéal pour faire une halte et admirer le paysage montagneux.

Descendez l'arête par le **col des Pises** (1 891 m), remontez par un sentier escarpé bien balisé par des cairns et redescendez le long d'une étroite crête rocheuse jusqu'au **col de Labigouer** (2 040 m), aux abords de la partie centrale du parc national dont le logo peint sur les rochers représente la tête rouge d'un isard sur fond blanc. Là, vous pouvez choisir votre approche du **pic de Labigouer**. Lors de notre passage, par un jour de grand vent, le versant ouest était abrité et pas trop escarpé (environ 1 heure 15 depuis la cote "1913").

Redescendez au col de Labigouer. Pour continuer vers le sud le long de l'arête, rejoignez un sentier étroit qui traverse le versant ouest du pic. Tout d'abord bien marqué, il s'efface sur quelques centaines de mètres dans une pente raide, puis réapparaît à l'éperon suivant et descend au col de Souperret. Le parcours continue, sur le versant est cette fois, mais toujours à bonne altitude, en empruntant un sentier très étroit balisé en blanc et rouge qui progresse sur des pentes herbeuses puis longe le pied de quelques escarpements peu élevés. On passe rapidement deux petits rochers à pic, séparés par une courte étendue dégagée, avant de descendre jusqu'au **col de Saoubathou** (1 heure depuis le col de Labigouer).

Un chemin très fréquenté passe en dessous du pittoresque **pic Rouge**, qui doit son nom à la roche d'un rose soutenu, abondante dans la région. Imbriqué dans la matrice rose apparaît un abondant conglomérat composé de pierres et de cailloux multicolores. La descente vers les **cabanes de Lapassa** (occupées en été) se fait par un sentier un peu effacé qui redevient nettement visible au-delà des cabanes.

Après 500 m, on arrive à un panneau qui indique l'embranchement vers le refuge d'Arlet. Continuez à descendre vers la tête de la **vallée de Belonce** et poursuivez votre route jusqu'à la **cabane d'Hortassy**. Passez en contrebas des bâtiments et des enclos pour prendre un sentier étroit qui s'enfonce dans les arbres. La descente continue, à nouveau sur un terrain dégagé. Restez sur le versant est de la vallée, le long du chemin balisé en rouge et blanc.

Passez devant le sentier qui monte au col de Lagréou (à droite) et continuez jusqu'à la forêt. Le tournant suivant, dans un sentier indiqué par les marques rouge et blanc familières, se rate facilement – revenez sur vos pas si vous n'avez pas aperçu de balisage depuis 200 ou 300 m. Le sentier balisé descend jusqu'à un pont sur le **gave de Belonce** et continue en terrain dégagé. Il vous faudra peut-être négocier en chemin une ou deux barrières électrifiées.

Environ 30 minutes après avoir passé la bifurcation vers le **col de Lagréou**, on arrive à l'extrémité de la route, où des panneaux donnent différentes directions, notamment celle du **refuge d'Arlet**. Il suffit de suivre la route, qui descend dans une gorge étroite couverte d'éboulis à l'aspect réellement instable jusqu'à une route goudronnée où un grand panneau indique que la route que vous venez d'emprunter est la route forestière de Belonce. Tournez à droite et descendez jusqu'à **Borce** et **Etsaut** (environ 1 heure 30 depuis l'extrémité de la route).

LE PIC D'ANIE

Départ : à l'entrée de la station de La Pierre-Saint-Martin, sur la droite, au niveau du rond-point donnant sur l'aire de camping-cars, en contrebas du chalet portant la mention "refuge"
Accès : d'Oloron-Sainte-Marie, prendre la D919 (vallée de Barétous) en direction d'Arette et de la Pierre Saint-Martin
Difficulté : difficile
Durée : 6 heures 30 environ
Balisage : oui (marques rouges et cairns)
Cartes : IGN 1/25 000 n°1547OT *Ossau-Vallée d'Aspe*, ou Rando Éditions 1/50 000 carte n°3, *Béarn-parc national des Pyrénées*

Une vraie course de montagne, spectaculaire en diable, dans un décor fantastique, entièrement minéral, presque surnaturel, au cœur du plus grand lapiaz d'Europe. L'Anie se mérite, mais quelle récompense une fois le sommet vaincu !

Le départ de cette magnifique randonnée, à n'entreprendre que par temps clair (en cas de brouillard, on risque de se perdre), se situe en contrebas du chalet appelé "refuge" ; prenez la piste carrossable qui part à l'aplomb du chalet, tout droit. Vous passerez sous les télésièges et les téléskis, en vous éloignant progressivement de la station. Cette partie, très facile, est une bonne mise en jambes. Au bout d'une demi-heure environ, vous passerez devant l'intersection pour le GR°10, sur la gauche. Ignorez-la, et continuez encore pendant quelques minutes jusqu'à une bifurcation sur la gauche, repérable à une marque de peinture rouge sur un rocher, à 100 m avant une cabane en dur. Montez sur le talus, traversez à nouveau la piste carrossable, et repérez, en face, le balisage rouge, pas vraiment visible (n'empruntez surtout pas la piste, qui file plein est, alors qu'il faut monter vers le nord). Le paysage commence à se faire lunaire, chaotique, et vous découvrirez progressivement les Arres de Soum Couy et le pic du Soum Couy, sur votre gauche. Trois quarts d'heure plus tard, vous rejoindrez un croisement, signalé par un panneau indicateur "Col des Anies 1h" et "Pic d'Anie 2h". Suivez la direction du pic d'Anie (vous reviendrez par le col des Anies au retour). Pendant une heure environ, vous allez vous rapprocher de la base de l'Anie, nettement visible. Le caractère minéral du paysage s'accentue. La montée est lente et régulière. Vous passerez un petit col, d'où l'on découvre un vaste cirque calcaire très accidenté, fissuré de mille crevasses, au pied du pic. Surréaliste ! Traversez ce vaste champ lunaire en vous aidant des cairns, avec l'Anie en ligne de mire. Vient ensuite l'ascension finale, par la face ouest du pic, assez raide et éprouvante, nécessitant l'aide des mains par endroits (comptez 45 minutes à une heure). Une fois le sommet vaincu, quelle jouissance ! Le panorama est vertigineux ; on distingue une grande partie de la chaîne pyrénéenne, du Pays basque jusqu'au massif du Néouvielle. Le cirque de Lescun, le Billare, le Soum Couy, etc. semblent à portée de mains.

Au retour, plutôt que de revenir exactement par le même itinéraire, redescendez par la face ouest du pic, puis, au lieu de poursuivre la descente vers le vaste plateau de calcaire fissuré en contrebas, bifurquez à droite dans le sentier qui paraît évident. Il suit le flanc nord de l'Anie et file plein est, en descendant lentement. Marchez environ 45 minutes, puis bifurquez à gauche à hauteur d'un cairn et d'une marque rouge. Le sentier, correctement matérialisé, se dirige plein nord, passe au pied du Soum Couy, et se prolonge ensuite en faux plat descendant à

LE PIC DU MIDI D'OSSAU

Cartes : IGN 1/25 000 n°1547OT *Ossau-Vallée d'Aspe*, ou Rando Éditions 1/50 000 carte n°3, *Béarn-parc national des Pyrénées*

La flèche fendue caractéristique du pic du Midi d'Ossau (2 884 m) domine l'est du paysage tout au long des randonnées parcourant les alentours de Lescun et les hauteurs de la vallée d'Aspe. Cet impressionnant pic de granit isolé se dresse dans le parc national, à quelques kilomètres au nord de la frontière espagnole et à la tête de la **vallée d'Ossau**.

Le circuit qui contourne le pic à sa base, avec en option l'ascension jusqu'à la cime depuis le col de Suzon, compte parmi les plus belles randonnées des Pyrénées. Il peut représenter une promenade d'une journée pour les randonneurs parcourant le GR®10 et faisant halte au lac de Bious-Artigues, non loin. Il peut également constituer le clou d'une randonnée de 3 ou 4 jours au départ d'Etsaut, dans la vallée d'Aspe.

Parmi les différents itinéraires possibles, voici une suggestion. Le premier jour, une longue ascension (1 600 m) sur le GR®10 via le chemin de la Mâture vous mènera au bord du lac de Bious-Artigues, à 1 430 m d'altitude, dans le massif de l'Ossau, où vous trouverez une aire de bivouac.

Le jour suivant, le tour du pic du Midi (1 200 m de dénivelé) vous amènera d'abord jusqu'au **pic Peyreget** (2 487 m), au-dessus du col du Peyreget, pour des vues exceptionnelles sur le sommet emblématique des Pyrénées béarnaises. Le pic Peyreget est beaucoup plus accessible que le pic du Midi, bien connu pour l'instabilité de ses rochers et pour l'ascension duquel il est indispensable de posséder quelques rudiments d'escalade. Vous pourrez ensuite rentrer directement à Etsaut ou dormir au **refuge d'Ayous** (☎ 05 59 05 37 00), au sud du GR®10, entre le lac de Bious-Artigues et le chemin de la Mâture, pour admirer les nombreux lacs des alentours.

travers les Arres, avant de rejoindre la bifurcation "Col des Anies 1h" et "Pic d'Anie 2h" que l'on avait croisée à l'aller (soit environ 1 heure 30 depuis le sommet). De là, l'itinéraire est identique à celui de l'aller, en sens inverse (1 heure de marche jusqu'à la station).

LE TOUR DES LACS D'AYOUS

Départ : parking de Bious-Artigues (1 422 m)
Accès : dans la vallée d'Ossau, suivre la D934 jusqu'à Gabas ; à la sortie de Gabas, bifurquer à droite dans la D231 jusqu'au lac de Bious-Artigues, à 4 km
Difficulté : moyenne
Durée : 5 heures environ
Balisage : partiel
Cartes : IGN 1/25 000 n°1547OT *Ossau Vallée d'Aspe*, ou Rando Éditions 1/50 000 carte n°3, *Béarn-parc national des Pyrénées*

Un grand classique de la randonnée dans les Pyrénées béarnaises, parsemé d'intérêts variés : lacs glaciaires d'altitude, vie pastorale l'été, forêts, cols, crêtes, paysages somptueux et, bien sûr, le grand seigneur des lieux, le pic du Midi d'Ossau : rien ne manque !

Le sentier débute à hauteur du lac. Il s'agit d'une piste carrossable, qui longe la berge du lac par la gauche, au milieu d'une forêt de hêtres et de sapins. Le terrain est presque plat. Au bout de 20 à 25 minutes, vous traverserez un premier petit pont, le pont d'Ayous puis, 5 minutes plus loin, au terme d'une grimpette bien marquée, un second pont, le pont de Bious. Vous pénétrez alors dans le parc national des Pyrénées. Le cadre est magnifique ; s'ouvre devant vous un immense plateau, coupé par le gave de Bious, avec, dans le fond, une série de sommets dépassant les 2 000 m et, à gauche, le profil biseauté du Midi d'Ossau. Un vrai décor d'altiplano ! Un panneau directionnel, juste avant le pont de Bious, signale "Lacs d'Ayous 2h30" et "Lacs d'Ayous 1h30". Prenez la première direction ("2h30"). On chemine sur ce plateau pendant 10 à 15 minutes, jusqu'au panneau à gauche signalant la direction de Pombie via Peyreget (ignorez) ; continuez encore une dizaine de minutes, jusqu'à un petit pont enjambant le Bious. Une petite montée d'une dizaine de minutes vous conduit alors à un autre plateau, d'où l'on distingue la cabane de la Hosse. Commence ensuite une montée sur un sentier caillouteux (comptez 45 minutes d'efforts depuis le petit pont), jusqu'à un collet et, un peu plus loin, le lac de Castérau, à 1 943 m d'altitude, le premier d'une série de cinq lacs glaciaires.

Du lac de Castérau, la montée se poursuit pendant une vingtaine de minutes jusqu'à un autre petit col, suivi d'un laquet. Attention ! À hauteur de ce laquet, le sentier part vers la gauche (et non tout droit, c'est une fausse piste). Un peu plus haut, et vous voici en surplomb du lac de Bersau (2 077 m), que l'on longe sur sa rive droite. On chemine au milieu d'un chaos rocheux. L'ambiance est étrange, lunaire. Passé le lac, commence la descente vers le refuge d'Ayous (ouvert de mi-juin à mi-septembre), vous longerez une série de vasques, franchirez le torrent à gué et descendrez en lacets jusqu'au refuge, le long de la rive gauche du ruisseau. S'égrènent alors les lacs Gentau (1 982 m), du Miey (le plus petit, à 1 914 m) et Roumassot (1 845 m). En toile de fond se détachent les faces nord et ouest de l'orgueilleux pic du Midi d'Ossau. Par beau temps, ce sommet emblématique des Pyrénées béarnaises se reflète dans les eaux des lacs. Une jolie cascade s'interpose entre les deux derniers lacs. La descente se poursuit dans une prairie à laquelle succède une épaisse forêt. Vous déboucherez sur le pont de Bious (comptez 1 heure 15 de marche du refuge au pont de Bious), à l'endroit même où le panneau signale "Lacs d'Ayous 2h30" et "Lacs d'Ayous 1h30". L'itinéraire est ensuite identique à celui de l'aller, mais en sens inverse ; trente minutes plus tard, vous aurez rejoint le parking.

Après avoir cheminé pendant une heure, le petit train d'Artouste (voir l'encadré dans le chapitre Béarn) parvient à son terminus, dans un décor minéral époustouflant, à 2 000 m d'altitude. Vous voici plongé au cœur d'une ambiance résolument montagnarde, et pourtant vous n'avez pas encore fourni le moindre effort… Les vingt premières minutes de marche vous conduiront au lac d'Artouste, joyau du haut Ossau, dans lequel se mirent les sommets alentours, dont le Lurien (2 826 m) et le Palas (2 974 m). La plupart des excursionnistes s'arrêtent à ce niveau. Faites l'effort de marcher une heure de plus, jusqu'au refuge d'Arrémoulit. Le parcours est superbe : vous progresserez dans une atmosphère quasi lunaire, presque intemporelle. Au cours de la première partie du parcours, vous longez la rive ouest du lac d'Artouste, légèrement en surplomb de celui-ci, avant d'aborder une montée abrupte dans un pierrier (des cairns font office de balisage). Il n'y a aucun point ombragé, et la progression peut se révéler harassante. L'arrivée au refuge d'Arrémoulit et aux lacs environnants est vécue comme une récompense. Pendant la saison, ce refuge sert quelques plats à grignoter et vend des boissons. Vous pourrez éventuellement vous rafraîchir dans l'eau glacée des lacs, sous l'œil complaisant des pics alentour, notamment l'Arriel (2 824 m) et le Palas (2 974 m), à cheval sur la frontière espagnole.

LES LACS D'ARRÉMOULIT

Départ : terminus du petit train d'Artouste
Accès : dans la vallée d'Ossau, suivre la D934 jusqu'à Artouste-Fabrèges (après Gabas), puis prendre la télécabine jusqu'à la gare de Sagette, puis le petit train d'Artouste, en service de fin mai à fin septembre
Difficulté : moyenne
Durée : 2 heures 30 environ
Balisage : partiel (cairns)
Cartes : IGN 1/25 000 n°1647OT *Vignemale, Ossau, Arrens, Cauterets*, ou Rando Éditions 1/50 000 carte n°3, *Béarn-parc national des Pyrénées*

L'ambiance et les paysages de la haute montagne à portée de chaussure, sans trop d'efforts. Combinez cette randonnée courte mais superbe avec l'excursion du petit train d'Artouste. Une journée inoubliable !

LES CERCLES DE PIERRE

Départ : chapelle Notre-Dame de Houndaàs (plateau du Benou)
Accès : dans la vallée d'Ossau, suivre la D934 ; traversez Louvie-Juzon et, 3 km plus loin, bifurquez à droite, en direction du col de Marie-Blanque (D294). Au bout de 5 km environ, vous arriverez à la chapelle Notre-Dame de Houndaàs
Difficulté : facile
Durée : 3 heures environ
Balisage : oui
Cartes : IGN 1/25 000 n°1546ET *Laruns, Gourette, col d'Aubisque, vallée d'Ossau*, ou Rando Éditions 1/50 000 carte n°3, *Béarn-parc national des Pyrénées*

Un site préhistorique auquel on accède uniquement à pied et un panorama souverain :

voilà tout l'attrait de cette randonnée, facile de surcroît, dans un secteur reculé.

Laissez votre véhicule près de la chapelle. Marchez sur la D294 sur environ 250 m, puis bifurquez à droite au panneau indicateur. La piste, agréable et sans difficulté, file plein est, en corniche. La montée est lente et progressive. Après une demi-heure de marche environ, bifurquez à gauche pour accéder, après une courte grimpette, aux cromlechs. Le site est majestueux. Ces vestiges mégalithiques, composés de blocs de pierre disposés en cercle, sur le rebord d'un plateau, rappellent que la vallée d'Ossau était habitée aux temps préhistoriques. Les spécialistes estiment qu'ils servaient de nécropole, et que l'on y pratiquait des rites funéraires (on a retrouvé des fragments d'os calcinés à l'intérieur de ces cromlechs). Redescendez sur la piste principale, et continuez à gauche. La montée reprend, progressive, à flanc de versant, jusqu'au plateau de l'Ezau. Vous profiterez de magnifiques perspectives sur le plateau du Bénou, la vallée d'Ossau et les villages de Bielle et de Bilhères. Au bout de trois quarts d'heure environ depuis l'intersection pour les cromlechs, un panneau (à terre, lors de notre passage) signale qu'il faut obliquer sur la gauche ; attention, ce passage est délicat : il faut marcher une cinquantaine de mètres et trouver une prairie étroite (une coulée verte) entre deux bosquets, qui descend en forte pente. Au bas de cette clairière, vous rattraperez le sentier, cette fois bien visible, qui musarde au milieu de prairies avec, toujours, de très jolies vues sur le massif qui se dresse de l'autre côté de la vallée. Comptez 45 minutes environ de descente, dans les prairies, avant de rattraper la D294 qui vous ramènera à la chapelle de Houndaàs.

LE PIC DE LISTO

Départ : hameau de Listo
Accès : suivre la D934 dans la vallée d'Ossau, en direction de Laruns. 1 km avant Laruns, bifurquer sur la gauche en direction de Béost et Louvie-Soubiron. Traverser le village de Louvie-Soubiron et monter jusqu'au hameau de Listo en suivant une piste en partie bétonnée

Difficulté : facile
Durée : 2 heures 45 environ
Balisage : oui
Cartes : IGN 1/25 000 n°1546ET *Laruns, Gourette, col d'Aubisque, vallée d'Ossau,* ou Rando Éditions 1/50 000 carte n°3, *Béarn-parc national des Pyrénées*

Un sentier bien délimité mène à ce pic d'accès facile, proche de Laruns. Nature sauvage et pastoralisme contribuent à l'agrément de cette courte randonnée.

Laissez votre voiture à hauteur de la fontaine, à l'entrée du hameau. Suivez le panneau indicateur "Pic de Listo". Après avoir traversé ce hameau, habité seulement par un chevrier (on peut acheter du fromage de chèvre), cheminez sur la piste carrossable, évidente, qui, quelques centaines de mètres plus loin, s'élève en lacets appuyés. Continuez toujours tout droit sur cette piste, bien matérialisée, qui monte ensuite progressivement à flanc de montagne, en direction du nord-est. Juste au-dessus de vos têtes, le pic de Listo est bien visible ; impossible pourtant d'y accéder directement par ce versant, car la pente est bien trop raide. Il faut continuer bien au-delà afin de le contourner par le nord-est. Au bout d'une heure environ, juste après avoir dépassé une cabane de berger en contrebas de la piste, vous arriverez à un carrefour bien signalé ; tout droit, la piste mène au col de Louvie. Bifurquez à gauche, en direction du pic de Listo. Après plusieurs grands lacets, la piste s'infléchit vers l'ouest, et mène tout droit au pic. Les derniers mètres s'effectuent sur un sentier escarpé, qui s'écarte de la piste principale. Au sommet (1 358 m), constitué d'une petite plate-forme, soyez vigilant, notamment par grand vent, car les parois sont très abruptes. La vue est incomparable ; on distingue Laruns à l'ouest et, plein sud, sur le versant opposé, le bois d'Andrey, ainsi que les massifs imposants du Soum de Grum et du pic de Ger (2 613 m), entre autres.

Le retour s'effectue par le même itinéraire. Résistez à la tentation de couper par les prairies, bien trop escarpées.

Chemins de Saint-Jacques- de-Compostelle

C'est un chemin, mais c'est en fait bien plus que cela... Celles et ceux qui ont "fait Compostelle" en parlent avec une étincelle dans les yeux. Ayant mis leurs pas dans ceux de leurs aînés, ils participent à cette communion qui, depuis des siècles, dirige fidèles, aventuriers, pécheurs ou simples randonneurs vers le tombeau de saint Jacques le Majeur. Le pèlerin est multiple sur le chemin des chemins...

DES PÈLERINS AUX RANDONNEURS

La randonnée a beau être à la mode, consacrer deux mois à parcourir plus de 1 500 km en s'exposant aux caprices des éléments, aux ampoules, crampes, tendinites et à l'épuisement exige une volonté exceptionnelle. Mais c'est le choix personnel qui dicte cette motivation. Pourtant, jamais depuis le XIIIᵉ siècle autant de pèlerins n'ont emprunté la route médiévale de Saint-Jacques-de-Compostelle : des "seulement" 2 905 pèlerins dénombrés en 1987, leur nombre passe à 99 436 en 1993 (année sainte), puis à 154 613 en 1999 (année sainte) et enfin à 179 944 en 2004 (année sainte également). Autant dire que la manne est sans cesse renouvelée et que le business est florissant. De n'importe quelle route parallèle au chemin, on voit des marcheurs et des marcheuses de tous âges, venus de partout (d'Europe principalement, mais aussi d'Australie, du Canada, d'Amérique du Sud...), avancer vers l'ouest chargés de sacs à dos sur des itinéraires repérés par des flèches jaunes et des coquilles Saint-Jacques (représentées sur de petits plots en béton). Leurs motivations ne sont peut-être pas si éloignées de celles de leurs prédécesseurs des siècles passés : au Moyen Âge, les pèlerins, très pieux, faisaient pénitence, espérant assurer leur salut, trouver l'espoir pour l'avenir. De nos jours, l'amour de l'art roman et gothique, le plaisir de relever un défi physique, de se surpasser, ou tout simplement l'envie de voir de superbes paysages toujours différents ou de vivre des vacances économiques jettent les pèlerins sur la route. C'est aussi pour certains un voyage au cours duquel ils décideront de leur avenir, accompliront un itinéraire religieux ou spirituel, ou résoudront un épineux problème existentiel. Aujourd'hui comme hier, faire le pèlerinage à Saint-Jacques

DE SAINT JACQUES À SANTIAGO

Mais qui était vraiment Jacques ? Cet apôtre de Jésus, fils de Zébédée et de Marie-Salomé, est connu comme étant le frère de Jean l'Évangéliste, celui qui a rédigé le quatrième et dernier évangile, consacré à l'Apocalypse. Jacques, d'un caractère passionné qui a conduit Jésus à le surnommer "fils du tonnerre", part évangéliser l'Ibérie en 44 : cette entreprise connaît un revers de fortune qui contraint Jacques à rentrer à Jérusalem où il effectue des conversions avec succès. Le roi de Judée Hérode Agrippa Iᵉʳ ne l'entend pas de cette oreille et condamne Jacques à la décapitation. Son corps mutilé est mis dans une barque qui finit par échouer sur les côtes de Galice. La légende de saint Jacques – Santiago en espagnol – était en route...

Le Chemin est aussi appelé la "voie des étoiles" (*Vía Láctea* en espagnol), car la voie lactée semble parallèle à la route de Compostelle. Selon la légende, Charlemagne aurait entendu saint Jacques lui demander en rêve de suivre la voie étoilée jusqu'à son tombeau, faisant de lui le premier pèlerin.

peut transformer une existence, et représente certainement une des expériences les plus enrichissantes d'une vie. D'aucuns parlent d'un surpassement de soi. Le franchissement des Pyrénées est d'ailleurs vécu comme un obstacle autrement que physique : c'est un cap à passer pour mieux renaître de l'autre côté. Tout un symbole.

IL ÉTAIT UNE FOI...

Tout commence vers 810-813. La légende rapporte qu'un ermite, Pelayo, vivant dans un coin retiré au nord-ouest de l'Ibérie (l'actuelle Galice), suivit l'éclat d'une mystérieuse étoile qui le guida jusqu'à un cimetière. Dans un mausolée romain couvert de ronces était enterré l'apôtre Jacques (Santiago en espagnol). Cette découverte, confirmée par Théodomir, évêque d'Iria Flavia (aujourd'hui Padrón), et par Alphonse II le Chaste, roi des Asturies et de Galice, allait provoquer un écho retentissant à travers toute la chrétienté. Bientôt, le toponyme de Compostela fut sur toutes les cartes. Son impact est difficile à imaginer aujourd'hui. Rappelons qu'à l'époque, les pèlerinages vers les lieux saints abritant des reliques étaient le seul moyen de s'assurer une place au paradis. Les ossements, mais aussi les cheveux, les ongles, etc. avaient la valeur du sacré. La découverte de la dépouille presque intacte de saint Jacques le Majeur, apôtre du Christ, fut un événement considérable. Les fervents dévots se précipitèrent vers son tombeau et, dans leur sillon, les pèlerins venus de toute l'Europe.

Selon la légende, les Romains de la côte de Galice vénéraient Vénus, représentée alors avec une coquille. Lorsque naquit le culte de saint Jacques, celui-ci prit tout simplement la place de la déesse sur la coquille

UN CHEMIN POLITIQUE

Le manque de routes, de ponts, de villes, d'églises et de la moindre infrastructure rendit le voyage des premiers pèlerins difficile, mais fit les affaires des monarques. Il fallait construire une route sûre, et les rois octroyèrent d'énormes privilèges à ceux qui viendraient fonder et peupler les villes bordant le chemin. Le nord de l'Espagne était alors le théâtre d'escarmouches entre chrétiens et Maures qui rendaient le voyage dangereux. L'Église et les princes ne tardèrent pas à présenter l'apôtre sous les traits du légendaire Santiago Matamoros ("Matamore", tueur de Maures), qui, chevauchant son destrier blanc dans les batailles de l'Espagne chrétienne de la Reconquista, conduisait les chrétiens à la victoire contre les musulmans. Les moines bénédictins français de l'abbaye de Cluny comprirent aussi l'intérêt de former des liens étroits avec les pèlerins du Chemin. Ils fondèrent tout le long moult monastères

LE CHEMIN DU CŒUR

Les yeux brillants, les pèlerins sont inspirés lorsqu'ils évoquent leur périple présent ou passé. Chacun a sa motivation (divulguée ou non), oscillant entre religion, introspection, philosophie, ésotérisme et aventure : "on voyage avec son cœur", "le but, c'est le chemin", "c'est comme un village qui voyage", "tous les pèlerins communient en même temps, vers le même lieu", "peu importe que j'aille à Saint-Jacques-de-Compostelle ou à Tombouctou, le plus important est d'aller jusqu'au bout", "certaines de mes question sont restées sans réponses, mais je suis heureux d'avoir trouvé le courage de me les être posées", "le chemin est un fil universel qui transcende beaucoup de choses", "j'ai trouvé la sérénité que je recherchais", "je me sens proche de Dieu", "c'était une nécessité pour moi de le faire", "je me suis accompli", "je me suis retrouvé", "je voyage avec mes problèmes mais je tends à m'en débarrasser", "c'était une transition nécessaire, inéluctable, indispensable", etc. Quelle que soit la raison qui pousse la personne à suivre le pèlerinage, la quête de soi est le plus souvent mise en avant pour justifier ce que beaucoup qualifient de véritable "passage à l'acte".

doublés d'églises, propageant l'art roman et renforçant le prestige de leur ordre. Au XIIᵉ siècle, un moine poitevin, Aymeri Picaud, rédigea le *Liber Sancti Jacobi* (Livre de saint Jacques). Ce chef-d'œuvre consacré au pèlerinage comportait un guide divisant la route des Pyrénées en 13 étapes.

Après une période faste allant du XIᵉ au XIIIᵉ siècle (le pèlerinage rivalisait alors avec ceux de Rome et de Jérusalem), le Chemin souffrit de la Réforme protestante, disparaissant presque jusqu'à sa renaissance dans la seconde moitié du XXᵉ siècle. Son succès actuel a redonné vie à certains espaces reculés du nord de l'Espagne.

RENSEIGNEMENTS

Il ne faut pas s'attendre à une route pavée d'or. Si de joyeuses flèches jaunes tracées sur tout support possible – poteaux téléphoniques, rochers, arbres ou au sol – vous guident, le Chemin est une succession de sentiers forestiers, de chemins ruraux, de pistes longeant les grandes routes, de routes secondaires et d'itinéraires de randonnées. Des coquilles Saint-Jacques, scellées dans le ciment ou stylisées en métal, balisent la voie.

Les **offices du tourisme** du nord de l'Espagne proposent souvent des renseignements locaux et régionaux sur le chemin. Des associations d'amis du chemin, créées par d'anciens marcheurs, fournissent des infos très utiles sur le voyage et les vendeurs de matériel, y compris pour les voyageurs handicapés.

Le site des **confraternités des Amis de Saint-Jacques** (www.chemindecompostelle. com) donne d'excellents conseils, bibliographies, adresses de toutes les associations jacquaires françaises, belges, suisses et canadiennes et vend des guides spécialisés.

Le site de la Fédération espagnole des Amis du Chemin : www.caminosantiago.org recense quelque 300 *refugios* et *albergues* sur tous les chemins et fournit d'autres informations utiles dans un espagnol très accessible.

Credencial du pèlerin et Compostela

Les pèlerins modernes emportent le *Credencial del Peregrino* (l'accréditation du pèlerin), un petit carnet qu'ils font tamponner à chaque étape du chemin, dans les églises, bars, *refugios* ou *albergues*, signifiant qu'ils ont bien effectué le voyage. Sans lui il est impossible d'obtenir la *Compostela*, certificat à caractère spirituel rédigé en latin et délivré à Saint-Jacques-de-Compostelle. Le *Credencial* (0,25 €) est diffusé par les *refugios* des grandes villes et les associations d'amis du Chemin. À Roncevalles (Roncevaux), le monastère le vend à 1 €. Il est aussi possible de créer soi-même son *Credential* ou de l'acheter dans les villes de départ. Ces deux documents permettent aux pèlerins d'obtenir des tarifs préférentiels dans certains musées situés sur le chemin.

ORGANISATION

Ne pas oublier que le Chemin change. Les hébergements ouvrent et ferment, les sentiers évoluent et les prix fluctuent.

D'où partir ?

Il n'y a pas de point de départ officiel. Chacun choisit d'où il souhaite partir en fonction de ce qu'il veut voir et du temps dont il dispose. Pour faire tout le Chemin depuis Roncevaux (le panneau *in situ* annonce encore 790 km !), il faut au moins cinq semaines à pied, deux en vélo et une en voiture avant d'arriver à Saint-Jacques-de-Compostelle. Les cyclotouristes circulant sur la route iront évidemment beaucoup plus vite que les VTTistes empruntant essentiellement les chemins de randonnée. Les automobilistes seront davantage spectateurs qu'acteurs, mais ils pourront voir de nombreux sites inaccessibles aux marcheurs et aux cyclistes.

Quand partir ?

Le Chemin, en entier ou par tronçon, peut être parcouru toute l'année. D'octobre à mai, la fréquentation est beaucoup moins forte. En hiver, il faut parfois affronter pluie, neige et vents glaciaux. En mai et juin, les fleurs sauvages sont superbes et des champs de céréales à perte de vue, passant du vert tendre à l'or bruni, font des paysages un enchantement. En juillet et août arrivent les foules de vacanciers qui envahissent les *refugios* (refuges de montagne), et la chaleur peut être écrasante en Navarre, surtout après Pamplona. Il y a moins de monde et le temps est encore clément en septembre, un mois agréable pour entreprendre une randonnée. Le 25 juillet, jour de la fête de saint Jacques, est aussi un moment judicieux pour arriver à la cité.

Qu'emporter avec soi ?

Plus le sac est léger, plus la route est aisée, à pied comme en vélo. En été, l'idéal est de ne pas dépasser 8 à 10 kg de bagages entre les vêtements (pantalons de randonnée séchant vite, shorts, T-shirts, pull, 3 paires de chaussettes et chaussures légères style Crock), le sac de couchage, le guide et l'ensemble des objets personnels (appareil photo, crème solaire, accessoires de toilette, caméra, protection contre les ampoules, etc.). Pendant l'hiver, les pèlerins devront prévoir des vêtements chauds. Pour marcher, des chaussures légères et flexibles tenant bien les chevilles sont suffisantes. Les cyclistes auront besoin au moins de sacoches et d'un casque. Avec un bon guide et en suivant les fléchages jaunes, il est inutile d'acheter des cartes.

> Parmi les ouvrages consacrés au Chemin, il faut citer *365 méditations sur les chemins de Compostelle* (Presses de la Renaissance, 2006), de Luc Adrian, un voyage en texte et en image au cœur des quatre grands chemins de France

Où se loger ?

Seuls les titulaires du *Credencial* ont accès aux *refugios*. Pour un tarif allant de 6 à 10 €, la plupart des hébergements mettent à disposition dortoirs, salles de bains, espace où étendre sa lessive et parfois cuisine. La règle est celle du premier arrivé premier servi. Les cyclistes doivent parfois attendre jusqu'à 20h car les marcheurs sont prioritaires. Les pèlerins bénéficiant d'un accompagnement en voiture sont les derniers sur la liste. En été, les *refugios* se remplissent vite, ce qui incite les marcheurs à partir de plus en plus tôt et à accélérer la cadence pour s'assurer un lit à l'étape suivante, gâchant un peu le plaisir du trajet.

De nombreux autres hébergements jalonnent le chemin : *albergues*, *hostales* (hôtels économiques), *casa rural* (chambres d'hôte), hôtels et gîtes ruraux, mais ils sont généralement plus coûteux. Autre option : transporter sa tente. Certains terrains de camping sont installés à proximité du Chemin (voir www.campingsonline.com).

Où se restaurer ?

Les restaurants bordant le chemin ont tous un menu du jour économique (*menú del día*) entre 7 et 12 € (5 € à l'auberge des pèlerins de Puente la Reina), comprenant souvent entrée, plat, dessert, pain et vin ou eau. On trouve facilement tous les produits de type pique-nique (pain, fromages, fruits, charcuterie...) dans les petits marchés des nombreuses villes et bourgades traversées en route.

DES CHEMINS CONVERGENTS

Le vrai pèlerinage commence une fois sa porte de maison fermée, et l'on se doit de rejoindre l'itinéraire balisé le plus proche. Mais la plupart

INTERVIEW > SUR LES PAS D'UN PÈLERIN DE SAINT-JACQUES

Artiste peintre, membre d'une association francilienne de randonneurs, Yves Boudrie nous livre son expérience du chemin de Saint-Jacques-de-Compostelle.

Quelle a été votre motivation pour suivre le chemin de Saint-Jacques-de-Compostelle ?
C'était avant tout une motivation de randonneur, mais aussi un entracte, une passerelle entre ma vie professionnelle et la retraite. Mon dernier jour de travail a été le 22 septembre et le 26, je partais du Puy-en-Velay ! Tout le monde m'a pris pour un fou, mais ma décision était mûrement réfléchie. J'avais bien évidemment tout préparé.

Avec quoi êtes-vous parti ?
J'étais parti avec une centaine de questions et je suis arrivé avec 200 interrogations au bout du compte ! Plus sérieusement, je savais que j'allais faire le parcours en deux temps, avec un arrêt à Pamplona. J'ai donc composé mon sac en conséquence, en ayant minutieusement pesé tout ce que j'allais emporter ; 11 kg au total y compris une petite pharmacie. Je m'étais octroyé un budget de 30 à 35 € par jour en France et de 25 à 30 € en Espagne.

Quels ont été les moments forts que vous avez vécus ?
Après Aire-sur-l'Adour, en arrivant dans le Béarn, lorsque j'ai aperçu pour la première fois la chaîne des Pyrénées, un grand moment d'émotion m'a littéralement submergé, je ne sais pas pourquoi. Incontrôlable et fort à la fois. Le franchissement des Pyrénées a aussi été un grand moment, aussi attendu qu'apprécié.

Qu'avez-vous retenu ou appris de votre périple ?
Je n'ai jamais autant vu de panneaux "propriétés privées" en France ! Dans le Béarn, ce sont les panneaux "chasse à la palombe" qui jalonnent le chemin. D'un point de vue relationnel, j'ai croisé des gens plutôt bizarres, mais aussi et surtout des personnes avec lesquelles j'ai pu échanger, dans les gîtes, des points de vue intéressants. J'ai aussi appris qu'il ne fallait pas poser de questions aux pèlerins, chacun mène sa route comme il l'entend. Moi-même j'ai préféré randonner seul, il suffit simplement de le faire comprendre gentiment à ceux qui veulent se joindre à toi sur le chemin.

Et ce que vous avez le moins aimé ?
Le business monumental autour du chemin de Saint-Jacques, c'en est lassant, il faut toujours faire attention si on ne veut pas se faire arnaquer. L'appât du gain estompe bien des scrupules... Les prix ont tendance à s'envoler 50 km avant d'arriver à Saint-Jacques-de-Compostelle. Personnellement, je n'ai pas aimé Roncevaux qui est, à mon avis, un péage autoroutier : tout le monde y passe (il ne faut pas payer sa nuit d'hôtel d'avance mais plutôt au moment du départ : on m'a fait payer deux fois le petit-déjeuner !) et je déconseille de dormir à Saint-Jean-Pied-de-Port : il ne faut pas hésiter à pousser un tout petit peu plus loin pour passer la nuit à Honto, à mi-montagne. Et puis ça raccourcit l'étape jusqu'à Roncevaux avec le passage du col.

Quels conseils prodigueriez-vous ?
Ne pas pique-niquer au bas des côtes mais plutôt en haut ! Le redémarrage n'en est que plus aisé. Dans les gîtes et les dortoirs, je conseille de ne pas oublier de se munir de protections auditives et de dormir avec son portefeuille sous l'oreiller, de l'emporter avec soi dans un sac plastique sous la douche : sur le chemin, il n'y a pas que des pèlerins honnêtes... Bien suivre le balisage tout en profitant des paysages, plutôt que d'avoir le nez plongé dans son topoguide. Le bourdon (grand bâton), que j'ai acheté au Puy, m'a à la fois servi d'appui mais aussi de parade contre les quelques chiens errants ou ceux qui aboient pour un oui ou pour un non. Et Dieu sait s'il y en a !

des pèlerins partent de Paris (*via Turonensis*, 1 743 km, 71 jours de marche), de Vézelay (*via Lemovicensis*, 1 691 km, 71 jours de marche) ou du Puy-en-Velay (*via Podiensis*, 1 522 km, 65 jours de marche). Ces trois itinéraires se rejoignent à Ostabat, dans le Béarn, à une vingtaine de kilomètres avant l'étape emblématique de Saint-Jean-Pied-de-Port. Le chemin unique qui suit est dit "chemin navarrais" (*Camino Navarrés*) : il passe par le site de Roncevalles (Roncevaux) et atteint Puente la Reina après Pamplona.

Il existe aussi un départ méditerranéen depuis Arles (*via Tolosana*, 1 588 km, 62 jours de marche) et dont l'itinéraire franchit les Pyrénées au col du Somport (1 632 m), traverse l'Aragon, et rejoint les trois premiers chemins à Puente La Reina, au sud de Pamplona. De là, un seul chemin conduit à Saint-Jacques. Ce chemin aragonais (*Camino Aragonés*) est beaucoup moins fréquenté que son homologue "français" et les étapes sont un peu plus longues à partir du col du Somport : Jaca, Puente la Reina (en Aragon), Sangüesa, Monreal et Puente la Reina (la bourgade de Navarre) comme principales haltes.

Il existe aussi un chemin littoral, dit "chemin des Anglais", qui, depuis Saintes, suit la côte en passant par Soulac, Mimizan, Bayonne et San Sebastián. On l'appelle le chemin du Nord, *el Camino del Norte*. Les pèlerins peuvent aussi se référer à leur topoguide qui leur indiquera l'existence de quelques variantes (des diverticules) permettant, par exemple, de rejoindre Pamplona depuis Bayonne, par la vallée de Baztan (voir p. 401).

La carte de l'IGN *Les chemins vers Saint-Jacques-de-Compostelle* présente les itinéraires et une sélection des sites les plus évocateurs de l'histoire du pèlerinage.

LE CHEMIN FRANÇAIS

On désigne par "chemin français" (*Camino Francés*) la partie commune de tous les chemins en provenance de France, c'est-à-dire le chemin navarrais et le chemin aragonais. Cette convergence correspond au tronçon final Puente la Reina/Saint-Jacques-de-Compostelle. Certains font remonter l'appellation du "chemin français" jusqu'au col de Roncevaux (et qui correspond au chemin navarrais). Du côté de la France, il existe trois itinéraires (partant de Paris, de Vézelay et du Puy-en-Velay) qui se rejoignent tous les trois à Ostabat, petit village situé à une vingtaine de kilomètres avant Saint-Jean-Pied-de-Port,

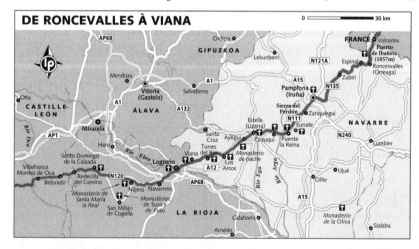

DE RONCEVALLES À VIANA

au Pays basque français, avant d'atteindre le col de Roncevaux, à la frontière espagnole.

De Roncevalles à Pamplona

Au nord de Roncevalles (Roncevaux), le chemin pénètre en Espagne par le spectaculaire col pyrénéen. C'est aussi ce col que franchit Napoléon pour occuper l'Espagne en 1802. La modeste commune de Roncevalles (26 habitants), à 45 km au nord de Pamplona (Pampelune), donne admirablement la tonalité de cette extraordinaire route. Son église gothique du XIIIe siècle contient la première statue de saint Jacques habillé en pèlerin (avec coquilles et bâton) et une belle statue en bois de la Vierge à l'enfant, plaquée d'argent, du XIIIe siècle. Lors de la messe quotidienne, les ecclésiastiques bénissent les pèlerins en prononçant une prière écrite au XIIe siècle.

Les magnifiques forêts de hêtres qui entourent Roncevalles sont les premières et les dernières du chemin. Celui-ci descend progressivement, traversant pâturages, terrains boisés et villages pittoresques. De grandes maisons basques typiques, blanches, à trois étages, aux volets de couleurs vives et aux toits pentus (pour les neiges hivernales) apparaissent au détour du chemin.

Les pèlerins faisaient halte à Pamplona pour la nuit ; la cité devint une étape officielle du chemin au XIe siècle, ce qui assura sa prospérité.

De Pamplona à Estella

À l'ouest de Pamplona, la Sierra del Perdón, surmontée d'une longue ligne d'éoliennes productrices d'électricité, s'élève devant vous. Du col franchissant la *sierra* (chaîne de montagnes), on domine la longue vallée qui mène à Puente la Reina, où le *Camino Aragonés*, venant de l'est, rejoint le *Camino Francés*. C'est aussi dans la vallée (parsemée de champs de blé, de cultures d'asperges, de vignes et d'oliviers) qu'est situé un des lieux emblématiques du Chemin : la chapelle d'Eunate, un remarquable ouvrage de plan octogonal du XIIe siècle au beau milieu d'un champ de blé.

Le principal point d'intérêt de Puente la Reina est son étonnant pont du XIe siècle. Remarquez les piles taillées en diamant et les cavités dans les arches qui réduisent la pression de l'eau lors des crues du río Arga.

Les portails de l'Iglesia de Santiago à Puente la Reina, de l'Iglesia San Román à Cirauqui et de l'Iglesia de San Pedro de la Rúa à Estella témoignent de l'influence mudéjare dans leurs arches romanes, sculptées de rosettes compliquées. Il n'y en a pas d'autres plus loin. Grâce au microclimat de la région, les fleurs (surtout les roses et les géraniums) sont le rêve de tout jardinier.

Les premières œuvres monumentales d'architecture romane apparaissent à Estella : l'impressionnant portail de l'Iglesia de San Miguel, le cloître de l'Iglesia de San Pedro de la Rúa et le palais des rois de Navarre. Admirez sur ce dernier les allégories des péchés capitaux : la paresse (âne jouant de la harpe écouté par un chien), la luxure (serpents suçant les seins d'une femme) et l'avarice (humains nus avec des porte-monnaie autour du cou) haut perchés à l'angle de la rue.

D'Estella à Viana

Juste à côté d'Estella, la fontaine à vin et à eau gratuite de la Bodega de Irache tentera les plus sobres des pèlerins. Juste à côté, le distributeur vend des bouteilles de vin pas chères à emporter pour le viatique du lendemain ! Chênes verts et vignes s'étendent à perte de vue sur les coteaux ondoyants, puis laissent la place aux champs de blé d'une longue bande de terre conduisant aux bourgs assoupis de Los Arcos, Sansol et Torres del Río. Une autre stupéfiante église romane octogonale, l'Iglesia del Santo Sepulcro, trône au centre de Torres, village à flanc de colline. Viana est la dernière ville en terre de Navarre.

Pays basque français et Béarn

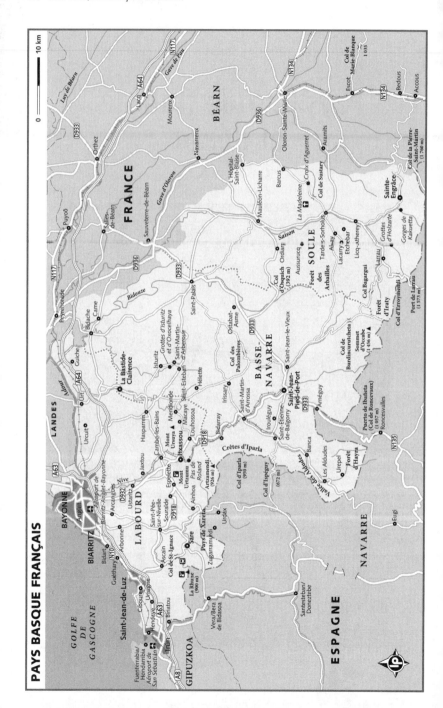

PAYS BASQUE FRANÇAIS

Labourd

Des trois provinces du Pays basque nord, le Labourd (Lapurdi) est celle qui se situe la plus à l'ouest. C'est aussi celle qui offre les contrastes les plus saisissants, entre une côte dédiée au tourisme et aux joies balnéaires et un cœur de pays où l'authenticité prime. Là, des paysages de plaines et de coteaux vallonnés, où la Nive et la Nivelle ont creusé leur lit, côtoient des collines d'un vert luxuriant, plein de sève et de vie, dont le point culminant, la Rhune, atteint les 900 m.

Dans les villages, l'*etxea* (la maison à pans de bois de couleur sang de bœuf) domine sans partage. Elle demeure encore au centre de l'organisation sociale. L'activité reste, dans ces terres, en majorité rurale, et la gastronomie porte haut les cultures du terroir. Sur la côte, les villes balnéaires et les ports, anciennement baleiniers, ont su garder un charme fou : Biarritz, Guéthary, Saint-Jean-de-Luz, Ciboure… Sans oublier Bayonne, capitale économique de la province mais aussi phare de la vibrante culture basque sur ce versant des Pyrénées.

À NE PAS MANQUER

- Le **Musée basque et de l'histoire de Bayonne** (p. 98) et une balade dans le vieux Bayonne
- Le **front de mer de Biarritz** (p. 109) et son casino Art déco
- Les longues plages de sable fin d'**Anglet** (p. 128)
- Le joli village de **Guéthary** (p. 133) avec ses nombreux restaurants sur le port
- Le port de pêche et les maisons des armateurs de **Saint-Jean-de-Luz** (p. 137)
- Le **domaine d'Abbadia** (p. 148), à Hendaye, superbe site naturel entre océan et falaises
- **Arcangues** (p. 129), petit village aux airs d'opérette (pas seulement parce que Luis Mariano y est enterré)
- Prendre le chemin des anciens contrebandiers, et manger dans une **venta** (p. 157) de l'autre côté de la frontière.
- La **Villa Arnaga** (p. 163) à Cambo-les-Bains, l'ancienne et belle demeure d'Edmond Rostand
- Le légendaire **pas de Roland** (p. 165) à Itxassou, où acheter des cerises noires
- **Aïnhoa** (p. 158), une bastide labourdine de grand charme
- Les **grottes préhistoriques de Sare** (p. 155), à la forme géologique si atypique. Et de façon générale, **Sare**, classé parmi les plus beaux villages de France
- Les **grottes préhistoriques d'Isturitz et d'Oxocelhaya** (p. 169)
- Le village des artisans et le cimetière juif de **La Bastide-Clairence** (p. 171)

LE LABOURD AVEC DES ENFANTS

LIEUX	ACTIVITÉS	BON À SAVOIR
Bayonne	La journée des enfants des **Fêtes de Bayonne** (p. 101).	Les enfants (dès 4 ans) sont à l'honneur de la première journée des fêtes avec "encierro txiki" (course à pied devant des taureaux fictifs), pique-nique géant, boum et surtout, à 12h (comme tous les jours durant les fêtes) le réveil du roi Léon et de sa cour au balcon de la mairie.
	Des **visites guidées thématiques** (p. 97) proposées par l'office du tourisme et un jeu de piste pour découvrir le Grand Bayonne.	Une des visites, sur l'histoire de Bayonne, est couplée avec une entrée au Musée basque.
Biarritz	S'émerveiller devant les aquariums du **musée de la Mer** (p. 109).	Vous pouvez assister au repas des phoques tous les jours à 10h30 et 17h.
Biarritz et Bayonne	Pour les gourmands, en savoir plus sur les origines et la fabrication du chocolat au **Planète Musée du Chocolat** (p. 109) à Biarritz et à l'**Atelier du chocolat à Bayonne** (p. 105).	À la fin de la visite à l'Atelier du chocolat, les enfants peuvent se prendre en photo dans un espace spécialement aménagé pour eux.
Bayonne, Hendaye, Saint-Jean-de-Luz	Des **excursions en bateau** pour des visites au fil de l'eau à bord du *Coursic* (Bayonne, p. 101), du *Hendayais II* (Hendaye, p. 148) du *Nivelle III* (Saint-Jean-de-Luz, p. 138).	Différentes durées sont souvent proposées pour les promenades en mer.
	Des **jeux de piste** à travers la ville en forme d'énigmes et de chasses au trésor pour découvrir de façon ludique Bayonne (p. 97), Saint-Jean-de-Luz (p. 137) et Hendaye (p. 147).	À Saint-Jean-de-Luz, la chasse au trésor est accompagnée par un animateur.

BAYONNE

44 300 habitants

Il y a quelques années, on aurait pu encore qualifier Bayonne de "belle endormie", mis à part, bien sûr, les Fêtes de Bayonne et les soirées étudiantes du jeudi qui animent le Petit Bayonne, deux rendez-vous incontournables de la vie locale. Est-ce la réhabilitation qui a rendu toute la luminosité et la beauté aux vieux quartiers, le reflet des maisons à colombages sur l'Adour et la Nive, la cathédrale en surplomb qui semble veiller sur la cité sertie dans ses remparts Vauban, l'université qui a investi le site de l'ancienne caserne dans le Petit Bayonne ? Ou bien encore ces restaurants de bord de Nive qui donnent une furieuse envie de s'attarder et de se laisser aller à la douceur de cette ville, farouche gardienne de la langue et des coutumes basques ? Toujours est-il que Bayonne opère, sans prétention, une séduction immédiate. Qui viendra s'en plaindre ?

HISTOIRE

Le site est occupé dès le IVe siècle par un camp militaire romain à l'emplacement de l'actuelle

LIEUX	ACTIVITÉS	BON À SAVOIR
Bidart	S'initier au surf dès 6 ans à l'École des vagues (p. 130)	La plupart des écoles proposent, sur toute la côte, des cours dès 8 ans.
Saint-Jean-de-Luz	Et Vogue la **pirogue hawaïenne** avec Atlantic Pirogue (p. 144), dans la baie de Saint-Jean-de-Luz.	Pour les enfants et pré-ados, des séances ludiques de 2 heures en pirogue, kayak, stand-up…
Ciboure	Une **excursion en calèche** (p. 143) à la découverte de "Ciboure, cité d'artistes".	Toute l'année, les lundis à 15h, sur inscription à l'office de tourisme.
Espelette	Se promener en famille avec un **âne de bât** (p. 161).	L'âne porte enfant et bagages. Une carte d'observation est fournie pour apprécier le sentier d'interprétation (1 à 3 heures).
Sare	Faire l'ascension de la Rhune **en petit train à crémaillère** (p. 155).	On redescend aussi par le train. Le trajet dure une trentaine de minutes, et l'on peut souvent apercevoir des pottoks.
	Des **balades à cheval et à pottok** sur le territoire de Xareta par le centre de tourisme équestre d'Olhaldea (P. 155).	Le centre organise également les randonnées thématiques, comme une traversée du Labourd, randonnée de 4 jours/3 nuits programmée fin juin.
Route d'Ascain	S'essayer au **canoë** sur l'estuaire de la Nivelle auprès d'Aquabalade (p. 138).	Les balades se font en toute liberté.
Saint-Martin d'Arberoue	Pour les enfants passionnés de préhistoire, une visite aux **grottes d'Isturitz et d'Oxocelhaya** (p. 169) s'impose.	Le dimanche à 11h, visite spéciale préhistoire et art pariétal (à partir de 12 ans).

cathédrale. Alors nommé Lapurdum, ce castrum est le quartier général de la province de Novempopulanie.

Investie rapidement par les Vascons, comme toute la région, la ville connaît l'invasion normande au IXe siècle. Après plusieurs siècles d'instabilité politique régionale, elle devient la capitale de la vicomté de Labourd au XIe siècle. Sous l'influence croissante des évêques, la cité connaît une première phase d'embellissement. Mais quand l'Aquitaine passe sous tutelle anglaise, à la suite du mariage d'Aliénor avec Henri Plantagenêt (1152), le vicomte mène la révolte et la ville est assiégée.

Pour asseoir leur position stratégique, les Anglais confèrent à la cité un statut juridique particulier, la séparant du Labourd et lui accordant de nombreux privilèges commerciaux qui favorisent sa prospérité. Ainsi, du XIIe au XIVe siècle, Bayonne affirme sa vocation commerciale et donne naissance à une bourgeoisie active.

Lorsque les Français reconquièrent le territoire en 1451, les Bayonnais prennent le parti des Anglais. Le roi de France Charles VII met alors fin à leurs privilèges fiscaux et érige le château Neuf pour mieux les surveiller.

Sous le règne de Louis XIV, Vauban en fait une place forte, édifiant des remparts ainsi

LABOURD

BAYONNE

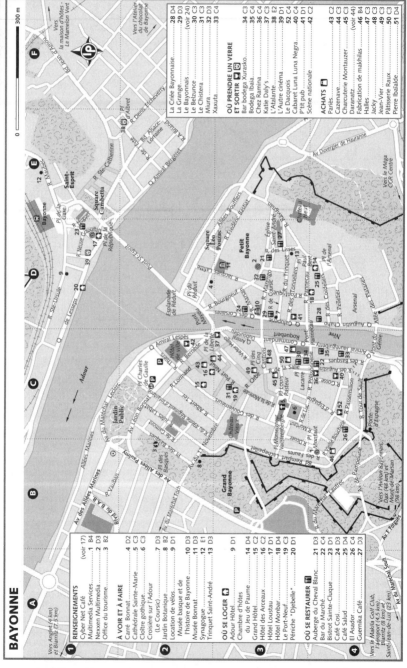

0   300 m

que la citadelle (aujourd'hui derrière la gare). Colbert crée l'arsenal du Roi, ou parc de la Marine, pour construire la flotte royale avec, notamment, le bois des forêts des Pyrénées. Entre-temps, dans le même secteur de la ville, le quartier Saint-Esprit se développe grâce à la venue de la communauté juive d'origine espagnole et portugaise, chassée de la péninsule Ibérique au XVIe siècle.

Tout au long du XIXe siècle, le statut militaire de Bayonne ne facilite guère son développement. Napoléon Ier maintient l'activité des chantiers navals et, en 1808, le traité de Bayonne entérine la prise de pouvoir de Joseph Bonaparte en Espagne. En 1814, en revanche, lors de la retraite de l'armée napoléonienne, la ville est assiégée par les troupes anglo-portugaises du duc de Wellington.

L'arrivée du chemin de fer en 1854 désenclave le port. Mais il faut attendre les années 1880 pour que l'activité industrielle s'implante le long du port, notamment grâce aux Forges de l'Adour.

Après la Première Guerre mondiale, le secteur industriel ralentit au profit du tourisme biarrot et de l'exploitation de la forêt landaise. Ce n'est qu'en 1956 que l'activité économique connaît un renouveau grâce à l'exploitation du gaz naturel de Lacq, dont le soufre est exporté depuis Bayonne.

ORIENTATION

Au confluent de la Nive et de l'Adour, le centre de Bayonne se divise en trois quartiers : le Grand Bayonne, qui correspond au site originel de la ville, dominé par la cathédrale et entouré de remparts ; le Petit Bayonne, sur l'autre rive de la Nive ; et, leur faisant face, le quartier Saint-Esprit, sur la rive droite de l'Adour.

RENSEIGNEMENTS
Accès Internet

Près de la gare, vous trouverez **Cyber Net Café** (☎ 05 59 50 85 10 ; 9 place de la République ; 🕓 7h-20h lun-sam, 10h-20h dim). Le cyberespace de **Nexxen Multimedia** (☎ 05 59 25 75 30 ; www.nexxen-multimedia.com ; 67 rue Bourgneuf ; 🕓 9h-12h et 14h-19h lun-ven, 9h-12h sam) est installé dans le Petit Bayonne et **Multimédia Services** (☎ 05 59 00 32 ; 6 rue des Faures ; 🕓 14h-19h lun, 10h-19h mar-ven, 10h-12h sam) dans le Grand Bayonne.

Office du tourisme

L'**office de tourisme** (☎ 0820 42 64 64 ; www.bayonne-tourisme.com ; place des Basques ; 🕓 9h-19h lun-sam,

10h-13h dim juil-août, 9h-18h30 lun-ven, 10h-18h le reste de l'année) organise toute l'année des visites guidées thématiques (5 €, gratuit pour les moins de 12 ans) dont une, sur l'histoire de Bayonne, est couplée avec une entrée au Musée basque (tarif plein/réduit 9/5 €, gratuit pour les moins de 12 ans). Les enfants apprécieront tout particulièrement un jeu de piste (4 €, gratuit pour les moins de 7 ans) qui permet de découvrir de façon ludique le Grand Bayonne. Une visite à vélo le long du fleuve Adour, de Bayonne jusqu'à l'embouchure, est aussi proposée.

À VOIR ET À FAIRE
Cathédrale Sainte-Marie

La **cathédrale** (☎ 05 59 59 17 82 ; place Mgr-Vansteenberghe ; 🕓 10h-11h45 et 15h-17h45 lun-sam, 15h30-18h dim et jours fériés, pas de visite pendant les offices) semble veiller sur la cité, surtout le soir, quand ses deux tours s'illuminent. Élevée à l'emplacement d'une église romane, sa construction date essentiellement des XIIIe et XIVe siècles et, si certains éléments furent rajoutés au XIXe siècle, elle forme un bel ensemble de style gothique, inscrit au patrimoine de l'Unesco.

Rue Notre-Dame, le porche nord (XIVe siècle) a perdu toutes ses statuettes à la Révolution, mais il a gardé son heurtoir en bronze, fermé ouvragé, datant du XIIIe siècle. Le porche ouest (XVe siècle), l'entrée principale aujourd'hui, a également été dépouillée de ses ornementations. Depuis le jardin situé en face, on peut admirer les deux flèches de l'édifice. Les parties supérieures furent élevées entre 1872 et 1880, même si leur style respecte totalement le style gothique. À l'intérieur, une galerie longe le niveau supérieur de la nef. Parmi les beaux vitraux de la Renaissance, celui de la chapelle Saint-Jérôme, réalisé en 1531, représentant la guérison de la fille de la Cananéenne, est remarquable. À la hauteur de la sacristie, sur le bas-côté droit, juste au niveau de l'autel, en levant la tête, vous verrez la clef de voûte peinte en forme de navire, qui date du XIVe siècle, et qui rappelle l'importance du port de commerce de Bayonne à l'époque.

Le très beau **cloître gothique** (☎ 05 59 46 11 43 ; place Pasteur ; 🕓 9h-12h30 et 14h-17h mi-sept à mi-mai, jusqu'à 18h mi-mai à mi-sept, tlj sauf jours fériés), d'où l'on jouit de la plus belle vue sur la cathédrale, date du XIVe siècle. Il jouait aussi un rôle politique, car c'est là que siégeaient les différentes corporations.

Musée basque et de l'histoire de Bayonne

⊙ Le **Musée basque** (☎ 05 59 59 08 98 ; www.musee -basque.com ; 37 quai des Corsaires ; 5,50/3 € tarif plein/ réduit, gratuit 1er dim du mois sauf juil-août, nocturne gratuite 18h30-21h30 mer juil-août ; ☿ 10h-18h30 mai-oct, 10h-12h30 et 14h-18h nov-avr, tlj sauf lun et jours fériés, tlj juil-août), aménagé dans une magnifique demeure du XVIIe siècle du marchand bayonnais Dagourette, est un modèle de musée ethnographique, à la fois ultramoderne, clair et ludique. La visite commence par de superbes stèles funéraires basques. Le 1er étage met en scène la vie quotidienne à l'aide de meubles (dont le fameux Zuzulu), d'objets d'artisanat ou de maquettes. Ne manquez pas la petite pièce circulaire où une voix vous récite, dans un décor futuriste qui symbolise le coin du feu, des contes en basque, en gascon et en français. Le 2e niveau est tourné vers les pratiques sociales et religieuses. De très belles sculptures peintes de saints témoignent de l'importance du religieux et du sacré dans une province traversée par les pèlerins sur la route de Saint-Jacques-de-Compostelle. Les dernières salles évoquent l'histoire du Pays basque du XVe au XXe siècle. L'une d'entre elle est consacrée à la communauté juive de Bayonne. Des peintures régionalistes illustrent l'image d'un Pays basque rêvé, pays de cocagne et de fêtes. Plusieurs expositions temporaires sont organisées tout au long de l'année, ainsi que des animations pour les enfants. Une boutique offre par ailleurs une vitrine sur l'artisanat toujours pratiqué au Pays basque. Enfin, notez qu'il existe un billet jumelé musée Bonnat et Musée basque (9/4,50 €).

Musée Bonnat

Cet étonnant **musée** (☎ 05 59 59 08 52 ; www. musee-bonnat.com ; 5 rue Jacques-Laffitte ; 5,50/3 € tarif plein/ réduit, gratuit 1er dim du mois sauf juil-août, nocturne gratuite 18h30-21h30 mer juil-août ; ☿ 10h-18h juil-août, 10h-12h30 et 14h-17h30 nov-avr, tlj sauf mar et jours fériés, tlj juil-août) expose une partie des 5 000 œuvres léguées par Léon Bonnat (1833-1922), peintre natif de Bayonne, portraitiste d'hommes politiques, mais surtout grand collectionneur. Les salles d'exposition sont réparties autour d'un grand patio entouré par des galeries ornées de fer forgé. Une grande toile sur trois panneaux le montre parmi ses élèves basques et béarnais. Le sous-sol est consacré à l'Antiquité égyptienne, grecque et romaine. La disposition

---

> ### BALADE ROMANTIQUE
>
> Niché dans les remparts, le **jardin botanique** (☎ 05 59 46 60 93 ; allée de Tarides ; entrée libre ; ☿ 9h30-12h et 14h-18h mar-sam 15 avr-15 oct), riche d'un millier d'espèces végétales, offre un véritable parcours découverte mais aussi une agréable pause romantique sur le petit pont japonais, sous la tonnelle ou bien encore sur le banc protégé par un robuste pin de Monterey.

---

des salles du rez-de-chaussée et du premier étage évolue au gré des expositions. Au deuxième étage, sont réunies des œuvres de l'école française du XVIIe au XIXe siècle ainsi que des peintures espagnoles des XVIe et XVIIIe siècles. Le salon Rubens expose une belle série d'esquisses réalisées par le peintre. Les œuvres de Géricault, Delacroix, Titien, Corot, Degas, Rubens, Greco, Goya, Murillo et Ribera, pour ne citer qu'eux, sont les grands noms qui composent cette collection de premier ordre. La Baigneuse d'Ingres figure parmi les œuvres remarquables.

Pour l'art contemporain, rendez-vous au **Carré/Musée Bonnat** (☎ 05 59 59 08 52 ; 9 rue Frédéric-Bastiat ; entrée libre ; ☿ 14h-18h pendant les expositions, tlj sauf mar et jours fériés), situé à deux pas du musée.

Promenade dans le Grand Bayonne

C'est la partie la plus ancienne de la ville, construite au sommet de la colline, autour de la cathédrale. Ce centre historique n'est pas immense, et on peut aisément en faire le tour à pied. Les visites guidées de l'office du tourisme permettent l'accès à certaines demeures habituellement fermées. Le vieux Bayonne possède un labyrinthe de caves, creusées par les marchands entre les XIIIe et XVe siècles, qu'il est difficile de visiter autrement.

Commencez la promenade depuis les halles modernes, sur les quais. À gauche en tournant le dos à la Nive, ne manquez pas la **maison Moulis**, demeure à colombages du XVIIe siècle, et remaniée au XIXe. De là, remontez la rue Poissonnerie, avant de prendre à droite la belle **rue de la Salie**. Les plus pressés poursuivront par la rue du Pilori, sur la gauche, pour aller admirer la cathédrale. Les autres iront tout droit jusqu'au **carrefour des Cinq-Cantons**, où se réunissaient jadis marchands et armateurs.

Depuis le carrefour, empruntez la rue Orbe menant à la **rue Port-Neuf**, sur la droite, un ancien canal aujourd'hui remblayé, bordé de maisons à arcades construites à l'origine sur pilotis. Dans la rue Port-Neuf, prenez la rue des Carmes, sur la gauche, et suivez-la jusqu'au bout avant de tourner de nouveau à gauche, dans la rue Thiers qui devient la rue des Gouverneurs. Cette dernière mène au **château Vieux**, une petite forteresse très bien conservée. Édifiée au XIe siècle par les vicomtes de Labourd, elle abrita les représentants de la Couronne anglaise, puis les gouverneurs du roi avant de devenir une prison. Il ne reste rien du donjon d'origine, détruit par Vauban, mais les murs d'enceinte ont conservé de belles tours.

Face au château Vieux, une allée sur la gauche mène à la **poterne**, une porte reconstituée du XVIIIe siècle. Vous voici au cœur des fortifications, construites par Vauban, qu'un aménagement arboré a transformées en lieu de promenade. De là, on peut accéder au **jardin botanique** (lire encadré page précédente). Pour rejoindre la cathédrale, faites demi-tour et remontez la rue des Gouverneurs.

Face au porche d'entrée de la cathédrale se trouvent les bâtiments de l'**évêché** et son jardin. Longez le bâtiment sur la gauche et prenez la charmante **rue des Faures**. Cette artère étroite, qui regroupait autrefois les forgerons (les "faures") est aujourd'hui parsemée de boutiques de doreurs, encadreurs et antiquaires. À son extrémité, une porte perce l'enceinte, flanquée d'une tour bien conservée. Là, descendez la rue Vieille-Boucherie jusqu'au croisement avec la rue d'Espagne et prenez à droite pour observer la **porte d'Espagne** et son pont-levis, offrant un beau point de vue sur les remparts. Prenez la **rue de la Tour-de-Sault**, où vous verrez la tour des Deux-Sœurs et la tour du Bourreau, cette dernière insérée dans l'ancien hôtel des Basses-Pyrénées dont la base est d'époque romaine. En descendant la rue, empruntez un passage sur la gauche pour rejoindre la rue des Augustins et la **Plachotte**, une très jolie place bordée par quelques maisons des XVIIe et XVIIIe siècles et par les vestiges de la forteresse romaine. Continuez tout droit la rue des Augustins pour retrouver la rue Poissonnerie, qui vous ramènera aux halles.

Promenade dans le Petit Bayonne

Construit à partir du XIIe siècle, quand la place vint à manquer sur l'autre rive de la Nive, le Petit Bayonne est l'un des secteurs les plus agréables de la ville, grâce aux maisons à colombages qui jalonnent ses rues étroites.

LES JEUDIS DU TRINQUET SAINT-ANDRÉ

C'est une institution et un spectacle à ne pas rater. Chaque jeudi à 16h30, d'octobre à juin, des parties de pelote à main nue se déroulent au **trinquet Saint-André** (☎ 05 59 59 18 69 ; 9 rue des Tonneliers). Le spectacle est autant sur le terrain que dans les galeries où des spectateurs, dont beaucoup d'un certain âge, parient oralement sur tel ou tel joueur. Avant ou après le match, tout ce joyeux monde se retrouve au bar du Trinquet, également haut lieu des Fêtes de Bayonne.

Il fut aménagé sur d'anciens marais asséchés et baptisé Borc-Nau (bourg neuf) en gascon. Il devint le fief des marchands, des artisans liés au commerce maritime (charpentiers, cordiers, galupiers), mais aussi des corsaires, dont le fameux Johannes de Suhigaraychipy, surnommé Coursic.

Pour découvrir le quartier, démarrez la promenade depuis le **Musée basque** (voir page précédente). Longez le **quai Galuperie**, flanqué de belles arcades, avant d'emprunter la **rue des Tonneliers**. Elle suit le tracé d'un ancien canal et a conservé aussi ses arceaux à l'époque où les maisons étaient construites sur pilotis. Les habitants logeaient au 1er étage, et les pièces du rez-de-chaussée servaient d'entrepôt ou de chai à vin. Au premier croisement, faites un crochet sur la gauche pour admirer la demeure à pans de bois, au coin de la rue Pontrique et de la rue Coursic. En continuant la rue des Tonneliers, arrêtez-vous au **trinquet Saint-André** (lire encadré ci-contre), le plus ancien jeu de paume de France, qui existait déjà au XVIe siècle. On dit que Louis XIV y aurait joué. De là, rejoignez la grande place de l'**église Saint-André** (messe en basque le dimanche à 10h30), édifice néogothique du XIXe siècle. Elle renferme une peinture de Léon Bonnat, *L'Assomption*, et de grandes orgues offertes par Napoléon III.

Depuis la place se dessine l'imposante tour circulaire et l'enceinte du **château Neuf**. Le nouveau campus de la Nive, qui s'étend du château Neuf au mail Chaho-Pelletier, occupe les anciennes casernes militaires. Construite dans le talus défensif du "cavalier Sainte-Claire", que l'on doit à Vauban, la bibliothèque universitaire affiche une belle façade en verre habillée d'une résille en partie en béton et en partie végétalisée. Depuis le château, suivez la rue Pannecau, puis

LABOURD

empruntez la première rue à gauche, l'étroite rue Charcutière, pour rejoindre la rue des Cordeliers qui vous ramène aux quais.

Promenade dans le quartier Saint-Esprit

De l'autre côté de l'Adour, autour de la gare, ce quartier a une histoire originale, dont il reste peu de traces. Cet ancien faubourg fut aménagé autour d'un prieuré édifié au XIIᵉ siècle sur le chemin de Saint-Jacques-de-Compostelle. Grâce à Louis XI, le prieuré devint une collégiale, et plus tard un hôpital. Dès le XIIIᵉ siècle, Saint-Esprit contesta l'autorité de Bayonne en revendiquant plus d'autonomie. Au XVIᵉ siècle, les juifs chassés d'Espagne et du Portugal s'y installèrent, et contribuèrent à son enrichissement. Durant la seconde moitié du XVIIᵉ siècle, Vauban y fit construire la citadelle. Plus tard, pendant la révolution industrielle, on y installa des chantiers navals et des usines. Depuis, le faubourg a été rattaché à la ville, après avoir fait partie du département des Landes.

L'**église Saint-Esprit**, de style gothique tardif, date de la fin du Moyen Âge. À l'intérieur, les voûtes basses et les piliers massifs de la nef contrastent fortement avec le chœur de style gothique flamboyant. Remarquez la sculpture polychrome du XVᵉ siècle, représentant la Fuite en Égypte.

Depuis l'église, passez devant la gare et remontez la rue Maubec jusqu'au n°18. En face, la **synagogue**, datant de 1857 (pas de visite), témoigne de la présence des juifs ibériques dans la région dès la Renaissance.

Derrière la gare se trouve la citadelle construite par Vauban ; occupée aujourd'hui par un régiment de parachutistes, elle n'est pas ouverte au public.

Balade à vélo

Une voie verte accessible aux cyclistes, rollers et piétons longe la rive gauche de la Nive. Elle débute juste après le tennis-club Aviron Bayonnais, une fois passée la tour du Sault. C'est l'occasion d'une superbe promenade sur l'ancien chemin de halage pour rejoindre Ustaritz, 12 km plus loin environ vers le sud, en passant par le golf de Bassussarry. La piste retrouve ensuite une route départementale menant à Guéthary et Hendaye. Une autre piste cyclable a été aménagée le long de l'Adour à partir du pont Saint-Esprit. Elle relie la barre d'Anglet, mais pas Biarritz.

AYEZ LA BONNE TENUE

Les Fêtes de Bayonne ont été fondées en 1932 sur le modèle des fêtes de la San Fermin à Pamplona. La tenue (officialisée par Luis Mariano lorsqu'il est venu ouvrir les fêtes en 1969) s'inspire d'ailleurs des fêtes espagnoles : chemise et pantalon blanc, foulard et ceinture rouge. Pendant les fêtes, toute la ville (habitants et visiteurs de passage) arbore ces couleurs.

Près de la gare SNCF, l'**Adour Hôtel** (☎ 05 59 55 11 31 ; www.adourhotel.net ; 13 place Sainte-Ursule ; 12,50-16 € journée, 9 € 1/2 journée) loue des vélos. Par ailleurs, la ville a mis en place un nouveau service gratuit de prêt de vélo pour une journée. Plusieurs points de prêts sont ouverts : office du tourisme, maison des associations et parcs de stationnement couverts.

Corridas

Bayonne est une importante et ancienne place taurine. Maintenant qu'il n'y a plus de novillada en juillet, trois temps forts composent la saison des corridas (Temporada) : la nouvelle feria qui a lieu juste après les Fêtes de Bayonne (les années précédentes, elle avait lieu pendant), la Feria de l'Assomption, très prisée, et, enfin, celle courue par les aficionados qui a lieu le premier week-end de septembre (celle du dimanche présente généralement le meilleur cartel). Pensez à réserver (locations en juillet ; http://corridas.bayonne.fr ; bureau des arènes : ☎ 08 92 46 64 64 ; rue Alfred-Boulant ; vente de billets aux offices de tourisme de Bayonne, Anglet et Biarritz) ; les places à l'ombre sont les plus chères car les spectateurs sont a priori plus près du *toro*. Vous pouvez assister vers midi au *sorteo*, c'est-à-dire au tirage au sort des taureaux du jour. Les corridas ont lieu en fin d'après-midi, vers 17h. On peut s'initier à la corrida en allant voir le matin à 11h les novilladas (gratuites pour les moins de 15 ans), sans picadors. Voir aussi p. 139.

Hors saison taurine, les **arènes** (☎ 05 59 25 48 19 ; avenue des Fleurs ; ☺ 9h-12h et 14h-17h lun-ven, fermé mi-nov à jan) se visitent.

Golf

Les 18 trous du **Makila Golf Club** (☎ 05 59 58 42 42 ; www.makilagolfclub.com ; route de Cambo-Bassussarry) sont parsemés sur un large fairway de style américain. Parcours vallonné et assez physique.

Excursions en bateau

Le bateau-mouche **Le Coursic** (☎ 05 59 25 68 89 ; http://adour.loisirs.free.fr ; 4 rue de Coursic) propose différentes excursions, de la promenade de 1 heure dans le port de Bayonne (11/8 € adulte/enfant) à une remontée de l'Adour vers Urt (18/14,40 €). Des excursions à la journée sont aussi proposées.

Tennis

Aménagés dans le cadre exceptionnel des remparts Vauban, les 12 courts en terre battue du tennis-club de l'**Aviron Bayonnais** (☎ 05 59 63 33 13 ; avenue André-Grimard ; 14 €/heure, 10 €/étudiants et moins de 18 ans ; ⏰ 9h-19h30 tlj) se classent parmi les plus beaux de France.

FÊTES ET FESTIVALS

Événement phare de la ville, les **Fêtes de Bayonne** (www.fetes.bayonne.fr) commencent le mercredi précédant le premier week-end d'août et durent 5 jours, pendant lesquels plus d'un million de *festayres* se réunissent. La veille et le jour J, une grande braderie a lieu dans le centre-ville. L'ouverture officielle des fêtes a lieu à 22h lorsque le maire confie les trois clés de la ville aux habitants en les lançant symboliquement depuis le balcon de l'hôtel de ville. Concerts, bals publics, danses basques, courses de vaches (place Paul-Bert), corsos lumineux (samedi et dimanche à 22h), Masters de pelote basque (voir p. 109) au Trinquet moderne (mercredi, jeudi et dimanche) rythment joyeusement les festivités. Tous les jours à midi, place de la Liberté, les enfants réveillent le roi Léon, personnage incontournable des fêtes (et figure locale des années 1950). Le jeudi, ils profitent d'un programme conçu spécialement pour eux. Depuis quelques années,

---

LA VILLE EN BLEU

Il n'y a pas que le rouge des Fêtes de Bayonne. Le bleu sied bien, aussi, à la ville. C'est la couleur de l'Aviron Bayonnais. Et lorsque le club de rugby joue à domicile le samedi, le stade de 14 000 personnes s'enflamme aux facéties de la mascotte des supporters – pottoka, c'est son nom (il lui est arrivé de faire son entrée en parachute !). Après le match, c'est un peu l'ambiance des Fêtes de Bayonne qui règne en ville, a fortiori lorsque le club d'en face est Biarritz, Dax ou Toulouse. Les animations commencent dès midi.

---

peñas (nombreuses associations bayonnaises qui ouvrent leur bar) et *bodegas* arrêtent de servir à 3h du matin, ce qui n'empêche pas certains dérapages. Les fêtes se terminent le dimanche à minuit place de la Liberté. Symboliquement, les *festayres* retirent à ce moment leur foulard rouge.

Dans un tout autre domaine, le festival **La Ruée au jazz** (http://larueaujazz.com) est programmé à la mi-juillet, avec pour site principal la place du Mail-Chaho dans le Petit Bayonne. Hormis la saison estivale, Bayonne compte aussi quelques rendez-vous réguliers : ainsi, la **Foire au jambon** se tient tous les ans à Pâques au carreau des Halles et sur le mail Chaho-Pelletier, tandis que les **Journées du chocolat** attirent les gourmands au mois de mai. Enfin, signalons les **Translatines**, un festival de théâtre franco-ibérique et latino-américain programmé tous les deux ans en octobre sur les scènes de Bayonne et de Biarritz.

OÙ SE LOGER

Bayonne possède peu d'hôtels vraiment charmants et le nombre d'établissements est limité, même si vous pouvez trouver encore ici moyen de vous loger bon marché. Si vous avez une voiture, n'hésitez pas à loger aux alentours.

Hôtel Monbar (☎ 05 59 59 26 80 ; 24 rue Pannecau ; d 32 €, petit-déj 4,50 €). Simple et très bien tenu, au-dessus d'un bar du Petit Bayonne (qui ferme le soir). Chambres assez grandes dont certaines donnent sur le patio intérieur. Pour un calme absolu, préférez celles de l'arrière.

🌀 **Le Port-Neuf** (☎ 05 59 25 65 83 ; www.hotel-leportneuf.com ; 44 rue du Port-Neuf ; d/triple 45/60 €, petit-déj 5 € ; ⏰ fermé mi-nov à début déc). Au fond du bar du nom, un bel escalier tortueux datant du XVIe siècle mène aux 5 chambres (tranquilles), dont la plupart ont été retapissées. Très bonne affaire pour les voyageurs à petits budgets (mais réservez !). Accueil sympathique.

🌀 **Hôtel des Arceaux** (☎ 05 59 59 15 53 ; www.hotel-arceaux.com ; 26 rue du Port-Neuf, d 58-68 € selon ch, petit-déj 7 € ; 🖳). Très bien situé, ce charmant hôtel propose de jolies chambres aux tons bicolores, la plupart refaites à neuf. Ne restait lors de notre passage qu'à redonner un coup de jeunesse aux parties communes, afin de mieux mettre en valeur le bel escalier en bois qui distribue les chambres. Salle à manger cosy. À signaler pour les voyageurs à petit budget : 2 chambres avec WC sur le palier sont louées à 35 €.

DORMEZ SUR LES FLOTS

Voici une façon pour le moins originale de dormir à Bayonne. Isabelle et Patrice vous accueillent sur leur péniche amarrée non loin du pont Saint-Esprit. Les deux chambres, l'une à l'avant et l'autre à l'arrière du bateau, dans l'appartement du marinier, avec la salle de bains aménagée dans la timonerie, invitent au voyage en distillant une ambiance à la fois exotique et zen. Vous jouirez assurément d'un point de vue différent sur Bayonne.

Péniche "Djebelle" (☎ 05 59 25 77 18 ; www.djebelle.com ; face au 17 quai de Lesseps ; 140 €).

Adour Hôtel (☎ 05 59 55 11 31 ; www.adourhotel.net ; 13 place Sainte-Ursule ; d à partir de 65 €, petit-déj 7,20 € ; 🅿 🖵). Bon rapport qualité/prix pour cet hôtel situé non loin de la gare, et dont les 12 chambres sont décorées de façon thématique, illustrant chacune différentes facettes du Pays basque (surf, Fêtes de Bayonne, pelote…). Possibilité de demi-pension.

Chambre d'hôte du Jeu de Paume (☎ 05 40 48 05 98, 06 25 64 65 57 ; ch.hotes64@neuf.fr ; 1 rue du Jeu-de-Paume ; 52-62 € selon saison). C'est la seule chambre d'hôte du centre. Dans un bel appartement avec vue sur le château Neuf, M. et Mme Getten ont aménagé un nid douillet et vous accueillent avec chaleur et simplicité. Sous les combles, la chambre est décorée de façon cosy. La cabine de douche est assortie d'un espace détente avec une banquette qui peut se transformer en lit d'appoint. Table d'hôte à la demande.

Hôtel Loustau (☎ 05 59 55 08 08 ; www.hotel-loustau.com ; 1 place de la République ; s/d 80-108/90-125 € selon saison, petit-déj 12 € ; 🖵 🅿 🅿). Témoin architectural de la richesse du vieux quartier Saint-Esprit, cet hôtel de 45 chambres offre tout le confort moderne et bénéficie, sur deux façades, d'une belle vue sur le fleuve. Possibilité de demi-pension.

Grand Hôtel (☎ 05 59 59 62 00 ; legrandhotelbayonne.com ; 21 rue Thiers ; d 72-117/93-155 € basse/haute saison, petit-déj 12 € ; 🖵 🅿). Moquette moelleuse, beaux dessus-de-lit et meubles Directoire donnent au Grand Hôtel une élégance discrète, un peu à l'ancienne, mais sans que l'on puisse le classer parmi les établissements de charme.

Maison d'hôte – Le Mamelon Vert (☎ 05 59 74 59 70 ; www.mamelonvert.com ; 1 chemin de Laborde ; 110/130 € basse/haute saison, 2 nuits min 1er juin-15 sept). Située sur un mamelon vert avec vue sur l'Adour et les Pyrénées, cette maison d'hôte d'un confort

bourgeois propose deux grandes chambres au mobilier ancien, l'une tendue de rouge, l'autre de bleu. Au milieu du beau salon trône un piano et Philippe sera d'ailleurs heureux de faire un bœuf avec les musiciens de passage. Piscine.

OÙ SE RESTAURER

Bayonne ne manque pas de bonnes adresses pour des tapas ou un repas plus élaboré !

Bar du Marché (☎ 05 59 59 22 66 ; 39 rue des Basques ; plat du jour 7,30 € ; 🕑 tous les midis sauf dim). Un incontournable de la vie bayonnaise. Ici, vous trouverez une cuisine simple à prix modeste servie dans un cadre arborant fièrement les couleurs basques. Ambiance chaleureuse et authentique.

Guernika Café (☎ 05 59 59 28 69 ; place Saint-André ; formule déj 11 € ; 🕑 tlj). Dans le Petit Bayonne, une très bonne adresse pour déjeuner de bons plats du jour, cela dans une ambiance conviviale. D'ailleurs, elle n'est quasiment fréquentée que par des habitants du coin. Tables en terrasse.

Café Cosi (☎ 05 59 59 18 15 ; 40 quai des Corsaires ; plats 7-14 €, brunch 7,50-14 € ; 🕑 tlj sauf dim et jours fériés). Cousin de celui du même nom à Biarritz, ce café Cosi fonctionne sur le même principe : des plats du jour simples – salades, soupes, sandwichs ou tartes – et un cadre jouant sur les codes contemporains. Ce café-ci a toutefois la particularité de bénéficier d'un grand bar où l'on peut prendre place. Formules brunch proposées tous les jours.

Café Salud (☎ 05 59 59 14 49 ; 63 rue Pannecau ; plats 9-13 € ; 🕑 tlj sauf dim). Une sympathique adresse pour déjeuner ou prendre un verre dans une ambiance musicale, jeune et animée.

La Criée Bayonnaise (☎ 05 59 59 56 60 ; 14 quai Chaho ; plats autour de 13 € ; 🕑 lun-mar midi, mer-sam midi et soir, fermé dim, lun-sam midi et soir juil-août). Nouveau venu sur les quais, cette criée arbore une petite salle tout en longueur et toute simple. À la carte, moules-frites, chipirons, anguilles persillées, gambas (qui nous ont laissé un bon souvenir) et huîtres à toute heure, le tout avec un bon rapport qualité/prix. Dommage qu'il n'y ait que très peu de tables dehors.

Le Belzunce (☎ 05 59 25 66 50 ; 6 rue de la Salie ; menu midi 13 €, menu soir 20/26 € ; 🕑 lun-sam midi, ven-sam soir). Un salon de thé-restaurant qui vaut le détour pour sa très belle cour intérieure style Renaissance et ses petits salons à l'ancienne et pleins de charme.

Le Chistera (☎ 05 59 59 25 93 ; www.lechistera.com ; 42 rue du Port-Neuf ; menu 15,10 €, plats 11-15 € ; 🕑 fermé lun, mar soir, mer soir sauf juil-août). Ici, on est joueur

---

LES JEUDIS ESTUDIANTINS

Si, hors saison, Bayonne vit au rythme plutôt tranquille des bords de la Nive, un jour au moins rompt ce calme apparent. Les soirées étudiantes du jeudi soir ne sont en effet pas un vain mot. Dès la fin d'après-midi, les rues du Petit Bayonne s'animent jusque tard dans la nuit.

---

de pelote de père en fils et ça se voit : photos, gravures et chisteras ornent les murs de ce restaurant où l'on mange très bien (classiques régionaux). Bon accueil.

Bistrot Sainte-Cluque (☎ 05 59 55 82 43 ; 9 rue Hugues ; plats 10-16 € ; ☾ tlj). Tout près de la gare, dans une belle salle de bistrot traditionnel, le Sainte-Cluque est une adresse gay qui attire une clientèle de tout style et de tout âge, pas forcément gay, mais bien décidée à goûter l'ambiance conviviale du lieu. D'autant que l'on y mange bien et pour un prix raisonnable.

El Asador (☎ 05 59 59 08 57 ; 19 rue Vieille Boucherie ; plats 15-19 € ; ☾ fermé dim soir et lun). Décorée comme une auberge de campagne avec des affiches de feria et un mobilier rustique, la petite salle d'El Asador n'a l'air de rien, mais c'est ici que vous goûterez la meilleure cuisine espagnole de la ville.

Xakuta (☎ 05 59 25 66 33 ; 17 quai Amiral-Jauréguiberry ; plats 16-19 € ; ☾ mar-sam). Joli décor à la note très contemporaine, bel accueil et carte tout à fait alléchante, comme ces spaghettis n°5 noirs, brochettes de gambas et pistou de coquillages, cette adresse a de quoi séduire. D'ailleurs, c'est ce qu'elle fait ! À suivre.

☻ Le Bayonnais (☎ 05 59 25 61 19 ; 38 quai des Corsaires ; plats 14-25 € ; ☾ fermé dim-lun hors saison, fermé dim juil-août). Christophe Pascal, un ancien de La Galupe, est aux commandes de cette table très appréciée des Bayonnais. La cuisine du terroir est savoureuse, à déguster en terrasse ou à l'intérieur, dans un cadre plus rustique. Réservation conseillée.

La Grange (☎ 05 59 46 17 84 ; 26 quai Galuperie ; plats 19-25 € ; ☾ tlj sauf dim, à l'exception de certains dim fériés). L'intérieur est aménagé comme une grange, un grand tableau peint par un artiste local reprend d'ailleurs les principaux éléments du décor. La terrasse est plus branchée avec ses belles tables et nappes basques. À la carte, une cuisine du marché de bonne tenue.

Miura (☎ 05 59 59 49 89 ; 24 rue Marengo ; menus 21-32 € , plats 19-23 € ; ☾ fermé dim soir et mer). Un menu du marché abordable pour découvrir cette table raffinée et originale qui classe Miura parmi les bons restaurants de la ville. Côté décor, les vieilles pierres et les peintures modernes aux murs réchauffent un design un peu froid.

Auberge du Cheval Blanc (☎ 05 59 59 01 33 ; 68 rue Bourgneuf ; menus 40/80 € et 30 €/semaine ; ☾ fermé sam midi, dim soir et lun). Une étoile au Michelin et une référence en matière de gastronomie régionale. Le chef Jean-Claude Tellechea revisite avec inspiration la cuisine du terroir, travaillant les produits phares de la région, comme le jambon de Bayonne et le chocolat. Le xamango façon Parmentier au jus de veau truffé figure parmi les classiques.

OÙ PRENDRE UN VERRE ET SORTIR

Au moment des Fêtes de Bayonne et durant tout l'été, la capitale basque reste très festive ; les rues, les *bodegas* et les bars à tapas ne désemplissent pas. Hors saison, en revanche, la ville s'assagit quelque peu, sauf les jeudis soirs…

Bars

Bodega Ibaia (☎ 05 59 59 86 66 ; 45 quai Amiral-Jauréguiberry ; plats 8,50-13,50 € ; ☾ fermé dim-lun hors saison). Ce grand bar à vin et à tapas est l'un des plus populaires de Bayonne et la terrasse, la plus authentique de toutes celles qui jalonnent cette rive de la Nive. Clientèle plutôt jeune et branchée. On peut simplement y boire un verre sous de gros jambons suspendus, ou se régaler de tapas et de grandes assiettes composées.

Le Dacquois (☎ 05 59 59 29 61 ; 48 rue d'Espagne ; menus 8,50/11,50 € ; ☾ tlj en saison, fermé dim-lun hors saison). Un autre bar à vin, qui joue davantage dans la catégorie vieux bistro, les nouveaux propriétaires de cette adresse très locale ayant préservé l'esprit des lieux. La rue d'Espagne étant devenue piétonnière, la terrasse est d'autant plus agréable.

Chez Ramina (☎ 05 59 59 33 01 ; 11 rue Poissonnerie ; ☾ fermé dim-lun). Tenu par un ancien joueur de rugby, ce bar est l'un des points de ralliement des Fêtes de Bayonne et des amateurs de fête en général. Le décor en lui-même, avec ses dizaines d'objets suspendus au plafond, mérite de s'y attarder.

Bar bodega Xurasko (☎ 05 59 59 21 77 ; 16 rue Poissonnerie). Tapas à partir de 19h, plat du jour le midi, ce bar séduit par son atmosphère décontractée. Agréable terrasse.

Katie Daly's (☎ 05 59 59 09 14 ; 3 place de la Liberté ; ☾ tlj sauf dim). Ce beau et grand pub irlandais, qui dans la grande tradition sert au comptoir, programme des concerts rock le week-end.

CHANTS BASQUES

Le 4e samedi de chaque mois, les halles de Bayonne résonnent de chants basques. N'importe qui peut venir donner de la voix, pourvu qu'il connaisse ses classiques. Ne ratez pas ce moment si vous passez par là. Le rendez-vous est fixé à 11h, place Lacarre. Après échauffement, direction les halles.

Pour une ambiance plus "Petit Bayonne", rendez-vous au sympathique **P'tit Pub** (☎ 05 59 59 38 94 ; 6 rue des Tonneliers ; ☺ fermé lun).

Cinéma

L'Atalante (☎ 05 59 55 76 63 ; www.cinema-atalante.org ; 7 rue Denis Etcheverry), dans le quartier Saint-Esprit, est LE cinéma d'art et d'essai de Bayonne, avec un petit bar très agréable. Une autre salle s'est ouverte, gérée par la même équipe : **L'Autre Cinéma** (☎ 05 59 55 52 98 ; 3 quai Amiral-Sala). Bayonne compte aussi un multiplexe, le **Méga CGR Centre** (☎ 0892 688 588 ; chemin de Glain).

Concerts et discothèques

Le **cabaret Luna Negra** (☎ 05 59 25 78 05 ; www.lunanegra. info ; rue des Augustins ; la plupart des spectacles 8 € ; ☺ à partir de 19h mer-sam) est un endroit particulièrement vivant, ouvert à tous les horizons (blues, bossa nova, salsa, chanson, café-théâtre, funk, country…). Il s'est récemment agrandi en occupant l'espace laissé vacant par La Pompe, une ancienne boîte de nuit.

Théâtre

Bayonne compte une **scène nationale** (☎ 05 59 59 07 27 ; www.snbsa.fr ; place de la Liberté) qui programme du théâtre mais également des concerts, de la danse, du cirque et des spectacles jeune public. En mai et juin, elle organise le festival Les Maimorables avec des rendez-vous sur la rive droite de l'Adour.

ACHATS

Pour faire le plein de produits frais locaux, rendez-vous sur la rive gauche de la Nive aux **halles** (☺ 7h-13h tlj et 15h30-19h ven et veilles de fêtes). Sur le carreau des halles se tient un marché des producteurs et un marché de vêtements, le samedi de 7h à 13h. Le deuxième samedi de chaque mois, le carreau accueille un marché équitable de 16h à 20h.

La **Charcuterie Montauzer** (☎ 05 59 59 07 68 ; www.montauzer.fr ; 17 rue de la Salie ; ☺ fermé dim et lun après-midi) est l'une des meilleures adresses pour acheter du jambon de Bayonne.

Plus excentré, entre l'hôpital et le stade Jean-Dauger, la boucherie-charcuterie **Codega** (☎ 05 59 63 36 13 ; www.boucherie-charcuterie-codega. com ; résid Parc des Sports, 12 chemin d'Arans ; ☺ 6h30-13h et 15h-20h lun-sam) vend de très bons jambons et des conserves maison.

Pierre Ibaïalde (☎ 05 59 25 65 30 ; www.pierre-ibaialde. com ; 41 rue des Cordeliers ; visite gratuite ; ☺ 9h-12h30 et 14h-18h lun-sam, 10h-13h30 et 14h30-18h30 lun-sam en été). Cet artisan conserveur salaisonnier prépare lui-même ses jambons et distille son savoir-faire au cours de visites gratuites de son atelier. Un peu trop touristique, parfois, à notre goût.

Pâtisserie Raux (☎ 05 59 59 34 61 ; 7 rue Bernadou ; ☺ 9h-19h30 lun-ven, 8h-13h dim). Chocolats et pâtisseries inventives qui bousculent un peu le genre. Pour ceux qui veulent goûter en salle, il y a un salon de thé.

Jean-Vier (☎ 05 59 59 16 18 ; carrefour Cinq-Cantons ; ☺ 10h-12h et 14h-19h lun, 10h-19h mar-sam). La célèbre marque de linge de maison basque a racheté Berrogain en préservant le cadre de cette maison historique fondée en 1800.

Jacky (☎ 05 59 59 75 65 ; 15 rue Port-de-Castets). Les bérets basques y sont toujours fabriqués à la main.

Fabrication de makhilas (☎ 05 59 59 18 20 ; 37 rue Vieille-Boucherie ; ☺ 10h-12h et 16h-18h30, fermé sam après-midi et dim). On vient surtout ici pour observer le travail de M. Léoncini, l'un des derniers fabricants de ces fameuses cannes basques sculptées dans du bois de néflier, dont la lame effilée était autrefois redoutable.

DEPUIS/VERS BAYONNE

Avion

L'aéroport de **Biarritz-Anglet-Bayonne** (☎ 05 59 43 83 83 ; www.biarritz.aeroport.fr) se trouve sur la N10, à 5 km environ au sud-ouest du centre-ville, à Anglet. La ligne de bus 6 de la STAB vous y conduit depuis la gare ou la mairie de Bayonne.

Bus

Une ligne régulière de l'**ATCRB** (Autocars des transports en commun de la région basque ; ☎ 05 59 26 06 99 ou 05 59 08 00 33 ; www.transdev-atcrb.com) longe la côte de Bayonne à Hendaye. Les départs se font depuis la place des Basques, près de l'office de tourisme.

La **RDTL** (Régie départementale des transports des Landes ; ☎ 05 59 55 17 59 ; www.rdtl.fr) assure des liaisons quotidiennes vers Dax (2 heures de trajet environ) et vers Capbreton, Hossegor,

TERRE NATALE DU CHOCOLAT

Historiquement, Bayonne fut la première ville de France où l'on fabriqua du chocolat. Les juifs, chassés de la péninsule Ibérique au début du XVIIᵉ siècle, y auraient importé la recette de fabrication. Le cacao, originaire d'Amérique du Sud, arriva à Lisbonne et à Madrid au XVIᵉ siècle. Marie-Thérèse, l'infante d'Espagne épouse de Louis XIV, appréciait tant le chocolat qu'elle fit venir en France la "Molina", sa femme de chambre, très habile dans la préparation de cette boisson, que l'on consommait avec de la cannelle.

Le mot "chocolat" apparaît pour la première fois en 1670 dans les archives de Bayonne, mais c'est au XVIIIᵉ siècle que l'engouement pour le chocolat prend toute son ampleur. Implantés dans le faubourg Saint-Esprit mais ne pouvant se livrer au commerce de détail dans Bayonne même, les juifs ibériques allaient clandestinement chez les particuliers pour le préparer. Par ailleurs, des chocolatiers venus de Guipuzcoa et de Navarre s'installaient dans la capitale basque. Nombreux, ils s'organisèrent en corporation en 1761 afin de limiter la concurrence, et pour exclure les juifs de ce commerce lucratif. En 1767, l'organisation fut dissoute. La mode du chocolat se répandit dans toute la région, à Espelette, à Cambo et à Saint-Jean-de-Luz notamment. Et c'est à Bayonne qu'apparaît, en 1780, la première machine à vapeur pour fabriquer le chocolat !

Parmi les meilleurs chocolatiers de Bayonne (beaucoup sont situés rue du Port-Neuf), citons :

■ **Cazenave** (☎ 05 59 59 03 16 ; 19 rue du Port-Neuf). Réputée depuis des décennies, la maison Cazenave est incontournable pour boire un chocolat chaud (avec une mousse dont elle garde le secret) accompagné de délicieux toasts, ou rapporter d'exquises gourmandises. La précieuse pépite noire se décline ici sous toutes ses formes.

■ **Daranatz** (☎ 05 59 59 03 55 ; 15 rue du Port-Neuf). Ce chocolatier ne fait pas salon de thé, mais il rassemble toute une gamme de chocolats du monde entier et des compositions originales, tels les bonbons des Pyrénées au touron.

■ **Pariès** (☎ 05 59 59 06 29 ; www.paries.fr ; 14 rue du Port-Neuf). Parmi les cinq produits phares de cette illustre maison – les kanougas, mouchous, tourons et gâteaux basques – on trouve les chocolats qui se déclinent en une soixantaine de créations. La ganache Pariès est particulièrement fondante.

■ Pour visiter un atelier de fabrication et découvrir plus avant le métier de chocolatier, vous pouvez vous rendre à l'**Atelier du chocolat de Bayonne** (☎ 05 59 55 00 15 ; 7 allée de Gibéléou – ZA de Sainte-Croix ; visite 5,60/2,80 € tarif plein/réduit, gratuit moins de 4 ans ; ⏲ 9h30-12h30 et 14h-18h lun-sam, ouvert sans interruption juil-août).

Seignosse, Vieux-Boucau et Soustons. Les cars partent de la gare SNCF.

Train

La ligne **TGV Atlantique** (SNCF ; ☎ 3635 ; www.voyages-sncf. com) relie Bayonne à Dax, Bordeaux (1 heure 40), Poitiers, Tours et Paris (4 heures 45 de trajet) au nord, et en direction du sud à Biarritz, Saint-Jean-de-Luz, Hendaye et Irun. Le réseau TER Aquitaine relie la liaison entre Bayonne et Tarbes, en passant par Pau et Lourdes. Une autre ligne TER permet de venir ou de se rendre à Saint-Jean-Pied-de-Port (1 heure 15).

COMMENT CIRCULER

Le centre-ville, assez ramassé, se visite à pied sans difficulté.

La ville a mis en place un système de **navettes électriques gratuites** dans le Petit et le Grand Bayonne, qui relient les principaux sites de la ville ainsi que les parkings-relais en périphérie (pour relier la gare et le quartier Saint-Esprit, il faut prendre un bus STAB). Ces navettes ont une moyenne de rotation de 6 minutes, et fonctionnent de 7h30 à 19h30 du lundi au samedi, à l'exception des jours fériés. Renseignements au ☎ 05 59 46 60 41.

Bus

Les bus de la **STAB** (Société de transport de l'agglomération de Bayonne ; ☎ 05 59 59 04 61 ; www.bus-stab.com) permettent de se rendre à Biarritz (ligne 1, la plus directe) ou à Anglet (ligne 7 pour les plages, ligne 4 pour La Barre). Le trajet dure en moyenne 15 minutes. Les principaux arrêts se trouvent devant la mairie et la gare de Bayonne.

Taxi

Vous pouvez appeler un taxi au ☎ 05 59 59 48 48.

BIARRITZ

31 000 habitants

De toute la Côte basque, Biarritz est certainement la ville la plus marquée du sceau aristocratique. Son histoire est intimement liée à celle de l'impératrice Eugénie qui eut le coup de foudre pour cet ancien port de pêche devenu lieu de résidence d'été des têtes couronnées. Depuis, la cité balnéaire n'a de cesse d'entretenir ce passé glorieux. Moins paillettes mais tout aussi séductrice qu'autrefois, la ville cherche à conquérir un tourisme haut de gamme, d'aucuns diront parisien et snob. Pourtant, Biarritz dégage cette élégance nonchalante qui fait tout son charme. Celui d'une ville où cohabitent toute l'année surfeurs, golfeurs et amoureux du Pays basque. Une ville qu'il est préférable de découvrir hors saison à cause des grandes transhumances de l'été.

HISTOIRE

Au Moyen Âge, Biarritz était un port de pêche dédié à la baleine, qui occupait alors l'emplacement de l'actuel Port-Vieux.

Le rivage est resté très sauvage jusqu'aux années 1830, date où l'on a construit des rampes en rocaille pour en permettre l'accès depuis les falaises. Biarritz est alors déjà un gros bourg, riche de plusieurs pensions, et devient une halte pour les voyageurs se rendant dans les Pyrénées et en Espagne, selon la mode initiée par les romantiques. L'aménagement de la route reliant Bayonne à la côte en 1834, puis l'arrivée du chemin de fer à Bayonne en 1855 accélèrent le développement du tourisme.

Toutefois, c'est l'Espagnole Eugénie de Montijo, séduite par le charme du Pays basque, qui a fondé la réputation de Biarritz. Elle persuade l'empereur Napoléon III, son époux, d'y faire édifier une résidence d'été à l'emplacement de l'actuel Hôtel du Palais. Dès 1855, le couple impérial y séjourne, ainsi que la cour. La ville se développe considérablement : on construit les Bains Napoléon sur la Grande Plage puis, devant leur succès, un autre établissement de bains sur le Port-Vieux.

La chute du Second Empire n'arrête pas l'essor de Biarritz et, en 1880, les grands jardins font place aux avenues et les palais

aux villas à l'architecture parfois extravagante. La renommée de Biarritz attire peu à peu l'aristocratie de toute l'Europe, laissant son empreinte architecturale et culturelle.

Dans l'entre-deux-guerres, Biarritz est l'un des lieux de la vie mondaine estivale. Les couturiers s'y installent presque tous – Coco Chanel ouvre ici un atelier (devenu la librairie Bookstore) place Georges-Clemenceau, Jean Patou achète une villa et le couturier Paul Poiret crée une succursale. Le quartier du casino et de la Grande Plage est l'objet d'une réhabilitation immobilière, imposant à Biarritz le style Art déco. Dans les années 1930, le champion de tennis Jean Borotra (1898-1994), né à Arbonne, près de Biarritz, fait la gloire de la ville et conquiert son surnom de "Basque bondissant".

C'est en 1957 que l'histoire de Biarritz prend un nouvel élan, lorsque Peter Viertel, un scénariste américain, fait découvrir le surf à quelques habitants, inaugurant ainsi le premier spot européen. Dès 1959, le Waïkiki Surf Club, premier du genre en Europe, est créé par les pionniers de cette discipline en France, les "tontons surfeurs" Jo et José Moraïz, Arnaud de Rosnay, Jacques Root et Michel Barland. Peu à peu, le surf devient le sport de référence et donne un incroyable coup de jeune à la ville.

RENSEIGNEMENTS
Accès Internet

Formatic (☎ 05 59 22 12 79 ; 15 avenue de la Marne ; ☽ 9h-20h tlj en saison, sauf dim hors saison).

Office du tourisme

À l'**office du tourisme** (☎ 05 59 22 37 10 ; www.biarritz. fr ; 1 square d'Ixelles ; ☽ 9h-19h tlj juil-août, 9h-18h lun-ven et 10h-17h sam-dim le reste de l'année), vous pourrez acheter des billets pour le musée de la Mer et le phare, ainsi que des excursions dans le Pays basque. Un point d'accueil est installé en été à la gare SNCF et à la sortie de l'autoroute, et toute l'année à l'aéroport.

À VOIR ET À FAIRE

Si Biarritz c'est avant tout la plage et les flots bleus, c'est aussi un lieu de flânerie aux accents romantiques pour qui emprunte un chemin suivant peu ou prou le littoral du phare jusqu'à la côte des Basques. Et quand les principaux monuments du bord de mer s'illuminent à la nuit tombée, la promenade n'en devient que plus impressionnante. Seuls quelques bâtiments modernes et assez vilains (en particulier la Résidence Victoria Surf sur

LABOURD

BIARRITZ

0 ———— 500m

LABOURD

la Grande Plage) dénaturent par endroits l'harmonie de l'ensemble. Ailleurs, la main de l'homme a été plus féconde en donnant à voir l'océan comme un véritable spectacle.

Les curiosités citées ci-dessous suivent le rivage du nord au sud.

Phare et Hôtel du Palais

À l'extrémité de la pointe Saint-Martin, le **phare** (☎ 05 59 22 37 00 ; esplanade Elisabeth-II ; 2 € ; ☉ avr-déb nov, contactez l'office de tourisme pour les horaires), datant de 1834 et haut de 44 m, est télécontrôlé depuis le port de Bayonne, et marque la séparation entre les grandes plages des Landes, du côté d'Anglet, et la côte plus rocheuse du Pays basque. Pour jouir d'un panorama époustouflant sur la ville et la mer, il faut gravir 248 marches. Quelques unes des plus belles villas biarrotes furent construites à proximité du phare.

Face à la Grande Plage, l'**Hôtel du Palais** (☎ 05 59 41 64 00 ; www.hotel-du-palais.com ; 1 avenue de l'Impératrice) se trouve à l'emplacement de l'ancienne résidence impériale, la villa Eugénie, détruite par un incendie en 1903. Construit en 1904-1905, l'Hôtel du Palais a été dessiné par Édouard Niermans, l'architecte du Negresco de Nice, qui s'est tout de même inspiré de l'ancien palais impérial.

Derrière l'Hôtel du Palais, l'**église orthodoxe russe Saint-Alexandre-Nevski** (☎ 05 59 24 16 74 ; 8 avenue de l'Impératrice ; 17h-19h mar et jeu, 16h30-18h sam, ouvert juil-août), surmontée d'une coupole, a été bâtie en 1892 sous l'impulsion de la communauté russe de Biarritz et du tsar Alexandre III lui-même.

Non loin, la **chapelle impériale** (☎ 05 59 22 37 00 ; rue Pellot ; 3 € ; gratuit moins de 12 ans ; ☉ jan-mai et oct-déc jeu et sam 14h-18h, juin et sept mar, jeu et sam 14h-18h, juil-août jeu et sam 14h-19h), édifiée en 1864 à la demande d'Eugénie en l'honneur de la Vierge noire du Mexique, Notre-Dame de Guadalupe, au moment de la guerre du Mexique, est l'un des seuls témoignages de l'ancienne résidence impériale. L'ornementation atypique de la chapelle associe les styles mauresque et byzantin, mosaïques et azulejos.

Avant de descendre vers la Grande Plage, allez voir le **quartier Saint-Charles** qui réunit également de très belles villas anciennes pleines de charme.

Grande Plage et casino

Bordée l'été de tentes rayées, la **Grande Plage** est d'abord un lieu de promenade, pour les habitants du coin autant que pour les visiteurs. Le soir, la jetée prend des allures de *passeggiata*, comme en Italie. Le **casino** municipal, dont la luxueuse façade s'avance vers la mer, fut construit en 1929 à l'emplacement de l'établissement de bains détruit en 1901, et rénové en 1994. Le très beau hall d'entrée de style Art déco est ouvert au public.

Depuis le casino, faites une incursion vers le centre pour admirer l'ancienne **gare du Midi** (avenue du Maréchal-Foch), datant de 1911, et reconvertie en salle de spectacles. N'hésitez pas à faire un crochet par la **place Bellevue**, où trône une sculpture expérimentale de l'artiste basque Jorge Oteiza (1908-2003).

Le long de la corniche

En remontant la corniche depuis le casino, on atteint la **place Sainte-Eugénie**, dominée par l'église éponyme. En contrebas se trouve le ◗ **port des Pêcheurs** qui, malgré son nom, est un port de plaisance. Créé après la guerre de 1870, grâce à une donation impériale, il est bordé de pittoresque crampottes, petites maisons de pêcheurs colorées. Les restaurants et les terrasses du quai sont très animés l'été.

Du port, on peut longer la corniche entre la pointe de l'Atalaye et le rocher de la Vierge. Le bord de mer, tout en rocaille et en cordages, est ici caractéristique du style Second Empire. De jolies allées se fraient un passage parmi les tamaris et les hortensias.

En longeant l'océan, on parvient au **plateau de l'Atalaye**, d'où les pêcheurs guettaient autrefois les baleines. Aujourd'hui s'y dresse la très belle façade du musée de la Mer (voir page suivante). En face, on peut se rendre au ◗ **rocher de la Vierge** en traversant une passerelle (accès interdit par gros temps), œuvre des ateliers Eiffel. Le panorama sur le littoral est sublime et, par beau temps, vous pourrez apercevoir la Côte basque espagnole. Balayé par les flots et entouré d'un essaim d'îlots, ce rocher, avec la statue de la Vierge (1863) au sommet, est devenu l'emblème de la ville.

Port-Vieux

Si vous poursuivez le long de la mer, vous verrez le **Port-Vieux**, où venaient s'échouer les cétacés harponnés. Au début du XIXe siècle, cette anse tranquille, protégée des courants, a été aménagée pour la baignade. Amphithéâtre de rocaille drainé par d'élégantes galeries, son décor actuel date du début des années 1950, mais il évoque irrésistiblement l'époque des cabines de bain. De nombreux Biarrots ont appris à nager dans cette "piscine" à ciel ouvert. Été comme hiver, les membres intrépides du club Les Ours blancs viennent couler leur brasse quotidienne.

Plages du littoral, de Port-Vieux vers le sud

En dépassant l'anse, prenez le boulevard du Prince-de-Galles qui ouvre une perspective sur la majestueuse **plage de la côte des Basques**, presque sauvage. Ne manquez pas au premier plan la spectaculaire **Villa Belza** construite fin XIXᵉ siècle et qui surplombe l'océan. La plage de la côte des Basques n'existe qu'à marée basse et fait la joie des surfeurs. C'est sur cette plage que le premier spot européen de surf fut "découvert" par un Américain, en 1957. Lorsque la marée est basse, vous pouvez aller par le sable jusqu'à la longue plage de **Marbella**, qui devient ensuite **Milady** avant de mener à **Ilbarritz**, une crique dominée par l'étrange château du baron de L'Espée (lire l'encadré p. 131). Le site enchanteur offre une vue superbe sur les piémonts pyrénéens qui se découpent au loin.

Églises et musées
ÉGLISE SAINT-MARTIN
Édifice du XIIᵉ siècle et remanié au XVIᵉ, c'est le seul édifice réellement ancien de Biarritz. Le chœur gothique flamboyant est superbe.

MUSÉE DE LA MER
Ce **musée** (☎ 05 59 22 75 40 ; www.museedelamer.com ; esplanade du rocher de la Vierge ; 8/5 € tarif plein/réduit, gratuit jusqu'à 4 ans ; 🕑 9h30-24h tlj juil-août, 9h30-19h tlj sept, 9h30-12h30 et 14h-18h tlj avr-mai et oct, mêmes horaires le reste de l'année mais fermé le lun hors vacances scolaires, fermé 2ᵉ et 3ᵉ sem jan), datant de 1935 et à la façade style Art déco, réunit plus de 150 espèces de poissons du golfe de Gascogne. Tous les jours, à 10h30 et 17h, on peut assister au repas des phoques sur la terrasse qui surplombe les 3 étages. Les enfants aimeront sans doute se faire peur devant la grotte des squales, au 2ᵉ niveau. D'autres aquariums sont visibles au sous-sol. Une galerie ornithologique, des squelettes et des maquettes complètent cette exploration du milieu marin. Belles mosaïques d'époque sur certains murs. Comme il se situe en face du rocher de la Vierge, le musée peut se visiter lors d'une balade en famille le long de la corniche.

PLANÈTE MUSÉE DU CHOCOLAT
Le **musée** (☎ 05 59 23 27 72 ; www.planetemuseeduchocolat. com ; 14-16 avenue Beaurivage ; 6/5/4 € adulte/ado/enfant ; 🕑 10h-12h30 et 14h30-18h30 lun-sam, ouvert sans interruption et tlj pendant vacances scolaires) expose la collection personnelle de Serge Couzigou, qui a présidé pendant plusieurs décennies la destinée d'Henriet (voir p. 125). Plaques catalogue de moules, de chocolatières, sculptures en chocolat, affiches publicitaires et bien d'autres objets encore sont présentés ici. Un film d'une quinzaine de minutes sur l'histoire et la fabrication du chocolat précède la visite du musée, qui se termine par une dégustation d'un chocolat chaud 100% cacao, un délice !

MUSÉE D'ART ORIENTAL ASIATICA
Installé dans un no man's land urbain, au cœur d'un bâtiment moderne sans grâce, ce **musée** (☎ 05 59 22 78 78 ; www.museeasiatica.com ; 1 rue Guy-Petit ; 7/5 € tarif plein/réduit, gratuit moins de 7 ans ; 🕑 10h30-18h30 lun-ven, 14h-19h sam-dim, jours fériés 14h-18h pendant vacances scolaires, à partir de 14h le reste de l'année) présente statues, bas-reliefs et autres pièces venues du Tibet, de Chine, d'Inde et du Népal, toutes issues d'une même collection privée. Certains objets datent du Moyen Âge et valent réellement le déplacement.

MUSÉE HISTORIQUE DE BIARRITZ
Aménagé dans une ancienne église anglicane, le **Musée historique** (☎ 05 59 24 86 28 ; http://musee -histo-biarritz.monsite.wanadoo.fr ; rue Broquedis ; 3/1,50 € tarif plein/réduit, gratuit moins de 10 ans ; 🕑 10h-12h30 et 14h-18h30 mar-sam) est un bric-à-brac d'objets, de gravures et de maquettes de bateaux. Il retrace l'histoire du village de pêcheurs, devenu par la suite une station balnéaire impériale.

Activités sportives
GOLF
En 1888, les Britanniques aménagent le golf de Biarritz **Le Phare** (☎ 05 59 03 71 80 ; www. golfbiarritz.com ; 2 avenue Édith-Cavell ; 18 trous pour différents niveaux), qui est l'un des plus mondains de la Côte basque et accueille tous les ans la Biarritz Cup, la plus ancienne des épreuves françaises réservées aux amateurs.

PELOTE BASQUE
Allez voir en saison les parties acharnées de pelote basque, qui ont lieu le mardi et vendredi à 21h15 au fronton **Plaza-Berri** (☎ 05 59 22 15 72 ; 42 avenue Maréchal-Foch), et le jeudi à 21h au fronton du **parc Mazon**. Des tournois de cesta punta (variété de pelote basque pratiquée avec le grand chistera) se déroulent régulièrement à l'**Euskal-Jaï** du parc des sports d'Aguiléra

SE DÉTENDRE EN THALASSOTHÉRAPIE

Deux instituts de thalassothérapie sont installés à Biarritz, le premier jouxtant la plage Miramar, l'autre la plage de Marbella :

Accor Thalassa Biarritz (☎ 05 59 41 30 01 ; www.thalassa.com ; 13 rue Louison Bobet), luxueux centre sis dans l'hôtel Miramar, joue la carte de l'intimité avec 4 pavillons privatifs pour une thalassothérapie à échelle humaine.

Les **Thermes marins de Biarritz** (☎ 05 59 23 01 22 ; www.biarritz-thalasso.com ; 80 rue de Madrid), plus excentrés, mais moins chers, proposent aussi des soins esthétiques dans un espace rénové récemment. Un "carré" dédié au fitness a aussi été inauguré.

Le joueur de rugby Serge Betsen a ouvert le **Spa Kémana** (☎ 05 59 22 12 13 ; www.kemana.fr ; 3 carrefour Hélianthe) qui invite à renouer avec la sérénité, notamment grâce à sa salle igloo. Tout un programme !

(☎ 05 59 23 91 09 ; 05 59 23 89 99 ; avenue Henri-Haget), en particulier le Gant d'Or qui réunit en août les meilleurs pros du moment. Voir aussi p. 48.

PISCINE MUNICIPALE

Judicieusement installée sur la Grande Plage, cette **piscine** (☎ 05 59 22 52 52 ; Grande Plage ; 2,50/1,20 € tarif plein/réduit) à l'eau de mer convient aussi bien aux sportifs (allées réparties par vitesse) qu'aux amateurs de détente (Jacuzzi, transats, sauna, hammam). On aperçoit la mer derrière des baies vitrées, ce qui est très agréable notamment par mauvais temps.

SURF

Biarritz compte un important club de surf, le **Biarritz Association Surf Club**, installé au centre de glisse de La Milady (☎ 05 59 23 24 42 ; www.surfingbiarritz.com) – avec notamment, pour les 6-12 ans des cours de découverte des joies de la glisse. La plus ancienne école, celle de **Jo Moraïz** (☎ 05 59 41 22 09, 06 62 76 17 24 ; www.jomoraiz.com ; 2-3 place Bellevue), reprise par son fils Christophe qui, avec la même passion, initie au surf sur la plage de la côte des Basques. Sur la Grande Plage, **Tropical Euskadi** (☎ 05 59 22 03 12 ; www.biarritz-boardriders.com ; Casino municipal, 29 boulevard Charles-de-Gaulle), école de surf Quicksilver, est ouverte toute l'année. À signaler aussi **Biarritz Surf Training** (☎ 05 59 23 15 31 ; www.surftraining.com ; 102 rue Pierre de Chevigné), qui propose des stages avec hébergement en pension complète. Un cours collectif d'une heure et demie coûte en moyenne 35 €, et un cours particulier 70 €. Il faut compter en moyenne 160 € pour un stage de 5 jours. Vous pouvez aussi louer simplement des planches, notamment chez **Takamaka** (☎ 05 59 24 11 84 ; www.takamaka.fr/biarritz ; 11 avenue de la Marne).

FÊTES ET FESTIVALS

Le calendrier des manifestations de la ville est bien rempli. Voici les principales :

FIPA (Festival international des programmes audiovisuels ; (www.fipa.tm.fr). Depuis 1996 à Biarritz, il attire les professionnels du monde de la petite lucarne. En janvier.

Salon des Antiquaires (www.expomedia.fr). De belle réputation, il a lieu aux mois d'avril et août au Casino Bellevue (c'est l'occasion, d'ailleurs, de découvrir l'intérieur du bâtiment).

Festival des Arts de la rue. En mai, Biarritz ouvre ses rues et ses places à des compagnies de théâtre de rue, grâce à des spectacles (gratuits) originaux et décalés.

Les Océanes. Fin juin, cette fête de la mer et des casetas (des bars et des restos réunis dans un véritable village de tentes) est l'occasion de manger, boire, danser et se lâcher comme jamais en groupe ou en solo. Elle ouvre la saison estivale.

Le Roxy Jam Biarritz (www.roxy.com). La côte des Basques accueille en juillet le championnat du monde féminin de longboard.

MIACS (Marché international d'art contemporain consacré au surf). Un événement qui se déroule en juillet et août, dans l'ancien Garage Foch (48 avenue Foch), une friche industrielle de 1 000 m², sous une verrière de style Eiffel.

Le Temps d'aimer (www.biarritz-culture.com). En septembre, c'est un rendez-vous fort de la danse à Biarritz, où est implantée à l'année la compagnie de Thierry Malandain.

Le Festival de Biarritz – Cinémas et Cultures d'Amérique latine (www.festivaldebiarritz.com). Il se tient en octobre avec pour ambition de présenter le meilleur de la création latino-américaine. Il rappelle les liens entre la ville et l'Amérique du Sud où de nombreux Basques sont partis chercher fortune.

OÙ SE LOGER

Biarritz affiche une cinquantaine d'hôtels au compteur, avec une large gamme de deux-étoiles à des prix raisonnables pour des prestations tout à fait honorables. Attention : réservation obligatoire en haute saison, même au mois de septembre, très prisé pour son climat doux et moins capricieux qu'en août.

Petits budgets

Biarritz Camping (☎ 05 59 23 00 12 ; www.biarritz-camping .fr ; 28 rue Harcet ; forfait 2 pers 17-27 € selon saison ; 🌙 mi-mai à mi-sept). Doté d'une piscine et d'un restaurant, ce petit camping trois-étoiles se situe à 3 km au sud-ouest du centre-ville. Il est accessible en bus (ligne 9) de la place Clemenceau.

Auberge de jeunesse (☎ 05 59 41 76 00 ; www. hibiarritz.org ; 8 rue Chiquito-de-Cambo ; 18,10/17,10 € haute/ basse saison, petit-déj compris ; 🌙 tte l'année sauf vacances de Noël). Moderne, bien équipée et conviviale, cette auberge dispose de 96 lits répartis en chambres de 2, 3 et 4 personnes, chacune disposant de sanitaires. Seul hic, elle est un peu loin du centre-ville et au fond d'une cuvette ; ça monte sec pour récupérer les lignes de bus n°9 et 2 ! Location de planches de surf et de vélos.

Hôtel La Marine (☎ 05 59 24 34 09 ; www.hotel -lamarine-biarritz.com ; 1 rue des Goélands ; d 48-53 € selon ch et saison, petit-déj 6 € ; 🌙 avr-début nov ; 🖳). Un excellent rapport qualité/prix dans la catégorie petits budgets. Accueil jeune et sympathique. Chambres impeccables avec TV, douche et WC, refaites à neuf récemment.

Hôtel Palym (☎ 05 59 24 16 56 ; 7 rue du Port-Vieux ; d 55-65 € avec douche et WC, 46 € avec douche et WC sur palier ; 🌙 fermé un mois en hiver ; 🖳). La propriétaire aime la couleur et ça se voit ! Toutes les chambres sont gaies et différentes ; il en reste encore avec douches et WC sur le palier, très prisées des surfeurs à petit budget.

Catégorie moyenne

Hôtel Gardénia (☎ 05 59 24 10 46 ; www.hotel-gardenia. com ; 19 avenue Carnot ; d 48-62 € selon saison, twin 52-70 €, petit-déj 6 € ; 🌙 fermé nov-jan ; 🖳). Un hôtel simple et très bien tenu par de fervents supporters du BO (le club de rugby de Biarritz). Les 19 chambres se répartissent entre deux corps de bâtiment, et sont toutes décorées différemment. Celles sous les combles sont mignonnes. Bon à savoir : 3 chambres avec douche ou WC sur le palier sont louées à 39 € ou 48 €, selon la saison.

Argi Eder (☎ 05 59 24 22 53 ; www.hotel-argieder.fr ; 13 rue Peyroloubilh ; d 48-69 € selon saison, petit-déj 6,50 € ; 🌙 fermé 3 sem autour des vacances de Noël ; 🖳). Un hôtel placé tout près de la rue animée du Port-Vieux, mais le patron prendra soin de veiller à la tranquillité de vos nuits. Chambres standard. Une pièce permet d'entreposer surfs et clubs de golf.

Val Florès (☎ 05 59 24 07 94 ; www.hotel-valflores. com ; 48 avenue de la Marne ; d 56-70 € selon ch et saison ; demi-pension 60-63 €/pers, petit-déj 7,90-9,90 € ; 🌙 fermé jan et vacances Toussaint ; 🅿 🍴). Une adresse qui distille une atmosphère cosy, même si certaines chambres sont un peu petites. Les petits-déjeuners – classiques ou anglais, car les Britanniques aiment séjourner ici – sont proposés sur une terrasse ombragée.

Hôtel Atalaye (☎ 05 59 24 06 76 ; www.hotelatalaye .com ; 6 rue des Goélands ; d 42-82 € selon ch et saison, petit-déj 6,50 € ; 🌙 fermé mi-nov à mi-déc). La déco de ce très sympathique hôtel est personnalisée. La propriétaire s'y attelle elle-même, et les papiers peints varient selon les périodes (dernièrement tendance japonaise, mais très colorée). Certaines sdb sont aménagées dans la petite tourelle.

La Ferme de Biarritz (☎ 05 59 23 40 27 ; www. fermedebiarritz.com ; 15 rue d'Harcet ; d 55-75 € selon saison, duplex 75-95 €, petit-déj 8,50 € ; forfait semaine ; 2 nuits min ; 🖳). Pas très loin du camping, du centre équestre et de la plage d'Ilbaritz, se loge cette ferme du XVIIe siècle rénovée, où l'ancien et le moderne font bon ménage. Un escalier extérieur indépendant mène aux chambres mansardées et cosy, avec jonc de mer au sol, tissus ethniques sur les lits et vieux meubles. Un appartement tout aussi confortable avec terrasse privative (et hamac !) se loue aussi en rez-de-chaussée. Bon à savoir, la propriétaire peut vous mettre en relation avec une baby-sitter pour la garde des enfants. En haute saison, la location ne se fait qu'à la semaine.

Hôtel Centre-Biarritz (☎ 05 59 24 36 42 ; www. hotel-centrebiarritz.com ; 7 rue de Gascogne ; d 60-80 € selon saison, petit-déj 7 € ; 🌙 fermé mi-nov à mi-déc ; 🖳). Un deux-étoiles de très bonne tenue. Chambres standard et rénovées récemment. Les petits-déjeuners se prennent dans le patio. Une chambre, la plus agréable, se trouve d'ailleurs au-dessus. Formule demi-pension pour les visiteurs externes (tickets valables pour 4 repas). Une formule demi-pension est proposée en externe, avec des tickets valables dans 4 restaurants différents du quartier.

Le Petit Hôtel (☎ 05 59 24 87 00 ; www.petithotel -biarritz.com ; 11 rue Gardères ; d 65-90 € selon saison, petit-déj 6-9,50 € ; ☺ fermé 3 sem nov et 2 sem fév ; ☒). À deux pas de la Grande Plage, cet hôtel propose des chambres confortables aux couleurs vives (jaune ou bleu lagon) et à prix modérés. À noter : des réductions pour les moins de 26 ans et moyenne et basse saison.

Hôtel Mirano (☎ 05 59 23 11 63 ; www.hotelmirano. fr ; 11 avenue Pasteur ; d 70-100 € selon saison, petit-déj 8,50 € ; ▣). D'entrée de jeu, les couleurs pop seventies du bar lounge donnent le ton. Ici, la déco respire les années 1970, voilà qui donne un aspect des plus dépaysant aux 7 chambres de ce nouvel hôtel. Des forfaits bien-être sont proposés en partenariat avec les Thermes marins de Biarritz (voir encadré p. 110 ; navette assurée). Hôtel un peu excentré.

☉ Hôtel Maïtagaria (☎ 05 59 24 26 65 ; www. hotel-maitagaria.com ; 34 avenue Carnot ; d 73-100/60-77 € haute/basse saison, petit-déj 8,50 € ; ☺ fermé mi-nov à mi-déc). Ce deux-étoiles familial aménagé dans un hôtel particulier offre un très bon rapport qualité/prix. Les chambres à l'allure contemporaine – avec des éléments Art déco – ont été agrandies et plusieurs bénéficient d'une terrasse. Agréable petit jardin, où l'on prend le petit-déjeuner en été. Bon accueil.

Maison d'hôte Nere-Chocoa (☎ 06 08 33 84 35 ; www.nerechocoa.com ; 28 rue Larreguy ; 75-110/70-95 € haute/ basse saison ; petit-déj 9 € ; ▣ ℗). À deux pas du lac Marion, une sympathique maison nichée dans un petit parc. Un bel escalier de bois mène aux 3 chambres et aux 2 suites. Moquette rouge moelleuse, boutis, grandes salles de bain, la déco est chaleureuse tout comme l'accueil de Maryse et de Marc.

Hôtel Saint-Julien (☎ 05 59 24 20 39 ; www.saint-julien -biarritz.com ; 20 avenue Carnot ; d 70-110 € selon ch et saison, petit-déj 7 € ; ☺ fermé vacances fév ; ▣ ℗). Cette belle villa aux hauts plafonds accueille 20 chambres spacieuses refaites à neuf, avec parquet et lustres originaux réalisés en fonction des rideaux. Du 3ᵉ étage, certaines ont vue sur la mer ou sur la Rhune. Assiette basque au petit-déjeuner, qui peut se prendre sur la belle terrasse. Cabanon pour ranger les surfs et les vélos.

La Maison du Lierre (☎ 05 59 24 06 00 ; www. maisondulierre.com ; 3 avenue du Jardin-Public ; d 59-139 € selon ch et saison, petit-déj 7,90/9,90 € basse/haute saison ; ☒ ▣). Après l'hôtel du même nom à Bordeaux, voici la version biarrote. La maison en pierre, rouge et blanc, avec jardin, a repris de l'allant. Parquet, fauteuils confortables à tous les paliers, lumière tamisée, chambres

et sanitaires refaits à neuf pour la plupart, belle terrasse, petits-déjeuners gourmands, la note est définitivement cosy. Des studios en sous-sol se louent à la semaine en été.

Catégorie supérieure

Édouard VII (☎ 05 59 22 39 80 ; www.hotel-edouardVII.com ; 21 avenue Carnot ; d 80-143 selon ch et saison, petit-déj 10 € ; ☺ tte l'année ; ☒ ▣). Cet hôtel cultive le style vieille maison bourgeoise du XIXᵉ, tant dans la décoration (avec notamment des encadrements de fleurs) que dans l'atmosphère de l'accueil et du salon. Les chambres du 1ᵉʳ étage bénéficient d'un balcon, et celles d'en bas d'une petit terrasse privative. Pour une atmosphère plus contemporaine, vous pouvez vous adresser à un autre trois-étoiles géré par le même propriétaire : **Alcyon** (☎ 05 59 22 54 60 ; www.hotel-alcyon-biarritz. com ; 8 rue Maison-Suisse ; d 75-130 € selon saison).

Maison Garnier (☎ 05 59 01 60 70 ; www.hotel-biarritz. com ; d 100-150 € selon saison, petit-déj 10 € ; ☺ tte l'année). Les nouveaux propriétaires de cette belle maison à l'allure britannique ont malheureusement un peu forcé sur l'augmentation des prix, mais l'adresse demeure une escale de charme. Vous logerez à deux pas du marché dans des chambres épurées. Pas de bains, mais de grandes douches.

Villa Vauréal (☎ 06 10 11 64 21 ; www.villavaureal. com ; 14 rue Vauréal ; d 102-177 € selon ch et saison, formules à la semaine ; ▣). Cette belle villa fin XIXᵉ appartenait à un négociant en vins – un loft est d'ailleurs aménagé dans l'ancien chais. Les deux chambres et les trois suites portent des noms de fruits, en adéquation avec la couleur des murs. Elles sont toutes équipées d'une kitchenette. La déco et le parquet dégagent une ambiance chaleureuse. Très bien située dans Biarritz, non loin de la côte des Basques, cette maison d'hôte dispose d'un grand jardin. Nouveauté, des chalets sont aussi à louer.

☉ Villa Le Goëland (☺ 05 59 24 25 76 ; www. villagoeland.com ; 12 plateau de l'Atalaye ; d 130-250 € selon ch et saison). Les Biarrots connaissent bien cette villa sise sur le plateau de l'Atalaye et qui domine le Port-Vieux. Pour conserver sans la morceler la maison acquise par son grand-père – ce qui est malheureusement trop souvent le cas –, Paul a eu l'idée de cette maison d'hôte aux chambres spacieuses et raffinées, dont l'une jouit d'une terrasse. La vue sur la mer n'est ici pas usurpée. Vous êtes aux premières loges en cas de tempête !

Suite à la page 121

Sports et activités

Entre mer et montagne, sensations fortes et moments de détente, le Pays basque, le Béarn et la Navarre réservent aux amateurs de sports de plein air un choix d'activités particulièrement riche. Si le surf et la randonnée ont leurs adeptes, ce territoire doté de sites naturels exceptionnels offre de nombreuses autres possibilités : canyoning, escalade, parapente et ski dans les Pyrénées, rafting, canoë et cyclotourisme au pays des gaves, ou encore voile, golf et pelote basque sur la côte…

Surf

Outre Biarritz (p. 106) et Mundaka (p. 339), deux hauts lieux du surf d'ores et déjà entrés dans la légende, les quelque 150 km séparant les plages d'Anglet de celles de la côte de Biscaye sont jalonnés par de nombreux spots moins connus qui feront le bonheur des débutants comme des surfeurs expérimentés. Partez pour un itinéraire initiatique (p. 26) ou choisissez la plage de vos rêves pour un face à face prolongé avec les rouleaux de l'Atlantique.

❶ ❸ ❹ Biarritz et la côte française

Berceau du surf en Europe, Biarritz (en haut à gauche) séduit toujours autant les pros de la glisse. Mais de Anglet à Hendaye, c'est toute la Côte basque qui est réputée pour la variété de ses spots. Les surfeurs confirmés apprécient les "droites" de Guéthary et de Saint-Jean-de-Luz, ainsi que les plages sauvages de Bidart (en haut à droite), qui compte également des sites plus touristiques, comme la plage de l'Ubahia (en bas à droite).

❷ Mundaka et les spots espagnols

La plage de Mundaka (en bas à gauche) attire chaque année en octobre les plus grands noms du surf à l'occasion du Billabong Pro Mundaka, l'une des étapes du championnat du monde. Également sur la côte de Biscaye, Zarautz et sa longue plage de sable fin accueillent chaque année des compétitions internationales. Autre spot, plus adapté aux débutants, la playa de Zurriola, à San Sebastián.

Eaux vives

Rien de tel, l'été, qu'une longue promenade au fil de l'eau, ponctuée de pauses baignade sur de petites plages de galets secrètes. Pour une descente plus sportive, contactez dès le début du printemps, les prestataires spécialisés dans les sorties de rafting, de kayak ou de luge d'eau : les rivières pyrénéennes gonflées par la fonte des neiges promettent alors des parcours bien plus remuants !

3

4

❷ Kayak

Le kayak est le plus exigeant des sports d'eaux vives, mais il vous permettra, après une phase d'apprentissage d'une demi-journée au minimum, d'affronter seul les rapides des rivières les plus capricieuses.

❸ Raft

Ce robuste canot pneumatique permet d'alterner émotions fortes et moments plus paisibles, propices à l'observation de la faune. Une activité à pratiquer entre amis ou en famille (enfants à partir de 6 ans), entre avril et octobre.

❶ Gave d'Oloron

Née de la confluence du gave d'Aspe et du gave d'Ossau, cette rivière se faufile entre vallons et coteaux à l'ouest du Béarn. On peut y pratiquer le canoë aussi bien que le raft, au départ de Navarrenx ou de Sauveterre-de-Béarn (en haut à gauche).

❹ Gave de Pau

Le gave de Pau traverse tout le Béarn du nord au sud. À Orthez (en bas à gauche), il se parcourt en canoë au départ du Pont-Vieux. À Pau (p. 216) et à Lestelle-Bétharram (p. 257), plusieurs prestataires proposent des descentes en raft, en kayak et en luge d'eau.

Randonnée

Les Pyrénées basques et béarnaises ont de quoi griser de grands espaces tous les amateurs de randonnée. Selon votre endurance, partez pour une excursion de plusieurs jours, lancez-vous dans l'ascension de sommets aussi mythiques que le pic du Midi d'Ossau ou les aiguilles d'Ansabère ou optez pour des balades plus faciles mais parfois tout aussi magiques autour des villages, en basse vallée. N'oubliez pas non plus que de beaux parcours sillonnent la Navarre voisine. Voir aussi le chapitre Randonnée p. 67.

1 Pic d'Anie

Pour vous mesurer à ce géant, rendez-vous à La Pierre-Saint-Martin (p. 279), dans la vallée du Barétous. Ne partez que par temps clair, pour ne pas vous égarer, autant que pour profiter du spectacle offert par le plus grand lapiaz d'Europe.

2 Pic du Midi d'Ossau

Sommet emblématique des Pyrénées béarnaises, cet impressionnant pic de granit culmine à 2 884 m d'altitude. Pour entreprendre la randonnée menant à son sommet, l'une des plus belles des Pyrénées, adressez-vous au bureau des guides de Laruns (p. 265).

3 Tour des lacs Arrémoulit

Vous aimeriez humer l'air de la haute montagne sans trop d'efforts ? Après avoir accédé au départ de la balade à bord du petit train d'Artouste (p. 268), 1 heure 30 de marche vous suffiront pour atteindre les lacs, dans lesquels se mirent l'Arriel (2 824 m) et le Palas (2 974 m).

4 Tour de l'Urculu

La randonnée menant au sommet de l'Urculu (p. 70), ne présente pas de difficulté majeure. On y découvre les ruines d'une tour antique et un superbe panorama sur les Pyrénées.

5 Randonner en Navarre

La Navarre est appréciée des randonneurs, pour la grande variété de ses paysages : vallées pyrénéennes de Baztan et de Roncal, Bárdenas Reales, sierras ou chemin de Saint-Jacques-de-Compostelle, entre Roncevaux et Estella via Espinal (en bas à droite).

Saint-Jacques-de-Compostelle

Les chemins de Saint-Jacques, qu'ils viennent du nord ou de l'est, convergent tous vers le Pays basque et le Béarn pour franchir les Pyrénées, formant un itinéraire idéal pour apprécier toute la diversité de ce territoire. De petites routes goudronnées en sentiers rocailleux, vous finirez par atteindre le col de Roncevaux ou celui du Somport avant de parcourir toute une partie de la Navarre. Tout au long du chemin, de splendides édifices religieux témoignent de l'importance de ce pèlerinage. Voir aussi le chapitre consacré aux chemins de Saint-Jacques-de-Compostelle p. 83.

❶ Une myriade de petits villages

Que vous passiez par Lescar (p. 222) et le col du Somport, Sare (p. 271) et la voie du Baztan ou le col de Roncevaux et Zubiri (ci-dessus) pour atteindre Estella (p. 390), attendez-vous à découvrir quelques-uns des plus beaux villages de France et de Navarre.

❷ Édifices religieux

De la cathédrale d'Oloron-Sainte-Marie (p. 230) au monastère d'Iranzu (ci-dessus), à quelques kilomètres au nord d'Estella, les édifices religieux forcent l'admiration par leur architecture somptueuse, quand ils n'invitent pas à la méditation.

Suite de la page 112

Mercure Biarritz Centre Plaza (☎ 05 59 24 74 00 ; www.mercure.com ; 10 avenue Édouard-VII ; d 135-260 € selon ch et saison, petit-déj 16 € ; 🗴 💻 P). Rénové, l'hôtel a retrouvé tout son lustre Art déco. Il a conservé ses portes massives, ses mosaïques, ses grandes galeries et ses meubles d'époque, tout en offrant des chambres d'un confort moderne impeccable, tel l'écran plasma posé sur une commode années 1930. Le charme Biarritz Belle Époque est toujours là.

OÙ SE RESTAURER

🕑 Pour les voyageurs à petit budget, la **rue du Port-Vieux** se révèle la meilleure affaire avec ses échoppes (l'épicerie, ouverte tous les jours jusqu'à 22h, permet en particulier bien des dépannages) et ses petits restos bon marché.

Petits budgets

🕑 **Casa Juan Pedro** (☎ 05 59 24 00 86 ; port des Pêcheurs ; plats 7-15 € ; gambas : 13 € ; 🕑 1er avr-30 sept, tlj en juil-août, fermé mer hors saison). Voici une gargote au bord de l'eau où l'on profite pleinement de l'ambiance du port des Pêcheurs. Un conseil cependant : restez-en aux valeurs sûres, type sardines grillées et calamars ; les crevettes et autres gambas sont plutôt fades.

Les 3 salsas (☎ 05 59 23 04 53 ; 5 rue Harispe ; plats 8-14 € ; 🕑 à partir de 19h45, fermé mer). Sol rouge et blanc, murs jaunes, grandes tablées et, dans les assiettes, nachos, quesillada, chilis, tacos et autres spécialités mexicaines pour un prix raisonnable. Ambiance souriante que les jeunes affectionnent.

Bar du Jardin (☎ 05 59 24 01 97 ; 26 avenue Foch ; plat du jour : 8,50 €, formule midi 14 €, plats 10-18 € ; 🕑 tlj en saison, fermé dim soir et lun soir Pâques-juin, fermé dim et lun soir hors saison). Juste en face du jardin public et de la gare du Midi, une brasserie sans cachet particulier mais fréquentée par une clientèle d'habitués. Plats du jour roboratifs et bons.

🕑 **Chez Pilou** (☎ 05 59 24 11 73 ; 3 rue Larralde ; plat du jour 10 €, plats 11-16 €). Également un agréable bistro pour déjeuner, plus confidentiel que le précédent. Bons petits plats à la carte, comme ce boudin purée aux pommes. Si vous pouvez, préférez la salle de devant, côté bar ; elle est plus lumineuse et a davantage de cachet.

Café Cosi (☎ 05 59 24 41 00 ; 9 rue Larralde ; plats 10-15 € ; 🕑 9h-20h tlj sauf dim). Salades, sandwichs et soupes se commandent au bar pour être servis à la longue table haute, en bois exotique, à moins que vous préférez les basses. Produits

frais un peu chers. Pour manger sur le pouce à toute heure, avant ou après une séance au cinéma Le Royal, tout proche.

🕐 **Le Surfing** (☎ 05 59 24 78 72 ; 9 boulevard du Prince-de-Galles ; plats 10-25 € ; 🕑 tlj en saison midi et soir, ven-dim hors saison). Temple dédié au longboard – voir la collection de planches au plafond – ce bar-restaurant aux grandes banquettes rouges permet de profiter de la vue sur la côte des Basques et d'une cuisine (salades, poissons et viandes grillés) tout à fait honorable.

Café Leffe (☎ 05 59 24 41 84 ; 14 rue du Port-Vieux ; plats 11-25 € ; 🕑 tlj). La brasserie de Pascal Ondarts, ancien du BO, est une bonne option pour se restaurer, surtout hors saison, quand les adresses ouvertes tard se font plus rares. La carte décline une cuisine tendance bistro de bonne tenue, et la déco distille une ambiance branchée. Et bien entendu, des écrans plats diffusent les matchs de rugby.

Le Crabe-Tambour (☎ 05 59 23 24 53 ; 49 rue d'Espagne ; formule midi 13 €, menus 18,50-25 €, plats 14-17 € ; 🕑 tlj midi et soir). Le patron était cuisinier sur le bateau du tournage du *Crabe-Tambour*, fameux film avec Jean Rochefort, Claude Rich et Jacques Dufilho. Gageons que ceux-ci se sont régalés de la copieuse poêlée de crevettes à l'ail. En écho au film, un gouvernail trône au milieu de la salle à manger.

El Bodegon (☎ 05 59 24 60 09 ; 5 avenue de la Gare ; plats 10-20 € ; 🕑 midi mar-ven, soir mar-sam). Une très bonne surprise. À l'écart du centre-ville, cette *bodega* a une carte typiquement basque (merlu à l'espagnole, gambas persillade, dorade au piment d'Espelette…). La morue est parfaitement cuite et parsemée d'ail.

Catégorie moyenne

Arena Café (☎ 05 59 24 36 50 ; esplanade du Port-Vieux ; plats 14-19 € ; 🕑 fermé lun-mer hors saison). Il a remplacé les Bains de Minuit et changé par la même occasion de décor (chaises blanches, parquet brun, bar lumineux). Une cuisine qui s'aventure sagement vers le sucré-salé, et un atout : la vue sur le Port-Vieux. Terrasse.

Le Bistrot des Halles (☎ 05 59 24 21 22 ; 1 rue du Centre ; plats 14-20 € ; 🕑 fermé dim hors vacances scolaires), juste à côté des halles, dans une rue discrète, est un vrai bistro à l'ancienne avec comptoir en bois à l'entrée, affiches au mur (taurines tout de même) et menus sur l'ardoise : recettes du terroir et spécialités régionales.

Tantina de Burgos (☎ 05 59 23 24 47 ; 2 place Beau-Rivage ; plats 13-20 € ; 🕑 fermé dim et dim-lun hors saison). Une valeur sûre pour découvrir ou redécouvrir

LES BONS PLANS PETIT-DÉJEUNER OU BRUNCH

Face à la mer

Miremont (☎ 05 59 24 01 38 ; 1 bis place Georges-Clemenceau ; ☻ 9h-20h tlj). Avec son cachet historique et sa vue sur le phare, ce salon de thé est une institution depuis 1880. Sur fond de musique jazzy, petit-déjeuner classique ou à l'anglaise. Suggestions du jour pour le déjeuner.

Maison Dodin (☎ 05 59 22 10 43 ; 1 avenue Édouard-VII – entrée par la Grande Plage ; ☻ 10h-19h). Pour un café ou pour le fameux "béret basque" (fine génoise avec mousse au chocolat), l'établissement reste indétrônable sur la Grande Plage.

L'Atalaya (☎ 05 59 22 75 40 ; esplanade du Rocher-de-la-Vierge ; ☻ tlj). Sur la terrasse du musée de la Mer (voir p. 109), cette cafétéria est bon marché et tout à fait agréable pour le petit-déjeuner.

Les 100 Marches (☎ 05 59 24 75 61 ; square Jean-Baptiste-Lasalle ; ☻ tlj, fermé mar hors saison et fin oct-déb avr) ouvrent leurs portes à partir de 8h, le moment idéal pour profiter du lieu (voir aussi p. 125).

En ville

L'Orangerie (☎ 05 59 24 79 49 ; 1 rue Gambetta ; ☻ fermé mer). Ambiance nappe à fleurs un tantinet british et un choix d'une quarantaine de thés Mariage Frères. Quelques tables dehors.

Ventilo Caffé (☎ 05 59 24 79 49 ; 30 bis rue Mazagran ; ☻ fermé lun-mar en hiver). Il ouvre tôt (8h), le cadre est sympa et cool au réveil, le service est souriant. Pour toutes ces bonnes raisons, le petit-déjeuner au Ventilo est top (voir aussi p. 124).

Café Cosi (☎ 05 59 24 41 00 ; 9 rue Larralde ; ☻ nov-mars brunch 11h-16h). Il faut venir hors saison pour bruncher gourmand dans ce lieu au design très contemporain (voir aussi p. 121).

Pauzz'Café (☎ 05 59 23 11 51 ; 8 avenue Jaulerry ; ☻ 8h-21h ; fermé dim). Un endroit convivial aux formules variées : tapas, pâtisseries maison, assiettes en tout genre et petit-déjeuner matinal.

Le Pas Sage (☎ 05 59 22 59 55 ; 30 avenue Édouard-VII ; ☻ à partir de 9h ; fermé dim jan-mars). Le restaurant-boutique plein de bric et de broc est un délicieux endroit pour petit-déjeuner et bruncher dans une atmosphère gay et chaleureuse.

les nombreuses spécialités basques (lomo, carré d'agneau, cochon de lait, poisson à l'espagnole, etc.). Une taverne super typique avec bar en faïence et belles tables en bois.

Chez Beñat (☎ 05 59 41 01 41 ; 22 rue Harispe ; plateau dégustation 12 huîtres 20 €, menu 24 € ; ☻ tlj sauf lun midi). Voici un endroit pour déguster des huîtres de Gillardeau dans une ambiance authentique et conviviale. Également cuisine à la plancha et charcuteries, et possibilité de commander des huîtres à emporter.

Ahizpak (☎ 05 59 22 09 26 ; 13 avenue de Verdun ; plats autour de 16 €, carte environ 25 € ; ☻ fermé dim soir et lun). Ce nouveau bistrot à l'allure contemporaine ouvert par trois sœurs – *ahizpak* veut dire sœur en basque – a séduit d'emblée avec sa cuisine fraîche et goûteuse et son accueil à l'avenant.

Comptoir T (☎ 05 59 22 24 79 ; 5 rue Gaston-Larre ; plats 18-20 € ; ☻ tlj sauf mar). Ce comptoir-épicerie-salon de thé est aussi une bonne adresse pour dîner dans un cadre contemporain. Peu de choix à la carte, mais des valeurs sûres. Le merlu à l'ail nous a laissé un excellent souvenir, pas étonnant lorsque l'on sait qu'une ancienne

de Chez Pantxua à Ciboure (voir p. 145) tient ce comptoir.

Catégorie supérieure

Opale (☎ 05 59 24 30 30 ; www.opale-biarritz.com ; 17 avenue Édouard-VII ; plats 18-30 € ; ☻ tlj midi et soir en saison, fermé dim hors saison). L'ancien Operne est devenu ce resto-bar lounge résolument branché et design jusque dans la vaisselle (verre et carafe profilés, profondes assiettes…). Les plats, copieux, ne cèdent cependant pas au minimalisme. L'atout principal reste la vue panoramique sur l'océan, dont vous pouvez bénéficier le midi à prix plus raisonnables.

Le Clos basque (☎ 05 59 24 24 96 ; 12 rue Louis-Barthou ; menu et carte 26 € ; ☻ tlj sauf dim soir et lun). Un classique au succès qui ne se dément pas tant la cuisine de Béatrice Viateau ne cesse de se renouveler avec un goût accentué pour le sucré-salé (dont le pavé de morue en croûte de crumble et la brochette de lotte magret fumé et ananas). Dressée de nappes basques, la salle tout en pierre est assez intimiste tout comme la jolie terrasse à l'abri de la rue. Un conseil, réservez !

Chez Albert (☎ 05 59 24 43 84 ; port des Pêcheurs ; plateau de fruits de mer 40 €, menu 39 € ; ☾ fermé mar et mer hors saison). Une adresse immuable pour déguster sur le port des pêcheurs poissons et crustacés dans la belle et grande salle au décor maritime. Terrasse également. Ambiance plutôt chic.

La Maison Blanche (☎ 05 59 24 58 58 ; www.maisonblanchebiarritz.com ; 58 avenue Édouard-VII ; plats 14-26 € ; ☾ tlj, fermé dim-lun hors saison). Au pied du Tonic Hôtel, ce restaurant invite à un voyage gustatif tout en zénitude (la déco joue pour beaucoup) avec une carte tendance cuisine du monde (notamment les risottos, les sashimis et le filet de bœuf).

Baleak (☎ 05 59 24 58 57 ; 8 rue du Centre ; menu 28 €, plats 16 € ; ☾ ouvert tous les soirs juil-août, fermé dim-lun hors saison). Le cadre séduit avec sa cuisine apparente, son mur de pierre, son bar en lambris, son petit côté loft avec l'escalier qui emmène à la petite véranda, ses tables en bois dépareillées. La cuisine, elle, mêle tradition et saveurs exotiques. Quand on apprécie cette alliance, on trouve de belles propositions. Réservation conseillée.

Le Plaisir des mets (☎ 05 59 24 34 66 ; 5 rue du Centre ; plats 19-27 € ; ☾ fermé mar-mer hors saison). La belle carte concoctée par Jean-Noël Aguerre séduit par sa fine gastronomie et le choix des produits frais provenant des villages environnants. Une proposition alléchante parmi d'autres ? Les grosses langoustines rôties sur un risotto au curry.

◐ L'Instant (☎ 05 59 24 84 65 ; 4 rue du Port-Vieux ; carte autour de 30 €). Ce restaurant tenu par un couple a le vent en poupe, tant sa cuisine – saisonnière, inventive et abordable – séduit les papilles. Et la carte des vins n'est pas en reste. Même le *New York Times* a succombé au charme !

Sissinou (☎ 05 59 22 51 50 ; 5 avenue Foch ; plats 25 €, menu carte 48 € ; ☾ ouvert tous les soirs en août, fermé dim-lun

---

UN GLACIER QUI VOUS FERA FONDRE

Jérôme (☎ 05 59 24 67 41 ; 8 avenue de Verdun ; ☾ 11h-13h et 15h-20h mer-dim) est un créateur de glaces et de sorbets. Le titre est loin d'être usurpé tant la carte est inventive et pleine de mariages délicieux comme ce rafraîchissant Chantaco, mélange de fraise, orange sanguine, pamplemousse et citron vert. Un régal ! Un petit coin canapé en cuir permet de déguster tranquillement son cornet, à moins que vous ne préfériez le mini-bar en bois clair, so chic.

---

hors saison). C'est depuis quelques années le resto *in* de Biarritz. Pas de déco branchouille pour autant, mais la sobriété d'un bistrot cosy aux tables rapprochées. À la carte : fusillis aux palourdes et gambas, galette croustillante de pied de porc ou fricassée de chipirons. Réservation hautement conseillée.

Campagne et gourmandise (☎ 05 59 41 10 11 ; 52 avenue Alan-Seeger ; menu-carte à partir de 45 € ; ☾ fermé dim soir, lundi midi et mer). André Gaüzère régale les papilles des gastronomes dans cette grande ferme du XVIIIe. Ce Landais d'origine concocte une généreuse cuisine traditionnelle du Sud-Ouest, comme ces médaillons de veau sautés aux girolles et foie gras. Vue superbe sur les Pyrénées.

Les Rosiers (☎ 05 59 23 13 68 ; www.restaurant-lesrosiers.fr ; 32 avenue Beau-Soleil ; plats 27-32 €, menu midi 40 €, menu dégustation 70 € ; ☾ tlj sauf lun, mar et mer midi juil-août, fermé lun-mar le reste de l'année). Le couple Rosier a investi les fameux Platanes, ancienne adresse réputée, pour ouvrir un restaurant qui conjugue gastronomie et Pays basque, dont ils sont tous deux originaires. Comme Stéphane, Andrée Rosier a officié à l'hôtel du Grand-Palais mais elle est surtout la première femme à avoir été distinguée, en 2007, du titre de Meilleur Ouvrier de France. La salle a aussi repris de belles couleurs, tout en étant très épurée.

OÙ PRENDRE UN VERRE ET SORTIR

La Côte basque n'est pas la côte d'Azur. Les nuits y sont moins animées, tout du moins en apparence. La jeunesse locale préfère souvent sortir en Espagne, toute proche, où les boîtes sont moins chères et l'ambiance plus *caliente*. Pour autant, Biarritz ne manque pas d'adresses pour prendre un verre ou danser et vous élirez rapidement vos préférées.

Bars

Pour plonger dans l'ambiance des halles de Biarritz, rien ne vaut une pause au comptoir de l'un des deux bars à l'intérieur (**Chez Cécile** ou **L'Amuse-gueule**) qui prennent vie à l'heure du petit noir ou de l'apéro (avec tapas !). Également, dans un mouchoir de poche, au bout de la rue Mazagran, trois bars (**Bar de la Marine**, **Ventilo Caffé** et le **Bar Basque**) forment une sorte de triangle d'or.

Bar de la Marine (☎ 05 59 24 87 71 ; 28 rue Mazagran ; ☾ tlj, fermé dim hors saison). La jeunesse prend ses aises dans cette salle bas de plafond et tout en longueur, qui dès 23h pousse la sono.

INTERVIEW > BALLET BIARRITZ, 10 ANS DE DANSE CONTEMPORAINE AU PAYS BASQUE

Thierry Malandain, chorégraphe et directeur du Malandain Ballet Biarritz, Centre chorégraphique national

Le Centre chorégraphique national a fêté, en 2008, ses 10 années d'existence. Quel regard portez-vous sur cette décennie ?
Celui d'une aventure humaine intense, personnelle et collective. Au départ, il y a eu le souhait de la ville de Biarritz de développer la danse et d'y installer une compagnie. Lorsque nous sommes arrivés, nous étions un peu des extra-terrestres et la salle n'était pas pleine, ce qui n'est plus le cas à présent. Mais une compagnie qui s'implante, c'est de toute façon un travail dans le temps. Aujourd'hui, nous avons un public fidèle qui aime la compagnie et connaît chaque danseur, et cela est important. Des entreprises locales sont devenues nos mécènes. Il a fallu 10 ans mais aujourd'hui nous sommes adoptés tant par le Pays basque nord, que par le Pays basque sud.

Justement, quels liens entretenez-vous avec le Pays basque sud ?
Malandain Ballet Biarritz est une compagnie qui a la volonté d'être à l'écoute de son territoire. C'est assez naturellement que nous nous sommes tournés vers San Sebastián, avec qui nous menons un travail important. Pourtant, cela ne coulait pas forcément de source. Nous avons été quelque part précurseurs d'une coopération transfrontalière dans le cadre de l'Europe qui aujourd'hui s'illustre avec un partenariat constructif entre le Théâtre Victoria Eugenia de San Sebastián et le Centre chorégraphique national de Biarritz. Nous bénéficions ainsi de deux regards, deux publics et surtout d'un croisement des publics, les gens de San Sebastián venant ici, et vice versa.

Le Ballet Biarritz, c'est quoi aujourd'hui ?
C'est 35 personnes qui travaillent et 17 danseurs sur le plateau. C'est une troupe de danseurs éclectique dans les tailles, les caractères, les nationalités, mais homogène sur le plateau. La saison dernière, nous avons été présents en Europe et à l'international, où notre travail est également reconnu.

Et le style Malandain, comment le définiriez-vous ?
Comme étant classique-contemporain. Je me bats essentiellement pour "la danse qui danse".

Ventilo Caffé (☎ 05 59 24 31 42 ; 30 bis rue Mazagran ; ☺ tlj sauf mar hors saison). Déco tendance baroque, fauteuils colorés disparates et une carte de cocktails étoffée attirent une clientèle trendy et plutôt internationale.

Bar Basque (☎ 05 59 24 60 92 ; 1 rue du Port-Vieux ; ☺ tlj, fermé lun hors saison). Dernier venu, ce bar joue la carte trentenaire et bobo avec une déco néo-basque très tendance. Agréable : le petit bar extérieur.

Le Comptoir du foie gras (☎ 05 59 22 57 42 ; www.comptoir-foie-gras.com ; 1 rue du Centre). Cette boutique située près du marché a eu la bonne idée d'ouvrir son comptoir sur l'extérieur à l'heure de l'apéro. Alors oui, il faut prendre son verre de vin debout autour de deux grands fûts, mais les tartines de foie gras sont d'excellentes accompagnatrices.

Bar Jean (☎ 05 59 24 80 38 ; 5 rue des Halles ; ☺ fermé mar-mer hors saison). Un carton plein. Toujours aussi animé et branché, le Bar Jean ne désem-plit presque jamais. On préfère cependant l'heure de l'apéro, avec sangria et tapas, que les repas, qui peuvent parfois décevoir. Mais qu'importe : l'ambiance est là.

Côte 57 (☎ 05 59 22 27 83 ; 7 boulevard du Prince-de-Galles ; ☺ fermé lun hors saison). Les transats en terrasse de ce resto-bar design sont très prisés pour un verre en tête à tête avec l'océan.

Miguel Café (☎ 05 59 22 36 21 ; 11 rue Perspective-de-la-Côte-des-Basques). Un bar à la déco très "Joconde" (vous comprendrez en y allant). Les amateurs de belles motos – entre autres – en ont fait leur lieu d'élection. C'est qu'il y a une belle ambiance, et souvent des bœufs improvisés.

Arena Café (☎ 05 59 24 88 98 ; esplanade du Port-Vieux). Dès 23h, ce nouveau restaurant s'anime et pousse la sono. DJ tous les week-ends. Bar extérieur durant les beaux jours.

La Santa Maria (☎ 05 59 24 53 11 ; esplanade du Port-Vieux ; fermé Toussaint-1er avr ; ☺ tlj en saison ; fermé mer hors saison). On a un faible pour ce bar-restaurant installé sur l'une des anses du Port-Vieux, et en particulier pour ses quelques tables du haut posées à même la roche et qui donnent l'impression d'être sur la proue d'un bateau.

Les 100 Marches (☎ 05 59 24 75 61 ; square Jean-Baptiste-Lasalle ; tlj, fermé mar hors saison, fermé fin oct-déb avr). En quelques saisons, elles sont devenues l'un des endroits les plus branchés de Biarritz. Il faut dire qu'il y a une vue imprenable sur l'océan (parfait pour les couchers de soleil) et une atmosphère très californienne avec la grande cahute en bois. Les huîtres de Chez Beñat sont proposées les dimanches soir et midi. Soirée sushis le jeudi (à partir de 18h30). Les boulistes d'à côté en sont encore tout remués !

Milk Bar (☎ 05 59 24 32 68 ; 17 boulevard du Général-de-Gaulle ; tlj sauf lun). Si vous voulez rencontrer des surfeurs, des vrais, c'est dans ce bar-brasserie un peu à l'écart de la jetée et lieu de rendez-vous des planchistes de la Grande Plage et d'ailleurs.

Red Café (☎ 05 59 24 21 02 ; 9 avenue Maréchal-Foch ; tlj sauf dim). Ouvert par Philippe Bernat-Salles, c'est l'endroit pour suivre les matchs de rugby du BO. Troisième mi-temps assurée !

Royalty (☎ 05 59 24 01 34 ; 11 et 13 place Georges-Clemenceau ; tlj). La terrasse de ce célèbre bar américain a bénéficié des travaux de la place Clemenceau, désormais en grande partie piétonne.

Transat Café (☎ 05 59 01 13 13 ; 1 carrefour Hélianthe ; tlj). Un peu m'as-tu vu, mais ce café bénéficie d'une belle vue sur l'océan ; il est de fait situé en haut du Radisson Hôtel.

Le Bar du Plaza (☎ 05 59 24 74 00 ; 10 avenue Édouard-VII). Soirées jazz en hiver le samedi soir à partir de 19h30.

Le Chrome (☎ 05 59 22 39 94 ; www.chromelounge.com ; 49 avenue de Verdun ; 18h-3h tlj). Ex-Bar de la Mer, Le Chrome lounge/bar affiche toujours et plus que jamais les couleurs gays. Consultez le programme des soirées sur le site web.

Casino

Biarritz possède bien évidemment un **casino** (www.casino-barriere-biarritz.com), face à la Grande Plage, avec machines à sous et jeux de table (roulette, black jack, stud poker…).

Cinéma

La ville a enfin un cinéma digne de ce nom grâce à la programmation de qualité de l'équipe du **Royal** (☎ 05 59 24 45 62 ; www.royal-biarritz.com ; 8 avenue du Maréchal-Foch).

Discothèques

Carré Coast (☎ 05 59 24 64 64 ; 7 boulevard du Général-de-Gaulle). Face à la Grande Plage, c'est *le* lieu branché de la nuit biarrote. Ambiance people et jeunesse dorée.

Le Caveau (☎ 05 59 24 16 17 ; 4 rue Gambetta). Anciennement gay, mais toujours "gay friendly", Le Caveau n'en reste pas moins une légende locale et, pour beaucoup, la meilleure boîte de Biarritz.

Le Copa (☎ 05 59 24 65 39 ; 26 avenue Édouard-VII). Ex-Copacabana, le Copa a gardé son identité festive et exotique. Public mélangé et *after* tous les week-ends.

Le Play Boy (☎ 05 59 24 38 34 ; rue Monhau) est plutôt plébiscité par les jeunes touristes et l'**Ibiza** (☎ 05 59 24 38 34 ; Grande Plage) fréquenté également par un public jeune.

ACHATS

Pariès (☎ 05 59 22 07 52 ; 1 place Bellevue). Outre les chocolats, c'est la maison du Kanouga (caramel fondant au chocolat, café, vanille, etc), du touron et, bien sûr, du Mouchou, tendre duo de macaron fondant (en basque, "*musu*" signifie baiser…).

Chocolats Henriet (☎ 05 59 24 24 15 ; place Georges-Clemenceau). On lui doit les rochers de Biarritz, au chocolat amer, aux écorces d'orange et aux amandes.

Maison Arostéguy (☎ 05 59 24 00 52 ; www.arosteguy.com ; 5 avenue Victor-Hugo). Fondée en 1875, cette cave-épicerie fine mérite le détour, ne serait-ce que pour ses vieilles boiseries et les bouteilles alignées sur ses rayonnages.

Maison Charles Larre (☎ 05 59 24 92 02 ; 1 rue des Halles). Une belle adresse pour rapporter du linge basque.

DEPUIS/VERS BIARRITZ
Avion

L'**aéroport international de Biarritz-Anglet-Bayonne** (☎ 05 59 43 83 83 ; www.biarritz.aeroport.fr) se situe 3 km au sud-est du centre-ville. Air France assure des liaisons régulières avec Paris Orly, Lyon, Clermont-Ferrand, Nice et Genève. EasyJet rallie aussi Paris-Charles-de-Gaulle à Biarritz. Des compagnies low cost permettent également de joindre ou de venir de Londres, Bristol et Birmingham. L'été, des liaisons sont assurées avec Helsinki, Shannon et Dublin. Pour accéder au centre-ville de Biarritz en bus, prendre la ligne 6 (ligne C le dimanche).

LABOURD

Bus

Depuis Bayonne, prenez le bus 1 (ligne A le dimanche et jours fériés) de la **STAB** (☎ 05 59 52 59 52 ; www.bus-stab.com). Depuis Anglet, vous pouvez prendre la ligne 9. En outre, l'été, une navette des plages relie les plages de Biarritz à celles d'Anglet, ainsi qu'une navette de nuit baptisée "Paseo" qui relie Biarritz-centre, le camping, l'auberge de jeunesse et la gare, les plages d'Anglet, Bayonne-centre et la gare de Bayonne.

Les Autocars des transports en commun de la région basque, **ATCRB** (☎ 05 59 26 06 99), assurent des liaisons régulières entre Biarritz, Saint-Jean-de-Luz et Hendaye.

Des cars de la compagnie PESA relient en semaine San Sebastián et Bilbao en Espagne. Autre possibilité, et notamment le dimanche, vous pouvez prendre un bus jusqu'à Hendaye, et de là, prendre l'Eusko tren, une ligne ferroviaire qui fait la navette avec San Sebastián toutes les demi-heures (lire l'encadré *Attractions espagnoles*, p. 151).

Pour vous rendre dans les Landes, il faut partir de Bayonne.

Train

La gare de Biarritz, appelée **La Négresse** (☎ 3635 ; allée du Moura), est desservie chaque jour par des TGV en provenance de Paris-Montparnasse et de Lille. Elle est en outre reliée à Bordeaux, Dax, Saint-Jean-de-Luz, Hendaye, Pau et Toulouse. Attention, la gare est très excentrée et vous devrez prendre un taxi ou un bus (lignes 2 ou 9 ; ligne B le dimanche et les jours fériés). Une **agence SNCF** (13 avenue Hoche ; ☽ 9h-12h et 14h-18h) est ouverte en semaine au centre-ville. Saint-Jean-Pied-de-Port et Cambo-les-Bains sont desservis par la gare de Bayonne.

COMMENT CIRCULER

Si le centre à proprement parler est ramassé, la ville est assez étendue. Les automobilistes seront en revanche vite découragés par les embouteillages, quotidiens durant l'été le long de la côte, et les tarifs de stationnement. Aussi, mieux vaut louer un vélo ou "affûter" ses jambes !

Bus

Une **navette gratuite** a été mise en place dans le centre-ville. Elle fonctionne du lundi au samedi de 7h30 à 19h30, à intervalle de 10 minutes en moyenne, et dessert les principaux points de Biarritz (informations au ☎ 05 59 41 54 34).

Les bus de la **STAB** (☎ 05 59 52 59 52 ; www.bus-stab.com), dont la plupart passent par le casino (arrêt "Biarritz Mairie"), sont bien utiles pour se rendre à la gare ferroviaire (lignes 2 ou 9), à l'aéroport (ligne 6) et à Anglet (ligne 9).

Location de vélos

Cycle Océan (☎ 05 59 24 94 47 ; www.cycleocean.com ; 24 rue Peyroloubilh ; VTT/scooter à partir de 12/31 € par jour). Sachez que Biarritz est très vallonnée et n'a pas de piste cyclable. De plus, la côte reliant Anglet est assez redoutable.

Takamaka Biarritz (☎ 05 59 24 11 84 ; www.takamaka.fr/biarritz ; 11 avenue de la Marne ; vélo-VTT 15 €/j) loue également des vélos.

Taxi

Vous pouvez appeler un taxi au ☎ 05 59 03 18 18. Comptez environ 15 € pour rejoindre la gare ou l'aéroport depuis le centre-ville.

ENVIRONS DE BIARRITZ

Voisine nord de Biarritz, Anglet offre une longue et impressionnante façade en bord de mer qui en fait un lieu de villégiature très prisé. Au sud de la cité biarrote, la Côte basque file droit en direction de Saint-Jean-de-Luz, en passant par Bidart et Guéthary. À l'intérieur des terres, on trouvera aisément le chemin vers le ravissant village d'Arcangues.

ANGLET

Le principal attrait d'Anglet ? Ses 11 plages de sable fin qui s'étalent sur 4,5 km. Ensuite, en descendant la côte davantage au sud, les plages de landes cèdent la place à une côte plus rocheuse. Célèbre pour sa grotte de la Chambre-d'Amour – où la légende veut qu'une jeune fille riche et un jeune homme pauvre qui s'aimaient en cachette furent surpris par la marée montante et emportés au loin – Anglet cultive un caractère sportif tourné vers la glisse mais plus généralement vers la nature, incarnée ici par les belles forêts de Chiberta (autrement appelée le Pignada) et du Lazaret.

Renseignements
ACCÈS INTERNET

Deux lieux de connexion possible à la Chambre-d'Amour : **Anglet Internet Café** (☎ 05 59 74 19 10 ; avenue des Dauphins, école de surf ESCB ; ☽ ouvert avr-oct) et **Cyber Sunset** (☎ 05 59 74 14 30 ; 19 avenue du Rayon-Vert ; ☽ tlj, fermé lun hors saison).

MARCHÉ DE RÉFÉRENCE

Le **marché traditionnel de Quintaou** (esplanade de Quintaou) est devenu une véritable référence avec ses producteurs locaux qui viennent de tout le Pays basque. Il a lieu chaque jeudi et dimanche matin. Tous les 4es samedis du mois (sauf décembre : 3e samedi du mois), une **brocante** se tient toute la journée sur cette même esplanade.

OFFICE DU TOURISME

Le bureau principal de l'**office de tourisme** (☎ 05 59 03 77 01 ; www.anglet-tourisme.com ; 1 avenue de la Chambre-d'Amour ; ☺ 9h-19h lun-sam juil-août, 9h-12h30 et 14h-18h lun-ven, 9h-12h30 sam le reste de l'année) se trouve aux Cinq-Cantons. Une **annexe** est ouverte à la Chambre-d'Amour avec des horaires restreints hors saison (☎ 05 59 03 93 43 ; avenue des Dauphins ; ☺ 10h-19h tlj juil-août, 10h-12h30 et 14h30-18h tlj avr-juin et sept-oct, 14h-17h mer et sam de nov à mars, 14h-17h tlj vacances Noël et fév). L'agence de la Chambre-d'Amour met gratuitement à disposition des audioguides pour une balade d'environ 2 heures.

À voir

Entre la façade océane et la forêt, Anglet offre de belles occasions de balades et d'activités sportives.

Une **promenade littorale** relie la plage du VVF et La Barre sur un parcours pédestre de 4,5 km. Très bien aménagée en front de mer, elle est empruntée par de nombreux adeptes du jogging. Elle permet de découvrir les 11 plages d'Anglet.

Une **piste cyclable** suit le même parcours, mais sur le boulevard des Plages. L'été, entre les piétons et les voitures à laissez passer, elle est n'est pas très pratique. Vous aurez besoin de patience. Si vous l'empruntez, ne manquez pas la **villa mauresque Prinkipo**, au niveau de la plage de La Madrague, beau témoignage architectural du vieil Anglet.

Les **forêts** du Lazaret et du Pignada s'étendent sur 250 ha et couvrent près de 10% du territoire de la commune. Des voies vertes y ont été aménagées pour les marcheurs, joggeurs et cyclistes. Un parcours sportif est accessible face au n°211 de la promenade de La Barre. Installés à l'angle de l'avenue de l'Adour et de la promenade de La Barre, **Territoires d'Aventures** (☎ 05 59 42 03 06 ; www.evolution2.com/paysbasque ; 10-25 € ; ☺ avr-nov) propose des parcours dans les arbres pour les Tarzans

d'un jour (un parcours est praticable dès l'âge de 5 ans).

Le site de la Barre accueille une nouvelle **Maison de l'Environnement** (☎ 05 59 57 17 48 ; www.izadia.fr ; 297 avenue de l'Adour ; expos temporaires gratuites, expo permanente 4/2 € tarif plein/réduit, gratuit moins de 6 ans ; ☺ 9h30-12h30 et 15h30-18h30 tlj juil-août, 14h-17h30 mar-ven, 10h-13h et 14h-17h30 sam-dim et jours fériés, dernière entrée 1 heure avant la fermeture), un bâtiment monté sur pilotis dont on doit à l'architecte Philippe Madec la belle structure en bois et acier. Une exposition permanente présente le projet du parc écologique Izadia (qui signifie en basque "l'être, la nature"), dont les 14 hectares entre fleuve, océan et lacs offrent une belle diversité de faune et de flore. Un parcours en 10 étapes permet d'en découvrir les traits de caractère (entre-deux-lacs, marais saumâtre, plage aux oiseaux, lande à ciste, biseau salé…).

À faire

AVIATION

Contactez l'**Aéroclub basque** (☎ 05 59 23 93 79 ; www.aeroclub-basque.com ; 3 allée des Aéroclubs ; ULM 70 €/pers, avion 100 €/2 à 4 pers) si vous souhaitez faire un baptême de l'air en ULM ou en petit avion et surtout découvrir par la même occasion le Pays basque vu d'en haut.

GOLF

Très apprécié pour son cadre entre mer, lac et pinède, le **golf de Chiberta** (☎ 05 59 52 51 10 ; www.golfchiberta.com ; 104 boulevard des Plages ; 18 trous parcours de Chiberta, 9 trous parcours de l'Impératice) est idéal pour s'essayer aux links.

KAYAK DE MER

Pour des randonnées en kayak de mer, des stages ou la location de canoës et kayaks, adressez-vous à l'**Anglet Olympique Canoë Kayak** (☎ 06 25 49 09 70 ; kiosque de la Roule, plage de la Barre ; ☺ ouvert tte l'année).

LOCATION DE VÉLOS

Deux adresses pour louer des VTT et VTC ont pignon sur rue à Anglet, il est cependant préférable d'avoir une voiture pour y accéder : **Blancpignon Sports** (☎ 05 59 31 10 89 ou 06 23 12 09 41 ; www.blancpignon-sports.com ; 96 avenue de l'Adour) et **Loisirs 64** (☎ 05 59 93 35 65 ou 06 14 59 26 11 ; www.loisirs64.com ; 21 rue de Hirigogne), ce dernier organisant aussi des sorties et randonnées en Pays basque.

SURF

Anglet compte une dizaine d'écoles de surf ainsi qu'un club – ouvert à l'année – l'**Anglet**

À CHACUN SON BAC À SABLE

Chacune des 11 plages d'Anglet a son caractère distinct. Petit bréviaire après observation des us et coutumes :

Culture surf : plage des Cavaliers (un spot internationalement connu, des compétitions y sont organisées), plage du Club (n'existe qu'à marée basse), plage de l'Océan.

Les plages "d'jeuns" : plage des Corsaires (elle marque la transition avec les plages plus urbaines de la Chambre-d'Amour ; des espaces verts la bordent), plage de Marinella (très fréquentée par les résidents du camping Fontaine-Laborde et de l'auberge de jeunesse).

Les sauvages : plage des Dunes (non surveillée, elle accueille de nombreux nudistes bien que le naturisme y soit interdit), plage de l'Océan (beau point de vue sur la côte, spot apprécié des surfeurs et des gays).

La sélect : plage de la Madrague (avec La Petite Madrague, c'est la plus branchée d'Anglet).

La sportive : plage des Sables d'or (très fréquentée puisque située en plein cœur de la Chambre-d'Amour ; terrains de beach volley à l'année ; vagues éclairées le soir – en août se tient une compétition nocturne de surf professionnel).

Surf Club (☎ 05 59 03 01 66 ; www.angletsurf.org ; Établissements des Bains, Chambre-d'Amour, plage du Club), l'un des plus importants de France par son nombre de licenciés. Adressez-vous à l'office de tourisme pour une liste exhaustive.

THALASSOTHÉRAPIE

Outre ses cures, l'agréable centre **Atlanthal** (☎ 05 59 52 75 85 ; www.atlanthal.com ; 153 boulevard des Plages ; ☺ toute l'année), qui domine la plage des Cavaliers, a développé tout un concept spa avec des soins à la carte et un nouvel espace baptisé "Le Lagon" – un bassin d'eau de mer chauffé à 34°C, agrémenté de couloirs de nage, jets massant et autres réjouissances.

Voile

Le **Yacht Club Adour Atlantique** (☎ 05 59 52 36 04 ; www.ycaa.fr ; port de plaisance, 118 avenue de l'Adour) propose des stages d'initiation et de perfectionnement sur le bateau du club.

Où se loger

En partie dévolue aux résidences et villages de vacances, la ville compte peu d'hôtels en front de mer.

Camping de Parme (☎ 05 59 23 03 00 ; www.campingdeparme.com ; 2 allée Etchecopar, quartier Brindos ; forfait 2 pers 17,50-28 € selon saison ; ☺ Pâques-Toussaint). Aménagé près du lac de Brindos, ce camping trois-étoiles de 197 emplacements possède une piscine et un restaurant. Il est situé à 5,5 km au sud du centre-ville, tout près de l'aéroport de Biarritz-Anglet-Bayonne. Bungalows, chalets et mobil-homes à la location.

Auberge de jeunesse (☎ 05 59 58 70 00 ; www.fuaj.org ; www.hihostels.com ; 19 route des Vignes ; à partir de 16,80 € haute saison ; ☺ avr-début nov). Bien connue dans le milieu pour son ambiance surf et conviviale – la plage est à une dizaine de minutes à pied, mais attention, cela grimpe au retour – l'auberge offre des tarifs préférentiels sur la location de surfs et de vélos. Il est aussi possible d'y camper (25 emplacements).

Hôtel Arguia (☎ 05 59 63 83 82 ; http://arguia.free.fr ; 9 avenue des Crêtes ; d 40-66 € selon ch et saison, petit-déj 4,50 € ; ☺ avr-oct ; Ⓟ). À deux pas des plages, cet hôtel de caractère est situé dans une belle maison années 1930 aux chambres plutôt grandes (coup de cœur pour celle avec une terrasse et une belle vue sur le Pignada) même si elle n'est pas de première jeunesse. L'annexe, plutôt dédiée à des groupes, est moins confortable.

Où se restaurer

Les restaurants touristiques s'alignent littéralement à la Chambre-d'Amour, en particulier sur l'esplanade des Gascons (pour une vue sur la mer) et l'avenue des Dauphins.

Le Zéphyr (☎ 05 59 03 79 50 ; 7 esplanade des Gascons ; plats 10-20 € ; ☺ tlj en saison). Avec son décor marin et sa belle terrasse, Le Zéphyr se distingue de ses concurrents par ses plateaux de fruits de mer.

La Concha (☎ 05 59 63 49 52 ; 299 avenue de l'Adour ; plats 15-20 € ; ☺ tlj). Une grande brasserie décorée à l'espagnole où poissons et crustacés sont à l'honneur. La salle en partie vue sur la patinoire, ce qui peut étonner lors de la première venue. Un classique.

Paseo Café (☎ 05 59 03 87 30 ; 5 place Docteurs-Gentilhe ; carte autour de 20 € ; ☺ tlj). Situé dans une aile de l'ancien bâtiment des bains au style Art déco – aujourd'hui salle des Congrès –, ce bar à vins à l'allure très contemporaine propose une restauration légère mais aussi des plats plus élaborés et à l'inspiration basque. Belle vue de la terrasse. Mieux vaut réserver en haute saison.

LE HAPPY SURFEUR

La Chope (☎ 05 59 03 82 53 ; 7 esplanade des Gascons ; 🕑 9h30-3h été, 10h-2h hiver) est le lieu de rendez-vous des surfeurs. À l'extérieur, terrasse et bar pour les beaux jours. À l'intérieur, beau bar en bois clair et atmosphère relax. Spécialités maison, outre la Foster's : les mojitos et le ti-punch. Concerts de temps à autre.

La Fleur de sel (☎ 05 59 63 88 66 ; menu environ 30 € ; 5 avenue de la Forêt ; 🕑 fermé dim soir, lun et mer midi). La bonne table du coin. En terrasse ou dans la salle aux airs rustiques, une carte où l'on retrouve des bases classiques cuisinées avec raffinement (escalope de foie gras poêlée aux pommes, filet de canette farcie aux cèpes et foie gras, gigot de lotte et petit boudin d'écrevisses, au beurre de jurançon).

Achats
Mandion (☎ 05 59 63 86 16 ; 3 avenue de Bayonne). L'incontournable pâtissier d'Anglet : pour satisfaire toutes les gourmandises.

Depuis/vers Anglet
Le bus 9 de la STAB, que l'on peut prendre depuis le centre de Biarritz, la gare SNCF ou l'aéroport, dessert toutes les plages d'Anglet. Depuis la mairie de Bayonne, empruntez la ligne 7/1 ou 7/2 pour rejoindre Anglet et la Chambre-d'Amour. La ligne 4 relie La Barre et Bayonne. L'été, une navette des plages est mise en place, qui dessert toutes les plages de Biarritz et d'Anglet.

Prenez garde si vous êtes à vélo : la côte est raide pour rejoindre Anglet depuis Biarritz !

ARCANGUES
C'est un village vallonné qui se donne des airs d'opérette tant le bourg est propret et charmant. Du cimetière, la vue est magnifique sur les Pyrénées. Découvrir Arcangues, c'est se promener dans un mouchoir de poche entre l'église, le fronton, la mairie et l'école aux volets bleus, et constater que le charme opère.

À voir et à faire
ÉGLISE SAINT-JEAN BAPTISTE
Datant du XIIᵉ siècle, elle est caractéristique des églises basques, avec ses belles galeries en bois sculpté (début du XVIIIᵉ) qui courent sur deux niveaux. Dans le **cimetière**, disposé en terrasses, vous verrez des *stèles discoïdales* (voir encadré p. 130), mais également la stèle du chanteur d'opérette Luis Mariano, le petit jeu étant de la trouver.

CHÂTEAU D'ARCANGUES
Le **château d'Arcangues** (☎ 05 59 43 04 88 ; www.chateaudarcangues.com ; entrée 6 € , gratuit moins de 12 ans ; 🕑 10h-12h et 14h-18h mi-juil à fin sept, visite guidée ttes les 30 min, tlj sauf lun), qui désormais se visite, a contribué bien sûr à la renommée du village, tant il fit les belles heures du Biarritz mondain avec les célèbres soirées organisées par le marquis Pierre d'Arcangues où se pressait toute la jet-set de l'époque.

GOLF D'ARCANGUES
Inauguré en 1991, le **golf d'Arcangues** (☎ 05 59 43 10 56 ; www.golfdarcangues.com ; 18 trous ; 🕑 tlj avr-oct, fermé lun nov-mars) jouit d'une vue superbe sur la campagne basque et les Pyrénées, très appréciable également depuis la grande terrasse du club-house.

Où se loger et se restaurer
Chambres d'hôte Gastelhur (☎ 05 59 43 01 46 ; www.gastelhur.com ; chemin de Gastlhur ; 1 nuitée 130 € , à partir de 2 nuitées obligatoires week-end et jours fériés 110 €/nuit, petit-déj 8,50 € ; 🕑 fermé vacances fév). Située dans un grand parc mitoyen du golf, cette propriété est l'une des plus jolies d'Arcangues. Trois chambres confortables à la déco un peu précieuse.

Chambres d'hôte Les Volets Bleus (☎ 05 59 43 39 25, 06 07 69 03 85 ; www.lesvoletsbleus.fr ; chemin Etchegaraya ; 105-176 € selon ch et saison, majoration de 15 € pour 1 nuit ; 🖳). Les 5 chambres et suites de cette maison néorustique sont décorées avec goût et jouissent d'une belle vue sur la Rhune. Une adresse de charme qui compte aussi une piscine.

🄴 Restaurant-Auberge d'Achtal (☎ 05 59 43 05 56 ; bourg ; plats 10-15 € ; 🕑 tlj en saison, fermé mar et mer hors saison, ouvert fin mars-déb jan). Sur la place du village, une auberge qui n'a pas bougé d'un pouce depuis des années. Cuisine régionale (omelette aux cèpes, confit de canard...). Belle terrasse en hauteur sous les platanes, avec quelques tables de schiste, où il fait bon prendre le soleil.

Restaurant du Trinquet (☎ 05 59 43 09 64 ; bourg ; menu 29 € ; 🕑 fermé lun et mar hors saison). Hormis la terrasse sous les feuillages, le cadre à l'intérieur ouvert sur le trinquet est plus banal. La cuisine

– locale – a bonne réputation (*axoa*, tête de veau à la plancha ou encore croustille pied de porc).

☯ **Le Moulin d'Alotz** (☎ 05 59 43 04 54 ; chemin d'Alotz-Errota ; plats 26 € ; carte environ 50 € ; ☯ fermé mar et mer). Dans un cadre superbe et d'un calme absolu, cette table qui a décroché une étoile au Michelin ravira les amateurs de tradition et de modernité mêlées. Essayez le filet de bar à la plancha et la compote poire, miel et thym. À découvrir.

ARBONNE

Ancienne résidence d'été des évêques de Bayonne, Arbonne est caractéristique des villages du Labourd. L'**église** à mur-clocher est entourée d'un **cimetière** qui abrite des stèles discoïdales. Juste à côté, sur la place Harizmendia, entrez dans **La Benoîterie** (☎ 05 59 41 99 66), l'ancienne maison de la benoîte du village qui accueille aujourd'hui des expositions d'art et d'artisanat.

Où se loger

Hôtel Laminak (☎ 05 59 41 95 40 ; www.hotel-laminak.com ; route de Saint-Pée ; d 71-99 €, petit-déj 10 € ; ☯ fermé 3 sem jan). Le calme de la campagne à quelques minutes de Biarritz. Certaines chambres ont une terrasse privative sur le jardin. Piscine.

BIDART

Bidart, qui par le passé a été un important relais de poste, a sans doute souffert de l'ombre émergente de Biarritz et de Saint-Jean-de-Luz. Le village offre pourtant un centre très typique, rendu d'autant plus agréable qu'il est devenu piétonnier. Et la commune s'étend sur 5 km de côtes, offrant de belles plages sauvages, pour la plupart surmontées de falaises.

Office de tourisme (☎ 05 59 54 93 85 ; www.bidarttourisme.com ; rue Erretegia ; ☯ 9h-19h lun-sam,

9h-12h dim juil-août, 9h-12h30 et 14h-17h lun-ven hors saison). Visites gratuites du village le mercredi à 10h30 et le vendredi à 18h30. Rendez-vous devant l'office. Accès Internet (2 €/15 min).

À voir
CHAPELLE SAINTE-MADELEINE
Détruite en 1817 et reconstruite en 1820, elle offre un très beau panorama sur la côte.

CHAPELLE SAINT-JOSEPH
Édifiée en 1684 au bord de la falaise, la vue sur l'océan vaut le coup d'œil.

PLACE CENTRALE
Son charme est à l'image du Pays basque. La mairie de style néobasque voisine en parfaite communion avec l'église, son clocher-porche et le traditionnel fronton.

MOULIN DE BASSILOUR
Ce joli **moulin** (☎ 05 59 41 94 49 ; quartier Bassilour ; ☯ 8h-13h et 14h30-19h tlj) qui fabrique de la farine de maïs n'a jamais cessé de fonctionner depuis 1741. Sa boulangerie attire de nombreux gourmands friands de gâteaux basques à la crème ou à la cerise noire, de délicieux sablés, de pain de maïs (la méture) et de l'étonnant gâteau de maïs à l'anis (la miche) qui se mangeait autrefois pendant les fêtes de Noël. Évidemment, tout est fait maison. Un restaurant-bar est installé en face.

À faire
CYCLOTOURISME
En juillet et août, le **Bidart Cyclo Club** (☎ 05 59 41 98 98 ou 06 07 90 14 90) propose tous les dimanches matins une randonnée d'environ 80 km sur les routes vallonnées du Pays basque. Leur programme est diffusé auprès de l'office du tourisme. Le rendez-vous a lieu sur la place de la mairie. Pour des randonnées, vous pouvez aussi contacter **Vélo Passion Pays Basque** (☎ 05 59 54 78 45 ; www.velopassionpaysbasque.com), association basée à Bidart.

GOLF
Le **golf d'Ilbarritz** (☎ 05 59 43 81 30 ; www.golf-ilbarritz.com ; avenue du Château) est un superbe 9-trous en bord de mer. Il est surtout connu pour son Centre international d'entraînement (practice circulaire de 7 ha avec 13 ateliers regroupés par thème et niveau de difficulté). Il existe cinq écoles pour s'initier et se perfectionner toute l'année, la plus ancienne

UN SOLEIL IMMORTEL

Nombre de cimetières du Pays basque abritent des stèles funéraires de forme discoïdale. La représentation du cercle symbolise le soleil, source de la vie. Le socle, carré, triangulaire ou trapézoïdal, représente la Terre. Les stèles discoïdales matérialisent le passage de la vie à la mort, de la Terre au ciel, en un mot : l'immortalité.

LE CHÂTEAU FOU D'ILBARRITZ

On vous parlera volontiers du fier château d'Ilbarritz. Ce qui n'est, à première vue, qu'une grande demeure fantomatique dominant la plage a connu une histoire étonnante. Elle n'était à l'origine qu'une petite partie du domaine que fit aménager en 1897 l'extravagant baron Albert de L'Espée. Mondain, fantasque et passionné de musique, le baron fut le premier à s'installer sur ce qui n'était alors qu'une lande sauvage, entre Biarritz et Bidart. La maison principale, encore debout aujourd'hui, fut érigée pour abriter… un orgue, sur lequel L'Espée aimait jouer des œuvres de Wagner, face à la mer. Tout autour, pagodes, pavillons, dépendances et rivières artificielles couvraient les 60 ha acquis ensuite par le baron. Sa maîtresse vivait là également, convoquée au château lorsque le baron hissait un pavillon ! En 1911, le baron vendit son domaine, qui dès lors connaît une destinée mouvementée. Depuis 1990, la salle de l'orgue et l'escalier sont classés monuments historiques. Il est toujours impossible de visiter le château, mais vous pourrez l'observer depuis la plage d'Ilbarritz.

étant celle de **Philippe Mendiburu** (☎ 05 59 43 77 87 ; www.golf-academie-mendiburu.com).

RANDONNÉE
L'association Menditalde (☎ 05 59 63 38 48 ou 05 59 26 52 27) organise en juillet-août des randonnées en moyenne montagne accessibles à tous les marcheurs en bonne santé (environ toutes les 2 semaines ; calendrier à l'office du tourisme).

SURF
Les six plages surveillées (Ilbarritz, Pavillon royal, Erretegia, Centre, Uhabia et Parlementia) comptent chacune une école de surf. Le prix d'un cours collectif de 1 heure 30 varie autour de 35 €. L'**École des vagues** (☎ 06 10 26 71 81 ; www. ecoledesvagues.com ; plage du Centre), cofondée par François Delanne, un ancien champion de France, propose aussi des cours pour les tout-petits (6-10 ans). La plus ancienne, l'**École de surf Taiba** (☎ 05 59 54 83 41 ; www.surf-taiba.com ; Centre commercial Zirlinga, avenue d'Espagne), est installée sur la plage de l'Uhabia. **Lagoondy** (☎ 05 59 24 62 86 ou 06 18 61 94 11 ; www.lagoondy.com), camp de surf installé au Camping des Pins, anime des

cours plage du Pavillon royal. Liste complète à l'office du tourisme.

Où se loger
Camping Ur-Onea (☎ 05 59 26 53 61 ; www.uronea.com ; rue de la Chapelle ; forfait 2 pers avec voiture et tente 14-26 € selon saison ; ☺ avr-sept). À 600 m de la plage de l'Uhabia (15 min à pied environ), ce camping de 5 ha met à la disposition des vacanciers 280 emplacements, dont des locations de mobil-homes. Piscine et programme d'animations et d'activités.

Camping Le Pavillon royal (☎ 05 59 23 00 54 ; www.pavillon-royal.com ; avenue du Prince-de-Galles ; forfait 2 pers empl tente 21-35 €, empl caravane 28-47 € selon saison ; ☺ mi-mai à fin sept). Ce très beau camping lové entre un golf, un bois et l'océan, possède tout le confort des terrains haut de gamme et jouit d'un accès direct à la plage. Il compte 330 emplacements ainsi qu'un chalet et 3 petits appartements à la location. Piscine surveillée.

Camping Sunêlia Berrua (☎ 05 59 54 96 66 ; www. berrua.com ; rue Berrua ; forfait 2 pers 16,10/27,70/33 € selon période ; ☺ avr-début oct). Ce vaste camping de 274 emplacements, situé à l'écart du bourg à environ 1 km de la plage, dispose d'une belle piscine avec toboggans et pataugeoire ludique ainsi que d'un terrain de tennis. Nombreuses animations proposées, ainsi qu'une garderie pour les enfants. Mobil-homes à la location.

Hôtel-Restaurant L'Uhabia (☎ 05 59 54 92 39 ; www.hotel-uhabia.com ; rue Uhabia ; s/d 36-55/38-65 € selon saison, petit-déj 6 € ; ☺ hôtel fermé mi-nov à fin jan, resto ouvert à partir de Pâques ; P). Très bien situé, à 100 m de la plage, cet hôtel loue 11 chambres avec douche, pas très grandes, mais confortables. Le resto propose un menu midi à 10 €. Demi-pension possible.

Hôtel Abaca Ypua (☎ 05 59 54 93 11 ; www.hotel-restaurant-ypua.com ; rue de la Chapelle ; d 55/70 € basse/moyenne saison ; demi-pension 120/130/150 € basse/moyenne/haute saison, petit-déj 9 € ; ☺ tte l'année ; P). À l'écart de la place centrale du village, de l'autre côté de la nationale, cet hôtel offre un bon rapport qualité/prix ; sachez tout de même que la demi-pension est imposée en haute saison et pendant les ponts de mai et les vacances scolaires. Les chambres, dans les tons de jaune et de bleu, n'ont pas de cachet particulier mais sont confortables. Piscine chauffée.

Hôtel Ouessant-Ty (☎ 05 59 54 71 89 ; http://hotel. ouessant.ty.free.fr ; rue Erretegia ; d 67-103 €, qua 103-160 € selon saison, appart'hôtel d 300-850 €, qua 360-1 000 € selon saison, petit-déj 8,50/12 € ; ☺ tte l'année ; 🏊 💻). Une enclave bretonne au Pays basque qui séduit par

TOUT NU ET TOUT BRONZÉ

Bien que le naturisme y soit formellement interdit (d'autant que le sentier du Littoral domine la plage), la **plage des Cent Marches** à Bidart est connue des naturistes et des gays qui y trouvent un environnement accueillant. Cette plage se situe entre les plages du Pavillon royal et d'Erretegia. Mieux vaut y aller à marée basse, car la plage est réduite à sa plus simple expression pendant la marée haute. La descente et la remontée sont assez sportives.

son accueil et ses agréables chambres, dont 5 se louent à la semaine en formule appart' hôtel (pour 2 ou 4 pers) puisqu'elles sont équipées d'une cuisinette, d'un lave-vaisselle et même d'un lave-linge. Geneviève, la maîtresse de maison, est aux fourneaux dans la crêperie attenante.

Hôtel du Fronton (☎ 05 59 54 72 76 ; www. hoteldufronton.com ; place Sauveur-Atchoarena ; ch côté mer 100/120/160 €, côté cour 80/100/140 € selon saison, petit-déj 8/11 € ; ☺ fermé mi-nov à mi-déc ; 🖥 🗶). Résolument design, ses 8 chambres dégagent une ambiance contemporaine et zen. Les plus grandes jouissent d'une terrasse et certaines d'une vue sur la mer.

🅞 Chambres d'hôte Ithurri Ondoa (☎ 06 87 21 01 77 ; www.ithurriondoa.com ; 11 rue de la Grande Plage ; ch 90-130/70-105/60-80 € haute/moyenne/basse saison, petit-déj 8,50 € ; 🖥 🅿). Très bien située dans le centre, cette maison d'hôte propose 4 belles et grandes chambres à la décoration à la fois contemporaine et chaleureuse. Certaines ont une mezzanine, 3 ont un balcon et toutes portent le nom d'une source du village. Maïder connaît bien la région – sa famille tenait l'hôtel Itsas Mendia à côté (elle nourrit d'ailleurs de beaux projets pour le rouvrir). Et son compagnon, instructeur de golf, saura vous renseigner sur cette activité dans la région.

Chambres d'hôte Irigoian (☎ 05 59 43 83 00 ; www. irigoian.com ; avenue de Biarritz ; ch 95/125 € selon saison, 2 nuits min, petit-déj 9 €). Les golfeurs apprécient cette adresse d'où l'on peut accéder à pied au trou n°1 du golf d'Ilbarritz. Cette ancienne ferme accueille 5 chambres spacieuses qui jouent la carte de la simplicité et de l'authentique. Nouveauté : une piscine intérieure chauffée par panneaux solaires permet de nager sur 20 m de long. Elle est complétée d'un hammam et d'une salle fitness.

Villa L'Arche (☎ 05 59 51 65 95 ; www.villalarche.com ; chemin Camboénéa ; ch 165-215/140-185/115-150 € haute/moyenne/basse saison ; suites 285/235/175 € ; ☺ mi-fév à mi-nov). Les 8 chambres et suites-juniors de cette adresse huppée ont été rénovées à la faveur d'un changement de propriétaire, avec un parti pris contemporain (avec le noir et blanc dominant) qui nous a laissé un peu froid. Il reste que l'atmosphère est confidentielle et le jardin – éclairé de bleu à la nuit tombée – offre un havre de paix et une belle vue sur l'océan. Un petit sentier mène directement à la plage.

Où se restaurer

Au petit paradis (☎ 06 13 09 40 58 ; plage d'Erretegia ; plats 6-14 € ; ☺ tlj en saison). Le snack de la plage d'Erretegia propose moules plancha, gambas, chipirons et autres réjouissances locales à déguster sur de grandes tablées. L'environnement est agréable. Vous êtes au départ du sentier du Littoral, et les voitures sont tenues à distance. N'ouvre que si la météo est clémente. Sur la plage de l'Uhabia, la Voile Rouge ou **Bela Gorri** (☎ 05 59 47 79 73) offre une alternative branchée avec sa belle terrasse déco, sa carte de sushis et ses brunchs.

Venta Gaxuxa (☎ 05 59 54 88 70 ; rue de la Grande-Plage ; plats 8-22 € ; ☺ 9h-22h tlj juil-août, tous les midis sauf mer, les soirs ven-sam hors saison). Adorable épicerie où l'on vient aussi – et surtout ! – déguster en terrasse de savoureux plateaux de tapas et autres assiettes de charcuterie ou de fromages. Également des plats traditionnels à la carte. Il est préférable de réserver en haute saison.

🅞 Bahia Beach (☎ 05 59 26 59 69 ; chemin Barognenia ; plats 13-19 € ; ☺ tlj en saison). À la sortie de Bidart, tourner à droite en direction de la plage Parlementia et prendre tout de suite sur la gauche la petite route qui mène jusqu'à cette paillote, où l'on mange les pieds presque dans l'eau les classiques chipirons à la plancha, moules, jambon Serrano, etc. Décliné sur des tee-shirts maison (à la vente), le slogan "No job" fait référence au message laissé par le patron sur les messageries des serveurs les jours de mauvais temps ! Réservation conseillée.

La Tantina de la Playa (☎ 05 59 26 53 56 ; plage du Centre ; plats 10-20 € ; ☺ tlj, fermé mi-nov à mi-déc). La terrasse panoramique (et en hauteur) avec vue sur l'océan constitue un atout indéniable. À la carte : chipirons à la plancha, dorade et merlu à l'espagnole, côte de bœuf, queues de lotte à la piperade…

LABOURD

La Cucaracha (☎ 05 59 54 92 89 ; rue de l'Uhabia ; plats 15-20 € ; ☺ tlj, fermé mar-mer hors saison). Écrites sur une pala (raquette de pelote basque), les suggestions du jour sont toutes piochées dans la tradition culinaire basque, très bien préparée ici (ventrêche de thon aux oignons, côte de veau, très tendre, aux piments du pays ou encore daurade à l'espagnole). Belle salle assez typique, terrasse plus confidentielle.

La Plancha (☎ 05 59 23 44 95 ; plage d'Ilbarritz ; plats 20-22 € ; ☺ fermé mer hors saison). Une agréable plancha avec une salle et une terrasse qui s'ouvrent sur la crique d'Ilbarritz. Côté carte, poissons et fruits de mer sont à l'honneur. Ambiance jeune et décontractée.

🗨 **Blue Cargo** (☎ 05 59 23 54 87 ; www.bluecargo. fr ; plage d'Ilbarritz ; déj 12-23 €, soir 18-22 € ; ☺ tlj, fermé oct-avr). Une nouvelle équipe a su se donner un coup d'air frais à cette adresse bien connue pour son restaurant et son bar au bord de la plage (finalement assez rare sur la côte), qui fait les belles nuits de l'été, même si l'on a moins l'impression, comme avant, d'avoir les pieds dans le sable. Le lieu est aussi agréable à fréquenter à l'heure du déjeuner, mais pensez à réserver.

Villa Ilbaritz (☎ 05 59 23 82 07 ; www.villa-ilbarritz. com ; 220 avenue de Biarritz ; plats 15-25 € ; ☺ fermé dim soir-mar midi hors saison). On doit au propriétaire de La Plancha cette nouvelle adresse qui attire les "people" de la région. Grande terrasse, au décor tendance exotico-zen, et salle intérieure très design. La carte, elle, est plutôt classique malgré quelques notes plus originales comme, en entrée, cette sucette de foie gras chaud panée au pain d'épices. L'ambiance va croissante la soirée avançant (on peut aussi venir simplement prendre un verre sur fond musical).

La Table des Frères Ibarboure (☎ 05 59 54 81 64 ; www.freresibarboure.com ; chemin de Ttaliénéa ; menus 35 € (déj), 51-102 € ; ☺ tlj sauf dim soir et lun midi en juil, fermé lun midi août et mer et dim soir hors saison, fermé mi-nov à début déc et 3 sem jan). Les frères se sont séparés – Martin reprenant la maison familiale à Guéthary –, mais Philippe garde les rênes de cette table gastronomique, rejoint par son fils Xabi à la cuisine. Tout aussi créative, la carte propose de belles variations sur la cuisine traditionnelle basque. Le cadre, lui, a bénéficié d'une nouvelle déco bienvenue.

Depuis/vers Bidart

Les **Autocars des transports en commun de la région basque** (ATCRB ; ☎ 05 59 26 06 99 ; www.transdev-atcrb. com) relient Bayonne à Saint-Jean-de-Luz via Bidart et Anglet, Biarritz et Guéthary. Comptez une vingtaine de minutes pour rejoindre Bidart depuis la place des Basques de Bayonne, et à peu près le même temps si vous venez de Saint-Jean-de-Luz.

Un **taxi** (☎ 06 85 70 05 41) peut assurer la liaison avec l'aéroport de Biarritz-Anglet-Bayonne, situé à 5 km, et la gare SNCF de Biarritz, à 4 km.

Notez par ailleurs que Bidart a mis en place un service de navette gratuite qui fonctionne pendant l'été tous les jours. Trois lignes desservent les campings de Bidart ainsi que le quartier Bassilour. Pour les horaires, renseignez-vous auprès de l'office de tourisme.

LE SENTIER DU LITTORAL

Bidart-Hendaye
Distance : 25 km
Départ : plage d'Erretegia à Bidart
Arrivée : Sokoburu à Hendaye

Ce sentier pédestre permet de jouir d'une vue directe sur l'océan sur la quasi-totalité du parcours. Il est conseillé de le pratiquer du nord au sud et à marée basse, pour de plus beaux panoramas sur les montagnes espagnoles du Jaizkibel et des Trois Couronnes. Bien balisé, il compte plusieurs portes d'entrée : la jetée des Alcyons à Guéthary, la pointe Sainte-Barbe à Saint-Jean-de-Luz, le fort de Socoa à Ciboure, le site d'Asporotsttipi à Urrugne et celui d'Abbadia à Hendaye. Sachez que sur ce dernier, les chiens sont interdits. Le parcours est également parsemé de plusieurs stations d'interprétation autour de divers thèmes : les vagues et le surf (Bidart, chapelle Saint-Joseph), les Basques et l'océan (Guéthary, colline de Cénitz), le paysage côtier (Saint-Jean-de-Luz, croix d'Archiloa), la pêche (port de Saint-Jean-de-Luz), la baie et son histoire (Ciboure, quai de la Nivelle), la géologie du littoral (Urrugne, les viviers basques). Il faut de 6 à 7 heures pour parcourir l'ensemble du sentier.

GUÉTHARY

Guéthary, c'est le charme à l'état pur. Ce petit village familial est depuis toujours tourné vers la mer, comme en témoigne sa cale au port, même si l'attrait du surf – et en particulier de la fameuse vague Parlementia – a en grande partie remplacé celui de la pêche. Guéthary, c'est aussi un ravissant village qui s'étale au-dessus du port. L'atmosphère y est douce, propice au farniente. La vie et l'animation locales s'organisent, comme il se doit, autour du fronton. Ses ruelles sont malheureusement saturées de monde en été.

Du temps où Guéthary était un port baleinier, un guetteur signalait la présence d'éventuelles proies par des émissions de fumée du haut du phare-sémaphore qui domine toujours la plage Parlementia, et qui est l'un des seuls de ce style encore debout sur la Côte basque, avec celui de Biarritz. Le nom de Guéthary n'est pourtant plus rattaché au guetteur mais aux bassins de salaison de poissons de l'époque romaine qui ont été mis au jour en 1984 (on peut en voir une maquette au musée) lors de travaux de terrassements réalisés sur les terrains de la SNCF. De fait, *cetaria* désigne en latin les fabriques de conserves de poissons. C'est de là que viendrait le nom de Guéthary. La municipalité a pour projet de relancer des fouilles.

Office de tourisme (☎ 05 59 26 56 60 ; www.guethary-france.com ; rue du Comte-de-Swiecinski ; ⏰ 9h-12h30 et 14h-18h30 lun-sam en été et 9h-12h30 ; 14h-17h30 lun-ven et 9h-12h30 sam hors saison ; Internet 2 €/15 min, 6 €/heure). Il propose de juin à septembre une visite gratuite du village (environ 2 heures), le mardi à 15h. De nombreuses animations sont organisées durant l'été au fronton, en particulier les parties de pelote à grand chistera du mercredi soir (21h), la brocante du samedi matin (de mi-juin à mi-sept) et le marché qui se tient tous les dimanches matin et le lundi en nocturne.

À voir

ÉGLISE SAINT-NICOLAS

Datant du XVIe siècle, elle est emblématique de l'architecture religieuse de la Côte basque. Des galeries entourent la nef et surplombent chœur et autel. Admirez le retable, les statues et les poutres peintes. L'ex-voto au-dessus de la nef rappelle l'ancienne vocation maritime de Guéthary.

MUSÉE DE GUÉTHARY

Le **musée de Guéthary** (☎ 05 59 54 86 37 ; www.musee-de-guethary.fr ; 117 avenue du Général-de-Gaulle ; 2 € ; ⏰ 15h-19h juil-août et 14h30-18h30 hors saison, tlj sauf mar et dim, fermé nov-avr), installé dans la villa Saraleguinea (construite au début du XXe siècle par un "Basque-Américain" revenu au pays une fois fortune faite), expose la collection léguée par le sculpteur Swiecinski (1878-1958), ainsi que des objets de l'époque romaine trouvés lors de fouilles réalisées en 1984 à Guéthary. Des expositions d'art moderne et contemporain sont organisées chaque année.

À faire

PELOTE BASQUE

Originaire du village, **Philippe Etcheverry** (☎ 09 64 22 88 53 ou 06 33 91 14 95 ; www.initiation-pelote.com ; 12 €/heure) propose de vous initier à cette discipline sur le fronton municipal ou d'autres frontons du Pays basque.

SURF

Située en dessous du Bar Basque, l'**École de surf de Guéthary** (☎ 05 59 54 81 78 ou 06 08 68 88 54 ; http://surf.guethary.free.fr ; place Jean-Toulet ; 40 €/cours collectif 2 heures) est ouverte toute l'année. L'**École de surf Christophe Reinhardt** (☎ 05 59 54 78 81 ou 06 88 57 38 26 ; www.ecoledesurf-quiksilver.com ; face à l'office de tourisme ; 40 €/cours) initie aussi au surf en tandem.

Où se loger

🅱 **Hôtel Iguzkia** (☎ 05 59 54 75 27 ; avenue Estalo-Harispe ; s 56-74 € , d 62-80 € , petit-déj inclus ; ⏰ fermé 15 nov-1er avr). À l'entrée du village, l'hôtel offre un très bon rapport qualité/prix dans un cadre typiquement basque. Les 8 chambres avec douche sont bien tenues et l'accueil agréable.

Villa Catarie (☎ 05 59 47 59 00 ; www.villa-catarie.com ; avenue du Général-de-Gaulle ; d 125-185 € , suite 195-245 € selon ch et saison, petit-déj 12 € ; ⏰ fermé nov à mi-déc et jan à mi-fév ; 🅿). Cet hôtel à l'atmosphère confidentielle compte 14 chambres et 2 suites. Il est installé dans une jolie villa de style néoclassique et arbore une déco raffinée, quoique parfois un peu surchargée. L'accueil est simple. Piscine.

Où se restaurer et prendre un verre

Kafe Loco (☎ 05 59 26 57 44 ; 94 rue Comte-de-Swiecinski ; menu midi 11 € , plats 13-17 € ; ⏰ tlj mi-mars à déc, fermé dim soir et mar hors saison). Ce bar-resto collé à la voie ferrée est installé dans l'ancienne maison du chef de gare. Une ambiance cosmopolite et décontractée règne ici, à l'image de la déco et de la cuisine. Brunch le dimanche.

🔵 **Cenitz Ostatua** (☎ 05 59 26 59 16 ; www.cenitz. fr ; plage de Cenitz ; plats 10-18 € ; ⏰ tlj sauf mauvais temps ; Pâques à mi-oct). Un coin de paradis, une paillote que l'on aimerait garder secrète ! Il n'y a que vous et l'océan, et rien pour gâcher la vue.

ESCAPADE GOURMANDE À AHETZE

Ancien relais des pèlerins de Saint-Jacques-de-Compostelle, la **ferme Ostalapia** est une étape de choix, avec son restaurant où, dans un cadre champêtre, mais pas surfait, on déguste une cuisine régionale de très belle facture. Agréables chambres d'hôte installées à l'étage. Outre le fait que les maîtres des lieux ne manquent pas d'humour (jetez un œil à la "carte pour rire", avec au menu le boudin de daim ou les bonbons au foie), cette ferme présente un atout pour lequel on vient de loin : une très belle vue sur la Rhune.

◎ **Ferme Ostalapia** (☎ 05 59 54 73 79 restaurant, ☎ 05 59 54 87 42 chambres ; www.ostalapia.com ; carte environ 35 € ; ⊙ tlj en saison, fermé mer-jeu hors saison).

Les transats sont de sortie pour l'apéro, ainsi que des couvertures pour la fraîcheur du soir. La dorade est tout à fait honorable, et la poêlée de chipirons frais disparaît vite de la carte.

Les Alcyons (☎ 05 59 26 55 72 ; www.lesalcyons.fr.st ; port de Guéthary ; plats 11-14 € ; ⊙ mai-sept, fermé mar et soir seulement hors saison). Un classique du port, qui propose à la carte gambas, thon piperade, dorade, merlu, côte de boeuf... L'agréable terrasse a été refaite.

Harotzen Costa (☎ 05 59 47 19 74 ; jetée des Alcyons ; plats 8-18 € ; ⊙ tlj en haute saison, ouvert avr-oct selon météo). Le dernier arrivé sur le port. Ici aussi, le restaurant a été refait. On y accède désormais par une grande rampe en bois. La carte est plus recherchée qu'ailleurs, avec par exemple un txangurro farci à l'ancienne, ou du merlu aux palourdes et tellines. Et on y trouve le "béret basque" de chez Dodin, si ce n'est pas un gage de qualité !

◎ **Txamara** (☎ 05 59 26 51 44 ; chemin du port ; plats 12-18 € ; ⊙ mi-mars à mi-nov, tlj en saison, fermé mar hors saison). Une bonne cuisine de marché, une ambiance familiale et une jolie maison basque dont la salle intérieure tout en baie vitrée permet de profiter de l'atmosphère du port, même les jours les moins ensoleillés. Les quelques tables installées directement sur le port s'arrachent.

Briketenia (☎ 05 59 26 51 34 ; www.briketenia.com ; rue de l'Église ; plats 21-35 €, menu déj 33 €, menus 44/52/78 € ; ⊙ midi et soir en saison). Séparé de son frère, Martin Ibarbboure est revenu dans la maison familiale pour distiller son beau savoir-faire au restaurant, où la lecture des menus

réveillerait la papille la plus endormie. L'hôtel – ouvert à l'année – propose 15 chambres (d 75-100 €), dans un style plus traditionnel que le restaurant.

À l'**Hétéroclito** (☎ 05 59 54 98 92 ; chemin de la Plage ; ⊙ fin mars -déb nov, tous les soirs en saison et week-end hors saison), il ne faut s'étonner de rien. Dans une joyeuse ambiance, une planche de surf côtoie un ancien fauteuil de coiffeur, des lampions chinois et tout un tas d'autres objets insolites. De la terrasse, vous jouirez d'une belle vue sur l'océan. L'endroit est idéal pour prendre un verre aux côtés de Lizarazu version tongs et surfeur. On peut aussi y manger.

SAINT-JEAN-DE-LUZ

14 000 habitants

Le temps coule paisiblement dans cette station balnéaire, l'une des plus plaisantes de la côte. Si le nom basque de la ville signifie "Saint-Jean-des-Marais", il est loin le temps où l'on évitait d'y séjourner, de peur d'être emporté par d'exceptionnels raz-de-marée ! Aucune vague ne risque aujourd'hui de vous emporter au loin de la grande plage, protégée par les digues de l'Artha, de Sainte-Barbe et de Socoa, construites du temps de Napoléon pour défendre la ville des assauts réguliers de l'océan. Située au débouché de la vallée de la Nivelle et dotée d'un agréable front de mer, Saint-Jean-de-Luz a su concilier les activités touristiques à une identité singulière. Les rues piétonnes débouchent sur la place Louis-XIV avec ses terrasses de café, son kiosque et les peintres qui exposent leurs œuvres. Le port de pêche – toujours en activité – et les belles maisons de corsaires ou d'armateurs ajoutent au charme des lieux, toujours très prisés des familles.

HISTOIRE

Dès sa création, Saint-Jean-de-Luz se tourne vers l'océan. La pêche à la baleine et à la morue au large de Terre-Neuve permet aux armateurs de faire fortune. Mais la rivalité entre la France et l'Espagne rend la cité fragile. En 1558, un gigantesque incendie provoqué par les Espagnols ravage la ville. Ces tensions prennent fin avec la signature du traité des Pyrénées (1659) et le mariage, célébré en 1660 à Saint-Jean-de-Luz, de Louis XIV avec l'infante d'Espagne, Marie-Thérèse d'Autriche. La ville se transforme peu à peu pour devenir, au

SAINT-JEAN-DE-LUZ

0 — 200 m

RENSEIGNEMENTS
Donibane Informatik	1 E1
Eclectik studio	2 F2
Friend in France	3 D3
Office du tourisme	4 E2

À VOIR ET À FAIRE
Ecole de surf Bakun	5 D3
Ecole de surf de Guéthary	6 E2
Ecole de surf H2O	7 E2
Ecole de surf Quiksilver	8 E2
Eglise Saint-Vincent	9 B4
Eglise Saint-Jean-Baptiste	10 D2
Hélianthal (thalassothérapie)	11 F1
Maison de l'Infante	12 C3

Maison Louis XIV	13 D3
Nivelle III	14 D3

OÙ SE LOGER
Grand Hôtel de la Poste	15 F1
Hôtel de la Plage	16 D2
Hôtel La Caravelle	17 A3
La Devinière	18 E2
La Marisa	19 E1
Le Petit Trianon	20 F1
Les Almadies	21 E2
Ohartzia	22 D2
ZazpiHotel	23 F1

OÙ SE RESTAURER
Bar Bodega Chez Kako	24 E3
Belarra	25 A2
Bodega La Plancha	26 D2
Chez Dominique	27 B3
Chez Pablo	28 E3
Etchebaster	51 E2
L'Heure du thé	(voir 18)
La Buvette de la Halle	29 E3
La Casa Amaïa	30 D3
La Ferme de Marie-Louise	31 E1
La Vieille Auberge	32 D2
Le Bistrot Luzien	33 F1
Le Kaïku	34 D2
Le Petit Grill basque – Chez Maya	35 E1
Olatua	36 F1
Pilpil-Enea	37 F3
Zoko Moko	38 C3

OÙ PRENDRE UN VERRE ET SORTIR
Bar de la Marine	39 D3
Casino La Pergola	40 E1
La Taverne de Nesle	41 E3
Le Bar Basque	42 F1
Le Brouillarta	(voir 16)
Pub du Corsaire	43 D2

ACHATS
Boutique Jan Vier	(voir 12)
Macarons Adam	44 D3
Macarons Adam	45 E2
Maison Charles Larre	46 D3
Maroquinerie Laffargue	47 E2
Panès	48 D3

TRANSPORTS
FunBike64	49 E4
Le Passeur	50 C3

Vers l'écomusée de la Tradition basque (4 km) (N10)

Av André Ithurralde

Vers le Grand Hôtel et l'hôtel Les Goélands

Vers la Villa Argi-Eder, les hôtels Le Prado, Maria-Christina et Magenta, et les campings

Vers la plage de Lafitenia, Guéthary (7 km), Espelette et Bayonne (23 km)

Vers le Jaï Alaï, la pointe Sainte-Barbe (1,2 km)

Baie de Saint-Jean-de-Luz

Ciboure

Port de plaisance

Port de pêche

Nivelle

Vers Hendaye (12 km) et Irún (15 km)

Vers l'école de voile internationale, Espace voile, les écoles de plongée Tech-Océan et Odyssée Bleue, la plage de Socoa et Hendaye (12 km)

milieu du XIXe siècle, une agréable station balnéaire protégée par des digues et un port de pêche tourné vers le chalutage.

ORIENTATION

Les piétons sont à l'honneur à Saint-Jean-de-Luz ! Les distances sont réduites entre les différents sites, les hôtels et les restaurants sont regroupés dans les rues piétonnes, à proximité de la plage. La rue de la République et la rue Gambetta sont les principaux axes de la cité. La gare et la halte routière se trouvent à environ 200 m du pont Charles-de-Gaulle qui enjambe la Nivelle.

RENSEIGNEMENTS
Accès Internet

Vous trouverez plusieurs cybercafés en ville : **Friend in France** (☎ 05 59 26 86 92 ; 7 rue Tourasse ; 🕙 9h30-22h lun-sam, 12h-18h dim l'été, 10h-18h lun-sam l'hiver), **Eclectik studio** (☎ 05 59 51 24 48 ; 5 rue Chauvin Dragon ; 🕙 9h30-12h45 et 14h15-19h lun-ven, 9h30-12h sam) et **Donibane Informatik** (☎ 05 59 26 23 63 ; 4 rue Jean-Dalbarrade ; 🕙 10h-24h juil-août, 13h-20h le reste de l'année, tlj). Horaires susceptibles de changer.

Office du tourisme

L'**office du tourisme** (☎ 05 59 26 03 16 ; www.saint-jean-de-luz.com ; 20 boulevard Victor-Hugo ; 🕙 9h-19h30 lun-sam, 10h-13h et 15h-19h dim juil-août, 9h-12h30 et 14h-18h ou 19h lun-sam, 10h-13h dim hors saison ; audioguides 5 €/pers, 8 €/2 pers) organise des visites guidées (5/2 € adulte/enfant de plus de 12 ans) de la ville le mardi à 10h (sauf nov, 1re quinzaine de déc et de jan) et, en juillet et août, le mardi et jeudi à 10h. Durée de la visite : 1 heure 30. Pendant les vacances scolaires, les enfants ont rendez-vous les mercredi et vendredi à 10h pour une chasse au trésor animée par un guide à travers la ville (5 € ; 2 heures). Elle peut se faire "en liberté" toute l'année avec les parents (2,50 € le feuillet explicatif). Enfin, une initiation à la danse basque (8 €) est proposée en juillet et août.

L'été, une annexe de l'office est ouverte dans le bâtiment de La Pergola (🕙 tlj 10h-13h et 15h-20h).

À VOIR
Front de mer

Mis à part quelques immeubles modernes tout au nord, la promenade du front de mer est des plus agréables, d'autant qu'elle est située sur une digue qui surplombe la rue et la plage. Des passerelles la relient à des villas traditionnelles.

Port

Il accueille aujourd'hui des thoniers et des sardiniers, tout en faisant la part belle aux bateaux de plaisance. Dès le XIe siècle, c'est la pêche à la baleine qui faisait vivre les nombreux habitants de la commune.

Maisons traditionnelles

Saint-Jean-de-Luz compte un très beau patrimoine architectural. Nombre de ses maisons traditionnelles (et de commerces) sont disséminées autour des rues piétonnes Gambetta et de la République. Les maisons des armateurs du XVIIe siècle se trouvent dans l'élégante rue Mazarin, entre le port et la plage. La plus vieille demeure de la ville, la seule à avoir échappé à l'incendie de 1558, est la maison Esquerrenea, au n°17 de la rue de la République.

Église Saint-Jean-Baptiste

C'est l'**église** (rue Gambetta) où se marièrent Louis XIV et Marie-Thérèse d'Espagne (la porte qu'ils ont franchie a été murée après leur passage), et l'une des plus importantes du Pays basque. Son aspect extérieur austère, avec sa tour imposante et ses hautes murailles, contraste avec la finesse de ses galeries en bois et sa voûte. Le retable du XVIIe siècle regroupe une vingtaine de statues ; la chaire se dresse sur des figures de sphinges. Remarquez la maquette de bateau suspendue, que l'on retrouve dans de nombreuses églises basques, témoin de l'histoire maritime de la région.

Maison de Louis XIV

Ce très bel **hôtel particulier** (☎ 05 59 26 01 56 ; place Louis-XIV ; 5/3 € tarif plein/réduit, gratuit moins de 12 ans ; 🕙 10h30-12h30 et 14h30-18h30 juil-août, 10h30-12h et 14h30-17h30 juin et sept à mi-oct, tlj sauf mar, ouvert juin à mi-oct et vacances Pâques, Toussaint et ponts de mai) fut d'abord celui d'un riche armateur. Construit en 1643, on peut y admirer les appartements occupés par le roi lors de son séjour en juin 1660 et le mobilier d'époque.

Maison de l'Infante

La **maison de l'Infante** (☎ 05 59 26 36 82 ; 1 rue de l'Infante ; 2,50 €, gratuit moins de 18 ans ; 🕙 11h-12h30 et 14h30-18h30, tlj sauf dim matin et lun matin, ouvert 1er juin-15 oct), également connue sous le nom de "Joanoenia", du nom de son premier

---

ENTRE NEIGE ET "GRANDE BLEUE"

La **pointe Sainte-Barbe** est la plus belle balade de la ville. De la falaise qui domine au nord-est la baie de Saint-Jean, le panorama est superbe. En hiver et par beau temps, le spectacle est saisissant entre les cimes enneigées des Pyrénées et le bleu de l'océan. Vous pouvez y accéder directement en tournant à droite à l'entrée nord de la ville, ou choisir d'emprunter un chemin qui monte depuis le bout de la promenade des rochers. Vous trouverez sur le chemin une aire de jeux pour enfants. On peut aussi rejoindre la pointe via le sentier du littoral et la croix d'Archilua. Un arrêt s'impose alors au **Jardin botanique littoral Paul-Jovet** (☎ 05 59 26 34 59 ; www.jardinbotaniquelittoral-saintjeandeluz. org ; entrée 4/2 € plein/réduit, gratuit moins de 12 ans ; ☺ 10h-13h et 16h-18h mar-dim juil-août, mêmes horaires mer-dim en mai-juin et sept, 14h-16h et sam-dim en oct-déc, 10h-13h mer et ven 10h-16h sam-dim en avr), qui propose aussi un programme de visites thématiques guidées (6/3 €) pour mieux connaître la flore précieuse des façades maritimes.

---

propriétaire (un riche et influent armateur qui a fait preuve de libéralités envers la communauté luzienne), demeure de la fin du XVIᵉ siècle, est celle où séjourna Marie-Thérèse d'Espagne avant son mariage avec Louis XIV. La maison, dominée par deux tours à ouvertures en arcade, fait face au port (très belle vue). On remarque au 1ᵉʳ étage une cheminée sculptée et des poutres aux motifs étonnants.

Écomusée basque

L'**Écomusée basque** (☎ 05 59 51 06 06 ; www.ecomusee. com ; Ferme Berrain, RN10, arrêt Dubonnet bus ATCRB ; 6/5,50/2,50 € adulte/étud/enfant 5 à 12 ans ; ☺ 10h-18h30 tlj juil-août, 10h-11h15 et 14h30-17h30 lun-sam avr-juin et sept-oct) permet de découvrir la fabrication de la liqueur Izarra lors d'une visite audio-guidée de 1 heure (départ toutes les 15 min). Après une dégustation, vous êtes invité à monter au premier étage, où la culture et l'artisanat local (pelote basque, gourde, béret, espadrille, lin, danses, maison basque, etc.) vous sont contés à travers des reconstitutions scéniques sonorisées. La visite se termine par la boutique de linge basque Jean Vier, car c'est à ce fabricant qu'appartient cette belle ferme du XIXᵉ siècle transformée en écomusée.

À FAIRE
Balade et pêche en mer

Le **bateau Nivelle III** (☎ 06 09 73 61 81 ; www.nivelle3. sextan.com ; port de pêche ; ☺ fin mars à mi-oct) embarque le matin pour 4 heures de pêche en mer (30/20 € adulte/enfant) et l'après-midi pour des promenades commentées de 1 heure 45 jusqu'à l'embouchure de la Bidassoa (départ à 14h et 15h45, 15/8 € adulte/enfant), et de 1 heure le long des falaises et de la baie (départ à 16h, 9/5 € adulte/enfant). Quant à la navette

Le Passeur (☎ 06 11 69 56 93 ; 2 € le passage, 1 € jusqu'à 5 ans), elle relie en journée, de mai à mi-septembre, Saint-Jean-de-Luz, Ciboure et Socoa.

Activités sportives
CANOË

Aquabalade (☎ 05 59 85 90 02, 06 62 58 09 97 ; www. aquabalade.com ; route d'Ascain ; à partir de 10 €/pers ; ☺ 10h-18h tlj juil-août, sinon sur réservation) loue des canoës pour une balade en toute liberté sur l'estuaire de la Nivelle, en direction d'Ascain ou de Saint-Jean-de-Luz. Propose aussi des parcours en eaux vives sur la haute Nivelle.

GOLF

Très lié à la famille Lacoste, le **golf de Chantaco** (☎ 05 59 26 14 22 ; www.golfdechantaco.com ; route d'Ascain) se compose d'un 9-trous vallonné en forêt et d'un autre 9-trous avec obstacles d'eau. Beau club-house installé dans une bâtisse aux murs roses.

NAUTISME

Le plan d'eau de la baie est propice aux plaisirs nautiques. Vous y trouverez des pédalos à louer et des clubs de plage. À la digue aux Chevaux, sur la grande plage, **Sports Mer** (☎ 05 59 26 96 94, 06 80 64 39 11 ; http://sportsmer.ifrance.com) loue ou propose des randonnées en jet-ski encadrées par un moniteur, et prépare aussi au permis côtier. Kayak en zone de bain, parachute ascensionnel et bouée tractée sont également possibles. **Paral'aile** (☎ 06 70 45 03 38 ; www.paral-aile.fr) vous fait découvrir la baie en parachute ascensionnel en vol solo ou en standem (mai à octobre, 45/80 €).

PELOTE BASQUE

Inscription auprès de l'office du tourisme pour une **initiation** de 2 heures au fronton municipal tous les lundis et jeudis à 10 heures (8/5 € adulte/enfant ; ☺ 10 juil-31 août). Une initiation à la cesta punta (voir l'encadré p. 152) est désormais proposée les mercredis et samedis à 10h en juillet et août (10 €/pers) au jaï alaï. Si vous voulez voir des rencontres professionnelles, ne manquez pas, de fin juin à fin août, les **Internationaux professionnels de cesta punta**, la plus grande compétition de l'année. Matchs les mardis et vendredis à 21h au jaï alaï (☎ 05 59 51 65 36 ; www.cestapunta.com ; avenue Ithurralde).

SURF
Quatre écoles de surf donnent des cours sur différentes plages de la Côte basque, en fonction de la météo et des marées (le plus souvent c'est à Bidart). Les écoles assurent le déplacement. Les principaux spots de Saint-Jean-de-Luz se situent sur les plages de Mayarko et de Lafitenia. La boutique O'Neill accueille l'**École de surf H2O** (☎ 06 08 95 03 65 ; www. surfxtrem.com ; 78 rue Gambetta ; ☺ mars-oct). Chez Billabong vous trouverez l'**École de surf Bakun** (☎ 05 59 26 07 93, 06 89 33 35 54 ou 06 07 09 00 34 ; www. bakunsurf.net ; 16 rue Gambetta), chez **Quiksilver**, l'école du même nom (☎ 05 59 85 39 96, 06 86 94 95 27 ; www. ecoledesurf-quiksilver.com ; 59 rue Gambetta), chez Tout le monde en parle l'**École de surf de Guéthary** (☎ 06 08 68 88 54 ; http://surf.guethary.free.fr ; 74-75 rue Gambetta). La plupart sont ouvertes à l'année. Le stage de 3 jours revient en moyenne entre 110 et 115 €, et celui de 5 jours à 170 €.

Thalassothérapie
Face à l'océan, avec un accès direct à la plage, **Hélianthal** (☎ 05 59 51 51 51 ; www.helianthal. fr ; place Maurice-Ravel) propose des cures et des séjours spa. Elle permet aussi d'accéder en journée à son parcours bio marin le long d'un bassin de 300 m (avec hammam et sauna) et à son espace forme (avec cours de gym douce ou tonique). Le **Grand Hôtel** (☎ 05 59 26 35 36 ; www.luzgrandhotel.fr ; 43 boulevard Thiers) accueille également un centre thalasso-spa du nom de Loréamar (qui signifie "fleur d'océan" en basque). Cadre haut de gamme et ambiance zen.

FÊTES ET FESTIVALS
Lors des traditionnelles **Fêtes patronales de la Saint-Jean**, qui ont lieu autour du 21 juin, de nombreuses manifestations sont organisées et les habitants s'habillent en rouge et noir pour l'occasion. Des fêtes et des animations ont lieu cependant toute l'année, notamment sur la

place Louis-XIV, grand lieu de rassemblement avec son kiosque. L'été, tous les mercredis et dimanches à 22h, les **Toros de fuego** (artificiers parodiant la corrida avec une tête de taureau sur la tête) avec bal et bataille de confettis ont du succès auprès des enfants. Un **Festival andalou** se tient le week-end de la Pentecôte et, en juillet, vous pourrez assister à une traditionnelle **fête du thon**. Plusieurs festivals sont aussi programmés, dont le **Festival international des jeunes réalisateurs** (mi-octobre), le jeune **Festival international du film de surf** (www.surf -film.com), en mai, l'**Académie internationale de musique Maurice-Ravel** (www.academie-ravel. com), en septembre, ainsi que **Musique en Côte basque** (www.musiquecotebasque.fr), festival de musique classique qui se déroule durant la première quinzaine de septembre. Enfin, si vous êtes amateur de natation, notez qu'une **traversée de la baie à la nage** est organisée le 14 juillet et le 15 août.

OÙ SE LOGER
Campings
Encore à l'abri des investissements immobiliers, le quartier Acotz borde l'océan et accueille de nombreux campings, qui offrent un environnement verdoyant.

Chibaou Berria (☎ 05 59 26 11 94 ; quartier Erromardie ; 5,50-5,80/3,40-3,60 € adulte/enfant moins de 13 ans selon saison, empl. 5,80/6,10 € ; ☺ juin à mi-sept). C'est le seul camping municipal de la Côte basque. Sur 4,5 ha, il propose 210 emplacements, dont la moitié sont ombragés. Ce camping familial et quelque peu vallonné, est proche de la plage. Il n'est pas équipé pour l'accueil de camping-cars.

Bord de mer (☎ 05 59 26 24 61 ; quartier Erromardie ; forfait 2 pers 14-21,50 € selon saison ; ☺ mars-oct). Pour tout vous dire, on a hésité à garder cette adresse, vu l'accueil réservé à notre guide par la patronne des lieux, un personnage. Mais gageons qu'elle vous en réservera un meilleur. Son camping de 78 emplacements dispose de plus d'un atout : il longe la plage d'Erromardie sur quelques centaines de mètres, et assure à ses hôtes une tranquillité sans faille.

Tamaris plage (☎ 05 59 26 55 90 ; www.tamaris-plage. com ; RN10, quartier Acotz ; forfait tente 2 pers 12-21 € selon saison, forfait avec électricité 15-24 € ; ☺ Pâques-début nov). Les 80 emplacements – la moitié en emplacements vides, l'autre moitié en location de bungalows et mobil-homes – de ce camping très bien tenu se trouvent à quelques pas de la plage de Mayarco. De nombreux surfeurs s'y installent ; une réduction de 5% à l'école de surf d'à côté est proposée. Le camping dispose d'installations de qualité environnementale (eau chaude par panneaux solaires, eaux de pluie récupérées…). Accueil des handicapés et agréable coin détente avec piscine et Jacuzzi.

Merko-Lacarra (☎ 05 59 26 56 76 ; www.merkolacarra .com ; forfait 2 pers 15/27 € selon saison ; ☼ avr à mi-oct ; 🖳). Situé également près de la plage de Mayarco, ce camping de 123 emplacements s'attache aussi à préserver l'environnement, ce qui lui permet de se prévaloir du label Clef Verte. Un budget est consacré à la plantation afin de mieux intégrer les 27 mobil-homes au paysage. Les blocs sanitaires sont impeccables. Boulodrome et aire de jeux pour les enfants.

Inter-Plages (☎ 05 59 26 56 94 ; www.campinginter plages.com ; quartier Acotz ; forfait 2 pers 17-26 € selon saison ; ☼ avr-sept ; 🖳). Agréable camping qui offre un accès direct à la plage de Mayarco et un beau cadre. Location de chalets et de mobil-homes. Pas de réservation en camping.

Petits budgets

Chambres d'hôte Villa Argi-Eder (☎ 05 59 54 81 65 ; www.chambresdhotes-argi-eder.com ; avenue Napoléon-III ; 55/50 €/nuit haute/basse saison, petit-déj 5,50 € ; ☼ tte l'année ; 🅿 🖳). Très bien située, à 100 m de la plage Lafitenia, cette maison sans caractère particulier propose 4 chambres lumineuses et confortables avec terrasse côté mer ou jardin. Entrée indépendante.

Le Petit Trianon (☎ 05 59 26 11 90 ; www. hotel-lepetittrianon.com ; 56 boulevard Victor-Hugo ; d 55-75 € selon saison, ch familiale 85-150 €, petit-déj 7,50 € ; ☼ fermé en jan ; 🖳 🍴). Ce deux-étoiles offre un très bon rapport qualité/prix, à quelques pas du centre piétonnier. Les 26 chambres ont récemment été refaites, et certaines agrandies, idéales pour les familles. Agréable petit coin terrasse et Wi-Fi gratuit.

Catégorie moyenne

Ohartzia (☎ 05 59 26 00 06 ; www.hotel-ohartzia.com ; 28 rue Garat ; d 68-89 € selon ch et saison, petit-déj 7 € ; ☼ tte l'année ; 🖳). Un hôtel qui séduit par son emplacement central, son accueil chaleureux, son jardin – où prendre les petits-déjeuners aux beaux jours – et ses chambres agréables et plutôt spacieuses. Trois chambres (louées uniquement l'été) donnent sur le jardin.

Maria-Christina (☎ 05 59 26 81 70 ; www.hotel -maria-christina.com ; 13 rue Paul-Gélos ; d 64-100 € selon ch et saison, petit-déj 7,50 € ; ☼ fermé mi-nov à mi-fév ; 🖳).

Voici une maison conviviale et pleine de couleurs (qui se déclinent également sur les murs des chambres), avec un joli patio fleuri où l'on sert le petit-déjeuner en été. Les sdb ont pour la plupart été rénovées. Les 11 chambres possèdent un parquet.

Grand Hôtel de la Poste (☎ 05 59 26 04 53 ; www. grandhoteldelaposte.com ; 83 rue Gambetta ; d 51,50-115 € selon ch et saison, petit-déj 9 € ; ☼ tte l'année ; 🖳). Ancien relais de poste datant du XVIIIᵉ (La Fayette y aurait dormi avant son départ pour l'Amérique), cet hôtel a gardé un caractère un peu désuet mais charmant avec ses moquettes à fleurs et ses meubles d'époque. Superbe escalier en bois et billard. À noter : plusieurs chambres avec cabinet de toilette sont louées à prix intéressant (41-69,50 € selon la saison).

Les Almadies (☎ 05 59 85 34 48 ; www.hotel-les-almadies.com ; 58 rue Gambetta ; d 80-130 € selon ch et saison, petit-déj 12 € ; ☼ fermé 3 sem après le 11 nov ; 🅿 🖳). Un petit hôtel convivial et plein d'attraits, situé au cœur du centre piétonnier. Les 7 chambres affichent une déco contemporaine. Agréable salon design aménagé sur une partie de la terrasse.

Catégorie supérieure

La Marisa (☎ 05 59 26 95 46 ; www.hotel-lamarisa.com ; 16 rue Sopite ; d 85-160 € selon ch et saison, petit-déj 11 €, ☼ fermé jan ; 🖳). Ce confortable hôtel aux 15 chambres cossues – et à la déco parfois assez chargée – jouit d'un agréable patio, à l'écart de l'agitation des rues.

Hôtel de la Plage (☎ 05 59 51 03 44 ; www.hoteldelaplage. com ; 33 rue Garat ; d 88-169 € selon ch et saison ; ☼ mi-fév à mi-nov et mi-déc à début jan ; 🍴 🅿 🖳). Ce bel hôtel trois étoiles n'usurpe pas son nom. Modernes et tout confort, les 22 chambres offrent une vue sur la plage centrale de Saint-Jean-de-Luz, et certaines jouissent d'un balcon ou d'une terrasse. Possibilité de demi-pension.

Les Goélands (☎ 05 59 26 10 05 ; www.hotel -lesgoelands.com ; 4-6 avenue Etcheverry ; d 70-130 € selon ch et saison, demi-pension 60-110 €/pers, resto-pension Pâques-Toussaint, petit-déj 7,80 € ; ☼ tte l'année ; 🖳 🅿). Premier hôtel d'Aquitaine à avoir obtenu le label Clef Verte, cet établissement séduit surtout par son côté pension de famille, que l'on retrouve aussi bien dans l'atmosphère générale – ici, pas de comptoir d'accueil à proprement parler – que dans la décoration douillette des chambres, qui affichent aux murs et sur les dessus-de-lit des motifs discrètement fleuris. Les Goélands, ce sont en fait deux anciennes villas dont la famille propriétaire vous racontera l'histoire. En juillet et août, seules la demi-pension et la pension complète sont proposées (avec des menus quotidiens donnés à l'avance). Agréable jardin, avec jeux pour enfants, et location de vélos à assistance électrique.

La Devinière (☎ 05 59 26 05 51 ; www.hotel-la -deviniere.com ; 5 rue Loquin ; d 120-180 €, petit-déj 12 € ; tte l'année). En clin d'œil à François Rabelais, cet hôtel s'appelle "La Devinière". Un nom de baptême qui sied très bien à l'atmosphère cosy des lieux. Chambres douillettes (celles donnant sur le jardin ont désormais toutes un balcon), charmant salon d'hiver avec piano, jardin avec transats, salon de thé (et de chocolat) attenant, on en oublierait presque de se promener en ville. Très bon accueil.

ZazpiHotel (☎ 05 59 26 07 77 ; www.zazpihotel.com ; 21 boulevard Thiers ; d 160-290 € selon ch et saison, petit-déj 15 € ; tte l'année). Le salon de thé-lounge de l'hôtel annonce la couleur : ici, le design est roi (jusqu'à l'overdose ?). La déco des 7 chambres s'inspire des 7 provinces basques (*zazpi* en basque), comme ce bleu turquoise dans la sdb de la Lapurdi censé rappeler le bleu des vagues… Piscine sur le toit. Un hôtel qui ravira les amateurs de design.

OÙ SE RESTAURER
Petits budgets
L'Heure du thé (☎ 05 59 26 05 51 ; 5 rue Loquin ; 16h-18h30 mer-sam). Idéal pour une pause gourmande, ce petit salon attenant à l'hôtel La Devinière propose un large choix de thés ainsi qu'un chocolat des plus aromatiques. Si vous cherchez un autre salon de thé, vous pouvez diriger vos pas vers la **pâtisserie Etchebaster** (☎ 05 59 26 00 80 ; 42 rue Gambetta) et vous régaler de leur chocolat maison.

La Ferme de Marie-Louise (☎ 05 59 51 05 27 ; 19 rue Loquin ; sandwichs/salades 5-8 € ; fermé dim soir et lun hors saison). Des sandwichs gourmets préparés avec des produits locaux, des salades et des plats du jour ainsi qu'un cadre tout à fait agréable, à l'intérieur ou en terrasse, font de Marie-Louise une adresse parfaite pour déjeuner.

La Buvette de la Halle (☎ 05 59 26 73 59 ; 18 bis boulevard Victor-Hugo ; plats 8-16 € ; tlj été, fermé dim hors saison). À la carte de cette "buvette" attenante aux Halles, des plats simples et bien cuisinés (gambas et sardines grillées, soupe de poissons, *axoa* d'Espelette, thon grillé…). Terrasse à l'ombre des platanes. Hors saison, le bar reste ouvert pour les dégustations d'huîtres, d'assiettes de jambon et autres réjouissances locales.

La Vieille Auberge (☎ 05 59 26 19 61 ; 22 rue Tourasse ; plats 9-17 €, menus 12-30 € ; fermé lun-mar hors saison). Une adresse conseillée par des lecteurs, notamment pour son menu du jour, avec entrée-plat-dessert. Cuisine sans grande originalité mais correcte, bon rapport qualité/prix et accueil souriant.

Catégorie moyenne
La Casa Amaïa (☎ 05 59 51 24 51 ; 13 place Louis-XIV ; plats 10-24 €, menus 19 € ; fermé mer-jeu hors saison). Bien que située sur la touristique place Louis-XIV, une bonne petite adresse spécialisée dans les tapas et les poissons à la plancha.

Bodega la Plancha (☎ 05 59 26 97 42 ; 31 rue Tourasse ; plats autour de 15 €, menus 18-26 € ; fermé mer-jeu hors saison). Ici, vous êtes convié à une table basque espagnole sous lambris. Les petites tables accueillent une cuisine honorable, aux accents marins prononcés, tels une salade de poulpes, une *parillada* aux 7 poissons, une paella aux fruits de mer ou un *bacalao* aux deux poivrons. Plusieurs choix de menus proposés avec, bien entendu, les traditionnels menus *bodega* et la cidrerie.

Chez Claire et Vivien (☎ 05 59 51 02 89 ; Ecomusée, RN10 ; carte autour de 15 € ; tlj août, fermé dim-lun hors saison, fermé mi-jan à mi-mars). Le restaurant attenant à l'Écomusée basque est une bonne surprise (il faut dire que l'un des chefs a fait ses armes à La Taverne basque, et l'autre au Lieu-dit-Vin à Hendaye). Dans un cadre aux couleurs rouge et orange, avec vue ouverte sur la cuisine, on déguste sur des tables hautes de belles propositions d'entrées, plats, légumes et desserts que l'on commande en demi-portion ou portion entière. La carte change tous les mois.

Chez Pablo (☎ 05 59 26 37 81 ; 5 rue Mademoiselle-Etcheto ; plats 15-22 €, carte 28 € ; fermé mar soir et mer hors saison). Une sympathique maison avec de grandes tablées avec nappes à carreaux rouges et blancs qui accueillent des assiettes de *piquillos* à la morue, chipirons à l'encre et autres merlus à l'espagnole. Pas de réservation, mais comme dit le patron – haut en couleur –, on trouve toujours de la place…

Le Bistrot Luzien (☎ 05 59 26 65 12 ; 23 boulevard Thiers ; plats 11-21 €, menus à partir de 17 € ; fermé dim soir et lundi hors saison). Un sympathique bistrot tout en couleurs qui a la faveur des Luziens été comme hiver pour un café en terrasse, un verre au bar ou un plat plus consistant. Belles assiettes.

Pilpil-Enea (☎ 05 59 51 20 80 ; 3 rue Sallagoïty ; menu 27 €, formule 12 € le midi ; fermé mer et dim midi en saison, fermé mar-mer hors saison). Un restaurant à l'ambiance populaire et conviviale à l'écart de l'agitation. Quelques tables en bois dans une petite pièce donnent le ton. Cuisine traditionnelle basque au menu.

Bar Bodega Chez Kako (☎ 05 59 85 10 70 ; 18 rue Harispe ; assortiment de tapas 29 € , plats 15-23 € ; ☺ tlj sauf dim, fermé dim-lun hors saison). Branché, animé en diable, ce bar bodega est un des rendez-vous luziens pour le déjeuner ou l'apéro. L'*axoa* aux piments d'Espelette, fin et bien relevé, nous a laissé un bon souvenir. Tarifs un peu élevés.

☉ Le Petit Grill basque-Chez Maya (☎ 05 59 26 80 76 ; 2 rue Saint-Jacques ; menus 20/29 € ; ☺ tlj sauf mer, fermé lun midi, mer et jeu midi hors saison). Une institution tenue par la même famille depuis 60 ans ! Dans un cadre authentique (astucieux système de ventilation maison), des recettes qui ne bougent pas : *ttoro* (soupe de poissons, excellente), tournedos Rossini, rognons de veau en brochette, entrecôte à l'os, paella basquaise ou encore chipirons. Les habitués commandent dès le début du repas un dessert de Maya qui n'est pas à la carte : le soufflet au chocolat ou au Grand Marnier.

Catégorie supérieure

Le Kaïku (☎ 05 59 26 13 20 ; 17 rue de la République ; plats 20-26 € , menus 35/55 € ; ☺ fermé mar-mer hors saison). Une adresse réputée depuis toujours pour ses plateaux de fruits de mer (35/70 €). Très belle salle intérieure tout en pierre. Assez chic.

Zoko Moko (☎ 05 59 08 01 23 ; www.zoko-moko. com ; 6 rue Mazarin ; plats 22 € , menus 42/50 € , menu midi 18 € ; ☺ tous les soirs et dim et jours fériés midi et soir en saison, tlj sauf lun hors saison). Les chefs passent, mais Charles Olascuaga, fils et petit-fils de marin pêcheur, tient le cap dans cette belle maison à la déco contemporaine, derrière le port, qui a su séduire grâce à sa cuisine savoureuse.

Olatua (☎ 05 59 51 05 22 ; www.olatua.fr ; 30 boulevard Thiers ; plats 31 € , menus 33/35 € , midi 18/20 € ; ☺ tlj). Ce restaurant est devenu si classique qu'il est vivement conseillé de réserver pour y venir déguster la soupe de poissons de roche et ses toasts à la rouille, la pièce de magret cuite à l'os ou bien son escalope de foie gras, bref de bons petits plats du terroir. Le menu du midi est particulièrement intéressant.

OÙ PRENDRE UN VERRE ET SORTIR

La **☉ place Louis-XIV** compte plusieurs terrasses, souvent pleines, dont celle, très courue, du **Bar de la Marine** (☎ 05 59 26 02 62).

Le Bar Basque (☎ 05 59 85 16 63 ; 22 boulevard Thiers ; ☺ tlj). À l'écart du centre piétonnier, ce bar – une institution locale – n'en est pas moins un lieu stratégique pour regarder passer, profondément assis dans les fauteuils de la terrasse, le cœur vivant de Saint-Jean-de-Luz.

Pub du Corsaire (☎ 05 59 26 10 74 ; 16 rue de la République ; ☺ tlj 17h-3h été, 17h-2h hiver). Lieu de rendez-vous de la jeunesse locale, ce pub propose une bonne sélection de musiques, un cadre amical et une centaine de bières et de whiskies différents.

Le Brouillarta (☎ 05 59 51 29 51 ; 48 promenade Jacques-Thibaud ; ☺ fermé dim soir et lun hors saison). Ce bar-brasserie est l'un des points de rencontre des Luziens qui viennent prendre un apéritif (parfois prolongé) avant de sortir dîner. On peut aussi s'y restaurer (plat du jour 10 €).

La Taverne de Nesle (☎ 05 59 26 60 93 ; 5 avenue Labrouche ; ☺ tlj 17h-2h, mer à partir de 13h ; fermé lun hors saison). Un pub avec un choix certain de bières en bouteilles et des DJ tous les vendredis.

Casino La Pergola (☎ 05 59 51 58 58 ; place Maurice-Ravel). Lieu de rendez-vous des habitants comme des touristes, le casino propose, dans une ambiance qui se revendique "corsaire", les traditionnelles machines à sous, roulette anglaise, black-jack et jeu de boule.

ACHATS

☉ Macarons Adam (☎ 05 59 26 03 54 ; www.macarons-adam.com ; 6 place Louis-XIV et 49 rue Gambetta). Ses excellents macarons aux amandes ont séduit des générations. Un passage quasi obligé du Saint-Jean-de-Luz gourmand.

Pariès (☎ 05 59 26 01 46 ; 9 rue Gambetta). C'est la maison mère et historique de ce célèbre chocolatier qui ravit les palais avec ses chocolats, kanougas, mouchous et tourons. Un nouveau site réunissant un atelier de production, un musée et une galerie avec salle de dégustation doit ouvrir à Socoa en mai 2009.

Maison Charles Larre (☎ 05 59 26 02 13 ; 4 place Louis-XIV). Un grand choix de nappes, torchons, linge éponge, et une qualité irréprochable : la maison crée des toiles basques depuis 1925. Voyez aussi la boutique **Jean Vier** (☎ 05 59 26 66 26 ; 1 rue de l'Infante), un autre fabricant et créateur de linge basque, initiateur de l'Écomusée basque (voir p. 138).

Maroquinerie Laffargue (☎ 05 59 26 11 38 ; 25 rue Gambetta). Les sacs, ceintures et portefeuilles cloutés de cette maison fondée en 1890 sont autant d'accessoires qui signent une appartenance au Pays basque.

LAISSEZ VOTRE VOITURE AU CAMPING

De début juillet à fin août, les lignes 1 et 2 de la navette Itzulia desservent tous les campings depuis le centre-ville de Saint-Jean-de-Luz. Mise en place par **ATCRB** (☎ 05 59 26 06 99), la navette fonctionne tous les jours sauf le dimanche. Le ticket aller simple coûte 1 €.

DEPUIS/VERS SAINT-JEAN-DE-LUZ
Bus

Les autocars **ATCRB** (☎ 05 59 26 06 99 ; www.transdev-atcrb.com), à la halte routière face à la gare SNCF, relient Saint-Jean-de-Luz à Bayonne, Biarritz et Hendaye. En semaine, de nombreux bus effectuent ces liaisons, par la route de la corniche ou la montagne.

Deux navettes gratuites fonctionnent par ailleurs en été, qui permettent de se garer gratuitement en périphérie et de relier le centre en voiture. L'une part du gymnase de Chantaco et fonctionne de mi-juillet à fin août. L'autre part de l'entrée nord de Saint-Jean-de-Luz, dans la zone industrielle Layats, et fonctionne en août. Toutes deux amènent au gymnase derrière la gare.

Train

Une vingtaine de trains relient chaque jour la **gare de Saint-Jean-de-Luz** (☎ 05 59 15 25 31 ; place de Verdun ; ☾ accueil tlj 8h30-19h30) à Biarritz (trajet environ 10 min) et Bayonne (25 min). La plupart des trains venant de la Côte basque nord poursuivent jusqu'à Hendaye (10 min).

COMMENT CIRCULER
Bus

Une navette intercommunale de la société **ATCRB** (☎ 05 59 26 06 99) relie, de début juillet à fin août, la halte routière de Saint-Jean-de-Luz à Socoa-Ciboure (ligne 4). La ligne 1 assure la liaison avec Acotz, la ligne 2 avec Erromardie et la ligne 3 avec Urthaburu. La navette Itzulia fonctionne du lundi au samedi, un trajet revenant à 1 €.

Hors saison, la navette ne fonctionne entre Saint-Jean-de-Luz et Ciboure que 3 fois par semaine : le mardi matin, le vendredi matin et le mercredi après-midi. Le reste du temps, à l'exclusion du dimanche et des jours fériés, le service se fait à la demande en réservant son trajet au moins

2 heures avant le départ au ☎ 0 800 891 091 (numéro vert gratuit).

Vélo

Il est agréable de parcourir la ville à pied. Vous pouvez cependant louer, devant la gare, des VTT chez **FunBike64** (☎ 05 59 26 75 76 ; boulevard du Commandant-Passicot ; ☾ 10h-19h tlj en saison, sur réservation hors saison).

DE SAINT-JEAN-DE-LUZ À HENDAYE

Après Saint-Jean-de-Luz et Ciboure, la côte file droit vers Hendaye. La route de la corniche offre l'un des plus beaux panoramas de la côte, avec ses falaises sauvages et préservées.

CIBOURE

Un pont au-dessus de la Nivelle sépare Saint-Jean-de-Luz et Ciboure. Son nom basque – Zuburu ou Zubi Buru – signifie d'ailleurs "tête de pont". Longtemps mis à l'écart, le quartier (qui appartient à la commune d'Urrugne) regroupait, au XVIIe siècle, les indésirables que Saint-Jean-de-Luz rejetait alors hors de ses murs : gitans, vagabonds ou gens de mer. Le port des "cagots" ou "Cascarots" s'est ainsi progressivement transformé en un repaire de corsaires et de chasseurs de baleines. Avec le temps, Ciboure a retrouvé les faveurs des Luziens. Aujourd'hui, outre les bons petits restaurants qui longent le port, Ciboure est un lieu de prédilection pour pratiquer la voile et la plongée sous-marine.

Renseignements

L'**office de tourisme** (☎ 05 59 47 64 56 ; www.ciboure.fr ; 27 quai Maurice-Ravel ; ☾ 9h-12h30 et 15h-18h30 lun-ven et sam à partir de 10h, 10h-12h30 dim en saison, 10h-12h30 et 15h-18h lun-ven hors saison) est installé dans la maison natale de Maurice Ravel et propose des visites à thème : "Ciboure, cité labourdine" (☾ jeu 10h30 avr-juin et sept, jeu 11h30 juil-août ; 6,50/4,50 €), un circuit en calèche "Ciboure, cité d'artistes" (☾ lun 15h, tte l'année sur réservation ; 12/7 €) et une découverte en bateau, "Ciboure : un fort, un port" (☾ lun-mar et jeu 10h et 11h juil-août, jeu 10h avr-juin et sept ; 8/5 €). De mai à fin septembre, l'office prête gratuitement des vélos à la journée. Parc de 9 vélos.

Une annexe de l'office du tourisme est ouverte en juillet et août dans un chalet en face de la plage de Socoa, du lundi au vendredi, de 10h à 13h et de 15h à 19h.

À voir

FORT DE SOCOA
Il a été construit sous Louis XIII (1610-1643), mais c'est Vauban, en 1681, qui établira les plans de la digue de protection et de la route reliant le fort à la terre ferme. Un accès piétonnier est ouvert de mi-juin à fin août.

ÉGLISE SAINT-VINCENT
Édifiée à partir de 1555, avec son clocher octogonal, cette **église** (rue Pocalette) est assez unique au Pays basque. L'intérieur est plus classique. L'église bénéficie d'une bonne acoustique et accueille, début août, un festival de musique classique, Les Raveliades, ainsi que d'autres concerts durant l'année.

TOUR BORDAGAIN
Sise sur la colline du même nom, elle offre une très belle vue sur la baie. Cette tour fut la première église de la commune avant de devenir une forteresse militaire au XIVe siècle. Elle est en cours de restauration.

Ciboure compte également de belles maisons du XVIIIe siècle, notamment rue Agorette, de la Fontaine et de l'Escalier. Récemment rachetée par des particuliers et en voie de restauration, la superbe **Villa Leïhorra** (impasse Muskoa) mérite un coup d'œil, même si c'est seulement pour l'extérieur. Imaginée par l'architecte Joseph Hiriart, elle est un exemple d'architecture Art déco, classé depuis 1995 monument historique.

À faire
Ciboure est un haut lieu du nautisme avec des écoles de plongée et de voile qui proposent des prestations de qualité.

GOLF
Le **golf de la Nivelle** (☎ 05 59 47 18 99 ; www.golfnivelle. com ; place William-Sharp ; ☉ tlj été, ven-mer hiver) est centenaire. Construit sur une ancienne carrière, le parcours vallonné au terrain argileux présente une certaine technicité. Beau panorama depuis le trou n°17.

PLONGÉE
Sur le port de Socoa, l'école de plongée **Tech-Océan** (☎ 06 16 36 11 76 ; www.tech-ocean.fr ; 45 rue du Commandant-Passicot ; ☉ mai-sept) propose des baptêmes (45 €), stages, plongées de nuit, sorties exploration et formations jusqu'au niveau 4. L'école prépare aussi au permis côtier et maritime. Ambiance conviviale. **Odyssée Bleue** (☎ 06 63 54 13 63 ; www.odyssee-bleue. com ; hangar 4, chemin des Blocs ; baptême 50 € ; ☉ tte l'année) et **Pottorua** (☎ 06 85 57 76 64 ; www.pottorua. com ; fort de Socoa ; baptême 30 €) proposent des prestations similaires en plongée.

VOILE
Le **Yacht Club basque** (☎ 05 59 47 18 31 ; www.ycbasque. org ; parking des Dériveurs, Socoa ; stage 120-240 € selon formule) organise, de juin à septembre et durant les vacances de février et de Pâques, des cours particuliers et des stages de 3 ou 5 jours, pour adultes et enfants, d'initiation et de perfectionnement sur Optimist, Colibri, catamaran, dériveur et planche à voile. L'**École de voile internationale** (☎ 05 59 47 06 32 ou 06 88 11 89 65 ; parking de Socoa ; www.guyonnet-nautic.com ; stage 120-160 €) propose des cours particuliers et des stages sur le même type d'embarcations. Également comme prestation : ski nautique, location de bateau et préparation au permis bateau. Situé sous les arceaux, l'**Espace Voile** (☎ 05 59 47 21 21 ou 06 80 87 87 13 ; 47 avenue du Commandant-Passicot ; stage 110-130 €) dispose d'une large gamme de planches à voile, Hobie et Optimist.

Pour la pirogue hawaïenne ou le kayak en mer, prenez contact avec **Atlantic Pirogue** (05 59 47 21 67 ou 06 09 70 29 59 ; www.atlantic-pirogue. com ; port de Socoa).

Où se loger

La Caravelle (☎ 05 59 47 18 05 ; www.hotellacaravelle. com ; boulevard Pierre-Benoît ; ch 90-150/50-90 € haute/basse saison, petit-déj 8 € ; ☉ tte l'année ; P 🖳). Pour une jolie vue sur l'océan, demandez l'une des 7 chambres (sur 18) qui dominent la baie. Cet hôtel dégage du charme. Il est composé de deux anciennes maisons de pêcheurs, dont l'une laisse apparaître de beaux murs de pierre et un escalier en chêne. Aucune chambre ne se ressemble, même si la thématique marine domine. Certaines bénéficient d'une sbd balnéo ou d'une terrasse. Un appart-hôtel familial était en projet lors de notre passage.

Agur Deneri (☎ 05 59 47 02 83 ; www.hotel-agur-deneri. com ; 14 chemin de Muskoa ; d 79-136/55-100 € haute/basse saison, petit-déj 9 € ; ☉ tte l'année ; 🗙 P). Sur les hauteurs du village, un hôtel qui offre des vues sur la mer, le port ou le joli jardin en terrasse. Belle déco thématique dans les chambres, qui pour 5 d'entre elles sont équipées de baignoires balnéo.

Où se restaurer

Chez Margot (☎ 05 59 47 18 30 ; avenue du Commandant-Passicot ; plats 10-23 € ; menus à partir de 26 € ; 🕐 fermé mer midi et jeu midi en saison, fermé mer-jeu hors saison, fermé nov et fév). L'un des classiques du port, où vous trouverez une ambiance familiale et chaleureuse. La salle intérieure séduit avec ses meubles d'époque et sa déco un brin surannée, tout comme la grande terrasse. À la carte, la fameuse soupe de poissons Margot, des poissons frais du port, des moules marinières en saison, bref une bonne cuisine du terroir.

Belarra (☎ 05 59 47 43 79 ; www.location-belharra.com ; 8 boulevard Pierre-Benoît ; plats 14-23 € ; menu 29 € ; 🕐 fermé mer hors saison). Refait à neuf, ce restaurant qui donne sur la plage de Ciboure offre une terrasse agréable (l'intérieur, tout en noir et blanc, est plus froid). Belle carte avec, sur l'ardoise du jour, le retour de la pêche. Pour profiter de l'emplacement à prix plus doux, rendez-vous au bar-brasserie **O'Spot**, géré par Belarra, et ouvert d'avril à octobre.

Arrantzaleak (☎ 05 59 47 10 75 ; www.arrantzaleak. com ; avenue Jean-Poulou ; carte autour de 25 € ; 🕐 tlj sauf lun-mar ; fermé mi-déc à mi-fév). Une adresse conviviale où la passion du poisson se transmet de génération en génération. Depuis les sardines du début de l'histoire familiale, le restaurant propose bars, turbots, dorades et autres poissons de la pêche du jour, servis grillés au feu de bois.

Chez Mattin (☎ 05 59 47 19 52 ; place de la Croix-Rouge ; 63 rue Évariste-Baignol ; carte 25-30 € env ; 🕐 tlj sauf lun, fermé jan). Sur les hauteurs de Ciboure, ce restaurant familial – avec poutres de chêne et casseroles de cuivre comme décor – est l'une des tables les plus appréciées de la région. On vient ici en particulier pour le fameux *ttoro* (soupe de poissons). Réservation conseillée.

Chez Pantxua (☎ 05 59 47 13 73 ; www.pantxua.fr ; 37 avenue du Commandant-Passicot ; plats 15-26 € ; menu du jour 27 € ; 🕐 tlj, fermé jan). Une belle adresse pour déguster du poisson de qualité sur une jolie terrasse tendue de bleu et de blanc. L'endroit, très populaire, est fréquenté par des habitués – un gage de bon goût s'il en est.

☉ Chez Dominique (☎ 05 59 47 29 16 ; 15 quai Maurice-Ravel ; plats 24-30 € ; 🕐 tlj en saison, fermé dim soir, lun et mar hors saison). Un délicieux restaurant

de poissons tenu par Léone et Georges Piron. Les saveurs ont la part belle. Le tournedos de thon laqué au vinaigre balsamique est tout simplement parfait, le filet de sole est servi avec du fenouil confit, et cuits au jus d'agrume avec câpres et raisins, les raviolis de langoustines sont parfumés à l'estragon. Un régal !

Depuis/vers Ciboure

Ciboure est un agréable but de promenade depuis Saint-Jean-de-Luz, les deux villes n'étant séparées que par la Nivelle.

En saison, la navette intercommunale Itzulia relie le fort de Socoa à la halte routière de Saint-Jean-de-Luz et la navette **Le Passeur** (☎ 06 11 69 56 93 ; 2 € le passage, 1 € jusqu'à 5 ans) effectue également en été une liaison par voie de mer entre la Digue aux chevaux de Saint-Jean-de-Luz et Socoa.

URRUGNE

Urrugne vit à l'écart de l'agitation des grandes stations balnéaires que représentent Saint-Jean-de-Luz et Hendaye. Très étendue, cette petite ville cultive un caractère rural, davantage tourné vers la chaîne des Pyrénées que les hautes falaises de la corniche. À l'époque de Charles VII, Urrugne était la capitale du Labourd et une importante paroisse. Elle prenait alors avantage de sa position sur la voie royale entre Paris et Madrid. C'est aujourd'hui un lieu de passage qui regroupe quelques édifices et sites dignes d'intérêt.

Renseignements

L'**office du tourisme** (☎ 05 59 54 60 80 ; www.urrugne. com ; place René-Soubelet ; 🕐 9h-19h lun-sam, 10h-13h dim en saison, 9h-12h30 et 14h-18h lun-sam hors saison) occupe la maison Posta qui était au XVIe siècle le relais de poste local. Des visites d'Urrugne (5 €, gratuit pour les moins de 15 ans) ont lieu de juin à septembre le mercredi (départ à 9h). Un marché aux produits régionaux se tient face à l'office du tourisme, de mi-mai à fin août, tous les jeudis matins à partir de 9h. En juillet et août, les "mardis d'Urrugne" rassemblent, à partir de 19h30 sur la place, concerts, danses et chants basques.

À voir et à faire

C'est d'abord le cadran solaire de l'**église Saint-Vincent**, sur le clocher-porche, qui attire le regard des visiteurs. Il y est écrit en latin : "Toutes les heures blessent, la dernière tue." Les fondations de l'église dateraient du Xe siècle, mais l'édifice actuel a été reconstruit au milieu du XVIe siècle. Contreforts, meurtrières et hautes murailles tranchent par rapport à l'intérieur. La nef est très vaste alors que la voûte s'appuie sur de fines colonnes toscanes.

Ceux qui désirent prendre quelque distance avec l'agitation de la côte peuvent monter sur les hauteurs d'Urrugne, à la **chapelle Notre-Dame-de-Socorri**, également connue sous le nom de Notre-Dame-du-Bon-Secours. Cette chapelle a sans doute été édifiée au début du XVIIe siècle. L'histoire raconte que des marins basques, embarqués dans une bataille contre les Anglais au large de l'île de Ré, auraient prié pour avoir des vents porteurs et ainsi vaincre l'ennemi. Après leur victoire, ils auraient bâti cette chapelle. Détruite à la fin du XVIIIe siècle, elle fut restaurée en 1847, 1954 puis en 1996. Les stèles discoïdales témoignent de l'épidémie de choléra qui sévit dans la région en 1855.

Construit en 1341, le superbe **château d'Urtubie** (☎ 05 59 54 31 15 ; www.chateaudurtubie.net ; rue Bernard-de-Coral, D810 ; ☽ tlj 10h30-12h30 et 14h-18h30 avr-oct et vacances Toussaint, ouvert sans interruption mi-juil à fin août ; 6/3 € adulte/-16 ans , salon de thé goûter et visite 10 €) , fortifié, a été rénové aux XVIe et XVIIIe siècles. Louis XI y séjourna en 1463 et Louis XIV érigea le domaine en vicomté en 1654. Au XIXe siècle, Soult puis Wellington y passèrent lors des guerres napoléoniennes. Durant la visite, on découvre des tapisseries des Flandres et une charmante chapelle. Le parc s'étend sur près de 6 ha. On peut séjourner dans le château (voir *Où se loger* plus loin). Salon de thé.

Trois **circuits de randonnées** matérialisés par des flèches de couleur ont pour point commun le départ et l'arrivée au bourg du village. Le circuit jaune fait 5,2 km (soit 1 heure de marche et 2 heures de promenade), le bleu est long de 8,5 km (1 heure 45 de marche, 3 heures 30 de promenade). Un circuit vert de 18 km sur routes et chemins goudronnés s'adresse plus particulièrement aux randonneurs cyclistes et vététistes. L'office du tourisme vous informera sur les autres sentiers autour d'Urrugne, et notamment sur le mont du Calvaire d'où l'on jouit d'un beau point de vue.

De juin à septembre, l'association Terre et Côte basques du pays de Saint-Jean-de-Luz-Hendaye organise une **randonnée guidée en montagne** de 3 heures, le mardi à 9h au départ de l'office du tourisme (à partir de 6 ans, 10 €/pers). Inscription dans les offices de tourisme de la région.

Où se loger

Urrugne regroupe une dizaine de campings ; certains sont proches de l'océan, d'autres, disposant d'un nombre plus réduit de places, sont installés à l'est du village (plusieurs ont mis en place un système de navette pour faciliter l'accès à la plage).

Camping Juantcho (☎ 05 59 47 11 97 ; www.camping-juantcho.com ; route de la Corniche, D912, quartier Socoa ; forfait 2 pers 13-17,60 € selon saison, avec électricité 16,10-21,60 € ; ☽ mai-sept). À proximité de la plage de Socoa, ce vaste camping de 300 emplacements (dont des mobil-homes en location de fin mars à fin octobre) possède des installations confortables.

Camping Suhiberry (☎ 05 59 47 06 23 ; www.camping suhiberry.com ; route de Socoa ; forfait 2 pers 13,50-17 € selon saison ; ☽ mai-sept ; 🖳). Des emplacements en terrasse, un fronton, un tennis et une piscine rendent très agréable ce camping de 169 places. Les pêcheurs profiteront d'une petite rivière voisine et laisseront les autres lézarder sur la plage (à environ 2 km).

Camping Larrouleta (☎ 05 59 47 37 84 ; www.larrouleta .com ; 210 route de Socoa ; forfait 2 pers 16-19,50 € selon saison ; ☽ tte l'année ; 🖳). Voisin du précédent, ce camping à l'ombre des peupliers dispose d'un mini-golf et d'un court de tennis ainsi que d'un accès à un lac. Il a en outre pour particularité d'être ouvert à l'année (sanitaires chauffés en hiver) et de ne recevoir, sur ses 263 emplacements, que des tentes, caravanes et camping-car (aucun chalet ou mobil-home en location).

Camping de la Corniche (☎ 05 59 20 06 87 ; www. camping-corniche.com ; route de la Corniche, quartier Haicabia ; forfait 2 pers 18 € ; ☽ mi-juin à mi-sept). Doté d'un terrain de tennis et d'une piscine, ce camping de 250 emplacements propose le même genre de services que le précédent. Situé au sud du village, son site est particulièrement agréable. Également location de mobil-homes.

☻ Chambre d'hôte Muriska (☎ 06 89 43 85 26 ; www.muriska.com ; 11 rue Dongaitz Anaiak ; ch 55/50 € haute/ basse saison, 2 nuits min juil-août ; ☽ tte l'année ; 🖳). En plein centre du bourg, face au fronton, Christine et Hervé ont aménagé une chambre d'hôte au rez-de-chaussée de leur maison contemporaine, avec accès indépendant. Bien qu'assez petite, la chambre offre un confort cosy, avec sdb. Des livres vous attendent sur les étagères, ainsi qu'une bouilloire. Originaire d'Urrugne et auteur de contes pour enfants, Christine a réalisé l'arbre généalogique de la famille en photos.

Passionné de danse basque, Hervé pourra vous faire une démonstration du "muriska", un pas de danse du Gipuzkoa.

Chambres d'hôte Hélène et Bertrand Fourcade (☎ 05 59 54 33 18 ; Maison "Onjo Leku", 785 route de Cambo Baita ; d 80 €, suite 4 pers 125 € ; 🐾). Comme il n'y a qu'une salle de bains, les chambres sont louées pour un couple ou 4 personnes. Les installations sont modernes et confortables. Accueil sympathique. Au-dessus de la maison, on peut acheter les légumes et les œufs de la ferme du fils, qui a imaginé un système original : on choisit, on pèse, on calcule soi-même la note et on la met dans une boîte avec l'argent.

Château d'Urtubie (☎ 05 59 54 31 15 ; www. chateaudurtubie.fr ; rue Bernard-de-Coral, D 810 ; d 80-160 € selon ch et saison, petit-déj 11 € ; 🕑 avr à début nov ; 🐾 💻 🅿). Propriété de la même famille depuis sa construction en 1341, ce château (voir aussi page précéddente) dispose d'une dizaine de chambres avec tableaux et meubles d'époque. Vaste parc avec piscine et terrain de tennis.

Où se restaurer

Auberge Chez Maïté (☎ 05 59 26 14 62 ; www.auberge -chezmaite.com ; place de la Mairie ; d 75-105 € selon ch et saison ; restaurant plats 13-24 €, menus 17/22/29 € ; 🕑 tlj en saison, fermé dim soir et lun hors saison, fermé nov et jan). Cette adresse bien connue d'Urrugne a rouvert avec, côté restaurant, une carte qui propose un menu du marché et un menu du terroir (dont un foie gras mi-cuit aux pruneaux maison) dans une belle salle joliment décorée et, côté hôtel, 7 chambres rénovées avec lourdes moquettes rouges, dans un style qui nous a paru un peu rococo.

Ferme Lizarraga (☎ 05 59 47 03 76 ; www.lizarraga. fr ; chemin de Lizarraga ; carte 25 € ; 🕑 tous les soirs en saison, ouvert mer-sam soir et dim midi hors saison, fermé jan). Proche du château d'Urtubie, ce nouveau restaurant propose une cuisine régionale dans un cadre qui, été comme hiver, séduit. De la terrasse, vous aurez vue sur la Rhune et jouirez d'un cadre champêtre. La belle salle intérieure n'est pas en reste avec ses poutres apparentes, son sol en pierre et son feu de cheminée qui, aux heures froides, crépite.

Depuis/vers Urrugne

La ligne de bus de la compagnie **ATCRB** (☎ 05 59 26 06 99 ou 05 59 08 00 33 ; www.transdev-atcrb.com) qui relie Saint-Jean-de-Luz et Hendaye dessert Urrugne tous les jours.

HENDAYE

Station balnéaire la plus méridionale du Pays basque français, Hendaye n'a pas tout à fait le charme de ses consœurs du nord, Saint-Jean-de-Luz ou Biarritz. Elle n'a en effet pas su résister aux promoteurs immobiliers, les maisons traditionnelles voisinant avec des immeubles modernes sans grand intérêt. Mais Hendaye dégage une atmosphère particulière, voire ibérique. Accolée à la baie de Txingudi et dominée par le domaine d'Abbadia, la ville présente un caractère plus contrasté que ne laisse paraître sa grande et longue plage centrale. Il faut dire que sa situation frontalière a marqué son histoire. Le traité des Pyrénées est signé en 1659 sur l'île des Faisans, au milieu de la Bidassoa, fleuve qui sépare la France et l'Espagne. Sur cette même île, un an plus tard, le contrat de mariage entre Louis XIV et l'infante Marie-Thérèse est paraphé. Le nom d'Hendaye est aussi associé à celui de Pierre Loti, l'auteur notamment de *Ramuntcho*, qui mourut en 1923 dans une maison qu'il avait baptisée "Bakar-Etchea" (en basque, "la maison du solitaire"). Elle ne se visite pas, mais vous pouvez la voir qui domine la baie, rue des Pêcheurs. Aujourd'hui, un autre nom est indissociable d'Hendaye, celui de Serge Blanco, dont le complexe de thalassothérapie constitue un véritable pôle d'attraction.

Orientation

La commune se divise entre Hendaye-Plage, au bord de la mer, et Hendaye-Ville, située plus au sud, sur les hauteurs. Si les touristes s'installent volontiers près de la plage, c'est sur la colline que se trouvent l'ancien bourg, la mairie et la gare.

Renseignements

L'**office de tourisme** (☎ 05 59 20 00 34 ; www.hendaye -tourisme.fr ; 67 boulevard de la Mer ; 🕑 9h-19h30 lun-sam 10h-13h dim juil-août, 9h-12h30 et 14h-18h30 lun-ven, 9h-12h30 et 14h-18h sam avr, juin et sept-oct, et le dim 10h-12h juin et sept, 9h-12h30 et 14h-18h lun-ven et jusqu'à 17h30 sam basse saison), installé à Hendaye-Plage, en front de mer, propose des visites commentées du centre-ville (départ de l'église Saint-Vincent) et de la plage (départ du bureau du port de plaisance) les mardis et jeudis à 10h30 toute l'année. Inscription auprès de l'office (4 €/pers). Pour les enfants de 7 à 13 ans, une chasse au trésor est proposée en forme de jeu de piste à faire en compagnie des parents (6 €). L'office vend par ailleurs un Pass à 15 € qui permet de choisir trois prestations au choix, parmi lesquelles un visite de la ville, une visite du château d'Abbadia et 1 heure de kayak.

À voir

CHÂTEAU D'ABBADIA

Le **château** (☎ 05 59 20 04 51 ; www.academie-sciences. fr/abbadia.htm ; route de la Corniche ; visite guidée 6,60/3,30 € adulte/enfant 6-13 ans, visite libre 5,50/2,70 € ; ☺ juin-sept visites guidées 10h-11h30 et 14h30-18h lun-ven, visites libres 12h30-14h30 lun-ven et 14h-17h30 sam-dim, basse saison visites guidées 14h-17h mar-sam ; fermé jours fériés et 15 déc-31 jan) a été construit par Eugène Viollet-le-Duc entre 1864 et 1879 pour Antoine d'Abbadie, un savant passionné d'astronomie et de culture orientale (on lui doit la première carte d'Éthiopie). Ce dernier en fit un lieu de rencontre pour les scientifiques et un observatoire astronomique (en fonction jusqu'en 1975). L'architecture est néogothique, mais la décoration a surtout été influencée par les nombreux voyages du propriétaire en Afrique et en Orient. Antoine d'Abbadie est enterré dans la crypte de la chapelle, qui ne se visite pas.

♥ DOMAINE D'ABBADIA

Propriété du conservatoire du littoral, le **domaine d'Abbadia** (☎ 05 59 20 37 20 ; www.abbadia.fr) est un superbe site naturel de 64 ha qui domine l'océan et se caractérise par d'abruptes falaises, des criques et deux célèbres rochers "les Jumeaux", témoins du recul de la côte. Vastes prairies naturelles, lande atlantique et bosquets composent aussi cet espace très apprécié des promeneurs et des marcheurs.

Attention, les VTT et les chiens ne sont pas autorisés. Les chemins sont bien balisés. Informations utiles auprès de la ferme d'accueil et lieu d'exposition **Larretxea** (☺ 9h30-12h30 et 14h30-18h30 en saison, 10h-12h et 14h30-17h30 hors saison). Lire l'encadré ci-dessous.

À faire

Hendaye jouit de deux plans d'eau parfaits pour les pratiques nautiques. La baie de Txingudi offre à marée haute un bassin protégé avec un débouché sur l'océan. Quant à la plage, longue de 3 km, elle plaît à la fois aux familles et aux amateurs de sports, car elle est protégée de la forte houle au nord par la pointe Sainte-Anne et au sud par le cap du Figuier.

CENTRE NAUTIQUE

Le **centre nautique** (☎ 05 59 48 06 07 ; www.centrenautique. hendaye.com ; boulevard de Txingudi) propose des stages à la semaine (à partir de 110 € en saison, 60 € hors saison) sur Optimist, Topaz, planches à voile (à partir de 7 ans), et pour adultes et adolescents sur Déclic ou catamaran New Cat F2. L'été, le centre organise des stages de 2 jours pour s'initier à la voile (60 €). Des kayaks et dériveurs sont aussi à la location au point plage de l'école (à partir de 9 €).

KAYAK DE MER ET KAYAK-SURF

L'**École de kayak de la Côte basque** (☎ 05 59 20 60 02 ou 06 07 05 49 95 ; http://ekcb.free.fr ; 8 rue des Orangers, quai de la Floride) propose des cours allant de la séance découverte (26-35 €) au stage de perfectionnement d'une semaine (à partir de 150 €), le tout accessible à partir de 10 ans. **Kalapo Kayak** (☎ 06 18 73 68 00 ou 06 11 66 50 02 ; www.

À LA DÉCOUVERTE DE LA CORNICHE BASQUE

Pour trouver la **Maison de la lande** (☎ 05 59 20 37 20 ; www.abbadia.fr ; ☺ 9h30-12h30 et 14h30-18h30 en saison, 10h-12h et 14h30-17h30 hors saison), "Larretxea" en basque, du domaine d'Abbadia, il faut laisser sa voiture au parking en bas de la rue d'Armatonde et emprunter le chemin qui part derrière la barrière. Une exposition intéressante vous y attend sur la faune, la flore et la géologie propres à ces rivages. L'évolution d'Abbadia y est aussi racontée, et l'on apprend qu'un "troisième jumeau" pourrait, dans le lointain futur, se détacher de la falaise. C'est également ici que vous trouverez le programme des balades thématiques et sorties découverte mis au point par le Centre permanent d'initiatives pour l'environnement du littoral basque. Bon à savoir : des stages de 2 à 3 jours sont organisés pendant les vacances scolaires pour les enfants de 8 à 13 ans, qui croisent découverte de la nature et pratique artistique (tarifs 30-45 €, inscription obligatoire au ☎ 05 59 20 37 20). Enfin, un système d'audioguide numérique permet à la fois de se localiser sur le sentier du Littoral (entre Socoa et Abbadia), de s'informer sur le site et de connaître les horaires de lignes de bus qui assurent le retour. Location (3 €/jour) auprès du château et du domaine d'Abbadia, et des offices du tourisme d'Hendaye, de Socoa et d'Urrugne.

kalapo-kayak.fr) organise des sorties en kayak de 2 heures (23 €), à la 1/2 journée (30 €) et à la journée (55 €), qui permettent de découvrir le pied des falaises d'Abbadia. Les cours de kayak-surf durent 2 heures (25 €). En sus du kayak de mer et du kayak-surf (ou wave ski), **Yakanoë** (☎06 74 97 49 36 ; www.yakanoe.com) permet de pratiquer la pirogue hawaïenne (24 €) dans la baie de Txingudi.

PELOTE BASQUE
Des parties à main nue ont lieu les mardis, jeudis et samedis à 21h en juillet et août au fronton de Biriatou, et le dimanche à 19h. Hors saison, des parties sont prévues tous les jours en soirée au trinquet Ignacio à Behobie.

PLONGÉE ET PERMIS BATEAU
Ouverte à l'année, l'école de plongée **Planet Ocean** (☎06 62 63 66 27 ; www.planetocean.fr ; port Floride, site Tribord) programme des après-midi découverte pour adultes et enfants (60/50 €), ainsi que des randonnées palmées. Des formations jusqu'au niveau 4, sorties exploration et plongées de nuit sont aussi proposées. Le **Club Urpean** (☎05 59 20 55 55 ou 06 88 74 68 69 ; www.urpean.com ; Maison du Port, 10 rue des Orangers) est fort d'une expérience en plongée de plus de 40 ans. Pendant la saison estivale, vous pourrez y suivre stage de formation (initiation jusqu'au niveau 2), baptême et plongée exploration.

Installé au port de la Floride, **Moby Dick** (☎05 59 20 45 33 ; www.mbdck.com) prépare au permis côtier en un week-end (cours sam et dim de 10h à 18h, examen lun de 9h à 11h, 332 € et 98 € de timbre fiscal). Location à la 1/2 journée ou à la journée d'un bateau à moteur ou d'un voilier non habitable.

PROMENADES
Une **voie verte** pour piétons et cyclistes, baptisée "le chemin de la Baie", longe la Bidassoa. Elle va jusqu'au pont de Béhobie.

Hendaye est par ailleurs le point de départ du **GR®10** qui traverse toutes les Pyrénées. Il se situe à la hauteur de l'ancien casino, boulevard du Général-Leclerc.

Le **bateau Hendayais II** (☎05 59 47 87 68 ou 06 14 85 72 65 ; www.hendayais.com ; port de plaisance ; croisières 6-12/3-6 € adulte/enfant, selon la durée ; ☺ avr-oct) propose des promenades en mer de 45 minutes à 1 heure 30 (croisières hendayaise, espagnole, découverte…) l'après-midi. Le matin est réservé à la pêche en mer pour débutants ou pêcheurs confirmés.

HANDIPLAGE
La **plage des Deux-Jumeaux** bénéficie d'installations adaptées permettant aux personnes handicapées et non voyantes d'accéder au sable et à l'eau en toute sécurité, notamment grâce aux 6 tiralos. D'autres plages de la Côte basque sont ainsi accessibles, selon l'association Handiplage (www.handiplage.fr) : la plage du VVF (Anglet), la plage de la Milady (Biarritz), les plages de l'Uhabia et du Centre (Bidart), la plage de Socoa (Ciboure), la plage du Port-de-pêche (Saint-Jean-de-Luz), sans oublier le lac de Saint-Pée-sur-Nivelle.

SURF
Le **Bidassoa Surf Club** (☎05 59 48 32 80 ; 1 bis route de la Corniche ; licence loisir 40 €, stage à partir de 80 €) est l'un des plus anciens clubs de surf de la côte atlantique, affilié à la Fédération française de surf. Face à la plage des Deux-Jumeaux, il propose des stages d'été d'initiation et de perfectionnement de tous niveaux de surf et de bodyboard.

Plusieurs écoles de surf proposent également leurs services : **Arteka Océan** (☎05 59 48 14 08 ou 06 07 05 49 95 ; www.ek-cb.com ; rond-point de la plage, 69 boulevard Leclerc), **Fluide Système** (☎05 59 20 52 02 ; 52 boulevard de la Mer), **Hendaia** (☎05 59 20 62 91 ou 06 73 37 53 81 ; www.ecoledesurf-hendaye.com ; Club Neptune, boulevard de la Mer) et **Onaka** (☎05 59 20 85 88 ; www.onaka.fr ; 17 avenue des Mimosas). Le cours particulier revient entre 40 et 50 € et le stage collectif de 5 jours entre 135 et 140 €. La plupart de ces écoles louent aussi des surfs.

THALASSOTHÉRAPIE
Le **centre de thalassothérapie Serge Blanco** (☎0 825 00 00 15 ; www.thalassoblanco.com ; 125 boulevard de la mer) n'accueille pas seulement les curistes et sportifs en rééducation. Outre les soins beauté spa, il est possible d'accéder en externe à l'espace remise en forme et à son parcours bio marin avec sauna, hammam et salle de musculation.

Fêtes et festivals
Créée en 1989, la **Fête du chipiron** qui a lieu le 13 juillet à partir de 20h est devenue très populaire. Sur fond musical assuré par les bandas et orchestres locaux, restaurateurs, commerçants et associations cuisinent les fameux chipirons à toutes les sauces. La

Fête basque de la mi-août attire de nombreux touristes. Plus traditionnelles sont les **Fêtes de la Bixintxo**, autour du 22 janvier, qui célèbrent durant 15 jours le saint patron d'Hendaye. En été, un **marché nocturne artisanal** se tient le jeudi soir sur le front de mer. En mai, Hendaye accueille le **Salon professionnel des loisirs nautiques** (www.festimar.hendaye.com), avec désormais un festival de cinéma baptisé **Filmar** (http://filmar.hendaye.com), dédié au monde nautique et à l'environnement.

Où se loger

Camping Alturan (☎ 05 59 20 04 55 ; www.camping-alturan.com ; rue de la Côte ; forfait 2 pers 23 €, électricité 3,80 € ; ☻ juin-sept). À une centaine de mètres de la plage, ce camping de 299 emplacements disposés en terrasse est l'un des plus importants d'Hendaye. Ses infrastructures sont bien entretenues. Pas de réservation. Labellisé Clef Verte.

Camping Airotel Ametza (☎ 05 59 20 07 05 ; www.camping-ametza.com ; boulevard de l'Empereur ; forfait 2 pers 17-24,50 € selon période, électricité 5 € ; ☻ mai-sept ; 💻). Les 280 emplacements sont dispersés sur près de 5 ha ombragés, et l'océan est à moins de 1 km. Mobil-homes et chalet de bois en location. Piscine et animations proposées également.

Camping Eskualduna (☎ 05 59 20 04 64 ; www.camping-eskualduna.fr ; route de la Corniche ; empl, véhicule, adulte, électricité 5/6 € l'un selon saison ; ☻ mi-juin à fin sept ; 💻). Ce vaste camping de 250 emplacements s'étend sur une dizaine d'hectares et dispose d'une agréable maison d'accueil avec postes Internet. Nombreuses animations gratuites en saison, pour enfants, ados et adultes. Piscine et terrain multisports. Labellisé 4 handicaps et Clef Verte. Mobil-homes à la location. Accès gratuit à la navette qui relie le camping au centre-ville.

Hôtel-Restaurant Bergeret-Sport (☎ 05 59 20 00 78 ; www.hotel-bergeret-sport.com ; 4 rue des Clématites ; d 50-80 € selon saison ; demi-pension 145 €/2 pers, petit-déj 7 € ; ☻ fermé à Noël ; 🍴 🅿 💻). Ici, on encadre les photos des clients les plus fidèles (le plus ancien vient depuis 1955 !), que les chambres fonctionnelles et l'accueil de cet hôtel familial ont conquis. Seule la demi-pension est proposée en juillet et août.

☻ Hôtel Bellevue (☎ 05 59 20 00 26 ; www.hotelbellevue-hendaye.com ; 36 boulevard Leclerc ; ch 77-97/67-77 € haute/basse saison, petit-déj inclus ; 🅿). Belle surprise, cette belle maison de caractère avec vue sur la baie a repris de l'allant à la faveur d'une rénovation qui a redonné des couleurs

aux chambres, sdb et parties communes. Accueil chaleureux.

Hôtel Valencia (☎ 05 59 20 01 62 ; www.hotelvalencia. fr ; 29 boulevard de la Mer ; d 60-85/50-70 € ; haute/basse saison, petit-déj 7 € ; ☻ fermé fin déc ; 🅿 💻). Située en bord de mer, un hôtel classique aux chambres bien tenues et spacieuses. Cinq d'entre elles ont vue sur l'océan. Appartements et studios à louer à la semaine (520-900 € et 350-680 € selon la saison).

Hôtel Uhaïnak (☎ 05 59 20 33 63 ; www.hotel-uhainak. com ; 3 boulevard de la Mer ; d 78/55 € haute/basse saison, petit-déj 6 € ; ☻ fermé déc-jan). Un petit air d'Espagne se dégage de cet hôtel au sol carrelé et aux portes arrondies. Mobilier basque et balcons pour les chambres à l'étage. Neuf chambres font face à la mer.

Où se restaurer

La Petite Marée (☎ 05 59 20 77 96 ; 2 avenue des Mimosas ; plats 10-15 €, menus 12-22 € ; ☻ fermé mar-mer hors saison). Une adresse toute simple où l'on déguste sous la véranda des poissons et des fruits de mer cuisinés de façon tout aussi simple et bonne. Seul bémol : la radio que l'on entend parfois en fond un peu trop sonore.

Battela (☎ 05 59 20 15 70 ; 5 rue d'Irun ; plats 12-16 €, menus 15-24 € ; ☻ fermé lun midi en saison, et lun-mar hors saison). Ceux qui désirent se sustenter non loin de la plage se dirigeront vers ce petit restaurant où la carte variée privilégie les produits frais du marché et le poisson grillé à la plancha.

Le Parc à huîtres (☎ 05 59 20 32 38 ; 4 rue des Orangers ; huîtres 7-20 €, salades 5-6 € ; ☻ fermé mar en saison, lun soir et mar hors saison). On vient à cette adresse assez branchée du port de pêche pour les huîtres, mais aussi les assiettes de charcuterie, salades et autres plats à déguster dehors sur de grandes tables façon pub, ou à l'intérieur dans une salle habillée d'un filet de pêche.

La Cabane du Pêcheur (☎ 05 59 20 38 09 ; www.lacabanedupecheur-hendaye.fr ; quai de la Floride ; plats 10-16 € ; ☻ fermé dim soir en saison, dim soir et lun hors saison). Non loin du précédent, face à la baie, ce restaurant décline une carte "mer" fournie, avec thon, bar, cabillaud, gambas cuites à la plancha, sans oublier les moules frites. Carte "terre" également pour les amateurs de viande. Le tout à déguster dans une grande salle un peu froide ou sur la grande terrasse, plus chaleureuse.

La Pinta Bodega (☎ 05 59 48 12 12 ; 121 boulevard de la Mer ; formule du jour 15 € ; ☻ fermé 3 sem en déc). Ambiance assurée dans cette *bodega* que l'on doit à Serge

---

ATTRACTIONS ESPAGNOLES

Pour prendre un verre, nombreux sont les Hendayais à franchir la Bidassoa pour se rendre sur la rive gauche de la baie de Txingudi, à Fontarrabie (voir p. 148). Le **Marie-Louise** (☺ 9h-1h été, 10h-18h hors saison ; traversée payante) embarque du port Sokoburu et fait des traversées régulières, de 7 minutes à peine. Départ toutes les 15 minutes en été, toutes les 30 minutes le reste du temps.

De même, les jeunes n'hésitent pas à passer la frontière pour aller en discothèque à Irún ou San Sebastián. Il faut dire que la société de chemin de fer basque **Eusko Tren** fait des navettes à prix attractif (avec le "topo", un aller-retour Hendaye-San Sebastián coûte 2,20 €). Départ du topo tous les jours et toutes les 3 et 33 minutes de chaque heure depuis la gare d'Hendaye. Le trajet dure 35 minutes. De plus, le topo fait la navette jusque tard dans la nuit l'été, et toute la nuit l'été pendant les fêtes.

Blanco, du centre de thalassothérapie. Les tapas se déclinent froides et chaudes, et se dégustent avec la sangria de rigueur. Nombreuses spécialités ibériques à la carte. Mieux vaut réserver.

Où prendre un verre et sortir

Lieu-dit-Vin (☎ 05 59 20 67 09 ; www.eguiazabal.com ; 3 route de Béhobie ; ☺ 11h-23h mar-sam). Face à la frontière, voici une cave où les amateurs de vin aiment à se retrouver autour du beau bar en zinc, environnés de nombreux crus. Assiettes de grignotage gourmand pour accompagner les dégustations.

Casino d'Hendaye (☎ 05 59 48 02 48 ; 121 boulevard de la Mer). Il est installé au port de plaisance. Ses machines à sous sont accessibles dès 10h, les salles du black jack, de la boule et de la roulette à partir de 21h30 et jusqu'à 4h du matin. Des concerts de jazz ont lieu le vendredi soir à partir de 21h30 au bar musical Le Soko.

Depuis/vers Hendaye
AVION

L'aéroport de San Sebastian se situe à 5 km seulement d'Hendaye, avec des vols quotidiens pour Madrid et Barcelone. L'aéroport de Biarritz-Anglet-Bayonne, ralliant Paris et d'autres grandes villes françaises, est à 25 km.

BUS

Les autocars **ATCRB** (☎ 05 59 26 06 99 ; www.transdev-atcrb.com) desservent toute l'année Saint-Jean-de-Luz, avec en moyenne 1 bus par heure. Le trajet prend environ 30 minutes. De Saint-Jean-de-Luz, vous pouvez prendre un autre bus pour relier Bayonne ou Biarritz.

TRAIN

Hendaye se trouve sur la ligne de TGV reliant Lille et Paris à Irun (au Pays basque espagnol), avec des arrêts notamment à Bayonne, Biarritz et Saint-Jean-de-Luz. Le TER Aquitaine assure la liaison entre Bordeaux et Hendaye, via Dax et Bayonne. Un train direct chaque jour relie Nice et Genève. Sachez que la gare d'Irun se situe à 5 km seulement d'Hendaye, et offre des liaisons avec Madrid, Saint-Jacques-de-Compostelle et Lisbonne. Un train (le "topo") fait par ailleurs la navette avec San Sebastian (lire l'encadré *Attractions espagnoles* ci-dessus).

Comment circuler

Vous pouvez louer des vélos chez **Onaka** (☎ 05 59 20 85 88 ; www.onaka.fr ; 17 avenue des Mimosas ; 14 €/jour) et des deux-roues chez **Scoot Road 64** (☎ 06 79 75 71 03 ; 31 avenue des Allées).

ENVIRONS D'HENDAYE
Biriatou (Biriatu)

Voici l'un des merveilleux villages basques de l'intérieur. À 3 km d'Hendaye mais déjà dans les piémonts pyrénéens, en surplomb de la rivière Bidassoa, Biriatou dégage une atmosphère qui ne se laisse pas facilement oublier. Le village possède une belle église en grès rose du XVe siècle et quelques maisons aux poutres sang de bœuf, ainsi que l'incontournable fronton, où se déroulent des parties de pelote basque (voir p. 109). Une visite à ne pas manquer si vous souhaitez passer de l'ambiance océanique à un environnement de collines verdoyantes.

Outre le GR®10, près de 60 km de sentiers entourent Biriatou. On peut se procurer un guide qui recense les différentes promenades et randonnées auprès de l'office du tourisme d'Hendaye. Vous pouvez aussi contacter le ☎ 05 59 20 71 24 pour une randonnée familiale en moyenne montagne sur le thème de la faune et de la flore (10/5 € adulte/enfant).

JEUX DE MAINS

Sous l'appellation "pelote basque", un sport traditionnel issu d'une évolution du jeu de paume, plusieurs disciplines se pratiquent, soit sur des frontons à l'air libre (dans tous les villages et villes basques), soit en salle, dans des trinquets (4 murs), ou dans des jaï-alaï, composés d'un mur de face, d'un mur latéral gauche et d'un mur de fond. On peut jouer à la pelote à main nue, avec une pala (une sorte de raquette en bois) ou un chistera (gant en osier tressé ; la cesta punta implique un chistera long et profond). Non limité au Pays basque, ce sport est également pratiqué dans un grand nombre de pays d'Amérique latine ayant accueilli une forte immigration basque. Voir aussi p. 49.

OÙ SE RESTAURER

Les Jardins de Bakea (☎ 05 59 20 02 01 ; www.bakea. fr ; menus à partir de 44 € ; 🕐 fermé lun-mar, fermé nov et jan ; 🍽 **P**). C'est l'une des bonnes tables de la région, à la cuisine du terroir raffinée et gourmande. Belle terrasse en été, salle non moins agréable en hiver avec un feu qui crépite. L'adresse compte également 7 chambres, dont le prix varie selon la taille, l'exposition et la saison (d 53-120 €).

VALLÉE DE LA NIVELLE

La vallée de la Nivelle compte de nombreux villages de caractère qui prennent place au milieu de collines verdoyantes. Une belle balade à ne pas manquer, d'autant que tous ces villages sont proches les uns des autres.

ASCAIN

Impressionnante Rhune qui, comme en défi, se pose en décor d'arrière-plan. De nombreux cyclistes se pressent pour affronter la "bête", transformant certains week-ends le village en une étape du Tour de France ! On vous parlera sans doute ici de Pierre Loti, qui aurait écrit *Ramuntcho* à l'Hôtel de la Rhune. Et pour créer son personnage, l'auteur s'est inspiré du célèbre joueur de pelote originaire d'Ascain, Jean-Pierre Borda. La Nivelle traverse le village. Jusqu'en 1920, le pont romain était le seul lieu de passage pour apporter des marchandises de Saint-Jean-de-Luz. Il faut venir ici simplement pour humer l'atmosphère des petites rues et de leurs maisons labourdines traditionnelles. Ascain compte aussi quelques bonnes adresses roboratives pour entamer un tour dans l'arrière-pays.

Renseignements

L'**office du tourisme** (☎ 05 59 54 00 84 ; www.ascain -tourisme.fr ; rue Ernest-Fourneau ; 🕐 9h-12h30 et 14h-18h30 lun-ven, 9h-12h30 et 14h30-18h30 sam, 10h30-13h

dim en saison, 9h-12h30 et 14h-17h30 lun-ven hors saison, 9h-12h30 sam pendant vacances scolaires) est situé près de la mairie. Vous pourrez y acheter un guide des itinéraires de promenades et randonnées (2 €). Trois sentiers ont pour point de départ le parking, derrière l'église. Ils sont balisés en jaune. Sur l'une des randonnées, on peut voir des rochers sculptés et peints par un artiste du village. L'office saura vous renseigner.

À voir et à faire

L'**église de l'Assomption** date de la fin du Moyen Âge (il ne demeure que quelques vestiges du site originel), mais elle a été agrandie aux XVIe-XVIIe siècles. Des pierres tombales en granit de la Rhune recouvrent le sol. Visite audioguidée gratuite, tous les jours sauf le dimanche.

Le **pont romain**, qui n'a de romain que le nom – il date de la fin du XVIe siècle et doit son nom à la technique mise en œuvre pour le construire –, offre une agréable aire de pique-nique. Il est surtout possible de pêcher sans permis, la Nivelle appartenant au domaine maritime.

D'Ascain, on peut faire l'**ascension de la Rhune** par le quartier d'Olhette. Prendre la direction d'Urrugne. Au bout de 3 km, en face du restaurant Trabenia, empruntez la route qui mène au gîte d'étape Mantu Baïta – garez votre voiture sur le parking au-dessus de la ferme, point de départ de la randonnée. Le balisage étant partiel, munissez-vous d'une carte. Un autre point de départ est le parking des carrières d'Ascain, d'où part le sentier "Larrungo Bidea", long de 9,5 km, avec un fort dénivelé (782 m).

Il y a deux façons de visiter la **cidrerie artisanale Txopinondo** (☎ 05 59 54 62 34 ; www. txopinondo.com ; Zone artisanale Lanzelai ; 3,50 €, gratuit moins de 12 ans ; 🕐 10h-12h et 15h30-19h lun-sam pendant les vacances scolaires, 15h30-19h mar-sam le reste de l'année) : la visite "intellectuelle" du chai, et la visite "dînatoire" où l'on déguste en sus du sagarno un véritable menu cidrerie (autour de 30 €).

Où se loger et se restaurer

Camping Chourio (☎ 05 50 54 06 31 ; chemin Chourio ; empl 10-12,50 € ; ☺ fin mars à mi-nov). Dans Ascain, ce petit camping familial de 70 emplacements accueille tentes et caravanes.

Camping Zelaia (☎ 05 59 54 02 36 ; www.campingzelaia.com ; route du col d'Ibardin ; location à la semaine 395-735 € selon saison et hébergement, 40-54 €/la nuit ; ☺ fermé déc-jan). En fait de camping, cette structure ne loue que des mobil-homes – 123 au total – et quelques chalets. Les locations à la nuit ne se pratiquent que hors saison, et pour 2 nuits minimum.

Chambres d'hôte Ferme Haranederrea (☎ 05 59 54 00 23 ; Jean-Louis Gracy ; Ascain ; d 55 €). Il est des adresses qui séduisent au premier regard. Un beau parterre de fleurs, qui cache les marches d'entrée, est savamment entretenu par le grand-père n'hésitant pas à vous conter l'histoire de cette maison familiale du XIXe siècle, qui a logé la famille royale d'Espagne pendant la guerre ainsi que de grandes familles anglaises. Quatre chambres authentiques et une belle salle à manger. Mieux vaut réserver bien à l'avance.

Hôtel-Restaurant du Parc (☎ 05 59 54 00 10 ; place de l'Église ; d 65-80/58-62 € haute/basse saison, petit-déj 8,50 € ; ☺ fermé jan-fév). Connu également sous le nom de "trinquet Larralde", cet hôtel familial de 22 chambres est idéalement placé au centre du village. Les chambres, tendance rustique, sont bien tenues. Fronton privé et joli petit jardin. Un projet de rénovation est prévu à l'horizon 2010. Le **restaurant** (menus 17-36 € ; ☺ fermé midi lun et mar en saison, fermé dim soir, lun et mar midi hors saison) de spécialités régionales est aussi réputé. Notez les croix basques, incrustées il y a probablement plusieurs siècles autour de la cheminée

Restaurant des Chasseurs (☎ 05 59 54 00 31 ; place Pierre-Loti ; menu à partir de 20 € ; ☺ fermé mer en saison, lun soir, mar soir et mer hors saison). Cet établissement ravit les voyageurs depuis 1932. Entre autres spécialités, vous vous régalerez d'une entrecôte au poivre flambée, d'un confit de canard maison ou encore de gibier durant la saison de la chasse.

L'Atelier gourmand (☎ 05 59 54 46 82 ; place du Fronton ; menu sur 30 €, formules déj à partir de 16 € ; ☺ fermé dim soir, mar soir et mer hors saison). Un atelier à l'atmosphère très contemporaine qui sait jouer

de la tradition pour en proposer une version plus créative. Agréable patio ombragé.

Depuis/vers Ascain

Une ligne régulière des autocars **Le Basque bondissant** (☎ 05 59 26 30 74, 05 59 26 25 87 ; www. basquebondissant.com ; 203 rue des Artisans, Saint-Jean-de-Luz) relie Saint-Jean-de-Luz (départ à la halte routière, face à la gare SNCF) à Sare en passant par Ascain.

SAINT-PÉE-SUR-NIVELLE

Ce n'est peut-être pas la plus intéressante des villes du Pays basque, mais vous la traverserez forcément. Petite localité tranquille, Saint-Pée-sur-Nivelle abrite le château d'Ibarron, connu sous le nom de "château des sorcières" où se sont tenus, au XVIIe siècle, certains des plus célèbres procès de sorcellerie.

Renseignements

D'avril à fin octobre, l'**office du tourisme** (☎ 05 59 54 11 69 ; www.saint-pee-sur-nivelle.com ; place du Fronton ; ☺ 9h30-12h30 et 14h-19h lun-sam et dim matin juil-août, 9h30-12h30 et 14h30-18h lun-ven et sam matin hors saison) organise des visites commentées du village le jeudi à 10h (3 €/adulte, gratuit moins de 18 ans). Également durant la saison, des parties de pelote basque à grand chistera (7,50 €/adulte, gratuit moins de 14 ans) ont lieu tous les lundis à 17h au fronton municipal, juste à côté de l'office.

En saison, une annexe est ouverte l'après-midi au lac (15h-19h lun-sam, 16h-18h dim).

À voir et à faire

Alimenté par quatre sources, le **lac de Saint-Pée-sur-Nivelle** est connu des Basques comme une petite "mer intérieure". D'une surface de 12 ha, on y trouve une plage aménagée et une **base de loisirs** (☎ 05 59 54 18 48 ; ☺ juil-août) avec, notamment, des aires de jeux pour les enfants, une aire de pique-nique, des locations de kayak, canoë et pédalos ainsi qu'un circuit sportif. Le lac est également bordé de paysages vallonnés. Baignade surveillée l'été.

Si vous êtes amateurs de canyoning, de randonnées aquatiques ou de rafting, adressez-vous à **Cocktail Aventure** (☎ 05 59 54 18 69, 06 10 02 58 38 ; cocktail-aventure.com ; résidence Laminak), ouvert à l'année.

Territoires d'aventures (☎ 05 59 85 89 47 ; www. evolution2.com/paysbasque) est également présent l'été sur le site si, entre autres activités, les parcours dans les arbres vous tentent.

TERRE ET CÔTE BASQUES

La communauté de communes sud Pays basque (www.cc-sudpaysbasque.com) a créé une association liée au tourisme, baptisée Terre et Côte basques (www.terreetcotebasques.com), qui édite des brochures communes au pays de Saint-Jean-de-Luz – Hendaye. Font ainsi partie de cette association, outre ces deux villes, les offices du tourisme d'Ahetze, Ainhoa, Arbonne, Ascain, Biriatou, Ciboure, Guéthary, Saint-Pée-sur-Nivelle, Sare et Urrugne. Cette nouvelle collectivité vise notamment à renforcer les liens entre le littoral et l'intérieur.

Où se loger et se restaurer

Camping d'Ibarron (☎ 05 59 54 10 43 ; www.camping-ibarron.com ; quartier Ibarron ; forfait 2 pers 13,10-19,10 € selon période, avec électricité 16,40-23 € ; ☺ mai-sept ; ▣). En bordure de la route départementale, ce camping bénéficie de bonnes structures d'accueil. Il comporte 142 emplacements ainsi qu'une piscine. Mobil-homes en location.

Camping Goyetchea (☎ 05 59 54 19 59 ; www.camping-goyetchea.com ; quartier Ibarron ; forfait 2 pers 14/20 € selon période, avec électricité 16,50/23,70 € ; ☺ juin à mi-sept). Sur les hauteurs de Saint-Pée, ce camping de 150 emplacements profite d'un agréable cadre verdoyant. Une piscine, un fronton et un terrain de volley-ball sont à la disposition des clients. Mobil-homes en location.

🄴 Hôtel-Restaurant de la Nivelle (☎ 05 59 54 10 27 ; www.hotel-delanivelle.com ; d 50-62 € selon saison ; menus 19/29 €). Établissement familial. Grandes chambres à la déco assez standard. Le restaurant propose une cuisine de tradition dont de très bons desserts maison.

Chambres d'hôte Maison Bidachuna (☎ 05 59 54 56 22 ; www.bidachuna.com ; d 120 € ; ☺ Pâques-Toussaint). Superbe demeure au bout d'un petit chemin, à quelques kilomètres de Saint-Pée (direction Ustaritz). Les 3 chambres de cette ancienne ferme bastide du XIXe siècle sont très luxueuses, et le parc de la propriété s'étend à l'infini.

L'Auberge basque (☎ 05 59 51 70 00 ; www.aubergebasque.com ; D307 Vieille route de Saint-Pée à Saint-Jean-de-Luz ; ch 90-180 €, suite 240 €, petit-déj 15 € ; restaurant menus 43/48 € ; ☺ tlj sauf lun et mar midi en saison, ouvert midi mer-jeu et soir mer-dim hors saison). Inscrite dans un bel environnement, cette récente auberge

ouverte par Cédric Béchade, un ancien de chez Ducasse et Bocuse, allie contemporanéité et authenticité, aussi bien dans le décor que dans la cuisine créative qui fait parler d'elle (la présentation des assiettes est très soignée). L'auberge affiche aussi un souci vert : pas de bain dans les chambres, mais de grandes douches, histoire d'économiser l'eau.

Depuis/vers Saint-Pée-sur-Nivelle

Les bus du **Basque Bondissant** (☎ 05 59 26 30 74 ; www.basquebondissant.com) effectuent une liaison régulière (4 fois/jour en juillet-août ; 20 minutes) depuis Saint-Jean-de-Luz.

◷ SARE

Sare figure au rang des plus beaux villages de France, un titre loin d'être usurpé. Au pied de la Rhune et de l'Axuria, le village dessine les caractéristiques de la province labourdine avec ses grandes maisons blanches aux volets de couleur et leurs colombages, éparpillées sur des collines verdoyantes. Avec ses 32 km de frontière, Sare fut un haut lieu du "travail de nuit" (*gauazko lana* en basque), autrement dit de la contrebande – notamment du temps où elle constituait une zone franche entre les royaumes d'Espagne et de France –, ce qui explique la richesse des lieux. Victime de son succès, le village peut se transformer l'été en un lieu de très forte attraction touristique. Aussi, préférez si possible venir hors saison pour profiter de la beauté et de la sérénité du paysage, et appliquer la maxime des villageois : *Saran hastia* (à Sare, on prend le temps).

Orientation

Une douzaine de quartiers composent la commune et les chambres d'hôte (voir *Où se loger*, plus loin) sont éparpillées dans ces différents secteurs. C'est au bourg que se trouvent l'office du tourisme, la poste et deux des meilleurs restaurants de la commune.

Renseignements

L'**office du tourisme** (☎ 05 59 54 20 14 ; www.sare.fr ; Herriko Etxea ; ☺ 9h30-12h30 et 14h-18h30 lun-ven, 9h-12h30 et 15h-18h30 sam, 10h-12h30 dim en juil-août, 9h30-12h30 et 14h-18h lun-ven en avr-juin et sept, 9h30-12h30 et 14h-18h lun-ven en oct, 9h30-12h30 et 13h30-17h30 lun-ven le reste de l'année) consacre une exposition gratuite à la pelote basque, qui se visite toute l'année du lundi au vendredi, de 9h30 à 12h30 et de 14h à 17h30. Des visites commentées du village sont proposées tous les mardis à 10h de juin à septembre (3 €, gratuit moins de 15 ans). Vous pourrez également vous procurer un livret (6 €) sur les différents sentiers de randonnée balisés autour de Sare, dont celui des Palombières, très apprécié au printemps (et à éviter en octobre et novembre à cause de la chasse).

À voir et à faire

ASCENSION DE LA RHUNE

L'ascension de la Rhune constitue l'un des objectifs premiers de balade. Deux possibilités s'offrent à vous au col de Saint-Ignace (169 m d'altitude). La plus courue – et la moins fatigante – consiste à prendre le **petit train à crémaillère de la Rhune** (☎ 05 59 54 20 26 ; www.rhune.com ; aller-retour 14/8 € adulte/enfant 4 à 10 ans, aller simple 12/7 € ; ☼ tlj fin mars-fin sept, tlj sauf lun et jeu oct, tlj vacances Toussaint, départs 10h et 15h, trains supp en fonction de l'affluence, en juil-août premier départ 9h et toutes les 35 min environ, dernier départ vers 17h-17h30, selon météo) qui vous conduit au sommet, à 905 m d'altitude, en près de 30 minutes. On peut contempler sans peine les paysages superbes grâce au petit train, construit en 1924, roulant à une vitesse moyenne de 8 km/h. Les plus courageux opteront pour le **sentier balisé** en vert qui nécessite 2 heures 30 d'efforts pour la montée, et environ 2 heures pour la descente (assez raide vers la fin). Vous trouverez au sommet de quoi vous sustenter. Comme pour toutes les randonnées, vérifier la météo avant de partir (☎ 08 92 68 02 64). Il est toujours possible de monter par le petit train et de redescendre à pied. Voilà une solution médiane qui devrait satisfaire tout le monde.

CIRCUITS THÉMATIQUES

L'office du tourisme pourra vous renseigner sur la dizaine de **circuits thématiques** qu'il a balisés (chemins de contrebande, palombières, *ventas*, etc.) et qui partent du village. Trois d'entre eux sont praticables en VTT. De mi-avril à mi-novembre, vous pouvez vous inscrire auprès de l'office du tourisme pour une randonnée guidée de 3 heures (10/5 € adulte/enfant, vendredi à 9h) sur la nature et le pastoralisme.

GROTTES PRÉHISTORIQUES DE SARE

Les **grottes préhistoriques de Sare** (☎ 05 59 54 21 88 ; www.grottesdesare.fr ; 6,50/3,50 € adulte/enfant ; ☼ tlj avr-oct, 10h-18h – départ de la dernière visite – avr-juin et sept,

jusqu'à 19h juil-août, jusqu'à 17h oct, 14h-17h lun-ven, 13h-17h sam mi-juin à mars et nov-déc) sont au nombre de 5. L'une d'elle – Lezea – se visite au cours d'un nouveau parcours son et lumière de 1 heure et d'environ 900 m (endommagée par des inondations, la grotte avait dû fermer pendant quelques années). Une occasion d'aborder en famille la géologie, la mythologie et les origines du peuple basque selon l'anthropologue José-Miguel de Barandiara, originaire de Sare. Bon à savoir : le sentier pédestre dit "des contrebandiers" relie la grotte Lezea à celle de Zugarramurdi, en Navarre. Il est animé par des bornes parlantes.

ORTILLOPITZ, LA MAISON BASQUE DE SARE

Ortillopitz (☎ 05 59 85 91 92 ; www.ortillopitz.com ; quartier Elbarrun ; 7/3 € adulte/enfant moins de 14 ans ; ☼ tlj avr-oct, visite guidée à 14h15, 15h30 et 16h45 avr à début juil et fin août à fin oct, visite supp à 10h45, 12h et 18h début juil à fin août), sur la route de la Rhune, est connue comme la "maison basque" de Sare. À travers la visite de cette ferme du XVIIᵉ siècle, sise au centre d'un beau domaine, on découvre l'architecture labourdine, le mobilier et la manière de vivre des générations passées dans la région.

MUSÉE DU GÂTEAU BASQUE

Le **musée du Gâteau basque** (☎ 05 59 54 22 09 ; www. legateaubasque.com ; 5,50/4,50 € adulte/enfant 4-12 ans ; ☼ visite-dégustation 11h, 14h30, 16h lun-sam matin, avr-mai et juil-août) occupe la maison Haranea, dans le quartier Lehenbizkai, et permet de découvrir les différentes étapes de la fabrication du célèbre gâteau local. Les ustensiles et le mobilier datent du siècle dernier. Boutique sur place.

PARC ANIMALIER ETXOLA

Le **parc animalier Etxola** (☎ 06 15 06 89 51 ; www. parc-animalier-etxola.com ; route de Lizarrieta ; 5/4 € adulte/ enfant, activité poney 4 € ; ☼ 10h-19h tlj mi-mars à fin sept, 10h-18h tlj oct-début nov) plaira aux enfants avec ses nombreuses espèces d'animaux domestiques et, pour l'exotisme, les zébus, daims, alpagas… En juillet et août, il y a également des promenades à dos de poney, pottok et mule.

CENTRE DE TOURISME ÉQUESTRE D'OLHALDEA

Le **centre de tourisme équestre d'Olhaldea** (☎ 05 59 54 28 94 ; www.olhaldea.com ; chemin Sainte-Catherine) organise des promenades de quelques heures ou d'une journée (58 €), pour cavaliers débutants ou confirmés, une façon originale et plaisante de découvrir la beauté des paysages du territoire de Xareta (Sare, Zugarramurdi, Urdax et Ainhoa). Randonnées thématiques de 2 à 7 jours.

Fêtes et festivals

Sare est réputé pour accueillir, tout au long de l'année, certaines des plus belles fêtes du Pays basque. Le lundi de Pâques, des écrivains se réunissent sur la place centrale en célébrant la "Biltzar", l'ancienne assemblée de notables du Labourd. Une **foire artisanale et gastronomique** a lieu le dimanche suivant le 14-Juillet et le troisième dimanche d'août (avec le cross des crontrebandiers). Le second dimanche de septembre se déroulent, 4 jours durant, les surprenantes **sarako bestak**, les fêtes colorées du village durant lesquelles même l'office de tourisme est fermé ! À l'automne, c'est la **fête de la palombe**, puis la **Sainte-Catherine**.

Où se loger

PETITS BUDGETS

Camping La Petite Rhune (☎ 05 59 54 23 97 ; www.lapetiterhune.com ; quartier Lehenbiskai ; forfait 14-20 € selon la saison ; 🗓 mai-sept). Ce petit camping de 56 emplacements jouit d'une belle ouverture sur les montagnes avoisinantes, ce qui lui confère une atmosphère de détente et de confort. Une piscine, avec un bassin spécial pour les enfants, permet d'en profiter. Outre la location de chalets, un gîte de séjour de qualité et plusieurs gîtes ruraux sont proposés en location sur le site.

CATÉGORIE MOYENNE

🇪 **Hôtel Baratxartea** (☎ 05 59 54 20 48 ; www.hotel-baratxartea.com ; quartier Ihalar ; d 42-60 € selon ch et saison, petit-déj 8 € ; demi-pension 46-53 €/pers haute saison ; 🗓 mi-mars à mi-nov ; P 🖥). Dans un quartier classé, en retrait de la place principale, les 22 chambres de cet hôtel Logis de France sont modernes, spacieuses et propres. Certaines, les plus chères, ont une jolie vue sur la Rhune et bénéficient d'une petite terrasse. Seule la demi-pension est proposée en haute saison.

Chambres d'hôte Maison Ttakoienborda (☎ 05 59 47 51 42 ou 06 67 73 76 45 ; http://ttakoienborda.ifrance.com ; d 50 € ; table d'hôte 16 €). Cette très belle demeure, dont le nom signifie "maison du cordonnier", appartient depuis 1680 à la même famille. Accueil chaleureux. Les 4 belles chambres

ont des poutres apparentes. Le pain est fait maison. Une table d'hôte est proposée certains soirs, en dehors de juillet et août.

Chambres d'hôte Maison Uhartea (☎ 05 59 54 25 30 ou 06 20 44 54 97 ; www.uhartea.com ; d 60 € ; 🖥). Cette ancienne ferme du XVe siècle est une belle demeure entourée de verdure. Les 5 chambres, toutes différentes, sont décorées avec goût. Peintes à la chaux de couleur, elles portent le nom de provinces basques. La kitchenette permet de faire un peu de cuisine.

Chambres d'hôte maison Dominxenea (☎ 05 59 54 20 46 ; www.dominxenea.fr ; quartier Ihalar ; d 50-60 € ; 🗓 fin mars-fin oct). Voici une maison d'hôte qui n'en est pas vraiment une. Les propriétaires de l'hôtel Arraya, membres de la famille Fagoaga, possèdent cette très belle maison labourdine du XVIe siècle dans un quartier quelque peu à l'écart du centre du village. Ils l'occupent l'hiver, mais la laissent à la disposition des voyageurs de fin mars à fin octobre. Trois jolies chambres (deux grandes et une plus petite mansardée) se partagent l'étage. Agréable jardin ombragé.

Chambres d'hôte Maison Aretxola (☎ 05 59 54 28 33 ou 06 12 48 82 93 ; www.aretxola.com ; route des Grottes ; d 60-80 € ; 🖥 P). C'est le sourire de la maîtresse des lieux, Trini Devoucoux, qui vous accueille dans cette belle maison à l'écart du bourg de Sare. Les 3 chambres sont pleines de charme. Joli parc arboré.

CATÉGORIE SUPÉRIEURE

Hôtel Lastiry (☎ 05 59 54 20 07 ; www.hotel-lastiry.com ; place du Village ; d 80-120 € selon ch et saison ; 🗓 mars à mi-nov ; 🍴 🖥). Entièrement rénové, cet hôtel trois-étoiles propose 11 chambres tout confort qui portent chacune le nom d'un illustre pensionnaire (Pierre Loti, Maurice Ravel, Luis Mariano…). Certaines, dans la partie ancienne de l'hôtel, affichent un mur de pierre. L'hôtel fait également restaurant.

Hôtel Arraya (☎ 05 59 54 20 46 ; www.arraya.com ; d 84-130 € selon ch et saison, petit-déj 10 € ; 🗓 fin mars à début nov ; 🖥 P). Poutres de chêne, meubles d'époque, confort douillet des chambres : aucune fausse note ne vient rompre l'enchantement de cet hôtel de charme, dont la partie ancienne est un ancien relais du XVIe placé sur la route de Compostelle. Le salon, le jardin, l'accueil des hôtes ou la table réputée complètent ce beau tableau.

Où se restaurer

Les Trois Fontaines (☎ 05 59 54 20 80 ; col de Saint-Ignace ; menus 13,50-23 € ; 🗓 fermé mer soir et jeu soir hors saison, fermé mi-nov à mi-mars). Un classique du col de Saint-Ignace. Pour la vue, évidemment, sa terrasse donnant sur un parc (parfait pour les enfants), mais aussi pour sa cuisine basque traditionnelle (poulet basquaise, noix de veau à la crème de jambon de Bayonne ou encore filet de truites au beurre d'amande). En pleine saison, l'endroit peut souffrir de l'affluence touristique.

Restaurant Venta Urtxola (☎ 05 59 54 21 31 ; route des Ventas vers Zugarramurdi ; plats 15-17 €, menus à partir de 10 € ; ☺ tlj juil-août, fermé lun-mar hors saison, ven soir au dim en nov, fermé déc-jan). Sur la route des grottes de Sare, prendre un chemin sur votre gauche (la *venta* est bien indiquée). Adresse sympathique où l'on déguste en toute convivialité une cuisine du terroir. Une des spécialités : côte de bœuf pour deux. L'été, les repas se prennent sous la glycine, tandis que les plus petits se défoulent dans la mini-aire de jeux.

Restaurant de l'hôtel Arraya (voir page précédente ; plats 19-21 €, menus 23/33 € ; ☺ fin mars-déb nov, tlj juil-sept, fermé dim soir, lun midi et jeu midi hors saison). Voici l'une des tables où se retrouvent les gastronomes de la région. Cadre superbe et service attentionné. La carte, variée, met en valeur les plats originaux, tel le méli-mélo de gambas et de ris d'agneau aux girolles. Délicieux gâteau basque fait maison (qui espère bien obtenir le label rouge !).

Où se restaurer, côté espagnol

Vous pouvez aussi vous rendre facilement de l'autre côté de la frontière et prolonger votre halte le temps d'un déjeuner.

Venta Antton (☎ 00 34-948 59 91 61 ; 13-16 € ; ☺ tlj juil-août, sam-dim hors saison). Cette *venta* émerge des bois au bout d'un chemin qui grimpe et part des grottes de Sare. La vue y est magnifique. Les tapas (serrano, chorizo, asperges, tortilla de pommes de terre, piment, cèpes, fromage de brebis) sont préparés à partir de produits frais. Et l'on peut clore ces agapes par le classique gâteau basque.

Restaurant Palomeras "Ustegui" (☎ 00 34-948 63 50 78 ; col de Lizuniaga ; ☺ haute saison). Ancienne *venta* à laquelle on accède par la D406, puis le col de Lizunaga. À proximité du restaurant, une borne indique la frontière. En haut des arbres, quelques palombières sont toujours utilisées en automne. Inutile de vous dire que ce restaurant est l'un des rendez-vous préférés, en saison, des amateurs de tapas, de palombes et de gibier.

Depuis/vers Sare

Les autocars du **Basque bondissant** (☎ 05 59 26 25 87 ; www.basquebondissant.com) relient régulièrement Saint-Jean-de-Luz à Sare par Ascain, les grottes et le col de Saint-Ignace. Le trajet dure en moyenne 30 minutes.

TERRITOIRE DE XARETA

Le petit pays de **Xareta** (http://xareta.sare.fr) est une micro-région circonscrite à Sare et à deux villages espagnols, à l'est de Sare, Urdax (Urdazubi) et Zugarramurdi. C'était, dit-on, le domaine des sorcières. En 1610, l'Inquisition a d'ailleurs condamné 33 personnes

---

LES VENTAS

Mi-auberges mi-boutiques, les *ventas* sont indissociables de la frontière franco-espagnole. Leur histoire remonte à l'époque des *fueros*, chartes qui garantissaient une relative autonomie aux villes de l'ancienne Navarre. Certaines localités basques étaient alors autorisées à commercer des deux côtés de la frontière.

Les *fueros* se sont perdus dans l'histoire, mais la tradition est restée et la majorité des *ventas* actuelles datent de la fin de la Seconde Guerre mondiale. Ces commerces proposant des produits espagnols à la clientèle française restèrent appréciés pour la différence de prix pratiqués de part et d'autre de la frontière.

Outre la cuisine espagnole – plus ou moins authentique et savoureuse selon les adresses –, les *ventas* méritent une visite pour leur atmosphère particulière. Certaines sont réduites au strict minimum, et celles situées sur les principaux cols séparant la France de l'Espagne sont de véritables petits supermarchés proposant une palette hétéroclite de produits d'origine espagnole : chorizo, plats à paella, vin de la Rioja, cigarettes, poteries…

Le col d'Ibardin et Dancharia en comptent de nombreuses. Parmi les plus réputées du moment : la **Venta Burkaitz** (☎ 05 59 29 82 55 ou 00 34 948 39 30 00 ; à Itxassou, prendre le pas de Roland direction Artzamendi, 12 km en montagne).

Pour plus d'informations, lire *Le Guide des ventas du Pays basque* (Kakotx Editions, 2007).

à périr sur le bûcher, mais il semble que c'est plutôt leur refus de payer l'impôt au monastère d'Urdax, fondé au IXᵉ siècle, qui leur valut une telle sentence. De nombreuses grottes, portant témoignage de l'époque préhistorique, sont disséminées aux alentours des deux villages, en particulier la Cueva de Bruja (grotte de la sorcière).

À Urdax, vous pouvez visiter le **cloître** (☎ 11h-20h, tlj), qui accueille des expositions d'art contemporain basque, et la **grotte préhistorique d'Ikaburu** (☎ 00 34 948 599 241 ; www. cuevasurdax.com).

Depuis Sare, une route mène directement à Zugarramurdi.

AÏNHOA

Voici un autre village de charme, qui se situe à mi-chemin entre Sare et Espelette. La rue principale de cette bastide fondée au XIIIᵉ siècle, alors qu'Aïnhoa appartenait encore à la Navarre, aligne des belles maisons à colombages. Beaucoup datent du XVIIᵉ siècle, et l'on se prend à imaginer les pèlerins en route vers Compostelle qui trouvaient ici aide et assistance ainsi que des guides pour les mener jusqu'au monastère d'Urdax. La voie était aussi empruntée par les voyageurs et commerçants qui se rendaient de Pamplona (Pampelune) à Bayonne, et vice versa. Le fronton municipal est adossé à l'église du XIVᵉ siècle, dominée par un étonnant clocher-tour à cinq niveaux.

Renseignements

Un point d'information touristique vous attend derrière la mairie (en face de l'église) à la **Maison du patrimoine** (☎ 05 59 29 93 99 ; www. ainhoa.fr ; ☻ 10h30-12h30 et 14h-17h30 lun-sam juil-août, mêmes horaires lun-ven juin et sept, horaires restreints hors saison, appeler avant). Des expositions temporaires y sont organisées. Vous pouvez aussi assister à la projection – sur écran panoramique – d'un film instructif de 25 minutes sur l'histoire d'Aïnhoa et du territoire de Xareta (3/1,50 € adulte/enfant) depuis leurs origines géologiques jusqu'à nos jours. L'histoire est contée par la rivière Lapitxuri (du nom de la pierre blanche qui tapisse son lit), qui se jette dans la Nivelle au niveau du pont de Dantxaria.

À voir et à faire

À l'écart du bourg et à 389 m d'altitude, la **chapelle Notre-Dame-d'Aranzazu** (signifiant aubépine en basque ; la Vierge serait apparue

au village dans un buisson d'Aubépine) offre un magnifique point de vue sur le cirque de Xareta et la vallée de la Nivelle. À côté du calvaire sont exposées les reproductions de 26 stèles discoïdales et tabulaires typiques du Pays basque. On y accède par un chemin jalonné de 14 croix. Notez que l'oratoire n'est pas accessible en voiture. Il faut prendre une partie du GR®10 (le chemin de croix). L'aller-retour dure environ 1 heure 30.

Cinq **circuits de randonnée pédestre** ont pour point de départ Aïnhoa. Balisés en jaune, leur durée varie de 1 heure 30 à 4 heures 30 : l'oratoire de la chapelle Notre-Dame (altitude 389 m), donc, mais aussi la promenade sur l'ancien et le nouveau tracé du GR®10, la balade panoramique et sportive, la randonnée des collines et celle de la forêt vers la frontière, très vallonnée. Un dépliant-carte est en vente à 1 € à la Maison du patrimoine ; vous pourrez vous procurer aussi un guide des sentiers VTT (1,50 €).

Aïnhoa est à seulement 3 km de l'Espagne via le pont de Dancharia. Dantxarinea, son pendant espagnol en Navarre, est très fréquenté pour ses nombreuses *ventas*.

Où se loger et se restaurer

🅖 **Hôtel-Restaurant Ur Hegian** (☎ 05 59 29 91 16 ; www.hotel-ur-hegian.com ; Dancharia ; d 47-52 € selon ch, petit-déj 8 €, plats 10-15 €, menu du terroir 20 € ; ☻ mars-nov) 🅟 . Un hôtel bien tenu et situé à Dancharia, à une centaine de mètres de la frontière espagnole. On vous signale ce deux-étoiles car Aïnhoa ne compte plus que des trois-étoiles pour se loger. Au restaurant, vous trouverez une cuisine familiale de bon aloi. Formule demi-pension.

La Maison Oppoca (☎ 05 59 29 90 72 ; www.oppoca. com ; d 90-120/75-105 € haute/basse saison, petit-déj 9 € ; plats 22-24 €, menus 26-38 € ; ☺ restaurant fermé dim soir et lun hors saison, hôtel fermé mi-nov à mi-déc et 3 sem jan ; ✄ Ⓟ ⌨). Cette ancienne auberge-relais du XVIIᵉ siècle a littéralement fait peau neuve, gagnant au passage un confort incontestable avec 10 grandes chambres à la décoration contemporaine, agrémentées d'un coin salon, d'un écran plat et d'une sdb avec bois exotique au sol. Nous avons une petite préférence pour les chambres mansardées à l'étage. Côté cuisine, le père et le fils forment un joli duo créatif (un exemple : le merlu poché au jus d'un *ttoro*). En semaine, la formule bistrot du midi réserve une ambiance moins gastronomique, mais permet de goûter une cuisine à prix plus abordable (formule à partir de 15 €).

Hôtel-Restaurant Argi Eder (☎ 05 59 93 72 00 ; www. argi-eder.com ; route de la Chapelle, quartier Boxate ; d 95-160 € selon ch et saison, petit-déj 11 € ; menu 30/48 € ; ☺ début avr à début nov ; restaurant fermé dim soir et mer hors saison ; Ⓟ ✄). De belles chambres au style champêtre, 2 ha de terrain, une grande piscine découverte, une table appréciée, vous trouverez ici à la fois tranquillité et charme.

Hôtel-Restaurant Ithurria (☎ 05 59 29 92 11 ; www.ithurria.com ; d 130-150 € selon ch et saison, demi-pension 112-115 €/pers, petit-déj 11 €, menus 36/59 € ; ☺ Pâques-Toussaint, restaurant ouvert tlj en saison, fermé mer et jeu midi hors saison ; Ⓟ ✄ ⌨). Encore un ancien relais sur le chemin de Saint-Jacques-de-Compostelle. Construite en 1657, cette belle maison loue aujourd'hui 28 chambres douillettes, à la moquette moelleuse et au discret papier peint sur les murs. La salle de restaurant est aussi des plus agréables avec ses poutres apparentes. La cuisine de l'Ithurria a conquis les habitants du coin avec une carte d'inspiration essentiellement régionale. Jardin, piscine, sauna et petite salle de fitness.

Auberge Alzate (☎ 05 59 29 77 15 ; rue principale ; plat du jour 13,50 €, menus 22-28 € ; ☺ fermé mer hors saison, fermé mi-nov à fin jan). La cuisine n'est pas inoubliable mais le cadre est agréable – avec un coin boutique-épicerie – et c'est une bonne option si vous ne voulez pas aller dans l'un des grands restaurants du village. Possibilité de prendre des sandwichs en terrasse. Belle table en pierre dehors.

Depuis/vers Aïnhoa

Les autocars **Le Basque bondissant** (☎ 05 59 26 25 87 ; www.basquebondissant.com) rejoignent Aïnhoa depuis Bayonne via Souraïde, Espelette, Larressore et Ustaritz, du lundi au samedi. Le trajet dure un peu plus d'une heure.

VALLÉE DE LA NIVE

Des villages croquignolets et gourmands (Espelette, Itxassou), des maisons typiques du Labourd, des chemins de randonnées et une Nive qui se prête à merveille aux activités en eaux vives : la vallée ne manque vraiment pas d'attraits.

USTARITZ

Il est bien loin le temps où le château d'Ustaritz abritait la *biltzar*, l'assemblée des notables du Labourd. Depuis le XVᵉ siècle, la ville s'est progressivement effacée au profit de Bayonne. Aujourd'hui, c'est une petite ville aux quartiers espacés et calmes, et aux belles maisons labourdines que vous pourrez notamment admirer dans la rue Ferrondoa. Le petit office du tourisme, un temps installé au centre Lapurdi, a fermé.

À voir et à faire

La **Maison labourdine** (☎ 05 59 70 35 41 ou 06 62 07 35 41 ; www.lamaisonlabourdine.com ; quartier Arrauntz ; 5/3 € adulte/enfant à partir de 12 ans ; ☺ 11h-13h et 14h-18h tlj juil-sept, 14h-18h mai-juin et oct, le matin sur rdv en mai, juin et oct), une ferme du XVIIᵉ siècle, compte parmi les curiosités locales. Elle témoigne, par son architecture et son mobilier, de l'habitat traditionnel basque. Cet ancien relais de pèlerinage a été intelligemment restauré afin de faire comprendre l'ancien mode de vie en Labourd. Visite guidée d'une heure.

Vincent Darritchon cultive et transforme le piment d'Espelette. Vous pouvez visiter son exploitation familiale, baptisée la **Maison du Piment** (☎ 05 59 93 03 98 ; www.lamaisondupiment. com ; 3 €/pers ; ☺ 14h30-18h30 mars-oct). Elle se situe sur la route d'Espelette.

Un **chemin de halage** suit les bords de la Nive jusqu'à Bayonne. Vous trouverez son entrée chemin Leihorrondo (suivre le panneau "service technique"), dans le quartier Hérauritz.

Où se loger

Chambres d'hôte Maison Bereterraenea (☎ 05 59 93 05 13 ; www.chambres-cote-basque.com ; quartier Arrauntz ;

INTERVIEW > LE MAKHILA, FLEURON DE L'ARTISANAT BASQUE

Interview > Nicole Bergara. La famille Ainciart-Bergara tient l'une des dernières fabriques artisanales de makhila.

Qu'est-ce-que le makhila ?

C'est un bâton traditionnel basque qui est attaché à un lieu, une tradition. Il est lié à l'histoire de notre pays. Jusqu'à la Révolution française, la société basque était organisée en démocratie directe. Une maison correspondait à une voix. Et dans chaque maison il y avait un makhila. C'était l'arme de la maison, et celle des pèlerins qui remontaient la Nive. Aujourd'hui les choses ont évolué. Le makhila est offert dans des circonstances particulières, à un mariage par exemple ; c'est un peu notre Légion d'honneur. Il est aussi le partenaire précieux des randonneurs.

Comment se présente-t-il ?

Chaque makhila est une pièce unique. Il est fabriqué en fonction de la morphologie de son destinataire. Il est personnalisé avec le nom de son propriétaire, ainsi qu'une devise de son choix. Il existe différents modèles, le makhila tressé, le makhila d'honneur en argent…

Comment se fabrique un makhila ?

La technique est la même que celle de nos ancêtres. Nous n'avons jamais trouvé d'amélioration technique ! C'est avec le précieux et solide bois de néflier que s'élabore cet objet d'art. Le néflier pousse dans les sous-bois et les fourrés de la région. Il est très fin et peut atteindre jusqu'à 6 mètres de hauteur, mais son bois est très dur. Au printemps, nous allons dans la forêt pour sélectionner les bois et faire des incises dans l'écorce. Au début de l'hiver, vient le temps de les couper et de les passer au four de l'atelier afin de faire éclater l'écorce et découvrir le travail fait par la nature à partir des entailles. S'ensuit une période de séchage qui peut durer de 10 à 12 ans, voire parfois 20 ans. Le procédé de la teinte du bois est tenu secret. Puis vient le moment de transformer le makhila en canne. Une virole ciselée de laiton, d'argent ou de cuivre est placée à son extrémité, tandis qu'à l'autre bout, on ajuste une poignée de cuir recouverte par un pommeau en corne ou en métal.

Votre atelier à Larressore est très ancien…

Nous étions là à la Révolution française ! Nous sommes aujourd'hui 7 à travailler à l'atelier. C'est un lieu de travail, pas un atelier de démonstration. Si vous venez nous voir, vous nous verrez en train de travailler.

Quel est le prix d'un makhila fabriqué par vos soins ?

Un makhila coûte entre 250 et 575 € et il faut compter environ 6 mois d'attente. Nous avons plaisir à revoir un vieux makhila revenir chez nous. On les soigne d'ailleurs gratuitement. Plusieurs makhilas de notre collection sont exposés au Musée basque de Bayonne.

d 51-63 € selon ch ; ☺ fermé nov). Excellente adresse où vous serez reçu avec le sourire par Nicole et Patrick. L'impressionnante bâtisse restaurée compte 4 chambres de grand confort, portant chacune un nom de pomme. Un pressoir à pommes trône dans la cour de la maison, qui servait au XVIIe siècle de relais entre les muletiers venant de Navarre et les bateaux qui déposaient leurs marchandises. Nicole produit du très bon cidre.

Depuis/vers Ustaritz

Plusieurs trains TER relient chaque jour Bayonne à Saint-Jean-Pied-de-Port via Ustaritz, qui est le premier arrêt après Bayonne (environ 15 min depuis Bayonne et 30 min depuis Saint-Jean-Pied-de-Port).

ENVIRONS D'USTARITZ
Jatxou

Ce petit village possède l'une des plus jolies églises de la région. Son retable de saint Sébastien est un remarquable ouvrage en bois doré de la fin du XVIIe siècle. Les lambris de la nef datent de 1732. Remarquez les stèles discoïdales – dont la plus ancienne date de 1597 – alignées dans le cimetière.

La petite maison traditionnelle à proximité de l'église était encore occupée il y a une vingtaine d'années par la benoîte, en charge de l'entretien des lieux.

Larressore

C'est principalement pour l'**atelier Ainciart-Berara** (☎ 05 59 93 03 05 ; www.makhila.com ; 9h-12h et 14h-18h tlj sauf dim et jours fériés) que l'on se rend dans cette petite commune située non loin d'Espelette. C'est ici que l'on fabrique depuis toujours (ou presque) les célèbres makhilas, bâtons traditionnels en bois de néflier (voir l'interview p. 160).

OÙ SE LOGER

Chambre d'hôte Maison Mirikuborda (☎ 05 59 70 36 18 ou 06 14 34 43 92 ; http://perso.orange.fr/mirikuborda/ ; route des Crêtes ; d 50 €). Un peu à l'écart de la civilisation, cette très belle maison basque propose une chambre joliment décorée avec une vue superbe.

ESPELETTE

Les guirlandes de piments qui sèchent aux murs des maisons sont là pour le folklore. Qu'importe, la culture du condiment rouge fait ici partie de la tradition et s'élève au niveau d'un véritable art de vivre (voir encadré p. 162). Le village tout propret se décline aux couleurs basques, avec ses maisons à pans de bois rouges ou verts. Le bourg, en partie piétonnier, est idéal pour déguster un *axoa*, ou une piperade, et flâner autour de pâturages où se regroupent les pottoks.

Renseignements

Installé dans le château des barons d'Ezpeleta, qui accueille aussi la mairie, l'**office du tourisme** (☎ 05 59 93 95 02 ; www.espelette.fr ; 9h-12h30 et 14h-18h lun-ven, sam à partir de 9h30 en saison, fermé sam après-midi hors saison) a mis en place une balade audioguidée du village de 1 heure 30 à l'aide d'un lecteur Mp3 (3 €). Au deuxième étage, une intéressante **exposition** (9h-12h30 et 14h-18h lun-ven, sam matin, ouvert sam après-midi juil-août) – permanente et gratuite – est consacrée au piment dans le monde et aux différentes étapes de la fabrication.

À voir et à faire

Plusieurs visites gourmandes sont possibles autour du piment. Ainsi, l'**Atelier du Piment** (☎ 05 59 93 90 21 ; www.atelierdupiment.com ; 9h-19h tlj en saison, 10h-18h tlj hors saison) propose une visite

gratuite de son champ et de son atelier toute l'année. Une visite pimentée, pour les enfants, par un jeu de piste. **Lurretik** (☎ 05 59 93 82 89 ; www.lurretik.com) fait visiter son exploitation le mardi et vendredi à 11h.

Une **randonnée au clair de lune** sur les crêtes, avec casse-croûte et découverte du pastoralisme et de la contrebande, est proposée tous les mardis de juin à mi-octobre. Inscription auprès de l'office du tourisme (26/18 € adulte/enfant).

Trois **circuits de randonnée**, dont un praticable en VTT, sont par ailleurs balisés au départ du village (par des panneaux "Nive-Nivelle"). Il faut compter 1 heure 30 de marche pour le circuit des fermes (le plus court ; 6,5 km), et celui dit des familles, et 5 heures pour le circuit de la montagne.

La **ferme Belazkabieta** (☎ 05 59 93 89 65 ou 06 08 78 31 96 ; www.astoklok.com), sur les hauteurs du village, loue des ânes qui portent enfants et bagages pour une balade de quelques heures (à partir de 15 €) ou une randonnée d'une ou de plusieurs journées (à partir de 40 €).

Fêtes

La **Fête du piment** a lieu le dernier week-end d'octobre. Une **Foire aux pottoks** se tient également les derniers mardi et mercredi de janvier. Le premier samedi de juillet a lieu la **Course des crêtes du Pays basque**, avec plusieurs courses pédestres au programme, l'une de 27 km, et trois autres de 19, 13 et 7 km, et également une randonnée équestre. Quant aux fêtes du village, elles se déroulent fin-juillet et début-août.

Où se loger et se restaurer

Camping Biper Gorri (☎ 05 59 93 96 88 ; www.camping-biper-gorri.com ; chemin de Lapitxague ; forfait 2 pers 12-24 € selon saison ; avr-nov ;). À près de 1 km en contrebas du village, dans un joli site arboré, ce camping de 104 emplacements avec une belle piscine chauffée propose des services de qualité. Le forfait pour 2 personnes comprend l'emplacement et la voiture. Chalets, mobil-homes et bungalows en toile à la location.

Hôtel-Restaurant Chilhar (☎ 05 59 93 90 01 ; 25 rue Xilarreneko-Karrika ; d bain 46 €, d douche 38 €, petit-déj 6 €, menus 18/23 € ; restaurant ouvert tlj en été, fermé mer soir et jeu hors saison, fermé déc à mi-mars). Bon rapport qualité/prix pour les 9 chambres aux murs jaunes, décorées d'une frise au motif piment et toutes équipées de cabines bateau.

LE PIMENT D'ESPELETTE

C'est la seule épice classée AOC (appellation d'origine contrôlée). Depuis 2000, en effet, le *bipper gorria* (poivre rouge, en basque) a atteint la consécration sous le nom de "piment d'Espelette" ou "piment d'Espelette-Espeletako Bippera". L'appellation concerne le piment frais, en corde (les piments sont enfilés en grappe après récolte) ou en poudre.

Le classement AOC favorise l'essor de cette culture, préserve une économie rurale en difficulté et le maintien d'un certain environnement. Ainsi, la culture du piment d'Espelette se pratique sur de petites parcelles, souvent en complément d'une autre activité, comme l'élevage de brebis laitières (dont le lait est destiné à une autre AOC, celle du fromage Ossau-Iraty).

Rapporté par Christophe Colomb, d'Amérique jusqu'en Espagne, le piment traversa les Pyrénées et s'implanta au Pays basque. Il est alors surnommé le "poivre long d'Amérique". La cuisine basque se l'est approprié pour agrémenter les poissons, la piperade, les charcuteries, l'*axoa*, le *tripotxa* ou encore la garbure.

Contact : **Syndicat de l'AOC Piment d'Espelette** (☎ 05 59 93 88 86 ; www.pimentdespelette.com ; rue principale).

Certaines ont vue sur la montagne. À la carte, des plats combinés à partir de 15 €.

Chambres d'hôte Maison Irazabala (☎ 05 59 93 93 02 ou 06 07 14 93 61 ; www.irazabala.com ; quartier Laharketa ; d 90-95/75-80 € haute/basse saison ; ✶ fermé Noël). Sur les hauteurs du village, la grande maison basque de Marikita Toffolo est entourée de prés où broutent souvent des pottoks. Les 4 chambres très cosy arborent du beau linge de lit. Une adresse tranquille. Et si vous souhaitez randonner à cheval, Maritika saura vous mettre en contact avec un guide.

Hôtel-Restaurant Euzkadi (☎ 05 59 93 91 88 ; www.hotel-restaurant-euzkadi.com ; 285 Karrika-Nagusia ; d 57-68/54-65/51-62 € haute/moyenne/basse saison, petit-déj 7 € ; menus 18-33 € ; ✶ restaurant fermé lun en été, lun-mar à partir d'oct, hôtel fermé Toussaint-Noël ; P ✕). Un incontournable d'Espelette. L'hôtel a récemment connu une restauration majeure – seules 9 chambres de l'annexe restent à rénover. Plancher, murs blancs et boiseries composent des chambres confortables, avec de grandes sdb aux couleurs vives. Du premier étage, une passerelle mène à la piscine. Un tennis et un parking sont aussi à disposition des clients. La carte du restaurant, une institution dans la région, met en valeur les plats locaux comme le *tripotxa* ou le délicieux *axoa*. Réservation conseillée.

Achats

Conserverie Accoceberry (☎ 05 59 93 86 49 ; www.accoceberry.fr). Incontestablement, une adresse pour les gourmands. Outre le fameux jambon des Aldudes, vous trouverez chez ce charcutier-traiteur réputé un joli choix de plats régionaux cuisinés, conserves, salaisons et piment d'Espelette. Le tout fait maison.

Boutique Bipertegia (☎ 05 59 93 83 76 ; place du Jeu-de-Paume). Dominique et Natacha Etcheverria transforment le piment et le vendent sur les marchés et dans cette petite boutique.

Un **marché** aux produits locaux se tient tous les mercredis matin, ainsi que le samedi matin en juillet et août.

Depuis/vers Espelette

Espelette se trouve à une trentaine de minutes en voiture de Saint-Jean-de-Luz.

Les autocars du **Basque Bondissant** (☎ 05 59 26 25 87 ; www.basquebondissant.com) desservent Espelette, via deux lignes, une reliant Saint-Jean-de-Luz et Espelette et l'autre reliant Bayonne à Aïnhoa.

SOURAÏDE

À 3 km d'Espelette, niché dans un vallon dominé par le col de Pinodieta, Souraïde est un village entouré de collines où paissent des brebis et des pottoks. Son église des XVIIe-XVIIIe siècles comporte un remarquable retable et de belles galeries.

Souraïde compte aussi un golf, le **golf rustique Epherra** (☎ 05 59 93 84 06 ; www.golf-basque.com ; ✶ fermé mer hors vacances scolaires). Très beau parcours sur deux fois 9 trous, la deuxième partie se jouant au pied des montagnes. Vous trouverez plusieurs gîtes en bordure de golf.

Où se loger et se restaurer

Camping Alegera (☎ 05 59 93 91 80 ou 06 13 76 66 87 ; www.camping-alegera.com ; empl 6 € , adulte/enfant 4,40/2,70 € ; ✶ Pâques-Toussaint). À environ 200 m de Souraïde, ce vaste camping comprend plus de 200 emplacements. Doté d'une piscine, d'une pateaugoire pour enfants, d'un mini-golf, d'un terrain de tennis (et même d'une douche pour chien), il loue également une vingtaine de mobil-homes.

Chambres d'hôte Maison Erientania (☎ 05 59 93 85 40 ; d 50 € ; ✆ fermé déc-fév). Jeanine Larre accueille les voyageurs sur les hauteurs du bourg dans une ancienne ferme. À l'étage, 3 chambres et, au rez-de-chaussée, un séjour commun avec salon TV. Assez rustique.

Résidence-Hôtel Bergara (☎ 05 59 93 90 58 ; www.hotel-bergara.com ; 17 rue Principale ; d 46-65 €, studios 2-3 pers 64-85 €/nuit selon saison, 530 €/sem haute saison ; ✆ restaurant ouvert tlj Pâques-Toussaint, hôtel ouvert tte l'année, fermé dim hors saison ; ✖ 🖵 P). Cet hôtel-restaurant à l'accueil chaleureux propose 12 chambres en formule hôtel et 15 nouveaux studios (qui peuvent accueillir de 2 à 5 pers) gais et bien aménagés – un coin kitchenette avec micro-ondes permet de se faire des repas simples – offrant un bon rapport qualité/prix. Des tableaux de la propriétaire des lieux s'affichent dans l'hôtel. Fait aussi restaurant (menus à partir de 16 €). Apéro-tapas autour d'une animation le vendredi soir en été.

CAMBO-LES-BAINS

Cambo-les-Bains est surtout associé au thermalisme pour curistes seniors. Pas très fun comme image. Pourtant, Cambo jouit d'un magnifique environnement, adossée qu'elle est à la Nive, tout en reposant au pied des montagnes basques. Sans compte qu'il s'y trouve une petite merveille : la villa Arnaga. Propriété d'Edmond Rostand, l'auteur de *Cyrano de Bergerac*, ce musée est l'un des plus réjouissants du Pays basque.

Histoire

La ville était à l'origine un important port de transit entre Bayonne, la haute et la basse Navarre et l'Espagne. En 1819, les eaux des deux sources, sulfureuses et ferrugineuses, furent reconnues d'utilité publique et, en 1897, Cambo prit le nom de Cambo-les-Bains. La petite ville devint alors un lieu de rendez-vous pour les Basques qui venaient la veille de la Saint-Jean y boire les eaux, censées les préserver de toute maladie durant l'année. En 1925, une rumeur entraîna la fermeture des thermes : la tuberculose se diffuserait par les eaux… Finalement, la station thermale rouvrit ses portes en 1977.

Renseignements

L'**office du tourisme** (☎ 05 59 29 70 25 ; www.cambolesbains.com ; avenue de la Mairie ; ✆ 9h-18h30 lun-sam, 9h-12h30 dim en juil-août, 9h-12h30 et 14h-18h30 lun-sam, 9h-12h30 dim en sept, 9h-12h30 et 14h-18h lun-sam en moyenne saison, jusqu'à 17h en basse saison) propose de mi-juin à mi-octobre 3 randonnées accompagnées (15-24/10-12 € adulte/enfant) : randonnée nature avec découverte de la faune et de la flore (le mercredi), randonnée du berger (le vendredi) et randonnée au clair de lune (le mardi). À la mi-juillet est aussi organisée une journée de randonnée sur le GR°8 jusqu'à Sare (participation : 2 €), entre Nive et Rhune. Des circuits permettant de visiter à pied le haut Cambo (belle vue depuis la rue des Terrasses), la colline de la Bergerie, le quartier des Thermes et le bas Cambo sont par ailleurs indiqués (et détaillés dans la brochure de l'office du tourisme). Wi-fi et borne Internet à l'office (4 €/heure, 1 €/15 min).

À voir et à faire

Ancienne demeure d'Edmond Rostand, bâtie dans un écrin de verdure, la 🎯 **Villa Arnaga** (☎ 05 59 29 83 92 ; www.arnaga.com ; route du Docteur-Camino ; ✆ tlj mi-mars à début nov, 14h30-18h mars, 10h-12h30 et 14h30-19h avr-juin et sept à mi-oct, 10h-19h juil-août, 14h30-18h mi-oct à début nov ; 6/3 € tarif plein/réduit, gratuit moins de 12 ans) a été construite en 1903 selon des instructions précises du biologiste et écrivain. La visite vaut autant pour l'architecture et la décoration des pièces que pour les documents et costumes collectionnés sur l'œuvre et la famille Rostand, dont le César remporté par Gérard Depardieu pour son rôle de Cyrano dans le film de Jean-Paul Rappeneau. Les jardins sont fort beaux et agréables. Expositions régulières à l'orangerie et festival de théâtre en août. En juillet et août, une visite commentée des jardins a lieu le lundi à 16h30 et le jeudi à 11h.

Les **thermes**, de style Art déco années 1930, peuvent constituer un but de promenade pour

---

LES MARCHÉS DE CAMBO

Le marché aux produits régionaux s'installe tous les vendredis de 9h à 13h, rue Chiquito, tandis qu'un marché à la brocante est organisé le mercredi à partir de 9h au parc Saint-Joseph de Cambo-les-Bains.

ses jardins, ouverts au public, agrémentés de plus de 200 palmiers. L'établissement (☎ 0 820 00 35 35 ; www.chainethermale. fr), ouvert de mars à début décembre, est spécialisé dans les cures de rhumatologie et des voies respiratoires, et propose aussi des formules découverte à la journée.

Fêtes et festivals
De nombreuses festivités ponctuent la saison. Parmi elles, relevons le **Festival de théâtre** (☎ 05 59 29 30 27 ; www.accords-asso.org ; places 11-14/9-12 € tarif plein/réduit) qui se tient en plein air à Arnaga pendant 3 jours autour du 15 août. La **journée Chiquito**, à la mi-septembre, rend, pour sa part, hommage au champion de pelote basque, avec parties au fronton et spectacles de danse. Enfin, fin septembre, place à la **Fête du gâteau basque**.

Où se loger
Camping Bixta-Eder (☎ 05 59 29 94 23 ; www.camping -bixtaeder.com ; avenue d'Espagne ; forfait 2 pers 14,50 € ; 🕐 15 avr-15 oct ; 🖳). À la sortie de la ville thermale, sur la route de Saint-Jean-de-Luz, ce camping dispose de 87 emplacements confortables sur un terrain semi-ombragé. Trois chalets de 2 à 4 personnes se louent aussi de mars à novembre, et une vingtaine d'emplacements sont réservés aux campings-cars. Bon à savoir : le camping est situé à 400 m de la piscine municipale, et il propose des réductions sur les activités d'eaux vives proposées par Loisirs 64 (www.loisirs64.com) à Louhossoa.

Maison d'hôte Rosa Enia (☎ 05 59 93 67 20 ; www. rosa-enia.com ; avenue du Professeur Grancher ; d 77-67 € haute/ basse saison ; 🅿 🖳). Belle maison de caractère, en bord de Nive, qui accueillit en son temps Paul Faure, Sarah Bernhardt et Edmond Rostand. Un magnifique escalier en bois mène aux 5 chambres avec meubles anciens et balcon ou terrasse. Accueil souriant. Également location d'appartements.

Chambres d'hôte Uhaldia (☎ 05 59 29 54 48 ; www. uhaldia.com ; ch 88/68 € haute/basse saison ; quartier Urcuray, route d'Hasparren). Des ambiances différentes mais un charme commun sied à ces 5 nouvelles chambres d'hôte qui prennent place dans une belle ferme de la fin du XIXᵉ, surtout idéalement située au bord de l'eau. Elle se situe à mi-chemin environ entre Cambo et Hasparren. En venant de Cambo, suivez la D10, et prenez un petit pont qui se présente sur votre droite avant l'entrée d'Urcuray.

Domaine Xixtaberri (☎ 05 59 29 22 66 ; www. xixtaberri.com ; route d'Hasparren ; ch 74-104 € selon saison, petit-déj 8,50 € ; 🅿 🖳). Le domaine, c'est d'abord un vaste verger bio de myrtilles et de cerises qui s'étend sur 6 ha de coteaux et qui vend confitures, sirops et autres douceurs fruitées (en juin-juillet, vous pouvez les récolter en métayage 50/50). C'est aussi une agréable maison et table d'hôte qui loue 5 belles chambres (les sdb sont à voir) avec jardin privatif ou terrasse, un vrai plus.

Où se restaurer
Chez Tante Ursule (☎ 05 59 29 78 23 ; www.tante-ursule. com ; fronton du Bas-Cambo ; menus 20-35 € ; 🕐 tlj sauf mar). Sur le fronton, une auberge des plus traditionnelles avec au menu une cuisine basque roborative à l'image du filet de bœuf tante Ursule, c'est-à-dire nappé de ris de veau. Le cadre ne semble pas avoir bougé depuis des années !

Le Bellevue (☎ 05 59 93 75 75 ; allée Edmond-Rostand, rue des Terrasses ; menus 19-39 € ; 🕐 fermé dim soir et lun, hors saison fermé aussi jeu soir). Dans le centre, une fine cuisine du terroir avec un menu du marché (20 €) proposé en semaine et des classiques de saison comme le foie gras poêlé aux oranges confites, pommes et coings. Belle terrasse surplombant la vallée de la Nive en été.

Depuis/vers Cambo
Une ligne régulière des autocars du **Basque bondissant** (☎ 05 59 26 25 87 ; www.basquebondissant. com) assure une liaison avec Bayonne. La ligne du train **TER Aquitaine** (www.ter-sncf.com/ aquitaine) Bayonne – Saint-Jean-Pied-de-Port – Saint-Étienne-de-Baïgorry compte un arrêt à Cambo. La gare ferroviaire se trouve à Bas-Cambo.

✪ ITXASSOU
Il y a les fameuses cerises noires, fêtées en fanfare début juin… mais aussi des vues à couper le souffle. Autour du bourg et de sa très belle église, les paysages verdoyants suivent les courbes des vallons, entre lesquels se love la Nive. Un beau coin pour la randonnée et la descente en eaux vives !

Renseignements
À la maison **Ateka** (☎ 05 59 29 75 36 ou 05 59 29 32 74 ; www.ateka.eu ; 🕐 tlj sauf mar), vous trouverez une borne d'information sur le village, ainsi que des dépliants touristiques. Ce vivant et agréable espace, qui abrite aussi une

pâtisserie (voir plus bas), est un lieu ludique de découverte d'Itxassou, avec notamment des mini-reportages sur les gens du coin, une carte interactive des différents quartiers et un tableau d'expression pour les enfants. Des expositions temporaires sont aussi présentées. À l'entrée, un cerisier permet de choisir une balade au gré du hasard. Vous pourrez demander ensuite une carte gratuite au comptoir détaillant les six circuits de randonnée et de promenade qui ont été balisés au départ du bourg. Deux sentiers peuvent s'emprunter en VTT. Le circuit des Vergers est le plus intéressant lorsque les cerisiers sont en fleurs (40 jours environ avant le 15 mai, soit début avril).

À voir et à faire

L'**église Saint-Fructueux** possède une impressionnante galerie de bois sur trois étages. La chaire – la seule du Pays basque à être disposée à droite – et le retable baroque sont de subtiles réalisations des XVIIe et XVIIIe siècles. Le cimetière comprend près de 200 stèles discoïdales typiques de la région.

Le **pas de Roland**, un étonnant rocher auquel sont rattachées de nombreuses légendes (la principale étant que Roland, sur la route de Roncevaux, s'est frayé un passage à travers ce rocher à l'aide de son épée Durandal), constitue un très agréable but de promenade. Lorsque le temps le permet, partez en randonnée jusqu'au **mont d'Artzamendi**, en direction de la frontière espagnole. De ses 926 m, la vue sur le massif pyrénéen est remarquable. Si Artzamendi signifie "montagne de l'ours", celui-ci a disparu du site depuis longtemps. Vous croiserez sans doute des moutons et les fameux pottoks (prononcer "potiok", petit cheval en basque). Vous pouvez continuer jusqu'au col des Veaux où vous trouverez des *ventas* (voir p. 157) et un gîte d'étape du GR°10.

Pour un autre remarquable point de vue, accessible en voiture, prenez depuis la place la petite route en lacets qui mène au **mont Urzumu** (180 m) et qui offre un beau panorama à 360°. Sur le plateau, vous découvrirez une table d'orientation et un monument érigé à la mémoire d'un jeune résistant. Depuis 1959, les planeurs s'élancent du plateau d'Urzumu sous le regard d'une statue de Notre-Dame-des-Victoires.

Les enfants apprécieront, quant à eux, une visite à la **Forêt des lapins** (☎ 05 59 93 30 09 ; www.laforetdeslapins.com ; route de Saint-Jean-Pied-de-Port ; 6,10/4,60/3,90/1 € adulte/étudiant/enfant 5-10 ans /2-4 ans ; ☺ 10h30-18h30 tlj juin-sept, 14h-17h30 et le matin sur rdv hors saison), un parc animalier avec plus de 60 variétés de lapins et des cochons d'Inde. Certains lapins de compagnie sont à vendre. Vous voilà prévenu.

ACTIVITÉS SPORTIVES

Évasion Eaux vives (☎ 05 59 29 31 69 ou 06 16 74 78 93 ; www.evasion64.fr ; Maison Errola, quartier Errobi ; ☺ tte l'année). L'agence organise diverses activités en montagne et eaux vives : raft, kayak, hydrospeed, canyoning, escalade, etc. Réservation obligatoire.

Loisirs 64 (☎ 05 59 93 35 65 ou 06 14 59 26 11 ; www.loisirs64.com ; ZA porte du Labourd, route D918, Louhossoa). Installé à Louhossoa, il propose de découvrir la Nive en rafting, hydrospeed et canoë, entre autres. Randonnées pédestres et sorties VTT.

Centre de vol à voile (☎ 05 59 29 75 12 ; www.volavoileitxassou.net ; ☺ à partir de 13h30 mer, sam, dim, jours fériés, tte l'année). Pour pratiquer à partir de 12 ans des vols d'initiation en planeur (70 €), et s'initier au vol voltige planeur (80 €). L'aérodrome se situe au sommet du mont Urzumu.

Fêtes et festivals

L'incontournable et populaire **Fête de la cerise** se déroule le 1er juin, avec au programme repas champêtre, parties de pelote, danses basques et, bien entendu, divers stands tenus par des producteurs locaux de cerises. On trouve ce jour-là beaucoup de cerises de la variété xapata, excellente fraîche, et d'une couleur jaune orangé qui la fait ressembler à une cerise confite. C'est la cerise emblématique du village, mais elle a paradoxalement

---

EAUX VIVES

Les amateurs d'eaux vives pousseront jusqu'à Bidarray, qui compte plusieurs prestataires, ouverts toute l'année :

Arteka (☎ 05 59 37 78 92 ; www.arteka-eh.com ; Mendi Kirolak RD 918)

Uhina Rafting (☎ 05 59 37 76 59 ; www.uhina-rafting.com ; RD 918)

Ur Bizia Rafting (☎ 05 59 37 73 37 ; www.ur-bizia.com ; RD 918)

LES CERISES NOIRES

Il n'existe pas une mais plusieurs variétés de cerises, dont la particularité est d'être petites, sucrées et tendres (elles ne se conservent pas bien, d'où les confitures…) : la *xapata*, la *beltza* – la plus rare – et la *peloa*. Pour le goûter basque, ou le dessert, on les mange avec de fines tranches de fromage de brebis fermier. Le 1er dimanche de juin, Itxassou fête ses cerises, et de mauvais esprits disent que ce jour-là, elles ne viennent pas toutes du village. Un collectif de producteurs réunis au sein de l'association Xapata travaille à relancer la production. Entre 10 et 12 ha ont été replantés sur la commune.

La liste complète des producteurs est disponible auprès de l'association **Xapata** (☎ 05 59 29 26 15 ; www.cerise-itxassou.com).

Deux boutiques permettent d'acheter des cerises noires à Itxassou : **Milikaria** ("le gourmand" en basque), place de l'Église (☎ 05 59 29 82 22) et **Krakada** ("le goûter"), place du Fronton (☎ 05 59 29 32 74), cette dernière étant installée dans l'espace Ateka.

moins de succès à cause de sa couleur. Vers la mi-juillet, se tient aussi l'**Errobiko Festibala** (http://errobikofestibala.free.fr), festival de musique et d'art basque.

Où se loger et se restaurer

Camping Hiriberria (☎ 05 59 29 98 09 ; www.hiriberria. com ; empl 6,25 €, adulte/enfant 5,75/2,75 €, électricité 3,25 € ; ☺ tte l'année ; 🖳). Une grande piscine couverte de grands emplacements (228 au total) et des possibilités de pêche alentour : ce camping est une bonne option pour ceux qui désirent poser leur sac au cœur du Labourd en toute saison. Une vingtaine de chalets et mobil-homes également en location

Gîte de séjour Hiribarne (☎ 05 59 93 32 57 ; Maison Uhart-Etcheberria, quartier Izoki ; nuitée 14 €, petit-déj 4 € ; ☺ tte l'année). Proche des sentiers de randonnée et bénéficiant d'une belle vue, ce gîte bien géré par Denise et Jean propose 41 lits, répartis sur deux structures et 9 chambres, dont l'une est individuelle et une autre accessible aux handicapés.

Chambres d'hôte Maison Ipharra (☎ 05 59 29 95 87 ; http://perso.orange.fr/ipharra/ ; route d'Artxamendi ; ch 50 € ; ☺ tte l'année). En bordure de rivière – on peut l'entendre de son lit ! –, cette belle maison

possède 5 chambres d'hôte. Jacqueline Paly, une ancienne antiquaire, a profité de chaque mètre carré de sa demeure pour y placer les meubles qu'elle aime ; des portraits de famille ornent même les murs d'une sdb. Une belle terrasse ombragée accueille les convives au petit-déjeuner. Deux des chambres sont indépendantes, avec grands lits et baignoires. Celles à l'étage ont une sdb commune. Ceux qui n'aiment ni les chiens ni les chats (ni les poules) préféreront séjourner ailleurs. Les fumeurs se sentiront aussi à leur aise, les propriétaires l'étant eux-mêmes.

♡ **Chambres d'hôte Ferme Soubeleta** (☎ 05 59 29 22 34 ou 06 23 19 70 24 ; www.gites64.com/chambre-soubeleta/ ; Soubeleta ; ch 52-60 € ; ☺ tte l'année). Installée sur l'autre rive de la Nive, au lieu-dit Soubeleta, Marie-Françoise Régerat vous réserve un accueil chaleureux dans sa propriété, une ancienne annexe du bureau des douanes de Bayonne (dont la façade date de 1675). Les 5 chambres sont très agréables et un coin cuisine est à votre disposition. Vous pouvez lancer Marie-Françoise sur le sujet des cerises, elle le connaît sur le bout des doigts.

🄴 **Hôtel-Restaurant du Chêne** (☎ 05 59 29 75 01 ; s-d 40-51/35-48 € haute/basse saison, menus 16/25/32 €, petit-déj 6,50 € ; ☺ mars à mi-déc ; 🅿). À côté de l'église, une agréable adresse familiale. L'hôtel compte 16 chambres au cachet ancien et le restaurant propose une honnête cuisine régionale dans un cadre typique. L'été, vous jouirez d'une terrasse sous les glycines. Autrefois, une passerelle reliait l'auberge au chêne de la place, qui a été débité dans les années 1950.

Hôtel-Restaurant du Fronton (☎ 05 59 29 75 10 ; www.hotelrestaurantfronton.com ; place du Fronton ; s/d 52/64 € selon saison, petit-déj 8,50 €, menus 20/30 €, plats 15-21 € ; ☺ restaurant fermé mer hors saison, hôtel fermé jan ; 🍽 🖳). Une auberge de famille. Préférez les chambres sur l'arrière pour la vue sur les montagnes. Un hôtel tout confort, doté d'une piscine et d'un restaurant qui attire du monde avec sa cuisine du terroir et son ambiance conviviale. La salle à manger d'hiver est agréable avec sa cheminée. L'été, vous profiterez d'une belle vue sur le Pays basque.

Domaine de Silencenia (☎ 05 59 93 35 60 ou 06 72 63 81 66 ; www.domaine-silencenia.com, Louhossoa ; s/d 70/85 €, table d'hôte 30 € ; ☺ avr-fin oct). Un parc de 3 ha avec un lac, une piscine, un terrain de pétanque, un billard français et une cave superbe. Voici quelques-uns des atouts de cette demeure dont les 5 chambres illustrent les passions de Philippe, ancien joueur au Racing, un club de rugby donc, mais aussi le vin, le golf ou la pêche aux gros, rien que ça ! Ce qui donne une déco pas toujours discrète mais qui a la vertu d'être personnalisée. Belle table pour les repas d'hôte et de bons conseils pour bien profiter de la région.

Legordia Borda (☎ 05 59 29 87 83 ; www.legordia.fr ; route de l'Artzamendi ; cabane 118-130/100-118 € haute/basse saison, petit-déj 7/14 €, dîner 18 € ; 🕙 tte l'année). Une adresse pour le moins atypique puisqu'elle vous propose de dormir dans des cabanes perchées à plus de 4 m (l'une d'elle a même une terrasse à 12 m). Au nombre de 3, ces petits îlots de nature sont aménagés dans des arbres centenaires. La sdb est alimentée en eau de source et le dîner vous est apporté via un panier hissé par un système de poulies. Mais attention, il faut réserver longtemps à l'avance.

Pâtisserie Krakada (☎ 05 59 29 32 74 ; place du Fronton ; 🕙 8h-19h tlj été, 8h-12h30 et 15h-18h30 tlj sauf mer hiver). Installée dans l'espace Ateka, vous pourrez y acheter des gâteaux basque à la cerise d'Itxassou, des produits locaux (miel, fromage, jus de pomme…) et vous attabler au café ou sur l'agréable terrasse (avec une marelle dessinée par un artiste qui plaira aux petits comme aux grands) pour un repas simple.

Depuis/vers Itxassou

La SNCF assure la liaison en TER (www.ter-sncf.com/aquitaine) ou en bus entre Bayonne et Saint-Jean-Pied-de-Port via Itxassou. Le départ de la gare de Bayonne, du lundi au samedi, est à 18h12 pour une arrivée à Itxassou prévue à 18h55, et à Louhossoa à 19h03.

PAYS DE HASPARREN

Ici, nous ne sommes ni vraiment en plaine ni vraiment en montagne, mais plutôt dans un pas de deux qui fait ressembler les paysages à des vallons, coteaux, prairies, landes, sans compter ces quelques éminences qui annoncent les reliefs plus vigoureux au sud. Le pays de Hasparren se plaît à jouer les arlequins de la géographie. Alliant subtilement des influences labourdine et basse-navarraise, il peut se définir comme une zone de transition, sans que cette qualification revête une quelconque nuance péjorative ou réductrice. Bref,

voici un territoire à découvrir, d'autant que des gens travaillent avec force à lui construire une cohérence et une visibilité.

Renseignements

À Hasparren, l'**office du tourisme** (☎ 05 59 29 62 02 ; www.hasparren-tourisme.com ; 2 place Saint-Jean ; 9h-19h lun-sam et 10h-12h30 dim en saison, 9h-12h30 et 14h-18h lun-ven et 9h-12h30 sam hors saison) vous renseignera sur la ville et ses alentours.

Tous les jeudis en juillet et août, et sur réservation le reste de l'année, des **Raconteurs de pays** (☎ 06 61 06 90 28) se proposent de vous faire découvrir la vallée de l'Arberoue via une balade (adulte/enfant 4/2 €) qui commence à 10h sur la place de Saint-Martin d'Arberoue.

HASPARREN

Localité tranquille tournée vers les activités agricoles et artisanales, Hasparren a longtemps tiré sa richesse des tanneries et de l'industrie de fabrication de chaussures. Aujourd'hui, le tourisme a pour une bonne part pris le relais. Dans le vieux bourg, les maisons de style labourdin ou bas-navarrais datent des XVIIe et XVIIIe siècles. La ville abrite également la **maison Eihartzea**, sur la route de Bayonne, où vécut le poète et écrivain Francis Jammes de 1921 à 1938, qui s'inspira beaucoup des paysages environnants (voir p. 163).

À faire

La **Ferme équestre Urkodea** (☎ 05 59 29 15 76 ; www.urkodea.com ; quartier Celhay) propose pendant la saison estivale une balade de 2 heures (28 €) pour découvrir le massif de l'Ursuya, accessible aux débutants. Pour les randonnées à la journée (60 €) ou à la demi-journée, il faut être cavalier. Le centre organise aussi des randonnées itinérantes de 2 à 6 jours. Pensez à réserver.

Fête et manifestation

Asunak (www.asunak.org) – les "orties" en basque – est un rendez-vous annuel qui se tient le deuxième ou troisième week-end de septembre autour de l'agriculture bio, avec une thématique qui change chaque année. Grand marché paysan bio et stands d'information sont de la partie. Le reste de l'année, un petit marché bio de producteurs locaux prend place tous les samedis matin sous les arcades de l'église.

Où se loger et se restaurer

Gîte de séjour – Ferme Urkodea (☎ 05 59 29 15 76 ; www.urkodea.com ; quartier Celhay ; nuitée 16 € ; ☺ tte l'année). Cette ferme équestre loue un gîte de groupe d'une capacité de 38 personnes, répartis dans 9 chambres de 2 à 6 lits simples. Installé dans une belle maison labourdine, le gîte possède une cuisine et une salle à manger. Une chambre d'hôte avec sdb est aussi à louer (s/d 25/35 €).

Hôtel-restaurant Les Tilleuls (☎ 05 59 29 62 20 ; 1 place de Verdun ; s/d 46-52/55-60 € selon saison ; menus 15-30 € ; ☺ restaurant ouvert tlj mi-juil à fin sept, fermé sam et dim soir le reste de l'année, établissement fermé 10 jours début nov et 3 sem fév-mars). Au cœur de la localité, face à l'église, voici un deux-étoiles offrant des chambres plaisantes et un accueil familial. Le restaurant, qui joue sur un registre classique (canard, bœuf, poisson, crustacés) devrait contenter tous les appétits et tous les budgets. Une annexe au confort trois-étoiles, appelée Le Relais des Tilleuls, est située à 50 m, en face de la poste. Même si les chambres ont moins de charme que dans le bâtiment principal, elles sont accessibles en ascenseur et bénéficient de balcons et de baignoire.

Chambres d'hôte – Ferme Harambubura (☎ 05 59 29 14 30 ; www.ferme-harambubura.com ; ch 60-100 €, petit-déj inclus ; ☺ tte l'année, 2 nuits min juin-sept). Cette ferme isolée, à 4 km du centre d'Hasparren (prenez la direction Cambo, puis suivez le fléchage), trône sur une colline et offre un superbe panorama sur la Rhune. Les 4 chambres, spacieuses et agréables, aménagées dans un ancien fenil, mêlent habilement le charme de l'ancien aux fonctionnalités et aux lignes modernes. Elles se partagent

---

LA ROUTE IMPÉRIALE DES CIMES

Quelle route se cache donc derrière une dénomination aussi prestigieuse ? Tout simplement la D22 qui relie discrètement Bayonne à Hasparren, soit un parcours de 25 km environ. Sa principale caractéristique est d'avoir été construite sur ordre de Napoléon Iᵉʳ, qui considérait cet axe comme stratégique. Tout bien considéré, c'est son seul véritable atout. L'itinéraire est certes très attrayant (la route sinue sur les crêtes et ménage de superbes panoramas), mais elle ne présente pas d'autres particularités notables. Quelques belvédères y ont cependant été aménagés.

---

un grand salon, lumineux. Les familles se sentiront à l'aise.

Auberge Etcheberria (☎ 05 59 29 49 78 ; Elizaberiko plaza, quartier Elisaberry ; plats 10-15 € ; ☺ tlj en saison). Dans un quartier à l'écart du centre-ville (suivez la direction Cambo puis Elizaberry), cette auberge prépare une cuisine à la bonne franquette à des tarifs raisonnables.

☯ **Xuriatea** (☎ 05 59 29 60 76 ; 4 rue Franc-Jammes). Dans le centre, ce café-bar-resto est le rendez-vous de nombreux habitants du cru où l'on parle volontiers basque, mais pas de façon exclusive. Cadre agréable, bon rapport qualité/prix et, en saison, une assiette du pays pour ceux qui veulent goûter aux différentes saveurs locales. Soirées concerts.

Achats

On vient de loin pour s'approvisionner à la charcuterie **Louis Ospital** (☎ 05 59 29 64 41 ; www.louis-ospital.com ; 47 rue Jean-Lissar), car le fameux jambon Ibaïona séduit bien au-delà du Pays basque. Moins connue, la boucherie-charcuterie **Hiriart-Solet** (☎ 05 59 29 60 60 ; 9 place-Verdun) vend des saucisses et des saucisses sèches qui font le délice des habitants de Hasparren.

Depuis/vers Hasparren

Des autocars du **Basque bondissant** (☎ 05 59 26 03 37 ; www.basquebondissant.com) circulent en principe tous les jours entre Saint-Jean-de-Luz et Hasparren. Les **Cars Sallaberry** (☎ 05 59 29 60 28 ; 82 rue Francis-Jammes) relient également Bayonne à Hasparren. Contactez l'office de tourisme ou les sociétés de transports, car les horaires varient selon le jour de la semaine et la saison (période scolaire ou vacances).

ENVIRONS DE HASPARREN

Le pays de Hasparren présente un visage serein de collines verdoyantes piquetées de fermes à colombages et de villages un peu endormis, mais non dénués de charme. C'est un paysage de carte postale d'une émouvante simplicité, où domine un sentiment de plénitude. Empruntez les routes secondaires, telles la D252, la D25 ou la D22, qui vous mèneront à **Mendionde**, **Macaye**, **Hélette** ou **Louhossoa**. Ou suivez l'itinéraire que nous vous conseillons (lire encadré page suivante).

À voir et à faire

En parcourant le pays de Hasparren, votre regard sera immanquablement attiré par le profil en forme de dôme herbeux du

mont Ursuya, premier obstacle pyrénéen en venant du nord, qui culmine modestement à 678 m. C'est un site idéal pour la **randonnée pédestre** ou le **cyclotourisme**. Du mont Ursuya, on jouit d'un panorama imprenable sur les villages du Pays basque, les montagnes pyrénéennes, ainsi que l'océan à l'ouest. Il est possible d'atteindre le mont Ursuya depuis Mendionde ou Macaye. Adressez-vous à l'office du tourisme de Hasparren pour les itinéraires et sentiers locaux de randonnée.

Sur la commune de Saint-Martin d'Arberoue (Donamartiri), en basse Navarre (voir p. 179), les ☯ **grottes d'Isturitz et d'Oxocelhaya** (☎ 05 59 29 64 72 ; www.grottes-isturitz.com ; 7-14 ans 6,80/3,40 € adulte/enfant ; ☺ 15 mars-15 nov, 10h-12h et 13h-18h tlj juil-août, 11h-12h et 14h-17h juin et sept, 14h-17h tlj le reste du temps), privées et classées monuments historiques, figurent parmi les principales attractions touristiques de la région. Le site se compose en fait de trois grottes superposées, façonnées au fil du temps par la rivière Arberoue, qui s'est frayée patiemment un chemin dans le calcaire. Deux de ces grottes sont ouvertes à la visite. **Isturitz**, la plus proche de la surface, a été découverte en 1895. Véritable cathédrale de calcaire, elle surprend par ses dimensions. On atteint **Oxocelhaya**, située 15 m plus bas, par un étroit escalier. Découverte en 1929, cette deuxième cavité, plus petite que la précédente, est remarquable par ses concrétions : "orgues" de calcaire, "cascades" de calcite luisantes de cristaux, fragiles drapés de roche aux tons crème, ocre ou jaune… Le spectacle, impressionnant, évoque la *Sagrada Familia* de Gaudí ou la flamboyance d'une œuvre baroque. Une troisième cavité, en contrebas d'Oxocelhaya,

abrite le lit actuel de la rivière Arberoue et ne se visite pas.

Au-delà de leur beauté, les grottes présentent pour les scientifiques un intérêt géologique, mais aussi préhistorique. Les vestiges retrouvés sur le site témoignent en effet d'une pérennité d'occupation des lieux par l'homme de Neandertal, puis l'homme de Cro-Magnon. Vraisemblablement habitées dès 80 000 ans av. J.-C., elles fournissent de précieux renseignements sur le mode de vie de l'homme préhistorique. On y a retrouvé de nombreux objets, parmi lesquels d'étonnantes flûtes en os de vautour. Une représentation de renne figure par ailleurs dans la grotte d'Isturitz.

Les visites, guidées, durent 45 minutes environ. Une visite conférence (11,50 €) axée sur la préhistoire est prévue le dimanche à 11h. Un petit musée complète la visite. Les photos et les vidéos sont interdites dans les grottes. Au printemps et à l'automne, une programmation artistique a lieu autour des "rencontres d'Isturitz".

Sur la route de Louhossoa à Hélette se trouve la **base de loisirs du mont Baigura** (☎ 05 59 37 69 05 ou 06 84 78 65 09 ; www.baigura.com ; activité trottinette 24-30 €, VTT 24-32 € ; ☺ 9h30-19h juin-sept, 13h30-17h30 le reste de l'année), où vous attendent 45 km de sentiers de randonnée balisés. Des descentes du sommet en trottinette et en VTT sont aussi proposées. De juin à septembre, un petit train (adulte/enfant 7/4,50 €) tiré par un tracteur permet d'atteindre le sommet du mont Baïgura, à 897 m, avec votre VTT si vous le souhaitez. Un départ a lieu à 10h, un autre à 11h30 et l'après-midi de 14h à 18h (toutes les heures). Vous trouverez également sur le site une école de parapente (baptême : 62 €),

---

ITINÉRAIRE EN VOITURE DANS LE PAYS DE HASPARREN

Nous vous proposons une boucle d'une soixantaine de kilomètres pour partir à la découverte du pays de Hasparren. Au départ de **Hasparren**, prenez la D152 en direction de **Mendionde**, une jolie route qui vous fera notamment passer devant la Ferme équestre Urkodea et la luxueuse maison et table d'hôte d'**Arnaud Daguin** (☎ 05 59 29 67 86 ; www.hegia.com), qui officiait aux Platanes à Biarritz. De Mendionde, mettez le cap sur Hélette via **Macaye** et **Louhossoa** puis, en poursuivant sur la D119, vous pourrez faire un arrêt à la base de loisirs du mont Baigura. Depuis **Hélette**, n'hésitez pas à faire un crochet par **Irrissarry** et sa commanderie qui accueille un Centre d'éducation au patrimoine. Si votre temps est compté, remontez directement la vallée de l'Arbéroue en empruntant la belle D245 puis la D251 jusqu'à **Saint-Esteben**, à partir de là, vous n'êtes pas très loin de **Saint-Martin d'Arberoue** – où se trouvent les fameuses grottes d'Isturitz et d'Oxolhaya et, non loin, la ferme de découverte Agerria – et d'**Isturitz**, où vous pouvez visiter l'étonnant petit musée ethnographique. Pour gagner **La Bastide-Clairence**, qui termine cet itinéraire, passez par Ayherre et regagnez ensuite la D10.

LABOURD

un aérotrampoline (un trampoline avec un élastique) et un restaurant ouvert tous les jours sauf le mardi.

Une visite hors des sentiers battus vous attend à Isturitz au **Musée ethnographique** (☎ 05 59 29 14 43 ; maison Xanxotea, bourg, droit d'entrée à la discrétion du visiteur ; ☾ 10h-20h tlj en été, appeler le reste de l'année), où Michel Amade ouvre les portes de son étonnante maison du XVᵉ siècle et surtout de sa collection confidentielle de plus de 5 000 pièces en fer, bois, pierre et autres matériaux illustrant l'évolution du peuple basque. Tout un univers qui sera aussi prétexte à discuter de cette belle région avec Michel.

Une ferme, une vraie, accueille toute l'année les visiteurs. La **Ferme Agerria** (☎ 05 59 29 45 39 ; Saint-Martin d'Arberoue, D14 direction Hasparren-Saint-Palais ; visite gratuite ; ☾ 9h-11h30 et 14h-18h30 lun-sam) possède un élevage de brebis Manex et fabrique du fromage AOC Ossau-Iraty. Elle élève aussi de petits porcs basques et des agneaux de lait. La visite se termine par la diffusion d'une vidéo qui explique les activités de la ferme. De décembre à juillet, époque à laquelle se fabrique le fromage de brebis, il est possible d'assister à la traite de 18 heures. Tout un programme ! Bernadette et Jean-Claude louent aussi un gîte classé 2 épis.

Où se loger et se restaurer
Les différents villages du pays de Hasparren comptent des auberges qui permettent généralement de se loger et se restaurer en bénéficiant d'un bon rapport qualité/prix.

Chambres d'hôte Jaureguia (☎ 05 59 29 65 34 ou 06 84 25 06 47 ; Saint-Esteben ; s/d 35/40 € , petit-déj inclus ; ☾ tte l'année). À Saint-Esteben, à 3 km des grottes sur la route de Saint-Palais, en direction de la basse Navarre, ces 4 chambres d'hôte spacieuses, cosy et impeccables, vous attendent à l'étage d'une bâtisse de caractère. Les propriétaires, exploitants agricoles, vous réserveront un bon accueil. Une cuisine et un salon avec TV sont laissés à la disposition des hôtes.

Hôtel-Restaurant Etchebarne (☎ 05 59 29 62 63 ; quartier Lekorne ; Mendionde ; plats 10-15 € ; ☾ tlj en saison). Une adresse tenue par un jeune gérant et conseillée pour sa cuisine traditionnelle avec, en saison, plusieurs assiettes à la carte pour goûter aux produits locaux, telles que "l'assiette qui frétille" et "l'assiette qui jacasse".

Auberge Aguerria (☎ 05 59 37 62 90 ; Hélette ; d 40 €, petit-déj 7 € , plats 10-15 € menus 14-25 € ; ☾ fermé lun hors saison, fermé janv). Ne vous fiez pas au bar d'allure moderne à l'entrée, la salle de cette auberge Logis de France affiche un décor à l'ancienne qui offre un cadre plus adapté à la carte qui fleure bon les traditions basques. Le bœuf est recommandé.

Restaurant Ogibarnia (☎ 05 59 93 30 35 ; www.ogibarnia.com ; Macaye ; menus à partir de 16 € ; ☾ fermé mer été, fermé mer et ven soir hors saison). Une bonne adresse familiale à la campagne, dans le petit village de Macaye, à une dizaine de kilomètres de Hasparren. Dans une salle au décor d'auberge, simple et rustique, vous ferez un sort aux spécialités régionales, telles les piquillos à la morue, l'axoa, l'omelette aux cèpes, le merlu frit mayonnaise, etc.

PAYS CHARNÉGOU

Entre influences gascognes au nord, basquaises au sud et béarnaise à l'est, le pays "charnegou" – qui signifie "métis" en gascon – cultive une identité à part, sous le signe de l'ouverture d'esprit. Si l'Adour en constitue le fil conducteur naturel, La Bastide-Clairence annonce déjà ce pays de la mixité.

☼ LA BASTIDE-CLAIRENCE (BASTIDA)
Merveilleusement conservée, cette bastide navarraise du XIVᵉ siècle constitue un très agréable but de promenade, d'autant que la municipalité a favorisé – pour renouer avec son passé – l'accueil de nombreux artistes et artisans, qui ont installé leur atelier au cœur du bourg. Sculpteurs, ébénistes, tisserands, verriers, peintres ou encadreurs travaillent ici à l'année. Le village, classé comme l'un des plus beaux de France, regroupe aujourd'hui près de 1 000 habitants. Il accueille certaines des plus remarquables maisons d'hôte de la région.

Histoire
Cette bastide est édifiée en 1312 par Louis Iᵉʳ de Navarre, qui devient roi de France deux ans plus tard sous le nom de Louis X le Hutin. Elle permet en particulier d'assurer la sécurité d'un débouché maritime vers le nord, et Bayonne, par le cours d'eau Joyeuse, qui rejoint ensuite l'Adour, une route précieuse depuis que les Espagnols ont chassé les Navarrais des côtes du Guipúzcoa. Gascons, basques et pèlerins français de Saint-Jacques-de-Compostelle furent les premiers à habiter la bastide. Au début du XVIIᵉ siècle, des

familles juives séfarades quittèrent l'Espagne et le Portugal de l'Inquisition pour se réfugier à La Bastide-Clairence, où ils s'engagèrent à fournir un médecin. Très actifs dans les échanges commerciaux et financiers, ils ont participé à l'essor du bourg tout en vivant d'une façon relativement autonome. Après la Révolution française et le déclin économique de la bastide, la communauté juive disparut.

Renseignements

L'office du tourisme (☎ 05 59 29 65 05 ; www.labastide-clairence.com ; maison Darrieux, place des Arceaux ; ◷ 10h-13h et 15h-19h tlj été, 9h30-12h30 et 14h-18h lun-ven le reste de l'année) organise d'intéressantes expositions temporaires et édite un itinéraire de découverte de la bastide (1 €) d'après le cadastre de 1836, riche en informations sur les principales demeures du village. Des visites commentées de La Bastide-Clairence (3 €/pers, gratuit pour les moins de 14 ans) sont organisées toute l'année sur réservation. Un parcours Mp3 gratuit permet par ailleurs de découvrir l'histoire du village, notamment à travers les témoignages d'habitants. Il contient aussi un reportage de 5 minutes expliquant que la construction d'une bastide est un modèle de développement durable. Enfin, une visite commentée nocturne (5 €) et ponctuée de chants basques, gascons et hébreux, est proposée une fois en juillet, une autre fois en août ainsi que pendant les Journées du patrimoine (c'est alors gratuit).

À voir et à faire

Les principales maisons de la bastide occupent un périmètre réduit. Vous pouvez débuter votre visite sur la **place aux Arceaux**, face à l'office du tourisme. La **fondation de Bastida de Clarenza**, en bordure du cours d'eau Joyeuse, les **maisons Chory et Forgues** et les **maisons David et Médecin** rappellent l'histoire singulière du village. Cette dernière est un intéressant exemple de maison à pignon bâtie au Moyen Âge. À proximité de l'église, prêtez attention à la **porte des Cagots** et faites-vous raconter l'histoire de cette population de parias (voir l'encadré ci-contre).

Le **cimetière juif** et ses 62 pierres tombales témoignent de l'implantation des juifs réfugiés d'Espagne et du Portugal. On estime à environ 80 les familles juives ayant vécu à la bastide entre le début du XVIIe et la fin du XVIIIe siècle. D'autres familles s'installèrent

---

CAGOT, DE L'EXCLU AU TARTUFFE

Le terme "cagot" a reçu plusieurs significations au cours des siècles. Répandu en Aquitaine, notamment dans le Béarn et le Pays basque dès le Moyen Âge, il désignait une population de parias, des exclus de la communauté villageoise d'origine. Un temps, le cagot représentait le lépreux – ou une personne soupçonnée d'être lépreuse –, avant de s'appliquer à l'"étranger" (les bohémiens ou les juifs qui fuyaient l'Inquisition espagnole et portugaise et franchissaient les Pyrénées). L'exclusion des cagots et leur statut particulier passaient par un signe distinctif qu'ils devaient porter sur leurs vêtements.

Aujourd'hui, le terme désigne tout autre chose : un cagot est une personne bigote à l'extrême, hypocrite…, bref un tartuffe.

à Peyrehorade et à Bidache, plus au nord. Le cimetière est aujourd'hui la propriété du consistoire israélite de Bayonne.

La **maison Vieille** et le **moulin de la Ville** complètent la promenade à travers les rues étroites du bourg.

Récemment ouvert à La Bastide-Clairence, l'**Institut sciences et parfums** (☎ 05 59 70 14 72 ; www.lemarcheduparfumeur.com ; route de Hasparren ; ◷ 10h-13h et 14h-18h tlj), du créateur et maître parfumeur basque Christian Louis – qui avait déjà une boutique au bourg –, est pour le moment essentiellement un lieu commercial dédié à la vente des parfums et autres produits locaux, malgré le laboratoire que l'on peut voir derrière les baies vitrées. La mise en place d'une visite plus approfondie sur la fabrication des parfums était cependant en projet au moment de nos recherches.

Deux circuits de **randonnée** de faible dénivelé sont balisés. L'un part du village et l'autre du quartier Pessarou ; tous deux permettent de faire une boucle de 5 km. Les renseignements et les plans sont fournis à l'office du tourisme, qui peut aussi vous mettre en contact avec un fin connaisseur du village et de ses alentours pour des randonnées accompagnées.

En communiquant avec le village de vacances **Les chalets de Pierretoun** (☎ 05 59 70 25 77 ; www.chalets-de-pierretoun.com ; 11 €/heure, 25 €/demi-journée et 38 €/journée), vous pourrez partir en randonnée avec des ânes de bât, capables de porter un enfant et des bagages.

LABOURD

Fêtes et festivals

La **fête de La Bastide-Clairence** a lieu à la fin juillet. Début août est programmé un **Festival international de danses folkloriques**, avec un pays invité à chaque nouvelle édition. Un **marché fermier nocturne** se tient place des Arceaux tous les vendredis soir en juillet et août. Mi-septembre, le **marché potier** réunit pendant 2 jours une cinquantaine de potiers venant de France et d'Europe (Allemagne, Royaume-Uni et Espagne).

Où se loger

S'il n'existe pas d'hôtel à La Bastide-Clairence, le village reste malgré tout un point de chute idéal pour rayonner dans la région. Plusieurs très belles chambres d'hôte réjouiront les voyageurs qui désirent profiter de la sérénité des lieux pendant quelques jours.

Chambres d'hôte Maison La Croisade (☎ 05 59 29 68 22 ; www.la-croisade.com ; ch 60 €, petit-déj inclus ; table d'hôte 23 €). Ancien relais placé sur le chemin de Saint-Jacques-de-Compostelle, cette ferme du XVIIe siècle, tenue par Sylviane Darritchon, dispose de 4 superbes chambres décorées de manière singulière et colorée, chacune portant le nom d'une ville espagnole. Dallages d'époque, escalier en chêne, murs cirés, jardin soigné, La Croisade semble venir tout droit d'un tableau de maître ! Petit coin cuisine à la disposition des hôtes, table d'hôte possible.

Chambres d'hôte Maison Marchand (☎ 05 59 29 18 27 ; http://pagesperso-orange.fr/maison.marchand ; rue Notre-Dame ; ch 60-70/55-65 € haute saison (15 juin-15 sept)/basse saison, petit-déj inclus ; table d'hôte 25 € ; 15 mars-15 nov). Gilbert Foix, un ancien électronicien, est le premier à avoir ouvert une chambre d'hôte dans le village, en 1993. Après avoir entièrement restauré cette grande et traditionnelle demeure, donnant sur la rue principale, il a aménagé les chambres avec goût en compagnie de son épouse irlandaise, Valérie. Les 3 chambres donnent sur le jardin clos (la première au rez-de-chaussée, les deux autres à l'étage). L'une d'entre elles possède une mezzanine et un plus grand nombre de couchages. Cette très bonne adresse dresse une table d'hôte deux fois par semaine (les lundis et jeudis).

Chambres d'hôte Maison Argizagita-Bidau (☎ 05 59 70 15 54 ; www.argizagita.com ; ch 65/60 € haute saison (15 juin-15 sept)/basse saison, petit-déj inclus, table d'hôte 22 € ; Pâques-oct). Dans le quartier Pessarou, une maison également tenue par un couple venant d'horizons différents – lui vient de Hambourg, elle, est basque. Trois grandes chambres aux ambiances différentes ont été aménagées dans l'ancien chenil, chacune jouissant d'un petit coin salon, voire un salon attenant pour l'une d'elle.

Chambres d'hôte Le Clos Gaxen (☎ 05 59 29 16 44 ; www.leclosgaxen.com ; ch 63-70 € selon saison, petit-déj inclus ; tte l'année). Une vue sur les vallons avoisinants, un site arboré, des chevaux qui broutent l'herbe, une piscine… voici quelques-uns des atouts de ce clos Gaxen. Tout semble réuni pour un séjour des plus agréables, sans compter la convivialité des hôtes et le confort des 3 chambres au décor champêtre. Nathalie et Christophe ont aussi transformé l'ancienne grange en un charmant **gîte rural** (http://zeller.nathalie.neuf.fr ; 350-650 €/sem selon la saison) de 2 chambres que l'on peut louer, hors saison, pour 2 ou 3 nuits seulement. La maison se trouve à environ 2 km du bourg.

Chambres d'hôte Maison Maxana (☎ 05 59 70 10 10 ; www.maison-maxana.com ; rue Notre-Dame ; ch 120-100 € haute saison (mi-juin à mi-sept)/basse saison, petit-déj inclus, table d'hôte 35 € ; tte l'année). Une allure très

---

ABBAYE NOTRE-DAME-DE-BELLOC

Ce **monastère bénédictin** (☎ 05 59 29 65 55 ; Urt ; www.belloc-urt.org ; 9h-12h et 14h45-18h tlj) a été inauguré en 1875 aux confins du Béarn, du Pays basque et des Landes pour accueillir – selon l'esprit des fondateurs – les personnes venant de tous horizons. Il n'y a pas de ruines à visiter, mais un monastère en activité. L'église a été construite dans les années 1960, après le concile Vatican II, dans un style moderne et dépouillé afin, précise-t-on à l'abbaye, "de faciliter la méditation, la réflexion et l'écoute de la parole". Selon la règle établie par saint Benoît, les moines vivent du travail de leurs mains, ce qui leur permet d'entretenir l'abbaye et d'accueillir les pèlerins de passage. La fabrication – depuis plus de 30 ans – du fromage de brebis selon une recette de leurs soins a acquis une solide réputation parmi les amateurs. Cette activité lucrative figure parmi les plus importantes de l'abbaye. Une librairie présente également différents ouvrages de spiritualité pour adultes, adolescents et enfants, ainsi qu'un choix d'icônes, d'objets religieux et de produits fabriqués par d'autres monastères. Les messes sont ouvertes au public.

contemporaine se dégage de cette maison d'hôte classée 4 épis par les gîtes de France et on ne peut plus centrale. Table d'hôte deux fois par semaine. Piscine.

Où se restaurer

◆ **Bar-Restaurant Presse des Arceaux** (☎ 05 59 29 66 70 ; place des Arceaux ; menus 12/15 € ; ◷ tlj midi et soir mer-sam mi-juin à mi-sept, tous les midis sauf lun, le soir sur réservation hors saison, fermé dim soir et lun, fermé 3 dernières sem janv). C'est ici que l'on vient boire l'apéritif ou acheter la presse du jour. On y déguste aussi, à prix raisonnables, une bonne cuisine concoctée par Patrick Rubio, un ancien de l'Hôtel du Palais à Biarritz. La clientèle s'est habituée au menu unique du jour proposé le midi en semaine, et à la carte écrite sur une ardoise plus étoffée le week-end et le soir (en saison, une assiette de pays est proposée à la carte). L'été, on vient y déguster des poissons grillés à la plancha, et l'hiver, des plats comme le risotto au chorizo, les saint-jacques poêlées, le fricassé de canard aux cèpes, etc. Et tous les mercredis, soirée pizza.

Café Betbeder (☎ 05 59 29 65 46 ; ◷ tlj en saison). Dans le quartier Pessarou, ce café est un peu devenu le nouveau rendez-vous local. Situé près des circuits de randonnée, il est idéal pour prendre un verre… et manger une pizza le mercredi soir, dans une ambiance musicale.

Depuis/vers La Bastide-Clairence

Des bus effectuent la liaison entre Bayonne et Isturritz via la Bastide. Les horaires varient selon les jours et les saisons. Renseignez-vous à l'office du tourisme (p. 171).

VAL D'ADOUR

C'est un territoire intermédiaire, un seuil un peu confus, qui commence aux portes orientales de Bayonne, et dont le fil conducteur est l'Adour. Au nord du fleuve, donc sur la rive droite, commencent les Landes et la Gascogne ; au sud, sur la rive gauche, le Pays basque appose sa marque. Dans cette zone tampon, les influences tantôt se superposent et se mêlent, tantôt se repoussent et se concurrencent. L'Adour, lui, beau métis de Basque et de Gascon, insensible à ces querelles byzantines, coule, débonnaire et placide, assumant sans vergogne son rôle de trait d'union.

Cet univers en réduction, à défaut d'offrir des paysages spectaculaires, mérite malgré tout le détour pour en découvrir les charmes discrets.

À voir et à faire

L'idéal est de suivre au plus près des berges du fleuve au départ de Bayonne, que vous quitterez par l'est. Prenez la D312 (direction Briscous), puis la D261 qui s'embranche sur la gauche et longe le fleuve. Quelques villages tranquilles méritent une visite, notamment **Urcuit** et, à 5 km plus à l'est, **Urt**, un port autrefois important, partagé entre Urt-Bourg et Urt-Port.

En continuant vers l'est, vous arrivez à **Guiche**, localité postée au confluent de l'Adour et de la Bidouze, où l'on peut admirer les ruines d'un château. Rejoignez ensuite, par des routes secondaires, **Bidache**, un village bénéficiant d'une position stratégique en surplomb de la Bidouze. Bidache est le fief des seigneurs de Gramont, une grande famille de la noblesse française qui régnait sur la région. Habiles, ils avaient réussi à obtenir de Louis XIII le titre de ducs et de pairs du royaume. Sous leur règne, une communauté juive s'établit à Bidache. Les ruines du **château de Gramont**, datées du XVIe siècle, classées monument historique, ont fière allure. Elles abritent une **volerie** (☎ 05 59 56 08 79), forte de près de 35 espèces de rapaces, qui était fermée pour travaux lors de notre passage. Des démonstrations de vol ont lieu une à deux fois par jour selon la saison (téléphoner pour les horaires exacts).

À 4 km à l'est de Bidache, le village de **Came** est réputé pour ses artisans chaisiers (plusieurs ateliers se visitent).

Pour les amateurs de **randonnée pédestre**, signalons le chemin de halage, le long de l'Adour. Le paysage alterne des *barthes* (parcelles de terre conquises sur l'eau) cultivées, du bocage, des pâturages, des peupleraies et des embarcadères. Procurez-vous également le guide randonnée *Du Val d'Adour au Baïgura*, qui recense d'autres itinéraires.

Autre formule de découverte : une balade en *couralin*, la barque traditionnelle de l'Adour. Contactez l'association **Les Couralins des Pêcheurs de l'Adour** (☎ 05 58 73 16 08 ou 05 59 56 88 15), basée à Guiche, qui propose des balades de une ou plusieurs heures sur l'Adour, avec découverte du milieu fluvial. Les départs se font à partir de Guiche, Bidache, Peyrehorade, Hastingues, Sames, Port-de-Lanne, Saubusse, Urt ou Lahonce. L'embarquement se fait, dans le département des Landes, à Lahonce, Peyrehorade, Port-de-Lanne ou Hastingues. De janvier à fin juillet, tous les jours sauf

LABOURD

le dimanche, il est également possible de pratiquer la **pêche au filet** (saumon, lamproie, alose).

Où se loger et se restaurer

URCUIT

Chambres d'hôte Relais Linague (☎ 05 59 42 97 97 ; www.gites64.com/relais-linague ; chemin Linague ; d 56-64 € selon ch, petit-déj inclus ; ☺ tte l'année ; 🅿 🖳). Cette excellente adresse, de style "cocoon rustico-branché", occupe une belle demeure à colombages bleus, à l'écart du bourg, dans une vaste propriété verdoyante où il fait bon se rasséréner. La propriétaire a fort bon goût si l'on en juge par la décoration des 4 chambres, très avenantes et tout confort, égayées de meubles chinés, de tissus colorés et de bibelots savamment disposés. Ajoutons la vue imprenable sur les collines alentour (et la montagne de la Rhune par beau temps), ainsi que la table d'hôte qui peut être dressée sur réservation en dehors de la période juillet-août.

URT

Auberge La Galupe (☎ 05 59 56 21 84 ; www.lagalupe. com ; Urt-port ; menus 35-81 €, plats 28-40 € ; ☺ fermé dim soir et lun en saison, fermé aussi mer midi et sam midi hors saison). Au port d'Urt, à quelques mètres des berges du fleuve, se trouve l'une des références gastronomiques des Pyrénées-Atlantique, qui fait s'enthousiasmer gourmets et esthètes. La carte de Stéphane Rouville, gourmande et délicate, honore des produits méticuleusement choisis et travaillés avec soin : alose et saumon sauvage des pêcheurs de l'Adour, pigeonneau fermier de Guiche, ris d'agneau de lait du Pays basque… Les prix sont à la hauteur de la réputation.

GUICHE

Chambres d'hôte Hountagnères (☎ 05 59 56 87 48 ; www.hount.com ; ch 50/46 € haute saison (juil-août)/ basse saison, table d'hôte 16 € ; ☺ tte l'année). Cette adresse plaisante et bien tenue comprend 4 chambres au nom de mousquetaire, et de facture plutôt moderne, mis à part quelques meubles anciens. Elles sont aménagées dans une ancienne ferme du XVIIe siècle, au milieu des prairies, et bénéficient d'une entrée indépendante.

BIDACHE

Bidache ne compte pas vraiment de bonnes petites adresses. L'**Hôtel-Restaurant basque** (☎ 05 59 56 00 12 ; www.hotel-restaurant-basque.com ; plats 10-15 € ; ☺ fermé lun) n'a aucune prétention mais pourra caler une petite faim. Cet établissement loue également des chambres.

BARDOS

Hôtel-restaurant Odile (☎ 05 59 56 82 65 ; ch 37 € ; menus 12 € déj sem, 18-27 €, plats 12-20 € ; ☺ restaurant fermé lun soir et sam midi, sauf juil-août ouvert tlj ; fermé 1 sem à la Toussaint et 2 sem en fin d'année). Un établissement doux, simple et agréable, à l'image de la terrasse, où il fait bon s'attabler aux beaux jours. Les 7 chambres avec douches et toilettes sont bien tenues, et la cuisine est généreuse et sans chichis.

Depuis/vers le val d'Adour

Les autocars **Hiruak-Bat – Transports Basques Associés** (☎ 05 59 65 73 11 ; http://autocars-hiruak-bat. com) assurant la liaison Bayonne-Tardets desservent Urt, Bidache et Bardos. Pour tout renseignement sur la fréquence de cette desserte, appelez ou connectez-vous sur le site Internet de la société de transport.

Basse Navarre

Si elle est sans doute la plus renommée – à juste titre – des localités de basse Navarre, Saint-Jean-Pied-de-Port ne constitue néanmoins pas l'unique attrait de cette région. La basse Navarre (Behe Naffaroa), vous laissera également le souvenir d'une campagne baignée d'un vert lumineux, de coteaux moquettés de prairies sur lesquelles des brebis semblent avoir été posées comme pour un décor, de traditions pastorales encore vivantes, d'un environnement propret et d'un air pur et revigorant. Un vrai rêve de citadin en somme !

Terres de passage et de vallées, la basse Navarre a vu ses chemins empruntés très tôt par les marchands, soldats et pèlerins qui faisaient route vers le sud. En équilibre sur les deux versants de la chaîne pyrénéenne, sa position lui valut également d'être aux premières loges de la rivalité entre la Castille, l'Aragon et la France. Henry IV scella son destin en l'intégrant au royaume de France, en 1607.

BASSE NAVARRE

À NE PAS MANQUER

- Le cœur historique de **Saint-Jean-Pied-de-Port** (p. 182), témoin vivant de la grande époque du pèlerinage de Saint-Jacques-de-Compostelle.

- La **Cave Irouléguy** (p. 184 et 186) ou l'un des viticulteurs indépendants qui, entre Saint-Étienne-de-Baïgorry et Saint-Jean-Pied-de-Port, produisent l'Irouléguy, le seul vin du Pays basque. Une dégustation s'impose !

- Le village de **Bidarray** (p. 187), véritable condensé du Pays basque intérieur dominé par les crêtes d'Iparla.

- La **vallée des Aldudes** (p. 192), pour la beauté de son environnement préservé, ses cours d'eau, ses sous-bois et ses prairies (et les charcuteries de Pierre Oteiza).

- À **Irissarry**, le Centre d'éducation au patrimoine **Ospitalea** (p. 179), installé dans une ancienne commanderie, pour son architecture à la fois ancienne et contemporaine, et ses expositions temporaires.

SAINT-PALAIS (DONAPALEU)

Saint-Palais est une étape agréable et un bon point de chute pour visiter la région. La place du Foiral et ses hôtels-restaurants offrent des prestations de bonne qualité et un cadre voué à la détente. Et ce gros bourg – à mi-chemin entre Pau et Bayonne – reste animé en toute saison grâce à une tradition commerciale qui perdure. De fait, Saint-Palais s'est développé grâce au pèlerinage de Saint-Jacques-de-Compostelle (voir p. 185), dont le point de convergence des trois principaux chemins est indiqué par la stèle de Gibraltar érigée sur la colline de Saint-Sauveur, à 4 km du bourg. Fondé au XIIIᵉ siècle, Saint-Palais connut son heure de gloire lorsqu'il abrita l'administration de la basse Navarre trois siècles plus tard.

RENSEIGNEMENTS

Installé face à la mairie, l'**office de tourisme de basse Navarre** (☎ 05 59 65 71 78 ; www.tourisme-saintpalais.com ; 14 place Charles-de-Gaulle ; ⏰ 9h30-19h lun-ven, jusqu'à 18h30 sam, 10h-12h30 dim et jours fériés juil-août, 9h30-12h30 et 14h-18h30 mar-ven, jusqu'à 18h sam sept-juin) propose des balades avec un "raconteur de pays". Il pourra aussi vous renseigner sur les possibilités de promenades à pied dans et autour de la ville. Un réseau de sentiers pédestres a été balisé, qui va de la balade de 1 heure à la randonnée de 6 heures. Des fiches rando sont en vente à l'unité à l'office. La balade (environ 3 heures) des sources de la Bidouze est un classique, mais elle est à éviter par temps pluvieux. Vous pouvez également parcourir un bout du chemin de Saint-Jacques-de-Compostelle jusqu'à la chapelle de Soyarce, où vous attendent une table d'orientation et une très belle vue.

À VOIR

Un tour dans le centre laisse deviner un peu du passé de Saint-Palais. La **rue du Palais-de-Justice** – qui donne sur la place Charles-de-Gaulle – constitue l'ancien cœur de ville du Moyen Âge. Guettez la **maison noble Derdoy Oyhenart**. Elle est surnommée la "maison des têtes" en référence aux portraits sculptés sur la façade au premier étage, dont on suppose qu'ils représentent les derniers rois de Navarre. En face, vous apercevrez l'ancien siège du tribunal dépendant du Parlement de Navarre à Pau, qui abritait au Moyen Âge l'église Saint-Paul, puis, plus tard, un temple protestant. Ne manquez pas de faire un tour dans la **ruelle de la Monnaie**, où d'imposantes maisons à colombages ou à balcon rappellent le rôle de Saint-Palais comme ancienne capitale de la basse Navarre. Enfin, le **trinquet de Saint-**

LA BASSE NAVARRE AVEC DES ENFANTS

LIEUX	ACTIVITÉS	BON À SAVOIR
Bidarray	Goûter les sensations en eaux vives en rafting, kayak, canoraft, etc. Plusieurs prestataires sont réunis sur la **base nautique** (p. 188).	L'âge minimum pour le raft est souvent de 6 ans, et de 12 ans pour les autres activités. La condition : savoir nager.
Banca	Une découverte de la pisciculture en rendant visite à **La Truite de Banca** (p. 192).	Visite libre et gratuite.
Les Aldudes	Le **sentier de découverte** de l'élevage de porc basque (p. 193).	C'est l'occasion de rendre visite aux porcins en liberté en suivant le sentier. En saison, les enfants pourront ensuite déguster une planche de charcuteries.
Ispoure	Se promener en famille avec **un âne de bât** (p. 182).	Plusieurs parcours balisés selon le temps que vous voulez consacrer à la balade, de l'heure à la journée.

INTERVIEW > LE LINGE BASQUE, TOUTE UNE LÉGENDE

Mayalen Podaven, gérante d'Ona-Tiss, fabrique artisanale de linge basque à Saint-Palais

Quelle est l'histoire de votre maison ?
Ona-Tiss a été fondée en 1948 par mon grand-père, François Hourcade. Nous faisions alors de la toile d'espadrilles. Ce n'est que plus tard, en 1989, que nous sommes devenus exclusivement tisseur de linge basque. Notre fabrique artisanale est la dernière en Pays basque. Tout, ici, est fait de façon traditionnelle. On tisse entre 35 000 et 40 000 m de tissu chaque année. Les produits qui sortent de chez nous sont 100% coton et de grand teint, c'est-à-dire qu'ils peuvent bouillir et supporter la Javel (toujours à froid).

Comment se fabrique traditionnellement le linge basque ?
La première étape est l'ourdissage, qui consiste à préparer la chaîne de fils qui va alimenter le métier à tisser. Il y a ensuite le tissage à proprement parler. À l'image d'un orgue de Barbarie, une carte perforée permet de commander l'action des cadres de tissage. Troisième et dernière étape, la confection. Nous coupons à partir du droit fil pour respecter le tissu, puis effilons les petits fils. Il n'y a pas de table de coupe ici, tout est fait à la main, tout comme le travail de finition de la couture.

Quelle est l'origine du linge basque ?
La fameuse toile était d'abord une mante à bœuf, qui servait à couvrir les bêtes lors des transhumances. Elle était en lin, qui était alors cultivé dans la région. À l'origine, le linge basque était bleu marine. On utilisait le pastel de cette couleur cultivé dans la région de Toulouse, qui était la seule à tenir au lavage. Le rouge et le vert apparaissent au XIXe siècle avec le drapeau basque. La légende veut aussi que plus les rayures étaient larges, plus le propriétaire était riche.

Pourquoi 7 rayures ?
C'est pour les 7 provinces basques. À l'origine, il n'y en avait pas forcément autant. Le nombre de rayures permettait d'identifier le propriétaire du troupeau. C'est Jean Vier qui a relancé ce principe des 7 rayures et maintenant, elles identifient le linge basque.

Jayme, dont la charpente métallique a été dessinée par Gustave Eiffel, mérite le coup d'œil (il se trouve derrière l'hôtel du Trinquet, place du Foirail), tout comme l'**église Sainte-Madeleine** pour son orgue Cavaillé-Coll et ses peintures.

L'**Atelier de tissage de linge basque Ona Tiss** (☎ 05 59 65 71 84 ; 23 rue de la Bidouze ; visite gratuite ; ☙ 9h-12h et 14h-17h lun-sam juil-août, mêmes horaires lun-jeu sept-juin), le dernier atelier traditionnel de production de linge basque implanté au Pays basque (aujourd'hui, ce linge est fabriqué en grande partie au Portugal ou dans les pays de l'Est de l'Europe), vous ouvre ses portes pour une visite sympathique et informelle au milieu des rouleaux de tissu. L'occasion de découvrir le travail de cette maison familiale fondée en 1948, et qui fabriquait à l'origine de la toile pour espadrilles. Les machines sont impressionnantes. La coupe, elle, se fait toujours à la main. Vous pourrez acheter sur place du linge mais surtout faire réaliser votre nappe sur mesure.

Lors de notre passage, la ville avait pour projet de déménager le petit **musée associatif de basse Navarre et des chemins de Saint-Jacques** dans la Maison franciscaine. À l'heure actuelle, le musée n'est plus ouvert aux visites individuelles. Sachez cependant qu'il s'appuie sur la présentation d'objets anciens – comme les outils agraires, les vestiges préhistoriques ou les *stèles discoïdales* – pour évoquer l'histoire de la basse Navarre et du pèlerinage de Saint-Jacques-de-Compostelle.

FÊTES ET FESTIVALS
Fin juillet, Saint-Palais s'habille de bleu et de blanc pour les **fêtes de la Madeleine**. Le dimanche qui suit le 15 août a lieu le **Festival de force basque** pendant lequel 8 villages de basse Navarre et de Soule s'affrontent autour de 6 épreuves (Saint-Palais accueillit le premier festival de force basque, en 1951). Le 26 décembre se tient chaque année une **Foire aux chevaux** qui réunit, place du Foirail, chevaux, poneys,

pottoks et ânes. Un spectacle haut en couleur ! Cette foire est une survivance de la tradition commerciale de Saint-Palais.

OÙ SE LOGER ET SE RESTAURER

Camping Ur Alde (☎ 05 59 65 72 01 ; www.camping -basque-uralde.com ; à partir de 9 € pour 1 pers, jusqu'à 21 € pour 2 pers en haute saison, véhicule compris ; 🏕 avr à mi-oct). Une soixantaine d'emplacements se partagent un terrain ombragé de 1,7 ha situé à l'entrée de la ville en venant de Mauléon. Pour un séjour d'au moins 2 nuits consécutives, une entrée par jour et par personne à la piscine municipale vous est offerte, le camping – ainsi qu'un terrain de rugby – se situant à côté. Cinq bungalows recouverts de toile sont aussi proposés à la location (160-455 €/semaine).

Chambres d'hôte Maison Etchekuñenia (☎ 05 59 65 65 54 ou 06 16 09 17 57 ; http://pagesperso-orange.fr/ etchekunenia ; Aicirits ; s/d 32/42 €, table d'hôte 15 €). Avec ses chambres claires et lumineuses, meublées de façon simplissime mais avec une touche de goût, cette maison d'hôte figure parmi les meilleures adresses à prix doux de Saint-Palais. Une cuisine et un vaste salon sont laissés à la disposition des hôte. Vous trouverez cette grande maison de style traditionnel basque à l'entrée de la ville en venant de Mauléon-Licharre, au niveau de la clinique, à peine 1 km avant le centre.

Plusieurs hôtels sont rassemblés sur la place du Foirail, parallèle à la rue Thiers, à deux pas du grand marché couvert (marché le vendredi). La rue du Jeu-de-Paume borde la place.

🅖 Hôtel du Midi (☎ 05 59 65 70 64 ; www.hoteldumidi .cabanova.fr ; place du Foirail ; d 45-51 €, petit-déj 6 € ; demi-pension 46 €/pers sur la base de 2 pers, restaurant menus 12/21/28 € ; 🍴 restaurant ouvert tlj mi-juil à fin août et fermé ven soir et sam le reste de l'année, hôtel fermé mi-oct à nov et dernière sem juin ; 🖥). Un hôtel familial avec un accueil charmant et des chambres (14 au total, dont une familiale) agréables à défaut de ne pas être toujours très grandes. La carte affiche de nombreuses spécialités régionales (anguilles persillade, canard et foie gras faits maison, omelette aux cèpes).

Hôtel de la Paix (☎ 05 59 65 73 15 ; 33 rue du Jeu-de-Paume ; d 53-58 € selon ch, petit-déj 7 € ; demi-pension 49 €/pers sur la base de 2 pers, restaurant menu du jour 14 €, menus 26/31 € ; 🍴 restaurant fermé sam et dim soir, sam midi juil-août, établissement fermé fin déc-fin jan et 1 sem juil ; 🖥). Un deux-étoiles aux prestations très correctes. Les 27 chambres – avec un étage

vert, un autre bleu et un dernier rouge – sont classiques, mais confortables. Et l'accueil de l'établissement est chaleureux. À noter : les chambres donnant sur la cour intérieure ont un balcon.

Hôtel-Restaurant du Trinquet (☎ 05 59 65 73 13 ; www.le-trinquet-saint-palais.com ; 31 rue du Jeu-de-Paume ; d 57-67 € selon ch, petit-déj 7 € ; demi-pension 55 €/pers sur la base de 2 pers, restaurant menus 30/35 €, formule déj 12 € lun-ven, plats 13-20 € ; 🍴 restaurant fermé dim soir et lun, établissement fermé mi-sept à début oct, mi-avr à début mai et entre Noël et le Jour de l'an ; 🖥). Quatre générations que l'hôtel du Trinquet appartient à la même famille. La dernière a décidé d'apporter un coup de jeune avec une rénovation qui donne un caractère contemporain aux 9 chambres (dont 2 familiales à 72 €) et à la belle salle du restaurant. La carte met en avant les producteurs locaux. La palombe flambée au capucin reste un grand classique du Trinquet.

🅒 Chambres d'hôte Maison d'Arthezenea (☎ 05 59 65 85 96 ou 06 15 85 68 64 ; www.gites64.com/maison -darthezenea ; ch 68-73 €, table d'hôte 25 €). Cette maison d'hôte en plein cœur de Saint-Palais est un ravissement. D'abord l'accueil réservé par François Barthaburu, parfois un peu bourru, mais qui vous racontera volontiers l'histoire de cette maison de famille à l'architecture 1900 où chaque meuble est lié à un récit (une armoire porte même un petit nom) et où le souvenir de l'oncle d'Amérique Cristobal plane encore, tout comme celle du père de François, à qui l'on doit le Festival de la force basque. Quant à la maison, elle est merveilleusement restaurée. Les 4 chambres sont très confortables, et jouissent de belles sdb avec WC séparés. Une table d'hôte vous est proposée le premier soir de votre séjour.

Au Platane (☎ 05 59 65 71 23 ; 15 place Charles-de-Gaulle ; plats 9-17 € ; 🍴 tlj). Une adresse parfaite pour déjeuner de copieuses assiettes et plats de type bistro sur une agréable terrasse dressée à l'ombre d'un platane. L'intérieur de ce café-brasserie est plus commun.

DEPUIS/VERS SAINT-PALAIS

Située face à l'office de tourisme, l'agence **Hiruak-Bat – Transports Basques Associés** (☎ 05 59 65 73 11 ; place Charles-de-Gaulle) centralise les transports en commun desservant Saint-Palais. Vous y obtiendrez des renseignements sur les bus de la SNCF assurant des liaisons avec la gare de Puyoô (ville du nord du Béarn) et de Dax (Landes), en correspondance avec les TGV Aquitaine à destination de Paris.

L'agence Basques Associés assure par ailleurs des liaisons par bus avec Bayonne, Tardets, Saint-Jean-Pied-de-Port et Saint-Étienne-de-Baïgorry du lundi au samedi. Attention : les horaires dépendent des impératifs du transport scolaire et varient selon le jour de la semaine et la saison.

DE SAINT-PALAIS À SAINT-JEAN-PIED-DE-PORT

La région qui s'étend entre Saint-Palais et Saint-Jean-Pied-de-Port préfigure déjà le piémont pyrénéen. À mesure que l'on avance vers le sud, le relief se plisse pour former des coteaux aux flancs rebondis sur lesquels paissent des brebis à la laine marquée de rouge ou de bleu. Des fermes et de petits villages font des taches claires rayées de rouge sur ce décor dominé par le vert tendre des pâturages.

La D933 est la route la plus directe entre les deux villes (32 km), à défaut d'être la plus belle. Elle peut être l'occasion de détours intéressants en empruntant des chemins de traverse. La D8, en particulier, serpente entre les coteaux cultivés et commence par rejoindre le bourg d'**Iholdy**, où vous pourrez visiter un **château** (XIVᵉ et XVIIᵉ siècles) (☎ 05 59 37 51 07 ; 6/3 € adulte/enfant ; ☉ 14h-18h tlj sauf jeu, ouvert 1ᵉʳ avr-15 oct) et une remarquable église. Le château est toujours habité et contient un beau mobilier d'époque.

À Iholdy, vous êtes très proche d'Hélette et des grottes d'Isturitz et d'Oxocelhaya (voir *Pays de Hasparren* p. 167).

La D8 se poursuit vers **Irissarry**, qui abrite **une commanderie des chevaliers de Saint-Jean de Jérusalem** fondée au XIIᵉ siècle. Cette bâtisse massive aux belles façades classées – le bâtiment date du début du XVIIᵉ siècle – trône au cœur du village. Il accueille aujourd'hui le **Centre d'éducation au patrimoine Ospitalea** (☎ 05 59 37 97 20 ; www.ospitalea.cg64.fr ; entrée libre ; ☉ 10h-12h30 et 13h30-17h30 lun-sam, fermé jours fériés), qui organise

BASSE NAVARRE

des expositions temporaires liées à l'histoire de la région. N'hésitez pas à entrer. L'intérieur du bâtiment, qui a été entièrement réhabilité en 2001, présente un réel intérêt architectural. On doit en particulier à l'agence d'architecture de Xavier Leibar et Jean-Marie Seigneurin (architectes à Bayonne) le bel escalier central en spirale et le revêtement des murs intérieurs peints à la chaux blanche.

Si vous décidez d'emprunter la D933, sachez que celle-ci passe près d'**Ostabat** (une intersection avec la D508 y mène, 1,5 km plus loin). Ce village assoupi a su garder son charme. Il doit sa célébrité à sa position géographique puisque trois des quatre itinéraires du chemin de Saint-Jacques-de-Compostelle français – ceux de Paris, de Vézelay et du Puy – convergent à Ostabat avant de continuer ensemble vers Saint-Jean-Pied-de-Port, les Pyrénées et enfin, l'Espagne (voir l'encadré *Les chemins de Compostelle* p. 185).

Trois kilomètres plus loin, en revenant sur la D933 en direction de Saint-Jean-Pied-de-Port, vous pouvez faire un arrêt à **Larceveau**, qui accueille un nouveau **Centre d'évocation sur l'art funéraire basque, Harriak Iguzkitan**. Une collection de stèles discoïdales est exposée dans une partie à ciel ouvert, et un espace vidéo explique les traditions funéraires au Pays basque. La visite est libre, mais il faut retirer une carte magnétique d'entrée au site auprès d'un des restaurants du village, qui vous la remettra en échange d'une pièce d'identité. Le Centre est ouvert tous les jours de 9h à 18h.

La région est aussi un haut lieu de la chasse à la palombe (lire encadré p. 179). Depuis Ostabat, la D508 puis la D518 permettent de relier le **col des Palombières** (attention, la route est étroite). Outre une très belle vue de part et d'autre du col, vous pourrez y observer des palombières et découvrir ainsi le piège qui est dressé chaque année à des milliers d'oiseaux. Mais le site est à éviter lorsqu'il y a une partie de chasse (vous risquez bien d'être mal reçus). Pour observer la chasse au filet, préférez le **col d'Osquich** (495 m) que vous pourrez rejoindre via la D918, qui la coupe à Larceveau. Ce col marque aussi la "frontière" entre la basse Navarre et la Soule. Plusieurs restaurants y sont installés.

Où se loger et se restaurer

Larceveau compte plusieurs bonnes adresses.

Chambres d'hôte Arantzeta (☎ 05 59 37 37 26 ; www.arantzeta.fr ; quartier Cibits ; d/tr 50/65 €, table d'hôte 15 € ; ☾ mai-oct). C'est dans une ancienne ferme entièrement rénovée que Michèle et Christophe vous accueillent. Les 3 chambres aménagées avec goût, sont spacieuses et colorées et vous disposerez d'un agréable salon commun. Vous pourrez aussi visiter, tout près, la ferme familiale de Michèle, qui élève un troupeau de brebis Manech (dont le lait est destiné à la fabrication de fromage AOC Ossau-Iraty). Les enfants apprécieront tout particulièrement l'heure de la traite (jusqu'à fin juillet) et les animaux qui paissent dans les champs. Table d'hôte sur réservation proposée deux fois par semaine.

◐ Chambres d'hôte Maison Oyhanartia (☎ 05 59 37 88 16 ; www.oyharnartia.com ; route de Brunus ; d 60/65 €, table d'hôte 25 €). Cette maison d'hôte peut assurément être classée parmi les adresses de charme. Elle prend place dans un magnifique environnement et dans une ancienne ferme restaurée avec des matériaux d'époque. Les 5 chambres sont à l'avenant, d'une élégance chaleureuse. Confortable salon de lecture (avec un feu de cheminée les jours de mauvais temps) et table d'hôte sur réservation, 4 soirs par semaine en juillet-août. Si vous êtes randonneurs, Chantal et Christian se proposent de venir vous chercher au bourg de Larceveau, à environ 2,5 km.

Hôtel-Restaurant Espellet (☎ 05 59 37 81 91 ; D933, route de Mauléon ; s/d 32/40 €, demi-pension 40 € ; menus 12-27 € ; ☾ restaurant ouvert tlj, établissement fermé 3 sem janv). C'est davantage pour le côté restaurant – les 19 chambres, toutes équipées de douches, WC et TV peuvent cependant présenter une bonne option si la déco vous importe peu – que nous vous conseillons cette adresse située dans le centre du bourg. La carte à dominante régionale permet en effet de se sustenter à prix tout à fait raisonnable. Servie avec un verre d'Irouléguy, l'assiette de pays (œuf, jambon, saucisse, boudin, piperade et pommes sautées) coûte 12 €.

◑ SAINT-JEAN-PIED-DE-PORT (DONIBANE GARAZI)

Capitale historique de la basse Navarre, Saint-Jean-Pied-de-Port a maintenant embrassé la religion du tourisme. Sa vieille ville entourée

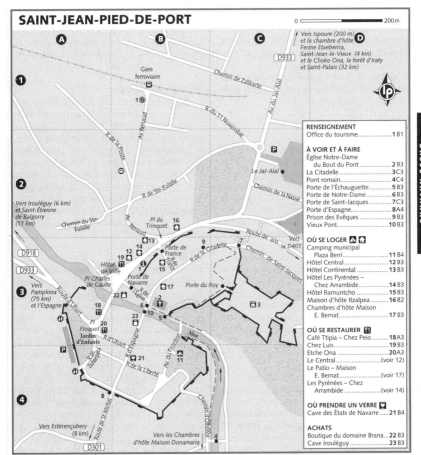

SAINT-JEAN-PIED-DE-PORT

Vers Ispoure (200 m)
et la chambre d'hôte
Ferme Etxeberria,
Saint-Jean-le-Vieux (4 km)
et le Choko Ona, la forêt d'Iraty
et Saint-Palais (32 km)

BASSE NAVARRE

RENSEIGNEMENT
Office du tourisme.................... 1 B1

À VOIR ET À FAIRE
Église Notre-Dame
    du Bout du Pont 2 B3
La Citadelle............................... 3 C3
Pont romain............................... 4 C4
Porte de l'Échauguette............. 5 B3
Porte de Notre-Dame................ 6 B3
Porte de Saint-Jacques............. 7 C3
Porte d'Espagne........................ 8 A4
Prison des Evêques 9 B3
Vieux Pont................................. 10 B3

OÙ SE LOGER
Camping municipal
    Plaza Berri........................... 11 B4
Hôtel Central............................. 12 B3
Hôtel Continental...................... 13 B3
Hôtel Les Pyrénées –
    Chez Arrambide.................. 14 B3
Hôtel Ramuntcho....................... 15 B3
Maison d'hôte Itzalpea 16 B2
Chambres d'hôte Maison
    E. Bernat............................. 17 B3

OÙ SE RESTAURER
Café Ttipia – Chez Peio........... 18 A3
Chez Luis.................................. 19 B3
Etche Ona 20 A3
Le Central.........................(voir 12)
Le Patio – Maison
    E. Bernat.....................(voir 17)
Les Pyrénées – Chez
    Arrambide ....(voir 14)

OÙ PRENDRE UN VERRE
Cave des États de Navarre 21 B4

ACHATS
Boutique du domaine Brana...22 B3
Cave Irouléguy 23 B3

de remparts et sa position au cœur de doux coteaux en font une étape infiniment plaisante. Elle est très fréquentée par les pèlerins, étant la dernière étape avant le passage des Pyrénées. Fondée à la fin du XIIᵉ siècle par le roi de Navarre Sanche "le fort", Saint-Jean-Pied-de-Port doit son nom à sa position au pied du "port" (ou col) de Roncevaux. L'Histoire a étonnamment préservé cette localité à la position stratégique : ses fortifications ont en effet davantage vu passer d'hommes de foi que de guerriers en armes.

ORIENTATION
La ville "moderne", centrée autour de l'avenue du Jaï-Alaï et de la place Charles-de-Gaulle, borde le nord de la vieille ville, cernée de rem-

parts. Les rues d'Espagne et de la Citadelle sont les principaux axes de cette partie de la ville, fermée à la circulation. La citadelle surplombe l'ensemble.

RENSEIGNEMENTS
L'**office de tourisme de Saint-Jean-Pied-de-Port – Baïgorry** (☎ 05 59 37 03 57 ou 0 810 75 36 71 ; www.pyrenees-basques.com ; 14 place Charles-de-Gaulle ; 9h-19h lun-sam, 10h-13h et 14h-17h dim juil-août, 9h-12h et 14h-18h lun-sam, 10h-13h dim juin et sept, 9h-12h et 14h-18h lun-sam hors saison) organise toute l'année des visites guidées de la ville. Des visites plus spécifiques sont programmées en juillet et août, une autour de la citadelle (lundi et vendredi ; 3/1 € adulte/enfant 7 à 12 ans), une visite en nocturne de la ville (mercredi

à 21h30 ; 7/2,50 € adulte/enfants 7 à 12 ans) et une balade au fil de l'eau et du temps avec un "raconteur de pays" (mardi ; 4,50/1,50 € adulte/enfant).

Un topo-guide qui recense 55 balades dans la région de Saint-Jean-Pied-de-Port et de Saint-Étienne-de-Baïgorry est en vente (8 €) à l'office du tourisme.

À VOIR
Vieille ville
Bordé de ses imposants remparts, le cœur historique de Saint-Jean-Pied-de-Port fut érigé entre les XIVᵉ et XVIIᵉ siècles et s'étend entre la Nive et la citadelle. L'**église Notre-Dame-du-Bout-du-Pont**, qui fait face à la **porte de Navarre** et s'appuie lourdement contre la **porte Notre-Dame**, accueille le visiteur par son portail gothique. La porte Notre-Dame donne accès au **Vieux Pont**, d'où l'on découvre le panorama présenté par l'écrasante majorité des cartes postales et des publications consacrées à la ville : celui des maisons avec leurs balcons de bois surplombant le cours d'eau. Indifférentes au décor qui les entoure, des truites grasses narguent les visiteurs depuis les eaux claires de la Nive, profitant de l'interdiction de pêcher dans la rivière.

La **rue de la Citadelle** s'élance vers les hauteurs de la vieille ville depuis le parvis de l'église. Colonne vertébrale du vieux Saint-Jean-Pied-de-Port, elle croise de nombreuses demeures dont les linteaux sculptés témoignent de l'ancienneté. La plus ancienne, la **maison Arcanzola**, est estampillée 1510. Dépassant la **prison des évêques** (voir ci-dessous), la rue se poursuit jusqu'à la **porte Saint-Jacques**, ainsi nommée car c'est en passant sous sa voûte que les pèlerins entraient naguère dans la ville.

La belle rue d'Espagne prolonge la rue de la Citadelle au sud du Vieux Pont. Elle aboutit à la **porte d'Espagne**, ainsi nommée parce qu'elle ouvrait aux pèlerins la voie des Pyrénées.

Citadelle
Une allée pavée monte depuis le haut de la rue de la Citadelle à cet édifice militaire long de 600 m et large de 150, d'où l'on jouit d'une belle vue sur la ville, les montagnes environnantes et les vignobles en terrasse d'Irouléguy. Ses fortifications, réalisées vers 1680, ont vraisemblablement été inspirées par Vauban. De la **porte du Roy**, qui fait face au pont-levis principal, un court sentier longe le rempart pour retrouver un escalier étroit

qui descend vers la Nive jusqu'à la **porte de l'Échauguette**, juste derrière le Vieux Pont et l'église Notre-Dame-du-Bout-du-Pont. La citadelle ne se visite qu'en juillet-août au cours de visites guidées.

Prison des évêques
La **Prison des évêques** (☎ 05 59 37 00 92 ou 05 59 37 03 57 ; 41 rue de la Citadelle ; 3 €, gratuit moins de 10 ans ; ☺ Pâques-Toussaint, 10h30-12h et 15h-18h30, 10h-18h30 juil-août, fermé mar hors juil-août). Cette ancienne chapelle transformée en prison au XVIIIᵉ siècle est intéressante pour l'architecture de ses cellules et de son lugubre sous-sol. Située au milieu de la rue de la Citadelle, elle rappelle le passé religieux de la ville, qui abrita brièvement le siège de l'évêché de Bayonne au XIVᵉ siècle. En saison, les lieux accueillent des expositions.

À FAIRE
Des rencontres de **pelote basque à main nue** ont lieu tous les lundis à 17h au trinquet. Des démonstrations de pelote à joko garbi et à grand chistera se déroulent en saison plusieurs fois par semaine au fronton municipal ou au jaï alaï.

Le domaine viticole **Mourguy** (☎ 05 59 37 06 23 ; www.domainemourguy.com ; lspoure ; par âne 10 €/heure, 23 €/demi-journée, 34 €/journée ; ☺ tte l'année) propose des balades, accompagné d'un âne, sur des parcours balisés. Avant de partir, on vous donne des conseils pour guider l'animal ainsi qu'un plan. Les sentiers traversent les vignes, dont la particularité est d'être situées en terrasse sur la montagne Arradoy, la plus plantée de l'appellation Irouléguy. La durée de la balade varie entre une demi-heure et une journée. Un conseil : emporter un pique-nique et réserver à l'avance.

De Saint-Jean-Pied-de-Port, vous n'êtes pas très loin de Bidarray, où vous pouvez pratiquer des activités en eaux vives (voir p. 188), ni de la forêt d'Iraty (p. 188).

OÙ SE LOGER
Une **aire de camping-car** (5/8 € 24h/48h) est aménagée à côté du jaï-alaï. La ville, et notamment la rue de la Citadelle, accueille par ailleurs un certain nombre de **gîtes d'étape** réservés aux pèlerins munis de leur *crédential* ("passeport" du pèlerin délivré par les paroisses catholiques et les associations d'amis de Saint-Jacques). La liste est disponible auprès de l'office du tourisme. L'accueil

des pèlerins se fait au 39 rue de la Citadelle (☎ 05 59 37 05 09).

Camping municipal Plaza Berri (☎ 05 59 37 11 19 ou 05 59 37 00 92 ; avenue du Fronton ; empl 2 €, adulte/enfant 2,50/2 €, voiture 2 €, électricité 2,50 € ; ☺ Pâques-Toussaint). Saint-Jean-Pied-de-Port fait partie des très rares villes touristiques où il est possible de planter sa tente quasiment au centre-ville. Ce petit terrain de camping (une cinquantaine de places) est idéalement situé derrière le fronton, à l'ombre des arbres. la rançon de cet emplacement de rêve : il est bondé en été. Vous trouverez d'autres terrains à 5 km environ de la ville, sur la route de Bayonne.

◖ Chambres d'hôte Ferme Etxeberria (☎ 05 59 37 06 23 ; www.domainemourguy.com ; Ispoure ; d 48 € ; ☺ tte l'année). À Ispoure, village limitrophe de Saint-Jean-Pied-de-Port, le domaine Mourguy propose 4 belles chambres d'hôte aménagées dans l'ancienne grange et disposant toutes d'une mezzanine étant donné la belle hauteur sous plafond. Vous dormirez au-dessus du chai et prendrez le petit-déjeuner face aux vignes. Entrée indépendante et petit coin cuisine pour préparer un pique-nique ou réchauffer un plat. Une bonne adresse familiale, d'autant que le domaine propose aussi des balades avec un âne (voir la rubrique *À faire*, plus haut). Depuis le centre-ville, prenez la direction de Saint-Palais/Pau. Sur l'avenue du jaï-alaï, Ispoure sera indiqué sur votre gauche.

Hôtel Central (☎ 05 59 37 00 22 ; 1 place Charles-de-Gaulle ; d 60-71 € selon ch, petit-déj 8 € ; ☺ mi-mars à fin nov). Un vieil établissement familial aux chambres plus confortables que la réception ne le laisse penser, même si elles sont inégales. Un magnifique escalier en bois les dessert. Si celui-ci est complet, vous pouvez vous adresser à l'**Hôtel Continental** (☎ 05 59 37 00 25 ; 3 avenue Renaud ; d 69-73 €, petit-déj 8,50 €, ☺ mai à mi-nov ; ⓟ), qui appartient au même propriétaire. La maison a moins de caractère mais les chambres – assez spacieuses – jouissent d'un confort supérieur, et celles donnant sur l'arrière ont un balcon.

Hôtel Ramuntcho (☎ 05 59 37 03 91 ; http://pagesperso-orange.fr/hotel.ramuntcho ; 1 rue de France ; d 56 à 76 € selon saison, petit-déj 9 €, demi-pension 54-66 €, menus 16,50-32 € ; ☺ restaurant fermé ven juil-août, fermé mar-mer pendant année scolaire, hôtel-restaurant fermé fin nov à mi-janv ; ▭). Dans la famille depuis 4 générations et situé dans la vieille ville, ce deux-étoiles a bénéficié d'une rénovation récente. Ses 16 chambres affichent un bon

confort. Certaines ont un balcon et l'une d'elles donnent sur la rue de la Citadelle. Formules demi-pension.

Chambres d'hôte Maison Donamaria (☎ 05 59 37 02 32 ou 06 61 90 29 21 ; www.donamaria.fr ; 1 chemin d'Olhonce ; d 62 € ; ☺ tte l'année). Une charmante adresse lotie dans un environnement tout aussi charmant – on peut longer la Nive à pied pour y accéder à partir du centre du bourg. Les 4 chambres, dont 1 suite familiale (c'est-à-dire 2 chambres attenantes), sont d'une belle sobriété. Piscine et jardin.

Maison d'hôte Itzalpea (☎ 05 59 37 03 66 ; www.maisondhotes-itzalpea.com ; 5 place du Trinquet ; s/d 50-60/60-80 € selon ch, petit-déj compris ; ☺ fermé 15 jours en hiver). Situé dans le centre, voici un ancien hôtel transformé en maison d'hôte. Les 5 chambres, refaites à neuf récemment, sont chaleureuses bien que parfois un peu surchargées côté déco. Les moins chères, qui sont aussi les plus petites, n'ont pas de fenêtre à proprement parler mais une porte-fenêtre qui donne sur le couloir. Le rez-de-chaussée accueille un salon de thé cosy, ouvert l'après-midi. Bon accueil.

Chambres d'hôte Maison E. Bernat (☎ 05 59 37 23 10 ; www.ebernat.com ; 20 rue de la Citadelle ; d 76-86/66-76 € haute saison (juil-août)/basse saison ; ☺ Pâques à mi-oct). Nommée d'après les inscriptions gravées dans la pierre de la façade, datées de 1662, cette maison d'hôte cultive, au cœur de la vieille ville, l'art de vivre avec passion. Vous logerez à l'étage, dans de grandes chambres dotées de sdb, modernes et impeccables. Les moins chères sont mansardées.

Hôtel Les Pyrénées – Chez Arrambide (☎ 05 59 37 01 01 ; www.hotel-les-pyrenees.com ; 19 place Charles-de-Gaulle ; d 100-170 € selon ch ; petit-déj 16 € ; ☺ fermé fin nov-fin déc ; ▭ ⓟ). La belle adresse de Saint-Jean-Pied-de-Port. Avant tout réputé pour son restaurant deux étoiles au Michelin, l'hôtel compte 20 chambres à l'allure contemporaine, dont on regrettera seulement l'aspect un peu froid. Agréable piscine extérieure. Deux chambres donnent du côté du jardin.

OÙ SE RESTAURER

◖ Chez Luis (☎ 05 59 37 02 91 ; plats 7-12 € ; 17 place Charles-de-Gaulle ; ☺ fermé mar). Cette brasserie sans façons offre un excellent rapport qualité/prix (plat du jour 8 €) avec des assiettes revigorantes servies avec des pommes de terre sautées ou de la salade. Elle est fréquentée à l'heure du déjeuner par de nombreux habitants de la ville. Venir tôt les jours de marché.

Café Ttipia – Chez Peio (☎ 05 59 37 11 96 ; 2 place Floquet ; plats 10-15 € ; ☉ fermé mer hors saison, fermé fin nov à mi-déc). Une agréable adresse pour répondre aux petits creux (assiettes de dégustation de charcuterie ibérique ou de fromage) comme aux plus gros appétits (la côte de bœuf arrive fumante sur un grill). Beaucoup de produits sont faits maison. Le patron est le frère du propriétaire de la Venta Burkaitz, réputée pour ses grillages au feu de bois.

Le Patio – Maison E. Bernat (☎ 05 59 37 23 10, www.ebernat.com, 20 rue de la Citadelle ; plat du jour 10 €, salades 12 €, menus 19,80/26 € ; ☉ Pâques à mi-oct). Le restaurant de la maison d'hôte E. Bernat fait la part belle à la truite de Banca (truite d'élevage de la vallée des Aldudes), servie marinée, en terrine ou à la plancha. Les desserts sont le résultat des cours de pâtisserie suivis par la patronne à l'école du Ritz-Escoffier. Joli patio.

Le Central (☎ 05 59 37 00 22 ; 1 place Charles-de-Gaulle ; plats 12-25 € ; ☉ fermé mar hors saison). Un rien chic, le restaurant de l'hôtel Central est reconnu en ville comme une valeur sûre. À la carte, de nombreuses spécialités régionales comme la truite braisée au jurançon ou le poulet basquaise.

Choko Ona (☎ 05 59 37 13 67 ; bourg, Saint-Jean-le-Vieux ; menus 15-30 € ; ☉ tlj en saison, fermé mer soir et jeu hors saison, 3 sem fin mai-début juin). Le petit restaurant de Saint-Jean-le-Vieux mérite les 4 km de route depuis Saint-Jean-Pied-de-Port en direction de la forêt d'Iraty. Dans une petite salle chaleureuse ou en terrasse, on sert une excellente omelette aux cèpes, des truitelles d'Iraty, du merlu à l'Izarra, des chipirons à l'encre, de l'axoa ou encore un salmis de palombe en saison. Cette goûteuse cuisine de terroir vous attend au cœur du village, en bordure de la route principale (D933).

Etche Ona (☎ 05 59 37 01 14 ; 15 place Flochet ; plats 15 €, menu 30 € ; ☉ tlj mi-juil à fin août, fermé mer soir et jeu hors saison). "La bonne maison", si l'on en croit son nom basque, sert une cuisine de qualité axée sur les produits de saison dans une salle tout en longueur qui souffre, parfois, d'une ambiance un peu morne.

Les Pyrénées – Chez Arrambide (☎ 05 59 37 01 01 ; www.hotel-les-pyrenees.com ; 19 place Charles-de-Gaulle ; menus 42/75/100 € ; ☉ tlj en saison, fermé mar en saison, lun soir et mar nov-fin mars, fin nov-fin déc). La table de Firmin Arrambide, la plus réputée et la plus raffinée de la ville, a regagné en 2008 sa deuxième étoile qu'elle avait perdue 8 ans plus tôt. Voilà qui vient couronner un long travail

sur les saveurs locales, comme les cèpes de la forêt d'Iraty ou le saumon de Saint-Jean-de-Luz. Les lasagnes au foie gras et truffe ou l'assiette langoustines aux quatre façons figurent sur la carte d'automne.

OÙ PRENDRE UN VERRE

La **Cave des États de Navarre** (☎ 05 59 49 10 48 ; 23 rue d'Espagne ; assiettes 9-13 € ; ☉ tlj sauf mar, à partir de 12h et jusqu'à 20h-22h selon les jours) est un endroit à fréquenter sans modération. Tous les irouléguy – et plus encore, avec des crus de Navarre, de la Rioja ou du Jurançon – sont à déguster autour de belles assiettes de spécialités locales dans cette cave aux allures de bar à vin, avec murs en pierres et barriques jouant le rôle de table. Aux beaux jours, une terrasse est dressée dans l'impasse attenante.

ACHATS

Un marché se tient le lundi matin dans le centre-ville et, en juillet et août, une foire gastronomique a lieu tous les jeudis.

Vous trouverez rue d'Espagne et aux environs de la place Charles-de-Gaulle pléthore de boutiques proposant du linge basque ou des espadrilles. Rappelons au passage qu'une grande partie du linge dit basque n'est plus fabriqué dans la région.

Les amateurs de vin trouveront leur bonheur au pied de la porte de Navarre à la **boutique du domaine Brana** (☎ 05 59 37 00 55 ; www.brana.fr ; rue de l'Église ; ☉ tlj juil à mi-sept, 10h-12h et 14h15-19h mar-sam hors saison, fermé janv à mi-fév). Ce producteur indépendant est réputé comme l'une des valeurs sûres d'irouléguy (pour davantage de précisions sur le vignoble, reportez-vous à la rubrique *Irouléguy*, p. 187). Du 1er juillet au 15 septembre, il est possible de visiter tous les jours le vignoble et le chai du domaine, situé à Ispoure. Hors saison, si vous souhaitez acheter du vin ou des liqueurs, vous pouvez vous rendre directement au domaine au 3 avenue du Jaï-Alaï, sur la route de Saint-Palais. Il est ouvert du lundi au vendredi de 8h30 à 12h et de 14h à 18h. La **Cave Irouléguy** (☎ 05 59 37 13 84 ; www.cave-irouleguy.com ; 6 rue d'Espagne ; ☉ 10h30-12h30 et 14h30-19h tlj), une coopérative qui réunit une quarantaine de vignerons d'Irouléguy et produit un rouge remarqué, le domaine de Mignaberry, dispose d'un point de vente ouvert de mai à septembre. Sinon, la cave est installée à Saint-Étienne-de-Baïgorry, où un espace dégustation-vente est ouvert à l'année.

DEPUIS/VERS SAINT-JEAN-PIED-DE-PORT

La petite **gare SNCF** (☎ 05 59 37 02 00) est implantée légèrement à l'écart du centre-ville, au nord. Plusieurs trains quittent chaque jour Saint-Jean-Pied-de-Port vers Bayonne via Pont-Noblia-Bidarray, Cambo-les-Bains et Ustaritz.

L'agence **Hiruak-Bat – Transports Basques Associés de Saint-Palais** (☎ 05 59 65 73 11) assure des liaisons par bus avec Saint-Jean-Pied-de-Port et Saint-Étienne-de-Baïgorry du lundi au samedi. Le départ se fait à 8h15 de Saint-Étienne-de-Baïgorry et à 18h05 de Saint-Jean-Pied-de-Port. Réservez la veille au soir.

COMMENT CIRCULER

C'est à pied que Saint-Jean-Pied-de-Port se découvre le mieux. D'autant plus que la circulation et le stationnement automobiles peuvent s'avérer délicats en période d'affluence. Vous trouverez des parkings place Charles-de-Gaulle et aux abords de l'entrée est de la citadelle.

ENVIRONS DE SAINT-JEAN-PIED-DE-PORT
Irouléguy (Irulegi)

Outre une belle église à la façade blanche en forme de fronton, ce petit village est avant tout connu pour être le lieu de production du seul vin du Pays basque. Rendre visite

BASSE NAVARRE

LE CHEMIN DE COMPOSTELLE

Trois des quatre principaux chemins du pèlerinage de Saint-Jacques-de-Compostelle se donnent rendez-vous en basse Navarre. Les itinéraires au départ de Paris, de Vézelay et du Puy convergent en effet vers le village d'Ostabat, à quelques kilomètres de Saint-Palais, avant de gagner Saint-Jean-Pied-de-Port, dernière étape avant les Pyrénées. Ils traversent le massif par la passe d'Ibañeta, à la différence du chemin d'Arles, qui arrive de l'est et franchit les Pyrénées par le col du Somport. Les quatre chemins se rejoignent en Espagne, où ils forment le *camino frances* (chemin français).

La ville galicienne de Compostelle et le tombeau de l'apôtre Jacques, saint patron de l'Espagne, sont le but ultime de ce périple de près de 1 500 km inauguré en 951. Les pèlerins furent particulièrement nombreux entre les années 1000 et 1500, à l'époque où Saint-Jacques-de-Compostelle occupait une place équivalente à celles de Rome et de Jérusalem parmi les hauts lieux du christianisme. La plupart des pèlerins effectuaient ce rude trajet à pied, stimulés par le désir d'exprimer leur foi, d'expier leurs péchés, d'assurer le salut de leur âme ou de respecter la dernière volonté d'un mourant. D'autres étaient mus par une préoccupation plus terre à terre, comme le désir d'échapper à des dettes : compte tenu de l'impossibilité de saisir les biens d'un pèlerin, certains ne marchaient, paraît-il, que pour sauvegarder les moyens de subsistance de leur famille laissée derrière eux. Sans oublier les faux pèlerins ou coquillards, brigands dont le seul but était de détrousser les pieux voyageurs.

Arrivés au but de leur périple, les pèlerins (les *jacquets*) achetaient ou ramassaient sur une plage de Galice ce qu'on appelle aujourd'hui une coquille Saint-Jacques. Sur le chemin du retour, ils arboraient fièrement cette preuve de leur arrivée au tombeau du saint. Le coquillage est ainsi devenu, avec le long bâton de marche du pèlerin (le *bourdon*), le symbole du pèlerinage.

Au-delà de sa dimension religieuse, le chemin de Compostelle devint un important vecteur pour la diffusion des idées politiques et culturelles à travers l'Europe. Une tradition architecturale originale prit également naissance avec la construction d'églises et de sanctuaires destinés à accueillir les pèlerins. L'Unesco a salué cette dimension culturelle en inscrivant en 1999 le chemin de Saint-Jacques sur la liste du patrimoine de l'humanité. Cette reconnaissance européenne coïncide avec un regain d'intérêt des adeptes de la marche pour les itinéraires de Saint-Jacques. Il doit beaucoup à la FFRP (Fédération française de la randonnée pédestre), qui fit renaître la route du Puy en la baptisant GR®65.

Le premier livre consacré aux chemins de Saint-Jacques fut écrit en 1139 par Aymery Picaud. Aujourd'hui, les randonneurs ont un large éventail de publications à leur disposition. Citons les trois Topo-guides de la FFRP : *Le Puy-Figeac* (n°651), *Figeac-Moissac* (n°652) et *Moissac-Roncevaux* (n°653). Les guides Rando Éditions consacrent aussi plusieurs titres au chemin de Saint-Jacques.

Voir également le chapitre *Chemins de Saint-Jacques-de-Compostelle* p. 83.

aux viticulteurs sera sûrement l'unique raison de venir à Irouléguy, qui ne compte ni commerces ni services.

Les premières vignes d'Irouléguy ont été plantées par des moines au XIIᵉ siècle. Le vignoble a majoritairement succombé au puceron parasite du phylloxéra, qui s'est abattu sur les vignes françaises au début du XXᵉ siècle, et les ceps actuels ont été plantés depuis la fin de la Seconde Guerre mondiale. Outre ses dimensions modestes, l'une des caractéristiques du vignoble d'Irouléguy est d'être majoritairement planté en terrasse sur de petites parcelles de montagne. Ce mode de culture interdit la mécanisation de l'entretien des vignes et de la récolte. Le raisin est ainsi vendangé à la main, technique qui tend de plus en plus à être réservée au club des grands crus, dont l'Irouléguy ne fait pourtant pas partie, ce qui rend la production comparativement chère.

Le vignoble d'Irouléguy, qui bénéficie d'une AOC depuis 1970, produit des vins blancs, rosés et rouges. Ces derniers représentent la majeure partie de la production et la plus intéressante en termes de qualité. L'irouléguy utilise les cépages traditionnels du Sud-Ouest : le puissant tannat, adouci de cabernet franc et de cabernet sauvignon pour les rouges et les rosés ; les gros et petit manseng et le petit courbu pour les blancs.

Longtemps jugée médiocre mais bénéficiant d'un crédit de sympathie dû à son statut d'unique vin authentiquement basque, l'appellation a connu un réel saut qualitatif ces dernières années, sous l'impulsion conjointe d'une poignée de producteurs indépendants motivés et d'une coopérative bien décidée à vinifier elle aussi des produits de qualité.

VENTE ET DÉGUSTATION DE VIN

Une cinquantaine de producteurs, dont une dizaine d'indépendants, se partagent les 220 ha de l'appellation irouléguy. Implanté sur les flancs sud des montagnes, à une altitude qui varie entre 200 et 450 m, le vignoble est exploité sur une dizaine de communes autour de Saint-Étienne-de-Baïgorry et de Saint-Jean-Pied-de-Port. Environ 1 million de bouteilles sont produites chaque année.

■ **La Cave Irouléguy** (☎ 05 59 37 41 33 ; www. cave-irouleguy.com ; route de Saint-Jean-Pied-de-Port, Saint-Étienne-de-Baïgorry ; ☯ 9h-12h30 et 14h-19h tlj mai-sept, 9h-12h et 14h-18h30 lun-sam oct-avr). Ses produits phares sont les rouges omenaldi

et mignaberry (ce dernier est l'une des valeurs sûres du vignoble), dont certaines années ont reçu une médaille d'or au Salon de l'agriculture à Paris. Notons aussi, parmi les rosés, l'argi d'Ansa. La coopérative est située à la sortie de Saint-Étienne-de-Baïgorry (voir aussi cette localité plus loin).

■ **Étienne Brana** (☎ 05 59 37 00 55 ou 00 44 ; www. brana.fr ; rue de l'Église, Saint-Jean-Pied-de-Port ; ☯ 10h-12h et 14h15-19h tlj juil à mi-sept, mar-sam hors saison, fermé janv à mi-fév ; ou directement à la propriété, 3 avenue du jaï alaï). Au nord de Saint-Jean-Pied-de-Port, face au pic d'Arradoy, le domaine Brana est apprécié de longue date pour la qualité de son vin rouge. Étienne Brana est aussi distillateur et réputé pour ses eaux de vie de fruits et ses liqueurs.

■ **Domaine Arretxea** (☎ 05 59 37 33 67, Irouléguy). Implanté dans le village même, Arretxea est le domaine qui monte. Il produit des vins en agriculture bio, dont la remarquée cuvée Haitza, un rouge de garde lourd aux tanins très présents, qui ne plaira cependant pas à tout le monde. Plus classique, la cuvée Arretxea tradition est en revanche déjà considérée comme une valeur sûre. Dégustations et vente au domaine se font uniquement sur rendez-vous, toute l'année.

■ **Domaine Ilarria** (☎ 05 59 37 23 38, Irouléguy). L'autre producteur indépendant installé dans le village, qui travaille également en agriculture bio. Il accueille le public du lundi au samedi de juin à septembre, de 10h à 12h et de 14h à 18h (sur rendez-vous hors saison). Le domaine produit un rouge apprécié.

Vous pouvez également contacter ou visiter les domaines suivants :

■ **Ametzia** (☎ 05 59 37 93 68), à Saint-Étienne-de-Baïgorry. Visite de 10h30 à 12h30 et de 15h à 19h.

■ **Etxegaraya** (☎ 05 59 37 23 76), à Saint-Étienne-de-Baïgorry. Visite du lundi au samedi, de 10h à 12h30 et de 15h à 19h.

■ **Abotia** (☎ 05 59 37 03 93), à Ispoure.

■ **Mourguy** (☎ 05 59 37 06 23), à Saint-Jean-Pied-de-Port. Visite du lundi au samedi de 10h30 à 12h30 et de 16h à 19h, de juin à octobre. Sur rendez-vous de novembre à mai.

INTERVIEW > L'IROULÉGUY, UN VIN DE MONTAGNE

Florence Mourguy, œnologue et productrice du vin d'Irouléguy à Ispoure

Le domaine Mourguy, c'est une histoire de famille...

Sur la traditionnelle pierre murale de notre maison – qui indiquait le métier de son propriétaire – une vigne est dessinée, c'est à croire qu'il y avait prédestination ! Dans la région, chaque maison avait son vin, son cidre, son élevage. C'est une agriculture de montagne. Mon grand-père faisait du vin. L'irouléguy a accédé à l'AOC en 1970. Au début des années 1980, mon père a voulu agrandir les vignes. Il a fait venir une pelle araignée pour faire des terrasses en espalier sur les pentes abruptes de la montagne Arradoy (le domaine fait aujourd'hui 9 ha). C'était la première vigne avec ce mode de culture. Je travaille au domaine depuis 2003, j'ai repris la vinification. Mon frère, lui, s'occupe des vignes.

Quels vins faites-vous ?

Un vin rosé et un vin rouge. Je ne cherche pas à faire un vin tannique, opulent, mais plutôt équilibré et fin, afin de pouvoir ressentir tous les arômes du début à la fin de la dégustation. Nos cépages – tannat, cabernet sauvignon et cabernet franc – ont du caractère. Les tanins sont là, fidèles chaque année au rendez-vous. Je sépare les cépages et fais l'assemblage final. Je ne cherche certes pas à faire autre chose que de l'irouléguy, qui est un vignoble de montagne, mais je cultive ma différence. Je n'oublie pas que le raisin, c'est du fruit. Je cherche du savoureux, je cherche les bons tanins, ceux qui sont fondus et équilibrés. Le vin rouge passe 10 à 12 mois dans le chai en fûts de chêne. Le but n'est pas de boiser le vin, mais de le faire vieillir.

BASSE NAVARRE

OÙ SE LOGER

Ferme-Auberge Pekoainia (☎ 05 59 37 27 03 ; Anhaux ; d 45 € , table d'hôte à partir de 14 € ; ☺ tte l'année). À défaut d'adresse à Irouléguy même, vous pourrez loger dans cette belle ferme-auberge, à 2 km environ du village. La grande bâtisse traditionnelle loue de vastes chambres modernes avec sdb. Confortables et meublées avec goût, elles sont idéales pour les familles. Des repas à base de produits de la ferme sont servis sur réservation. Les tarifs des chambres sont dégressifs à partir de 2 nuits.

La ferme est située à l'entrée du village d'Anhaux. Pour vous y rendre depuis Irouléguy, parcourez environ 2 km vers Saint-Jean-Pied-de-Port, puis prenez à droite sur 200 m.

DE SAINT-JEAN-PIED-DE-PORT À LA FRONTIÈRE ESPAGNOLE

Le chemin de Saint-Jean-Pied-de-Port qui se rend en Espagne via Roncevaux est un passage mythique pour des millions de pèlerins depuis le Moyen Âge. Si le GR®65, qui passe à quelques kilomètres à l'est de la route, reste fréquenté par les randonneurs, la route est une option moins sportive.

Sept kilomètres suffisent à la N135 (direction Pamplona) pour atteindre la frontière espagnole. Elle la franchit au **col d'Arneguy**

(245 m), où se trouvent plusieurs *ventas*. Reportez-vous p. 89 pour des informations concernant la suite de cet itinéraire.

BIDARRAY (BIDARRAI)

Bidarray donne l'impression de prendre de la hauteur. Perché sur un plateau à la confluence de la Nive et du Bastan, ce charmant village est dominé par la crête d'Iparla. Un fronton, une église et quelques platanes font face à un paysage de prairies ondulantes qui invitent à la contemplation. Ce condensé de Pays basque intérieur est apprécié de longue date par les randonneurs parcourant le GR®10, dont Bidarray est une étape, mais aussi par les amateurs de rafting sur la Nive, qui se retrouvent à la base nautique en contrebas du village, près du pont Noblia.

À VOIR

Ne ratez pas l'**église** du village, entourée d'un cimetière en terrasse. Cette ancienne chapelle d'un prieuré de Roncevaux du XIIᵉ siècle a été remaniée cinq siècles plus tard avec l'ajout d'un beau mur de façade faisant office de clocher (clocher fronton). Le porche présente de superbes colonnes sculptées. Le cimetière accueille des *stèles* *discoïdales* et des croix navarraises. Dans le bas du village, le **pont Noblia**, un bel édifice à triple arche, a pour sa part été érigé au XIVe siècle pour permettre aux pèlerins de franchir la Nive.

Dans un registre gastronomique, vous pourrez rendre visite au **Fumoir de la Vallée** (☎ 06 64 80 84 40 ; http://fumoirdelavallee.over-blog. com/ ; ☽ 10h-18h lun-sam matin, ouvert mars-nov), qui fera la joie des amateurs de truites, saumons mais aussi de jambons et saucissons fumés au bois de hêtre d'Iraty. Vous trouverez le fumoir en restant sur la D918, 2 km après Bidarray si vous venez de Saint-Jean-Pied-de-Port.

À FAIRE
Sports nautiques
Bidarray est le lieu de rendez-vous des agences de **sports d'aventure** de la basse Navarre. La plupart mettent l'accent sur les sports d'eaux vives sur la Nive. Certaines ont cependant élargi leurs prestations à la randonnée ou à l'escalade. Leurs bureaux sont quasiment au coude à coude en bas du village, en bordure de la D918.

- **Ur Bizia** (☎ 05 59 37 72 37 ; www.ur-bizia.com ; D918 ; ☽ tte l'année). Rafting, kayak, nage en eaux vives et toutes les variantes des sports d'eau douce – hydrospeed, canoraft, airyak – figurent au catalogue de ce prestataire spécialisé reconnu. Formules séjour avec hébergement.
- **Arteka** (☎ 05 59 37 78 92 ; www.arteka-eh.com ; D918 ; ☽ tte l'année). Autre spécialiste de la région, Arteka propose du canyoning, de la randonnée aquatique, de l'escalade, de la randonnée pédestre et en raquettes, du rafting et de l'hydrospeed.
- **Ur Ederra–Sensations Eaux Vives** (☎ 05 59 37 78 01 ; www.sensationseauxvives.com ; bourg ; ☽ mi-mars à mi-nov). Cataraft, miniraft, hydrospeed, hairboat, torpilles.
- **Uhina Rafting** (☎ 05 59 37 76 59 ou 06 15 38 79 38 ; www.uhina-rafting.com ; D918). Hydrospeed, canoraft, bouée, twister et rafting.

Randonnées et balades
Le GR®10, qui longe la chaîne pyrénéenne d'est en ouest, traverse Bidarray. Depuis le village, il est possible de rejoindre les crêtes d'Iparla, l'un des points forts du tracé, en une randonnée de 5 à 6 heures aller-retour (voir la randonnée *Les crêtes d'Iparla* décrite

au chapitre *Randonnées et balades dans les Pyrénées*, p. 70). Un itinéraire plus court part du hameau de La Bastide, à quelques kilomètres au sud de Bidarray.

Au bourg, vous trouverez sur un grand panneau la description de trois itinéraires de balade également balisés depuis le village. Pour une simple promenade, choisissez le sentier qui monte aux lieudit Ineta depuis l'église (6 km ; 2 heures 30). Les marcheurs plus motivés pourront pointer leurs souliers vers l'itinéraire de 4 heures (11 km environ) qui monte à Harriondo (495 m), en contrebas des crêtes d'Iparla, via le col de Lacho.

OÙ SE LOGER ET SE RESTAURER
Gîtes de montagne Arteka (☎ 05 59 37 71 34 ; www. arteka-eh.com ; nuitée 13 €, nuitée et petit-déj 17 €, demi-pension 24 € ; ☽ fév-oct). Le prestataire en eaux vives Arteka gère, au cœur du village, deux gîtes distants d'une centaine de mètres et comptant respectivement 50 et 30 lits en chambres et 4 à 10 places en dortoirs. Vous trouverez un accueil à la Maison Menditarrena, près de la mairie et du fronton.

€ Hôtel-Restaurant Noblia (☎ 05 59 37 70 89 ; www.hotel-restaurant-noblia.fr ; pont Noblia ; d 38-40 €, petit-déj 6,50 €, demi-pension 47 € ; menus 17-25 € ; ☽ l'année ; ☐ ℗). Cet hôtel une-étoile fait face à la très belle arche du pont Noblia, en bordure de la route dans le bas du village (et en bordure de la ligne de train…). Les 17 chambres sont simples et affichent pour certaines une décoration un peu vieillotte. Bien tenues, elles restent raisonnablement confortables et les plus chères disposent d'une terrasse. Des "menus du terroir" sont servis dans la grande salle de restaurant.

Chambres d'hôte Marie Haran (☎ 05 59 37 70 37 ; www.bastanondo.com ; s/d 41/46 €, table d'hôte 15 € ; ☽ fermé mi-nov à fin janv). Également au chapitre des adresses à prix modéré, cette maison d'hôte est située dans le bas de Bidarray, à quelques centaines de mètres de la D918 en direction du cœur du village. Dans une grosse et belle bâtisse reconnaissable à sa façade datée de 1866, elle loue 4 vastes chambres avec sdb impeccables (l'une est équipée d'une baignoire), même si elles sont sans charme particulier. Petit jardin et repas sur réservation, à l'exclusion du samedi soir.

Chambres d'hôte Maison Jaureguia (☎ 05 59 37 49 72 ou 06 87 52 79 24 ; quartier Urdos ; d/tr/q 55/70/80 € ; ☽ tte l'année). Un petit air de bout du monde se dégage de cette belle maison située au hameau d'Urdos, face à une petite église et au départ d'un sentier de randonnée. Des fleurs sont accrochées aux fenêtres de cette haute bâtisse du XVIᵉ, qui était un ancien relais de Saint-Jacques-de-Compostelle. Les 3 chambres aux vieux parquets sont spacieuses et idéales pour les familles (d'autant que les enfants peuvent jouer en bas sans soucis). Accompagnateur en montagne, Daniel saura vous renseigner sur les nombreuses balades dans le coin. La maison se situe pour ainsi dire au pied des crêtes d'Iparla.

Hôtel-Restaurant Barberaenea (☎ 05 59 37 74 86 ; www.hotel-barberaenea.fr ; place de l'Église ; d 47-60 €, petit-déj 6,50 €, demi-pension 15,50 € ; menus 20/25 € ; ☺ restaurant ouvert tlj, fermé mi-nov à mi-jan). Idéalement située face à l'église, cette auberge installée dans une maison traditionnelle basque a le charme des adresses qui ont choisi la simplicité comme art de vivre. Les 9 chambres confortables, claires et accueillantes, sont décorées avec goût et sobriété, certaines étant aménagées avec du mobilier ancien – l'établissement a été ouvert par la grand-mère de l'actuelle propriétaire. À signaler pour les voyageurs à petit budget : 3 chambres avec sdb communes offrent un excellent rapport qualité/prix (elles sont louées 33 €). L'agréable terrasse et la jolie salle de restaurant où l'on sert des spécialités locales bien préparées – axoa, jambon de Bayonne et asperges, délicieuse omelette aux piments doux – complètent les atouts de cette excellente adresse. Mieux vaut réserver en haute saison.

Auberge Ostapé (☎ 05 59 37 91 91 ; www.ostape. com ; domaine de Chahatoa ; d 230-565 € selon ch et saison, petit-déj 22 €, menus 58/72 € ; ☺ restaurant fermé lun, auberge fermée mi-nov à mi-mars). Une adresse que l'on vous signale surtout pour son prestigieux propriétaire, Alain Ducasse, qui a trouvé là son site idéal pour l'auberge navarraise qu'il désirait. Le menu-carte fait la part belle aux produits authentiques. Côté hébergement, l'option luxe a été privilégiée avec une ving-taine de suites réparties dans des corps de bâtiments différents.

DEPUIS/VERS BIDDARAY

La ligne de trains TER Aquitaine Bayonne – Saint-Jean-Pied-de-Port dessert Bidarray, en passant notamment par Cambo-les-Bains. L'arrêt est situé à la minuscule gare Pont-Noblia, en bas du village, en bordure de la D918.

SAINT-ÉTIENNE-DE-BAÏGORRY (BAIGORRI)

C'est la porte de la vallée des Aldudes. L'histoire rapporte que Saint-Étienne-de-Baïgorry fut longtemps troublée par les rivalités animant les familles installées de part et d'autre de la Nive des Aldudes, qui la coupe en deux. De l'eau a depuis coulé dans la rivière ! Saint-Étienne-de-Baïgorry offre à présent le visage d'un gros bourg paisible. Outre sa belle place bordée de platanes et son atmosphère typiquement basque, le village se distingue par deux beaux exemples d'architecture : l'église Saint-Étienne et le château d'Etchauz.

RENSEIGNEMENTS

Un **office du tourisme** (☎ 05 59 37 47 28 ; www.pyrenees-basques.com ; ☺ 9h-12h et 14h-18h lun-sam) fait face à l'église. En juillet et août, il organise des visites guidées du village (4 €, gratuit pour les moins de 12 ans) par un "raconteur de pays", le jeudi à 15h.

Vous trouverez de nombreux commerces dans le bourg, notamment quelques fabricants de spécialités locales – foie gras, jambon – aux alléchantes vitrines, des pharmacies, une agence bancaire et un bureau de poste.

À VOIR
Église Saint-Étienne

Ce bel exemple d'art religieux qui reste harmonieux en dépit de multiples ajouts et remaniements justifie à lui seul une visite à Saint-Étienne-de-Baïgorry. Bâtie sur la base d'un édifice romano-byzantin du XIᵉ siècle, dont il ne reste que peu de traces, l'église Saint-Étienne actuelle date pour sa plus grande partie du début du XVIIIᵉ siècle. L'extérieur du bâtiment reflète peu la richesse de la nef. Bordée de 3 étages de galeries en bois du XVIIᵉ siècle, elle mène à un autel orné d'un superbe retable de la même époque. Le clocher a, pour sa part, été érigé à la fin du XVIIIᵉ siècle.

L'orgue, estampillé 1999, a une tout autre histoire. En 1992, l'association Orgue en Baïgorry fut créée afin de remplacer l'orgue de l'église, réalisé dans les années 1930, qui montrait d'évidents signes de faiblesse. Le projet, qui visait à fabriquer un orgue neuf dont la commune de Baïgorry serait propriétaire, fut

BASSE NAVARRE

mené à bien au terme de sept années d'efforts. Fierté du village, l'orgue actuel nécessita une année de travail au facteur d'orgue alsacien Rémy Mahler et à son équipe. Il fut exposé au Salon Musicora de Paris en 1999 avant d'être remonté dans l'église Saint-Étienne.

Château d'Etchauz (Etxauz)

Ce gracieux petit **château** (☎ 05 59 37 48 58 ; www.chateauinfrance.net ; visite 7/3 €adulte/enfant 5 à 12 ans) du XIᵉ siècle, agrandi et remanié au XVIᵉ siècle, domine le bourg de son altière silhouette. Superbement restauré, il doit à son escalier médiéval, à sa charpente du XVIᵉ siècle et à sa salle d'armes de figurer sur la liste des Monuments historiques.

Le château d'Etchauz (Etxauz) s'enorgueillit également d'avoir logé une galerie de personnages diversement célèbres. Entre un évêque, un chevalier et un maréchal d'Empire, l'histoire rapporte que Charlie Chaplin y fit plusieurs séjours : Harry d'Abbadie d'Arrast, installé à Hollywood, dont la famille avait racheté le château en 1850, fut l'assistant de Chaplin pour *La Ruée vers l'or*.

Récemment racheté par des Américains, le château se visite en théorie de mai à octobre, du mardi au vendredi à 14h30 et 16h30. Ces horaires sont cependant irréguliers, appelez avant de vous déplacer. Il devient en effet difficile de visiter le château, mais vous pouvez toujours y dormir (voir ci-dessous *Où se loger et se restaurer*). Vous trouverez son entrée à 400 m environ du centre-ville. Il est fléché depuis la place principale.

Pont romain

Vous pouvez jeter un coup d'œil à la belle arche en plein cintre de ce petit pont ; il est dissimulé dans le centre-ville, juste derrière le pont moderne sur lequel passe la rue principale, derrière le monument aux morts.

Cave Irouléguy

À l'entrée de Saint-Étienne-de-Baïgorry sur la route de Saint-Jean-Pied-de-Port, cette **coopérative** (☎ 05 59 37 41 33 ; www.cave-irouleguy.com ; route de Saint-Jean-Pied-de-Port ; ☷ 9h-12h30 et 14h-19h tlj mai-sept, 9h-12h et 14h-18h30 lun sam oct-avr) représente les vignerons de l'appellation Irouléguy qui ont choisi de confier leur raisin à une structure communautaire, plutôt que de vinifier eux-mêmes le produit de leur vigne. Ils représentent la majorité des vignerons

de l'appellation – 40 sur 50 – faisant des Vignerons du Pays basque le principal producteur d'irouléguy.

Les vins blancs, rosés et surtout rouges, issus des chais de la coopérative, sont proposés à la dégustation et à la vente. La coopérative s'est illustrée au cours des dernières années par des rouges dont la qualité ne cesse de croître. Citons notamment le domaine de Mignaberry (8,90 €) et l'omenaldi (13,50 €).

Vous trouverez davantage de précisions sur le vignoble du Pays basque à la rubrique *Irouléguy*, p. 185.

À FAIRE
Randonnées et balades

Saint-Étienne-de-Baïgorry est traversé par le GR®10, qui descend des **crêtes d'Iparla** pour atteindre le bourg, place de la Mairie. Vous trouverez au chapitre *Randonnée et balades dans les Pyrénées* une présentation détaillée de l'itinéraire rejoignant les crêtes en 4 heures de marche depuis le village de La Bastide, à 6 km au nord de Saint-Étienne-de-Baïgorry.

Plusieurs sentiers sont balisés depuis le village. L'un des plus appréciés rejoint le **col d'Ispéguy** en 4 heures de marche environ aller-retour. Le départ a lieu de la route du col, qui part derrière l'église (voir aussi cette rubrique plus loin).

L'office de tourisme vend un topo-guide (8 €) qui recense 55 balades autour de Saint-Jean-Pied-de-Port et Saint-Étienne-de-Baïgorry. Un grand panneau d'information, en façade de l'office, présente également les différents itinéraires balisés.

OÙ SE LOGER ET SE RESTAURER

Le bourg n'offre rien d'exceptionnel concernant les hébergements des catégories petit et moyen budget, mais il réserve deux belles options dans la catégorie supérieure.

Chambres d'hôte Maison Inda (☎ 05 59 37 43 16 ; route de Saint-Jean-Pied-de-Port, quartier Occos ; d 48 € avec petit-déj). Ambiance rustique pour cette maison d'hôte installée sur une exploitation agricole à 1,5 km environ de la ville, sur la route de Saint-Jean-Pied-de-Port. Les 3 chambres avec sdb, confortables, constituent le meilleur choix dans cette gamme de prix, à proximité de Saint-Étienne-de-Baïgorry.

☷ Hôtel-Restaurant Manechenea (☎ 05 59 37 41 68 ; d 47 €, petit-déj 6,50 €, demi-pension 50 € ; menus 20-32 € ; ☷ restaurant ouvert tlj, fermé déc-janv, hôtel ouvert mars-nov). Des pâturages, des brebis, un cours d'eau… la beauté des lieux est le premier atout de cette adresse sans prétention qui compte parmi les plus agréables des environs de Saint-Étienne-de-Baïgorry. Les 9 chambres, toutes simples, ne sont pas son point fort mais le site séduira par son calme et son atmosphère bucolique. La table est appréciée pour ses anguilles, confits, magrets, truites et ris d'agneau. Pour vous y rendre, prenez la route de Bidarray sur 2 km, puis tournez à gauche au panneau et continuez sur 1,5 km environ.

● Hôtel Arcé (☎ 05 59 37 40 14 ; www.hotel-arce. com ; d 145/125 € saison (mi-juil à fin sept)/mi-saison, suites 180-226/160-210 €, petit-déj 10 €, ch à 1 lit 75/70 € ; menus 27/40 € ; ☺ mi-mars à mi-nov ; 🖵 🖳). Voici une institution locale. Située en bordure de rivière, cet hôtel trois étoiles offre un cadre charmant et paisible pour une cuisine à la fois bourgeoise et régionale (truite au bleu, carré d'agneau rôti, médaillons de lotte gratinés, pigeon désossé braisé, etc.) et un séjour dans une atmosphère cosy et familiale. Les chambres les plus récentes occupent un bâtiment annexe et offrent, pour certaines, un balcon avec vue sur la rivière. Les plus anciennes gagneraient à être rajeunies. Une belle piscine et un tennis complètent le décor. La salle de restaurant a récemment été refaite avec des éléments de déco muraux qui rappellent que le lieu était un ancien trinquet. C'est que la famille compte dans l'arbre généalogique Amédée, champion du monde de pelote à main nue en 1920.

Château d'Etchauz (☎ 05 59 37 48 58 ; www.chateauin france.net ; ch et suites 159-199 € ; ☺ mai-sept). Dans cette demeure historique (voir la rubrique *À voir* ci-dessus), vous aurez le choix entre les chambres "Charlie Chaplin" et "romantique", les moins chères et d'une certaine façon les moins pompeuses, comparées à l'univers Second Empire de la chambre des maréchaux, celui plus martial du celle du chevalier ou encore à la luxueuse suite "navarraise". Atmosphère garantie.

DEPUIS/VERS SAINT-ÉTIENNE-DE-BAÏGORRY

À défaut de liaison ferroviaire directe, il est possible de rejoindre le bourg depuis Bayonne en descendant à la gare d'Ossès-Saint-Martin-d'Arossa (il existe plusieurs trains par jour), d'où une correspondance par bus dessert Saint-Étienne-de-Baïgorry en 10 minutes environ.

Hiruak-Bat – Transports Basques Associés de Saint-Palais (☎ 05 59 65 73 11) assure des liaisons par bus avec Bayonne, Tardets, Saint-Jean-Pied-de-Port et Saint-Palais du lundi au samedi. Renseignez-vous auprès de l'agence car les horaires dépendent des impératifs du transport scolaire et varient selon le jour de la semaine ou la saison.

COL D'ISPÉGUY

Contrastant avec la rondeur et la dominante végétale des coteaux basques, le col d'Ispéguy présente un relief accidenté et un paysage où le minéral domine. À 8 km seulement de Saint-Étienne-de-Baïgorry par la D949, il marque la frontière avec l'Espagne du haut de ses 690 m. Outre la route, une **randonnée** de 4 heures aller-retour le rejoint depuis l'église de Saint-Étienne-de-Baïgorry (voir *Randonnées et balades* p. 67).

Deux *ventas* (voir p. 190) attendent les visiteurs au col, du côté espagnol. À choisir, nous avons une préférence pour la **Venta Irigoyeneko – Chez Peïo** (☎ 00 34 948 45 32 14), meilleure et plus authentique que sa voisine, la **Venta Gaineko** (ou Venta Ispeguy, ☎ 00 34 948 45 31 05).

● VALLÉE DES ALDUDES

Un monde à part, et une vallée qu'il faut absolument découvrir tant sont attachants les paysages et les gens qui l'habitent. D'abord étroite et encaissée, la vallée s'évase à partir du village des Aldudes pour révéler des ondulations de collines couvertes de lande à fougère, de futaies et de basses montagnes, avant de s'enfoncer en Pays basque espagnol. Ici, les rivières plaisent aux truites, les sousbois aux cochons élevés en liberté, les prairies aux chevaux et aux brebis et le relief aux randonneurs. Bref, un vrai bonheur pour les amateurs d'espaces préservés. La vallée est aussi le paradis des chasseurs à la palombe (en période de chasse, les hébergements affichent souvent complet).

Le service de bus qui assurait en saison une liaison au sein de la vallée a malheureusement disparu. Le seul moyen de la parcourir est donc en voiture.

BANCA (BANKA)

Premier village de la vallée – à 9 km de Saint-Étienne-de-Baïgorry – Banca est aussi joli que minuscule. Il a vécu jusqu'au XVIIe siècle de l'exploitation d'une mine de cuivre, dont il ne reste que les ruines d'une fonderie. Il est

BASSE NAVARRE

maintenant réputé pour ses truites d'élevage, appréciées des connaisseurs dans tout le Pays basque.

Plusieurs itinéraires de randonnée sont balisés depuis le village. L'un d'eux vous mènera au sommet du mont Adarza (1 250 m), au sud-est du village, où vous trouverez une voûte en pierres plates d'origine romaine, qui serait un ancien monastère. Il faut compter 4 heures aller-retour, mais un rapprochement est possible en voiture.

De Banca, un itinéraire en voiture permet aussi de traverser la magnifique **forêt d'Hayra** – soit 1 700 ha de hêtres – et de mener jusqu'au village d'Urepel. Une autre solution consiste à pousser jusqu'au col de Roncevaux.

Banca accueille aussi une **ferme aquacole** (☎ 05 59 37 45 97 ; visite gratuite ; 🕐 10h-12h et 15h-18h lun-sam) dont on vous conseille la visite, surtout si vous tombez sur François, véritable personnage ! Installée depuis 1960 sur le site d'un ancien moulin du XIXe siècle, la ferme élève des truites de Banka en milieu semi-sauvage, le torrent de la Nive des Aldudes balayant de beaux bassins de pierre. La transformation se fait sur place : filet, darne, terrine, truite blanche, truite rose, sont autant de spécialités, dont la truite fumée au bois de hêtre qui a obtenu une médaille d'or au Salon de l'agriculture à Paris. La nourriture des truites est garantie sans OGM. Même s'il n'y a personne – la ferme n'est pas en activité le dimanche –, un local est ouvert qui permet de découvrir les activités de la ferme. Vous pourrez même enclencher vous-même une vidéo explicative. Sachez que la vallée regroupe une dizaine de pisciculteurs qui produisent essentiellement la truite arc-en-ciel (environ 1 700 tonnes par an). Vous pourrez donc en visiter d'autres sur votre chemin.

Où se loger et se restaurer

🇪 **Hôtel-restaurant Erreguina** (☎ 05 59 37 40 37 ; près de l'église ; d 37/43 € selon ch, demi-pension 42 €, petit-déj 6 € ; 🕐 restaurant ouvert tte l'année, établissement fermé mi-nov à mars ; 🖥). Cette petite auberge propose 8 chambres sans prétention mais néanmoins accueillantes. Un projet d'agrandissement avec 8 nouvelles chambres était à l'étude lors de notre passage. Au restaurant, c'est dans un cadre tout aussi authentique que vous dégusterez une cuisine du terroir (truite, porc basque, gibier de saison). Terrasse aux beaux jours. Alain vous réservera un très bon accueil, n'hésitant pas à

vous conseiller d'aller suivre une partie de pelote au fronton couvert du village – et c'est à voir !

LES ALDUDES (ALDUDE)

Cernée d'un paysage qui ne semble pas avoir bougé, la plus importante localité de la vallée des Aldudes affiche un charme discret. Le cœur du village est resserré autour de la Nive des Aldudes, qu'un joli petit pont enjambe pour mener à l'église du XVIIIe siècle.

Vous trouverez au village un bureau de poste et quelques commerces. L'auberge de jeunesse (voir ci-dessous) fait office de point d'information. Vous pourrez vous y renseigner sur les sentiers de randonnée balisés depuis le village. Une borne d'accès Internet est implantée à l'épicerie.

À voir et à faire

Impossible de ne pas vous arrêtez chez **Pierre Oteïza** (☎ 05 59 37 56 11, www.pierreoteiza.com ; 🕐 tlj 9h-19h30 juil-août, à partir de 9h30 hors saison). Certains ne viennent aux Aldudes que pour lui et ses salaisons artisanales. Les jambons des Aldudes reviennent pourtant de loin : il ne restait en effet que quelques dizaines de porcs basques en 1989 lorsque les éleveurs de la vallée se mobilisèrent autour de Pierre Oteïza pour sauver cette espèce reconnaissable à ses taches noires. Leur action a porté ses fruits et le nombre de bêtes est remonté autour de 2 700 têtes. Le jambon des Aldudes, dans le même temps, était devenu une référence et un commerce prospère. Sa bonne qualité est assurée par la durée du séchage et le mode d'alimentation des bêtes. Les cochons des Aldudes se nourrissent en effet en liberté selon une technique en tous points comparable à celle de l'élevage "divaguant" pratiqué en Corse.

Outre la visite de la "maternité", vous pourrez rendre visite aux porcins en liberté en suivant le **sentier de découverte de l'élevage du porc basque**, qui part de l'autre côté de la route. Une documentation sur la faune et la flore que vous rencontrerez en chemin vous sera remise sur demande à la boutique. Le sentier est l'occasion d'admirer de beaux points de vue sur la vallée.

Mises à part les charcuteries, la boutique propose des foies gras, des confits et d'autres spécialités. Et en saison, vous pourrez vous attabler autour d'un plateau dégustation (15 €/2 pers). Une planche de charcuteries pour enfants existe aussi. Le cornet de saucisse sèche à emporter régalera tout le monde.

Où se loger et se restaurer

Auberge de jeunesse Erreka Gorri (☎ 05 59 37 56 58 ou 06 73 00 33 16 ; www.errekagorri.com ; rue principale ; ch 12 € et 15,50 € avec petit-déj, dortoir 9,50 € et 13 € avec petit-déj ; ☺ été et vacances d'hiver). Installée dans une ancienne école, cette auberge propose des dortoirs au confort assez spartiate et, dans le bâtiment principal, des chambres impeccables et tout à fait fonctionnelles (elles sont équipées pour la plupart de sdb). Les enfants pourront jouer en toute tranquillité dans la cour, où des jeux les attendent. Et les campeurs pourront planter leur tente tout en profitant de la douche à l'auberge. Bibliothèque, salle de jeux et possibilité de formules demi-pension et pension complètent l'offre.

Chambre d'hôte Mano et Michel Héguy (☎ 05 59 37 57 68 ; d/tr 40/48 €). Cette adresse qui ne manque pas de charme vous accueille au cœur du village, dans une belle demeure bordant la rivière. Les 3 chambres – dont 1 familiale – possèdent des meubles anciens et de belles boiseries. Une kitchenette, avec vue sur la rivière, permet de se préparer ou de réchauffer un petit repas. Grande salle de petit-déjeuner. Vous trouverez la maison dans la petite rue qui jouxte le côté droit de l'église.

Chambres et Restaurant Menta (☎ 05 59 37 57 58 ; Esnazu ; d 32-37 € selon ch ; menus 15-20 € environ ;

DES CROMELECHS À TROUVER

Plusieurs sites de cromelechs rappellent que l'homme a habité très tôt cette zone montagneuse. Ils correspondent à de très anciens cimetières, datant du premier millénaire avant notre ère. Les pierres étaient disposées en cercle et les morts enterrés la tête face au soleil. Il y a cinq gros cromelechs au plateau du col d'Elhorrieta (il faut pour cela randonner) et trois autres au site d'Argibel vers le village des Aldudes.

☺ restaurant ouvert tlj, l'hiver sur commande). Cette petite auberge située à Esnazu, à 1 km du village des Aldudes, dispose d'une salle de restaurant panoramique et d'une honnête cuisine du terroir. Elle loue aussi 5 chambres, simples mais confortables, avec une vue imprenable sur la vallée.

Hôtel Saint-Sylvestre (☎ 05 59 37 58 13 ; route d'Esnazu ; d 40/45 € ; menus 12,50-25 € ; demi-pension s/d 45/35 €/pers ; ☺ tte l'année). Cette grande auberge rustique à l'atmosphère familiale est une adresse accueillante et un bon point de chute. Les 10 chambres avec sdb affichent un honnête confort (tapisserie et moquette devaient être refaites) et les menus, qui font la part belle aux spécialités locales – truite de Banca et jambon des Aldudes en tête – sont bons et particulièrement copieux. Pour vous y rendre, prenez la D948 vers le village d'Esnazu et la frontière espagnole à la sortie sud du village et parcourez environ 1 km.

UREPEL (UREPELE) ET LE PAYS QUINT (KINTOA)

Le minuscule village d'Urepel clôt la vallée, 18 km après Saint-Étienne-de-Baïgorry. Une plaque, sur la place du village, rappelle qu'il fut le lieu de naissance de Fernand Aire, dit Xalbador (1920-1976), l'une des plus grandes figures de la poésie basque.

Au-delà d'Urepel s'étend le pays Quint, régi par l'un des statuts les plus particuliers de France. Jusqu'au XVIIe siècle, ses terres étaient librement partagées entre éleveurs français et espagnols. La situation s'envenima lors de la partition de la Navarre, qui posa sérieusement la question de l'appartenance de ce minuscule territoire. Le traité de Bayonne (1856) apporta une réponse originale en en faisant un "pays indivis". Ce statut est toujours en vigueur :

la dizaine de familles qui vit au pays Quint paye ses impôts fonciers à l'Espagne, mais ses impôts sur le revenu en France. Ses résidents sont par ailleurs autorisés à faire paître leur bétail du côté espagnol de la frontière.

Pays de hêtraies, de chênaies et de châtaigneraies, le pays Quint se prête à de belles balades au cours desquelles vous croiserez surtout des brebis et des chevaux, qui s'égaillent librement au hasard de ses routes étroites. En automne, les paysages prennent même des allures de petit Québec.

DES ALDUDES
À LA FRONTIÈRE ESPAGNOLE

La belle D58 serpente sur 7 km en jusqu'à la frontière via le hameau d'Esnazu. Côté espagnol, elle retrouve la N138 une vingtaine de kilomètres avant Pamplona. La rustique **Venta Baztan**, à la frontière, vend des articles de chasse et prépare également de bonnes omelettes.

En poussant un peu sur la N138, vous trouverez le village d'**Eugi** et son beau lac, tout en traversant la forêt de Quint.

Soule

La plus petite des provinces basques françaises n'en est pas moins l'une des plus attachantes. En Soule (Zuberoa), le temps ne semble pas avoir de prise. Davantage qu'une tradition, le pastoralisme reste une activité vivante qui rythme les saisons et organise le territoire (voir p. 206). Gérées depuis François Ier par une coutume locale – et aujourd'hui par la Commission syndicale du pays de Soule – les terres de la province ont été protégées des investisseurs et des dangers liés à l'urbanisme.

Partout omniprésente, la nature offre de magnifiques paysages. La Soule compte ainsi trois importants massifs forestiers : à l'ouest, la forêt d'Iraty et la forêt des Arbailles, à l'est, celle des Arambeaux. Plaines, vallons, montagnes et canyons dessinent les courbes verdoyantes d'une région qui réserve bien des surprises. Le gave du Saison (un cours d'eau torrentiel) parcourt les terres du nord au sud, tandis que le pic d'Orhi domine l'étendue du haut de ses 2 017 m – c'est le pic le plus élevé à l'ouest des Pyrénées.

Isolée, la Soule est la province basque où l'on parle, dit-on, le plus (certains n'hésitent pas à dire "le mieux") l'euskara, la langue basque (voir p. 423). Elle cultive ses traditions singulières comme les pastorales (voir p. 38) et les mascarades et profite de sa situation retirée pour marquer ses différences avec le reste du Pays basque, notamment la basse Navarre et la Navarre voisines.

Voici autant de bonnes raisons pour venir se perdre quelques jours dans la province. Toutefois, comme elle est à l'écart des grands axes routiers et ferroviaires, il est préférable d'avoir son propre véhicule pour circuler en Soule.

SOULE

À NE PAS MANQUER

▨ L'**église romane de L'Hôpital-Saint-Blaise** (p. 197), classée au patrimoine mondial de l'Unesco

▨ La vue magnifique sur la vallée de la Soule et la chaîne des Pyrénées depuis la **chapelle de la Madeleine** (p. 198)

▨ Traverser depuis Aussurucq la **forêt des Arbailles** (p. 201) qui est, avec **Iraty** (p. 203), l'une des plus belles hêtraies d'Europe

▨ S'offrir un frisson sur le pont suspendu au-dessus des **gorges d'Holzarte** (p. 204), à seulement une petite heure de marche depuis le gîte Logibar

▨ **Sainte-Engrâce** (p. 205), village perché du bout du monde, au cœur des montagnes pyrénéennes, son église romane du XIe siècle et, aux alentours, les spectaculaires **gorges de Kakouetta** (p. 205)

BASSE SOULE

MAULÉON-LICHARRE (MAULE LEXTARRE)

Capitale de la Soule, Mauléon a l'allure d'un bourg endormi, qui vit en grande partie de l'industrie de l'espadrille, activité développée depuis le milieu du XIXᵉ siècle. Bastide fondée au XIIIᵉ siècle au bord du Saison, Mauléon compte aujourd'hui près de 3 200 habitants.

Renseignements

L'**office de tourisme de Soule** (☎ 05 59 28 02 37 ; www. valleedesoule.com ; 10 rue Jean-Baptiste-Heugas ; ☷ 9h-13h et 14h-19h lun-sam, 10h30-12h30 dim juil-août, 9h-12h30 et 14h 18h lun sam sept juin) est installé dans la Maison du patrimoine, qui accueille aussi des expositions à l'étage.

Vous trouverez également des points info relais, indiqués d'un point I, dans différentes localités de Soule, en particulier à L'Hôpital-Saint-Blaise, à Aussurucq, à Larrau ou encore à Sainte-Engrâce. Des restaurateurs, gérants de campings et agriculteurs composent ce réseau d'informations.

À voir et à faire

Datant du XIIᵉ siècle, le **château fort** (2,5/1,5 € tarif plein/réduit, gratuit moins de 7 ans ; ☷ 11h-13h30 et 15h-19h tlj vacances de Pâques, 15 juin-30 sept et week-end mai à mi-juin) offre un joli point de vue panoramique sur la petite ville de Mauléon et ses alentours. Une exposition retrace l'histoire du château.

Autre demeure historique, le **château d'Andurain de Maytie** (☎ 05 59 28 04 18 ; 4,50/2,30 € tarif plein/réduit, gratuit moins de 5 ans ; ☷ 11h-12h et 15h-18h juil à mi-sept, tlj sauf dim matin et jeu) date de

la Renaissance et fut édifié sous l'autorité de l'évêque d'Oloron, Arnaud Iᵉʳ de Maytie. Remarquez la charpente en chêne avec sa forme de coque de bateau renversée, ainsi que les combles recouverts de bardeaux. La visite dure environ 1 heure.

Fêtes

Souletins et touristes se retrouvent tous les 15 août sur la place du Fronton pour la **fête de l'espadrille**. Musiciens, danseurs et joueurs de pelote animent la petite ville pendant toute la journée. Expositions et ventes d'espadrilles sont au rendez-vous dans une ambiance de kermesse.

Où se loger et se restaurer

❍ Camping Uhaitza Le Saison (☎ 05 59 28 18 79 , www.camping-uhaitza.com ; route de Libarrenx, D918 ; forfait 2 pers 12,80-17 € selon saison ; ☷ Pâques à mi-nov). Très bien tenu, ce camping d'une cinquantaine d'emplacements ombragés domine le Saison, où une petite plage de galets est aménagée ainsi qu'une crique où les enfants ont pied. Cinq chalets, 2 mobil-homes et 1 caravane sont aussi à louer, et les enfants disposent de sanitaires à leur hauteur. Le propriétaire soigne tout particulièrement l'environnement, en plantant différentes variétés d'arbres dont, devant chaque chalet, des pêchers de vigne. Très bon accueil.

L'Hostellerie du Château (☎ 05 59 28 19 06 ; www.hotel-chateau-mauleon.com ; 25 rue de la Navarre ; s/d 49-47/45-43 € haute/basse saison ; petit-déj 6,50 € ; menus 18,50-29 € ; ☷ tte l'année ; 🖥). Après la fermeture du Bidegain, L'Hostellerie du Château reste le seul hôtel de Mauléon. Ses 26 chambres ont été rénovées, avec plus ou moins de goût, et disposent de tout le confort voulu, certaines

LA SOULE AVEC DES ENFANTS

LIEUX	ACTIVITÉS	BON À SAVOIR
Forêt d'Iraty	Pratiquer tennis, VTT, équitation, pêche et, l'hiver, ski de fond et raquettes, tout cela est possible en passant par Les Chalets-d'Iraty (p. 203).	Bon à savoir : de mi-juillet à mi-novembre, on peut aussi observer des oiseaux
Mauléon	S'imaginer en chevalier des temps modernes sur le chemin de ronde du château fort de Mauléon (p. 196).	Bon à savoir : visite gratuite pour les moins de 7 ans

---

LES ESPADRILLES DE MAULÉON

La fabrication de l'espadrille reste un artisanat vivant à Mauléon, où sont encore cousus les deux tiers de la production française artisanale. Pour en savoir plus sur le processus de fabrication et vous offrir une paire d'espadrilles, vous pouvez vous rendre dans la zone artisanale de Mauléon, chez **Prodiso-Espadrilles de Mauléon** (☎ 05 59 28 28 48 ; www.espadrilles-mauleon.fr ; 🕑 9h-12h et 14h-18h lun-ven), où une vidéo d'une trentaine de minutes est présentée aux visiteurs. Le fabricant **Megam** (☎ 05 59 28 13 89 ; www.espadrille-creation.com ; 52 bd Gambetta ; visite 7 € ; 🕑 9h-17h lun-jeu et ven jusqu'à 12h) propose, quant à lui, une visite guidée de son atelier. Enfin, **Don Quichosse** (☎ 05 59 28 28 18 ; www. donquichosse.com ; zone artisanale) ne propose pas de visite de son atelier mais fait de la vente directe.

---

jouissant d'un petit balcon. Une partie donne sur le jardin, où se prennent les repas l'été. Côté restaurant, nombreuses assiettes combinées.

Etxola (☎ 05 59 28 27 96 ; 34 bd Gambetta ; menus 18-25 € ; 🕑 fermé mar soir et mer soir hors saison). On mange ici des plats sans prétention (gambas grillées, entrecôte, piquillos farcis à la morue, brochettes de canard, etc.) à petits prix. Possibilité de prendre des plats à emporter.

Où sortir
Le Café de l'Europe (☎ 05 59 28 02 35 ; cour des Allées ; 🕑 tlj). Ce café est peut-être l'endroit le plus agréable pour prendre un verre en terrasse, à proximité du fronton.

La ville de Mauléon possède un **cinéma d'art et d'essai** (☎ 05 59 28 15 45, programmes au 08 92 68 23 31 ; rue Arnaud-de-Maytie) qui propose un vaste choix de films français et étrangers.

Depuis/vers Mauléon
TRAIN
Un guichet de la SNCF (information et réservation) se trouve à l'intérieur du **bureau de poste** (16 rue Jean-Baptiste-Heugas ; 🕑 lun-ven 9h30-12h et 13h45-16h45). Vous pourrez acheter des billets et vous renseigner sur les bus de la SNCF faisant la navette entre les gares de Dax et de Puyoô (voir ci-dessous).

BUS
La SNCF assure une liaison **TER** (☎ 0 800 872 872) par bus avec Puyoô (ville du nord du Béarn) et Dax (Landes). Comptez environ 1 heure 45 pour rallier Dax depuis Mauléon. Vous trouverez des fiches horaires sur le site www. ter-sncf.com/aquitaine. En règle générale, les autocars ne circulent pas les jours fériés.

La société **Hiruak-Bat – Transports Basques Associés** (☎ 05 59 65 73 11) effectue la liaison de Tardets à Bayonne via Mauléon. L'arrêt de bus se trouve devant l'ancienne gare. Le trajet entre Mauléon et Bayonne dure un peu moins de

2 heures. Attention, les bus ne fonctionnent pas le dimanche.

Les bus des **Transports palois réunis** (TPR ; ☎ 05 59 27 45 98) assurent un trajet quotidien (départs 5h50, 8h45, 12h10, 13h15 et 17h10, sauf jours fériés) entre Mauléon et Orthez (Béarn), ainsi qu'entre Mauléon et Mourenx via Navarrenx. À Mourenx, vous pourrez prendre un bus qui fait la liaison avec Pau.

TAXI
Si vous n'êtes pas motorisé, vous pouvez faire appel à **Agur Taxi** (☎ 05 59 28 17 80). Le trajet entre Mauléon et Tardets revient à une vingtaine d'euros.

⚲ L'HÔPITAL-SAINT-BLAISE (HOSPITALE DONE BLADI)
C'est pour sa superbe **église romane** (☎ 05 59 66 11 12 ; www.hopital-saint-blaise.fr) de style byzantin, que l'on vient à L'Hôpital-Saint-Blaise. Classée au patrimoine mondial de l'Unesco, elle est le dernier témoignage de l'ancienne fondation hospitalière qui se dressait ici au XIIᵉ siècle pour soigner les pèlerins de Saint-Jacques-de-Compostelle. La coupole en forme d'étoile et les fenêtres dénotent une influence espagnole. Les grands murs nus dominent, agrémentés cependant d'ornements qui ont été ajoutés à l'époque baroque.

L'église se visite toute l'année, de 10h à 19h. Un casque vous est remis à l'entrée qui vous permet d'écouter, durant 8 minutes, l'histoire et les caractéristiques de l'édifice (la participation est à la discrétion du visiteur). Un spectacle son et lumière (5/2,50 € tarif plein/réduit) de 15 minutes est proposé en juillet-août les mardi et vendredi à 18h30, et uniquement le mardi en septembre.

Où se loger et se restaurer
€ **L'Hôtel des Touristes** (☎ 05 59 66 53 04 ; www.hotel -des-touristes64.com ; s/d 36/43 €, petit-déj 6,50 € ; menus

17,50-31 €, formule déj 13 € ; Ⓨ restaurant ouvert tlj juil-août, fermé lun oct-juin, hôtel ouvert Pâques-fin oct ; Ⓟ). Récemment repris par un sympathique jeune couple, l'hôtel des Touristes bénéficie toujours d'une terrasse ombragée plein sud avec vue, le soir, sur l'église éclairée. La carte met en valeur les produits locaux (canard de Barcus, truites de Licq, cèpes de Chéraute…). La literie a été changée dans les 7 chambres et un appartement peut être loué à la semaine (bon rapport qualité/prix ; 200-300 € selon la période).

Auberge du Lausset (☎ 05 59 66 53 03 ; www. aubergedulausset.com ; d 38 €, petit-déj 6,50 € ; menus 17-34 € ; Ⓨ restaurant ouvert tlj juil-août, fermé jeu-lun midi en moyenne saison, établissement ouvert mi-avr à mi-sept). Idéalement placée à côté de l'église, cette auberge dispose de 7 chambres de petite taille, équipées d'un mobilier moderne. À la carte, une cuisine du terroir travaillée avec, notamment, un poisson du jour à la plancha.

Le village a par ailleurs ouvert un **gîte** (renseignements à la mairie ☎ 05 59 66 11 12) pour l'accueil des pèlerins. D'une capacité de 8 places, il est équipé d'une cuisine et de sanitaires.

BARCUS (BARKOXE)

Depuis Mauléon, empruntez la très belle route D24 qui vous offrira de beaux panoramas avant d'arriver à Barcus, 15 km plus loin. Si Barcus se détache au titre d'étape gastronomique, c'est aussi l'une des communes les plus étendues de la Soule. Sa riche histoire est prolongée d'étonnantes légendes. Ainsi, en 1860, un enfant du pays, devenu vice-consul de France en Équateur, légua au village l'île Florinia, située dans l'archipel des Galapagos. Un don qui ne prit jamais réellement forme ! Plus tard, en 1879, un trésor de près de 2 000 deniers celtibères fut trouvé dans la commune et vint orner quelques makhilas (bâtons traditionnels basques) en guise de porte-bonheur.

Où se loger et se restaurer

Hôtel-Restaurant Chilo (☎ 05 59 28 90 79 ; www.hotel-chilo.com ; Le Bourg ; s/d 105-65/75-50 € haute/basse saison, petit-déj 8,50 € ; menus 22-38 € ; Ⓨ restaurant fermé dim soir, lun et mar midi 1er oct-31 mai, fermé lun tte l'année sauf août). Un prestigieux hôtel-restaurant tenu depuis trois générations par la même famille, dont le dernier représentant, Pierre Chilo, manie avec maestria produits du terroir, casseroles en cuivre et belles assiettes, et ancre sa cuisine dans un régionalisme bien senti. Un cochon de lait noir de Bigorre farci, sauce aux épices

et ragoût de haricots de maïs figurait au menu lors de notre passage. Le service simple et discret ajoute à la séduction du lieu. Côté hôtel : 11 chambres confortables (certaines avec Jacuzzi) et 1 chambre randonnée, pour les budgets plus serrés. Un agréable jardin et une piscine complètent les atouts de cette adresse incontournable de Soule.

Depuis Barcus, vous n'êtes pas très loin d'une autre institution locale, mais située en territoire béarnais : **Chez Château** (☎ 05 59 39 23 03 ; http://chez-chateau.oloron-ste-marie.com), à Esquiule (voir p. 236).

VERS LE COL DE SUSTARY

Prenez le temps de vous évader sur la portion de la D347 entre la **Croix d'Aguerret** (487 m) et le **col de Sustary** (444 m). Le paysage est superbe.

♥ En chemin, bifurquez sur la droite en direction de la **chapelle de la Madeleine**, qui culmine à 795 m d'altitude. La route qui monte en lacets est quelque peu sportive. La vue, à 360 degrés, est tout simplement magnifique. Lorsque le temps le permet, vous pouvez apercevoir la vallée du Saison et la chaîne des Pyrénées du pic du Midi de Bigorre (2 872 m) jusqu'au pic d'Orhi (2 017 m). Par le passé, les hommes et les femmes qui avaient subi des envoûtements se rendaient à la chapelle en pèlerinage pour que cessent les maléfices. On peut y lire que "des processions ont peut-être eu lieu pour bénir l'air et conjurer les malheurs des tempêtes". Par ailleurs, une petite stèle votive porte une inscription en latin romain. Un pèlerinage annuel a lieu le 22 juillet. L'église, en partie détruite par une tempête en 1961, a été restaurée à plusieurs reprises.

Vous pouvez aussi faire l'ascension à pied. Un **sentier pédestre** est balisé depuis Tardets (devant le cimetière, en face de la station-service), Trois-Villes (devant l'église) et Sauguis (derrière l'église). Il faut compter 5 à 6 heures de marche. Vous pouvez vous renseigner auprès des offices du tourisme de Mauléon ou Tardets, qui vendent le topo-guide " *36 sentiers de Soule* " (8 €).

ORDIARP (URDINARBE)

Avec son petit pont romain qui enjambe le ruisseau Arangorena, Ordiarp a du charme. C'était autrefois une étape sur la voie du piémont pyrénéen, l'un des chemins de Compostelle. Cet important relais hospitalier destiné aux pèlerins était alors tenu par les augustins de l'abbaye de Ronceveaux. Dernier témoin de cette époque florissante, l'église romane du XIIe siècle est aujourd'hui classée monument historique.

La commune d'Ordiarp est également connue pour ses chasses à la palombe (voir l'encadré *Quand la fièvre de la palombe monte*, p. 179). Depuis des décennies, à l'automne, les Souletins (et les Bordelais) pratiquent la chasse aux filets sur les cols de Gategorena et de Naphal. Enfin, vous pouvez poursuivre la route jusqu'au col d'Osquich, en basse Navarre (voir p. 180).

Garaïbie, un quartier isolé de la commune d'Ordiarp, comptait au début du siècle deux établissements thermaux où les curistes profitaient d'eaux sulfureuses et ferrugineuses. Les sources coulent toujours, mais les curistes ont abandonné la place. La fermeture des centres a redonné à cette petite vallée sa tranquillité d'autrefois.

Ordiarp se situe à 7 km de Mauléon par la D918.

À voir et à faire

Le **Centre d'évocation du patrimoine** (☎ 05 59 28 07 63 ; mairie ; 2 € ; gratuit moins de 10 ans ; ☻ 10h-12h30 et 14h-18h lun-ven, mi-juin à fin sept) permet d'appréhender la culture souletine. Il propose aussi une intéressante visite guidée par un "raconteur de pays" (☻ mi-juin à fin sept lun-ven 17h-17h30 ; 1 heure ; 4 €/pers).

Un **sentier pédestre** de niveau 1 est balisé au départ du fronton du village, devant le Centre d'évocation. Il permet de faire le tour du village sur un parcours de 2 km, soit environ 40 minutes de marche.

Où se loger et se restaurer

Camping à la ferme Landran (☎ 05 59 28 19 55 ; www.gites64.com/la-ferme-landran ; 20 route de Lambarre ; forfait 2 pers 10,10 € ; chalets 220-330 € selon saison, nuitée 45 € ; ☻ Pâques-sept). Cette ferme propose à la belle saison un terrain de camping pour les voyageurs. Très bien entretenu, il bénéficie d'un emplacement idéal avec vue sur les montagnes avoisinantes. Il est aussi possible de louer 2 chalets de 4 à 6 personnes, très fonctionnels, à la semaine ou, en dehors des vacances scolaires, à la nuitée.

Gîte d'étape et de séjour Le Garaïbie (☎ 05 59 06 07 90 ou 05 59 28 04 03 ; www.gites64.com/le-garaibie ; nuitée 16 €, petit-déj 5 € ; ☻ tte l'année). Installé dans un ancien hôtel-restaurant, ce superbe et

confortable gîte aux balcons de bois possède 14 chambres – dont 10 pour 2 personnes – toutes équipées de sdb. Les propriétaires louent également un gîte rural.

TARDETS-SORHOLUS (ATHANATZE-SORHOLUZE)

Avec sa jolie place centrale, ses petits commerces le long des arcades et ses bords du gave du Saison, Tardets est un agréable village d'étape. N'hésitez pas à vous éloigner de la place pour vous perdre dans les rues étroites. En traversant le Saison, on profite d'un joli point de vue sur l'alignement des maisons.

Cette bastide du XIIIe siècle a représenté au long des siècles un point essentiel pour le franchissement des Pyrénées.

RENSEIGNEMENTS

L'**office de tourisme** (☎ 05 59 28 51 28 ; www.valleedesoule .com ; ☻ 9h-13h et 14h-19h lun-sam, 10h30-12h30 dim juil-août, 9h-12h30 et 14h-18h lun-sam sept-juin) est situé sur la place centrale, sous les arceaux.

À VOIR ET À FAIRE

Près de Tardets, sur la route venant de Mauléon, le **château d'Elizabea** mérite une petite halte. Il porte aussi le nom de château de Trois-Villes, car il se situe dans l'ancien comté des Trois-Villes (Iruri), constitué au XVIIe siècle et donné à Arnaud Jean de Peyré. Ce capitaine des mousquetaires du roi a été immortalisé par Alexandre Dumas sous le nom de Tréville. Contruite entre 1660 et 1663, cette riche demeure de style Louis XIII reste un singulier exemple de l'histoire de la région.

Le château est en principe ouvert à la visite les samedi, dimanche et lundi, de 14h30 à 19h, d'avril à septembre, ainsi que le lundi, de 10h à 12h30, en août. Pour confirmer les heures d'ouverture, contactez le ☎ 05 59 28 54 01.

SOULE

OÙ SE LOGER ET SE RESTAURER

Camping du Pont d'Abense (☎ 05 59 28 58 76 ou 06 78 73 53 59 ; www.camping-pontabense.com ; forfait 2 pers 13,20-17 € selon saison ; ☺ Pâques à mi-nov). Idéalement situé en bordure du Saison, ce camping, aménagé sur 1,5 ha, possède 50 emplacements. La propriétaire, un personnage haut en couleur, a le souci de l'environnement (le camping est labellisé Clé verte) et a créé un véritable petit parc floral sur un terrain comprenant des chênes centenaires. Sept cabanes (2-3 personnes) sont louées également à la semaine en haute saison (300-470 € selon la semaine et le nombre de personnes).

Hôtel-Restaurant Piellenia (☎ 05 59 28 53 49 ; s/d/tr 37/45/59 €, petit-déj 6,50 €, demi-pension 41 € ; menus 15-20 € ; ☺ tte l'année, fermé mer hors saison ; 🖥). Sur la place centrale, cet hôtel de 12 chambres – dont 1 chambre familiale – présente un excellent rapport qualité/prix. Toutes différentes, les chambres ont du caractère et certaines donnent sur le gave. Le restaurant de cuisine traditionnelle a bonne réputation. Accueil sympathique. L'hôtel était engagé dans une démarche d'éco-labellisation lors de notre passage.

Restaurant Les Pyrénées (☎ 05 59 28 50 63 ; www. restaurantlespyrenees.waibe.fr ; place Centrale ; menus 17-23 € ; ☺ tte l'année). Cela fait un siècle que l'on vient se sustenter dans ces lieux. La cuisine traditionnelle fait la part belle aux produits régionaux. Une adresse de qualité où l'on s'attarde sur une pastorale d'agneau de lait ou un magret de canard au foie gras poêlé.

Environs de Tardets

Camping Elizanburu (☎ 05 59 28 42 77 ; www.elizanburu. com ; Suhare ; emplacement 4,90 €, adulte/enfant 4/2,60 €, électricité 2,50 € ; ☺ tte l'année). C'est un bout de terrain perdu à hauteur de colline entre des terres agricoles. Et un camping convivial où les 24 emplacements (100 m² chacun) possèdent une vue imprenable sur les pics pyrénéens. Il se situe près de Suhare, à quelques kilomètres de Tardets en direction d'Aussurucq.

Chambres d'hôte Laminiak (☎ 05 59 28 58 80 ou 05 59 28 50 85 ; chemin Laminiak, Camou ; s/d 38/43 €, petit-déj inclus ; ☺ tte l'année). Agriculteur à Camou, Jean-Baptiste Aguer a décidé de transformer sa bergerie, devenue trop petite pour ses quelque 150 brebis, en 4 confortables chambres d'hôtes, avec dessus-de-lit basques et sdb privatives. Parquet et poutres apparentes composent un décor très sobre, et le salon commun forme un ensemble agréable. Maiana, son épouse, tient une petite **auberge** (ouverte tous les jours) de

l'autre côté de la rue, où un menu du terroir vous est proposé à prix modique : l'entrée, le plat de viande, le fromage de brebis, le dessert et le vin reviennent à 13 €. Depuis Tardets, prenez la D918, puis la D149. Vous pouvez aussi rejoindre la D149 via la D247.

Chambres d'hôte Maison Biscayburu (☎ 05 59 28 73 19 ou 06 10 55 14 04 ; www.chambres-hotes-pays-basque. com ; Sauguis ; d 50-55 €, petit-déj inclus). Cette adresse à Sauguis, à 5 km de Tardets par la D918, vaut autant pour la gentillesse et l'accueil de ses propriétaires, Pantxo et Marie-Thérèse Etchebehere, que pour le cadre et le charme des lieux. Ces anciens boulangers se sont reconvertis pour le plus grand bonheur de ceux qui entrent dans leur maison familiale, une vieille ferme, en amont du village. Les 4 chambres sont situées au-dessus de l'*eskhatz*, la grange que le couple a restaurée. Vous pourrez profiter du jardin et d'une piscine.

Les Chalets de Soule (☎ 05 59 28 53 28 ; www. leschaletsdesoule.com ; Montory ; location à la semaine 295/355/460 € hiver/printemps-automne/été, location 2 nuits 120/130 € hiver/printemps-automne ; ☺ tte l'année). Une adresse qui conviendra aux adeptes du mobil-home. Ce terrain clôturé de 2 ha n'accueille en effet que ce type de logements, en emplacements résidentiel et locatif. Quelque 11 mobil-homes bien entretenus et d'une capacité de 4 personnes sont ainsi destinés aux gens de passage. Location à la semaine seulement de la mi-juillet à la fin août. Vous trouverez aussi sur le site – qui n'a aucun charme particulier, mais une distance appréciable sépare chaque mobil-home – un espace loisirs (mini-golf, jeux pour enfants) et un accès Internet gratuit à l'accueil. Montory se situe à 5 km à l'est de Tardets, par la D918.

Auberge de l'Étable (☎ 05 59 28 69 69 ; www.auberge -etable.com ; Montory ; d 48-63 € selon ch, petit-déj 7 € ; menu du jour 11 €, menus 16-30 € ; ☺ restaurant fermé mar hors saison, établissement fermé 3 sem jan, 🍴). Également à Montory, un établissement qui nous a paru davantage à retenir pour le restaurant de cuisine régionale (belle salle aux allures d'étable) que pour ses chambres assez impersonnelles, quoique de bonne tenue. Piscine.

DEPUIS/VERS TARDETS

Tardets est assez mal desservie par les transports en commun. La société des **Hiruak-Bat – Transports Basques Associés** (☎ 05 59 65 73 11) assure une liaison par bus depuis Bayonne 2 fois par jour, du lundi au samedi (départ de la gare de Bayonne à 6h48 et 16h18). Ceux qui désirent se rendre à Saint-Palais, Bidache ou

SUR LA TRACE DES LUTINS

Si vous passez par Camou, vous pouvez faire un arrêt pour remonter à une source thermale d'eau chaude et salée, via un sentier pédestre balisé de 1 km à peine qui part devant l'auberge (prendre la première piste à droite, et continuer vers la barrière au bâtiment agricole). Selon la légende, les laminaks, ces petits génies des cours d'eau et des forêts, se rassemblaient à cet endroit la nuit. En fait, deux sources jaillissent de l'emplacement, une source froide et une source chaude qui aurait des vertus sur les rhumatismes.

Bayonne prendront le bus à Tardets à 8h30. Le trajet est d'environ 1 heure 45 entre Bayonne et Tardets. Ces horaires concernent les vacances scolaires uniquement. Communiquez avec la compagnie pour obtenir les horaires durant la période scolaire.

❤ MASSIF DES ARBAILLES

En parcourant le massif forestier des Arbailles, vous emprunterez l'une des plus belles routes de Soule et traverserez de vastes zones de pâturages. L'été, il n'est pas rare de devoir céder la route à un troupeau de brebis ou de vaches, ou de laisser passer des juments. Aussi ne roulez pas trop vite, ce qui serait de toute façon dommage car les paysages sont réellement enchanteurs. Situé à l'ouest de la Soule, le massif culmine à 1 280 m et se prolonge en basse Navarre.

AUSSURUCQ (ALTZURÜQÜ)

Ce petit village se situe à l'orée de la forêt des Arbailles. Voyez son église surmontée d'un clocher trinitaire à trois pointes, typique de la Soule, ainsi que le **château de Ruthie**, une imposante demeure du XVIe siècle.

Depuis le village, une route étroite en lacets – la D147 – traverse la **forêt des Arbailles** "posée" sur le massif du même nom. C'est, avec Iraty, l'une des plus belles hêtraies d'Europe. La D117 – également une route verte – permet de rejoindre Ahusquy (voir plus bas).

Où se loger et se restaurer

Hôtel-Restaurant Eppherre (☎ 05 59 28 00 02 ; d 38-50 €, petit-déj 6 € ; plats 10-15 €, menus 12-19 € ; 🕐 fermé fév). Ce petit hôtel de 8 chambres, au cœur du bourg d'Aussurucq, profite de sa proximité avec la superbe forêt des Arbailles. Chaque chambre dispose d'une douche et de sanitaires. Plusieurs menus bon marché s'agrémentent de plats goûteux, tels des aiguillettes persillées, du gigot de mouton ou des ris d'agneau aux piquillos ou aux cêpes.

D'AUSSURUCQ À ALÇAY

Continuez votre chemin sur la D147. À l'embranchement avec la D117, un conseil : prenez à droite en direction d'Ahusquy (Ahüzki) au lieu de revenir directement sur Alçay, sur votre gauche. Vous ne regretterez pas ce détour, l'auberge d'Ahusquy est idéale pour une pause-repas tant le paysage qu'elle surplombe – et la vue sur l'ensemble pyrénéen – est magnifique.

Les plus sportifs s'attelleront à la randonnée balisée de 10 km qui part de l'auberge et mène à la **source d'Ahüzki**, réputée pour ses bienfaits diurétiques. Chaque année au 15 août, les Jeux des bergers ont lieu ici. Les participants ont l'habitude de se retrouver aut+-our de la fontaine après la marche qui marque la montée des troupeaux aux estives.

Pour rejoindre Alçay, vous n'avez d'autres choix que de reprendre en sens inverse la D117, une très belle route qui serpente entre les vallons et les paysages de montagne.

Où se loger et se restaurer

Auberge d'Ahusquy (☎ 05 59 28 57 95 ou 57 27 ; www.auberge-pays-basque.com ; plats 10-14 €, menus 20-30 €, demi-pension 40 €, pension 45 € ; 🕐 tlj midi et soir 15 juin-15 nov, dim et jours fériés mai à mi-juin). Isolée dans un cadre enchanteur, cette auberge propose une grande gamme de menus égrenant toutes les spécialités de la cuisine régionale. Le plat de viande est systématiquement servi avec des haricots blancs et des beignets d'aubergine, et la sole arrive dans une impressionnante papillote, le tout étant servi à la bonne franquette soit dans la salle intérieure fleurant bon l'auberge de campagne, soit à l'extérieur ressemblant d'avantage à la terrasse d'un restaurant d'altitude. Ses 8 chambres simples – toilettes et douche dans le couloir – sont aussi louées en formule pension ou demi-pension, pour un séjour de 3 nuits minimum. L'auberge n'accepte pas les cartes de crédit.

⛺ **Camping à la Ferme "Sobieta"** (☎ 05 59 28 52 26 ; www.campingalaferme-sobieta.fr ; Alçay-Alçabéhéty ; 5,50/3,50 € adulte/enfant moins de 12 ans ; 🕐 fermé janv-fév). On a eu un coup de cœur pour ce petit camping en pleine nature de 12 emplacements et pour l'accueil adorable de la famille Bassaber, qui élève des brebis laitières et des vaches. Vous verrez aussi quelques juments, sans compter les chiens et les animaux de basse-cour qui vivent ici en toute liberté. Vous pouvez venir voir la traite – et pourquoi pas, aider ! Côté camping, vous trouverez 2 douches, 2 toilettes et 2 éviers. L'ancienne bergerie a été transformée en salle commune avec ping-pong, baby-foot et bibliothèque. Enfin, l'exploitation compte un parcours de santé de 1 km pour se remettre des parties barbecue. Le camping se situe à environ 6 km de Tardets.

LACARRY (LAKARRI)

Après Alçay, continuez de suivre la petite vallée bordée par le massif des Arbailles par la D247, qui conduit à **Lacarry**. Sans réel attrait touristique, ce bourg abrite en revanche de belles chambres d'hôte, ainsi qu'une sympathique adresse où se restaurer, tout comme **Etchebar**, un hameau perdu en pleine nature.

Où se loger et se restaurer

Chambres d'hôte Etchegoyhen (☎ 05 59 28 55 14 ; www. etche.online.fr ; Lacarry ; s/d 35/45 €, petit-déj inclus ; ☼ tte l'année 🐾). Louise a aménagé avec soin et goût 4 chambres aux couleurs vives dont une, la verte, est idéale pour les familles. Les hôtes ont à disposition une cuisine équipée – les petit-déjeuners se prennent sur de jolies tables en bois ou, aux beaux jours, sur la terrasse. Une petite piscine hors-sol complète l'ensemble. Entrée indépendante et accueil discret et agréable.

Chambres d'hôte Maison Ibaremborde (☎ 05 59 28 59 48 ; http://pagesperso-orange.fr/blanchet.artiere ; Etchebar ; d 40/46 € petit-déj inclus). Difficile d'imaginer une adresse plus à l'écart de la civilisation ! Viviane et Thierry se sont installés dans ces murs il y a plus de 20 ans. Entourés de chevaux (ils en élèvent) et d'ânes (ils proposent des balades en montagne), ils ont su faire de leur maison un petit havre de paix jouissant d'une vue sur toute la vallée. Les 3 chambres, à l'étage, possèdent douche et sanitaires ; celle qui se trouve dans l'ancienne salle de traite peut accueillir 4 personnes avec sa mezzanine. Les randonneurs apprécieront tout particulièrement les lieux – 4 sentiers passent à proximité. Etchebar est un hameau en bout de route, entre Lacarry et Licq-Athérey.

🟢 **Chez Primus** (☎ 05 59 28 54 87, Lacarry ; menus 11-19 € ; ☼ fermé lun 15 nov-1er mai). Le dernier des 6 cafés de la commune demeure un lieu convivial (et un point info relais), rassemblant les habitants des environs autour d'une excellente petite cuisine régionale. À titre d'exemple, ris d'agneau aux cèpes, cailles farcies et succulentes entrecôtes figurent sur la carte. Et en dessert, le "pignolet", autrement dit un flanc maison.

LICQ-ATHÉREY (LIGI ATHEREI)

Vous passerez forcément par Licq-Athérey si vous faites route sur la D26 entre Tardets et Larrau (voir plus loin). Mises à part de jolies maisons blanches et une petite église au bord du Saison, la localité ne nous a pas paru d'un grand intérêt. L'activité du village est essentiellement tournée vers l'agriculture (élevage et pâturages). Les voyageurs peu pressés prendront le temps d'y déguster une bière ou une assiette de fromage. C'est aussi un endroit prisé des pêcheurs de truites et des chasseurs de palombes.

La **Brasserie Akerbeltz** (☎ 05 59 28 64 56 ; http:// akerbeltz.free.fr ; tarif plein/réduit 5/2,50 €) fabrique de la bière artisanale et propose la visite de ses installations de brassage et de fermentation. Une dégustation est prévue à l'issue de la visite pour les adultes. Contactez la fabrique pour connaître les heures de visite. En saison, les visites ont généralement lieu le vendredi à 15h30, 16h30 et 17h30.

Où se loger et se restaurer

Café Alfitcha (☎ 05 59 28 61 37 ; Licq-Athérey ; ch 35 €/ nuit, petit-déj compris ; menu du jour 11 € ; ☼ tlj 7h-22h, fermé Noël-10 janv). Jean-Pierre Laffargue propose dans son petit café de village une assiette de pays ou une assiette de fromage de brebis (fait par la voisine) accompagné de confiture. Vous les dégusterez dans une ambiance conviviale, entouré d'habitués. Jean-Pierre a également aménagé 2 chambres à l'étage pour les voyageurs qui souhaiteraient s'attarder. Outre leur entrée indépendante, chacune bénéficie d'une cuisinière équipée et d'une TV.

Gîte de groupe Le Saison (☎ 05 59 28 61 21 ; Licq-Athérey ; nuitée 12 € , demi-pension 30 € ; ☼ tte l'année). D'une capacité de 30 places, réparties en dortoir et en chambres, ce gîte (qui fait aussi office de point info relais) est idéalement situé au cœur de la Soule à proximité des berges du Saison. Il est proche du fronton, point de départ d'un sentier pédestre de 4 km qui permet de se rendre sur la colline **Chapeau du gendarme**, où se trouve un belvédère qui marque la limite entre la plaine du Saison et les gorges de Haute-Soule.

Hôtel-Restaurant des Touristes (☎ 05 59 28 61 01 ; www.hotel-des-touristes.fr ; Licq-Athérey ; d 50/60 € , petit-déj 8 € ; ☼ fermé hiver, mais ouvre selon réservations).

SOULE

Cet hôtel – le plus ancien de Soule – dispose de 20 chambres, la plupart avec une terrasse. Une salle de billard et une piscine sont à la disposition des clients. L'hôtel regroupe plusieurs maisons. Fait de coins et de recoins sur des niveaux différents, il est plaisant de s'y perdre. Le restaurant propose plusieurs menus, privilégiant les plats du terroir comme la garbure paysanne ou les piquillos farcis à la morue. Pour les voyageurs à petit budget, une aire naturelle de camping permet de planter sa tente. Elle compte 16 emplacements (4,80 €) et donne en sus accès à la piscine.

HAUTE SOULE

La haute Soule dispose d'un remarquable patrimoine naturel, à commencer par la forêt d'Iraty et les gorges de Kakueta. Avec ses 2 018 m d'altitude, le pic d'Orhi en constitue le point culminant. Vous n'aurez aucun mal à vous laisser porter par la beauté des paysages. À condition d'avoir votre propre véhicule, car la région est particulièrement isolée.

FORÊT D'IRATY

Elle est considérée comme la plus vaste forêt de feuillus d'Europe occidentale. Ses massifs de hêtraies servaient autrefois à la fabrication des mâts des navires. La plus grande partie de la forêt se trouve toutefois en Navarre, du côté espagnol (12 000 ha sur les 17 000 ha de la forêt). Elle aurait été peuplée très tôt comme en témoigne la nécropole préhistorique (cromlech) découverte près du **sommet d'Occabe** (1 456 m). Une randonnée décrite dans le chapitre *Randonnées et balades dans les Pyrénées* (p. 71) détaille un parcours jusqu'aux cromlechs d'Occabe.

La forêt d'Iraty est aussi une terre de légendes, un lieu mythique pour les Basques : elle serait habitée par Basajaun, le seigneur de la forêt, et les *laminak*, ces "génies" de la mythologie basque, mi-anges mi-hommes.

À voir et à faire

De nombreuses activités sont praticables au sein de la forêt. La commission syndicale du pays de Soule gère un village de vacances appelé **Les Chalets-d'Iraty** (☎ 05 59 28 51 29 ; www. chalets-pays-basque.com ; accueil au col Bagargui ; ☺ 8h-12h et 13h-19h tlj), composé de 40 chalets (voir plus loin *Où se loger*). Elle a aussi aménagé tout un réseau de loisirs.

RANDONNÉES ACCOMPAGNÉES

Comme le reste du Pays basque, la Soule se prête bien aux randonnées. Plusieurs accompagnateurs proposent des randonnées à la demi-journée, à la journée ou en bivouac, et en hiver des sorties en raquettes. Parmi eux : **Didier Constance** (☎ 05 59 28 55 89 ; www.espondaburu.free.fr), **François-Olivier Chabot** (☎ 05 59 28 70 55 ou 06 84 39 04 53), Mertxe et **Robert Larrandaburu** (☎ 05 59 28 57 01 ou 06 07 90 43 08 ; www.bortia.com), **Txomin Etchemendy** (☎ 05 59 28 44 06 ou 06 76 04 64 56 ; www.bortia.com) ou encore **Jacques Hidondo** (☎ 05 59 28 38 32 ; http://pagesperso-orange.fr/ aizina.jacques/presentation.htm).

Robert Larrandaburu (☎ 05 59 28 57 01 ou 06 07 90 43 08 ; www.bortia.com) propose aussi des randonnées en VTT. Vous trouverez notamment des VTT à louer à Iraty (voir ci-dessous).

L'été, des **sentiers balisés** font ainsi la joie des randonneurs (reportez-vous au chapitre *Randonnées et balades dans les Pyrénées*, p. 67). Le domaine compte aussi deux courts de **tennis** gratuits, avec possibilité de louer sur place le matériel, deux **parcours VTT** balisés (également location de VTT sur place : 10 €/demi-journée). Un **centre équestre** propose en juillet et août des balades à cheval, proposées à l'heure (14 €), à la demi-journée (35 €) ou à la journée (60 €). La **pêche** est également autorisée sur tous les cours d'eau de la forêt (mais il faut être muni d'une carte de pêche, qui ne se vend pas à la réception mais dans des bureaux de tabac, à Tardets par exemple). Deux lacs privés sont par ailleurs réservés aux résidents pour taquiner la truite. Enfin, de la mi-juillet à la mi-novembre, vous pouvez vous rendre au col d'Orgambideska où est installé un **poste d'observation des oiseaux migrateurs**.

En hiver, place à la neige et au ski de fond. À 1 350 m d'altitude, une **station de ski de fond** étale ses pistes damées et tracées sur près de 36 km. Le forfait, comprenant la location du matériel de ski, revient à 13/63,50 € la journée/semaine (9/54,50 € pour les moins de 16 ans). La location de raquettes coûte 8/5 € par journée/demi-journée.

Où se loger et se restaurer

Camping d'Iraty (☎ 05 59 28 51 29 ; www.chalets-pays -basque.com ; empl tente 2,15/2,60 € selon saison, adulte/enfant moins de 10 ans 2,15-2,60/1,40-1,80 €, voiture 1,25/1,70 €, électricité 2,30 €, douche 1,10 € ; ⊙ juin-oct). Ce camping de 70 emplacements est idéal comme point de départ vers les nombreuses randonnées du coin. Et, bien entendu, il profite des facilités inhérentes à la station. Quatre bungalows sont aussi disponibles à la location (275-884 €/semaine selon la saison).

Les Chalets-d'Iraty (☎ 05 59 28 51 29 ; www.chalets-pays-basque.com ; chalets 2-3 pers 330-467 €/sem, 4-5 pers 470-656 €/sem ; ⊙ tte l'année). Les 40 chalets ont été bâtis entre 1968 et 1971 à l'initiative de la Commission syndicale du pays de Soule afin de mettre en valeur cette superbe région isolée. Les chalets peuvent accueillir de 2 à 30 personnes. Ils sont dispersés sur la colline. Des locations sont également possibles pour 2 nuits minimum en dehors des vacances scolaires. Vous trouverez également sur place un restaurant (☎ 05 59 28 55 86).

✪ **Chalet Pedro** (☎ 05 59 28 55 98 ou 05 59 37 14 96 ; www.chaletpedro.com ; gîte 420-480 €/sem vacances scolaires, 370 €/sem le reste de l'année ; restaurant plats 8-12 €, menus 22,50-29 € ; ⊙ tlj midi et soir juil-août, fermé mer hors saison et ouvert le soir sur réservation, ouvert Pâques-11 nov et en hiver week-end et vacances scolaires). N'hésitez pas à faire cette (petite) incursion en basse Navarre pour vous rendre dans ce chaleureux bar-restaurant, où vous pourrez vous sustenter d'omelettes aux cèpes, d'anguilles, de côte de bœuf et autres palombes (au mois d'octobre). L'accueil est tout simplement adorable et les propriétaires pourront vous donner de bons conseils sur la forêt d'Iraty, qu'ils connaissent parfaitement. Le chalet Pedro, c'est aussi 5 gîtes pouvant accueillir chacun 6 personnes (l'un est accessible aux handicapés). Installés en rang, ils sont tous équipés de 2 chambres, d'un coin douche et d'une cuisine. Plutôt rustiques, ne vous attendez pas à un grand confort. Mais ils ont pour avantage d'avoir une cheminée. Location à la semaine obligatoire pendant les vacances scolaires.

LARRAU (LARRAINE)

Depuis les Chalets d'Iraty, vous atteindrez Larrau après une vingtaine de kilomètres sur une route splendide, en pleine montagne. Le village se révèle idéal pour une étape en Soule. Promenez-vous dans ses charmantes ruelles, aux maisons massées autour d'une jolie chapelle du XVIIe siècle. Larrau possède aussi une table réputée et quelques chambres de qualité.

Ici, tous les hommes sont agriculteurs ou presque. Les fermes sont dispersées autour des collines verdoyantes, à l'ombre de l'impres-

sionnant **pic d'Orhi** (2 017 m). Les montagnes au sud du village accueillent en automne les amateurs de chasse à la palombe.

À voir et à faire

La région se prête à de superbes randonnées. Ne manquez pas d'aller jusqu'aux ✪ **gorges d'Holzarte**, enjambées par un pont suspendu long de 67 m et haut de 150 m ! Construit au début du siècle par une entreprise italienne pour améliorer l'exploitation forestière (et le ravitaillement des ouvriers), ce pont fut rénové par la commune de Larrau.

Le départ du sentier vers Holzarte se fait derrière le gîte Logibar (voir *Où se loger*, plus bas), à 2 km environ après Larrau (en venant d'Iraty). Il faut compter environ 1 heure 45 pour faire l'aller/retour. La balade, plutôt pentue, est balisée par le GR®10 et ne présente pas de réelles difficultés. Prévoyez cependant de l'eau et de bonnes chaussures de marche, surtout s'il pleut, un passage avec des pierres se révélant alors particulièrement glissant.

Une fois traversé le pont suspendu, vous pouvez continuer le grand tour à travers les gorges via le **pont d'Olhadübi** et le **plateau d'Ardakotxea**. La randonnée nécessite en ce cas environ 5 heures de marche.

Où se loger et se restaurer

Camping Ixtila (☎ 05 59 28 63 09 ; adulte/enfant moins de 7 ans 4/2 €, empl 2,50 €, voiture 2,50 €, camping-car 4 €, électricité 3 € ; ⊙ mars-fin oct). À l'entrée du village, dans le virage, ce camping deux-étoiles dispose de 37 emplacements – ceux sur le "plateau" sont les plus appréciés pour la vue qu'ils offrent. Vous trouverez un accueil familial et un bloc sanitaire refait à neuf. Deux bungalows sont aussi en location. Il est interdit aux camping-cars de vider leurs W.-C. chimiques.

🅴 **Gîte d'étape Logibar** (☎ 05 59 28 61 14 ; www.aubergelogibar.fr.st ; Laugibar ; nuitée 13 €, demi-pension 30 € ; menus 10,50/18/24 € ; ⊙ gîte ouvert tte l'année, auberge fermée déc à fév). Étape du GR®10, quand il croise la D26, ce gîte est à mentionner à double titre. Pour le couchage d'abord. Pouvant accueillir une trentaine de personnes, réparties en 2 chambres de 8 et 4 chambres de 4, le gîte est très bien tenu. Chaque chambre possède ses propres sanitaires. Vous pouvez aussi loger à l'auberge (chez l'habitant), dans 2 chambres pour 2 personnes (32-35 €/pers en demi-pension). La demi-pension est possible seulement lorsque l'auberge est ouverte. Le restaurant constitue un second argument pour vous arrêter ici, d'autant que la carte snack permet de manger à toute heure (parfait après avoir fait la randonnée jusqu'au pont suspendu d'Holzarte). Le midi (12h-13h30) et le soir (19h30-21h), une carte plus étoffée est proposée. Le menu à 10,50 € comprend, par exemple, une omelette aux cèpes, du jambon poêlé et un dessert. Notez enfin que le gîte fait aussi office de point info relais ; vous trouverez donc des informations utiles sur les randonnées alentour.

🄴 **Hôtel Despouey** (☎ 05 59 28 60 82 ; d 35-42 €, petit-déj 6 € ; bourg de Larrau ; 🕑 ouvert 1er avr à mi-nov). La famille Salle-Abadie dirige ce petit hôtel depuis plus de 100 ans ! Les 7 chambres sont équipées de larges armoires et de lits immenses ; 3 d'entre elles ont été refaites avec toilette et sdb tout en carrelage. Les petits-déjeuners se prennent dans une agréable salle à l'ancienne. Petite terrasse pour prendre un verre en arrivant. La famille tient aussi l'épicerie du village (ouverte toute l'année), contiguë à la réception de l'hôtel.

Chambres d'hôte Maison Etxandi (☎ 05 59 28 60 35 ; bourg de Larrau ; d 46 €, petit-déj inclus ; 🕑 tte l'année). Le propriétaire, Marcel Accoceberry, a été maire de Larrau pendant plus de 30 ans (la mairie fait face aux chambres d'hôtes). La maison Etxandi date du XVIIe siècle et dispose de 3 chambres, dont 1 familiale. Une chambre double possède un superbe plancher d'époque, en bois de châtaignier. La salle de séjour, conviviale, se trouve au rez-de-chaussée.

Chambres d'hôte Maison Arrespidia (☎ 05 59 28 63 22 ; bourg de Larrau ; d 47 € petit-déj inclus ; table d'hôtes 15 €). Charmants et accueillants, Jeannette et Philippe – elle est l'ancienne boulangère du village, lui est agriculteur – proposent 2 belles chambres. L'une, lovée au bout du couloir, est spacieuse et décorée avec goût ; l'autre possède une très belle sdb. Une table d'hôte est proposée 3 soirs par semaine, les lundi, jeudi et samedi. Et les confitures et pâtisseries maison ornent la table du petit-déjeuner (la salle est très agréable). Avis aux lève-tard : vous risquez d'être réveillé à partir de 7h par les cloches de l'église !

🄲 **Hôtel-Restaurant Etchémaïté** (☎ 05 59 28 61 45 ; www.hotel-etchemaite.fr ; d 42-64 € selon ch et saison, petit-déj 8 € ; menus 34-42 €, menus sem 18/24 € ; 🕑 fermé jan). Ce bel établissement de 16 chambres est réputé pour sa cuisine raffinée. Le cadre et la vue que l'on a du restaurant sont superbes. Les chambres sont bien entretenues, avec moquette et papier peint. Côté cuisine, les plats varient selon la saison. Peut-être aurez-vous la chance de goûter

une terrine de foie gras de canard aux piquillos, une épaule d'agneau de lait braisée ou un soufflé au chocolat ? Accueil charmant.

DE LARRAU À PORT DE LARRAU

Douze kilomètres séparent Larrau de Port-de-Larrau ("port" signifie "col") et de la frontière espagnole. On passe alors de la Soule à la Navarre. Les flancs des montagnes sont plus arides et lisses, c'est le vent chaud du sud qui souffle ici. Vous suivrez une belle route dont le bitume garde encore des inscriptions saluant le passage des cyclistes du Tour de France. Après 7 km, vous franchirez le **col d'Erroïmendy** (1 350 m), d'où la vue plonge directement sur le pic d'Orhi (2 017 m).

Une randonnée jusqu'au pic d'Orhi est décrite dans *Randonnées et balades dans les Pyrénées*, p. 72.

🄲 SAINTE-ENGRÂCE (SANTA GRAZI)

Au cœur des montagnes pyrénéennes, à la lisière du Béarn, le petit bourg de Sainte-Engrâce est l'un des plus traditionnels du Pays basque. Perché à 630 m d'altitude et éloigné de la civilisation, il semble vivre à un autre rythme. Appelé Urdaitz jusqu'en 1476, il doit son nom actuel au culte d'une sainte d'origine espagnole, santa Gracia.

De l'ancienne maison collégiale des chanoines, il ne reste plus que deux pans de mur et surtout, la très belle **église romane** du XIe siècle. Elle est située sur un chemin jacobite (l'un des sentiers de pèlerinage pour Saint-Jacques de Compostelle) et l'on y admire toujours une douzaine de chapiteaux relatant des scènes bibliques.

Sainte-Engrâce et ses alentours sont l'occasion de nombreuses **randonnées** et promenades, en particulier, la visite des **gorges de Kakouetta** (adulte/enfant 6-12 ans 4,50/3,50 € ; 🕑 8h-crépuscule tlj mi-mars à mi-nov). Découvertes en 1906 par Édouard Alfred Martel, ces gorges spectaculaires n'ont été ouvertes au public qu'en 1967. Vous vous procurerez un billet d'entrée au bar **La Cascade** (☎ 05 59 28 73 44), situé à l'entrée des gorges.

Réaménagée en 1994 suite à une importante crue 2 ans auparavant, l'agréable **promenade** suit dorénavant les passerelles le long des parois. Pensez tout de même à prendre de bonnes chaussures. Comptez environ 2 heures pour effectuer cette marche (parfois un peu glissante) entre les pierres couvertes de lichen. Une cascade et une grotte avec stalactites

---

LE PASTORALISME, UNE TRADITION BIEN VIVANTE

Depuis 1837, des commissions syndicales gèrent collectivement l'intégralité, ou presque, des espaces montagneux du massif pyrénéen. Ces structures de coopération intercommunale administrent les biens en indivision situés en montagne. La Commission syndicale du pays de Soule ne fait pas exception à la règle et profite d'institutions séculaires.

Déjà, dans le système féodal médiéval, les Souletins n'étaient pas soumis aux obligations serviles. Ils voyageaient dans le pays comme bon leur semblait, chassaient et pêchaient librement et jouissaient de privilèges fiscaux.

La Commission syndicale du pays de Soule regroupe aujourd'hui 360 éleveurs qui transhument sur 7 000 ha de pâturages avec plus de 25 000 brebis, 3 500 vaches et 500 chevaux. Basée sur un système de répartition des tâches entre bergers, la Commission syndicale est divisée en 50 *cayolar* (terme indiquant le territoire de montagne destiné au berger ou à un groupement de 8 à 10 bergers). Organisés en cogérance, les bergers se partagent des terrains indivis de 150 à 300 ha. Entre mai et octobre, les hommes conduisent les troupeaux dans les montagnes et s'associent pour la construction du cayolar (ce terme désigne aussi la cabane qui les héberge), la garde des troupeaux et la fabrication du fromage. Si beaucoup d'entre eux ont quitté les hauts alpages, le pastoralisme reste malgré tout vivace dans cette partie des Pyrénées.

La Commission est aujourd'hui principalement financée par les recettes liées au tourisme, particulièrement à la station d'Iraty, à la chasse (location de palombières), à la vente de bois et aux pâturages.

---

concluent le parcours. Du parking, vous trouverez le point de départ du sentier qui permet de faire le tour des gorges de Kakouetta.

Plusieurs autres randonnées sont balisées au départ du village. D'une longueur de 4 km, le **sentier de Murrutxegame** (départ face à l'église) offre de beaux points de vue sur la vallée pour un niveau de difficulté moyen, tout comme le **tour des gorges Ehujarre**, qui, lui, en revanche, fait 12 km (soit 7 heures de marche en moyenne) pour un niveau de difficulté classé 3. Vous trouverez un dépliant décrivant ces parcours à la mairie, mais aussi au camping ou dans les différents commerces du village.

Les riches cavités de la région réjouiront en outre les amateurs de **spéléologie**. Lors de notre passage, la mairie étudiait la possibilité de faire visiter la grande salle souterraine de **la Verna** située dans le gouffre de La Pierre-Saint-Martin. Un long tunnel d'accès y a été aménagé au moment des travaux de captage pour une centrale électrique.

Où se loger et se restaurer

Camping Ibarra (☎ 05 59 28 73 59 ; 3/1,50 € adulte/enfant, empl 2,80 €, voiture 1,50 €, électricité 1,80 € ; ☺ Pâques-Toussaint). Le long de l'affluent du Saison, en contrebas, un peu avant d'arriver au bourg, ce camping dispose d'une quarantaine d'emplacements. Très bien entretenu par ses propriétaires, il constitue un bel espace de verdure et de tranquillité à l'abri des gorges voisines.

La famille Burguburu tient au bout du village un petit empire. Outre l'auberge, ouverte le midi en été, elle accueille les voyageurs dans un gîte d'étape, des chambres d'hôtes et un gîte rural, cela toujours avec beaucoup de gentillesse.

Chambres d'hôte Maison Elichalt (☎ 05 59 28 61 63 ; www.gites-burguburu.com ; ch 43 € petit-déj inclus, table d'hôtes 17 € ; ☺ fermé nov-déc, mais ouvert Noël). Cette maison d'hôte, tenue par Ambroise et Madeleine Burguburu, dispose de 5 chambres (4 à l'étage avec douche, sanitaires et lavabo, et une dernière avec baignoire au rez-de-chaussée), soignées, confortables et calmes. La maison est l'une des dernières du Pays basque français : derrière les collines pointent, d'un côté le Béarn, de l'autre l'Espagne. Les propriétaires aiment dîner avec leurs convives, mais ce n'est pas toujours possible vu l'affluence du gîte d'étape. Poulet basquaise, garbure, gigot d'agneau et haricots blancs seront néanmoins au rendez-vous du soir.

La famille Burguburu possède également un **gîte rural** pour 4 personnes (une chambre avec grand lit, une autre avec 2 petits lits), avec cuisinière et sdb, loué de 380 à 430 € la semaine selon la saison.

Gîte d'étape (☎ 05 59 28 61 63, fax 05 59 28 75 54, nuitée 10 €, demi-pension 30 €/pers ; ☺ été). Ambroise Burguburu accueille depuis 1976 les randonneurs dans ce gîte bien entretenu. Deux dortoirs de 15 places chacun, avec 4 douches et autant de sanitaires, contenteront les amateurs de randonnées.

Béarn

Vous qui pénétrez en ces terres, sachez que vous frappez à la porte d'une région composite. Ce territoire au charme puissant s'étirant entre le Pays basque, la Chalosse, la Bigorre et l'Aragon, en Espagne, est loti de superbes paysages et d'un patrimoine historique (notamment médiéval) impressionnant. Le passé résonne encore très fort et personne n'ignore les grands noms de Gaston Phébus, de la famille d'Albret ou d'Henri IV ; l'indépendance longtemps conservée a joué, et joue encore, un rôle dans la spécificité béarnaise, marquée par une forte identité.

Attendez-vous à être surpris du fort contraste existant entre le Béarn des gaves et les vallées pyrénéennes, plus au sud. Aux cités historiques ponctuant les terres cultivées et les paysages de coteaux des piémonts pyrénéens succède le haut relief des montagnes, fief du pastoralisme. Porte d'entrée du Béarn, voici Pau, dont le cadre de vie est d'une qualité exceptionnelle. Côté plaisirs de la table et art de vivre, vous ne serez pas déçu par des mets choisis, emblématiques de la cuisine régionale. Arpentez avec bonheur les vignobles du Jurançonnais et du Madiranais et poussez la découverte jusqu'aux terroirs méconnus tel le Vic Bilh. Vous apercevrez toujours en toile de fond la chaîne pyrénéenne.

Les amateurs de marche se reporteront au chapitre *Randonnées et balades dans les Pyrénées*, dans lequel sont décrits en détail plusieurs itinéraires.

À NE PAS MANQUER

- Le **château de Pau** (p. 214), la vieille ville et le boulevard des Pyrénées
- La visite des chais du **Jurançonnais** (p. 225) et du **Madiranais** (p. 252)
- Les cités médiévales fortifiées de **Navarrenx** (p. 237) et **Sauveterre-de-Béarn** (p. 241)
- Le village de **Morlanne** et son superbe château, dans le Soubestre (p. 249)
- La découverte des **églises romanes du Vic-Bilh** (p. 252), petits trésors méconnus à l'est du Béarn
- Une **randonnée** (p. 258) dans la vallée d'Ossau ou la vallée d'Aspe
- Le **petit train d'Artouste** (p. 269) qui chemine à 2 000 m d'altitude, dans la vallée d'Ossau
- La **Falaise aux vautours** (p. 262), à Aste-Béon, dans la vallée d'Ossau

BÉARN

LE BÉARN AVEC DES ENFANTS

LIEUX	ACTIVITÉS	BON À SAVOIR
Pau	Une descente du gave de Pau un **mini-raft** (p. 216)	Sensations garanties pour les petits, à partir de 6 ans.
	Une séance au **cinéma** Le Méliès (p. 221)	Un à deux nouveaux films jeune public sont diffusés chaque semaine.
Monein	Un détour par la **biscuiterie artisanale** du village (p. 228)	Attention : la biscuiterie est fermée au mois d'août.
Oloron-Sainte-Marie	Montez en haut de la tour de Grède, pour profiter d'une **vue panoramique** (p. 231).	Une exposition sur la faune pyrénéenne vous attend aussi à l'intérieur.
	Une balade en **canoë** sur le gave d'Aspe (p. 232)	Une condition : savoir nager.
	Une initiation à l'**escalade** sur le mur de la salle Édouard-Louis (p. 232)	Un mur est réservé aux enfants
Sauveterre-de-Béarn	Un déjeuner sur le pouce au bord du gave sur la pelouse d'**Au fil de l'eau** (p. 242)	La baignade dans le gave est autorisée sous la surveillance des parents.
Laàs	Un pique-nique dans le parc du château, suivi d'un **jeu de piste** (p. 243)	Le jeu de piste n'est organisé qu'en juillet et en août.
Salies-de-Béarn	Une **chasse au trésor** dans les rues de la ville (p. 244)	Les énigmes sont décrites dans un livret vendu par l'office du tourisme.
Orthez	La plage de sable, les toboggans aquatiques et les bateaux tamponneurs du **lac de Biron** (p. 248)	Vous pourrez pique-niquer sur place ou manger au bord de l'eau à La Bodeguita.
Lagor	La découverte des animaux de la **ferme éducative** (p. 248)	Venez de préférence à l'heure des soins (9h30 et 17h30 l'été).
Morlanne	Assistez à l'un des spectacles de marionnettes ou de théâtre pour enfants du **festival Les Enfantines** (p. 250).	Pour les 3-10 ans, tous les dimanches d'été à 16h et 18h.
Montaner	La visite du **château médiéval** que fit édifier Gaston Phébus (p. 253)	Venez de préférence le 2e week-end de juillet, lorsque le château s'anime à l'occasion du festival Les Médiévales.

LIEUX	ACTIVITÉS	BON À SAVOIR
Lestelle-Bétharram	Une descente du **gave de Pau en tubing**, une grosse bouée que l'on dirige avec une pagaie double (p. 257)	À partir de 10-12 ans.
	Explorez les **grottes de Bétharram**, à pied, en barque et en petit train. (p. 257)	Évitez la haute saison ou venez tôt le matin pour éviter de vous retrouver dans un groupe de 60 personnes.
Buzy	La cueillette des fruits rouges aux **Jardins d'Ossau** (p. 261)	Vous paierez votre récolte au poids. De fin juin à fin août.
Aste-Béon	La découverte de la **Falaise aux vautours** (p. 262)	Depuis qu'ils vivent dans cette réserve naturelle, le nombre de couples nicheurs est passé de 10 en 1973 à 123 aujourd'hui.
Louvie-Soubiron	Une **randonnée facile** dans la vallée d'Ossau, par exemple jusqu'en haut du pic de Listo (p. 263 et 82)	Vous pouvez vous garer en contrebas du hameau de Listo pour réduire le temps de la balade et le dénivelé.
Laruns	Une **initiation à l'escalade** avec le bureau des guides et accompagnateurs (p. 265)	Vous irez du côté de Gourette, de Pont de Camp ou d'Arudy. À partir de 6-8 ans.
Eaux-Bonnes	Un **parcours acrobatique** dans les arbres de la Forêt suspendue (p. 266)	Le parcours "Chouette" est destiné aux enfants dès l'âge de 4 ans !
Aas	La visite de la **miellerie de la montagne Verte** (p. 267) suivie d'une dégustation (goûtez à la pâte de marmotte !)	De la miellerie, le sommet de la montagne Verte n'est plus qu'à 1 heure à pied.
Gabas	Le tour du **lac de Bious-Artigue** à pied (1 heure) ou à poney (p. 267)	Après la balade, vous pourrez grignoter quelque chose au P'tit Resto de l'écurie.
Artouste-Fabrèges	La balade à bord du **petit train d'Artouste**, cheminant à petite allure à 2 000 m d'altitude (p. 269)	À l'arrivée, vous pourrez visiter un musée aménagé sous un barrage ou partir en balade jusqu'au lac d'Artouste.
	Une matinée en compagnie d'un berger sur son estive (p. 269)	Cette sortie comprend le casse-croûte préparé dans la cabane du berger.
Plateau du Benou	**À dos d'âne ou de poney**, entre vallée d'Ossau et vallée d'Aspe (p. 259)	La location démarre à la demi-heure.
La Pierre Saint-Martin	Une découverte du **VTT sur neige** (p. 279)	Les VTT sont fournis. À partir de 11 ans.

BÉARN

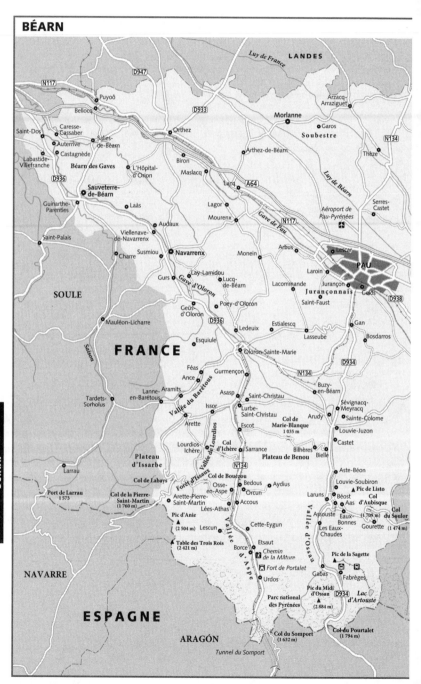

BÉARN

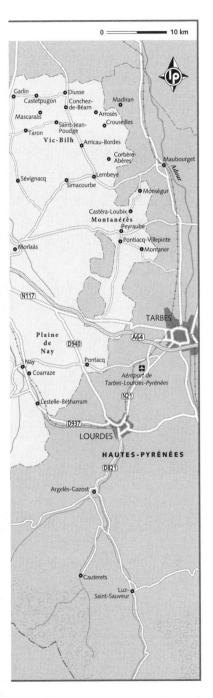

PAU ET SES ENVIRONS

PAU
80 610 habitants

Balcon des Pyrénées, Pau est une étape indispensable pour qui souhaite partir à la découverte de la chaîne montagneuse, sur laquelle elle offre une vue imprenable. Bordé de rues anciennes, son château, qui vit naître Henri IV, est l'une de ses grandes fiertés. Mais son patrimoine historique n'est pas la seule richesse de Pau. Deuxième ville d'Aquitaine après Bordeaux, avec environ 83 000 habitants, c'est une métropole vivante, dynamique sur le plan culturel et riche d'une forte population étudiante. Sa vie nocturne permettra aux randonneurs de reprendre agréablement contact avec la civilisation, tandis que son centre-ville, en grande partie piétonnier, fera le bonheur des flâneurs et des amateurs de shopping.

Histoire

La ville de Pau s'est développée autour de son château qui n'était à l'origine qu'un simple poste d'observation contrôlant le passage du gave, en contrebas. Ce petit fort, qui aurait été érigé au XIe siècle, était entouré d'une palissade composée de pieux, à l'origine du nom de la ville : *paü* signifiant "pieu" en langue d'oc. Ce n'est qu'au XIVe siècle qu'il fut transformé en une véritable place forte, sous l'impulsion du comte de Foix-Béarn Gaston III, dit Phébus (1331-1391). En 1464, Gaston IV (1436-1472) s'y installe avec sa cour : après Lescar, Morlaas et Orthez, Pau devient alors la capitale du Béarn.

Au cours des guerres de religion, Pau connaît l'histoire agitée des fiefs protestants : Jeanne d'Albret (1528-1572), devenue reine de Navarre (les souverains du Béarn ont acquis ce titre à la fin du XVe siècle) en 1555, épouse en 1560 les idées de la Réforme, entraînant à sa suite la destinée de sa vicomté. Le conflit est alors ouvert avec la France catholique, qui conquiert Pau sous le règne de Charles IX avant de la perdre à nouveau au profit de Jeanne d'Albret en 1569. La paix n'est rétablie que lorsque Henri III de Navarre, le fils de Jeanne d'Albret, né à Pau le 13 décembre 1553, devient roi de France et de Navarre en 1589, sous le nom d'Henri IV. S'il doit se convertir au catholicisme, il proclame néanmoins, en 1598, l'édit de Nantes qui assure la liberté de culte aux protestants.

BÉARN

PAU

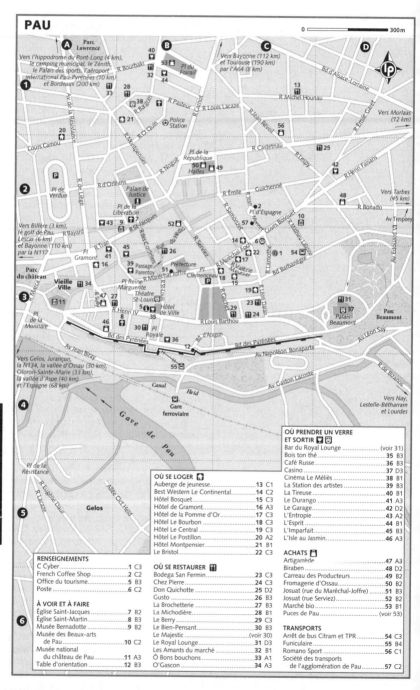

0 _____ 300m

Vers l'hippodrome du Pont-Long (4 km),
le camping municipal, le Zénith,
le Palais des sports, l'aéroport
international Pau-Pyrénées (10 km)
et Bordeaux (200 km)

Vers Bayonne (112 km)
et Toulouse (190 km)
par l'A64 (8 km)

Vers Morlaas
(12 km)

Vers Tarbes
(45 km)

Vers Billère (3 km),
le golf de Pau,
Lescar (6 km)
et Bayonne (110 km)
par la N117

Vers Gelos, Jurançon,
la N134, la vallée d'Ossau (30 km),
Oloron-Sainte-Marie (33 km),
la vallée d'Aspe (40 km)
et l'Espagne (68 km)

Vers Nay,
Lestelle-Bétharram
et Lourdes

BÉARN

RENSEIGNEMENTS
C Cyber 1 C3
French Coffee Shop 2 C2
Office du tourisme 5 B3
Poste 6 C2

À VOIR ET À FAIRE
Église Saint-Jacques 7 B2
Église Saint-Martin 8 B3
Musée Bernadotte 9 B2
Musée des Beaux-arts
   de Pau 10 C2
Musée national
   du château de Pau 11 A3
Table d'orientation 12 B3

OÙ SE LOGER
Auberge de jeunesse 13 C1
Best Western Le Continental 14 C2
Hôtel Bosquet 15 C3
Hôtel de Gramont 16 A3
Hôtel de la Pomme d'Or 17 C3
Hôtel Le Bourbon 18 C3
Hôtel Le Central 19 C3
Hôtel Le Postillon 20 A2
Hôtel Montpensier 21 B1
Le Bristol 22 C3

OÙ SE RESTAURER
Bodega San Fermin 23 C3
Chez Pierre 24 C3
Don Quichotte 25 D2
Gusto 26 B3
La Brochetterie 27 C3
La Michodière 28 B1
Le Berry 29 C3
Le Bien-Pensant 30 B3
Le Majestic .... (voir 30)
Le Royal Lounge 31 D3
Les Amants du marché 32 B1
Ô Bons bouchons 33 A1
O'Gascon 34 A3

OÙ PRENDRE UN VERRE
ET SORTIR
Bar du Royal Lounge .... (voir 31)
Bois ton thé 35 B3
Café Russe 36 B3
Casino 37 D3
Cinéma Le Méliès 38 B1
La Station des artistes 39 B1
La Tireuse 40 B1
Le Durango 41 A3
Le Garage 42 D2
L'Entropie 43 A2
L'Esprit 44 B1
L'Imparfait 45 B3
L'Isle au Jasmin 46 A3

ACHATS
Artigarrède 47 A3
Biraben 48 D2
Carreau des Producteurs 49 B2
Fromagerie d'Ossau 50 B2
Josuat (rue du Maréchal-Joffre) 51 B3
Josuat (rue Serviez) 52 B2
Marché bio 53 B1
Puces de Pau .... (voir 53)

TRANSPORTS
Arrêt de bus Citram et TPR 54 C3
Funiculaire 55 B4
Romano Sport 56 C1
Société des transports
   de l'agglomération de Pau 57 C2

Le Béarn conserve toutefois une forme d'indépendance, notamment en matière religieuse, les protestants y imposant certaines restrictions aux catholiques, à l'inverse de ce qui se pratique dans le reste du royaume. Louis XIII, fils et successeur d'Henri IV mettra fin à cet état de fait en occupant Pau en 1620, date officielle du rattachement du Béarn au royaume de France. Pour lutter contre les idées huguenotes, il favorise l'implantation de couvents et d'établissements religieux, dont le collège des jésuites, devenu par la suite le lycée Louis-Barthou (fréquenté notamment par Lautréamont et Saint-John Perse).

Pau accueille la Révolution avec enthousiasme et devient chef-lieu du département des Basses-Pyrénées (aujourd'hui Pyrénées- Atlantiques) en 1790. Le règne de Napoléon Ier marque un tournant pour la ville : la construction d'une route Paris-Madrid désenclave la capitale du Béarn. À la même période, Jean-Baptiste Bernadotte, maréchal d'Empire né à Pau en 1763, fait la gloire de la ville en devenant roi de Suède en 1818.

C'est aussi sous le premier Empire que la cité prend conscience de la vue extraordinaire dont elle jouit sur les Pyrénées. Alors que les maisons tournaient jusqu'à présent le dos aux montagnes, un nouveau plan d'urbanisme est adopté pour ouvrir la ville vers le massif pyrénéen.

Le XIXe siècle est marqué par l'essor du tourisme, favorisé par la vogue des Pyrénées durant la période romantique, mais surtout par l'engouement des Anglais, qui transforment Pau en station climatique mondaine (voir l'encadré, La Pau douce des Anglais ci-dessous). Le boulevard des Pyrénées est achevé en 1899. Suivront le Palais d'Hiver (actuel palais Beaumont) en 1900 et le funiculaire, en 1908. En 1909, les frères Wright, pionniers de l'aviation, choisissent Pau pour effectuer un vol de démonstration auquel assisteront notamment le roi d'Angleterre et le roi d'Espagne. Comme ailleurs, cette période faste, particulièrement pour Pau, prendra fin avec la Première Guerre mondiale et on en parlera, a posteriori, comme de la "belle époque".

Dans les années 1950, la découverte d'un gisement de gaz naturel à Lacq, commune située à une trentaine de kilomètres au nordouest de Pau, a relancé le développement économique de la ville, aujourd'hui renommée dans les secteurs de la pétrochimie et de l'aéronautique.

LA PAU DOUCE DES ANGLAIS

Tout au long du XIXe siècle, Pau fut l'objet d'un véritable engouement touristique de la part de l'aristocratie anglaise. Le goût britannique pour la capitale béarnaise remonterait aux guerres napoléoniennes, et plus précisément à la bataille d'Orthez, en 1814, à l'occasion de laquelle des troupes furent cantonnées à Pau. Bien accueillis par la population, les soldats de Wellington auraient gardé un bon souvenir de la région, avant d'y revenir. Mais ce sont surtout les écrits d'un médecin, Alexander Taylor, qui lancèrent réellement la mode de Pau de l'autre côté de la Manche, à partir de 1847. Le scientifique vanta les mérites du climat sain et peu venteux de la ville, qui va peu à peu se transformer en lieu de villégiature distingué. C'est entre 1870 et 1914 que Pau connaît le plus de succès. Le Gassion, achevé en 1872, fut l'un des palaces européens les plus luxueux de son époque. Aux Anglais se joignent d'autres membres de la noblesse européenne, qui découvrent également les charmes de la Côte basque, toute proche, et des bains de mer de Biarritz. L'après-guerre et la crise de 1929 sonneront le glas de cette vogue sans précédent.

Cette période a laissé des traces, encore visibles aujourd'hui. Le premier golf du continent fut aménagé à Billère, dans les environs proches de Pau, par deux officiers écossais en 1856. Le goût du rugby trouva aussi à Pau un terrain propice. L'hippodrome du Pont-Long, construit dès 1842, fut également très apprécié des voyageurs anglais de l'époque. D'un point de vue architectural, notons la présence de plusieurs églises anglicanes (dont l'une abrite le cinéma Le Méliès) et de tout un ensemble d'élégantes villas : on en compte près de 300, aujourd'hui disséminées un peu partout dans la ville, et parfois difficile à repérer. Les plus curieux pourront en admirer un certain nombre autour du parc Lawrence, beau jardin à l'anglaise situé au bout de la rue Montpensier, et plus encore aux alentours de l'avenue Trespoey, à l'est du centre-ville. Enfin n'oublions pas le Palais d'Hiver (devenu palais Beaumont), construit en 1900, durant l'âge d'or du tourisme international.

BÉARN

Orientation

Le centre-ville, multipolaire, est articulé autour de plusieurs axes. À l'extrémité sud de la ville, le boulevard des Pyrénées, qui domine la gare, relie le château au parc Beaumont. Un peu plus au nord, une deuxième transversale (rue du Maréchal-Joffre, rue du Maréchal-Foch et cours Bosquet) traverse la ville d'ouest en est, entre le quartier historique et le musée des Beaux-Arts, via la place Clemenceau, que des travaux récents ont transformée en une vaste esplanade réservée aux piétons. De là, la rue Serviez, perpendiculaire à ces deux premiers axes, part vers le nord, donnant accès aux halles et à la place de la Libération, d'où l'on peut ensuite gagner le quartier Montpensier et la place du Foirail.

Renseignements
ACCÈS INTERNET

C Cyber (☎ 05 59 82 89 40 ; 20 rue Lamothe ; 0,80 €/10 min ; ☾ lun-sam 10h-2h, dim 14h-minuit). Centrale et ouverte tard le soir 7 jours sur 7, la grande salle tout en longueur de C Cyber est équipée d'une vingtaine d'ordinateurs.

French Coffee Shop (☎ 05 59 02 50 01 ; place d'Espagne ; ☾ lun-ven 8h-19h30, sam 9h-19h30). Le Wi-Fi gratuit et un poste Internet en accès libre font de ce petit café à l'ambiance détendue un endroit pratique pour consulter ses mails.

OFFICE DU TOURISME

Office du tourisme (☎ 05 59 27 27 08 ; www. tourismepau.com ; ☾ juil-août lun-ven 9h-18h30, sam 9h-18h, dim 9h30-13h et 14h-18h, sept à juin lun-sam 9h-18h, dim- 9h30-13h) est établi sur la place Royale dans un hôtel particulier du XVIIIᵉ siècle.

À voir et à faire
MUSÉE NATIONAL DU CHÂTEAU DE PAU

Dominant le gave de Pau, ce **château-musée** (☎ 05 59 82 38 00 ; www.musee-chateau-pau.fr ; 5/3,5 € tarif plein/réduit, gratuit jusqu'à 18 ans et 1ᵉʳ dim du mois ; visite guidée uniquement, départ ttes les 15 min ; ☾ 15 juin-15 sept tlj 9h30-12h15 et 13h30-17h45, hors saison tlj 9h30-11h45 et 14h-17h) constitue la visite immanquable pour qui ne passe ne serait-ce que quelques heures à Pau. Son image est indissociable de celle d'Henri IV. Pourtant, si ce dernier y vit le jour, il n'y séjourna guère et il ne subsiste aujourd'hui que bien peu de souvenirs du souverain, le plus notable étant la fameuse carapace de tortue qui lui aurait servi de berceau.

Le fort originel daterait de la seconde moitié du XIᵉ siècle. Si deux tours sont construites dès les XIIᵉ-XIIIᵉ siècles, c'est Gaston III, dit Phébus (1331-1391), qui fait du château une vraie place forte. Au XVIᵉ siècle, Henri II d'Albret et Marguerite d'Angoulême, roi et reine de Navarre, le transforment en palais Renaissance. Plus ou moins abandonné à partir du règne de Louis XIII, avec le rattachement du Béarn à la France en 1620, le château est rénové sous la Restauration et le Second Empire : dans le but politique de légitimer le retour de la monarchie en exploitant le mythe du bon roi Henri, Louis-Philippe (qui règne de 1830 à 1848) décide de transformer le château en résidence royale. Il ne s'y rendit jamais, mais Napoléon III et Eugénie y séjournèrent à plusieurs reprises par la suite.

En entrant par le pont d'honneur (accès est), vous parviendrez dans la cour du château après être passé sous un péristyle de style néo-Renaissance édifié sous Napoléon III, encadré par le donjon, imposant édifice de briques, et une tour construite sous le Second Empire. Vous trouverez l'accueil du musée au rez-de-chaussée de la tour Montauser (à droite dans la cour), dont l'architecture témoigne de plusieurs époques de construction : XIIᵉ siècle jusqu'à la deuxième rangée de fenêtres, XIIIᵉ siècle jusqu'à la troisième, puis XIVᵉ siècle au-dessus, où l'on retrouve les caractéristiques du donjon : usage de la brique et mâchicoulis à vocation défensive.

Une visite guidée permet de découvrir l'aménagement intérieur du château. La plus grande partie du mobilier est d'époque Louis-Philippe, reflétant le goût des années 1830-1850 pour le néogothique et le néo-Renaissance. On remarquera néanmoins un très bel ensemble de tapisseries XVIᵉ-XVIIIᵉ siècles et, parmi les nombreuses sculptures d'Henri IV émaillant le parcours, la belle statue en marbre de Carrare datée de 1605 ornant l'escalier d'honneur.

En quittant la cour par le porche situé côté sud, on peut faire le tour du château. Vous longerez d'abord de petits jardins à la française et passerez devant la tour du Moulin (XIVᵉ siècle), rebaptisée tour de la Monnaie quand des ateliers de frappe y furent installés au XVIᵉ siècle. Puis vous bénéficierez d'une belle vue sur les deux tours situées sur le flanc ouest. En apparence identiques, elles furent pourtant édifiées à sept siècles d'intervalle : la tour Mazères, à droite lorsqu'on se place face à elles, date du XIIᵉ siècle, tandis que celle de gauche ne fut érigée que sous Louis-Philippe, dans un souci d'harmonisation de l'ensemble. Face à ces deux tours, un pont mène au **parc** du château. Attention : le premier espace, planté de petits platanes, n'est qu'un préambule au parc proprement dit, qui commence au-delà d'un second petit pont.

AUTOUR DU BOULEVARD DES PYRÉNÉES

Véritable "Croisette" de Pau et fierté de la ville, le boulevard des Pyrénées offre un panorama somptueux sur la chaîne pyrénéenne, du pic du Midi de Bigorre au pic du Midi d'Ossau, visibles par temps clair. Le lever du soleil y est particulièrement spectaculaire. Planté de palmiers (auxquels répondent ceux de la superbe palmeraie qui le sépare de la gare, en contrebas), il domine le gave de Pau. Il relie le quartier du château au parc Beaumont.

Depuis le château, après avoir longé le chevet de l'**église Saint-Martin** (visite guidée juin à mi-sept mar, ven et dim à 15h), vous parviendrez vite à la très belle **place Royale**, bordée de tilleuls, où trônent une statue d'Henri IV et un kiosque à musique. Créée au XVIIᵉ siècle, la place ne fut ouverte sur les Pyrénées qu'au XIXᵉ siècle. En face, le **funiculaire** (accès gratuit), qui relie le boulevard à la gare, date de 1908.

En continuant le long du boulevard, vous pourrez admirer de beaux immeubles de styles Belle Époque ou Art déco avant de parvenir au **palais Beaumont**, à l'orée du parc du même nom. Cet imposant ensemble architectural fut construit dans les années 1930 en lieu et place du Palais d'Hiver, qui datait de 1900. Récemment rénové, il héberge le **casino**, des restaurants, une grande salle d'exposition et un auditorium. Avec son lac, sa roseraie, son kiosque à musique et ses arbres centenaires, le **parc** est très apprécié des Palois qui viennent s'y promener dès qu'il fait beau.

VIEILLE VILLE ET QUARTIER DU HÉDAS

Les environs du château et le quartier du Hédas, riches en demeures anciennes et en maisons à pans de bois, donnent l'occasion d'une promenade agréable.

En face du pont d'honneur du château, ne manquez pas l'**hôtel de Peyré**, dit "maison de Sully" (XVIIᵉ siècle), reconnaissable à sa lourde porte cloutée. Sur sa droite s'ouvre une ravissante place où s'élève le **parlement de Navarre**, institution créée suite au rattachement du Béarn à la France en 1620. L'édifice est surplombé par un grand clocher, seul vestige de l'ancienne église Saint-Martin. De là, suivez la rue Henri-IV, flanquée de belles maisons, et d'où l'on peut voir quelques rues pittoresques en contrebas. Puis empruntez la rue Gassion sur la gauche ; à son extrémité, tournez à droite dans la rue du Maréchal-Joffre : celle-ci, flanquée d'anciennes demeures nobiliaires, s'ouvre un peu plus loin sur la charmante **place Reine-Marguerite**, bordée d'arcades, ancienne place du marché et porte de la ville, où avaient également lieu les exécutions publiques. Continuez tout droit jusqu'à la rue des Cordeliers qui part sur la gauche. Au niveau du nᵒ 25, empruntez les escaliers du passage Parentoy qui dévalent le ravin du **Hédas**.

Ce quartier, aujourd'hui presque réduit à une rue, tire son nom d'un ruisseau, à présent canalisé et couvert. Il fut longtemps dévolu aux champs communaux avant de devenir, au XIXᵉ siècle, le secteur mal famé de Pau. Empruntez la rue du Hédas, sur la gauche. Vous parviendrez à une fontaine, qui fut longtemps le seul point d'eau de la ville et qui a donné son nom à la rue qui remonte sur la droite. En haut de cette pente, bifurquez à gauche dans la rue Tran pour parvenir sur la **place Gramont**. À l'époque de Jeanne d'Albret, il y avait ici des jardins. L'endroit fut transformé au XVIIIᵉ siècle en une belle place à arcades. Devenue un carrefour de circulation important sur le flanc ouest du centre-ville, elle est malheureusement peu mise en valeur. Pour regagner le secteur du château, remontez par la rue Bordenave-d'Abère.

VERS LE QUARTIER MONTPENSIER

Situé dans la moitié nord du centre-ville, ce quartier paisible n'est doté d'aucun monument majeur, si ce n'est l'**ancienne église anglicane** aujourd'hui occupée par le cinéma Le Méliès. Le parc Lawrence, le marché aux puces de la **place du Foirail** et plusieurs bonnes adresses disséminées dans son périmètre peuvent néanmoins donner l'occasion de s'y rendre à pied : descendez la rue Serviez depuis la place Clemenceau jusqu'à la place des Sept-Cantons, et continuez vers le nord soit par la rue Montpensier, soit par la rue

BÉARN

Carnot. De la place des Sept-Cantons, n'hésitez pas à faire un crochet par la place de la Libération : assis sur un banc à l'ombre de ses manguiers, vous pourrez admirer le **palais de justice** et ses colonnes néoclassiques ainsi que l'**église Saint-Jacques**, dont l'aspect extérieur vous étonnera peut-être : ses deux flèches, qui menaçaient de s'écrouler, ont été raccourcies il y a quelques années.

MUSÉE BERNADOTTE

Ce **musée** (☎ 05 59 27 48 42 ; 8 rue Tran ; entrée 3 € ; ☺ mar-dim 10h-12h et 14h-18h) est aménagé dans la maison natale de Jean-Baptiste Bernadotte (1763-1844), maréchal d'empire, couronné roi de Suède en 1818 sous le nom de Charles IV. Fondateur de la dynastie qui règne encore aujourd'hui en Suède, il vécut ici jusqu'à l'âge de 17 ans. La visite vaut surtout pour la maison elle-même, un édifice ancien, très bien restauré, dont la façade comporte deux belles galeries en bois. Pour le reste, les souvenirs, lettres, tableaux et gravures évoquant l'illustre enfant du pays, la famille royale suédoise et la Suède en général sont présentés de façon peu didactique et intéresseront surtout les initiés ou les passionnés d'histoire.

MUSÉE DES BEAUX-ARTS

Installé dans un grand bâtiment Art déco, le **musée des Beaux-Arts** (☎ 05 59 27 33 02 ; http://musee.ville-pau.fr ; rue Mathieu-Lalanne ; 3 €, tarif réduit 1,5 €, gratuit moins de 18 ans ; ☺ mer-lun 10h-12h et 14h-18h) présente un bel ensemble de peintures du XVe au XXe siècle, illustrant les écoles flamande, hollandaise, française et italienne, bien mises en valeur dans des salles vastes et lumineuses. Outre les deux magnifiques toiles de Rubens évoquant le héros grec Achille, on pourra admirer, dès qu'il sera de retour de l'atelier de restauration, le très beau *Saint François recevant les stigmates*, signé le Greco. Parmi les nombreux tableaux d'Eugène Devéria (1805-1865), qui passa la fin de sa vie à Pau et dont un autoportrait orne l'escalier, on ne peut manquer la monumentale *Abjuration d'Henri IV*. À l'étage, les impressionnistes sont représentés par Berthe Morisot et sa *Pasie cousant dans le jardin de Bougival*. On peut aussi admirer des œuvres du peintre cubiste André Lhote ainsi qu'un célèbre tableau de Degas, le *Bureau de coton à La Nouvelle-Orléans*.

Activités sportives

Les animateurs diplômés de la **Maison pour tous Léo-Lagrange** (☎ 05 59 06 66 89) encadrent en avril et octobre des descentes en **raft** (22/35 € par demi-journée/jour) et **mini-raft** (à partir de 6 ans) sur le gave de Pau et le nouveau stade d'eau vive situé près de la gare, ainsi que des **sorties de nage en eau vive** (28 €/2h30, à partir de 12 ans) et du **canyoning** (22/35 € par demi-journée/journée, à partir de 12 ans) en vallée d'Ossau.

Fêtes et festivals

Pau est une ville particulièrement riche en festivals.

FÉVRIER-MAI

Festival du film gay et lesbien (février).
CulturAmerica (mars).
Danses plurielles (mars-avril) associe danse et théâtre contemporain.
Festival du très court métrage (avril) organisé par Image Montagne (www.image-montagne.com).
Pau ville russe (mai).
Urban Session (début mai), est dédiée au hip-hop.

JUILLET-AOÛT

L'Été à Pau (Juillet-août). Programmation musicale de qualité : les concerts, gratuits, ont lieu dans le théâtre de verdure du parc Beaumont.
Ciné-Cité (juillet). Films et concerts gratuits dans divers lieux de la ville (www.cine-cite.fr ; gratuit).
Hestiv'Òc (fin août) fête 5 jours durant la culture occitane : fanfares, spectacles de rues, apéros-concerts (www.hestivoc.com).

SEPTEMBRE-NOVEMBRE

Rencontres du cinéma français (septembre).
Equit'art (fin septembre) réunit des stands de produits bio et de commerce équitable.
Transe Atlantique (octobre). Festival des cultures électroniques : concerts et créations numériques contemporaines au programme (www.acces-s.org).
Continent Afrique (novembre)

Où se loger

De l'auberge de jeunesse au palace quatre étoiles, Pau dispose d'un éventail complet de lieux d'hébergement. La plupart des établissements que nous présentons ici figurent parmi les mieux situés de la ville. Pour vous procurer une liste exhaustive des hôtels de Pau, consultez l'office du tourisme. Il est également possible de se loger dans les environs de la ville (voir la rubrique *Environs de Pau*, p. 222).

BÉARN

Camping municipal (☎ 05 59 02 30 49 ; boulevard du Cami-Salié ; adulte/enfant 3,10/1,90 € ; ☺ fin mai à mi-sept). Ce terrain de camping ombragé n'a rien d'exceptionnel, mais il a le mérite de n'être pas trop loin du centre, juste à côté de l'hippodrome.

⊟ Auberge de jeunesse (☎ 05 59 11 05 05 ; www. ldjpau.org ; 30 ter rue Michel-Hounau ; 13,10 €/pers avec la carte FUAJ, draps et couvertures fournis ; ☺ réception lun-ven 17h-21h, sam-dim 14h-21h ; 🖳). Gérée par une association d'aide au logement des jeunes, cette auberge compte 3 chambres de 2 lits : une véritable affaire pour les voyageurs à petit budget, d'autant que le "triangle" étudiant (voir p. 219), réputé pour sa vie nocturne animée, ne se trouve qu'à deux pas. Si l'auberge affiche complet, sachez qu'elle dispose de trois chambres supplémentaires sur un autre site, à Gelos (voir la rubrique *Environs de Pau*).

Hôtel de la Pomme d'Or (☎ 05 59 11 23 23 ; 11 rue Maréchal-Foch ; s/d/tr 34/38/42-46 €). Des chambres claires dotées de petites sdb impeccables, très correctes pour le prix demandé. Vous y serez en outre chaleureusement accueilli, et logerez en plein cœur de la ville.

Hôtel Le Central (☎ 0559277275 ; www.hotelcentralpau .com ; 15 rue Léon-Daran ; s/d/t 39-59/45-85 /62-77 €, Wi-Fi gratuit). Les chambres de ce petit deux-étoiles sont bien tenues, lumineuses et bénéficient d'une décoration personnalisée. Si vous souhaitez le Wi-Fi, précisez-le au moment de la réservation, le réseau n'étant pas accessible depuis toutes les chambres.

Hôtel Le Postillon (☎ 05 59 72 83 00 ; www. hotel-le-postillon.com ; 10 cours Camou ; s/d 45/48 € ; Wi-Fi gratuit). Bien qu'un peu excentré, cet hôtel est une excellente affaire. Mme Cortade, qui a repris l'établissement avec son mari en 2008, aime chouchouter sa clientèle. La qualité de l'accueil va ici de pair avec une réelle exigence en matière de confort : la literie et le linge de bain ont été renouvelés, la salle du petit-déjeuner entièrement refaite, les chambres équipées d'écrans LCD… Ces dernières vont en outre bénéficier d'une rénovation complète. Pour l'heure, les plus agréables sont celles qui donnent sur le joli patio intérieur.

Hôtel Le Bourbon (☎ 05 59 27 53 12 ; www.hotel -lebourbon.com ; 12 pl. Georges-Clemenceau ; s/d/tr 56,80/65,60/68,90 €). Le Bourbon est certainement l'hôtel le mieux situé de Pau : il donne sur la place Clemenceau, une vaste esplanade interdite à la circulation, à mi-chemin entre le château et le musée des Beaux-Arts. Les chambres ne sont cependant pas d'aussi bonne qualité. Elles se ressemblent toutes, à peu de chose près : plutôt spacieuses, très propres, mais sans charme particulier. Celles du 4e, climatisées et rénovées en 2006, bénéficient toutefois d'une jolie vue sur la place.

❂ ⊟ Hôtel Bosquet (☎ 05 59 11 50 11 ; www. hotel-bosquet.com ; 11 rue Valéry Meunier ; s/d/familiale 62-72/67-77/82 € ; 🖳). Bien situé à deux pas de la place Clemenceau, cet établissement respire le neuf. Il offre certes un confort standard, mais ses 29 chambres aux tons chauds, récemment rénovées, séduisent par leur cadre chaleureux et par ces petits détails qui font la différence : accès Internet gratuit, bouilloire, thé et petits gâteaux à disposition, etc. À signaler pour les voyageurs à petit budget : la 998, au 4e étage, petite et dotée de lits superposés, mais fonctionnelle, équipée d'une sdb avec baignoire et surtout, louée à un prix imbattable (s/d 36/41 €).

Hôtel Montpensier (☎ 05 59 27 42 72 ; www.hotel -montpensier-pau.com ; 36 rue Montpensier ; s/d/tr 55/65-75/ 90 € en basse saison ; P ; Wi-Fi gratuit). Si la salle du petit-déjeuner est toujours aussi exiguë, les chambres ont, pour leur part, été rénovées et sont proposées à des tarifs très raisonnables pour un trois-étoiles. Spacieuses, elles sont dotées de grands lits douillets, et équipées du Wi-Fi. Les sdb, carrelées de blanc, sont étincelantes. Le rez-de-chaussée étant un peu sombre, demandez une chambre à l'étage (la 14 est de loin la plus agréable).

Hôtel de Gramont (☎ 0559278404 ; www.hotelgramont .com ; 3 pl. Gramont ; s/d 60-68/68-104 € ; ☺ fermé 2 sem fin déc-déb jan ; Wi-Fi gratuit). Si le Gramont offre toujours un confort honorable, certains détails (canapés du salon d'accueil élimés, légère odeur de cigarette dans d'anciennes chambres fumeur, propreté approximative dans les plus modestes) trahissent une baisse de standing. Pour être sûr de ne pas être déçu, le mieux est donc d'opter pour l'une des chambres supérieures : calmes et impeccables, elles sont dotées d'un écran plat et de jolis meubles en bois.

Best Western Le Continental (☎ 05 59 27 69 31 ; www.hotel-continental-pau.com ; 2 rue Maréchal-Foch ; s/d 68-98/78-98 € ; P ; Wi-Fi). Cet immeuble imposant, édifié vers 1900, est un vestige du temps où Pau attirait l'aristocratie britannique. Le hall, très haut de plafond, vaste et lumineux, et le salon, entre modernité – écran plat et accès Wi-Fi – et classicisme – mobilier Louis XVI –, évoquent encore le goût du luxe qui caractérisait cette époque. Les chambres, en revanche, bien que spacieuses, ne procurent pas la même sensation de confort : sous la moquette bleue, le parquet grince un peu trop et les couleurs sont d'une élégance passée de mode ; bref, l'ensemble ne se départit pas d'un parfum d'ancienneté, qui fera toutefois le bonheur des nostalgiques de la Belle Époque. Restaurant sur place (menu du jour 20 €).

Le Bristol (☎ 05 59 27 72 98 ; www.hotelbristol -pau.com ; 3 rue Gambetta ; s/d 77/86 € ; **P** ; Wi-Fi). Aménagé dans un hôtel particulier cossu du centre-ville, ce trois-étoiles s'est hissé au premier rang des établissements de sa catégorie depuis que ses chambres ont bénéficié d'une remise en beauté particulièrement réussie. Spacieuses, lumineuses, calmes, elles offrent aussi beaucoup de confort : grand lit aux coussins moelleux, fauteuils élégants, agréable moquette rouge, écran plat et grande sdb. Le Bristol dispose par ailleurs d'un parking privé, atout non négligeable dans un quartier où se garer tient souvent de la gageure.

Où se restaurer

Don Quichotte (☎ 05 59 27 63 08 ; 30 rue Castetnau ; formule déj 7,80 €, plat à partir de 6,5 € ; fermé pour le déj sam, dim et lun). À l'orée du "triangle" étudiant (voir page suivante), cette cantine espagnole est une aubaine pour les voyageurs à petit budget. Son décor typé – affiches de corridas chantant les exploits de César Rincón, nappes aux couleurs basques et piments séchés suspendus – et sa carte associant spécialités espagnoles (*patatas bravas*, tortilla…) et copieuses assiettes régionales (steak, magret ou confit accompagné de frites) assurent son succès. Au n°38 de la même rue, dans un cadre identique, une annexe propose des sandwichs à partir de 3 €.

La Brochetterie (☎ 05 59 27 40 33 ; www.labrochetterie .com ; 16 rue Henri-IV ; menus 17,90-24,70 €, formule déj à partir de 12 €, carte 9,70-17,80 € ; fermé lun, sam midi et mar midi). La spécialité maison se devine ici dès l'entrée : brochettes de viande ou de poisson sont cuites au feu de bois sous vos yeux, dans une grande cheminée. Après une très classique salade béarnaise, les plus téméraires choisiront de manger des cœurs de canard. La cuisine est correcte et sans prétention, mais les prix très abordables, malgré une situation

centrale et touristique. Réservation conseillée, en particulier le jeudi, soir de l'agneau – ou du cochon – à la broche.

Le Berry (☎ 05 59 27 42 95 ; 4 rue Gachet ; plat du jour-salade 8 €, formule du jour 10,50 €, carte 9-20 € ; tlj). Le récent changement de propriétaire n'a en rien altéré la popularité de cette petite brasserie du centre-ville, cantine favorite des Palois. On y vient pour l'excellent rapport qualité/prix de la formule du jour – bidoche-frites, salade, ballon de vin rouge et café – ou pour s'y régaler d'une côte de magret, d'un tournedos ou d'une andouillette. Le service, rapide et détendu, est assuré par une armada de serveurs opérant entre la terrasse et l'intérieur auquel des banquettes rouges donnent un air de bistrot parisien. Il n'est pas possible de réserver et la file d'attente peut-être longue, à midi comme le soir : venez le plus tôt possible.

Bodega San Fermin (☎ 05 59 83 97 22 ; 3 rue des Orphelines ; tapas à partir de 4,5 €, plats 11-16 € ; mar-sam 18h30-2h). Tapas, sangria, ambiance festive : la formule est imparable et on ne sent pas les heures passer dans cette petite bodega. Envie d'un repas plus consistant ? Vous avez le choix : *parillada* de poissons, lomo à la plancha, *paella valenciana*… Des concerts de flamenco sont organisés régulièrement.

Le Bien-Pensant (☎ 05 59 27 52 19 ; 9 pl. Royale ; formule déj 12-15 €, salades à partir de 9,50 € ; fermé dim). Bien qu'il ait conservé le même nom depuis son changement de propriétaire en 2007, ce restaurant a totalement modifié sa formule. Là où l'on proposait auparavant l'une des cartes les plus élaborée de la ville, vous commanderez à présent des plats beaucoup plus simples, à des tarifs également beaucoup plus doux. Le cadre a conservé beaucoup de son charme, qu'il s'agisse de la terrasse, sur la place Royale, ou de l'intérieur design, qui transforme certains soir en piano-bar.

Les Amants du marché (☎ 05 59 02 75 51 ; www.lesamantsdumarche-resto-bio.com ; 1 rue Bourbaki ; formule déj 19-22 € ; menu 28 €, plats 14 €, CB non acceptée ; mar-sam midi, ven-sam soir). Compotée de courgettes à la menthe, gâteau de carottes aux orties, velouté de potimarron ou encore crumble choco-poire. Vous l'aurez deviné, on concocte exclusivement dans ce petit restaurant du quartier Montpensier des mets bio et végétariens. Une cuisine de saison, saine et savoureuse, qui a su séduire une large clientèle. Repas-concert le dernier samedi du mois.

BÉARN

◐ **O'Gascon** (☎ 05 59 27 64 74 ; 13 rue du Château ; menus 22-41 € , menu enfant ; ◑ mer-lun soir, dim midi). C'est l'une des bonnes adresses du quartier du château. Son agréable terrasse donnant sur une rue piétonne et sa cuisine aussi réjouissante que pittoresque attirent touristes et gourmets, venus se délecter d'un baronnet de canard, de camot et de coustou de porc ou d'une garbure royale. À découvrir également : la caille à l'étouffée en cocotte farcie aux petits légumes, servie sur son lit de foin, à accompagner d'un verre de jurançon moelleux.

Gusto (☎ 05 59 98 43 77 ; www.restaurant-pau-gusto.com ; 1 rue du Hédas ; formule déj 13 € , carte 25 € ; ◑ fermé sam déj et dim-lun). Dans une belle maison accrochée aux escaliers du Hédas, avec poutres apparentes, éclairage étudié, masques vénitiens et tôle ondulée très déco, ce restaurant italien précédé d'un petit patio ombragé par quelques palmiers propose une heureuse alternative à la cuisine béarnaise. Les *farfalle* aux poivrons grillés, le carpaccio d'espadon ou le risotto à l'encre et son sauté de blanc de seiche au pesto composent une carte sophistiquée, où se mêlent aux mets traditionnels quelques expériences culinaires originales – que diriez-vous de nems aux fruits pour le dessert ?

Le Royal Lounge (☎ 05 59 27 06 92 ; palais Beaumont ; formule déj à partir de 10 € , menu 21,50 € , carte 10-18 € ; ◑ tlj midi et soir). Inutile d'attendre d'avoir gagné le jackpot aux machines à sous pour venir dîner dans cet élégant restaurant situé au-dessus du casino. Les différentes formules proposées sont tout à fait abordables. L'assiette gourmande (saumon, foie gras, cabécou et coquilles Saint-Jacques pour 13,50 €), riche, copieuse et présentée avec soin, s'avère un très bon choix, de même que le filet de saumon mariné au thé vert. La grande salle à l'ambiance feutrée donnant sur le parc et le fond sonore jazzy ne gâchent rien au plaisir.

La Michodière (☎ 05 59 27 53 85 ; 34 rue Pasteur ; menus 15-27 € ; plats 18-25 € ; ◑ lun-sam). Les Palois recommandent ce restaurant au cadre un tantinet rétro du quartier Montpensier. Tenu par deux frères, il se distingue notamment par une belle carte de poisson et de fruits de mer (essayez la feuillantine de bar aux truffes ou la fricassée de queues de langoustine aux girolles). La gamme des classiques de la cuisine régionale n'est pas oubliée (escalope de foie frais, bœuf braisé…), et même explorée avec un brin d'audace – foie gras aux citrons

confits, salade de gésiers et pleurotes, pour le plus grand bonheur des gourmets.

◐ **Ô Bons bouchons** (☎ 05 59 62 40 34 ; www.obonsbouchons.fr ; 3 rue Viard ; formule déj 12 € , menu 26-30 € , plats 15 € ; ◑ fermé sam midi et dim). Lou Capetout, l'excellent restaurant gastronomique qui se trouvait ici, a changé d'adresse (voir p. 250). Mais rassurez-vous, vous ne perdrez pas au change. Mosaïque de figues au cabécou, tournedos d'agneau aux olives, filet de canette au miel sont plus succulents les uns que les autres tandis que la tarte fine aux pommes et sa glace au calvados, servie sur un carré d'ardoise, enchante aussi bien les yeux que le palais. Comme l'augure le nom de l'établissement, la carte des vins, bien qu'un peu chère, offre une remarquable sélection de crus du Sud-Ouest et des grandes régions viticoles de France.

Le Majestic (☎ 05 59 27 56 83 ; 9 pl. Royale ; menus 15-37 € ; ◑ fermé dim soir-lun). Est-ce l'effet de l'éclairage tamisé, du décor sobre et classique de la salle, de l'argenterie ou de l'âge respectable d'une partie de la clientèle ? Quoi qu'il en soit, attendez-vous à une atmosphère feutrée, voire guindée et, en contrepartie, à un service impeccable (même si l'attente est parfois un peu longue). De la charlotte d'avocat et de tomates aux petites gambas poêlées au nougat glacé au coulis de fruits rouges, en passant par le magret de canard grillé sauce armagnac, on vous servira une cuisine riche et créative, manquant peut-être parfois d'un peu de légèreté, à l'image du lieu.

Chez Pierre (☎ 05 59 27 76 86 ; www.restaurant-chez-pierre.com ; 16 rue Louis-Barthou ; menu 35 € , plats 22-32 € ; ◑ fermé sam déj, dim, lun déj). Si cette table renommée demeure une référence à Pau, son atmosphère surannée et son décor kitsch ne seront pas du goût de tout le monde. Le serveur en livrée donne le ton : une tenue correcte est de mise. Côté cuisine, les produits du terroir sont mis à l'honneur : foie gras des Landes à la fleur de sel de Salies, sole braisée au jurançon et aux morilles ou poule au pot et petits légumes sont préparés avec soin et dignes de la réputation du lieu. Le **Bistrot de Pierre**, au 1er étage, propose une cuisine de même inspiration, mais à des prix beaucoup moins élevés (plat du jour 11 € ; ◑ mar-sam midi).

Où sortir

Des terrasses branchées du boulevard des Pyrénées aux bars animés du "triangle" – quartier fréquenté par les étudiants, dont la rue Émile-Garet forme l'épicentre – en passant par les adresses plus underground du Hédas ou du quartier Montpensier, Pau a de quoi satisfaire les noctambules de tout poil. Pour vous tenir au courant de l'agenda des spectacles et manifestations, consultez le mensuel *Culture à Pau* (il est possible d'en télécharger une version numérique sur le site de l'office du tourisme, rubrique *Manifestations*, taper le nom du magazine dans *Faire une recherche*).

SALON DE THÉ, CAFÉS ET BARS

Le boulevard des Pyrénées compte de multiples terrasses de cafés à la vue imprenable, idéales pour prendre un verre face aux montagnes. L'après-midi, on optera pour les chaises longues de **L'Isle au Jasmin** (☎05 59 27 34 82 ; 28 bd des Pyrénées ; ☽ tlj mar-sept 11h-20h, oct-avr 11h-19h), salon de thé au mobilier ancien, plein de charme, ou pour le décor rouge et or, les miroirs, les lustres et l'accès Wi-Fi du **Café Russe** (☎05 59 82 91 41 ; 20 bd des Pyrénées ; ☽ tlj 8h-2h) qui, le soir venu, se transforme en un bar branché où les touristes viennent se mêler à la jeunesse paloise sur fond de rap et de RnB. Non loin de là, **Bois ton thé** (☎ 05 59 98 06 01 ; pl. Royale ; ☽ mar-sam 10-19h), propose une formule originale, à mi-chemin entre le salon de thé et la boutique d'antiquités.

Le Garage (☎ 05 59 83 75 17 ; www.legaragebar. com ; 49 rue Émile-Garet ; formule déj 9,95 € ; ☽ lun-ven 11h30-minuit à 2h, sam-dim 15h30-minuit à 2h). Bidons d'huile en guise de pied de table, sono installée dans un van Volkswagen, plaques d'immatriculation au mur et bas de caisse incrustés dans le bar… Pas de doute, vous êtes bien au Garage, l'une des adresses phares du "triangle". Ici, les jus de fruits sont "sans-plomb" et les bières "on tap" (demi/pinte à partir de 2,25/4 €). L'endroit est assidûment fréquenté par la population anglophone de Pau, qui vient s'y rassasier de salades et de burgers devant un match de Premier League ou y faire la fête au son d'un énergique rock-fusion.

La Station des artistes (☎ 05 59 83 83 02 ; 8 rue René-Fournets ; ☽ tlj sauf lun 22h-2h). Soirées disco tous les mercredis dans ce bar-pub gay friendly du centre-ville.

◐ L'Entropie (☎ 05 59 82 95 44 ; 27 rue Bernadotte ; ☽ mar-sam 15h-2h). Il suffit de descendre les quelques marches de cette maison aux volets bleus, pour découvrir l'un des endroits les plus sympathiques de la ville où boire un verre : un café-librairie scientifique. Des

débats y sont organisés une fois par mois. Le reste du temps, une clientèle d'habitués, formée en majorité de jeunes trentenaires, s'y retrouve dans une ambiance détendue. Bonne musique et décor sympa ajoutent à l'attrait du lieu.

L'Imparfait (☎ 05 59 27 98 75 ; 20 rue du Hédas ; demi à partir de 2,70 €, mojito 6 € ; ☽ lun-sam 18h-2h). Une clientèle éclectique, venue refaire le monde autour de quelques verres, fréquente ce bar alternatif du quartier du Hédas. L'apéro est à 2 € entre 18h et 20h. Des concerts sont organisés de temps à autre.

La Tireuse (☎ 05 59 84 40 29 ; 2 rue Bourbaki ; demi 2,60-5,80 €, pinte 5-7,4 € ; ☽ lun-sam 17h-minuit à 2h). Ambiance décontractée pour ce vaste bar à bière du quartier Montpensier. Le long du comptoir en bois sont alignées une quinzaine de tireuses. Les connaisseurs apprécieront la variété et la qualité des breuvages proposés : Apple Bock, Blanche de Watou, Guinness, Stout, etc.

Bar du Royal Lounge (☎ 05 59 27 06 92 ; palais Beaumont ; ☽ jeu 20h-3h, ven-sam 20h-4h). Canapés rouges design, fauteuils immenses et profonds, éclairage tamisé, cocktails à gogo : ce bar situé au-dessus du casino séduit pour son côté à la fois chic et détendu. Côté musique, l'ambiance alterne entre rock et latino.

CONCERTS

Depuis la fermeture de La Scène, Pau ne dispose plus de salle de concerts de taille moyenne. Il faut aller à Billère, une commune voisine, où l'association **Ampli** (☎ 05 59 32 93 49 ; www.ampli.asso.fr ; allée Montesquieu, pôle culturel des anciens abattoirs, Billère) assure une programmation éclectique dans une salle pouvant accueillir 400 personnes, mais qui sera en rénovation jusqu'en septembre 2009. L'organisation des concerts ne cesse pas pour autant, les artistes se produisant hors les murs durant cette période. On peut se rendre à Billère depuis le centre de Pau en bus (n°6, arrêt Mairie de Billère).

Les têtes d'affiche se produisent de leur côté au **Zénith** (☎ 05 59 80 77 50 ; www.zenith-pau.fr ; bd du Cami-Salié), grande salle facilement repérable à son architecture contemporaine, entre le palais des sports et l'hippodrome (prenez le bus n°4 jusqu'à son terminus).

DISCOTHÈQUES

L'Esprit (11 place du Foirail ; ☽ jeu-dim). La clientèle de cette boîte de nuit varie selon la programmation : soirée rétro le jeudi et le vendredi soir, clubbing le samedi et thé dansant le dimanche (à partir de 15h).

Le Durango (☎ 05 59 27 60 51 ; 9 rue de la Fontaine ; ☾ mar-sam 0h30-5h), une boîte rock, est un haut lieu des nuits paloises depuis une quinzaine d'année.

CINÉMA, CASINO, COURSES HIPPIQUES ET BASKET-BALL

Cinéma Le Méliès (☎ 05 59 27 60 52 ; www.lemelies. net ; 6 rue Bargoin ; adulte/enfant 6/3 €, tarif réduit 4,80 €). L'unique cinéma art et essai de Pau a la particularité d'être aménagé dans une ancienne église anglicane, toujours visible de l'extérieur. Les salles, récemment rénovées, ne gardent en revanche aucun vestige du passé. Le Méliès se distingue par sa programmation de qualité, la diffusion de courts-métrages, et par ses soirées à thèmes suivies de débats ou de concerts. Les enfants ne sont pas en reste avec un à deux nouveaux films par semaine qui leurs sont destinés.

Casino (☎ 05 59 27 06 92 ; palais Beaumont ; ☾ tlj 10h-3h, ven-sam jusqu'à 4h). Quelque 120 machines à sous, une table de black jack, une roulette anglaise, une table de poker "hold'em" et un restaurant, le Hunt, tout cela au cœur du majestueux palais Beaumont : la nuit promet d'être longue !

Hippodrome du Pont-Long (☎ 05 59 13 07 00 ; www. hippodrome-pau.com ; 462 bd du Cami-Salié). Pau possède l'un des hippodromes les plus importants de France. Quelque 27 journées de courses à obstacles y sont organisées chaque année entre décembre et février. À 4 km au nord du centre (direction Bordeaux ; en bus, prendre le n°3, direction Lons depuis la place Georges-Clemenceau).

Palais des sports (☎ 08 92 68 68 83 ; www.elan -bearnais.fr ; rue Suzanne-Bacarrise ; 5-18 €). Si vous êtes là au bon moment, profitez de votre séjour à Pau pour venir assister à l'un des matchs à domicile (1 à 3/mois entre octobre et mai) de l'Élan béarnais, la redoutable équipe de basket de Pau-Orthez.

Achats

Aux **halles** de la place de la République (☾ lun-ven 6h-13h et 15h30-19h30, sam 5h-14h), vous pourrez vous approvisionner en produits du terroir : magrets, foie gras, jambon de pays, jurançon, fromages des Pyrénées – notez l'excellente **Fromagerie d'Ossau** –, etc. Venez de préférence le matin pour faire le tour des stands des petits producteurs qui se

rassemblent sur le **carreau des producteurs**, dans le même bâtiment, pour écouler des produits on ne peut plus frais.

Le **marché bio** (☾ mer et sam 8h-12h) et les modestes **puces de Pau** (☾ sam et lun 9h-12h et 14h30-18h, dim 10h-12h) se tiennent dans la halle de la place du Foirail, dans le quartier Montpensier.

Biraben (☎ 05 59 27 08 95 ; 12 rue Bonado ; ☾ mar-ven et dim 9h30-11h30 et 14h30-19h, sam fermé à 18h). La qualité de cette épicerie fine commercialisant, entre autres, les foies gras, magrets et confits de la maison du même nom, est unanimement reconnue : son "magret Renaissance" a obtenu une médaille d'or au Salon de l'agriculture en 2005, son foie gras mi-cuit au jurançon une médaille d'argent. Il existe également une boutique Biraben aux halles de la place de la République.

Artigarrède (☎ 05 59 27 47 40 ; 3 rue Gassion ; ☾ mar-sam 9h30-12h15 et 14h30-19h15, dim 9h-13h). Si vous ne prévoyez pas de passer à Oloron-Sainte-Marie, où se trouve l'enseigne-mère de cette excellente pâtisserie, ne quittez pas Pau sans avoir goûté au "russe", un subtil mélange de pâte d'amandes meringuée et de crème au beurre aux pralines, qui fait à juste titre la fierté de la maison.

Josuat (☎ 05 59 27 45 93 ; 2 rue Maréchal-Joffre et 23 rue Serviez ; ☾ lun-sam 9h15-12h et 14h30-19h, fermé lun matin rue Serviez). Cette maison fondée en 1880, à la réputation bien établie, plaira aux petits comme aux grands gourmands : chocolats, pralines, nougat, berlingot, caramels… vous avez le choix.

Depuis/vers Pau

AVION

L'**aéroport international Pau-Pyrénées** (☎ 05 59 33 33 00 ; www.pau.aeroport.fr) est à 10 km environ au nord-ouest du centre-ville (sur la route de Bordeaux). Il n'est desservi par aucun transport en commun. Air France assure des liaisons vers Paris (9/jour) et Lyon (3/jour).

TRAIN

Des trains directs relient quotidienne-ment Pau à Dax, Bayonne, Bordeaux et Toulouse. La **SNCF** (☎ 3635 ; www.voyages-scnf. com) met en circulation également des TER pour Oloron-Sainte-Marie via Buzy. Des correspondances en bus permettent ensuite de gagner la vallée d'Ossau depuis Buzy et la vallée d'Aspe depuis Oloron-Sainte-Marie (voir ci-après).

BÉARN

BUS

Les **Transports palois réunis** (TPR ; ☎05 59 27 45 98 ; 4 rue Lapouble) assurent de nombreuses liaisons départementales (notamment Orthez, Nay et Mauléon).

Pour rejoindre la vallée d'Ossau, on empruntera les bus de la **Citram Pyrénées** (☎ 05 59 27 22 22 ; départ du bd Barbanègre ou de la gare), qui organise 2 à 3 rotations par jour jusqu'à Gourette, ou les cars SNCF, qui se rendent à Laruns et Eaux-Bonnes au départ de Buzy (desservi en TER depuis Pau). Détail des horaires sur www.ter-sncf.com/aquitaine. Pendant la saison de ski, un car SNCF relie Pau à Artouste-Fabrèges (aller-retour) les week-ends et jours fériés.

Les bus pour la vallée d'Aspe partent d'Oloron-Sainte-Marie, que des bus Citram et des TER quotidiens desservent au départ de Pau. Certains des bus pour la vallée d'Aspe vont jusqu'à Canfranc-Estación, en Espagne, d'où il est possible de prendre le train vers d'autres villes espagnoles.

Pour plus de détails sur les transports en commun dans le département, consultez le site www.cg64.fr.

Comment circuler

Circuler en voiture à Pau peut se révéler compliqué. Toute une partie du centre-ville n'est accessible qu'aux résidents munis d'une carte d'accès (si vous vous rendez dans un hôtel, vous pouvez cependant demander l'autorisation de passer en sonnant à l'une des bornes placées au seuil de la zone réservée). Autres difficultés : le grand nombre de sens interdits, qui plus est non signalés sur le plan fourni par l'office du tourisme, la disposition parfois surprenante des voies (contre-allées située à gauche du sens opposé de circulation, voies à sens unique partant de part et d'autres d'une allée centrale réservée aux bus…), et le petit nombre de places de stationnement (à moins de se garer dans l'un des parkings souterrains du centre).

Mieux vaut donc se déplacer à pied dans le centre-ville : les sites dignes d'intérêt étant situés dans un périmètre limité, cela ne pose aucun problème. Si vous arrivez en train, sachez que le funiculaire (gratuit) relie la gare au boulevard des Pyrénées.

BUS ET TAXIS

Les bus de la **Société des transports de l'agglomération de Pau** (Stap ; ☎05 59 14 15 16 ; www.bus-stap.

com ; place d'Espagne ; ticket 1,10 € ; ☺ lun-ven 8h30-12h et 14h-18h) sillonnent la ville et les communes limitrophes. À noter également : une navette gratuite relie toutes les 5 minutes la place Clemenceau au quartier des halles, tandis que deux Noctambus circulent du jeudi au samedi jusqu'à minuit.

Vous pouvez joindre les Taxis palois au ☎05 59 02 22 22.

VÉLO

Romano Sport (☎05 59 98 48 56 ; 6 rue Jean-Réveil) est spécialisé dans les équipements de montagne (ski, surfs, raquettes, matériel d'escalade et de randonnée), mais loue également des VTC (10 €/jour) et des VTT (15-20 €/jour).

ENVIRONS DE PAU

Gelos

Le petit village de Gelos, à 3 km de Pau, se distingue par son château du XVIIIᵉ siècle, où Napoléon Iᵉʳ passa une nuit en 1808. C'est à ce dernier que l'on doit la création d'un haras sur ce site, en 1817. Ce **haras national** (☎05 59 35 06 52 ; adulte/enfant 5/3 €, gratuit moins de 6 ans ; ☺ visite juil-août mar-sam à 10h, 14h30 et 16h30, mai-juin et sept-août 14h30 et 16h30, nov-avr 14h30) ouvre régulièrement ses portes au public. La visite comprend la découverte des écuries, de la sellerie et d'une collection de voitures hippomobiles. On peut s'y rendre depuis le centre de Pau par le bus 1R.

OÙ SE LOGER

🏠 **Auberge de jeunesse** (☎05 59 35 09 99 ; rue de la Saligue, logis Gaston-Marsan ; 13,10 €/pers avec la carte Fuaj, draps et couvertures fournis ; ☺ réception lun-ven 17h-21h, sam-dim 14h-21h ; ⌨). Installé dans un bâtiment moderne, cette auberge de jeunesse est gérée par la même association que celle de Pau. Elle possède trois chambres de 2 lits dotées de kitchenettes. Billard, baby-foot, table de ping-pong et accès Internet gratuit. On peut dîner sur place du lundi au jeudi pour 6,80 €.

Lescar

Cette ville historique se trouve à 6 km au nord-ouest de Pau. L'antique Beneharnum fut fondée par un peuple nomade sédentarisé à l'époque gallo-romaine : les Venarni, qui auraient donné leur nom, en même temps que sa première capitale, au Béarn. Ravagée au IXᵉ siècle par les Normands, la ville renaît aux alentours de l'an mille et prend le nom de Lescar. Au

XIᵉ siècle, elle acquiert le statut d'évêché, et son rayonnement s'étend. Au XVIᵉ siècle, la Réforme et les guerres de Religion signent le début de son déclin et, deux siècles plus tard, la Révolution met définitivement un terme à la grandeur de la cité.

Office du tourisme (☎ 05 59 81 15 98 ; www.lescar -tourisme.fr ; pl. Royale ; ☙ mai-sept lun-sam 9h-12h et 14h-19h, dim 15h-18h, fév-avril et oct lun-sam 9h-12h et 14h-18h, nov-jan lun-sam 9h-12h et 14h-17h).

À VOIR ET À FAIRE

La **cathédrale Notre-Dame** (☙ lun-sam 9h-12h et 14h-18h, jusqu'à 17h hors saison ; visite commentée lun-ven 15h30 ; adulte/enfant 4/3 €, gratuit moins de 12 ans), admirable, date du XIIᵉ siècle. À l'intérieur, ne manquez pas les tombeaux des rois de Navarre, où reposent notamment Henri II d'Albret et Marguerite de Navarre, sous le chœur. Juste à côté, vous pourrez admirer une très belle mosaïque romane du XIIᵉ siècle. Les chapiteaux des colonnes de l'abside centrale et ceux des chapelles donnant sur le chœur, véritables dentelles de pierre, sont remarquables. L'orgue, classé, est bien mis en valeur par l'éclairage, ce qui n'est malheureusement pas le cas des stalles en chênes et de nombreux tableaux. Des travaux de restauration, dont une première phase achevée en 2008 a déjà permis de redonner tout leur éclat aux peintures de l'abside centrale, devraient cependant remédier à cela.

Un petit **musée** (☎ 05 59 81 06 18 ; rue de la Cité ; entrée libre ; ☙ avr-oct tlj 10h30-12h et 15h-19h) témoigne du riche passé de la ville : céramiques de l'âge de bronze et de l'Antiquité, vestiges de mosaïques et bijoux du IVᵉ siècle sont présentés dans un bel espace d'exposition aménagé dans l'ancienne cave de l'évêché.

De juin à mi-septembre, les **Randonnées gallo-romaines** (☎ 05 59 81 15 98 ; adulte/enfant 6/5 €, gratuit moins de 12 ans ; ☙ jeudi matin, départ de l'office du tourisme à 9h), une boucle de 5,5 km, vous emmènent sur les traces de la ville antique.

À 1 km du centre de Lescar, le **lac des Carolins** est particulièrement agréable l'été, avec sa petite aire de jeux pour les enfants, ses tables de pique-nique et ses barbecues suivis de spectacles, organisés par la mairie le vendredi soir.

FÊTES ET FESTIVALS

Un dimanche par mois, entre avril et octobre, un **concert d'orgue** gratuit est donné dans la cathédrale. Début septembre, les **Mystères de la Cité**, une fête nocturne sur le thème de l'époque médiévale, a lieu autour de la cathédrale. Le **festival Octobres** (www.octobrelescar.com, salle Victor Hugo) programme des concerts de musique classique, de rock, de jazz et de pop.

OÙ SE LOGER ET SE RESTAURER

Camping Le Terrier (☎ 05 59 81 01 82 ; av. du Vert-Galant ; empl 5,50 €/jour, plus 3,5/2 € adulte/enfant ; ☙ toute l'année ; ▣). Ce camping trois-étoiles, ombragé et spacieux, à deux pas du gave et doté d'une piscine, est le plus confortable du secteur de Pau. À 1,5 km du centre de Lescar par la D501.

La Terrasse (☎ 05 59 81 02 34 ; 1 rue Maubec ; s/d 48/52 € ; menu 28 €, plats 16-25 € ; ☙ fermé sam midi et dim ; ▯). Les 22 chambres de cet hôtel deux étoiles sont bien tenues, mais cet établissement est avant tout réputé pour son restaurant et l'accueil chaleureux qu'on y reçoit. On y sert une cuisine régionale gourmande, passant en revue, saison après saison, les trésors culinaires du Béarn : cuisse de canard confite aux cèpes, soupe crémeuse de potimarron aux noix de Saint-Jacques et foie gras notamment.

OÙ SORTIR

El Barrio Libre (☎ 05 59 81 14 43 ; www.elbarriolibre.com ; 180 bd de l'Europe, Lescar ; ☙ bar lun-sam jusqu'à 1h ou 2h, discothèque ven-sam minuit-5h). Son emplacement ne fait pas rêver – au beau milieu d'un centre commercial – mais une fois à l'intérieur, on se laisse facilement happer par l'ambiance qui règne dans ce bar-discothèque.

DEPUIS/VERS LESCAR

Les bus de la compagnie **TPR** (☎ 05 59 27 45 98) à destination d'Orthez font halte à Lescar.

Morlaàs

Autre cité d'histoire, à 12 km au nord-est de Pau, Morlaàs mérite une halte. Ancienne capitale politique du Béarn entre 1080 et 1260, elle a joué un rôle éminent jusqu'au XVIIIᵉ siècle. L'**église Sainte-Foy** (☙ tlj 7h30-19h), donnant sur la rue principale, est le point d'intérêt majeur de la cité. Cet édifice roman, érigé aux XIᵉ et XIIᵉ siècles, se singularise par son magnifique portail sculpté, sur lequel figurent de nombreuses scènes religieuses, dont la Fuite en Égypte et le Christ en gloire entouré de Jean et de Matthieu.

L'**office du tourisme** (☎ 05 59 33 62 25 ; pl. Sainte-Foy ; www.paysdemorlaas-tourisme.fr ; ☙ été lun-sam 9h-12h30

BÉARN

et 13h30-18h, hiver lun, mar, jeu 8h30-12h30 et 13h30-17h30, mer 8h30-13h, ven 8h30-12h30 et 13h30-16h) organise des visites gratuites en été.

FESTIVAL

Un festival consacré à la musique et à la culture pyrénéenne est organisé à Morlaàs le dernier week-end d'août : chants béarnais et basques, scène ouverte pour les plus jeunes, ateliers cuisine, exposition et bal gascon figurent au programme.

OÙ SE LOGER ET SE RESTAURER

Il existe bien quelques hôtels à Morlaàs, mais ils n'ont rien d'extraordinaire et il est aussi simple et agréable de loger à Pau, qui ne se trouve qu'à une quinzaine de kilomètres de là. Si vous devez néanmoins faire étape ici, vous pouvez opter pour **Le Bourgneuf** (☎05 59 33 44 02 ; www.hotel-bourgneuf.com ; 3 rue Bourgneuf ; s/d/tr 43/47/65 €). Apprécié pour sa cuisine recherchée, **Le Panier Gourmand** (☎05 59 33 47 74 ; chemin du Bascou ; menus 15,50-27 €, menu enfant ; ☺ fermé dim soir, lun et mar soir) se trouve sur la commune voisine de Serre-Morlaàs.

DEPUIS/VERS MORLAÀS

Les bus **Citram Pyrénées** (☎05 59 27 22 22) desservent Morlaàs plusieurs fois par jour du lundi au samedi au départ de Pau.

Serres-Castet

On profite depuis le bourg de cette petite commune, située sur une hauteur aux portes de l'agglomération paloise, d'un joli point de vue sur les environs. L'**église Saint-Julien**, mentionnée dès le Xe siècle, reconstruite au XIVe siècle et depuis restaurée à de nombreuses reprises, se signale par son clocher à vocation défensive, et surtout par le marteau réputé miraculeux qui y est conservé (dans une niche du mur ouest) et qui fut l'objet de pèlerinages aux XVIIIe et XIXe siècles.

OÙ SE LOGER

Chambres d'hôte Le Peyret (☎05 59 33 11 92 ; www.le-peyret.com ; chemin de Pau ; s/d 62-72/72-82 € avec petit-déj ; ☺ toute l'année ; ▤ ; Wi-Fi gratuit). Dans une belle demeure du XVIIIe siècle, Francine de Stampa a aménagé 5 chambres spacieuses et lumineuses. Chacune d'elles bénéficie d'une déco personnalisée et d'une vue sur les Pyrénées. Elles ont une entrée indépendante et partagent un grand salon

doté d'une cheminée. Un joli parc entoure la propriété.

JURANÇONNAIS

Un nom qui fleure bon la vigne et le bien vivre... Ce n'est pas qu'une impression : le Jurançonnais, rendu célèbre par le vin de Jurançon, est l'un des terroirs les plus souriants du Béarn. Immédiatement au sud-ouest de Pau, dans une zone grossièrement délimitée par le gave de Pau à l'est, le gave d'Oloron à l'ouest, les bourgs d'Abos et de Lahourcade au nord et ceux de Lasseubetat et de Haut-de-Bosdarros au sud, cette région regroupant vingt-cinq petites communes cultive une séduction tout en nuances et en douceur. Il fait bon musarder parmi les coteaux ensoleillés où s'égrènent des vignobles taillés au cordeau, des vallons verdoyants, des bosquets et des villages fort plaisants et dotés de belles maisons béarnaises. Avec, sur les crêtes, une vue imprenable sur la ligne bleue des Pyrénées. Bref, une région diversifiée qui sait faire entendre sa petite musique à la fois rabelaisienne, romantique et raffinée.

Il existe bien une **Route des vins du Jurançon**, agrémentée de visites-dégustations, mais elle n'est pas conçue pour être parcourue dans sa totalité en une ni même deux journées : ce circuit relie en effet les domaines des 60 producteurs indépendants bénéficiant de cette appellation. Le mieux consiste donc, une fois en main une bonne carte routière et la brochure (distribuée par l'office du tourisme) mentionnant et localisant sur un plan l'ensemble des domaines, à se laisser guider par ses envies et ses coups de cœur, au fil des routes secondaires ponctuées de villages pleins de charme.

Renseignements

Cyberbase de Monein (☎05 59 21 32 07 ; 22 rue du Commerce ; 0,80 €/15 min ; ☺ lun 16h-18 h, mar 10h-12h et 16h-18h, mer 10h-12h et 14h-18h, jeu 17h-19h, ven 14h-19h, sam 9h-12h)

Cyberbase de Lasseube (☎05 59 21 32 07 ; rue de la République ; 2,40 €/heure ; ☺ mer 10h-12h et 16h-19h, sam 14h-18h)

Office du tourisme de Monein (☎05 59 12 30 40 ; www.coeurdebearn.com ; 58 rue du Commerce ; ☺ mi-juin à mi-sept lun-sam 9h30-13h et 14h30-19h, dim 15h-19h, avr à mi-juin et mi-sept à fin oct mar-sam 9h30-12h30 et 14h30-18h30, nov et mars mar-sam 9h30-12h30 et 14h30-17h30). À côté de l'église.

Fêtes

La **fête des vendanges en Jurançon** (oct à déc) célèbre la vigne et les vendanges en associant culture et vignoble. Concerts, pièces de théâtre et expositions sont programmés pour l'occasion, principalement à Lacommande. L'événement principal de ce festival est la journée portes ouvertes en Jurançon (2e week-end de décembre) : les vignerons indépendants ouvrent alors leurs chais pour des dégustations gratuites.

La **fête des fruits et du jurançon** (1er week-end d'août) a lieu sous la halle de la mairie de Monein : dégustation de jurançon et exposition de pêches roussannes (fêtées aussi en juillet au même endroit), une variété ancienne remise à l'honneur depuis quelques années, en sont les moments forts.

Activités sportives

Quelques belles **promenades** à faire à pied ou à VTT ont été balisées dans le Jurançonnais. Elles sont décrites dans la brochure *16 balades et randonnées dans les coteaux de Monein*, en vente à l'office du tourisme. Pour louer un VTT, adressez-vous à **Maxime Barreau** (☎ 06 34 15 54 79 ; www. apysport.fr ; demi-journée/journée 10/15 €), qui peut apporter les vélos sur votre lieu de départ et venir les récupérer.

Depuis/vers le Jurançonnais

Monein, Jurançon et Arbus sont desservis plusieurs fois par jour du lundi au vendredi par les bus de la ligne Pau-Mauléon, gérés par la compagnie **TPR** (☎ 05 59 27 45 98). On peut également se rendre à Jurançon, ainsi qu'à Gan et à Lasseube, par les bus **Sobetra** (☎ 05 59 06 55 05 ; ☻ lun-sam). Horaires détaillés sur le site www.transports.cg64.fr.

JURANÇON

La notoriété que Jurançon – commune située juste au sud-ouest de Pau – doit à son vin ne date pas d'hier. La devise inscrite au fronton de sa mairie – "*Bi de Rey, rey dous bis*" ("vin du roi, roi des vins"), rappelle que, selon la légende, Henri II d'Albret aurait baptisé son petit-fils, le futur Henri IV, en lui frottant les lèvres avec une gousse d'ail et en les lui humectant d'une goutte de Jurançon.

Les domaines de la commune bénéficiant du classement en AOC se concentrent dans le secteur de la **Chapelle de Rousse**, fléché depuis le centre du village, dont les coteaux offrent une belle vue panoramique sur les Pyrénées.

Où se restaurer

☻ **Chez Ruffet** (☎ 05 59 06 25 13 ; www.restaurant-chezruffet.com ; 3 av. Charles-Touzet ; menu déj (mar-ven) 27 €, menus 64-120 €, plats 34-42 € ; ☻ fermé dim-lun). Dans la région, tout le monde connaît cette adresse gastronomique où officie Stéphane Carrade. Les mises en bouche – billes de melon et chantilly de cèpes – donnent le *la* d'une cuisine du terroir haut de gamme, mâtinée de touches exotiques : harmonie des saveurs et finesse des mets sont au rendez-vous tout au long du repas. Le menu retour du marché à 27 € à midi, comprenant 2 verres de vin, est une affaire.

LAROIN

Sur la rive gauche du gave de Pau, Laroin est l'une des portes d'entrée dans le Jurançonnais lorsque l'on vient de la capitale béarnaise, à seulement 7 km de là. Si les origines de ce village sont fort anciennes – il existait déjà à l'époque gallo-romaine et se trouvait au Moyen Âge sous l'autorité de l'évêque de Lescar, il ne subsiste malheureusement aucun vestige notable de ce passé.

À faire

Il est possible de pratiquer la **pêche** (à la mouche ou au leurre) sur les deux vastes plans d'eau de la **Maison des lacs** (☎ 05 59 83 81 20 ; www.iktus.fr ; chemin des Crêtes ; demi-journée/journée 25/35 € ; ☻ toute l'année). On peut vous prêter sur place canne, fil et moulinet, mais il vaut mieux venir avec son matériel ou au moins prévoir un bas de ligne en acier pour espérer attraper carnassiers et salmonidés. Mouches et leurres en vente sur place. Il est également possible de louer une barque (demi-journée/journée 10/15 €).

Où se loger et se restaurer

Chambres d'hôte Miragou (☎ 05 59 83 01 19 ; www.miragou.com ; 6 chemin Halet ; s/d 36-40/44-48 €, avec petit-déj ; ☻ toute l'année ; Wi-Fi). Une pelouse vert tendre à deux pas d'une rivière, le calme de la campagne, une ancienne ferme rénovée dans un joli village, voilà pour le décor. Certes, les 4 chambres sont relativement petites, mais elles sont propres et confortables, et bénéficient d'une entrée indépendante. La propriétaire pourra vous prêter des VTT pour explorer les environs.

La Maison des lacs (☎ 05 59 83 82 37 ; chemin des Crêtes ; menus 12,50-24 € ; ☺ fermé dim soir, lun et mar soir). Sa terrasse donnant sur un grand lac artificiel en fait un endroit agréable, d'autant plus que l'on y sert une cuisine de qualité : terrine de foie gras aux pruneaux, ravioles de gambas aux morilles, noisette d'agneau au jus corsé... Réservation conseillée. Depuis Jurançon, prenez la D2 et tournez à droite juste avant d'entrer dans Laroin. Garez-vous sur le parking et traversez le gave à pied par la passerelle.

SAINT-FAUST-BAS

Ce hameau de la commune de Saint-Faust est accessible par la D502 depuis Laroin.

LE VIGNOBLE DU JURANÇON

Le vignoble du Jurançon s'étend sur des coteaux pentus et ensoleillés, à une altitude moyenne de 300 m, à l'ouest de Pau. L'aire vinicole (1 000 ha) concerne 25 communes, dont Monein, Lasseube, Gan et Jurançon, toutes situées entre le gave de Pau et le gave d'Oloron.

Vous serez surpris par la hauteur des vignes : soutenues par des piquets de châtaigniers ou d'acacias, elles peuvent atteindre plus de 2 m. Mais la caractéristique principale du vignoble est son encépagement, essentiellement composé de petit manseng (35%) et de gros manseng (60%), le reste se partageant entre courbu, camaralet et lauzet. La vendange se fait à la main par tries successives.

Les vins de Jurançon sont des vins blancs ambrés qui se déclinent en deux versions : le jurançon sec, classé en AOC depuis 1975, et le jurançon moelleux, l'un des premiers vins français à avoir bénéficié de l'appellation d'origine contrôlée, en 1936. Les jurançons secs, obtenus principalement avec du gros manseng, possèdent des notes modérément fruitées, et accompagnent parfaitement les grands classiques du répertoire blanc (volailles, viandes blanches, poissons, crustacés...). Quant au moelleux, il honore à merveille le foie gras, le fromage de brebis, les desserts, et peut faire office d'apéritif. Les moelleux jeunes sont produits à base de gros manseng, les moelleux de garde à base de petit manseng. Il existe également une appellation "vendanges tardives" (AOC depuis 1994) : les grappes, laissées sur pied pour une plus forte concentration en sucre et en arômes ne sont récoltées qu'entre mi-novembre et mi-décembre, afin de produire un vin liquoreux très apprécié.

Les producteurs se partagent en deux familles : ceux dont la vendange est vinifiée par la **cave des producteurs de Jurançon de Gan** (☎ 05 59 21 57 03 ; www.cavedejurancon.com), et les indépendants, qui vinifient et commercialisent eux-mêmes leur vin. Ces derniers sont regroupés au sein d'une association, représentée par la **Maison des vins et du terroir de Jurançon** (☎ 05 59 82 70 30, www.vins-jurancon.fr), à Lacommande ; leurs domaines, reliés par la Route des vins (voir p. 224), sont ouverts à la visite et proposent des dégustations. Mentionnons plus spécialement :

- **Clos Lapeyre à Jurançon** (☎ 05 59 21 50 80), réputé pour la qualité de sa production.
- **Château de Rousse à Jurançon** (☎ 05 59 21 75 08), pour sa vue somptueuse.
- **Château Jolys à Gan** (☎ 05 59 21 72 79), le plus grand domaine de l'appellation.
- **Domaine de Souch à Laroin** (☎ 05 59 06 27 22), pour son vin biodynamique.
- **Clos Uroulat à Monein** (☎ 05 59 21 46 19), pour son ses versions "tradi" et "trendy" du jurançon.
- **Château Lafitte à Monein** (☎ 05 59 21 49 44), pour son jurançon bio.
- **Domaine Bordenave à Monein** (☎ 05 59 21 34 83), exploité par la même famille depuis 1676.
- **Domaine de Cabarrouy à Lasseube** (☎ 05 5 59 04 23 08), pour ses vins de garde d'exception.
- **Domaine Larroudé à Lucq-de-Béarn** (☎ 05 59 34 35 92), pour son vin vinifié parcelle par parcelle.
- **Domaine Reyau à Aubertin** (☎ 05 59 82 70 18), pour l'ancienneté de ses vignes.

BÉARN

On peut y visiter la **Cité des abeilles** (☎05 59 83 10 31 ; www.citedesabeilles.com ; adulte/enfant 6/4 € ; ☺ juillet-août tlj 14h-19h, avr-oct mar-dim 14h-19h, hors saison sam-dim 14h-19h, sauf vacances scolaires mar-dim 14h-18h), un écomusée bien conçu où vous pourrez notamment découvrir des ruches traditionnelles béarnaises en paille et la salle des reines. Le miel récolté dans les 450 ruches entretenues sur place est vendu dans la boutique, où l'on trouve également des bougies et de l'hydromel.

ARBUS

Situé sur une hauteur dominant la plaine de Pau, ce village se distingua au XVIe siècle lorsque son seigneur refusa de se soumettre à la Réforme, à l'heure où Jeanne d'Albret entraînait avec elle le Béarn dans le protestantisme. Son **château**, bâti au XIIe siècle, existe toujours : on peut le voir depuis la rue qui monte au-dessus de l'église.

Où se loger et se restaurer

🚭 🏠 **Maison Biscar** (☎05 59 83 12 31, 37 ; rue de l'Église ; nuitée 14 €, 29 € en demi-pension, petit-déj 5 € ; menus 16-32 € ; ☺ lun-sam ; déj juil-août uniquement ; gîte à l'année). Si vous êtes à la recherche de calme et d'authenticité, voici l'adresse qu'il vous faut. Trois chambres de 5 à 7 lits, avec sanitaires et coin cuisine, vous attendent dans cette ferme-auberge doublée d'un gîte rural. Les repas, qu'il s'agisse de la garbure, des magrets, des cous farcis au foie gras ou des pâtisseries, sont composés à partir des produits de l'exploitation. La ferme étant classée bio pour les produits laitiers, vous pourrez vous approvisionner en beurre, lait et yaourts de première qualité.

MONEIN

Doté d'une jolie place centrale et d'une mairie-halle du XVIIIe siècle, Monein s'enorgueillit de la plus grande église gothique du Béarn, l'**église Saint-Girons** (accès libre), célèbre pour son clocher-donjon de 40 m de haut, ses portes sculptées et sa magnifique charpente en chêne en forme de carène de navire renversée. Des **visites guidées** (adulte/enfant 5/2 €, gratuit moins de 12 ans ; ☺ mi-juin à mi-sept lun-sam 11h, 15h et 17h, dim 17h, avr à mi-juin et mi-sept à fin oct mar-sam 16h, visite supp mer et sam 18h, en hiver mer 16h et 18h, sam 15h et 17h) sont organisées. Elles comprennent une présentation de l'histoire de l'église et du village, ainsi qu'un spectacle son et lumière mettant en valeur la charpente.

Sachez que Monein étant une commune très étendue (8 000 ha), ses différents "quartiers" peuvent être situés à plusieurs kilomètres du centre.

Où se loger et se restaurer

Chambres d'hôte maison Cantérou (☎05 59 21 41 38 ; quartier Laquidée ; s 45/55 €, d 55/65 € avec petit-déj, table d'hôte 20 € ; ☺ toute l'année ; 🚭 ; Wi-Fi gratuit). Une bonne adresse, familiale et conviviale, à 6 km du centre de Monein, en direction de Cuqueron. Les 5 chambres sont grandes et claires, très confortables et joliment décorées, chacune dans un style différent. Les propriétaires sont des viticulteurs et se feront une joie de vous initier à la dégustation du vin de Jurançon. Marie-Jo Nousty fait également table d'hôte.

Chambres d'hôte maison Sabat (☎05 59 21 43 22 ; quartier Trouilh ; s/d/tr 50/60/70 € avec petit-déj ; ☺ toute l'année ; 🚭 ; Wi-Fi gratuit). L'unique chambre d'hôte que propose Mme Fontagnères, sur les hauteurs de Monein (suivez le fléchage sur la route de Navarrenx), se présente comme un véritable petit appartement : au rez-de-chaussée d'une ancienne ferme du XVIIIe siècle, précédée d'une ravissante cour fleurie, vous attendent une grande chambre, une sdb spacieuse avec douche et baignoire, et un beau salon privatif donnant sur une piscine.

🚭 **Le Petit Hôtel** (☎05 59 21 26 68 ; www.ferme decandeloup.fr ; quartier Candeloup ; s/d/tr 40/60/75 €, appt 300-500 €/sem avec petit-déj ; table d'hôte 15 € ; ☺ toute l'année ; 🚭 ; Wi-Fi gratuit). Ce "petit hôtel" plein de charme siège dans l'une des ailes de cette ferme béarnaise. Outre les 6 chambres décorées avec goût (une préférence pour la 3 et sa sdb donnant sur les vignobles) et l'appartement (accès handicapés) doté d'une cuisine privative, le bâtiment comprend une grande salle commune et une jolie salle de yoga (cours sur demande). Autres atouts : la climatisation géothermique, le jardin, la piscine et... les prix : plus que corrects pour la prestation proposée. Table d'hôte sur réservation. À environ 5 km du village, direction Oloron (D9, suivre le fléchage).

Hôtel-Restaurant L'Estaminet (☎05 59 21 30 18 ; www.lestaminet.fr ; s/d 42/50 € ; formule déj 12,50 €, menus 18,50-24,50 € ; ☺ restaurant fermé dim soir ; Wi-Fi gratuit). Des chambres propres et jolies donnant sur la place du village, aux sdb petites mais impeccables. Le restaurant propose une cuisine à base de produits du terroir : cassolette de gras double, magret de canard à la liqueur des coteaux ou bien escargots aux queues de morilles.

La Pêche de Vigne (☎ 05 59 21 48 70 ; formule déj 10-20 € ; ☺ mar-sam 9h-19h). Un agréable petit salon de thé tout simple, doté d'une terrasse donnant sur l'église. Pâtisseries maison à toute heure et formule déjeuner à prix doux, à base de tartes salées, de galettes de sarrasin et de salades.

L'Auberge des Roses (☎ 05 59 21 45 63 ; quartier Loupien ; menus 22-34 €, plats 14-19 € ; ☺ fermé lun et mer, 3 sem en juillet et 3 sem en fév-mars). À environ 1,5 km du centre de Monein (direction Pau-Pardies), ce restaurant a su se faire un nom en donnant un nouvel élan aux classiques de la cuisine traditionnelle – mijotée de joues de porc caramélisées au miel, cassolette de tripes à la Souletine, fricasée de ris d'agneau aux cèpes. Il est également réputé pour sa carte de poisson. Cheminée et vieilles pierres à l'intérieur et terrasse ombragée par des arbres fruitiers, en font une adresse agréable en toute saison.

Achats

Madeleines, cakes, pains d'épices… : les enfants apprécieront le détour par la **Biscuiterie artisanale** (☎ 05 59 21 45 74 ; quartier Loupien ; ☺ lun-sam 9h-12h30 et 14h-17h30, fermé en août) de Mireille Faucher, à l'entrée du village en venant de Pau. Le goûter ne sera que meilleur accompagné de quelques pêches roussannes : vous en trouverez à la **coopérative des vergers du pays de Monein** (☎ 06 08 50 91 33 ; quartier Loupien ; ☺ lun-ven 17h-19h, sam-dim 9h-12h), à droite après l'Intermarché, en venant du centre de Monein.

LUCQ-DE-BÉARN

À l'ouest du vignoble, poussez jusqu'à Lucq-de-Béarn, où se dressent de belles demeures béarnaises des XVIIe-XVIIIe siècles, une mairie-halle ainsi que l'**église Saint-Vincent**, une construction de style romano-gothique abritant un sarcophage en marbre blanc datant de l'époque paléochrétienne (IVe-Ve siècle). Cette église aurait été élevée sur le site d'un oratoire datant du VIe siècle. La **tour**, que l'on peut voir à côté, est le seul vestige d'une abbaye qui fut fondée ici au Xe siècle, avant d'être détruite lors des guerres de religion.

LACOMMANDE

L'**église** de Lacommande, ancienne étape sur la route de Saint-Jacques-de-Compostelle, sur la D34 entre Monein et Lasseube, est décrite comme un joyau de l'art roman. Le petit cimetière, à l'arrière, comprend des *stèles discoïdales* du XIIIe siècle, preuve d'une influence basque (les termes en italique sont expliqués dans le glossaire en fin d'ouvrage). L'édifice attenant, la **Commanderie** (accès libre ; ☺ juil-août tlj 10h30-12h30 et 14h-18h, le reste de l'année mer, sam et dim 14h-18h), un ancien hospice, fut bâti à l'époque de Gaston IV le Croisé (XIIe siècle) pour accueillir les pèlerins. Des expositions y sont régulièrement organisées. À deux pas de l'église, la **Maison des vins et du terroir du Jurançon** (☎ 05 59 82 70 30 ; www.vins-jurancon. fr ; ☺ lun-sam 10h-12h et 15h-19h, dim 15h-19h), siège de l'association regroupant les producteurs indépendants de vin de Jurançon, est dotée d'un bel espace de dégustation.

LASSEUBE

Lasseube, charmante localité située à 16 km au sud de Monein, possède une belle **église** du XVIe siècle, qui se distingue par son portail gothique flamboyant. Il est par ailleurs intéressant de relever l'étymologie du nom du village : Lasseube signifierait "la forêt" et, aujourd'hui encore, les forêts sont l'un des attraits majeurs du village. Le **bois du Laring** n'est qu'à quelques kilomètres. Situé entre Cardesse et Lasseube, il est traversé par un sentier d'interprétation, jalonné de panneaux détaillant la biodiversité de ce site sauvage.

Sur le territoire de la commune, se trouve l'**arboretum de Payssas** (accès libre), une forêt insolite parcourue par un sentier d'un peu plus de 1 km, où ne poussent pas moins de vingt-six essences d'arbres originaires du monde entier : cèdres du Liban, frênes d'Amérique, fusains du Japon, séquoias géants et autres peupliers du Yunnan… Pour vous y rendre et découvrir son histoire, quittez le village par la route d'Oloron puis, après avoir fait 5 km environ, tournez à gauche sur la D516 vers Escou. Vous trouverez un petit parking 500 m plus loin.

Où se loger et se restaurer

Camping Bélair (☎ 05 59 04 22 55 ; route de Belair ; empl 1/2 pers 7/9 € ; ☺ juin-sept ; ☒). Une cinquantaine d'emplacements – d'agréables carrés de pelouse – et une jolie piscine, le tout à 500 m seulement du centre du village (par la D34 direction Arudy).

Chambres d'hôte Rancèsamy (☎ 05 59 04 26 37 ; www.missbrowne.com ; quartier Rey ; s/d 65-76 €/75-90 € avec petit-déj, table d'hôte 32 € ; ☺ toute l'année ; Wi-Fi gratuit). Les Browne ont, après avoir beaucoup voyagé, ont eu un coup de cœur pour cette superbe bâtisse du XVIIIᵉ siècle, située à 2 km du bourg (suivre le fléchage sur la route de Gan). Ingrédients du succès : un jardin bucolique et luxuriant, une belle vue sur les Pyrénées et une piscine, 5 chambres confortables, une décoration soignée, un élégant salon commun avec bibliothèque et TV, et une table d'hôte copieuse et ouverte à plusieurs influences, dressée sous la glycine, en terrasse, dès que le temps le permet.

Chambres d'hôte ferme Dagué (☎ 05 59 04 27 11 ; www.ferme-dague.com ; chemin de la Croix-de-Dagué ; s/d/ tr 42-62/52-62 €/82 € avec petit-déj ; ☺ mai-oct). Mélina et Jean-Pierre Maumus vous accueillent dans une ancienne ferme au cachet typiquement béarnais, sur les hauteurs du village (à 1,5 km de l'église : suivre la direction Monein-Lacommande, puis le fléchage). Un cadre rassérénant, avec un parc de 10 hectares et les Pyrénées à l'horizon. Les 5 chambres, spacieuses, lumineuses et confortables, avec entrée indépendante, occupent ce qui fut jadis une étable. L'une d'elles est accessible aux personnes handicapées.

Auberge La Promenade (☎ 05 59 04 26 24 ; formule déj lun-ven 12 €, menus 16-26 € ; ☺ fermé lun). Une clientèle d'habitués se retrouve en semaine dans la grande salle animée de ce restaurant situé dans le centre du village. On y sert à midi un menu unique façon cantine (soupe, steak-frites...). Le soir, la cuisine est plus diversifiée mais reste résolument régionale : citons le confit de canard, les pommes sautées aux cèpes ou le foie gras en terrine.

GAN ET BOSDARROS

La bastide de Gan, à une dizaine de kilomètres au sud de Pau, est le siège de la **cave des producteurs de jurançon** (☎ 05 59 21 72 06 ; www.cavedejurançon.com ; 53 av. Henri-IV ; ☺ lun-sam 8h-12h30 et 13h30-19h et de mi-juin à août dim 9h30-12h30 et 15h-19h30), dotée d'un espace boutique et dégustation. Du centre du village, une petite route monte vers le village de Bosdarros, dont le bourg est perché au sommet d'une colline, 4 km plus haut. On y trouve un **parc accrobranches** (☎ 05 59 21 68 11 ; www.vertvoltige.com ; 10/15/20 € selon le parcours ; ☺ Pâques à Toussaint, le week-end et tlj pendant les vacances), dont les parcours sont ouverts aux enfants à partir de 5 ans.

Où se loger et se restaurer

Chambres d'hôte maison Trille (☎ 05 59 21 79 51 ; chemin Labau, Bosdarros ; s/d 62/72 € avec petit-déj, table d'hôte 25 € ;

☺ toute l'année). De Gan, suivez la D934 sur environ 3 km vers le sud en direction de Rébénacq ; à hauteur de l'Auberge Le Tucq, bifurquez à gauche. Vous découvrirez, en haut d'un chemin, une bâtisse de caractère datant du XVIIIᵉ siècle et dotée d'une cour intérieure. La maîtresse des lieux propose 5 chambres, confortables et colorées, avec entrée indépendante. Elle soigne tout particulièrement sa table d'hôte.

Auberge Le Tucq (☎ 05 59 21 61 26 ; route de Rébénacq, Gan ; formule déj 14 €, menu 20 €, menu enfant ; ☺ fermé lun-mer soir). À 2,5 km au sud de Gan, cette auberge, dotée d'une agréable terrasse surplombant une petite rivière, est une étape appréciée sur la route de la vallée d'Ossau. La cuisine met à l'honneur les produits régionaux : andouillette de canard, caille rôtie, entrecôte aux cèpes, saint-jacques au jurançon...

Hostellerie L'Horizon (☎ 05 59 21 58 93 ; www. hostellerie-horizon.com ; chemin Mesplet, Gan ; s/d 60-80/65-85 € ; formule déj 15 €, menu 28 €, menu enfant, plats à partir de 25 € ; ☺ restaurant fermé dim soir et lun ; 🖳 ; Wi-Fi gratuit). Ce deux-étoiles affiche un standing et les prix d'un trois-étoiles. Un labyrinthe d'escaliers mène à des chambres spacieuses, auxquelles plancher et sdb ouverte donnent un certain cachet. Les résidents ont accès à une piscine et, pour 5 €/heure, à une salle de fitness dotée d'un spa et d'un sauna. Côté cuisine, Pierre Eyt, qui a fait ses armes Chez Pierre (Pau) et au Martinez (Cannes), propose une carte à l'ambition gastronomique : foie gras de canard à la truffe, caramel de jurançon et toast de pain d'épice, poêlée de girolles... La terrasse couverte du restaurant, surplombant un bois ponctué de palmiers d'où émane, au crépuscule, le chant des oiseaux, donne l'impression de trouver au bout du monde.

Auberge Labarthe (☎ 05 59 21 50 13 ; www.auberge-pau.com ; rue Pierre-Bidau, Bosdarros ; menus 25-43 €, plats 31-33 € ; ☺ fermé dim soir, lun et mar). Les avis divergent au sujet de cette institution à l'entrée fleurie, au cœur du village. Les habitants ne tarissent pas d'éloge sur la finesse des mets préparés par Éric Dequin, mais l'originalité des saveurs de cette table gastronomique n'est pourtant pas du goût de tous. Il n'en demeure pas moins qu'au raffinement de la carte – ravioles de tourteau arrosé d'un bouillon parfumé au gingembre et à la citronnelle, pavé de cannette grillé au beurre de pistache, purée de carotte aux abricots – répond celui du cadre, intime et confortable, idéal pour un petit dîner en amoureux.

BÉARN

BÉARN DES GAVES

Encaissés et envahis par la végétation ou, au contraire, bien dégagés et bordés de plages de galets, les gaves – cours d'eau sauvages descendus des Pyrénées voisins – rythment les paysages de ce territoire plus ou moins homogène, occupant le nord-ouest du Béarn. Si les perspectives n'ont pas ici l'ampleur des montagnes situées plus au sud, les collines, par endroits couvertes d'épaisses forêts, les prairies, les coteaux et les parcelles agricoles, dominées par la monoculture du maïs, forment malgré tout une mosaïque rurale avenante, ponctuée par la présence de séduisantes cités historiques : Oloron-Sainte-Marie, Navarrenx, Salies-de-Béarn, Sauveterre-de-Béarn et Orthez.

OLORON-SAINTE-MARIE

Oloron-Sainte-Marie n'appartient pas stricto sensu au Béarn des gaves – dont elle marque la lisière sud –, mais son importance historique comme sa situation géographique, à la confluence des gaves d'Aspe et d'Ossau, auraient pourtant pu en faire la capitale. Si elle ne l'est pas devenue, c'est que cette sous-préfecture de 12 000 habitants rayonne sur un territoire beaucoup plus vaste. Aux portes des vallées pyrénéennes et à quelques kilomètres seulement du Jurançonnais, elle bénéficie d'une position charnière, en plein cœur du Béarn, dont elle a su prendre le meilleur. Quoique encore proche de Pau, elle regarde déjà vers l'Espagne. Son dynamisme économique est indéniable : outre des industries traditionnelles (bérets et tissage), elle abrite un pôle de construction aéronautique ainsi que la chocolaterie Lindt. Le tourisme, axé sur son patrimoine naturel et historique, forme également une ressource non négligeable. On dénombre dans la ville 685 monuments de caractères. Tous n'ont pas la même visibilité ni la même valeur, mais Oloron-Sainte-Marie n'en mérite pas moins son titre de Ville d'art et d'histoire. Située à la jonction de la voie d'Arles et du chemin du Piémont pyrénéen, elle représente aussi une étape importante pour les pèlerins en route vers Saint-Jacques-de-Compostelle.

Histoire

Fondée au Ier siècle de notre ère, à l'emplacement de l'actuel quartier Sainte-Marie, l'antique cité romaine d'Iluro connut une christianisation tardive – le premier évêque de la ville, Gratus, vécut au tournant des Ve et VIe siècle de notre ère. Un oppidum fut dès l'origine édifié sur la colline, aujourd'hui occupée par le quartier Sainte-Croix, mais cela ne suffit pas à résister à l'invasion des Vascons, au VIIe siècle, qui plongea la ville dans l'oubli pour longtemps. Oloron renaît en 1080 à l'emplacement de l'ancien oppidum grâce à Centulle V, vicomte de Béarn, qui accorde à la ville divers privilèges pour encourager la population à venir s'y installer. La cathédrale Sainte-Marie est édifiée au XIIe siècle, avant de passer au XIIIe siècle, avec les terres qui en dépendent, sous l'autorité de l'évêque. Sainte-Marie, l'épiscopale, devient alors la rivale d'Oloron, cité vicomtale, qui continue malgré tout à s'épanouir, notamment grâce à sa position de carrefour commercial sur la route de l'Aragon et au développement du textile, dès le XVIe siècle. La fusion des deux entités rivales n'aura lieu qu'en 1858.

Orientation

Il n'est pas toujours aisé pour le nouveau venu de s'orienter dans Oloron : traversée par deux cours d'eau, la ville est organisée en trois quartiers distincts, que relient passages, ruelles, ponts et autres escaliers. Rien de tel, pour appréhender d'un seul regard la physionomie de cette cité au dessin complexe, que de prendre un peu de hauteur : depuis le sommet de la tour de Grède (voir page suivante), l'agencement des trois quartiers d'Oloron apparaît clairement. Sainte-Croix surplombe les deux autres : à l'ouest, de l'autre côté du gave d'Aspe, Sainte-Marie et sa cathédrale ; à l'est, au-delà du gave d'Ossau, l'ancien faubourg du Marcadet, aujourd'hui connu sous le nom de quartier Notre-Dame, dominé par l'imposante église du même nom.

Renseignements

ACCÈS INTERNET

Cyberbase (☎ 05 59 39 56 13 ; http ://cyberbase. hautbearn.free.fr ; 48 av. Louis-Barthou ; 2,40 €/heure ; ☉ mar 14h-18h30, jeu 16-18h, ven 16h-18h30 et sam 14-18h). Six postes Internet dans un espace moderne.

Le Café Central – Chez Chabanne (☎ 05 59 39 03 39 ; 12 pl. de la Cathédrale ; 1,70 € la demi-heure ; ☉ tlj 8h-21h) propose également un accès Internet.

BÉARN

OFFICE DU TOURISME

L'**office du tourisme** (☎ 05 59 39 98 00 ; www. tourisme-oloron.com ; allées du Comte-de-Trévise ; ☺ juil-août lun-sam 9h-19h, dim 10h-13h, hors saison lun-sam 9h-12h30 et 14h-18h) est plus qu'un simple espace d'accueil et d'information, il se présente comme un véritable petit musée dédié à la présentation d'Oloron et de sa région : grande carte du Béarn dessinée au sol, espace interactif, sans oublier un superbe wagon style Orient Express, muni de confortables banquettes et de deux écrans vidéo, pour partir à la découverte des vallées d'Aspe et d'Ossau. Les enfants apprécieront !

L'office du tourisme n'organise pas de visites guidées de la ville mais propose un bracelet (2,50 €), permettant d'activer des bornes réparties le long d'un parcours de découverte du patrimoine (à suivre sur une carte), et un *pass* (adulte/enfant 10/1 €), combinant la visite des quatre principaux sites historiques de la ville (tour de Grède, trésor, crypte Notre-Dame et maison du Patrimoine).

À voir et à faire

QUARTIER SAINTE-CROIX

Perché sur une colline, ce quartier se distingue par la concentration, dans un petit périmètre, de plusieurs édifices médiévaux remarquables. L'**église Sainte-Croix** (☺ tlj 8h-20h), construite au XIIe siècle, marque d'abord par son étonnant clocher fortifié, noirci par les âges. Son portail roman et ses chapiteaux sculptés attirent également l'attention. L'intérieur était en cours de rénovation lors de notre passage – le retable baroque doré, dans le transept gauche, devant notamment être restauré. On pouvait toutefois entrer dans l'édifice pour observer son élégante coupole d'influence hispano-mauresque, soutenue par huit nervures de pierre, et ses pierres tombales, dans la nef et les bas-côtés. Derrière l'église se trouve un vieux **cimetière**, d'où l'on jouit d'une belle vue sur la chaîne pyrénéenne. À proximité, notamment dans la rue Dalmais, vous découvrirez plusieurs **maisons anciennes** à colombages. Dans cette même rue, la **maison du Patrimoine** (☎ 05 59 39 98 00 ; 52 rue Dalmais ; adulte/enfant 3/1 € ; ☺ mi-juin à mi-sept tlj 10h-12h et 15h-18h, sur rdv le reste de l'année), occupe une belle demeure du XVIIe siècle. Ses salles présentent sur trois niveaux des collections d'intérêt inégal : les espaces dédiés à la préhistoire et à l'archéologie locales, à l'ethnographie régionale et à la minéralogie sont avant tout destinés à ceux que ces disciplines passionnent ; la description de la vie quotidienne à Iluro captivera un public plus large, de même que la salle consacrée au camp d'internement de Gurs, un village situé à 17 km d'Oloron, où furent retenus entre 1939 et 1945 plus de 60 000 personnes – d'abord des républicains espagnols, puis des résistants, des gitans et des juifs français et étrangers, dont près de 4 000 furent déportés à Auschwitz. Un petit jardin médiéval de plantes médicinales, où murmure une fontaine, complète la visite.

Juste à côté, la **tour de Grède** (☎ 05 59 39 98 00 ; rue Dalmais ; adulte/enfant 3/1 € ; ☺ mi-juin à mi-sept tlj 10h-12h et 15h-18h, sur rdv le reste de l'année), édifiée aux XIIIe et XIVe siècles, mérite une halte. Haute de 24 m, elle comporte trois étages, animés par une agréable muséographie : son et lumière invitant à découvrir la diversité de la faune pyrénéenne – du vautour fauve au grand tétras, en passant par l'ours et l'isard –, puis bornes interactives distillant d'intéressants commentaires associés à des vues sur les différents quartiers de la ville. Au sommet de la tour, un belvédère offre un superbe panorama sur Oloron et le piémont pyrénéen.

Pour continuer à explorer le quartier, plusieurs possibilités s'offrent à vous : traversez la place des Cordeliers, sur la gauche, immédiatement après la tour de Grède, puis descendez la rue des Remparts, qui rejoint la **promenade Bellevue**, dont les allées ombragées offrent une jolie vue sur le quartier Sainte-Marie ; ou prenez la direction opposée en descendant la rue Cujas jusqu'à la grande et calme **place Saint-Pierre**, où furent organisées, en 1287, des joutes en l'honneur d'Édouard Ier d'Angleterre et d'Alphonse III d'Aragon ; vous pouvez aussi descendre la sinueuse rue des Chevaux, le long des **remparts**, jusqu'au gave d'Ossau, à l'orée du quartier Notre-Dame.

QUARTIER NOTRE-DAME

Sur la rive droite du gave d'Ossau, cet ancien faubourg est devenu l'un des quartiers les plus animés de la ville. Son principal monument est l'**église Notre-Dame** (☺ tlj 8h-20h), un édifice du XIXe siècle de style romano-byzantin, doté d'un imposant clocher de

52 m de haut et d'une crypte abritant un petit **musée d'Art sacré** (☎ 05 59 39 98 00 ; place Gambetta ; adulte/enfant 3/1 € ; ☺ mi-juin à mi-sept tlj 10h-12h et 15h-18h, sur rdv le reste de l'année). La place de la Résistance voisine est entourée de jolies demeures datant du XVIIe siècle. Pour le reste, le quartier offre surtout l'accès à de nombreux services et commerces, que ce soit autour de la charmante petite **place Clemenceau**, à l'atmosphère de village, avec sa halle et ses cafés, ou le long de la rue Justice. Cette dernière mène jusqu'à la place Mendiondou, d'où l'on peut se rendre dans le quartier Sainte-Marie soit par la rue Louis-Barthou, principale artère commerçante de la ville – où une plaque signale au n°15 la maison natale de celui qui fut président du Conseil et membre de l'Académie française, soit par le jardin public. Pour un bol d'air et de verdure, prenez la direction du **parc Pommé** : ses 400 arbres sont issus d'une cinquantaine d'essences rares.

QUARTIER SAINTE-MARIE

Ne manquez sous aucun prétexte la visite de la **cathédrale Sainte-Marie** (☺ tlj 8h-20h). C'est moins la structure générale de l'édifice, dont la construction fut entreprise au XIIe siècle, que son exceptionnel portail roman, de la même époque, classé au patrimoine mondial de l'Unesco, que l'on considérera attentivement. Remarquez sur le tympan la Descente de Croix, la magnifique voussure richement ornementée, ainsi que le trumeau et ses deux atlantes. L'intérieur n'est pas en reste, avec un riche mobilier, un buffet d'orgues du XVIIe siècle, un chœur avec déambulatoire, sans compter divers retables et tableaux et, même si l'ensemble gagnerait à être mis en valeur par un éclairage de meilleure qualité ; on peut également y admirer le **trésor** et sa **crèche à santons** (☺ mi-juin à mi-sept 10h-12h et 15h-18h, départ ttes les 20 min ; visite guidée, adulte/enfant 3/1 €).

Autour de la cathédrale se trouvent plusieurs sites anciens qui ne présentent toutefois qu'un intérêt secondaire : les fondations d'un cloître, une petite nécropole et, accessibles par le passage Monseigneur-Saurine, des tumulus vieux de près de trois millénaires, malheureusement bien mal situés, entre un parking et des immeubles en construction.

Matière inépuisable pour les cartes postales, plusieurs petits **ponts** enjambent le gave

d'Aspe et ménagent de belles vues sur les maisons surplombant la rivière.

Activités sportives

Oloron a été élue, il y a quelques années, ville la plus sportive de France par le journal *L'Équipe* ! Cela se traduit encore par la présence de nombreux clubs et associations sportives et par l'organisation de manifestations tout au long de l'année : masters de pétanque (juillet), Rallye des cimes (sept), 24h du mur d'escalade (oct)… Que vous soyez à la recherche d'un moment de détente ou de sensations fortes, vous n'aurez que l'embarras du choix.

Centre nautique de Soeix. Rafting, hydrospeed, canoë-hot dog et kayak sur les gaves d'Aspe, d'Ossau et d'Oloron (voir l'encadré page suivante). À environ 4 km du centre-ville (suivre la direction Saragosse depuis la place de Jaca, puis la D238).

Mur d'escalade (salle Édouard-Louis ; ☎ 05 59 39 40 24 ; www.lemuroloron.com ; place Clemenceau ; carte individuelle à la journée pour 1 adulte pouvant être accompagné de 2 enfants : 7 €, matériel : 1 €/élément ; ☺ hiver lun 15h-21h, mar 15h-22h, jeu 14h-21h, ven 15h-21h, sam 14h-20h, dim 11h-18h, fermé dim et lun l'été). Un lieu idéal pour s'initier à l'escalade avant de s'attaquer aux rugueuses parois pyrénéennes : petits prix, location de matériel, équipe compétente et motivée, et pas moins de 80 voies d'escalade. Un mur est réservé aux enfants.

Canyoning. Robert Planté (☎ 06 07 36 47 34 ; 45 €/pers, matériel fourni ; ☺ juin-oct), guide de haute montagne, organise des sorties en vallées d'Aspe et d'Ossau.

En matière de **VTT**, vous avez le choix entre une dizaine de circuits parcourant le piémont oloronais (topoguides en téléchargement gratuit sur le site de l'office du tourisme). Pour louer un vélo, adressez-vous à **Béarn VTT** (☎ 05 59 39 33 43 ; 24 bis rue Auguste-Peyré ; adulte/enfant 13/10 € la demi-journée, 18/15 € par jour ; ☺ tlj 9h30-12h et 14h-19h en saison).

Un nouveau **trinquet** (☎ 05 59 39 57 4 ; allée du Fronton) a ouvert ses portes en 2007. La location de la salle d'entraînement revient à 20 €/heure (apporter son matériel). On peut également assister le week-end à des parties du championnat du Béarn et du championnat de France.

Piscines et toboggans aquatiques : la formule proposée par **Aquabéarn** (☎ 05 59 39 20 75 ; lac du Faget, Estialecq ; 11 €/pers, gratuit moins de 5 ans,

INTERVIEW > EAUX VIVES AUTOUR D'OLORON

Oloron s'est développée à la confluence de deux rivières pyrénéennes, le gave d'Ossau et le gave d'Aspe, qui se réunissent au nord du centre-ville pour former le gave d'Oloron. Claude Ypas est responsable du centre nautique de Soeix, qui vient de fêter ses 20 ans d'existence.

D'où vous vient votre passion pour les sports d'eaux-vives ?

J'ai grandi à Oloron, dans le quartier Soeix, sur les bords du gave d'Aspe, et fréquenté tout jeune le club de kayak. J'ai ensuite découvert le raft au moment de son apparition dans les Pyrénées à la fin des années 1980. Et ce qui était un loisir a fini par devenir mon métier.

Qu'est-ce qui caractérise les gaves, ces rivières pyrénéennes ?

Leur côté sauvage, peu urbanisé. Les gaves sont bordés de forêts, même lorsqu'on approche d'un village, on en voit rarement les maisons.

À qui s'adressent les activités que vous proposez ?

À tout le monde, à partir de 6 ans. La seule condition est de savoir nager. Pour le reste, tout dépend de la saison. Les parcours de rafting, par exemple, sont plus sportifs au printemps, les niveaux d'eau étant plus élevés après la fonte des neiges ; entre juillet et octobre, c'est une activité plus familiale. Toutes nos activités sont encadrées par des moniteurs diplômés.

Qu'est-ce que le canoë hot dog ?

C'est une embarcation pneumatique, très appréciée pour sa grande stabilité, en particulier sur les gaves dont le cours est parfois capricieux. Contrairement au kayak, qui demande une phase d'apprentissage assez longue, le hot dog se manie aisément.

Votre prestation coup de cœur ?

La balade en canoë sur le gave d'Aspe, jusque dans le centre d'Oloron, ou encore la journée raft : un pur moment de détente, avec arrêt grillades sur une plage. Les 20 km de descente sont aussi l'occasion d'observer saumons, hérons et visons d'Europe.

Centre nautique de Soeix (☎ 05 59 39 61 00 ; http://soeix.free.fr ; Soeix). Il organise des descentes de ces trois cours d'eau sauvages en **raft** (adulte/moins de 15 ans 32/26 € par jour, 21/18 € pour 2 heures), **hydrospeed**, **canoë-hot dog** ou **kayak** (adulte/moins de 15 ans 21/18 € pour 2 heures). Vous pouvez aussi opter pour un **week-end Découverte** (adulte/moins de 15 ans 115/107 €, en pension complète) ou une **semaine Eaux-Vives** (290 €, pension complète).

3,5 €/senior ; juin-déb sept) a toujours autant de succès auprès des enfants.

Fêtes et festivals

Les principales dates du calendrier oloronais sont la **foire du 1er Mai**, qui se tient depuis 1398 ; le **festival de jazz Des Rives et des Notes**, le premier week-end de juillet ; les **Quartiers d'été** – nombreux concerts et animations, dont les Nuits polychromes, sur les berges du gave – entre le 21 juin et la fin août ; et la **"Garburade"** (concours de la meilleure garbure) qui rassemble, le premier samedi de septembre, une centaine de concurrents dans le jardin public ; le **Festival international folklorique des Pyrénées**, qui réunit en août, les années paires, un millier de danseurs de plus

de 20 pays (se déroule à Jaca, en Espagne, les années impaires) n'a pas eu lieu en 2008 : contactez l'office du tourisme pour plus d'informations.

Où se loger

Camping du Stade (☎ 05 59 39 11 26 ; www.camping-du-stade.com ; chemin de Lagravette ; tente 2 pers 12 €, enfant 2,50 € ; avr-sept). Situé à 2 km du centre-ville, ce camping trois étoiles est particulièrement apprécié l'été : le boulanger passe tous les matins à 9h dans l'allée centrale et le prix comprend un coupon d'accès au stade nautique, à 200 m de là.

Gîte du centre nautique de Soeix (☎ 05 59 39 61 00 ; http://soeix.free.fr ; Soeix ; nuitée 12 €, sur réservation). Ce gîte en bordure de rivière propose un hébergement en chambrées de 8. Lits superposés, douche et cuisine commune. Apportez votre sac de couchage.

🅾 🄮 **Patchwork Auberge** (☎ 05 59 36 10 13 ; 18 rue de Révol ; nuitée 12 € ; sac de couchage compris, demipension 25 € ; 🗓 toute l'année). Meilleur plan d'Oloron pour les voyageurs à petit budget, cette bicoque en bois située au fond d'une cour ne paye pas de mine. Mais, une fois poussée la porte, on se sent rapidement comme chez soi dans cette vaste pièce dotée de deux lits superposés, d'un grand lit et d'un coin cuisine, avec des livres un peu partout. Le propriétaire, un Canadien, propose de savoureuses pizzas (10 € boisson comprise ; 🗓 tous les soirs, sauf sam) et loue des chambres d'hôte dans la maison voisine (s/d 37/45 €, avec petit-déj).

Le Bristol (☎ 05 59 39 43 78 ; 9 rue Carrérot ; s/d 44-52/40-48 € avec WC sur le palier). Des chambres impeccables mais plutôt petites et un peu sombres. Celles du second, en soupente, ont cependant un certain charme. Salle de squash sur place (8 €/50 min, raquette 1,50 €).

Hôtel de la Paix (☎ 05 59 39 02 63 ; www.hotel-oloron.com ; 24 av. Sadi-Carnot ; d 46-67 € ; 🗓 toute l'année ; Wi-Fi gratuit). Ce bel établissement, situé à deux pas du jardin public, offre un très bon rapport qualité/prix. Il s'ouvre sur une salle à manger et un salon lumineux et engageants. La plupart des chambres ont été rénovées ces dernières années. Bien qu'un peu petites, elles sont très propres et dotées d'agréables sdb. Celles du 3e étage n'ont pas le double vitrage. Parking privé.

🅾 **Chambres d'hôte Amphytrion** (☎ 05 59 39 78 50 ; 23 place Saint-Pierre ; s/d/suite 39-49/45-55/75-85 €, table d'hôte 19 € ; 🗓 toute l'année). Cinq chambres coquettes dans une belle maison du XVIIIe siècle donnant sur la place Saint-Pierre. Dans le salon, canapés, écran plat, piano et table de jeu d'échecs invitent à la détente dans une atmosphère familiale. Table d'hôte à base de spécialités régionales sur réservation.

L'Astrolabe (☎ 05 59 34 17 35 ; www.hotel-astrolabe.com ; 14 place Mendiondou ; ch saison/hors saison 55-85/45-75 € ; 🗓 toute l'année). Un établissement bien situé, à l'orée du quartier Notre-Dame. Son imposante façade colorée contraste avec sa petite porte discrète menant à 8 chambres soigneusement décorées. Toutes sont confortables, chacune dans son style, évoquant un pays différent : la crétoise est

tout en bleu ciel et blanc, la japonaise se distingue par son grand futon rouge et noir, la marocaine, l'une des plus réussies, séduit par ses tons ocre…

Alysson Hôtel (☎ 05 59 39 70 70 ; www.alysson-hotel.fr ; bd des Pyrénées ; ch tradition/prestige 75-88/83-102 €, spacieuses à partir de 97 € ; 🗓 toute l'année ; Wi-Fi 6 €/heure). Un grand hall de réception lumineux prolongé par un salon et un espace bar, le tout donnant sur un jardin avec piscine. Le ton est donné : priorité au confort et à la détente. Préférez les chambres de l'extension, avec leur moquette épaisse, leur écran plat, leur lit moelleux et, pour certaines, leur baignoire à bulles. Deux chambres avec accès handicapés. Seul bémol : l'établissement est un peu excentré, à l'entrée d'une zone commerciale. Spa, sauna et salle de fitness en libre accès.

Où se restaurer

Arts et Délices (☎ 05 59 36 13 04 ; 13 pl de la Cathédrale ; plats 9,50-15 € ; 🗓 restauration juil-août uniquement, tlj). Cette alléchante boutique de produits régionaux (voir rubrique *Achats*) fait également restaurant l'été. On s'installe à l'étage ou en terrasse pour déguster une copieuse salade ou du foie gras maison. L'assiette de pays est également recommandée : boudin, saucisse confite, pommes cuites caramélisées au Jurançon, le tout accompagné d'un verre de vin. Pensez à réserver !

Le Trinquet (☎ 05 59 39 63 13 ; 3 pl des Oustalots ; menus 9,50-11,50 €, déj sem 15,50-23 €, menu enfant ; 🗓 fermé dim). Une petite véranda lumineuse, mais dénuée de charme, précède une grande salle plus intime, dotée de confortables banquettes en cuir. La cuisine offre un contraste semblable : des menus de style brasserie au choix limité côtoient une carte plus originale (aïoli de morue fraîche aux petits légumes, brochette de cœurs de canards). L'arrière-salle donne sur un trinquet, où l'on peut venir jouer à la pelote si l'on apporte son matériel (à partir de 4 pers, 25 € ; sur réservation).

Le Bristol (☎ 05 59 39 43 78 ; 9 rue Carrérot ; menus 13-18 €, menu enfant, plats 8,50-17,50 € ; 🗓 fermé dim midi en saison, dim hors saison). On sert dans la grande salle animée – parfois un peu bruyante – du Bristol une cuisine familiale, égayée d'un peu de fantaisie : si les propositions du jour et les desserts sont tout ce qu'il y a de plus classique, certains plats comme les joues de porc braisées au porto changent de l'ordinaire.

La Cour des Miracles (☎ 05 59 34 19 10 ; 13 pl de la Cathédrale ; menus 11 € déj sem, 17-23 €, menu enfant, plats 10-18 €, ☺ fermé mar soir, mer soir et dim hors saison). Drapeaux orné d'une croix blanche et d'une croix verte sur fond rouge, raquettes de pelotes au mur : vous l'aurez deviné, on sert dans cette petite auberge, située à deux pas de la cathédrale, une cuisine d'inspiration basque. Ici, la piperade est basquaise, le cidre basque, la garbure *xamango*, et l'axoa de veau maison est parfumé au piment d'Espelette. Le tout, d'un très bon rapport qualité/prix, est servi dans une atmosphère conviviale à laquelle le maître des lieux, faussement bourru, n'est pas étranger.

La Cancha (☎ 05 59 39 57 41 ; allée du Fronton ; menus 17-24 €, assiettes à partir de 12 € ; ☺ fermé dim et lun, bar ouvert jusqu'à minuit en sem et 2h le week-end). Le bar-restaurant du nouveau trinquet d'Oloron est situé un peu à l'écart du centre-ville, dans un quartier résidentiel. Espace bar design et vaste salle élégante aux tons rouges et noirs attirent ici une clientèle variée. On peut s'y régaler au choix de soupe de melon à l'Izarra gratinée au citron vert ou de garbure, de pigeonneau confit ou de truitelles de la Soule, mais ce sont avant tout les viandes rôties qui font la réputation du lieu.

🅞 Le Pastoral ☎ 05 59 39 70 70 ; www.alysson-hotel. fr ; bd des Pyrénées ; menus 21,50 €-45 €, plats 18-33 € ; ☺ fermé en été sam midi, en hiver ven soir et sam). Cuisine raffinée, service impeccable, grande salle lumineuse : le chef, Christophe Dodard, ne doit pas au hasard la fourchette que lui a décernée l'éminent Alain Ducasse. Vous en serez convaincu après avoir dégusté sa tourte tiède de pommes de terre aux béatilles de canard et foie gras rôti ou après vous être délecté de son petit moelleux de myrtilles à la mousse de fromage blanc acidulée. En semaine, le menu du marché, à midi, est une très bonne affaire.

Où sortir

En journée, optez pour l'ambiance décontractée de **Sixième Continent** (☎ 05 59 39 68 11 ; 5 pl. Clemenceau ; ☺ 10h-19h, fermé dim-lun). Ce salon de thé qui a ouvert ses portes récemment a pour particularité de mettre en vente la plupart des éléments qui font sa décoration : miroirs, hauts tabourets métalliques, coffrets anciens, petit banc de Chine...

La vie nocturne oloronaise n'est pas spécialement trépidante. Les adresses les plus appréciées restent la terrasse animée du **Bar des Amis** (☎ 05 59 39 07 21 ; 24 pl. de la Résistance ; ☺ fermé dim) et le **64 Rock Café** (☎ 05 59 39 28 80 ; 6 pl. Clemenceau ; ☺ jusqu'à 21h en sem, 2h le week-end, fermé dim), dans le quartier Notre-Dame, dont le propriétaire prévoit d'ouvrir un nouveau lieu branché et plus spacieux, face à l'Espace Jeliotte. Signalons aussi le **Café Central–Chez Chabanne** (☎ 05 59 39 03 39 ; 12 pl. de la Cathédrale ; ☺ tlj 8h-23h), face à la cathédrale, et **La Cancha**, dont le bar reste ouvert jusqu'à 2 h du matin le week-end.

En juillet-août, des "spectacles à déguster" associant poètes, danseurs, musiciens et plasticiens à des producteurs locaux, sont organisés tous les mardis à **L'Anti-mites** (☎ 05 59 39 55 78 ; 8 chemin du Gabarn ; ☺ entrée libre à partir de 19h), un atelier-boutique de création de vêtements situé en-dehors de la ville, sur la route de Pau.

Achats

Vous trouverez du linge basque d'excellente qualité à la **boutique Jean Vier** (☎ 05 59 39 44 85 ; 1 rue Justice ; ☺ lun-sam 10h-12h15 et 14h-19h) et au **magasin d'usine Artiga** (☎ 05 59 39 50 11 ; www.artiga.fr ; av. Georges-Messier ; ☺ juil-août lun-ven 9h-12h et 14h-18h, sam 10h30-12h30 et 14h30-18h), dont on peut visiter les ateliers (à la sortie de la ville en direction du col du Somport et de Bidos). N'oubliez pas qu'Oloron, avec Nay, est la capitale du béret : **Diva** (☎ 05 59 39 94 22 ; pl. Mendiondou ; ☺ lun-sam 10h-12h et 14h30-19h, fermé lun matin), une boutique de bijoux fantaisie, commercialise ceux de l'usine **Béatex** (☎ 05 59 39 12 07 ; rue Rocgrand) : du 100% pur laine !

Le **marché** se tient tous les vendredis matins sous la halle de la place Clemenceau. Vous trouverez également des produits régionaux chez **Arts et Délices** (☎ 05 59 36 13 04 ; 13 pl de la Cathédrale ; ☺ lun-sam 10h-12h et 15h-19h) : garbure au confit de canard, salmis de palombe en conserve, foie gras... Pour vous approvisionner en fromage de pays, rendez-vous chez **Freski'bou** (☎ 05 59 39 60 78 ; 5 bds des Pyrénées ; ☺ mar-sam 8h30-12h30 et 16h-19h30, dim 8h30-12h30), un magasin un peu difficile à trouver, entre une boulangerie et une papeterie, dans une petite contre-allée commerciale, mais qui ne décevra pas les amateurs du genre : chèvre au jurançon, chèvre de la vallée d'Aspe ou encore brebis d'Ossau. Pour faire de bonnes affaires, passez par le magasin d'usine de la **chocolaterie Lindt** (☎ 05 59 88 88 88 ; av. de Lattre-de-Tassigny ; ⏱ lun-sam 9h30-18h30) : vous y trouverez des tablettes à partir de 1 € ! Un petit espace muséographique (accès libre) y détaille en outre les étapes de la fabrication du chocolat. Enfin, ne repartez pas d'Oloron sans avoir goûté au "russe", fameuse spécialité à base d'amandes de la **pâtisserie Artigarrède** (☎ 05 59 39 01 38 ; 1 pl. de la Cathédrale ; av. Tristan-Derème ; 3 pl. Amédée-Gabe), qui compte trois enseignes en ville.

Depuis/vers Oloron-Sainte-Marie

Dix à douze trains circulent tous les jours entre Pau et Oloron dans les deux sens, entre 6h30 et 22h. La compagnie de bus **Citram** (☎ 05 59 27 22 22) assure le même trajet toute l'année du lundi au samedi ; départ de la gare d'Oloron à 9h30 (départ supplémentaire à 17h15 en période scolaire). Des cars SNCF desservent plusieurs fois par jour la vallée d'Aspe jusqu'au col du Somport au départ d'Oloron. Pour vous rendre en vallée d'Ossau, prenez un TER ou un bus Citram jusqu'à Buzy, d'où vous pourrez poursuivre votre trajet en car SNCF. Pour plus de détails, rendez-vous sur www. ter-sncf.com/aquitaine.

ENVIRONS D'OLORON-SAINTE-MARIE

Les villages des environs d'Oloron comptent plusieurs bonnes tables et des chambres d'hôte de charme. Ils ne recèlent en revanche aucune curiosité majeure. Si vous faites halte à Gurmençon, sur la route de la vallée d'Aspe, profitez-en tout de même pour jeter un coup d'œil aux fresques récemment restaurées de l'**église Saint-Jean-Baptiste** (XIXᵉ siècle).

Où se loger et se restaurer

❍ **Chambres d'hôte maison Millagé** (☎ 05 59 36 10 22 ; http ://site.voila.fr/beatrice-albrecht ; Le Faget, Oloron-Sainte-Marie ; s/d/tr 40/46/61 € avec petit-déj, table d'hôte 18 € ; ⏱ toute l'année). Isolée en pleine nature, dans un paysage vallonné enchanteur annonçant le Juronçonnais voisin, cette belle maison en pierre aux volets bleu ciel – une ancienne grange datant du XVIᵉ siècle – est un havre de paix. Ses 3 chambres chaleureuses, dotées de petites sdb, profitent d'une vue somptueuse sur les Pyrénées. Dans Le Faget, prenez à droite le chemin de La Teulère puis suivez le fléchage.

Chambres d'hôte maison Naba (☎ 05 59 39 99 11 ; www.maison-naba-bearn.com ; 8 chemin Carrère, Estialescq ; s/d 36/48 € avec petit-déj ; ⏱ toute l'année). Cette agréable maison d'hôte est située à la sortie du paisible village d'Estialecq, qui appartient au Jurançonnais mais se trouve dans la sphère d'influence d'Oloron, dont il n'est qu'à 6 km (sur la route de Lasseube). Vous logerez dans l'une des 4 chambres avec sdb, à l'étage. Au rez-de-chaussée, un salon avec cheminée et une kitchenette ajoutent à l'attrait du lieu. Autre atout : un superbe jardin, où règne un calme absolu, idéal pour paresser à l'ombre des châtaigniers ou du catalpa, ou se délasser dans un hamac.

❍ **La Chênaie** (☎ 05 59 39 20 21 ; 2 rue Marque, Ledeuix ; menus 17-23 €, assiettes 11-15 € ; ⏱ fermé mar soir et mer). Ce bâtiment qui se dresse à la croisée des chemins, à 3 km à peine d'Oloron, fait office d'auberge depuis une bonne centaine d'années. C'est aujourd'hui l'une des meilleures tables des environs. L'établissement, d'allure modeste, propose une cuisine ambitieuse : le chef, René Bosson, est passé maître dans l'art d'allier les saveurs. Spécialité de la maison, les rougets et chipirons grillés et leur vinaigrette tiède, servis avec un peu d'épinards à la crème, de piperade, de gratin de pommes de terre et de courgette farcie à la carotte sont un véritable délice.

Chez Château (☎ 05 59 39 23 03 ; bourg, Esquiule ; formule déj sem 10 €, menus 20-60 €, menu enfant, plats 20-26 € ; ⏱ mars-oct fermé dim soir et lun, oct-fév fermé dim soir, lun et mar). Cette auberge, bien connue des fines bouches de la région, se trouve au centre d'Esquiule, charmant village à une dizaine de kilomètres à l'est d'Oloron, à la frontière de la Soule. On est encore ici en territoire béarnais. Mais n'allez pas le dire aux habitants, qui affichent avec fierté leur identité basque. Le maître des lieux, Jean-Bernard Hourçourigaray, un ancien champion de France de pelote, excelle à mitonner à sa façon les spécialités des terroirs basques et béarnais. Garbure complète, soupe de melon à l'Izara, brochettes de saint-jacques au vieux jambon, marbré de confit de canard aux cèpes et foie gras…, un simple coup d'œil à la carte met l'eau à la bouche.

Relais Aspois (☎ 05 59 39 09 50 ; 17 rte du Somport, Gurmençon ; s/d/tr 45/55/70 € ; menus 10-30 €, menu enfant, plats 8,50-16 € ; ⏱ fermé lun midi et dim soir). Cet hôtel-restaurant, aménagé dans un ancien relais du chemin de Saint-Jacques, donne sur une route passante : demander une chambre côté cour ou jardin. Le restaurant propose des menus faisant la part belle à une cuisine régionale authentique et habilement valorisée (pâté maison aux aiguillettes de canard et compote d'oignons rouges, pavé de canard aux trois poivres et champignons de saison…), à des tarifs modestes. Plats végétariens sur demande.

D'OLORON À NAVARRENX

Les quelque 20 km qui séparent Oloron de Navarrenx réservent d'agréables surprises. Le long du gave d'Oloron, entre vallons, coteaux et talus boisés, s'égrène une succession de villages distillant une ruralité non dénuée de charme. C'est l'occasion de découvrir quelques belles fermes à l'architecture typiquement béarnaise. Plutôt que d'emprunter la D936 qui longe la rive gauche du gave, préférez la petite D27, plus pittoresque, sur la rive droite.

Où se loger et se restaurer

Chambres d'hôte Domaine Pédelaborde (☎ 05 59 39 59 93 ; perso.wanadoo.fr/civit/ ; quartier Pédelaborde, Poey-d'Oloron ; s/d/tr 35/50-53/62 € avec petit-déj ; table d'hôte 19 € ; ☺ toute l'année ; Wi-Fi gratuit). Dans un village sans histoire, à 10 km d'Oloron, voici une adresse on ne peut plus béarnaise : vos hôtes, M. et Mme Civit, sont éleveurs de canards. Vous poserez vos valises dans une belle bâtisse béarnaise du XIXe siècle entièrement rénovée, prolongée d'un parc bien entretenu avec piscine. En toile de fond : les Pyrénées. Les 4 chambres – deux à l'étage avec poutres apparentes, deux au rez-de-chaussée soignées et modernes (une avec accès handicapés) – bénéficient d'une entrée indépendante. La table d'hôte, le soir sur réservation, fait honneur aux produits de l'exploitation.

☺ Chambres d'hôte L'Aubèle (☎ 05 59 66 00 44 ; http://chambrehote.ifrance.com ; 4 rue de la Hauti, Lay-Lamidou ;

s/d 60/65 € avec petit-déj ; ☺ toute l'année ; Wi-Fi gratuit). Tenue par un couple de retraités passionnés par les livres anciens, les meubles de style et l'histoire locale, cette maison d'hôte ne comporte que deux chambres, aménagées dans une ancienne ferme admirablement restaurée. Spacieuses, elles ont été décorées avec le plus grand soin : miroirs, gravures, mobilier d'époque, sdb en marbre… Un standing certain auquel font écho l'argenterie et la porcelaine dans lesquels est servi un petit-déjeuner fort copieux. Une terrasse et un joli parc, au fond duquel siégera bientôt un Jacuzzi, complètent cette remarquable prestation.

Chez Germaine (☎ 05 59 88 00 65 ; 18 route de Josbaig, Geüs d'Oloron ; s/d 43 €, twin 50 €, tr 55 € ; formule déj lun-ven 13 €, menus 18-25 € ; ☺ restaurant fermé dim soir et lun ; Wi-Fi gratuit). Situé sur la rive gauche du gave d'Oloron, dans le village de Geüs d'Oloron, ce restaurant est apprécié pour ses spécialités régionales, dont la garbure, la salade de cous de canard farcis, le pigeonneau en cocotte ou le marbré de queue de bœuf au foie gras. La partie hôtel dispose de chambres lumineuses avec TV et Wi-Fi.

NAVARRENX

Nichée au cœur du Béarn, entre Oloron et Sauveterre-de-Béarn, au bord du gave d'Oloron, cette petite cité d'environ 1 200 habitants est dotée d'un patrimoine historique remarquable qui, ajouté à ses commerces pittoresques, lui confère un charme certain.

La ville est une étape importante pour les pèlerins de Compostelle : ils sont entre 6 000 et 8 000 à passer par ici chaque année, la plupart aux mois de mai et juin. Navarrenx est également réputé pour son championnat du monde de pêche au saumon.

NAVARRENX, CAPITALE MONDIALE (AUTOPROCLAMÉE) DE LA PÊCHE AU SAUMON

Très abondant dans le gave d'Oloron et ses affluents jusqu'à la fin du XVIIIe siècle, le saumon est aujourd'hui devenu l'emblème de cette rivière pyrénéenne, en particulier à Navarrenx où est organisé depuis les années 1930 un concours de pêche, devenu championnat du monde dans les années 1950 (voir la rubrique *Fêtes et festivals* p. 239). La pêche au saumon est ouverte entre mars et juillet sur le gave d'Oloron et ses affluents. Pour vous procurer du matériel et un permis, rendez-vous au **Poisson Roy** (☎ 05 59 66 00 14 ; 24 rue Saint-Germain ; ☺ mar-dim matin en saison, mar-sam hors saison) ou à la **Quincaillerie Sarthou** (☎ 05 59 66 50 19 ; 58 rue Saint-Germain ; ☺ fermé dim et lun après-midi). Pour vous initier à la pêche à la mouche ou perfectionner votre technique, prenez contact avec un guide de pêche. **Hervé Baltar** (☎ 05 59 66 04 39 ; www.peche-pyrenees.com) propose diverses formules, à partir de 120/90 € par pers (2 pers minimum) pour la journée/demi-journée, matériel haut de gamme et combinaisons étanches compris.

INTERVIEW > LE CIGARE, PRODUIT DU TERROIR

Installée à Navarrenx depuis 2002, dans une ancienne caserne autrefois commandée par le légendaire Porthos, le Comptoir du tabac des gaves et de l'Adour est l'unique fabrique de cigares entièrement roulés à la main d'Europe. L'endroit ne se visite pas, même si l'on peut observer à travers la grande vitre donnant sur la place des Casernes les rouleuses à l'ouvrage. Nous sommes allés à la rencontre de Noël Labourdette, l'initiateur de ce projet aussi insolite qu'audacieux.

Comment est né votre projet ?
Avec la fin du monopole de la Seita sur la production du tabac, en 1995. C'est alors que j'ai envisagé sérieusement la possibilité de produire un cigare 100% français.

Pourquoi avoir choisi le Béarn ?
Le choix du Sud-Ouest s'imposait : c'est depuis des siècles une région à forte tradition tabacole et on y produit encore aujourd'hui environ 85% du tabac français. La comparaison minutieuse de relevés météo s'est ensuite avérée un facteur décisif : le piémont oloronais est le terroir qui se rapproche le plus des conditions climatiques offertes par la province de Pinar del Rio à Cuba, notamment grâce à la forte amplitude climatique qui le caractérise.

Comment avez-vous procédé ?
Il fallait trouver une variété de tabac appropriée : l'Institut technique de Bergerac nous l'a procurée. Nous avons également recruté un spécialiste cubain, en la personne de Romelio, ainsi que deux rouleuses professionnelles, qui étaient auparavant employées dans la fabrique de La Corona, la plus ancienne de Cuba, afin de former des Béarnaises à ce travail d'orfèvre.

Quelle est la spécialité du navarrenx ?
C'est un cigare sur mesure. Toutes les étapes de la fabrication sont accomplies avec le plus grand soin : nous produisons un tabac d'excellente qualité, sans OGM bien évidemment. Nos feuilles de cape ont même été expertisées les plus belles du monde ! Nous sommes très attentifs à la fermentation, une phase cruciale, aussi bien pour l'harmonisation des couleurs que pour l'exhalaison des arômes. Les cigares sont roulés à la main : la "poupée", une fois confectionnée, est placée dans un moule puis capée le lendemain seulement. La fabrication ne s'arrête pas là : nous vérifions ensuite à l'aide d'une machine la bonne ventilation de chaque cigare. L'ensemble de ces opérations nous permet d'obtenir un cigare d'exception, à la palette aromatique très large.

Avez-vous atteint vos objectifs ?
Oui, en partie : notre projet était la production d'un cigare très haut de gamme. Notre grand double Corona a été sacré meilleur cigare du monde en 2007. Nous produisons désormais 200 000 pièces par an et nous commençons à exporter, notamment dans les pays nordiques.

Disposez-vous d'un espace de vente ouvert au public ?
Non car l'État détient le monopole de la vente du tabac, qui est confiée aux seuls bureaux de tabac. Celui de Navarrenx, à deux pas d'ici, dispose de toute notre gamme de cigares (short 7,90 €, petit robusto maduro 9,80 €, robusto 11,60 €, robusto maduro 12,60 €, Grand double Corona 18,90 €).

Histoire

Navarrenx commença à prendre de l'importance aux XIIe et XIIIe siècles avec la construction d'un château fort et d'un pont, qui en firent une position stratégique sur la route de la Navarre (d'où son nom). En 1316, elle reçut le titre de bastide. Son enceinte bastionnée, fierté de la ville, fut réalisée entre 1538 et 1547, sous le règne d'Henri II d'Albret, grand-père d'Henri IV, pour compenser la destruction du château en 1523 par les Castillans. Il fit appel à un architecte italien pour concevoir ce fort bel ouvrage défensif.

Renseignements

Cyberbase de Navarrenx (☎ 05 59 66 22 19 ; 14 rue Saint-Germain ; www.cyberbases64.canalblog.com ; 2 €/ heure la première heure puis 1 €/heure ; ☺ mer 11h-13h, ven 16h-20h, sam 14h-16h).

Office du tourisme (☎ 05 59 38 32 85 ; www.tourisme-bearn-gaves.com ; rue Saint-Germain ; ☺ juil à mi-sept lun 14h-18h30 et mar-sam 9h30-12h30 et 14h-18h30, 2ᵉ sem juil à 3ᵉ sem d'août dim 9h-30-12h30, avr-juin et mi-sept à fin oct lun 14h-18h et mar-sam 9h30-12h et 14h-18h, nov-mars mar-sam 10h-12h et 14h30-17h)

À voir et à faire

L'office du tourisme est installé dans l'**arsenal**, un ancien bâtiment militaire construit à la fin du XVIIᵉ siècle, à la place duquel se dressait autrefois la demeure des rois de Navarre. On peut y voir une exposition permanente présentant l'histoire de Navarrenx, et notamment une maquette de la ville au XVIᵉ siècle, permettant de se faire une idée de monuments aujourd'hui disparus (château, porte Saint-Germain…).

La visite des **remparts** (accès libre ; visites guidées organisées par l'office du tourisme, juil-sept adulte/enfant 4,50/1,50 €, gratuit moins de 6 ans) est bien entendu incontournable. On ne peut en faire intégralement le tour, mais il est possible d'y accéder en plusieurs endroits, notamment au niveau de la **porte Saint-Antoine**, remarquablement conservée, dont la terrasse offre une vue imprenable sur le gave d'Oloron et sur le **pont** qui l'enjambe (édifié au XIIIᵉ siècle et plusieurs fois remanié depuis). Les ruines du château fort se trouvent dans le prolongement des remparts, à l'ouest de la porte. De l'autre côté, surplombant l'ancienne **poudrière**, le chemin de ronde mène à un canon pointé vers l'horizon.

En se promenant dans les rues de la ville, on peut admirer de nombreuses **demeures anciennes**, telles que la maison de Jeanne d'Albret (rue Saint-Antoine) ou la maison de Viteau (40 rue Saint-Germain), qui fut au XVIIᵉ siècle la première mairie de Navarrenx. Non loin, on peut admirer une belle **fontaine militaire**. Derrière la mairie, l'**église Saint-Germain** (accès libre), de style gothique, dont la construction fut entreprise en 1551, a été convertie en temple entre 1562 et 1620. On peut y voir trois tableaux donnés par Napoléon III et l'impératrice Eugénie.

L'office du tourisme organise l'été une **balade commentée le long du gave** sur le thème de la migration du saumon (☎ 05 59 38 32 85 ; adulte/enfant 4,50/1,50 € ; ☺ un après-midi/sem de mi-juil à mi-août) : vous passerez par le pool Masseys, haut lieu de la pêche au saumon et pourrez observer les échelles à poissons aménagées sur le cours d'eau.

Activités sportives

Rafting Eaux vives (☎ 05 59 66 04 05 ; www.rafting -eaux-vives.com ; le Pont ; ☺ mai-sept). Affrontez les rapides du gave d'Oloron en raft, en canoë hot dog ou en kayak. Comptez 26/19 € par adulte/enfant pour la demi-journée (10 km de descente, entre Navarrenx et Montfort), 45/32 € pour la journée (20 km entre Navarrenx et Sauveterre-de-Béarn, pique-nique en supplément 11/9 €). La base est située sous le pont.

Pratiquée de longue date à Navarrenx, la **pêche au saumon** demande une certaine expérience, à moins de se faire accompagner par un guide professionnel (voir encadré p. 237).

Plusieurs sentiers de randonnée balisés ont été conçus pour les promenades à **VTT**. Procurez-vous auprès de l'office du tourisme le livret *Béarn des gaves, 60 balades et randonnées* décrivant plusieurs itinéraires autour de Navarrenx.

Planet Air (☎ 06 89 25 25 60 ; www.ulm64.com ; chemin du Brané ; ☺ toute l'année) propose des baptêmes de l'air en **ULM** : vous partirez survoler, selon la formule choisie, l'abbaye de Sauvelade (7 min, 30 €), les remparts de Navarrenx (15 min environ, 45 €) ou le gave d'Oloron (20 min, 60 €).

Fêtes et festivals

Le **championnat du monde de pêche au saumon**, qui avait lieu traditionnellement entre mars et juillet, prendra dorénavant la forme nouvelle d'un événement ponctuel de quelques jours au mois de juin, dont la première édition (qui marquera aussi le cinquantième anniversaire de ce championnat) aura lieu en 2009 ou 2010 (contactez l'office du tourisme pour plus d'informations). Des concerts (jazz, opérette…) sont parfois donnés l'été au **théâtre des Échos** (☎ 05 59 66 10 22 ; rue de l'Écho), une scène aménagée dans un bastion des remparts, ainsi que dans la cour de l'Arsenal. En juin, le **Meuhzik festival** donne lieu à deux jours de concerts dans les rues de la ville.

Où se loger et se restaurer

Camping Beau Rivage (☎ 05 59 66 10 00 ; www. beaucamping.com ; allée des Marronniers ; empl 6-9,50 €, adulte/enfant 4-5 €/2-3 €, gratuit moins de 7 ans ; ☺ mi-mars à mi-oct ; ☒ ; Wi-Fi gratuit). Un camping trois étoiles, tenu par un couple de Britanniques et très bien situé entre les remparts et le gave. Emplacements sur de jolies pelouses ombragées, piscine et Wi-Fi.

Ⓔ Gîte d'étape Charbel (☎ 05 59 66 07 25 ; www.etapecharbel.com ; chemin du Moulin ; nuitée 15-40 € ; ☺ toute l'année, oct-avr sur réservation ; ☒ ; Wi-Fi gratuit). Ce très beau gîte, à environ 1,5 km au sud-est du centre (suivez le fléchage sur la route de Jasses) possède deux petits dortoirs de 4 lits et 5 chambres de 2 ou 3 lits, avec sdb. Drap de dessous, couverture, taie d'oreiller et oreiller sont inclus dans le prix, le reste peut être loué en supplément. Une cuisine commune est à disposition. Les résidents ont également accès à une piscine et à un grand parc dont le ruisseau et le petit étang, bordé de saules pleureurs, en font un endroit idéal pour se ressourcer.

Relais du Jacquet (☎ 05 59 66 57 25 ; www.chambre-hotes-navarrenx.com ; 42 rue Saint-Germain ; s/d 42/44 ; petit-déj 4 € ; table d'hôte 13 € ; ☺ toute l'année). Ce petit établissement non dénué de charme a ouvert ses portes en 2008. Bien que labellisées "haltes de Compostelle", ses 4 chambres avec sdb communes, joliment décorées de meubles d'époque, restent accessibles à tous. Une adorable petite cour ombragée par un grand bananier permet de prendre le petit-déjeuner dehors dès qu'il fait beau. Machine à laver (3 €) et sèche-linge (2 €) sur place.

Hôtel du Commerce (☎ 05 59 66 50 16 ; www.hotel-commerce.fr ; pl. des Casernes ; s/d/tr 48/56/70 € ; menus 17-33 €, menu enfant, plats 13-21 € ; ☺ fermé fin déc-déb jan). Le seul hôtel de Navarrenx se montrait tout juste à la hauteur de sa catégorie (deux étoiles) lors de notre passage, mais d'importants travaux on été entrepris pour remédier à cette situation : une dizaine de chambres seront rénovées et un nouveau hall d'accueil aménagé. Dans l'intervalle, vous pourrez loger dans l'une des chambres plus modernes d'une annexe située de l'autre côté de la rue. Le restaurant propose une cuisine agréable où poissons et crustacés – parmentier de cabillaud, escalope de sandre piquée de chorizo, gambas poêlées au nectar d'olive – figurent en bonne place aux côtés de spécialités régionales.

Taverne de Saint-Jacques (☎ 05 59 66 25 25 ; www.la-taverne-de-st-jacques.com ; porte Saint-Germain ; formule déj 11 €, menus 15-20 €, plats 8-18 € ; ☺ ouvert tlj midi et soir, ven-sam jusqu'à 2h). Également connu sous le nom de "Bearnish pub", cet établissement aménagé dans une ancienne grange sert, midi et soir, une cuisine régionale simple (jambon poêlé, piperade, magret de canard…). C'est aussi la seule véritable adresse où sortir le soir à Navarrenx, avec des concerts organisés une à deux fois par mois.

Achats

La rue Saint-Germain, qui traverse la cité d'ouest en est, est jalonnée de plusieurs bonnes adresses : au n°42, la **boulangerie-chocolaterie** (dotée d'une remarquable façade Art nouveau) tenue par la très sympathique Mauricette est appréciée pour ses chocolats 100% pur beurre de cacao. Juste à côté, la **Boucherie Lebourgeois** (☺ fermé lun) plaît autant pour son cadre à l'ancienne que pour la qualité de ses produits : jambons et ventrèches suspendus, coustou confit, boudin piquant fait maison et une spécialité, les "galets des remparts". Au n°35, un **bouquiniste** (☺ 10h-12h et 15h-18h, fermé dim et lun) propose un bon choix d'ouvrages sur la région et de livres anciens. Dans la **Boutique de l'Alchimiste** (☎ 06 28 33 07 78 ; www.cmoa.fr ; ☺ en saison tous les après-midi, mer matin et dim matin, hors saison mer, sam après-midi et dim), sur la terrasse de la porte Saint-Antoine, des œuvres réalisées à partir de racines et de résine voisinent avec des sculptures et des T-shirts imprimés de pensées philosophiques.

Depuis/vers Navarrenx

La compagnie **TPR** (☎ 05 59 27 45 98) assure des services en bus entre Pau et Navarrenx via Mourenx (un/jour lun-ven) et entre Orthez et Navarrenx (un/jour lun-ven en période scolaire).

ENVIRONS DE NAVARRENX

L'**église de Viellenave-de-Navarrenx**, village situé à 5 km au nord de Navarrenx, possède un très beau clocher à trois pointes. Le village est traversé par le gave d'Oloron, dont les **berges aménagées** forment un agréable site de pique-nique. À **Audaux**, 2 km plus loin, ne manquez pas d'aller jeter un coup d'œil au magnifique **château de Gassion** (XVIe-XVIIe siècles), aujourd'hui transformé en établissement scolaire, et d'assister à la fête de la montgolfière, le 3e week-end de juillet. À 5 km au sud de Navarrenx, là où se trouvait dans les années 1940 le **camp de Gurs** (une

---

LA LÉGENDE DU PONT

Une souveraine de Béarn, Sancie, veuve de Gaston V, fut accusée en 1170 d'avoir tué son enfant et dut subir à Sauveterre le jugement de Dieu par l'eau. Sur l'ordre du roi Sanche de Navarre, son frère, elle fut jetée dans le gave, pieds et poings liés sous les yeux de 3 000 personnes. Portée par le courant sur un banc de sable, elle fut finalement acclamée et reconnue innocente.

---

exposition lui est consacrée dans la maison du Patrimoine d'Oloron-Sainte-Marie), un sentier de la mémoire a été aménagé dans la forêt (accès libre).

Le **château de Mongaston**, à **Charre** (11 km à l'ouest de Navarrenx), construit au XIIIe siècle sous Gaston VII Moncade, est en cours de restauration et ne devrait rouvrir ses portes aux visiteurs qu'en 2011 ou 2012.

Où se loger et se restaurer

○ **Chambres d'hôte Le Moulin de Labat Gougy** (☎ 05 59 66 04 39 ; www.peche-pyrenees.com ; 7 chemin des Tuileries, Susmiou ; s/d/tr 42/52/64 € avec petit-déj ; table d'hôte 16 € ; ⏰ toute l'année). Dans un très beau site à l'écart du village de Susmiou, à 1 km de Navarrenx, Hervé Baltar a créé deux grandes chambres, sobres mais impeccables, dans une ancienne grange jouxtant un moulin du XVIIIe siècle superbement restauré. Les repas en table d'hôte (sur réservation) se prennent dans une pièce pleine de charme où un piano et des congas côtoient l'ancienne meule. Hervé est par ailleurs guide de pêche ; il propose différentes formules allant de l'initiation à l'accompagnement des pêcheurs chevronnés (voir encadré p. 237).

Auberge Claverie (☎ 05 59 66 03 80 ; 2 pl. de l'Estanquet, Audaux ; formule déj sem 12 €, menus 17,50-25 € ; ⏰ fermé dim soir et lun soir). Cette auberge de campagne, tenue depuis 4 générations par la famille Claverie, est l'une des adresses les plus recommandées par les gens de la région. Le chef, Alexandre, a acquis son savoir-faire auprès de sa mère et de sa grand-mère. Il propose une cuisine inspirée par les produits du terroir, évoluant au gré des saisons : rouelle de volaille farcie aux olives noires, piperade et tarte fine aux pommes figuraient au menu lors de notre passage. On appréciera l'atmosphère authentique de la grande salle un peu sombre, aux tables élégamment dressées.

SAUVETERRE-DE-BÉARN

Sauveterre est une superbe cité médiévale, aux confins du Béarn et du Pays basque, qui ne peut qu'enchanter les amoureux des vieilles pierres. Cette petite ville historique se dresse sur une butte, en surplomb d'un méandre du gave d'Oloron. Puissamment protégée par ses vieux murs de pierre, elle a joué un rôle essentiel dans le maintien de la souveraineté du Béarn et reste porteuse d'un certain mystère.

Histoire

Lorsque la vicomté de Béarn vit le jour au IXe siècle, un village occupait déjà cet emplacement en surplomb du gave. La ville ne prit toutefois son nom actuel qu'au XIe siècle, lorsque Centulle IV en fit une "*salva terra*" ou *sauveté* : les habitants bénéficiant de franchises, la cité se développa. Sa position fut renforcée aux XIIe, XIIIe et XIVe siècles, particulièrement sous Gaston VII Moncade, puis Gaston Phébus : la ville fut fortifiée et devient, au XIVe siècle, l'une des plus importantes cités du Béarn avec Orthez, Oloron et Morlaàs. Son rayonnement déclina au XVIe siècle, après qu'elle fut ravagée par les troupes de Charles Quint et que sa garnison fut transférée à Navarrenx.

Renseignements

Bar de la Mairie (☎ 05 59 38 55 17 ; pl. Royale ; accès Internet gratuit pour les consommateurs ou 3 €/heure ; ⏰ juin-sept tlj, oct-mai fermé jeu). Accès Internet.
Cyberbase de Sauveterre (☎ 05 59 38 50 36 ; pl. Royale ; www.cyberbases64.canalblog.com ; 2 €/heure la première heure puis 1 €/heure ; ⏰ mar 16h-20h, mer 14h-16h, sam 11h-13h). Accès Internet.
Office du tourisme (☎ 05 59 38 32 86 ; www. tourisme-bearn-gaves.com ; pl. Royale ; ⏰ fin juin à mi-sept lun 14h-18h30, mar-sam 9h30-12h30 et 14h-18h30, également dim 9h30-12h30 en juil-août, avril-juin et mi-sept à fin oct lun 14h-18h, mar-sam 9h30-12h et 14h-18h, nov-mars mar-sam 10h-12h et 14h30-17h)

À voir et à faire

Le principal atout de Sauveterre est son patrimoine architectural. Les nombreux monuments et vestiges étant essaimés à travers toute la ville, il est intéressant de commencer par se rendre à la **chapelle de**

Sunarthe (☎ 05 59 38 58 65/06 70 36 79 05 ; adultes/enfants 5/2,50 € ; ۞ tlj sur rdv, juil-août mar et sam 15h et 16h, avr-fin sept sam 15h et 16h), à environ 1,5 km du centre (par la route de Laàs). Une superbe maquette en pierre et en bois, mise en valeur par un son et lumière, y est exposée et offre une excellente vue d'ensemble de la ville à l'époque médiévale.

L'office du tourisme dispose d'une petite brochure proposant un itinéraire parcourant la ville haute et la ville basse et organise l'été une **visite guidée** (adulte/enfant 4,50/1,50 €, gratuit moins de 6 ans ; ۞ juil-août, mer 16h, sur réservation). Tout près, l'**église Saint-André**, construite au tournant des XIIᵉ et XIIIᵉ siècles, se distingue par son clocher fortifié et par les superbes sculptures du tympan de son portail ouest. Si l'extérieur est de style roman, l'intérieur mêle roman et gothique, avec des voûtes sur croisées d'ogives, des chapiteaux sculptés et, d'une manière générale, une riche ornementation.

Impossible de manquer, un peu plus loin, la **tour Monréal**, une construction aux proportions puissantes datant du XIIIᵉ siècle, d'une hauteur de 33 m. On ne peut la visiter que durant les journées du patrimoine. De là, un escalier descend jusqu'aux berges du gave. Suivez le chemin jusqu'au **pont de la Légende**. Très ancien, il fut renforcé au XIIIᵉ siècle sous Gaston VII Moncade. Sa tour, qui en fait tout le charme, date quant à elle du XIVᵉ siècle. Il était également muni à cette époque d'un pont-levis qui permettait l'accès à l'**île de la Glère**, juste en face. Il ne reste aujourd'hui qu'une partie du pont, le reste ayant été emporté par de fortes crues.

Pour accéder à l'île de la Glère, continuez à descendre jusqu'au niveau du camping. Sinon, suivez le chemin situé dans le prolongement du pont pour ensuite bifurquer à droite dans la rue Pléguignou. Vous passerez sous la **porte de Lester**, surmontée d'une passerelle, qui faisait autrefois partie des remparts, de même que la **porte du Datter**, en haut de la rue, qui commandait la sortie de la ville à l'ouest. À sa droite se trouve la **maison fortifiée** et, plus à droite encore, vous apercevrez les ruines du **château**, fortifié à l'époque de Gaston VII Moncade. Plus tard, Gaston Phébus en fit sa résidence de chasse. Il n'en reste que la barbacane et une partie des murs d'enceinte, la partie sud s'étant effondrée au XVIᵉ siècle. Il se trouve aujourd'hui au fond du parc d'une propriété privée, l'Hostellerie du Château, où

doit être aménagé depuis plusieurs années un hôtel haut de gamme.

Activités sportives

Descendez le gave en raft, canoraft, kayak ou hydrospeed, guidé par les moniteurs diplômés d'**A Boste Sport Loisir** (☎ 05 59 38 57 58 ; www.aboste.com ; rue Léon-Bérard ; adulte/enfant 42/37 € la journée grillade incluse, 25/19 € la demi-journée).

Fête

La principale manifestation de Sauveterre est la **foire de la blonde d'Aquitaine**, qui a lieu le 3ᵉ samedi d'août (exposition de bétail, repas pantagruélique, folklore...).

Où se loger et se restaurer

Camping du Gave (☎ 05 59 38 53 30 , www.camping-gdugave.fr ; empl tente/pers 6,50-9 € selon la saison, 1,70-3 €/pers suppl. ; ۞ mi-avr à mi-oct ; Wi-Fi). Au bord du gave, en contrebas de la cité médiévale, face à l'île de la Glère, ce camping jouit d'une excellente situation.

Chambres d'hôte A Yérémie (☎ 05 59 38 57 56 ; quartier Oreyte ; s/d 42/48 € avec petit-déj ; ۞ toute l'année). Anne-Marie Trouilh, présidente de l'association des Amis du vieux Sauveterre, a aménagé dans sa maison (suivre le fléchage depuis le rond-point en bas du village) 2 dortoirs destinés aux pèlerins ainsi que deux chambres d'hôte sobrement décorées avec sdb privative mais séparée. Les hôtes ont en outre accès à un salon-bibliothèque et au jardin, qui surplombe le gave.

Manoir de Marsan (☎ 05 59 38 52 75 ; www.manoir-de-marsan.fr ; rue Panneçau ; d 100 € avec petit-déj ; ۞ toute l'année ; ☻). Entourée par un parc immense aux pelouses impeccables, où des chaises longues invitent à la détente, cette superbe demeure vous attend à deux pas du village. Très spacieuse et décorée avec beaucoup de goût, elle possède une suite unique, très lumineuse, comprenant une chambre, un salon séparé et une sdb dotée d'une grande baignoire. Les couleurs sont harmonieuses, l'élégance et le confort au rendez-vous. Une adresse de charme, parfaite pour une escapade romantique.

Au fil de l'eau (☎ 05 59 38 96 95 ; salade 7 €, sandwichs 3-4,50 € ; ۞ mai-fin sept tlj 10h-19h). Sans doute l'endroit le plus plaisant de Sauveterre : au bord du gave, avec vue sur le pont de la Légende d'un côté, dominée par les façades médiévales de la tour Monréal et de l'église Saint-André de l'autre, cette petite guinguette offre un cadre enchanteur. Ici, pas de spécialités régionales au menu. On y vient manger sur le pouce une salade, un sandwich, un scone ou un brownie (les propriétaires sont Anglais), se détendre au bord de l'eau ou faire une sieste sous un saule. Depuis la mairie, prenez la rue Pannecau puis à droite le chemin Peyrou, et en bas à droite le chemin du Moulin.

La Maison de Navarre (☎ 05 59 38 55 28 ; www. lamaisondenavarre.com ; quartier Saint-Marc ; haute saison s/d 63-66/69-74 € , hors saison s/d 53-62/58-66 € ; menus 18,50-35 € , menu enfant, plats 18-21 € ; ☺ fermé mer toute l'année, sept-juin fermé dim soir ; ☒ ☐). Ne vous laissez pas rebuter par l'emplacement peu séduisant – le long de la route qui contourne Sauveterre – de cet hôtel-restaurant. Très bien tenu, il bénéficie de nombreux atouts. L'accueil chaleureux est en accord avec l'atmosphère des chambres, confortables et apaisantes. Côté cuisine, une carte élaborée – foie gras au Jurançon et piment d'Espelette, crapaudine de pigeon aux figues fraîches, fromage de pays et sa confiture de piquillos – répond à une carte des vins de qualité.

Achats

La pâtisserie Charrier (☎ 05 59 38 55 10 ; 31 rue Léon-Bérard ; ☺ mar-dim) vend des sablés maison, des galettes aux pruneaux et des gâteaux basques. Lorsqu'ils ne sont pas en vente l'été sur le marché du samedi à Sauveterre, on peut trouver les savons naturels – lait de brebis, cèdre et huile d'amande douce, huile d'avocat, aloe vera et girofle… – faits maison d'**Aromanature** (☎ 05 59 38 51 86 ; www.aromanature. com ; quartier Lajuzaa, Burgaronne ; ☺ sur rendez-vous), dans le village tout proche de Burgaronne (à 4 km à l'est).

Depuis/vers Sauveterre-de-Béarn

Des cars SNCF assurent une à deux liaisons par jour entre Dax et Mauléon via Sauveterre. Les horaires détaillés figurent sur le site www. ter-sncf.com/aquitaine. Les bus de la société **Bidegain** (☎ 05 59 38 57 38) circulent deux fois par jour, du lundi au vendredi, entre Orthez, Salies, Sauveterre et Saint-Palais.

ENVIRONS DE SAUVETERRE-DE-BÉARN

À environ 7 km à l'est de Sauveterre, sur la rive droite du gave (par la D27), le joli petit village fleuri de **Laàs** mérite le détour pour ses belles maisons de pierre aux toits de tuiles plates, pour sa **chapelle romane** du

XIe siècle, légèrement à l'écart du village, et pour son **château** (☎ 05 59 38 91 53 ; visite guidée 4 € , tarif réduit 3 € , gratuit moins de 10 ans ; visite libre du parc et des jardins 2 € , tarif réduit 1,50 € ; tarif global de 5 € pour château et parc en visite guidée ; ☺ juil-août tlj 10h-19h, mai-sept mer-lun 10h-12h et 14h-19h, avr et 1er-5 nov mer-lun 14h-19h), une gentilhommière du XVIIe siècle dans laquelle est présentée une belle collection d'arts décoratifs (meubles, objets d'art, tapisseries d'Aubusson, etc.). On peut aussi y voir un tableau de Rubens et un autre de Fragonard. Autour du château s'étend un parc de 12 hectares, doté de jardins à la française surplombant le gave d'Oloron (pique-nique autorisé), d'une bambouseraie, d'une roseraie et d'un verger conservatoire comprenant plusieurs centaines d'arbres fruitiers et 25 variétés de vignes anciennes. L'été, les enfants peuvent participer à un jeu de piste et à une course d'orientation dans le parc.

À 12 km à l'est de Sauveterre par la D23, le village d'**Hôpital-d'Orion** possédait autrefois une commanderie où les pèlerins de Compostelle pouvaient faire étape. On peut encore y voir une belle **église** romano-gothique du XIIIe siècle. C'est dans ce village que mourut Gaston Phébus en 1391, après avoir été blessé lors d'une chasse à courre.

Activités sportives

Location Canoës Pyrénées (☎ 06 42 41 67 97 ; www.location-canoes-pyrenees.com ; adulte/enfant 14/8 € ; ☺ avr-oct), à Guinarthe-Parenties, organise des balades en canoë de 1 heure 30 sur le Saison, un affluent du gave d'Oloron. Dans le village, tournez à gauche avant le pont qui enjambe la rivière et dirigez-vous vers la mairie.

Fêtes et festivals

De nombreuses festivités sont organisées dans le parc du château de Laàs.

Les **Transhumances musicales** (mai) mettent un pays ou une région à l'affiche, avec concerts et animations pendant 4 jours (www.transhumances-musicales.com).

Le **festival Cin'étoiles** (juillet-août) propose des séances de cinéma en plein air.

Une **fête du goût** (septembre) avec leçons de confiture, dégustation d'hypocras et ateliers, ainsi qu'une **fête du maïs** (octobre) sont organisées.

Où se loger et se restaurer

 Auberge de la Fontaine (☎ 05 59 38 20 20 ; www. aubergedelafontaine.info ; pl. de l'Église, Laàs ; d/tr/suite

LA FONTAINE DU SANGLIER

Sur la place du Bayaà, au cœur de la vieille ville, la fontaine du Sanglier évoque la légende liée à la fondation de Salies et à sa destinée de ville du sel. Ce sanglier aurait en effet été à l'origine de la découverte de la mare saline, autour de laquelle s'est développée la ville. La source coule toujours sous la place, à raison d'environ 2 500 litres d'eau salée par heure, qui remplissent entièrement la salle voûtée aménagée au XIXᵉ siècle dans le sous-sol, et dont le trop-plein se déverse au niveau de la saline, du côté de la gare. Un projet municipal envisage d'installer une dalle vitrée qui permettrait d'observer la source.

50/55/60-80 € ; formule déj lun-ven 12 € , menus 20-25 € ; ✆ fermé mer soir et dim soir). Entièrement refaite depuis le départ d'Alain Darrose, l'Auberge de la Fontaine reste une adresse de choix. On y sert une excellente cuisine à base de produits frais que le chef, Jean-Luc Vicassiau, sélectionne auprès de petits producteurs locaux. Le poisson est livré trois fois par semaine. De la garbure à la soupe de fraise et de raisin en passant par la cassolette de lieu rôti aux herbes ou les queues de langoustines grillées, on savoure chaque instant du repas. Présentation réussie et service souriant. L'établissement dispose de 5 chambres impeccables avec sdb.

SALIES-DE-BÉARN

Salies-de-Béarn doit sa réputation et sa notoriété au sel. La "cité de l'or blanc", comme on a coutume de la surnommer, tire en effet sa richesse du sel depuis les temps les plus anciens. Aujourd'hui, cette ville plutôt prospère a ajouté le thermalisme (lui aussi lié aux vertus des eaux salées !) à son actif. La ville, baignée par les eaux du gave, possède un charme indéniable, auquel contribue son architecture attrayante.

Renseignements

Bagur Création (☎ 05 59 38 15 58 ; 5 rue de l'Église ; 10 cts/min ; ✆ lun-ven 9h-12h et 14h-18h30) vous permettra de vous connecter à la toile.

Cyberbase de Salies (☎ 05 59 38 11 70 ; www.cbb.bearndesgaves.over-blog.fr ; Maison des services, villa Al Cartero ; 3 €/heure ; ✆ mer 10h30-12h, ven 15h-17h) dispose de 5 postes Internet.

Office du tourisme (☎ 05 59 38 00 33 ; www.tourisme-bearn-gaves.com ; rue des Bains ; ✆ juil à mi-sept lun-sam 9h30-12h30 et 15h-19h, dim 9h30-12h30 en juil-août, avril-juin et mi-sept à fin oct lun-sam 9h30-12h et 14h-18h, nov-mars lun-sam 10h-12h et 14h-17h)

À voir et à faire

Salies-de-Béarn est une ville agréable à parcourir à pied. Les ruelles qui s'entrecroisent au cœur de la cité, du côté de la **fontaine du Sanglier**, sont particulièrement pittoresques, tandis que les **ponts** de Loumé et de la Lune offrent de jolies vues sur les **maisons sur pilotis** surplombant le Saleys. En flânant dans les ruelles étroites de la ville, vous apercevrez encore de belles **demeures béarnaises** des XVIIᵉ et XVIIIᵉ siècles et la maison de la corporation des parts-prenants (terme désignant les descendants des salisiens, qu'un règlement de 1587 a rendu propriétaires de l'eau salée). Un peu plus loin, le **quartier thermal** offre quelques beaux exemples d'architecture, où voisinent, à côté de l'imposant Hôtel du Parc, l'établissement de bains de style mauresque, le kiosque à musique et l'**ancien casino Art déco**. L'office du tourisme propose une brochure comportant un itinéraire dans la ville et organise des visites commentées entre juillet et septembre (adulte/enfant 4,50/1,50 €). Pour les enfants a été conçu un parcours sous forme de **chasse au trésor** (5 €).

Le **musée du Sel et des Traditions béarnaises** (☎ 05 59 38 19 25 ; rue des Puits-Salants ; adulte/enfant 4/1 € ; ✆ juin-sept mar-sam 15h-19h, mai et oct mar-sam 15h-18h) constitue une visite indispensable pour qui veut se familiariser avec l'histoire de Salies-de-Béarn. On peut y voir une vidéo sur l'exploitation du sel puis, sur plusieurs niveaux, différents objets et documents présentant la corporation des parts-prenants, le thermalisme mais aussi le mobilier salisien ou la géologie locale. On peut visiter la **saline** (gratuit ; ✆ ven 14h15), à 500 m du centre en allant vers la gare, de mi-avril à fin octobre.

Les **thermes** (☎ 05 59 38 10 11 ; www.thermes-de-salies.com ; pl. du Jardin-Public ; accès piscine à partir de 8 € , demi-journée remise en forme à partir de 59 € ; ✆ tlj), alimentés par les eaux-mères de la saline débarrassées de leur sel mais encore riches d'oligo-éléments et de minéraux, proposent divers **forfaits de remise en forme**, dont des demi-journées comprenant l'accès au hammam, au sauna et au Jacuzzi et des soins tels que massage hydrojet, bain au lait de jument et gommage au sel de Salies. Si vous n'avez qu'une heure ou deux devant vous, prenez tout de même le temps de profiter de la **piscine d'eau salée chauffée**, pour un moment de détente aquatique.

Les amateurs de machines à sous et de poker se rendront au **casino**, au rez-de-chaussée de l'Hôtel du parc.

Un **sentier pédestre**, partant de la rue Saint-Martin ou de la rue de la Roumette, mène en haut du **Pain de sucre**, une colline offrant une belle vue sur la ville. Les enfants apprécieront aussi cette balade qui permet de voir des **daims** dans un parc.

Fêtes

La **fête du sel** (2ᵉ week-end de sept) est un grand événement festif qui met la ville en ébullition. Les temps forts en sont les **courses** des porteuses de *herrade* (récipient en bois servant aux femmes à transporter l'eau salée, sur la tête), et des porteurs de *sameau* (récipient d'une contenance de 100 litres utilisé pour puiser l'eau salée). Au programme notamment : défilés de chars, théâtre, bandas et marché artisanal

La **Piperadère** (15 août) constitue une autre fête mobilisatrice. Elle comprend une foire des métiers d'antan et un concours consistant à préparer la meilleure piperade béarnaise suivi d'un banquet.

Où se loger et se restaurer

Camping Mosquéros (☎ 05 59 38 12 94 ; base de plein air de Mosquéros ; empl. 2,80 €, adulte/enfant 2,70/1,70 € ; ☺ de mi-mars à mi-oct). Un trois-étoiles situé dans un parc, à 1 km des thermes.

 Chambres d'hôte maison Léchémia (☎ 05 59 38 08 55 ; quartier du Bois ; s/d/tr/qua 40/55/66/76 € avec petit-déj ; table d'hôte 25 € ; ☺ toute l'année). Une superbe adresse, perdue dans la campagne, à environ 3 km du centre de Salies (suivez le fléchage sur la D17 direction Caresse puis prenez à droite vers le quartier du Bois). Trois chambres avec entrée indépendante ont été aménagées dans cette ancienne ferme du XVIᵉ siècle : l'une dans ce qui fut une écurie, les deux autres dans des pièces qui servaient à stocker le bois et les céréales. Poutres apparentes, murs de lauze d'origine et éléments anciens tels que mangeoire ou pressoir assurent une décoration personnalisée évoquant le passé du lieu. Une authenticité conjuguée à un confort moderne (les sdb sont superbes). Table d'hôte tous les soirs sur réservation.

Chambres d'hôte La Demeure de la Presqu'île (☎ 05 59 38 06 22 ; www.demeurepresquile.com ; 22 av. des Docteurs-Foix ; s/d 60/70 € avec petit-déj ; table d'hôte 28 € ; ☺ toute l'année ; **P**). Une adresse de charme à deux pas de la vieille ville. Dans une belle demeure du XVIIIᵉ siècle, quatre chambres à la décoration éclectique mais toujours élégante (meubles chinés, miroirs, batiks, écran plat…) vous attendent. Les deux plus grandes, vraiment spacieuses, profitent de grandes sdb avec baignoire équipée d'une colonne à jets. Dès qu'il fait beau, on prend le petit-déjeuner sur la terrasse qui surplombe un grand parc, le long duquel coule le Saleys. Table d'hôte sur réservation.

 Auberge des Fontaines fleuries (☎ 05 59 38 70 60 ; pl. Jeanne-d'Albret ; formule déj 13 €, casse-croûte 8-15 € ; ☺ fermé lun tte l'année et dim soir hors saison). Les voyageurs à petit budget apprécieront ses casse-croûte béarnais (ventrèche-œufs aux plats, jambon poêlé, omelettes aux cèpes) à partir de 8 € autant que son agréable patio intérieur.

La Terrasse (☎ 05 59 38 09 83 ; 2 rue Loumé ; formule déj lun-ven 12 €, menus 20-28 €, menu enfant, plats 12-16 € ; ☺ fermé lun tte l'année et jeu soir hors saison). Cet établissement est apprécié pour sa terrasse surplombant le petit canal que forme à cet endroit le Saleys. Vous pourrez y goûter, dans une atmosphère animée, à quelques-unes des classiques de la cuisine régionale, tels que les aiguillettes de canard persillées ou le boudin béarnais aux gousses d'ail confites.

 Restaurant des Voisins (☎ 05 59 38 01 79 ; 12 rue des Voisins ; formule déj mar-ven 14 €, menu 23,80 €, plats 14-27 € ; ☺ mar-sam). Au cœur de la vieille ville, cet établissement récent a déjà sa clientèle. Son cadre, original et branché, mêle objets d'autrefois, tableaux contemporains et technologie dernier cri. Les bougies et la musique ajoutent une touche d'intimité. Les plats (escalope de foie gras frais au caramel de fruits rouges, souris d'agneau confite, rôti de lotte au jambon…), moins copieux que dans les auberges de pays, ne vous laisseront toutefois pas sur votre faim et vous séduiront par leur délicate association de saveurs, relevées à point.

Hôtel du Parc (☎ 05 59 38 31 27 ; www.hotelcasinoduparc .fr ; bd Saint-Guily ; s/d 74-105/84-115 € ; menus 13-16 €, plats 10-16 € ; ☺ restaurant ouvert à l'année tlj midi et soir ; Wi-Fi gratuit). Cet établissement, fondé en 1893, a rouvert ses portes en 2007 après une restauration complète. Son hall immense, aux belles galeries de bois éclairées par une verrière plafonnant à 27 m du sol, est toujours aussi impressionnant et donne à ce trois-étoiles un petit air de palace. Les chambres sont de tailles variables mais offrent toutes le même confort avec écran LCD, double vitrage et vue dégagée.

Achats

Sel et fleur de sel de Salies sont en vente à l'office du tourisme ou à l'accueil des thermes.

Depuis/vers Salies-de-Béarn

Des cars SNCF assurent la liaison Dax-Mauléon via Salies (1 à 2/jour toute la semaine). Les bus **Bidegain** (☎05 59 38 57 38) relient Salies à Orthez (2/jour lun-ven), d'où l'on peut continuer vers Pau en bus **TPR** (☎05 59 82 95 85).

ENVIRONS DE SALIES-DE-BÉARN

On trouve dans les petits villages essaimés de part et d'autre du gave d'Oloron, à une dizaine de kilomètres à l'ouest de Salies, quelques auberges proposant le gîte et le couvert. À **Labastide-Villefranche**, les rives ombragées du **lac de la Pounte** sont appréciées par les pêcheurs et les gens du pays. Ce site naturel est dominé par l'étonnant **château Bijou** et par un austère **donjon** du XIVe siècle, dont l'un des murs a été reconverti en fronton.

À 7 km au nord de Salies-de-Béarn, la bastide de **Bellocq** marquait autrefois la frontière nord-ouest de la vicomté de Béarn. Le village apparut au XIIIe siècle, lorsque Gaston VII Moncade fit édifier à cet endroit, sur les bords du gave de Pau, un **château**, avant-poste destiné à protéger sa capitale Orthez. Détruit sur ordre de Louis XIII en 1620, il n'en reste que des vestiges qui ne sont pas ouverts à la visite. L'**église Sainte-Marie** date, elle aussi, du XIIIe siècle : on remarquera son clocher massif, à vocation défensive, et la belle sculpture de pèlerin au béret ornant son portail. Bellocq est aujourd'hui connue pour sa production viticole (on trouve des vignes jusque dans les anciennes douves du château !). Pour découvrir les vins rouges et rosés AOC Bellocq-Béarn, rendez-vous à la **cave coopérative** (☎05 59 65 10 71 ; ⊙ lun-sam 9h-12h30 et 13h30-18h30).

Où se loger et se restaurer

Chez Tissier (☎05 59 38 46 56 ; rue du Bourg, Carresse-Cassaber ; s/d 45/48 € ; menus 12,50-24 € ; ⊙ fermé dim soir). La salle de ce restaurant, dans un village minuscule à environ 7 km à l'ouest de Salies, est tellement démodée qu'elle finit par posséder un certain charme. Dans l'assiette, des plats traditionnels et sans complication, à des tarifs imbattables : potage, gigot de mouton, anguilles à la persillade, civet de marcassin… La partie hôtel compte 6 chambres, petites mais propres et fraîches.

La Belle Auberge (☎05 59 38 15 28 ; bourg, Castagnède ; s/d 41/45-48 € ; menus 12/23 €, menu enfant, plats 8,50-18 € ; ⊙ fermé dim soir-lun soir ; 🍴). À Castagnède, à 8 km à l'ouest de Salies (suivez la D17 vers Carresse, puis la D27), cette auberge familiale est bien connue dans les environs pour sa cuisine généreuse, reposant sur des bases classiques – chiprons, piquillos farcis, merlu grillé à l'ail, foie poêlé aux figues ou gigot de mouton… Les chambres, au confort sommaire, sont un peu petites mais restent très correctes pour le prix. Une piscine est à disposition à l'arrière.

Auberge du Béarn (☎05 59 65 01 66 ; pl. de l'Église, Saint-Dos ; s/d/tr 23/27/30 € ; formule déj sem 11,50 €, menus 20-28 € ; ⊙ fermé mer soir). Un point de chute pour les voyageurs à petit budget, à Saint-Dos, village de la rive gauche du gave, en bordure de la D28. Les chambres sont propres et fonctionnelles ; le restaurant propose dans un cadre rustique une cuisine sans grande ambition mais copieuse du style pintade-frites, tout en offrant de-ci de-là un brin de fantaisie (requin sauce hollandaise, canard à l'ananas…).

L'Escale (☎05 59 38 46 16 ; bourg, Auterrive ; formule déj 12,50-15 €, menus 20-28 € ; ⊙ fermé lun et mar soir). À l'entrée du village d'Auterrive, à 8 km à l'ouest de Salies, sur la rive gauche du gave d'Oloron, qui se scinde ici en deux pour former une petite île, cet agréable restaurant aux allures de guinguette porte bien son nom. On s'installe sur sa terrasse couverte, à deux pas de l'eau, ou dans sa grande salle aux tons pastel pour déguster l'une des spécialités de la région : notamment garbure, confit de canard, ris d'agneau aux cèpes et caille désossée au Madiran

ORTHEZ

Pour certains, cette localité de 11 000 habitants, élégamment sise de part et d'autre du gave de Pau, évoque un haut lieu du basket français ; pour d'autres, plus férus de particularismes historiques, elle rappelle un passé prestigieux, celui d'ancienne capitale du Béarn et de bastion du protestantisme.

Ville carrefour, tiraillée entre le piémont pyrénéen au sud et les étendues landaises de la Chalosse au nord, Orthez mérite de figurer sur votre itinéraire.

Renseignements

Cyberbase d'Orthez (☎ 05 59 67 25 61 ; www.cbb. bearndesgaves.over-blog.fr ; rue Pierre-Lasserre ; 3 €/ heure ; ☺ lun 14h-16h, mar 9h30-12h30, jeu 14h-16h, sam 9h-12h). Au rez-de-chaussée du centre socioculturel, il dispose de 8 postes Internet.

Office du tourisme (☎ 05 59 38 32 84 ; www. tourisme-bearn-gaves.com ; rue Bourg-Vieux ; ☺ juil à mi-sept lun 14h-18h30, mar-sam 9h30-12h30 et 14h-18h30, une partie de juil-août dim 9h30-12h30, avril-juin et mi-sept à fin oct lun 14h-18h, mar-sam 9h30-12h et 14h-18h, nov-mars mar-sam 10h-12h et 14h30-17h). Il est situé dans la maison de Jeanne d'Albret.

À voir et à faire

Orthez se laisse facilement découvrir à pied. L'office du tourisme tient à votre disposition une brochure proposant un itinéraire dans la ville. L'édifice le plus remarquable est sans doute la **tour Moncade** (en haut de la rue Moncade ; adulte/ enfant 3/2 € ; ☺ mai sam-dim 10h-12h30 et 14h30-18h30, juin-août tlj 10h-12h30 et 15h-19h, sept tlj 10h-12h30 et 14h30-18h30, oct sam-dim 10h-12h30 et 14h30-18h30). Vestige du château édifié vers 1250 par Gaston VII Moncade, et qui fut ensuite brûlé pendant les guerres de religion et démantelé à la Révolution, ce donjon pentagonal de 31 m de haut (il en faisait 9 de plus au Moyen Âge) se dresse sur un tertre dominant la ville. Des panneaux présentent les mythes et légendes du Béarn et la cour d'Orthez sous Gaston Phébus y sont exposés sur deux niveaux. On peut également voir au 1er étage une maquette du château à l'époque de Phébus, animée par un son et lumière instructif. De là, 142 marches en pierre très raides mènent au sommet de la tour, d'où l'on profite d'une **vue panoramique** sur la ville – cherchez le pont Vieux dont la silhouette émerge dans l'enchevêtrement des toits – et, par temps clair, sur les Pyrénées. De la tour, un chemin descend à travers le bois de la Coudane jusqu'au moulin de Sainte-Agathe.

Icône touristique et orgueil de la ville, le **pont Vieux** date du XIIIe siècle. Ce bel exemple d'ouvrage fortifié comporte en son milieu une tour, d'une évidente élégance, percée d'une arche centrale. Ne vous fiez pas à son apparence tranquille ; au même endroit, en 1569, à l'époque des guerres de religion, les protestants jetèrent des prêtres dans le gave, tandis qu'en 1814, l'édifice résista aux assauts des troupes du duc de Wellington.

La **maison de Jeanne d'Albret** passe pour l'une des plus belles demeures historiques d'Orthez. Ornée de belles fenêtres à meneaux, cette élégante maison bourgeoise de la fin du XVe siècle fit l'objet d'une curieuse transaction : son propriétaire, Arnaud de Gachissans, en fit don aux rois de Navarre (Jeanne d'Albret et Antoine de Bourbon) pour recevoir en échange des lettres de noblesse. Aujourd'hui, la bâtisse abrite, outre l'office du tourisme au rez-de-chaussée, le **musée Jeanne d'Albret** (☎ 05 59 69 14 03 ; www. museejeannedalbret.com ; 37 rue Bourg-Vieux ; adulte/ enfant 4,50/2 €, gratuit moins de 8 ans ; ☺ avr-sept lun-sam 10h-12h et 14h-18h, oct-mars mar-sam 10h-12h et 14h-18h), consacré à l'histoire du protestantisme béarnais. Sont évoqués les origines de la Réforme dans le Béarn, le rôle d'Henri IV, les persécutions sous Louis XIV (un facsimilé de la révocation de l'édit de Nantes est notamment exposé), la place d'Orthez comme capitale religieuse du Béarn, la période post-révolutionnaire ou encore la part active prise par les protestants dans l'éducation et la pédagogie.

L'**église Saint-Pierre**, place Marcadieu, vaut également le coup d'œil. D'allure assez imposante, elle fut élevée à partir du XIIIe siècle sur une ancienne église romane. Son clocher date du XIXe siècle.

Le poète Francis Jammes (1868-1938) vécut à Orthez une partie de sa vie, de 1897 à 1907, dans la **maison Chrestia** (☎ 05 59 69 11 24 ; 7 av. Francis-Jammes ; accès libre ; ☺ lun-ven 10h-12h et 15h-17h), où est évoqué son souvenir (à la sortie de la ville en direction de Pau par la nationale).

Activités sportives

Les **canoës du Pont-Vieux** (☎ 05 59 69 36 24 ; ☺ juilaoût) louent kayaks (embarcation pour 1 pers ; 4 €/30 min, 8 €/heure) et canoës (embarcation pour 2 pers et 1 enfant ; 6 €/30 min, 10 €/heure). Parcours libre au départ de l'emblématique pont de la ville.

Fête

La **féria d'Orthez** (dernier week-end de juillet) est un grand moment dans la vie de la cité. Au programme : concerts, animations de rue, bodegas, défilés, spectacles pyrotechniques, courses landaises...

BÉARN

Où se loger et se restaurer

Camping de la Source (☎ 05 59 67 04 81 ; www. camping-orthez.com ; bd Charles-de-Gaulle ; empl. tente 3,50-5,20 €, adulte/enfant 2,70-2,90/1,45-1,70 €, gratuit moins de 7 ans ; ☺ avr-oct). À 1,5 km du centre, ce camping comptant une vingtaine d'emplacements est situé en bordure d'un ruisseau où les amateurs de pêche pourront s'adonner à leur passion en toute tranquillité.

⊟ La Casa (☎ 05 59 67 02 84 ; 11 pl. du Foirail ; formule déj lun-ven 10,50 €, menu 15,50 €, menu enfant, plats 13-18 € ; ☺ en saison fermé mar soir et mer soir, hors saison dim soir, lun soir, mar soir et mer soir). La carte ne recèle pas beaucoup de surprises – suprême de volaille sauce forestière, noix de saint-jacques aux tomates confites, gambas flambées au whisky, feuilleté aux poires vigneronnes – mais les classiques de la cuisine régionale sont néanmoins interprétés avec une touche d'originalité. On vient ici aussi pour l'ambiance détendue de la terrasse, ombragée par des platanes.

Auberge Saint-Loup (☎ 05 59 69 15 40 ; 20 rue du Pont-Vieux ; formule déj mar-ven 15 €, menus 21/45 €, plats 16 € ; ☺ fermé dim soir-lun). À 2 minutes à pied du Pont-Vieux, sur la rive gauche du gave, cet établissement aménagé dans un ancien relais de Saint-Jacques-de-Compostelle séduit par son cadre authentique : une lourde porte en bois cloutée donnant dans une grande salle aux tonalités rustiques, et un petit patio pour les beaux jours. Le chef, Aurélien Cathelin, prépare une cuisine de qualité, où la finesse le dispute à l'inventivité : foie cuit au torchon, bonbon de saint-jacques aux épinards et semoule au citron ou encore duo de bœuf et canard aux champignons. Très belle carte des vins.

Hôtel-Restaurant La Reine Jeanne (☎ 05 59 67 00 76 ; www.reine-jeanne.fr ; 44 rue du Bourg-Vieux ; s/d 57-73 €/63-85 € ; formule déj lun-ven 13,50 €, menus 23,50-38,50 €, menu enfant, plats 20-29 € ; ☺ fermé oct-fév dim soir). La partie hôtel, spacieuse, compte plusieurs salons et terrasses, ainsi qu'un espace de relaxation avec sauna et Jacuzzi. Une dizaine de chambres sont dans une nouvelle aile, mais celles autour du patio intérieur demeurent les plus charmantes. Le restaurant est bien connu des Orthéziens. Il propose des menus faisant la part belle aux produits régionaux (cuisse de canard rôtie en tapenade, terrine de foie gras chemisée de chorizo, ventrèche braisée à l'ancienne…). Soirée piano-bar le dernier samedi de chaque mois.

Depuis/vers Orthez

Les bus **TPR** (☎ 05 59 27 45 98) relient Orthez à Pau (1 à 2/jour lun-sam) et à Navarrenx (ligne Orthez-Mauléon, 1/jour lun-ven en période scolaire). Les bus **Bidegain** (☎ 05 59 38 57 38) circulent entre Orthez, Salies-de-Béarn et Sauveterre-de-Béarn (2/jour lun-ven). Des trains assurent la liaison entre Orthez et Bayonne, Dax, Toulouse et Bordeaux.

ENVIRONS D'ORTHEZ

Si vous vous dirigez vers Pau, vous avez le choix entre l'autoroute A64, la nationale 117 ou, encore mieux pour découvrir les environs, la petite D9. Elle vous mènera d'abord au village de **Biron**, à quelques kilomètres au sud d'Orthez. On y trouve un très beau **lac** de 40 hectares, bordé par une longue plage de sable. Baignade, toboggan aquatique, bateaux tamponneurs et à pédales, ski nautique, tables de pique-nique : tous les ingrédients sont réunis pour un après-midi en famille mémorable à la **base de loisirs Orthez-Biron** (☎ 05 59 67 08 31 ; www.loisirs-orthez.com ; espace baignade adulte/ enfant 2,50/1 €, bateaux 2 € ; ☺ juil-août 11h-19h, juin et sept 14h-18h). On peut également apercevoir à Biron le **château de Brassalay**, un bel édifice du XVIe siècle qui accueille aujourd'hui une institution à vocation sociale.

À 5 km plus au sud, **Maslacq** et ses habitants sont habitués à voir passer les pèlerins de Compostelle qui viennent se recueillir à la **chapelle Notre-Dame-de-Muret**. On peut aussi voir, depuis la route, un beau **château** du XVIIIe siècle. Une **cyberbase** (☎ 05 59 67 33 81 ; 16 rue La Carrère ; 0,80 €/15 min ; ☺ lun 9h30-12h, mer 14h30-19h) se trouve dans le village.

La D9 continue ensuite jusqu'à **Lagor**, charmant village situé au sommet d'une colline dominant la plaine du gave de Pau et le bassin industriel de Lacq. Vous pourrez alors emmener les enfants à la **ferme d'animation éducative Lendoste** (☎ 05 59 60 23 21 ; www.ferme-animation-lendoste.com ; plus/ moins de 6 ans 6/4 € ; ☺ fermé jeu), de préférence à l'heure des soins – 9h30 et 17h30 (16h30 l'hiver) –, meilleur moment pour approcher les nombreux animaux.

Pour rejoindre Pau, continuez sur Mourenx, bifurquer vers l'est par la D28 (direction Lacq), et continuer votre route par la D33.

Où se loger et se restaurer

La Bodeguita (☎ 05 59 67 21 37 ; base de loisirs Orthez-Biron ; plats 10-15 € ; ☺ en saison tlj midi et soir, hors saison lun-ven midi et dim midi). Si la cuisine n'a rien d'exceptionnel (lomo-frites, confit de canard, salades, etc.), la terrasse surplombant le lac de Biron est des plus agréables.

Hôtel Maugouber (☎ 05 59 38 78 00, http ://perso. orange.fr/maugouber, 1 rue du Fronton, Maslacq ; s 43-51 € , d 57-64 € ; menus 17-30 € , menu enfant, plats 11-18 € ; ☺ restaurant fermé ven soir et sam tte l'année, dim soir hors saison ; ☒ ; Wi-Fi gratuit). Au centre de Maslacq, cet établissement comporte 22 chambres offrant un confort correct. Préférez celles de l'étage, plus lumineuses, avec vue sur la piscine et le jardin. Le restaurant propose une cuisine typiquement régionale (pavé de foie gras, confit, magret, poule au pot…). L'hôtel étant souvent assailli par les pèlerins, pensez à réserver.

SOUBESTRE

S'étendant au nord de Pau entre les cantons d'Arzacq-Arraziguet et d'Arthez-de-Béarn (où on préfère le nommer Saubestre), ce territoire situé à la frontière du Béarn et de la Chalosse (l'arrière-pays landais), est composé d'une mosaïque de vallons, de hautes collines, de parcelles agricoles et de villages paisibles. Son nom, dérivé du latin, ferait référence aux bois épais qui couvraient, au Moyen Age, ces terres au nord du Béarn, où Gaston Phébus fit renforcer plusieurs châteaux, dont celui de Morlanne, superbe spécimen d'architecture militaire.

ARTHEZ-DE-BÉARN

Cette jolie commune perchée sur une colline entre Orthez et Morlanne était l'une des cités les plus importantes de la vicomté de Béarn à l'époque médiévale. De l'ancien château, qui se dressait au cœur de cette place-forte chargée de défendre le nord du territoire gouverné par Gaston Phébus, il ne reste que la tour, devenue clocher de l'actuelle église. Le dernier monument à témoigner de cet âge d'or est la ravissante **chapelle de Caubin** (accès libre), à la sortie du village sur la route d'Artix. Cet édifice du XIIe siècle faisait autrefois partie d'une commanderie de l'ordre de Malte servant de relais aux pèlerins, encore nombreux à passer par ici aujourd'hui. Des concerts y sont parfois organisés et on peut y admirer un superbe **gisant en armure** de pierre datant du XIVe siècle. Outre les belles maisons très serrées

de part et d'autre de la rue principale, on admirera la **vue** sur la vallée du gave de Pau depuis l'église.

La **cyberbase d'Arthez-de-Béarn** (☎ 05 59 67 74 63 ; 2 pl. Cézaire ; 0,80 €/15 min ; ☺ lun 10h-12h, mer 14h-15h30, jeu 9h30-12h, ven 9h30-11h30). Accès Internet.

Cin'étoile (juillet-août). Des séances du festival de cinéma ont lieu dans le complexe sportif, à l'entrée du village.

Où se loger et se restaurer

Auberge du Bourdalat (☎ 05 59 67 74 87 ; formule déj lun-ven 11 € , menus 17-27 € , plats 10-17 € ; ☺ fermé dim soir). Cette petite auberge de campagne à l'entrée du village ne paie pas de mine, mais on y reçoit un accueil cordial et sa petite terrasse est bien agréable aux beaux jours. On y sert principalement des spécialités régionales : axoa de veau, magret de canard à l'abricot ou autres confits. Casse-croûte à la demande.

Domaine de la Carrère (☎ 08 77 15 78 59 ; http ://chatmont.club.fr ; 54 La Carrère ; s/d 95/125 € avec petit-déj ; table d'hôte 30 € ; ☺ toute l'année ; ☒ ; Wi-Fi gratuit). Mike et Fritz, deux Anglais, ont passé deux ans à restaurer cette superbe demeure du XVIIe siècle, au centre du village, et en ont fait un lieu magique. Anciens antiquaires, ils ont réalisé une décoration raffinée où se mêlent d'innombrables objets d'art, des statues de Bouddha, du mobilier d'époque, un piano à queue, des boiseries d'origine… Les 5 chambres, de taille variable et bénéficiant d'une atmosphère personnalisée, possèdent toutes une sdb avec douche balnéo et des lits couverts de coussins moelleux. Dans le jardin, en contrebas, une piscine vous attend.

MORLANNE

Petite cité de caractère de 500 habitants à mi-chemin entre Arthez et Arzacq, Morlanne est riche d'un patrimoine historique particulièrement bien conservé. Le village est organisé autour d'une rue piétonne, bordée de demeures du XVIIe et du XVIIIe siècles, en haut d'une crête dominant les environs. En arrivant, on remarque d'abord l'**église Saint-Laurent** (XIIIe siècle), à l'architecture très particulière : avec ses trois tours, l'une carrée, l'autre cylindrique et la dernière polygonale, elle a des airs de château fort, rôle dont elle s'est d'ailleurs acquittée sous Gaston Phébus. En face, une ancienne abbaye laïque, connue sous le nom de **maison Belluix**, dotée d'une belle tour cylindrique, date des XVe-XVIe siècles. Elle fait l'objet d'un projet de restauration qui devrait être achevé en 2010 : l'office du tourisme devrait alors s'y installer, au rez-de-chaussée ; les trois étages seront occupés par des artisans d'art que l'on pourra observer au travail.

Le monument majeur de Morlanne, son **château** (☎ 05 59 81 60 27 ; ☉ tlj juil-août 10h-19h, avr-juin et sept-oct tlj sauf mar 14h-19h), de l'autre côté de la rue piétonne, fut élevé en 1373 sur ordre de Gaston Phébus pour son demi-frère. Il est lui aussi en cours de restauration. Le temps des travaux, qui devraient durer jusqu'en 2011, les visites, libres ou guidées, sont gratuites. Seuls la cour, l'exposition du rez-de-chaussée et l'extérieur (remarquez les superbes mâchicoulis du donjon côté sud) sont accessibles. Le fonds Ritter (du nom d'un historien local à qui l'on doit une admirable remise en état du château dans les années 1970), comprenant de belles collections de meubles et d'objets d'art, ainsi que des tableaux de maîtres, ne sera réexposé qu'aux termes des travaux.

Le parc ombragé entourant le château est doté d'une aire de pique-nique.

Office du tourisme de Morlanne (☎ 05 59 81 42 66 ; carrère du Château ; ☉ avril-oct mar-dim 14h-19h, fermé le reste de l'année). Dispose également d'un **poste Internet** (1 €/15 min ; ☉ mai-oct mar-dim 14h-19h).

Les Enfantines (juil-août dim 16h-18h) spectacles de théâtre, chanson et marionnettes, s'adressant en priorité aux 3-10 ans. Le festival **Cin'étoile** (juil-août) : diffusion de films en plein air, dans le parc. Soirée **astronomie** (déb août). Programmation estivale de plusieurs concerts et pièces de théâtre. Le festival **Peindre Morlanne** (1er week-end de sept), est doublé d'une fête des épouvantails. Toutes ces manifestations se déroulent au **château de Morlanne** (contactez l'office du tourisme pour plus d'informations).

Où se loger et se restaurer

Ferme-auberge Lauzet (☎ 05 59 81 61 28 ; carrère du Château ; menus 17-26 €, menu enfant ; ☉ jeu-dim, déj uniquement, sur réservation parfois ouvert ven soir et sam soir l'été). Une ferme-auberge typée et typique, non loin du château. Tous les menus sont élaborés à partir des produits de l'exploitation ou de producteurs locaux – soupe paysanne, foie gras, canette rôtie, légumes de saison, fromages de brebis...

Chambres d'hôte maison Navarron (☎ 05 59 81 47 98 ; pl. de l'Église ; s/d 45/50 € avec petit-déj ; ☉ toute l'année). À deux pas de l'église, cette belle demeure du XVIIIe siècle couverte de vigne vierge était autrefois l'auberge du village. Ses 4 chambres (3 doubles et 1 simple) avec sdb sont lumineuses et joliment meublées. Les plus grandes possèdent un lit à baldaquin. Si l'on en croit le livre d'or de la maison, les propriétaires sont particulièrement appréciés pour leur disponibilité.

Cap e Tot (☎ 05 59 81 62 68 ; www.capetot-bearn.fr ; carrère du Château ; menus 22-48 € ; ☉ jeu soir-dim midi). Nouvel établissement de David Ducassou, ouvert dans le village dont il est originaire, et dans la même veine que son excellent restaurant Lou Capetout, auparavant à Pau. Vous avez le choix entre la formule "bistro" – servie en terrasse ou dans une grande salle à l'ancienne, avec son terrain de quilles de 9 – et les menus gastronomiques à déguster dans une salle plus intime. De la salade de champignons des bois, artichauts et poivrade à la pêche rôtie et sa glace à la sauge en passant par le filet de saint-pierre poché en bouillabaisse anisée, le chef est toujours aussi inspiré. Des concerts et des tournois de quilles sont régulièrement organisés. Des chambres d'hôte sont en projet.

GAROS

En retrait de la départementale reliant Morlanne à Arzacq, ce village était au Moyen Âge le chef-lieu du Soubestre. Aucun monument notable ne subsiste de cette époque, si ce n'est un joli **moulin** (☎ 05 59 04 53 84 ; adulte/enfant 2,50/1,50 € ; ☉ mi-juin à fin août mar, jeu, sam et dim 14h-19h), construit un peu plus tardivement, au XVIe siècle, à l'écart du village (accès fléché depuis la D946). La visite comprend une présentation historique, une démonstration de mouture et une balade le long du canal, dans un cadre bucolique, où vous pourrez pique-niquer si vous le souhaitez. On peut acheter sur place de la farine de blé et de maïs, à l'ancienne.

Garos est par ailleurs réputé pour ses **poteries** (ou *toupis*) depuis l'époque médiévale. Il est prévu qu'un espace muséographique mettant en valeur ce travail artisanal ouvre ses portes dans un avenir proche.

ARZACQ-ARRAZIGUET

Autrefois situé en Chalosse, ce chef-lieu de canton n'est devenu béarnais qu'à la Révolution, au moment de la création des départements. Sur sa place centrale entourée d'arcades se déroulait autrefois l'un des marchés les plus importants de toute la région. On remarquera à l'un de ses angles la **tour de Peich**, vestige d'un ancien château médiéval. À la périphérie du village, dans une zone commerciale, la **Maison du jambon de Bayonne** (☎ 05 59 04 49 93 ; rte de Samadet ; adulte/enfant 6/2,30 € ; ☺ juil-août tlj 10h-13h et 14h30-18h30, hors saison mar-sam 10h-13h et 14h30-18h30, dim 14h30-18h30), aménagée dans un bâtiment sans charme, n'a rien de séduisant au premier abord. Elle vaut cependant le détour, tant pour son espace boutique que pour son espace muséographique au goût du jour (audioguide, vidéos, animations interactives, vue sur la salle d'affinage) et fort instructif. La visite est suivie d'une dégustation accompagnée d'un verre de vin de pays. Signalons enfin que la commune est dotée d'un **lac**, dont on peut faire le tour le long d'un sentier pédestre.

Office du tourisme d'Arzacq-Arraziguet (☎ 05 59 04 59 24 ; www.communautecommunes-arzacq.fr, rubrique tourisme ; pl. de la République ; ☺ avril-sept lun-ven 14h-18h, sam 10h-12h, oct-mars jeu15h-18h)

Du bruit sous les arcades (début août). Marché artisanal, théâtre de rue, cirque, concerts et bal : Arzacq vit alors au rythme de son festival.

Où se loger et se restaurer

Centre d'accueil communal (☎ 05 59 04 41 41 ; centreaccueil@arzacq.com ; place du Marcadieu ; nuitée/demi-pension pèlerin 10,50/22 €, individuel en groupe 12/25 €, camping 3 €/pers, demi-pension 15 € ; ☺ toute l'année). Ce centre doté de chambres et de dortoirs de 2 à 10 lits s'adresse en priorité aux pèlerins, mais si vous formez un groupe d'au moins 5 personnes, vous pourrez vous aussi y passer la nuit. Sinon, vous pourrez toujours planter votre tente sur un espace herbeux équipé de sanitaires et profiter des repas chauds de la demi-pension.

La Vieille Auberge de Soubestre (☎ 05 59 04 51 31 ; www.vieille-auberge-soubestre.fr ; place du Marcadieu ; formule déj sem 11 €, menus 15-29 €, plats 12-19 € ; ☺ ouvert tlj midi et soir). Une cuisine de pays passant en revue les grands classiques du Béarn et du Pays basque : carpaccio de foie gras, cassolette de ris d'agneau aux cèpes, pétales de Bayonne marinés à la basquaise, poêlées de région ou encore un très consistant casse-croûte béarnais (omelette, jambon, ail confit, piment frit).

Chambres d'hôte Chez Suzy (☎ 05 59 04 55 16 ; chemin de Saubole ; s/d 28/35 avec petit-déj ; table d'hôte 13 € ; ☺ toute l'année). À 2 km du bourg, trois grandes chambres au rez-de-chaussée d'une jolie ferme rénovée, d'un rapport qualité/prix plus que correct, avec grande sdb, terrasse privative et entrée indépendant. Toutes sont accessibles aux personnes handicapées.

♥ Château de Méracq (☎ 05 59 04 53 01 ; www.chateau-meracq.com ; 1 chemin de Marioulet, Méracq ; s/d 95/130 ; petit-déj 14-16 € ; formules à la carte 31-52 € ; ☺ restaurant midi et soir sur réservation ; 📖). Les prix de ce trois-étoiles sont certes élevés, mais ses prestations dignes d'une adresse d'exception. Dans cette belle demeure de la fin du XVIIIᵉ siècle, il n'y a que 6 chambres, très spacieuses, où le confort s'exprime jusque dans les moindres détails : draps brodés en lin, murs doublés en liège pour une meilleure insonorisation, vue sur le parc ou encore... absence de télé – on vient ici pour se ressourcer. La cuisine est à l'unisson : exigeante et généreuse.

Depuis/vers Arzacq-Arraziguet

Les bus de la compagnie **Béarn Pyrénées Voyages** (☎ 05 59 21 30 70) circulent du lundi au samedi en période scolaire entre Pau et Arzacq dans les deux sens (1 à 2/jour). Service sur réservation uniquement l'été, le lundi et le mercredi. Citram Pyrénées assure le même trajet du lundi au samedi en période scolaire.

VIC-BILH ET MONTANÉRÈS

On les oublierait presque, ces deux terroirs frères qui passent le plus souvent inaperçus. Qui saurait les placer avec certitude sur une carte ? Aux confins nord-est du département, à la limite du Béarn, déjà dans la sphère d'attraction de l'Armagnac et de la Bigorre, excentrés par rapport aux grandes voies de communication, ils ne sont pas les premiers à attirer les visiteurs, plus enclins à filer plein sud vers les Pyrénées ou plein ouest du côté du pays des gaves.

C'est pourtant une région pleine de trésors méconnus. À commencer par le vignoble du Madiran, la grande star locale, qui confère ses lettres de noblesse à ce terroir ; un chapelet de superbes églises romanes et de villages de caractère ; et des paysages suaves, agréables, dont les molles ondulations apaisent l'esprit. Une escapade prolongée s'impose dans ce recoin du Béarn si attachant.

RENSEIGNEMENTS

À Lembeye, le **point d'information tourisme** (☎ 05 59 68 28 78 ; www.tourisme-vicbilh.fr ; 38 pl. du Marcadieu ; ☼ juil-sept mar-sam 9h30-12h et 13h30-17h30) vous renseignera sur le Vic-Bilh. Pour des informations sur le Montanarès, vous pouvez contacter le **point d'information tourisme** (☎ 05 59 81 93 55 ; ☼ tlj sauf dim 8h-20h, lun et mer jusqu'à 15h) géré par le restaurant Le Relais de la Tour, à Montaner, ou le **point d'information** (☎ 05 62 33 74 00 ; www.vic-montaner.com ; ☼ lun-ven 14h-17h) de Vic-Bigorre.

À VOIR

Le Vic-Bilh ("vieux pays", en béarnais) et le Montanérès forment deux entités adjacentes, la première au nord, la seconde au sud. Depuis Pau, la route d'accès la plus directe est la D943 qui conduit à Lembeye via Morlaàs. Pour le Montanérès, passé Morlaàs, bifurquez à droite par la D7. Ces deux départementales se ramifient ensuite en tout un maillage de routes secondaires qui, plus on s'enfonce dans la campagne, vont en se rétrécissant, se faufilant dans les bois, entre les champs de maïs, tel un véritable labyrinthe, pour mener dans un autre monde, formé d'un semis dense de hameaux et de villages, de vignobles, de châteaux et d'églises romanes. Les centres d'intérêt sont éparpillés. Plutôt que de suivre un itinéraire préétabli, musardez dans les méandres de ces deux terroirs surprenants.

La bourgade de **Lembeye**, à environ 35 km au nord-est de Pau, est considérée comme la "capitale" du Vic-Bilh. Posée sur un coteau,

elle a joué très tôt un rôle défensif face à l'Armagnac et à la Bigorre, avant d'être malmenée pendant les guerres de religion. On peut y voir une imposante porte fortifiée dite **tour de l'horloge** (XIVᵉ siècle), survivance de ce passé. L'**église gothique** (XVᵉ-XVIᵉ siècles) vaut également le coup d'œil, notamment pour son portail flamboyant.

De Lembeye, la D13 monte vers le nord jusqu'à **Arricau-Bordes**, 8 km plus loin, où se trouve un **château** du XVIᵉ siècle bâti sur un tertre, dont on dit qu'Henri IV se servait de relais de chasse. On ne peut le visiter qu'à l'occasion des journées du patrimoine. Un itinéraire de promenade (boucle balisée de 3 km, départ au niveau du chai, un peu avant le château) en fait néanmoins le tour.

En continuant le long de la D13, on arrive ensuite à **Conchez-de-Béarn**, qui a conservé de belles demeures des XVIIᵉ et XVIIIᵉ siècles, avant d'atteindre **Diusse**, où se trouve l'une des plus belles églises romanes du Vic-Bilh (voir l'encadré ci-dessous). De là, vous n'êtes plus loin de la **cave coopérative de Crouseilles** (à environ 10 km au sud-est), située en plein cœur des **vignobles du Madiran et du Pacherenc**. De juillet à septembre, on peut y participer, chaque dimanche, à une visite des chais suivie d'une dégustation (à 11h et 15h) ainsi qu'à des promenades en calèche ou à pied dans le vignoble. Pour plus d'informations sur la visite des domaines, consultez l'encadré page suivante.

À l'opposé, à 8 km au sud-ouest de Diusse, le **château de Mascaraas** (☎ 05 59 04 92 60 ; Mascaraas-Haron ; adulte/enfant 6/3 € ; ☼ mi-mai à mi-sept tlj sauf mar 10h-12h et 15h-18h, sam-dim hors saison), construit aux XVIᵉ-XVIIᵉ siècles, est toujours habité aujourd'hui, mais il reste ouvert à la visite.

LES ÉGLISES ROMANES DU VIC-BILH

Emblématiques du Vic-Bilh, les églises romanes tirent leur notoriété de leur nombre plus que de leur éclat architectural, même si certaines d'entre elles sont de véritables joyaux. Celle de Diusse (XIᵉ-XIIᵉ siècles), en particulier, mérite le détour pour son clocher fortifié coiffé d'ardoises dont les teintes sombres contrastent avec la couleur blonde de la pierre de l'édifice, lui donnant un air farouche, et son admirable portail sculpté, dont le raffinement rappelle celui de l'église de Sévignacq, plus à l'est. Signalons encore les églises de Corbères-Abères, de Taron, de Saint-Jean-Poudge, de Conchez-de-Béarn ou de Simacourbe. Parfaitement intégrées au paysage, qu'elles rehaussent avec bonheur, elles datent pour la plupart du XIIᵉ siècle et, bien que plus modestes, elles peuvent faire l'objet d'un circuit thématique intéressant, et donner l'occasion de découvrir en profondeur le "vieux-pays". Pour plus de renseignements, vous pouvez contacter l'**Association des amis des églises anciennes du Béarn** (☎ 05 59 84 57 70 ; http :// eglises-anciennes-bearn.org).

LE VIGNOBLE DU MADIRAN ET DU PACHERENC

Pour les non-initiés, il n'est pas facile de situer ces vignobles, classés AOC depuis 1948. Et pour cause : ils se situent aux confins de trois départements, les Pyrénées-Atlantiques (à une quarantaine de kilomètres au nord-est de Pau), les Hautes-Pyrénées et le Gers, et chevauchent trois régions historiques, la Bigorre, le Béarn et la Gascogne. Qui plus est, ils se trouvent à l'écart des grands axes routiers, à la différence du vignoble du Jurançon, très bien situé à cet égard. Les vignes produisant le madiran et le pacherenc se déploient sur de hauts coteaux ensoleillés, à une altitude moyenne de 300 m, sur des sols de nature argilo-calcaires. Aucun risque de confusion : le madiran est un rouge charpenté, à la robe sombre, tandis que le pacherenc du Vic-Bilh est un blanc sec ou moelleux.

Les trois principaux cépages entrant dans la composition du madiran sont le tannat, le cabernet franc et le cabernet sauvignon. Le madiran est un vin de garde (sa richesse tannique garantit son vieillissement) riche en alcool (de 12 à 14°). Vu son intensité, il est conseillé d'attendre au moins 5 ans avant de le déguster. Ce vin corsé est particulièrement apprécié sur les viandes grillées et rôties.

Le pacherenc du Vic-Bilh, plus confidentiel en raison de la faiblesse des volumes de production, est élaboré à partir de gros et de petit manseng, de petit courbu, d'arrufiac et de sauvignon. Ce blanc existe en deux versions, sec et moelleux. Sec, il tiendra fort bien compagnie aux poissons, fruits de mer, crudités, charcuteries et viandes blanches. Moelleux, il se dégustera idéalement en apéritif, avec du foie gras, voire avec certains fromages.

Tous les domaines de ces deux appellations (un peu plus de 50 dans les départements des Pyrénées-Atlantiques et des Hautes-Pyrénées) proposent des dégustations. Voici quelques adresses situées côté béarnais :

- **Château d'Aydie** (☎ 05 59 04 08 00)
- **Château d'Arricau Bordes** (☎ 05 59 68 13 97)
- **Cave coopérative de Crouseilles** (☎ 05 59 68 10 93)
- **Château de Diusse** (☎ 05 59 04 00 52)
- **Château Peyros, à Corbères-Abères** (☎ 05 59 68 10 51)
- **Clos Basté, à Moncaup** (☎ 05 59 68 27 37)

Pour plus d'informations, passez à Madiran à la **Maison des vins** (☎ 05 62 31 90 67 ; le Prieuré, pl. de l'Église ; ☺ juil-août tlj 10h-18h, le reste de l'année mar-ven 9h-12h30 et 14h-17h30, sam 10h-17h), dans les Hautes-Pyrénées, village situé à 5 km seulement de la commune de Crouseilles.

Une douzaine de pièces abritant un ensemble décoratif très riche (mobilier et œuvres d'art du XVe au XVIIIe siècles) sont présentées au public.

Au sud de Lembeye commence rapidement le Montanérès, un territoire dont l'importance stratégique dans l'histoire du Béarn, face à la Gascogne anglaise, est attestée par le **château de Montaner** (☎ 05 59 81 98 29 ; www.chateau-montaner. info ; Montaner ; 2 € ; ☺ juil-août tlj 10h-19h, avr-juin et sept-oct tlj sauf mar 14h-19h), qui mérite impérativement un arrêt. Il fut édifié sous le règne de Gaston Phébus, au XIVe siècle. Il n'en reste aujourd'hui que le mur d'enceinte et un superbe donjon carré de brique rouge, offrant, du haut de ses 40 m, une vue imprenable sur les Pyrénées.

Dans le village, situé en contrebas, l'**église Saint-Michel** (visites guidées juil-août tlj sauf mar et dim 14h30, 16h et 17h30 ; 1,50 €), contemporaine du château, rassemble des fresques des XVe-XVIe siècles. L'été, un **circuit** (3 € ; ☺ sam 14h30) permet de découvrir deux autres églises peintes, celles de **Peyraube** et de **Castéra-Loubix**, villages perdus aux confins du Béarn et de la Bigorre.

Attention : il est possible que les horaires de visite du château et des églises peintes soient modifiés ; contactez le point info de Montaner ou celui de Vic-Bigorre avant de vous rendre sur place.

ACTIVITÉS SPORTIVES

Une douzaine de circuits thématiques (les vignobles, les lacs, le patrimoine...) à parcourir à pied ou à **VTT** sillonnent les environs de Lembeye et de Garlin, bastide du nord-ouest du Vic-Bilh. Adressez-vous à l'office du tourisme pour plus d'informations. Dans l'est du Vic-Bilh, quatre **circuits pédestres** balisés vous emmènent au cœur du vignoble au départ de la terrasse du château de Crouseilles.

À Castetpugon, Roger Viau, éleveur de canard à la retraite, a créé un "**golf rustique**" de 9 trous (8 €/pers) qu'il entretient avec beaucoup de soin. Location de matériel sur place.

À Labatut-Figuières, village frontalier de la Bigorre, le **centre équestre Lou Cassou** (☎ 05 59 81 98 60, www.loucassou.com ; ☾ toute l'année) propose des balades à cheval à l'heure (adulte/enfant 18/15 €) ou à la demi-journée (adulte/enfant 30/25 €) dans les forêts alentour.

FÊTES

Les **Automnales du Vic-Bilh** (2e week-end sept). Plusieurs châteaux fêtent les vendanges, avec repas champêtres, dégustations et animations diverses.

Les **Médiévales du château de Montaner** (2e week-end de juillet). Au programme : spectacles de chevalerie, démonstrations de fauconnerie, chants médiévaux…

OÙ SE LOGER ET SE RESTAURER
Dans le Vic-Bilh

♥ **Chambres d'hôte Château Sauveméa** (☎ 05 59 68 16 01, 06 81 34 65 59 ; http ://sauvemea.labat.free.fr ; 6 chemin Sauveméa, Arrosès ; s/d 45/50 € avec petit-déj ; table d'hôte 14 € ; ☾ avr à mi-nov ; 🅿). Une belle prestation, au cœur du Madiran, sur le site d'un ancien château tombé en ruines au XVIIIe siècle. Quatre chambres spacieuses et sobrement meublées, avec entrée indépendante, aménagées dans un ancien chai et une ancienne étable. Une piscine est à disposition. En contrebas de la propriété, un petit lac attend les amateurs de pêche (apportez vos cannes). Les cavaliers confirmés pourront partir en promenade avec le maître des lieux (14 €/heure). Producteur de madiran, il pourra aussi vous faire découvrir les subtilités de ce breuvage.

Restaurant de La Tour (☎ 05 59 68 54 94, http ://lerestaurantdelatour.free.fr ; 29 pl. Marcadieu, Lembeye ; formule déj lun-ven 10-14 €, menu 25-32 €, menu enfant, plats 14-23 € ; ☾ fermé lun, mer soir et dim soir). Une bonne adresse, sur la place centrale de Lembeye. Le cadre est soigné et coloré. La cuisine privilégie

les produits du terroir – confit de canard au miel et aux épices, ventrèche grillée, tourtière aux pommes arrosée à l'Armagnac –, mais n'oublie pas les végétariens, qui apprécieront la cocotte de légumes et protéines de soja aux riz et lentilles roses.

Ferme-Auberge du Haut-Fleury (☎ 05 59 04 92 26 ; haut-fleury@wanadoo.fr ; route de Moncla, Castetpugon ; menus 12-26 €, menu enfant ; ☾ mai-sept tlj midi et soir, hors saison fermé jeu). Un élevage de canards doublé d'une auberge à la réputation bien assise à Castetpugon, petit village du nord du Vic-Bilh. Les différents menus – "paysan", "tradition", "l'assiette du Haut-Fleury" – mettent à l'honneur les spécialités de la région, et particulièrement toute la gamme des magrets, gésiers, confits et foies gras. Vente de conserves sur place.

Dans le Montanérès

Chambres d'hôte maison Cap Blanc (☎ 05 59 81 54 52 ; www.maisoncapblanc.com ; bourg, Monségur ; s/d 70/82 € avec petit-déj ; table d'hôte 33 € ; ☾ toute l'année ; 🅿). Une belle prestation, dans le village de Monségur, perdu aux confins du département, à la frontière de la Bigorre. Les 4 chambres, avec entrée indépendante, aménagées avec goût dans une belle maison béarnaise, sont spacieuses et accueillantes. La propriété est agrémentée d'un jardin ombragé et d'une piscine, avec coin barbecue, pelouse et arbres fruitiers. Table d'hôte sur réservation.

Chambres d'hôte Vignolo (☎ 05 59 81 91 45 ; quartier Pontiacq, Pontiacq-Villepinte ; s/d/tr 40/45/60 € avec petit-déj ; table d'hôte 17 € ; ☾ toute l'année). Dans un village situé à environ 6 km à l'ouest du château de Montaner, cette ancienne ferme rénovée compte 5 chambres, dont 2 familiales, vastes et claires. Le petit plus : le parc ombragé et la table d'hôte, à base de produits de la ferme.

DEPUIS/VERS LE VIC-BILH ET LE MONTANÉRÈS

Les bus de la **Citram Pyrénées** (☎ 05 59 27 22 22, 1 à 2/jour en période scolaire, 2/sem pendant les vacances) assurent la liaison entre Pau et Lembeye via Morlaàs.

PLAINE DE NAY

La plaine de Nay, que l'on désigne aussi sous le nom de Vath Vielha ("vieille vallée"), s'étire de part et d'autre du gave de Pau, au sud-est de la capitale du Béarn, sur la route de Lourdes. Si les bastides de Nay et de Lestelle-Bétharram en sont les localités les plus remarquables, ce territoire est également riche d'un bel éventail de paysages ruraux – méandres du gave, coteaux abrupts, comme à Coarraze, villages pittoresques perdus dans la campagne – à découvrir à pied ou à VTT.

Au départ de Pau, trois routes longent le gave en direction de Nay : la plus importante, la D938, longe la rive droite du gave, de même que la D937, plus calme. Le long de la rive gauche descend une autre petite départementale agréable à parcourir, la D37.

Depuis/vers la plaine de Nay

Les bus **TPR** (☎ 05 59 27 45 98) desservent Nay, Coarraze, Lestelle-Bétharam et Boeil-Bezing plusieurs fois par jour du lundi au samedi au départ de Pau. Des trains directs relient la gare de Coarraze à Dax, Tarbes, Lourdes, Pau et Bordeaux.

NAY

À mi-chemin entre Pau et Lourdes, cette bastide, sagement ordonnée de part et d'autre du gave de Pau, offre plusieurs éléments de patrimoine dignes d'intérêt.

Cyberbase de Nay (☎ 05 59 13 44 27 ; 8 cours Pasteur ; 2 €/heure ; ☉ mer et sam 14h-19h). Dans le centre multiservice.

Office du tourisme de Nay (☎ 05 59 13 94 99 ; www.tourismeplainedenay.fr ; pl. du 8-Mai-1945 ; ☉ lun-sam 9h-12h et 14h-18h). Près du jardin public, au bord du gave de Pau. Dispose d'un point d'accès Internet.

À voir

À découvrir, l'élégante **place centrale**, bordée d'arcades, et la **maison Carrée** (☎ 05 59 13 99 65 ; pl. de la République ; ☉ juil-août tlj 10h-12h et 14h-19h, mai-juin et sept-oct mar-sam 10h-12 et 14h-18h, nov-avr mer-sam 10h-12 et 14h-18h). Cette superbe bâtisse fut élevée au XVIᵉ siècle par un marchand drapier, Pedro Sacaze, qui s'était enrichi lors de ses nombreux voyages. Elle se singularise par ses superbes galeries à l'italienne, donnant sur une cour intérieure, et par ses fenêtres à meneaux. Un musée consacré au patrimoine industriel de la région doit y ouvrir ses portes en 2010. En attendant, les visites guidées de l'édifice sont suspendues, mais des expositions temporaires (accès libre) y sont organisées. On peut notamment y

voir une maquette de la bastide où apparaît clairement le plan quadrillé des rues autour de la mairie-halle.

Un peu plus loin, l'**église Saint-Vincent** (accès libre), fondée au XIIᵉ siècle avant d'être profondément remaniée au XVIᵉ siècle, passe pour l'un des plus beaux édifices gothiques du Béarn. Son clocher carré, haut de 33 m, son portail gothique flamboyant et sa voûte en étoile, dans l'abside, en sont les éléments les plus marquants. Elle est accolée côté nord aux anciens **remparts** de la ville.

Quitter Nay sans visiter le **musée du Béret** (☎ 05 59 61 91 70 ; www.museeduberet.com ; pl. Saint-Roch ; 4 €, gratuit moins de 10 ans ; ☉ avr-juil et sept-oct mar-sam 10h-12h et 14h-18h, août lun-sam 10h-12h et 15h-19h, dim 15h-19h, nov-mars mar-sam 14h-18h, déc lun-sam 10h-12h et 14h-18h) serait un crime de lèse-majesté. Vous y découvrirez l'histoire et les différentes étapes de la fabrication de ce couvre-chef devenu symbole régional et national (voir l'encadré p. 49) et pourrez faire des emplettes à la boutique.

Pour vous familiariser avec une autre production très locale, rendez-vous à la **Fabrique de sonnailles Jean Daban** (☎ 05 59 61 00 41 ; www. daban.fr ; zone d'activité Samadet, Bourdettes ; 3 €, gratuit moins 18 ans ; ☉ lun et sam après-midi sur rendez-vous), la dernière du genre dans les Pyrénées. Vous la trouverez à Bourdettes (à 3 km au nord-ouest de Nay). Après avoir visionné une vidéo – où l'on apprend notamment la différence entre les sonnailles, réalisées en fer brasé au laiton, et les cloches, en bronze, vous pourrez observer l'artisan au travail.

À faire

L'office de tourisme de Nay commercialise une brochure décrivant **23 randonnées à pied et à VTT** dans la plaine de Nay.

À environ 5 km au nord de Nay, la **plage** de sable du **lac de Baudreix** (☎ 05 59 92 97 73 ; www. lesokiri.net ; avenue du lac ; 4€/pers ; ☉ fin avril-mi juin et sept mer, sam, dim et jours fériés, mi-juin à fin août tlj) offre de longue journée de baignade (surveillée), et de glissades le long du toboggan aquatique (2 €/10 descentes).

Fêtes et festivals

Fin août, la foule est au rendez-vous pour les fêtes de Nay : animations musicales autour des bodegas, spectacle pyrotechnique (tous les soirs), célébration du béret... En juillet, un festival de contes est organisé dans la maison Carrée, à Nay. Le théâtre contemporain est

BÉARN

mis à l'honneur lors des Scènes de la grange, fin juin et début juillet, à Angaïs, village situé à 7 km au nord de Nay.

Où se loger et se restaurer

🄴 **Le Saint-Louisienne** (☎06 17 55 17 59 ; 4 pl. de la Fontaine-d'Argent ; plat du jour 7,80, plat à la carte 11 € ; 🕑 mar-dim midi et soir). Une adresse originale et sympa, où la cuisine de région (salade de gésier, magret séché et bloc de foie gras, manchon de canard), voisine avec des spécialités sénégalaises (*thié bou dienne*, poulet yassa), dans une petite salle à la déco africaine.

Les Deux Palmiers (☎ 05 59 61 12 96 ; place du Marcadieu ; plat du jour-salade 7 €, menus 19-29 € ; 🕑 jeu-mar midi et ven-sam soir). Une cuisine familiale sagement tarifée, appréciée par les Nayais, nombreux à avoir fait de cet établissement leur cantine en semaine. La carte est riche en propositions (cuisse de canard, omelette aux cèpes, poulet piperade, bavette) et les plats copieusement servis.

Hôtel-Restaurant Chez Lazare (☎ 05 59 61 05 26 ; route de Lys Arudy, Les Labassères ; s/d 40 € ; 🕑 restaurant ouvert le soir, uniquement pour les résidents, menu 16 €). De Nay, suivez le fléchage sur la route filant vers Arudy pour arriver à cette petite auberge campagnarde sans prétention. Les chambres, récemment refaites, sont coquettes et très correctes pour le prix demandé, malgré leurs petites sdb.

COARRAZE

À seulement 2 km de Nay, postée sur la rive droite du gave, cette commune se distingue par son **château** (☎ 05 59 61 10 2 ; 7 bis rue des Pyrénées ; 🕑 mi-juillet à mi-août tlj à 14h30, 15h30, 16h30 et 17h30), bâti sur une éminence au XIVe siècle. Il ne reste de l'édifice d'origine que le donjon, le reste ayant été rebâti au XVIIIe siècle. Le jeune prince Henri de Navarre, futur Henri IV, y passa une partie de son enfance. On peut le visiter gratuitement l'été.

La **Maison du Beau linge** (☎ 05 59 61 34 88 ; 17 av. de la Gare ; 🕑 tlj 10h-12h et 14h-19h), en face de l'Intermarché, commercialise du linge de maison basco-béarnais (nappes, serviettes de toilette, draps…).

À la sortie du village, sur un côté du rond-point de la D937 menant vers Pau, le **musée du Foie gras** (☎ 05 59 61 90 91 ; 177 rue des Pyrénées, Bénéjacq ; adulte/enfant 3,50/1,25 € ; 🕑 lun-sam 9h30-12h30 et 14h30-19h) n'est pas bien grand et sert surtout de faire-valoir à la grande boutique de la maison **Pierre Laguilhon**, où vous pourrez vous approvisionner en foie gras, magrets et autres confits de très bonne qualité.

Où se loger et se restaurer

🄾 **Chambres d'hôte Les Terrasses du Pré du Roy** (☎05 59 61 27 91 ; 5 chemin des Coustalats ; s/d 60-63/65-68 € avec petit-déj ; 🕑 toute l'année). Sur les hauteurs du village, dans une maison d'architecte aménagée avec goût, 3 chambres confortables aux tons clairs avec entrée indépendante, offrent une très belle vue sur les sommets pyrénéens. Et un atout de taille : un bassin à jet massant, sur la terrasse, d'où la vue est superbe au coucher du soleil.

LESTELLE-BÉTHARRAM

De Nay, continuez une dizaine de kilomètres vers le sud, en direction de Lourdes, pour atteindre Lestelle-Bétharram, dernière commune avant le département des Hautes-Pyrénées. Deux sites font l'orgueil de la ville, l'un sacré, l'autre profane.

Cette bastide, fondée au XIVe siècle, devint très tôt un lieu de pèlerinage. D'après la légende, une jeune fille, tombée dans les eaux du gave, fut sauvée de la noyade par un rameau que lui aurait tendu la Vierge ; d'où le nom de Bétharram, qui signifie "beau rameau" en béarnais (Lestelle voulant dire "étoile").

À voir

Les **sanctuaires de Bétharram** (accès libre), dédiés à la Vierge, constituent un superbe exemple d'architecture religieuse. Ils se composent de plusieurs éléments, à commencer par la chapelle mariale, du XVIIe siècle, en marbre gris, encadrée de deux ailes quadrangulaires en forme de tour, coiffée d'un toit d'ardoise. La façade est richement ornementée, notamment par cinq statues en marbre blanc (une Vierge à l'enfant, au-dessus de l'entrée principale, et les quatre évangélistes, sur les côtés). L'intérieur prolonge cette impression de magnificence. Les murs sont égayés de tableaux, les voûtes sont agrémentées de bois peint et étoilées, sans compter un somptueux retable doré dans le maître-autel. Au fond, une porte à gauche du chœur conduit à une chapelle-rotonde de style hardi, datant de 1928, abritant le gisant surélevé de saint Michel Garicoïts, fondateur de la congrégation des prêtres du Sacré-Cœur de Jésus. Un petit **musée** (entrée 1,50 €) aux collections éclectiques – dentelles, numismatique, ornements religieux, entre autres – complète la visite. Le site comprend également un Chemin de Croix ponctué d'oratoires magnifiquement ouvragés montant jusqu'à un calvaire d'où la vue sur la vallée du gave de Pau est de toute beauté.

Dans un tout autre registre, la découverte des **grottes de Bétharram** (☎ 05 62 41 80 04 ; Saint-Pé-de-Bigorre ; adulte/enfant 12/7 € ; ☼ juil-août tlj 9h-18h, fév-juin et sept-oct tlj 9h-12h et 13h30-17h30), à environ 2 km du bourg, en direction de Lourdes, est à placer sur la liste des sorties en famille, de préférence hors saison (en plein été, les visites se font en groupe de près de 60 personnes). Découvertes par des bergers en 1819, ces grottes, creusées dans la falaise calcaire, comprennent 5 niveaux. Le parcours de 1 heure 30, bien mis en valeur par des éclairages et une sonorisation, passe par plusieurs salles à concrétions. Les enfants apprécieront certainement le parcours en bateau sur un lac souterrain et la remontée des profondeurs à bord d'un petit train.

Activités sportives

Tubing, rafting, luge d'eau, canoë-kayak : découvrez les mille et une façons de descendre le gave de Pau, accompagné par les moniteurs d'**Ohlala Eaux-Vives** (☎ 06 15 08 75 98 ; www.ohlala-eauxvives.fr ; base située route des grottes à Montaut ; ☼ mars-oct) ou de **Traqueurs de vagues** (☎ 05 59 82 64 32/05 59 71 96 90 ; www.rafting-pyrenees.com ; base dans le camping Le Saillet à Lestelle-Bétharram ; ☼ mi-mars à mi-oct), regroupement de guides proposant également des sorties **canyoning** et **spéléologie** en vallée d'Ossau. Comptez entre 25 et 30 € pour une demi-journée d'activité en eaux vives, entre 30 et 40 € pour le canyoning et la spéléologie.

Où se loger et se restaurer

Camping Le Saillet (☎ 05 59 71 98 65 ; www.camping-le-saillet.com ; empl. 2 pers 10-15,50 € selon saison ; ☼ avr-sept ; 🖥). Ce camping trois-étoiles séduit par son cadre, en bordure du gave de Pau, et ses nombreux emplacements ombragés. Petit plus : l'accès Internet gratuit.

Hôtel-Restaurant Le Vieux Logis (☎ 05 59 71 94 87 ; www.hotel-levieuxlogis.com, route des Grottes ; s/d 70-75 €, tr 80-85 €, chalet 55 € ; assiettes de pays mar-sam déj 18 €, menus 25-40 €, plats à partir de 12 €, menu enfant ; ☼ restaurant fermé lundi midi et dim soir pour les non-résidents ; 📶 Wi-Fi gratuit). Une adresse honorable, en retrait de la D937, sur la route des grottes. Ce trois-étoiles est une bâtisse moderne et fonctionnelle, abritant 28 chambres spacieuses et nettes

(deux avec accès handicapés), avec vue sur les contreforts pyrénéens. Autre option : 5 chalets-bungalows, très propres, alignés sur une vaste pelouse à l'entrée de la propriété. Une piscine complète les infrastructures. Côté restauration, le chef cuisine avec une certaine réussite les produits régionaux : royal de chèvre fermier sur salade parfumée, cuisse de cannette au vin rouge, sole aux cèpes et à la crème de jurançon, sans oublier d'excellents desserts.

VALLÉE D'OSSAU

Elle s'étend, impériale, au sud de Pau, qu'elle semble presque talonner. La vallée d'Ossau passe pour l'une des plus belles vallées des Pyrénées occidentales. "Belle" ? Doux euphémisme. Elle est magnétique, tout simplement, à l'instar de son emblème, le pic du Midi d'Ossau. Avec ses 2 884 m d'altitude et son profil caractéristique en bec de perroquet, cette figure tutélaire de la géographie pyrénéenne est une vigie visible de très loin.

De Pau, filez plein sud. La vallée s'enfonce perpendiculairement à la chaîne des Pyrénées, jusqu'au col du Pourtalet et à la frontière espagnole, soit une entaille d'une cinquantaine de kilomètres, orientée nord-sud. À partir d'Arudy, vous entrez dans un autre univers, dévolu au pastoralisme. Progressivement, l'influence montagnarde se fait sentir. Le bourg de Laruns fait office de plaque tournante. Si le pastoralisme est encore une activité phare, cette vallée profite largement du tourisme, grâce à ses stations de ski et au thermalisme.

Prenez votre temps. Ossau, comme ses voisines, ne se livre pas au visiteur pressé.

LA SEMAINE DE LA TRANSHUMANCE

C'est un grand moment de la vie ossaloise qui se déroule début juillet. Pendant plusieurs jours, des troupeaux traversent les localités de la vallée et montent aux estives. À Laruns, cela donne lieu à plusieurs jours d'animations comprenant notamment des randonnées à thème et un concours de chants béarnais. Les chants et danses traditionnels sont de nouveau mis à l'honneur lors de la fête du 15 août, toujours à Laruns.

Cette vallée se déguste au rythme de ses villages et de ses hameaux, fiers de leur petit patrimoine. Les multiples activités de loisir, à commencer par la randonnée pédestre, forment également une grande partie de son attrait.

Renseignements

ACCÈS INTERNET

Cyberbase de Laruns (☎ 06 73 20 28 20/06 73 20 20 67 ; cyberbase.hautbearn.free.fr ; rue du Général-de-Gaulle ; 2,40 €/heure ; ⊙ mer 10h-12h, ven 14h-19h). Un poste d'accès à Internet est mis gratuitement à la disposition du public dans l'office du tourisme.

Cyberbase d'Arudy (☎ 06 73 20 28 20/06 73 20 20 67 ; cyberbase.hautbearn.free.fr ; mairie ; 2,40 €/heure ; ⊙ mer 14h-17h, sam 10h-12h).

OFFICES DU TOURISME

Laruns (☎ 05 59 05 31 41 ; www.valleedossau-tourisme.com ; pl. de la Mairie ; ⊙ juil-août lun-sam 9h-12h30 et 14h-18h30, dim 9h-13h et 14h-18h, le reste de l'année lun-sam 9h-12h et 14h-18h, dim 9h-12h sauf oct). L'office du tourisme est située dans la maison de la Vallée d'Ossau, à l'instar de la **Maison du parc national des Pyrénées**, idéal pour des informations spécifiques sur le parc national (☎ 05 59 05 41 59, www.parc-pyrenees.com, av. de la Gare, Laruns ; ⊙ juil-août tlj 9h-12h et 14h-17h30, le reste de l'année mar-sam 9h-12h et 14h-17h30).

Arudy (☎ 05 59 05 77 11 ; www.ot-arudy.fr ; pl. de la Mairie ; ⊙ jan-mai lun, mar, jeu 10h-12h et 14h-16h, sam 10h-12h, juin et sept lun-ven 10h-12h et 14h 16h, sam 10h-12h, juil-août lun-sam 10h-12h et 14h-18h, oct-déc mar 10h-12h et 14h-16h, sam 10h-12h).

Eaux-Bonnes (☎ 05 59 05 33 08 ; www.gourette.com, jardin Darralde ; ⊙ mai-sept lun-sam 9h30-12h30 et 13h30-17h30, dim 10h-12h et 15h-18h, oct-avr lun-ven 9h-12h30 et 13h30-18h).

Gourette (☎ 05 59 05 12 17 ; www.gourette.com ; pl. Sarrière ; ⊙ juil-août lun-sam 9h-12h30 et 13h30-17h30, dim 10h-12h et 14h-17h, déc-avr tlj 9h-12h30 et 13h30-17h30).

Artouste-Fabrèges (☎ 05 59 05 34 00 ; ⊙ juil-août 9h-12h et 14h-18h, juin, sept et saison d'hiver 9h-12h et 14h-17h).

Depuis/vers la vallée d'Ossau

Au départ de Pau, les bus de la **Citram Pyrénées** (☎ 05 59 27 22 22) circulent jusqu'à Gourette via Sévignac-Meyracq, Arudy, Laruns et Eaux-Bonnes, plusieurs fois par jour. Les cars SNCF relient Buzy (que l'on peut gagner en train depuis Pau) à la vallée d'Ossau toute l'année. Pendant les saisons d'été et

d'hiver, un car SNCF assure une liaison Pau-Artouste aller/retour les week-ends et jours fériés. En juillet-août, le Pic Bus circule entre Laruns et le col du Pourtalet du lundi au vendredi. Durant la saison d'hiver, le Ski Bus relie Laruns à Artouste du lundi au vendredi.

Activités sportives

RANDONNÉE PÉDESTRE

C'est bien entendu l'activité phare de la vallée. Les possibilités sont innombrables. L'office du tourisme de Laruns vend une petite brochure décrivant des balades faciles, en basse vallée, autour des villages (*Randonnées en vallées d'Ossau*), ainsi que des fiches à 1 €, présentant séparément chaque randonnée, et divers topoguides. Les plus endurants pourront se frotter à des parcours plus sportifs, comme l'ascension du pic de Ger, du Mailh Massibé ou de l'emblématique pic du Midi D'Ossau. La Maison du parc national des Pyrénées, à Laruns, et le **bureau des guides et des accompagnateurs** (☎ 05 59 05 33 04 ; www.guides.pyrenees.fr ; ⊙ permanence au Point info Montagne de l'office du tourisme de Laruns de mi-juin à mi-septembre, et à l'office du tourisme de Gourette durant la saison d'hiver) organisent des randonnées thématiques, encadrées pendant la saison (comptez par exemple 63 € pour l'ascension de l'Ossau avec le bureau des guides). Consultez également le chapitre *Randonnées et balades dans les Pyrénées*.

Pour des informations spécifiques sur le parc national, passez à la **Maison du parc national des Pyrénées** (☎ 05 59 05 41 59 ; www.parc-pyrenees.com ; av. de la Gare, Laruns ; ⊙ juil-août tlj 9h-12h et 14h-17h30, le reste de l'année mar-sam 9h-12h et 14h-17h30), située à côté de l'office du tourisme.

VTT

Si les routes des cols (Marie-Blanque, Aubisque...), particulièrement ardues, sont à réserver aux cyclistes expérimentés, les amateurs de VTT trouveront, dans les offices du tourisme de la vallée, un **topoguide** détaillant 5 circuits de moyenne montagne beaucoup plus aisés à parcourir.

Autre bon plan pour l'été : le **bike-park** (☎ 05 59 05 36 99 ; 15 €/jour, 12 €/demi-journée ; ⊙ juil-août) d'Artouste, un parcours VTT aménagé dans la station d'Artouste-Fabrèges, et la **piste forestière**, également à Artouste (vous la trouverez au niveau de l'arrivée de la télécabine), qui dévale 8 km de pente, à descendre de préférence en BDD (bicycle de descente), un deux-roues équipé de freins à disque.

Pour louer un VTT ou un BDD, adressez-vous à **Planet VTT** (☎ 05 59 05 49 32 ; rue Bigorre ; 13 €/ demi-journée, 20 €/heure) à Laruns.

RANDONNÉE ÉQUESTRE ET LOCATION D'ÂNES

Chevauchée pyrénéenne (☎ 05 59 82 62 78 ou 05 59 05 63 11 ; www.randonnees-cheval-pyrenees.com ; plateau du Benou ; ☺ printemps à fin nov) organise des balades équestres pour tout public, y compris les enfants, en juillet-août. Comptez 15 €/heure, 38 €/demi-journée. On peut également partir en **balade avec un âne** (7,50 €/30 min). Pour les passionnés, de Pâques à la Toussaint, des randonnées sur plusieurs jours sont possibles, dans le secteur Aspe-Ossau et au Pays basque (nuits en gîte). À titre d'exemple, une randonnée de 4 jours en vallée d'Ossau revient à 440 €, hébergement compris.

Les Chevaux du lac (☎ 06 76 34 06 12 ; lac de Bious-Artigues ; ☺ mi-juin à mi-sept). À 500 m du parking du lac de Bious-Artigues, les chevaux du lac vous attendent pour partir en promenade (accompagnée). Comptez de 14 €/heure à 65 €/jour. Les plus petits pourront faire un tour en poney ou sur un âne (7 €/30 min).

Petits Pas (☎ 05 59 05 64 98 ; www.ane-en-rando. com ; Port de Castet ; 10 €/heure, 27 €/demi-journée, 40 €/ jour ; ☺ juil-août). Au départ du plateau de Port-de-Castet, en basse-vallée, découvrez plusieurs circuits à parcourir à pied, en famille, accompagné par un âne qui se chargera de porter le pique-nique et les tout-petits.

CANYONING, SPÉLÉOLOGIE ET SPORTS D'EAUX VIVES

Plusieurs secteurs de la vallée d'Ossau se prêtent à la pratique du canyoning, notamment Soussouéou, Cap de Pount et Brousset. Cette activité se pratique idéalement entre juin et août. Il existe des sorties pour tous les niveaux. Contactez le **bureau des guides et des accompagnateurs de la vallée d'Ossau** (☎ 05 59 05 33 04 ou Point info montagne de l'office du tourisme de Laruns), ou **Aventure Chlorophylle** (☎ 05 59 71 96 90 ; www.rafting-pyrenees.com/aventure_chlorophylle.htm ; ☺ mi mars à mi-oct), qui organise également des sorties de spéléologie (principalement dans le secteur des Eaux-Chaudes). La demi-journée coûte entre 30 et 40 €.

C'est au printemps que le gave d'Ossau offre les meilleures conditions de pratique pour les sports d'eaux vives. **Traqueurs de vagues** (☎ 05 59 82 64 32/05 59 71 96 90 ; www.rafting-pyrenees. com ; ☺ mi mars à mi-oct) assure des sorties en kayak, hydrospeed et raft. Comptez 25/40 € la demi-journée/journée.

ESCALADE ET VIA FERRATA

L'escalade a ses adeptes en vallée d'Ossau. Les secteurs les plus propices pour l'initiation se situent à Arudy, à Gourette et au pont de Camps, près de la station d'Artouste-Fabrèges. Période idéale : de mi-mai à octobre. Il existe des sites d'initiation pour les débutants. Le bureau des guides et des accompagnateurs (voir l'encadré p. 265) programme des sorties à la demi-journée en saison (adulte/enfant 28/25 €).

Un parcours de via ferrata a été aménagé aux Eaux-Bonnes. Vous le trouverez indiqué sur la route de Gourette, à 5 km du village. Les moniteurs du bureau des guides et des accompagnateurs organisent des sorties encadrées en saison (43 €/pers). Il est aussi possible de s'y mesurer seul, à condition de posséder un minimum d'expérience et d'être équipé du matériel nécessaire (baudrier, mousquetons, etc.).

PÊCHE

Il est autorisé de pêcher dans le gave d'Ossau et dans les lacs (sauf réserves de pêche indiquées par des panneaux), à condition de ne pas dépasser 10 prises par jour et d'être muni d'un **permis** (10 €/jour, permis vacances d'une validité de 15 jours 30 €), que vous pouvez retirer, entre autres, à Laruns, au magasin d'articles de pêche **Les Myrtilles** (☎ 05 59 05 42 28 ; rue du Port) ou à l'office du tourisme.

PARAPENTE

La société **Ascendance** (☎ 05 59 34 52 07 ; www. ascendance.fr ; ☺ mai-oct), basée à Accous dans la vallée d'Aspe, propose des baptêmes de l'air en parapente (vols biplace, avec un moniteur) dans la vallée d'Ossau, sur les hauteurs d'Aste-Béon, à proximité de la falaise aux vautours. Le dénivelé est de 600 m, et le vol dure environ 15 min. Comptez 65 €.

SKI

La **station d'Artouste-Fabrèges** comprend 17 pistes de tous niveaux. On peut y pratiquer

BÉARN

le ski de piste et le snowboard, mais aussi le ski de randonnée, les raquettes et la marche nordique ; pour des sorties encadrées, contactez le **bureau des guides et des accompagnateurs** (☎ 05 59 05 33 04 ou Point info montagne de l'office du tourisme de Gourette). De nombreux magasins de location de matériel ont pignon sur rue à Laruns et à Fabrèges.

Situé entre 1 350 et 1 450 m d'altitude, le **domaine skiable de Gourette** comprend 28 pistes de tous niveaux. Dotée d'équipements ultramodernes et d'un enneigement de qualité, la station est par ailleurs gérée dans un souci de respect de l'environnement. Un espace de 7 hectares tout en pentes douces est réservé aux débutants, tandis qu'un snow-park attend les amateurs de free-style. Vous trouverez de nombreux magasins de sports d'hiver dans la station

SÉVIGNAC-MEYRACQ

Où commence véritablement la vallée d'Ossau ? Difficile de l'affirmer avec une rigueur de géomètre. En tout cas, à environ 24 km au sud de Pau par la D934, Sévignac-Meyracq est une belle entrée en matière. L'influence montagnarde commence à poindre. Le relief alentour marque la transition entre un paysage de piémont et les premières ivresses de l'altitude, avec quelques pics tutoyant les 1 000 m un peu plus au sud.

Le village est doté de quelques **vieilles demeures** des XVIe et XVIIe siècles et d'une ancienne abbaye laïque composée d'un château Renaissance (qui ne se visite plus) accolé à une **église** datant également du XVIe siècle.

À l'écart du village, un petit établissement thermal, **Les Bains de secours** (☎ 05 59 05 89 70 ; www.sejour-en-pyrenees.com ; hammam 10 €, bains 10-15 €, forfaits à partir de 30 € ; ☽ 10h-12h et 14h-19h, sur rendez-vous, fermé dim et lun matin) propose différentes formules de détente et de remise en forme (hammam, bain d'eau ferrugineuse, massage…).

Où se loger et se restaurer
Hôtel-Restaurant Les Bains de Secours (☎ 05 59 05 62 11 ; www.hotel-les-bains-secours.com ; s/d 52 €, tr 62 € ; formule déj lun-sam 16 €, menus 28-32 €, menu enfant, plats 9-22 € ; ☽ restaurant fermé dim soir, lun et jeu midi, établissement fermé jan). Profitez du calme offert par cette auberge située en pleine campagne (on y accède par une petite route sur la gauche, 500 m avant Sévignac-Meyracq). Les 7 chambres sont à la fois spacieuses et lumineuses, dotées de sdb à la déco un peu vieillie mais

fonctionnelles. Le restaurant – une petite salle soigneusement décorée au rez-de-chaussée – jouit d'une réputation méritée. On y sert une cuisine raffinée, inspirée du terroir : souris d'agneau laqué avec son jus au thym, sole braisée au jurançon doux ou encore foie gras de canard au chou. Bonne carte des vins.

 Chambres d'hôte Les Bains de Secours (☎ 05 59 05 89 70 ; www.sejour-en-pyrenees.com ; s 45-47 €, d 56 € avec petit-déj ; ☽ toute l'année). Quelque 500 m après l'Hôtel Les Bains de Secours, ces 5 chambres d'hôte occupent l'étage du petit établissement thermal très ancien qui leur a donné leur nom. Claires, joliment décorées, elles sont aménagées en soupente, ce qui leur donne beaucoup de charme. Les petits plus : le petit-déjeuner est bio, et les bains restaurés, sur place, promettent d'agréables moments de détente.

SAINTE-COLOME

Depuis Sévignac-Meyracq, une agréable route secondaire conduit au hameau de Sainte-Colome, situé sur le chemin de Saint-Jacques de Compostelle. On portera son attention sur les belles **maisons anciennes** ornées de linteaux sculptés et sur l'**église Saint-Sylvestre**, du XVIe siècle, riche d'un portail de style gothique flamboyant. À l'entrée du village, une aire de pique-nique mérite d'être signalée pour la très belle vue qu'elle offre sur toute la vallée d'Ossau.

ARUDY

De retour sur la D934, il faut faire un crochet de quelques kilomètres vers l'ouest cette fois pour rejoindre la commune d'Arudy, berceau de la préhistoire dans la région. De nombreux vestiges, retrouvés dans le secteur, attestent que les premiers hommes de la vallée, chasseurs de chevaux et de rennes, s'étaient établis dans des grottes des environs.

Outre l'**église Saint-Germain** (construite au XIIIe siècle et agrandie au XVe siècle), dont la porte d'entrée est surmontée d'un beau tympan, le bourg compte des **demeures des XVIe et XVIIe siècles** sur la place centrale et dans les rues adjacentes (rues Trey et Escoubet, entre autres). Un peu plus bas, la **maison d'Ossau** (☎ 05 59 05 61 71 ; rue de l'Église ; adulte/enfant 2,70/1,60 € ; ☽ juil-août tlj 10h-12h et 15h-18h, jan-juin et sept mar-ven 14h-17h, dim 15h-18h, vacances d'hiver mar-ven 14h-17h, sam-dim 15h-18h) mérite une halte. Elle occupe une ancienne abbaye laïque du XVII⁰ siècle, dont l'intérieur possède plusieurs éléments remarquables (boiseries, cheminées du rez-de-chaussée et très belle charpente notamment). Un musée y présente sur trois niveaux des collections éclectiques. Au sous-sol, on peut voir dans les vitrines d'une exposition sur la faune glaciaire des ossements de bisons, de chevaux et de rhinocéros laineux. Une salle est consacrée à la faune pyrénéenne, une autre à l'ethnographie d'Ossau (pastoralisme, fêtes et traditions...). La muséographie est un peu datée, mais l'endroit n'en délivre pas moins une foule d'informations sur la vallée et possède quelques belles pièces.

Signalons également que l'office du tourisme d'Arudy distribue gratuitement une brochure décrivant **6 promenades** faciles autour du village.

Où se loger et se restaurer

Bar-Restaurant Le Domino (☎ 05 59 05 69 28 ; 6 pl. de l'Hôtel-de-Ville ; formule déj lun-ven 12 € , menu 16 € ; ☺ fermé mer, pas de restauration dim). Une petite brasserie sympathique, dont la terrasse donne sur la place de la mairie. Garbure, jambon de Bayonne, épaule d'agneau à l'étouffée et autres spécialités de la région figurent aux menus.

Hôtel de France (☎ 05 59 05 60 16 ; www.vallee-ossau.com/hotel/hotel-france-arudy ; 1 pl. de l'Hôtel-de-Ville ; s/d/tr 45,20/54,70/64,20 € ; menus 15-25 € , menu enfant ; ☺ fermé en mai et fin déc et, hors saison, le sam ; Wi-Fi gratuit). Les chambres de cet établissement familial très convenable sont bien tenues et joliment meublées, dans un style classique leur donnant un charme désuet. Le restaurant sert une cuisine régionale sans surprise mais correcte (confit de canard, filet de sandre...).

BUZY

À 5 km au nord-ouest d'Arudy par la D920, Buzy est à la croisée des chemins entre Pau, Oloron-Sainte-Marie et la vallée d'Ossau. C'est d'ici que partent les cars SNCF desservant la vallée. L'**église Saint-Saturnin** abrite un gisant datant du XVI⁰ siècle. À l'écart du village, par la petite D34 menant au **point de vue de Belair** d'où l'on embrasse tout le piémont, les **Jardins d'Ossau** (☎ 05 59 21 05 71 ; 2 chemin de départ ; ☺ tlj fin juin à fin août) proposent une activité qui devrait plaire aux enfants : la **cueillette** de petits fruits rouges (notamment groseilles, mures, myrtilles). On paye la récolte au poids

(de 3 à 4 €/kg environ, selon la quantité). Des confitures sont également en vente sur place.

Où se loger et se restaurer

Ferme-Auberge Rolande Augareils (☎ 05 59 21 01 01 ; http ://la.mainade.free.fr ; s 47-52 € , d 55-62 € avec petit-déj ; table d'hôte 18 € ; ☺ ouvert mai-oct). Voilà bientôt 25 ans que Rolande Augareils accueille chaleureusement ses hôtes dans cette ancienne grange du XVI⁰ siècle, admirablement restaurée au fil des années. Vous avez le choix entre 5 chambres, toutes impeccables, colorées et dotées de très beaux meubles. La table d'hôte est dressée tous les soirs. On y partage, dans une ambiance conviviale, les produits de la ferme et du jardin, cuisinés par la maîtresse des lieux. Demi-pension demandée en haute saison.

LOUVIE-JUZON

En reprenant la D934 vers le sud, on atteint rapidement ce bourg carrefour dominé par le pic du Rey, vers lequel convergent l'axe principal de la vallée d'Ossau, la D920 en provenance d'Arudy et la D35 qui s'échappe plein est vers le gave de Pau et Lestelle-Bétharram.

Les Estives musicales de Louvie-Juzon, proposent 2 concerts en juillet et 2 en août dans l'église du village.

Où se loger et se restaurer

Camping Le Rey (☎ 05 59 05 78 52 ; www.camping-pyrenees-ossau.com ; tente 2,80-4,10 € , adulte/ enfant 3,10-3,85/1,50-1,60 € ; ☺ fermé 15 jours jan et oct ; 🐕 🖵). Sur les hauteurs du village, ce camping trois étoiles dispose de jolies pelouses ombragées, d'une piscine et d'une épicerie bio.

Chambres d'hôte manoir d'Ossau (☎ 05 59 05 71 51 ; http ://gite.ossau.free.fr ; s/d 40/45 € avec petit-déj ; ☺ fermé 2 sem en oct). Sur la commune d'Iseste, mais à 5 minutes à pied du centre de Louvie-Juzon, Jean et Lili ont aménagé, dans une aile de leur belle demeure ossaloise, 3 chambres d'hôte d'un bon rapport qualité/prix. Demandez la rose, exposée plein sud, avec vue sur le pic du Rey. L'accueil est chaleureux. Vous pourrez profiter du parc entourant la propriété.

L'Orée du Bois (☎ 05 59 05 71 59 ; quartier Pédéhourat ; menus 15-27 € ; ☺ fermé dim soir, lun et 2 sem en oct). Perdu dans la campagne à 7 km de Louvie-Juzon sur la route de Lourdes, ce restaurant est réputé pour ses viandes

BÉARN

grillées – noix d'entrecôte, magret grillé, côte de mouton… – et, plus généralement, pour sa cuisine régionale authentique : caneton rôti, civet de brebis, anguilles à la persillade…

DE LOUVIE-JUZON À LARUNS PAR LA RIVE DROITE
Castet

Pour vous rendre à Laruns depuis Louvie-Juzon, préférez la pittoresque et bucolique D240, qui longe la rive droite du gave d'Ossau, à la D934. Après avoir roulé 2 km, vous arriverez à **Castet**, l'un des villages les plus séduisants de la vallée, serti dans un décor de carte postale, à l'allure très pyrénéenne. De son **château** du XIIIᵉ siècle, il ne reste plus qu'un donjon se dressant sur un tertre rocheux. Comme si elle voulait lui donner la réplique, l'**église Sainte-Catherine** (également appelée église Saint-Polycarpe) s'élève sur

une autre butte, toute proche, d'où l'on embrasse un ample panorama sur le village et la vallée.

Halte bucolique bienvenue, le petit **lac de Castet** (☎ 05 59 82 64 54 ; ☺ juil-août tlj 9h-20h, mai-juin et sept le week-end uniquement, en oct l'après-midi) est situé un peu à l'écart du village. La maison du lac propose diverses activités telles que des promenades en barque (à partir de 7 €) ou des promenades en carriole (à partir de 8 €). Pour y accéder, prenez la D934 en direction de Bielle et suivez le fléchage.

Aste-Béon

La D240 poursuit son bonhomme de chemin sur 4 km, vers le sud, jusqu'à **Aste-Béon**, qui doit sa notoriété à l'un des principaux attraits de la vallée, la **Falaise aux vautours** (☎ 05 59 82 65 49 ; www.falaise-aux-vautours.com ; adulte/enfant 7/5 € ; ☺ juin-août tlj 10h30-12h30 et 14h-18h30, avr lun-ven 10h-12h et 14h-17h, sam-dim 14h-17h, mai lun-ven 10h-12h et

---

PASTORALISME ET FROMAGES PYRÉNÉENS

Les bergers solitaires gardant leurs troupeaux dans la montagne l'été et fabriquant leur fromage dans leurs *cayolars* font partie de la mythologie pyrénéenne. Depuis des siècles, ils perpétuent la tradition consistant à monter à l'estive (pâturages de montagne) aux beaux jours pour ne revenir en basse vallée qu'aux premières neiges. La transhumance donne encore lieu aujourd'hui à de réjouissantes festivités, en particulier dans les vallées d'Ossau (Semaine de la transhumance à Laruns début juillet) et du Barétous (fête des Bergers à Aramits en septembre). On peut alors voir des troupeaux de plusieurs centaines de têtes traverser les villages avant de s'élancer sur les routes de montagne, pressés de retrouver les vertes prairies d'altitude ou, au mois de septembre, de retrouver leur abri hivernal.

Le fromage fabriqué à partir du lait cru des brebis (il en faut 25 l pour fabriquer un fromage de 5 kg) bénéficie d'une AOC depuis 1980. C'est le fameux Ossau-Iraty, un fromage à pâte ni trop ferme ni vraiment souple, "longue" comme on dit ici, couleur ivoire. Il est confectionné l'été dans leurs cabanes par les bergers, l'hiver à la ferme (les connaisseurs vous diront que ces deux productions n'ont pas la même saveur, celle de l'estive profitant du parfum des herbes de montagne). Le lait est chauffé à 30°C, puis on y ajoute de la présure pour le faire cailler. Au moment voulu, on le mélange, puis on le fait chauffer à nouveau avant de le passer. Il est alors versé dans des moules, égoutté puis salé. Les fromages sont ensuite stockés dans les caves d'affinage, où ils restent de 2 à 3 mois selon leur poids.

On produit également dans les Pyrénées béarnaises des fromages de chèvre et de vache, et du mixte (vache-brebis). Vous trouverez des points de vente de fromages fermiers dans la plupart des villages des vallées d'Ossau, d'Aspe, de Lourdios et du Barétous. Parmi les plus importants, citons la **Fromagerie Pardou** (☎ 05 59 82 60 77 ; www.fromagerie-pardou.com ; ☺ tlj 9h-12h et 16h-18h), à Gère-Bélesten (vallée d'Ossau, le long de la D934), spécialisée dans le fromage de brebis, dont le saloir accueille la production de 80 éleveurs, **Les Fermiers Basco-Béarnais** (☎ 05 59 34 76 06 ; ☺ juil à mi-sept lun-sam 9h-12h et 15h-19h, jusqu'à 18h le reste de l'année), à Accous (vallée d'Aspe) ou la **Fromagerie d'Ossau**, dans les halles de Pau.

Si vous vous intéressez à la vie des bergers, ne manquez pas la matinée de découverte d'une estive organisée l'été autour de la cabane de Séous, à Artouste, dans la vallée d'Ossau. Vous pouvez également lire l'ouvrage d'Étienne Lamazou *L'Ours et les Brebis, mémoire d'un berger transhumant des Pyrénées à la Gironde*.

14h-18h, sam-dim 14h-18h, sept lun-ven 10h-12h et 14h-17h30, sam-dim 14h-17h30, oct, déc et févr vacances scolaires et jours fériés 14h-17h). À voir absolument ! Cet espace muséographique attrayant et bien conçu est consacré à la découverte des grands rapaces pyrénéens et à la vie des bergers. Clou de la visite : la retransmission en direct et sur de grands écran des images des vautours fauves et de leurs poussins dont les nids se trouvent sur les deux hautes falaises qui se dressent sur la rive droite du gave, face au village de Bielle. La caméra, installée à une quinzaine de mètres du premier nid, est télécommandée depuis le musée par un animateur, qui commente les images, vraiment étonnantes (éclosion, envol ou nourrissage). Le reste de la visite est libre, dans les douze espaces du musée, abordant chacun un thème différent (salle des rapaces, salle du pastoralisme et salle des contes par exemple).

Le **festival de théâtre Plumes et Paroles en Ossau**, se déroule à Aste-Béon, la 1re semaine d'août.

Louvie-Soubiron

À quelques kilomètres au sud, ce village, baigné dans une douce quiétude, est construit à flanc de montagne. Empruntez la piste carrossable menant au **hameau de Listo**, 5 km plus haut (comptez un peu plus de 2 heures à pied), qui rassemble quelques habitations en pierre, à près de 900 m d'altitude. Dans ces lieux reculés, le calme est total et la magie opère. Un **chevrier** est installé dans le hameau ; il lui arrive de vendre sa production aux visiteurs. La piste continue ensuite vers le sommet du pic de Listo (voir le chapitre *Randonnées et balades dans les Pyrénées*).

En redescendant vers Louvie-Soubiron, on découvre de superbes panoramas sur Laruns.

Béost

Ce village fort pittoresque, à moins de 2 km au sud de Louvie-Soubiron, abrite de nombreuses **demeures anciennes**. On peut également y visiter (gratuitement) un petit **château à tour carrée** (☎ 05 59 05 30 99 ; ☽ sur rdv tte l'année). Cette ancienne *abbaye laïque*, édifiée au XIIe siècle, servait autrefois de relais aux pèlerins de Compostelle, entre les commanderies de Mifaget et de Gabas. Elle fut transformée au XVIe siècle en demeure seigneuriale. Juste à côté, l'**église** est dotée d'un portail en marbre blanc orné de magnifiques sculptures.

De Béost, une route étroite monte vers le hameau de **Bagès**, d'où l'on peut partir se promener sur la montagne Verte.

OÙ SE RESTAURER

🅾 🅴 **Auberge Chez Trey** (☎ 05 59 05 15 89 ; pl. de la Fontaine ; menu 11 € ; ☽ tlj midi et soir en saison, fermé mer et 15 jours en octobre hors saison). Cette auberge a de quoi plaire à tout le monde. Les anciens du pays s'y racontent en béarnais les dernières nouvelles de la vallée ; les piliers de comptoir des environs finissent toujours par y entonner un chant tonitruant dans une ambiance joviale ; une clientèle plus jeune s'y retrouve pour assister aux concerts qui y sont régulièrement organisés. Quant aux voyageurs, ils apprécient autant sa cuisine traditionnelle – garbure, coustou, cœurs de canard, fromage de Béost – que la petite terrasse aménagée autour de la fontaine.

Assouste

De Béost, on peut choisir de rejoindre la D934 et Laruns ou continuer jusqu'à Assouste en restant sur la route secondaire (D240). Les 2 km séparant ces deux villages forment un parcours très plaisant. Le village d'Assouste plaît par le charme de son architecture traditionnelle, ainsi que par son église romane du XIIe siècle décorée de modillons.

DE LOUVIE-JUZON À LARUNS PAR LA RIVE GAUCHE

À Louvie-Juzon, la D934, principale route d'accès à la vallée d'Ossau, traverse le gave pour le longer sur sa rive gauche, donnant accès à deux ravissants villages : Bielle et Bilhère.

Bielle

Légèrement en retrait de la D934, à environ 4 km au sud de Louvie-Juzon, ce village avait au Moyen Âge un statut particulier : c'est ici que se tenaient les assemblées des jurats de la vallée, qui débattaient des grandes questions relatives à la vie des Ossalois.

Le village a conservé de remarquables monuments, à commencer par l'**église Saint-Vivien** qui, dans sa forme actuelle, date des XVe et XVIe siècles. Notez le magnifique portail, coiffé d'une accolade et richement ornementé (écussons, sculptures). À l'intérieur, les pièces maîtresses sont les colonnes

BÉARN

de marbre (Henri IV les convoitait, mais ses habitants réussirent à les conserver), le retable du maître-autel et les nervures de la voûte. En musardant dans le village, il faut détailler les **maisons anciennes**, datant des XVᵉ et XVIᵉ siècles ; elles sont d'une évidente richesse architecturale, arborant des linteaux, divers motifs sculptés et, pour certaines, des fenêtres à meneaux.

OÙ SE LOGER ET SE RESTAURER
Hôtel-Restaurant L'Ayguelade (☎ 05 59 82 60 06 ; www.hotel-ayguelade.com ; d 46-56 € ; menus 18-38 € ; ♥ jan fermé, mar-mer restaurant fermé ; Wi-Fi gratuit). L'ambiance est un peu guindée, mais la cuisine est certainement ce qui se fait de mieux dans toute la vallée : nougat de foie gras maison, marmelade d'échalotes acidulées ; estouffade de pintade fermière, crémeux de cèpes et petites girolles ; glacé de jurançon moelleux ou coulis de fruits rouges. La partie hôtel est séduisante, avec une dizaine de chambres de bon confort, à la décoration soignée.

Bilhères et le col de Marie-Blanque
La D294 menant à Bielle monte ensuite jusqu'au village de Bilhères, autre charmante localité. Perchée à 650 m d'altitude, elle offre un superbe **panorama** sur la vallée. La petite départementale poursuit son ascension, plein ouest, vers le col de Marie-Blanque (1 035 m), qui doit son nom à une espèce de vautour, avant de redescendre pour rejoindre la vallée d'Aspe à Escot. La montée traverse des paysages splendides, notamment le **plateau de Bénou**, suspendu entre ciel et terre, voué aux pâturages d'altitude (vaches et chevaux), piqueté de quelques granges et de fermes. Un peu avant d'arriver sur le plateau, vous aurez remarqué, sur la droite, la petite **chapelle Notre-Dame de Houndaàs**, encadrée de plusieurs grands arbres, aux dimensions certes modestes et à l'intérêt historique réduit, mais distillant un charme certain (comptez environ 1h30 pour vous y rendre à pied depuis Bilhères).

OÙ SE LOGER
🔵 **Chambres d'hôte L'Arrajou** (☎ 05 59 82 62 38 ; www.larrajou.com ; quartier de l'Église ; s/d/tr/ste 51/59/76/98 avec petit-déj ; ♥ toute l'année). Situé sur les hauteurs d'un superbe petit village perché, l'Arrajou dispose de quatre chambres aux tons clairs, avec entrée indépendante.

Leurs ambiances personnalisées, leur déco – lit à baldaquin, jolis meubles et objets chinés – et leurs belles sdb en font de véritables cocons. Trois d'entre elles disposent d'une terrasse avec vue sur la vallée d'Ossau. Un panorama dont profite également la véranda, exposée plein sud, où est servi le petit-déjeuner : idéal pour commencer la journée en beauté !

LARUNS
Étape clé de la vallée d'Ossau et ville la plus active de la vallée, Laruns doit figurer sur votre itinéraire. Sa situation de carrefour et les services qu'elle propose aux visiteurs la rendent incontournable. Elle abrite notamment l'office du tourisme et la Maison du parc national des Pyrénées, regroupés dans la **Maison de la vallée d'Ossau**, en plein centre, ainsi que le bureau des guides et accompagnateurs (voir l'encadré page suivante).

La place centrale est cernée de multiples commerces, de même que les rues adjacentes. La rue Bourguet est l'une des plus attrayantes, avec ses **demeures de caractère**, dotées de linteaux et de portes sculptés. Dans l'**église Saint-Pierre**, un magnifique bénitier en marbre blanc, richement décoré et sculpté, date de la fin du Moyen Âge.

La **Hera deu Hromatge** (foire aux fromages ; déb oct), à Laruns, est la principale fête de la vallée d'Ossau. Au programme : démonstration de tonte, concours du meilleur fromage de brebis fabriqué en Ossau, exposition artisanale, bal...

OÙ SE LOGER ET SE RESTAURER
On trouve plusieurs campings à Laruns. Parmi les plus agréables, signalons le **Camping Le Valentin** (☎ 05 59 05 39 33 ; www.ossau-camping-valentin.com ; route des Eaux-Bonnes ; empl. juil-août 5,60 €, hors saison 4,60 €, adulte/enfant juil-août 3,60/2,10 €, hors saison 2,85/1,50 € ; ♥ mi-avril à mi-nov), d'une capacité de 130 places, ombragées, dans un site privilégié sur les hauteurs de Laruns, à environ 1,5 km du centre, et le **camping des Gaves** (☎ 05 59 05 32 37 ; www.campingdesgaves.com ; quartier Pon ; forfait 1 ou 2 pers avec vélo/moto 12,20/14,90 € selon saison, avec voiture 15,20-18,80 € ; ♥ toute l'année), un trois-étoiles disposant de bonnes infrastructures, à environ 1 km du centre.

🟢 **Auberge de l'Embaradère** (☎ 05 59 05 41 88 ; www.gite-embaradere.com ; 13 av. de la Gare ; nuitée 12 € ; demi-pension 29 € ; formule déj lun-ven 13 €, menus 18-26 € ; menu enfant ; ♥ fermé mar hors vacances scolaires). Une

INTERVIEW > GUIDES ET ACCOMPAGNATEURS DE MOYENNE MONTAGNE

Fondé dans les années 1970, le bureau des guides et accompagnateurs de Laruns, dans la vallée d'Ossau, compte 7 permanents – 4 guides et 3 accompagnateurs. Ces professionnels, connaissant parfaitement le terrain, encadrent à peu près toutes les activités de montagne dont vous pouvez rêver, pour un prix très raisonnable (entre 20 et 63 €/pers selon l'activité, en sortie collective). Leur président, Bernard Pez, est lui-même guide et fils de guide.

Quelles sont les activités que vous proposez ?

Cela dépend de la saison. L'été, nous encadrons des randonnées et des descentes de canyon. Nous proposons aussi de l'initiation à l'escalade, et notamment ce que nous appelons "l'acquisition du pied montagnard". Vous pouvez aussi faire appel à nous pour une via cordata, une via ferrata ou l'ascension d'un sommet. L'hiver, nous partons pour des circuits en raquette ou en ski de randonnée, par exemple dans le cirque d'Anéou. Il est également possible d'escalader une cascade de glace ou de se lancer dans une sortie d'alpinisme hivernal.

Quelle est la randonnée la plus demandée ?

Beaucoup de personnes viennent nous voir pour le tour ou l'ascension de l'Ossau. La randonnée du berger et les descentes de canyon sont également très appréciées.

Et celle que vous conseilleriez pour découvrir la vallée ?

Cela dépend du niveau des randonneurs. Si vous aimez marcher mais que vous n'êtes pas particulièrement sportif, la randonnée vers les lacs d'Ayous depuis le lac de Bious-Artigues est très bien, car elle offre une vue dégagée sur le pic du Midi d'Ossau. Il y a aussi de très belles randos au départ de Gourette.

Votre plus belle randonnée en vallée d'Ossau ?

C'est difficile à dire. Il y a tellement de paysages exceptionnels dans les Pyrénées ! Mais c'est vrai que le pic du Midi d'Ossau est un peu à part. Ce n'est pas le plus haut. Le Pallas le dépasse (2 974 m contre 2 884 m). Mais il est quasiment le seul à être détaché du reste de la chaîne et, de son sommet, on a un panorama à 360° vraiment fantastique.

Bureau des guides et accompagnateurs de Laruns (☎ 05 59 05 33 04 ; www.guides-pyrenees.fr/ ; ⊗ permanence au Point info Montagne de l'office du tourisme de Laruns de mi-juin à mi-sept, à l'office du tourisme de Gourette durant la saison d'hiver)

adresse conviviale et proche du centre, pratique pour les voyageurs à petit budget. Le gîte, d'une capacité de 28 places, réparties dans des chambrées de 4 à 10 lits, est propre et bien tenu. La formule "gestion libre" (16 €) donne accès à une cuisine commune. Au rez-de-chaussée, l'auberge propose une cuisine de qualité honorable (boudin aux pommes, épaule d'agneau confite, truitelle au beurre blanc et sa fondue de poireaux). Le bar, ouvert jusqu'à minuit le week-end, jouit d'une ambiance animée et attire une clientèle plutôt jeune.

Hôtel-Restaurant d'Ossau (☎ 05 59 05 30 14 ; www.hotelossau.com ; pl. de la Mairie ; s-d/tr 51/76,50 € ; menus 11,30-23,70 € ; ⊗ toute l'année). Les chambres de cet établissement bien situé sur la place centrale de Laruns sont un peu petites et leur déco désuète commence à fatiguer, mais elles offrent toujours un confort convenable. Restaurant servant une cuisine régionale sans prétention sur place.

Le Youkoulélé (☎ 05 59 05 35 60 ; http ://restaurant -youkoulele.vallee-ossau.com ; rue du Général-de-Gaulle ; s/d/tr 40/44/59 € ; menus 15,90-28,80 €, menu enfant, plats 10-17 € ; ⊗ fermé lun midi en saison, dim soir et lun hors saison, fermé en nov). Une option à envisager. La carte est alléchante – maestro de perche au verjus, entrecôte grillée au piment d'Espelette, croustillant de sabayon aux fruits frais –, le service attentionné et la grande salle aux baies vitrées souvent pleine. À l'étage, les 3 chambres, calmes, propres et colorées mériteraient une meilleure literie.

⊗ L'Arrégalet (☎ 05 59 05 35 47 ; 37 rue du Bourguet ; formule déj lun-ven 11,80 €, menus 14,80-21,30 €, menu enfant ; ⊗ fermé lun en saison, dim soir hors saison, 2 sem mai et

BÉARN

3 sem en déc). Bien connu à Laruns, ce restaurant au décor boisé est apprécié pour sa cuisine traditionnelle copieuse et haute en couleur. Le pain est fait maison, de même que les desserts, et la truite est fumée sur place. À découvrir : les *dios et miques* (charcuterie accompagnée d'une garniture frite à base de maïs et de blé) et, en fin de repas, le café gascon (café chaud, armagnac et crème fouettée). Les salades sont également d'un très bon rapport qualité/prix. Le dimanche, ne manquez pas le menu "poule au pot" (21 €).

Auberge Bellevue (☎ 05 59 05 31 58 ; 55 rue du Bourguet ; menus 13,80-19,80 €, menu enfant, plats 12-18 € ; ☿ hors saison fermé lun soir-mar, 15 jours en jan et 15 jours en juin). Cet établissement offre un cadre un peu plus intime et moins rustique que l'Arrégalet, situé juste à côté, pour une cuisine un peu plus classique de spécialités du terroir (demi-magret de canard à l'orange miellée, salade de tomates-gésiers-jambon de Bayonne-copeaux de brebis et médaillon de foie gras, entre autres) à des tarifs raisonnables. Petit plus : la terrasse, d'où l'on bénéficie d'une vue panoramique sur la vallée.

Chambres d'hôte Casa Paulou (☎ 05 59 05 35 98 ; www.casapaulou.fr ; 6 rue du Bourgneuf ; s/d/tr/qua 38/46/68/90 € ; ☿ ouvert à l'année). Très bien situées à 2 minutes à pied de la place centrale du village, ces 5 chambres d'hôte impeccables, aménagées dans une ancienne étable entièrement rénovée, présentent un excellent rapport qualité/prix, en particulier la n°1, avec son parquet sombre et ses murs clairs. L'endroit possède une grande cuisine et peut être loué en gîte à la semaine.

DE LARUNS AU COL D'AUBISQUE

À la sortie de Laruns, la D918 file vers l'est jusqu'à la station de ski de Gourette. Elle continue ensuite à monter jusqu'au col d'Aubisque, au-delà duquel elle redescend vers Argelès, dans les Hautes-Pyrénées.

Eaux-Bonnes

Les vertus de cette station thermale à l'atmosphère surannée, située à 4 km de Laruns, étaient déjà connues au XVIe siècle, mais c'est au XIXe siècle qu'elles connurent le plus de succès, grâce à l'impératrice Eugénie, qui apprécia particulièrement cet endroit : elle y séjourna à plusieurs reprises et fut à l'origine de la construction de la route qui permit de désenclaver le village. Des visites guidées de la ville sont organisées par l'office du tourisme entre juin et septembre et entre décembre et avril.

Si le casino a été transformé il y a quelques années en salle de spectacle, l'**établissement thermal** (☎ 05 59 05 34 02 ; sauna 6,50 €, bain bouillonnant 9,50 €, forfaits remise en forme à partir de 20 € ; ☿ mai à mi-oct lun-sam 8h-12h, juil-août, également lun, mar, jeu, ven 16h-18h ; vacances scolaires d'hiver lun-sam 16h-19h30, sur réservation, fermé certains mer), doté d'une belle verrière, existe toujours. On y vient en cure pour ses eaux sulfureuses, ou pour profiter de séances de remise en forme.

La route montant au-dessus de l'ancien casino mène à la **Forêt suspendue** (☿ 06 89 87 26 66 ; www.foretsuspendue.com ; 12-21 € selon parcours ; ☿ juil-août tlj 10h-18h, juin et sept sam-dim 14h-18h), un parcours acrobatique dans les arbres. Les enfants peuvent se mesurer à partir de 4 ans au "parcours chouette". Les plus grands se lanceront dans les parcours "sensation" et "vertige", pour évoluer d'un arbre à l'autre jusqu'à 17 m du sol.

OÙ SE LOGER ET SE RESTAURER
Hôtel-Restaurant Le Richelieu (☎ 05 59 05 34 10 ; www.hotel-richelieu.fr ; 35 rue Louis-Barthou ; s/d/tr 42/51-53/61-74 € ; menus 14-32 €, menu enfant, plats 8-14 € ; ☿ mai-oct et Noël-fin mars). Impossible de ne pas remarquer cette bâtisse monumentale à la façade couleur crème au centre du bourg. Ses 32 chambres, au confort ordinaire, possèdent une sdb et la TV. La grande salle du restaurant, au rez-de-chaussée, est claire et agréable. En plus des spécialités béarnaises habituelles, la carte ose d'intéressantes échappées du côté des Alpes, comme la braséade, la tartiflette ou le demi-reblochon chauffé sous la braise.

Hôtel de la Poste (☎ 05 59 05 33 06 ; www.hotel-dela-poste.com ; 19 rue Louis-Barthou ; d 47-50 € ; menus 15,80-33 €, menu enfant ; ☿ mai-oct et Noël-fin mars). Réparties sur plusieurs étages, autour d'un vaste hall à galerie, les chambres de cet hôtel situé en plein centre du village sont impeccables, à l'image de leurs sdb au joli carrelage marine. Une salle de jeux est à disposition. Toute la gamme des classiques de la cuisine régionale, servis dans une salle élégante et lumineuse, figure à la carte du restaurant : escalope de foie gras au jurançon, magret de canard aux myrtilles, cassoulet béarnais, pavé de saumon...

Aas

Une route étroite mène à ce joli hameau perché sur le flanc de la montagne Verte, à

2 km d'Eaux-Bonnes. L'office de tourisme en organise des visites de mai à septembre et durant la saison d'hiver. Un peu avant le hameau, la **Miellerie de la montagne Verte** (☎05 59 05 34 94 ; gratuit ; ☺ tlj 10h-12h et 15h-18h30 sf sam matin, fermé 15-30 nov et mar hors vacances scolaires) est dotée d'un petit **musée de l'Apiculture**. La visite, gratuite, est suivie d'une dégustation. Depuis la miellerie, le sommet de la montagne Verte n'est qu'à un peu plus d'une heure de marche.

Gourette

Station de sports d'hiver réputée, à 8 km d'Eaux-Bonnes, dominée par le pic du Ger (2 614 m), Gourette draine chaque année sur ses pistes des milliers d'amateurs de glisse (voir ci-après la rubrique *Activités sportives*). Si l'endroit ne brille pas par son architecture, les nombreux cafés, bars à tapas et restaurants de la station font le plein tout au long de la saison d'hiver.

OÙ SE LOGER ET SE RESTAURER

L'Edelweiss (☎05 59 05 12 77 ; rte du col d'Aubisque ; formules week-end 109-136 €/pers ; ☺ déc-mars). Cet établissement propose durant la saison d'hiver des formules intéressantes le week-end (2 nuits avec petit-déj, 3 repas) ou à la semaine, en pension complète.

Col d'Aubisque

Après Gourette, la montée se poursuit en lacets sévères jusqu'au **col d'Aubisque** (1 709 m), entré dans la légende grâce au Tour de France. Il est vrai que les 16 km d'ascension depuis la sortie de Laruns sont sans ménagement. Arrivé au col, on jouit d'une vue souveraine sur une partie de la chaîne des Pyrénées centrales.

OÙ SE RESTAURER

Les Crêtes blanches (☎05 59 05 10 03 ; route du col d'Aubisque ; menu 14 € ; ☺ ouvert déj tte l'année, sur réservation). Juste avant le col d'Aubisque, ce modeste restaurant sert une cuisine sans prétentions mais il bénéficie d'un emplacement privilégié. À 1 600 m d'altitude, on profite depuis les tables situées près de la baie vitrée ou sur la terrasse d'une vue incomparable.

DE LARUNS AU COL DU POURTALET

À partir de Laruns, la vallée se resserre et prend l'aspect d'un défilé spectaculaire.

Le caractère montagnard du secteur s'accentue, et la présence humaine se fait plus rare.

Les Eaux-Chaudes

Les origines de cette petite station thermale située à 5 km de Laruns sont fort anciennes : les souverains du Béarn y faisaient déjà des séjours remarqués au XIIᵉ siècle ! Au XVIᵉ siècle, Jeanne d'Albret, puis Gabrielle d'Estrée, l'une des maîtresses d'Henri IV, s'y rendirent en personne. La station connut encore de belles heures de gloire au XIXᵉ siècle, avant de décliner lentement. Quelques demeures témoignent de la grandeur passée de ce village. L'**établissement thermal** (☎05 59 05 36 36 ; sauna/spa 6 €, bain bouillonnant 9,50 €, forfaits remise en forme à partir de 18 € ; ☺ mai-oct lun-ven 15h30-18h30, sam 15h30-17h30, sur réservation) occupe un bel édifice du XVIIIᵉ siècle. Différentes formules de remise en forme y sont proposées. Dans le centre du village, des escaliers descendent jusqu'au bord du **gave** aux eaux claires et remuantes, magnifique à cet endroit.

OÙ SE LOGER ET SE RESTAURER

€ La Caverne (☎05 59 05 34 40 ; www.aubergelacaverne.com ; bourg ; nuitée dortoir 13 €, s/d 18,50/43 € ; menus 15-27,50 €, menu enfant ; ☺ fin déc-mai et mi-juin à déb oct). Un lieu convivial, légèrement à l'écart du village. Les chambres y sont à peine plus chères que les places en dortoirs (de 4 à 8 lits). Les hôtes ont également accès à une bibliothèque et à un salon télé. En cuisine, Jacques concocte de bons petits plats du Béarn et du Pays basque (garbure, magret de canard, poulet basquaise, axoa, poule au pot…).

Gabas

Après être passé devant la centrale électrique de Miègebat, vous devrez encore parcourir 5 km pour atteindre Gabas, dernier village avant la frontière espagnole. L'activité principale de ce petit bourg, qui s'étire paresseusement le long de la route, est la fabrication de fromage de brebis. La **cave d'affinage** (accès libre) du restaurant Le Biscaü est ouverte à la visite. En été, la commune attire bon nombre de touristes, venus profiter des chemins de randonnée dans les alentours.

À la sortie de Gabas, la D231 effectue une ascension de 4 km jusqu'au **lac de Bious-Artigues**,

LES PYRÉNÉES PAR LE PETIT TRAIN D'ARTOUSTE

Avec ses couleurs acidulées, on dirait un gros manège d'enfant. C'est pourtant un train d'exception : le petit train d'Artouste est le plus haut d'Europe. Au fond de la vallée d'Ossau, non loin de la frontière espagnole, il serpente à 2 000 m d'altitude au milieu d'un massif somptueux. Une excursion touristique de plus, direz-vous… Pas tout à fait : ce train a une âme et une histoire. La ligne, mise en place au début des années 1930 dans le cadre d'un programme de constructions d'usines hydroélectriques, servait à acheminer les matériaux, le combustible, le ravitaillement et les ouvriers jusqu'au chantier du barrage sur le lac d'Artouste.

Au départ de la station, une télécabine vous emmène jusqu'à la gare de Sagette, à 2 000 m d'altitude, lieu de départ du train. On prend place dans les wagonnets (ouverts), puis la chenille s'ébranle, entamant un parcours d'une heure à la débonnaire allure de 8 km/heure. Le long de la voie sinueuse défile alors en grand un paysage époustouflant : à-pics, belvédères, vallées, plateaux, pierriers ou sapinières. Au terminus, l'aventure ne fait que commencer. Le paysage est lunaire, dominé par les masses du Lurien (2 826 m) et du Palas (2 974 m). Plusieurs possibilités s'offrent alors à vous : vous pouvez visiter un musée, installé dans des galeries souterraines, sous le barrage, où un guide vous présentera l'épopée de sa construction ; ou gagner le lac d'Artouste (comptez 20 min de marche), joyau du haut Ossau, dans lequel se mirent les sommets géants ; ou encore monter jusqu'au refuge d'Arrémoulit (à environ 1 heure de marche), où vous pourrez grignoter un en-cas, face à de petits lacs. Les plus entreprenants se frotteront aux sommets environnants, tel le pic d'Arriel (2 824 m) ou le Balaïtous, à plus de 3 000 m (mieux vaut partir accompagné d'un guide, à moins d'être expérimenté). Qu'il est difficile de redescendre ensuite sur terre ! De retour à la gare de départ, vous avez encore la possibilité de prolonger cette excursion mémorable (pour 1 € de plus) en prenant le télésiège de l'Ours pour vous rendre sur le plateau du Soussouéou.

À signaler : en juillet-août, l'heure de retour est imposée (1 heure 20 après l'arrivée), ce qui laisse le temps de se rendre jusqu'au lac ou de visiter le musée, mais pas de monter jusqu'au refuge, à moins de prendre un billet open, de passer la nuit au refuge, et de redescendre en train le lendemain. En juin et en septembre, l'heure de retour étant libre, il est possible de monter jusqu'au refuge et de redescendre dans la même journée (les trains de retour partent toutes les heures jusqu'à 17h).

Renseignements : ☎ 05 59 05 36 99 ; www.train-artouste.com
Accès : depuis Laruns, suivre la D934 vers le sud sur une vingtaine de kilomètres, puis la D431 jusqu'à Artouste-Fabrèges, où se trouve la billetterie
Période : en service tous les jours de fin mai à fin septembre
Fréquence : trains de 9h à 17h en juillet-août, départ toutes les demi-heures, de 9h30 à 15h en juin et septembre, départ toutes les heures (premiers départs de la télécabine une demi-heure à l'avance)
Tarifs : destination lac/musée adulte 21,50/24 €, enfant 17/19 €, familles (2 adultes et 2 enfants) 71/81 €

à près de 1 500 m d'altitude, dominé par le pic du Midi d'Ossau. Cette route est généralement ouverte de mai à novembre. Le site, grandiose, est très fréquenté : mieux vaut venir tôt pour en profiter. On peut faire le tour du lac à pied (en 1 heure environ) ou à cheval (voir la rubrique *Activités sportives*), ou se lancer dans des randonnées plus engagées, en partant par exemple pour le tour des **lacs d'Ayous** (voir le chapitre *Randonnées et balades dans les Pyrénées*), en suivant en partie le GR°10. Sur place, le **P'tit Resto de l'écurie** propose petit-déjeuner, snacks et repas du soir sur réservation.

OÙ SE LOGER ET SE RESTAURER
Café-Restaurant Le Pic du Midi (☎ 05 59 05 33 00 ; bourg ; menus 10-22,50 € ; ☺ tlj en saison, déj hors saison, fermé nov à mi-déc). C'est l'archétype de l'auberge de montagne familiale, au bord de l'unique rue du village. Dans un cadre tout simple mais chaleureux, on vous servira quelques spécialités régionales revigorantes : truite meunière, confit de canard, jambon de pays et, bien entendu, fromage de brebis (en vente sur place 15 €/kg).

Hôtel-Restaurant Le Biscaü (☎ 05 59 05 31 37 ; rue des Bergers ; s/d 30/46 € ; menus 11-15,50 €, menu enfant ; ⊙ fermé nov à mi-déc). On propose ici le même type de cuisine du terroir : confit, gigot de mouton, fromage de vache et de brebis (en vente sur place)… Les chambres sont accueillantes, spacieuses et propres, avec de belles sdb carrelées de neuf.

Chalet du Club alpin français (☎ 05 59 05 33 14 ; caf-gabas.vallee-ossau.com ; demi-pension/pension 32/41 € ; ⊙ juin-sept et vacances scolaires d'hiver tlj, jan, mai et oct uniquement le week-end, fermé mi-oct à mi-déc). Adresse idéale pour les randonneurs, bien située dans la haute vallée, à la sortie de Gabas, juste avant la bifurcation pour le lac de Bious. Vous avez le choix entre la demi-pension et la pension (avec un pique-nique complet en guise de déjeuner). Vous logerez dans l'un des 4 dortoirs de 4 à 12 lits, au confort simple. Le service de restauration est ouvert aux non-résidents sur réservation (15,50 €).

Artouste-Fabrèges

À quelques kilomètres au sud de Gabas, juste après avoir dépassé l'impressionnant mur blanc du barrage de Fabrèges et sa retenue d'eau, une bifurcation mène sur la gauche à **Artouste-Fabrèges**. Cette station de sports d'hiver, située à 1 250 m d'altitude, possède un domaine skiable de 150 hectares (voir la rubrique *Activités sportives* p. 113). Ce n'est pas son seul atout : de juin à septembre, Artouste-Fabrèges est le point de départ de l'excursion du **petit train d'Artouste**, qui permet de découvrir des paysages exceptionnels à 2 000 m d'altitude (voir l'encadré *Les Pyrénées par le petit train d'Artouste*). Il vous déposera non loin du lac d'Artouste, au milieu d'un cirque montagneux. Vous pourrez ensuite monter jusqu'au **refuge d'Arrémoulit**, à 2 300 m d'altitude (comptez environ 1 heure de marche).

Autre activité familiale à ne pas manquer : une matinée en compagnie d'un **berger** (inscription auprès de l'office du tourisme de Laruns ; ⊙ juil-août, 2 jours/sem), qui vous attend sur le trajet du petit train d'Artouste pour vous emmener jusqu'à sa cabane et vous faire découvrir son estive. La traite, la fabrication du fromage et les chiens de berger n'auront bientôt plus de secrets pour vous. Comptez 20/16 € par adulte/enfant, casse-croûte compris.

Col du Pourtalet

Après la bifurcation d'Artouste-Fabrèges, la vallée s'élargit de nouveau. De part et d'autre de la route, les pentes couvertes de résineux se font plus douces, donnant une impression d'espace. Plus on s'approche du col du Pourtalet (1 794 m), qui marque la frontière avec la province d'Aragon en Espagne, à une dizaine de kilomètres de là, plus le paysage de prairies rocailleuses se fait lunaire. Une fois arrivé au col, un no man's land battu par les vents, vous pouvez vous dépayser un peu plus en allant faire un tour dans les *ventas* (magasins d'alimentation et de souvenirs) situées juste de l'autre côté de la frontière.

VALLÉE D'ASPE

On la dit fière, altière, intransigeante, voire rebelle ou farouche. C'est vrai qu'elle n'aime pas s'en laisser conter. La vallée d'Aspe a défrayé la chronique voici plusieurs années à l'occasion de la construction, controversée, du tunnel du Somport. De toutes les vallées pyrénéennes, elle est sans doute celle qui a le plus de tempérament et de personnalité. Elle se déploie à quelques kilomètres au sud d'Oloron-Sainte-Marie, et s'étend jusqu'à la frontière espagnole, sur une quarantaine de kilomètres. Il faut entrer dans ce monde à part sur la pointe des pieds, prendre son temps pour l'apprivoiser et décrypter sa syntaxe parfois compliquée. Pour peu qu'on l'approche ainsi, la vallée d'Aspe, en retour, ne se montrera pas ingrate. Que d'émotions à glaner en découvrant des paysages sublimes, tel le cirque de Lescun, des ambiances hors du temps, des villages pleins de caractère, des cabanes de berger isolées… Bref, les Pyrénées dans toute leur splendeur.

Renseignements
ACCÈS INTERNET

La **cyberbase d'Accous** (☎ 06 73 20 28 20/06 73 20 20 67 ; mairie ; 2,40 €/heure ; ⊙ mar 10h-11h30 (hors vacances scolaires) et 18h-19h, mer 14h30-16h30, jeu 15h30-17h30, sam 18h-19h). Lorsqu'elle n'est pas ouverte, l'office du tourisme, à Bedous, dépanne les internautes en leur donnant accès à un poste (0,50 €/5 min).

OFFICES DU TOURISME

À Bedous, l'**office du tourisme de la vallée d'Aspe** (☎ 05 59 34 57 57 ; www.aspecanfranc.com ; pl. Sarraillé ; ⊙ mi-juin à mi-sept lun-sam 9h-12h30 et 14h-18h30, mi-juillet à fin août également dim 9h30-12h30, hors saison lun-sam 9h-12h30 et 14h-17h30) vous renseignera sur l'ensemble des prestations touristiques de la vallée. Pour des informations sur les randonnées dans le secteur, vous pouvez aussi vous adresser à la **Maison du parc national des Pyrénées d'Etsaut** (☎ 05 59 34 88 30 ; www. parc-pyrenees.com ; bourg ; ☼ juil-août tlj 10h-12h30 et 14h-18h).

Fêtes et festivals

Les **Phonies bergères** (www.phoniesbergeres.fr), festival des arts et de la nature (sentiers artistiques, land art, concerts), se déroule fin mai-début juin autour d'Accous et de Bedous. L'**Association des Radeleurs** et l'**Écomusée de la vallée d'Aspe** raviment le passé de la vallée en mettant à l'eau des radeaux chargés de troncs d'arbre en mai (la date exacte dépend du niveau des eaux du gave). Le dernier dimanche du mois de juillet, la **fête du fromage**, qui a lieu à Etsaut, comprend un marché artisanal, des démonstrations de tonte et de fabrication de fromage, des dégustations et des animations musicales. Signalons également le marché artisanal de printemps à Bedous et celui d'automne à Sarrance.

Activités sportives
RANDONNÉE PÉDESTRE
Amateurs de randonnées, vous serez comblés. La vallée d'Aspe est un paradis pour qui aime parcourir la montagne à pied. L'office du tourisme de Bedous commercialise une brochure décrivant plusieurs balades pour tous les niveaux (*45 randonnées en vallée d'Aspe*). Pour des parcours plus engagés, procurez-vous une carte plus détaillée, au 1/50 000 ou au 1/25 000. Parmi les grands classiques : le chemin de la Mâture, le circuit d'Ansabère, le lac d'Arlet, les orgues de Camplong et le pic Labigouer. Ces itinéraires sont décrits dans le chapitre *Randonnées et balades dans les Pyrénées*. Vous pouvez faire appel aux services d'un accompagnateur en moyenne montagne (renseignements à l'office du tourisme). Signalons aussi le circuit de randonnée ludique dans le vallon de Bedous – à parcourir GPS en main –, mis en place par l'office du tourisme.

CYCLOTOURISME ET VTT
Le relief très varié et le décor somptueux de la vallée d'Aspe combleront d'aise tous les adeptes du VTT. Des chemins muletiers aux descentes abruptes, toutes les configurations sont possibles, pour tous les niveaux. Pour louer un VTT ou partir accompagné par un moniteur, vous pouvez vous adresser à **Serge Cedet** (Aspyrando ; ☎ 05 59 34 86 14/06 80 48 03 64 ; http://aspyrando.vallee-aspe.com ; Borce ; location 12 €/15 € la demi-journée/journée, rando 30/40 € ; ☼ mai-oct), qui propose des randonnées dans le secteur Lescun-Somport, ou à **Louis Gandon** (☎ 05 59 34 75 25 ; gandon.louis@9business.fr ; location 9 €/15 € la demi-journée/journée, rando 25 € la demi-journée), avec qui vous partirez pour des boucles autour de Bedous.

RANDONNÉE ÉQUESTRE ET LOCATION D'ÂNES
L'Auberge cavalière (☎ 06 08 25 93 23/05 59 34 78 55 ; www.auberge-cavaliere.com), à Accous, organise des découvertes à cheval de la vallée d'Aspe (48 €/demi-journée, 75 €/journée) ainsi que des randonnées de 4 jours minimum (à partir de 595 €) : tour du Béarn, parc national des Pyrénées et Haut Aragon, entre autres. **Rand'en âne** (☎ 05 59 34 88 98 ; www.garbure.net) à Etsaut (adressez-vous au gîte La Garbure ; voir p. 276), propose de son côté une formule originale pour partir à la découverte de la vallée. La randonnée avec un âne présente un avantage majeur : l'âne porte à votre place votre sac à dos. Qui plus est, il n'est pas si têtu qu'on le dit. Vous pouvez partir pour des balades découverte, d'une heure à une journée (11 €/heure, 23 €/demi-journée, 36 €/jour), ou pour des circuits plus longs, de 2 à 9 jours, entre Ossau et Aspe (on s'occupe pour vous de la réservation des hébergements et on vous fournit les cartes et topoguides nécessaires).

PARAPENTE
La vallée d'Aspe est l'un des hauts lieux du parapente dans les Pyrénées-Atlantiques. Les conditions aérologiques dans le secteur sont excellentes et garantissent une pratique optimale. C'est l'occasion d'expérimenter les sensations propres à cette discipline en s'offrant un baptême : plusieurs formules de vols en biplace sont proposées par **Ascendance** (☎ 05 59 34 52 07/06 08 46 69 81 ; www.ascendance ; ☼ mai-oct) et **Air Attitude** (☎ 05 59 34 50 06 ; www.air-attitude.com ; ☼ printemps-fin sept), deux écoles de parapente basées à Accous. Les prix s'échelonnent entre 65 et 120 € pour 15 minutes à 1 heure de vol, sur les hauteurs d'Accous ou au-dessus du

vallon de Bedous. Des stages d'initiation et de perfectionnement sur un week-end ou sur 5 jours sont également possibles.

ESCALADE
Plusieurs secteurs de la vallée d'Aspe sont devenus légendaires dans le milieu de la "grimpe", notamment les aiguilles d'Ansabère, le Billare, le secteur Urdos... Pour les débutants, il existe des falaises écoles à Lées-Athas, à Lescun et du côté du chemin de la Mâture. **Jean-Baptiste Cappicot** (☎ 05 59 34 52 37/06 71 61 73 06) propose des demi-journées d'initiation (adulte/enfant 25/20 €) ou de perfectionnement (adulte/enfant 35/25 €) dans la vallée.

CANYONING ET SPORTS D'EAUX VIVES
Une dizaine de sites se prêtent à la pratique du canyoning. Signalons notamment les gorges de l'Arpet (Osse-en-Aspe), les gorges de Lapassat (Accous) et, dans le cirque de Lescun, les canyons d'Anitch et de Labrenère. Comptez 35/60 € la demi-journée/journée accompagné par Jean-Baptiste Cappicot (voir ci-dessus), guide de haute montagne.

Le gave d'Aspe et ses eaux impétueuses présentent une configuration idéale pour la pratique du rafting, du canoë, du kayak et de l'hydrospeed. Adressez-vous à **Traqueurs de vagues** (☎ 05 59 82 64 32/05 59 71 96 90 ; www. rafting-pyrenees.com ; ☺ mi mars à mi-oct) ou au

---

LE TUNNEL DU SOMPORT, UNE RÉALISATION CONTROVERSÉE
Dans les années 1880, fut entreprise la construction du transpyrénéen Pau-Saragosse via Oloron-Sainte-Marie, la vallée d'Aspe et le col du Somport. Inaugurée plus de 40 ans plus tard, en 1928, cette ligne passant sur des versants à pic, traversant des tunnels creusés dans les parois rocheuses, culminant dans l'immense tunnel du col du Somport, fut réalisée au prix d'une véritable prouesse technique. En 1970, les rails entre Oloron et la frontière furent endommagés, dans des circonstances douteuses selon certains, et le chemin de fer ferma. Le tronçon qui traversait l'Espagne à partir de Canfranc continua cependant à fonctionner.

Dans les années 1980, alors que l'économie espagnole, et surtout aragonaise, connaissait une vague de prospérité, cette voie de transport transpyrénéenne fit l'objet d'une controverse publique. Selon certains, la meilleure façon d'accroître et d'accélérer la circulation de marchandises vers la France était d'élargir la route traversant la vallée d'Aspe, pour la faire passer de 4 à 6 voies, et creuser un tunnel routier sous le col du Somport, à 1 600 m d'altitude. Les opposants firent remarquer qu'il existait un chemin de fer abandonné dont la remise en service serait beaucoup plus facile ; ils attirèrent l'attention sur les dangers que feraient courir aux animaux et à la végétation une circulation dense et rapide, l'intrusion de véhicules polluants, la consommation accrue de combustibles fossiles (comparé à un chemin de fer alimenté grâce à la production locale d'hydroélectricité) et le risque d'accidents impliquant des marchandises dangereuses. Les partisans de l'autoroute d'Aspe arguaient des bénéfices économiques potentiels, notamment l'intensification du tourisme dans la vallée.

Finalement, des travaux furent engagés pour élargir certains tronçons de la route et réaliser des bretelles de contournement des villages – comme à Etsaut – tandis que des sommes importantes étaient englouties dans la construction d'un tunnel de plus de 8 km de long.

Dans les années 1990, les opposants à la construction du tunnel du Somport se signalèrent par leur ténacité et par quelques manifestations musclées dans la vallée. L'un des plus déterminés d'entre eux, Eric Pététin, était alors responsable d'un lieu d'accueil pour les jeunes, La Goutte d'Eau, aménagé dans l'ancienne gare de Cette-Eygun, et qui se transforma peu à peu en un lieu alternatif catalysant la résistance à la réalisation du tunnel. De vastes rassemblements, associés à un manque de fonds, parvinrent à ralentir les travaux et, en mars 1999, l'incendie meurtrier du tunnel du Mont-Blanc sembla un temps sonner le glas du projet routier. Mais les systèmes de sécurité furent revus et les travaux reprirent.

Les opposants finirent par rendre les armes. Les arguments économiques avaient été les plus forts. Le tunnel du Somport a été inauguré le 17 janvier 2003. Aujourd'hui, les aménagements routiers se poursuivent – une bretelle de contournement de Bedous a récemment été réalisée – tandis que, parallèlement, la réouverture de la ligne de chemin de fer Pau-Canfranc est de plus en plus sérieusement envisagée.

BÉARN

Centre nautique de Soeix (☎ 05 59 39 61 00 ; http://soeix.free.fr ; Soeix), basés respectivement à Lestelle-Bétharram et Oloron-Sainte-Marie (voir l'encadré p. 233). Comptez entre 25 et 50 € environ la demi-journée/journée selon l'activité choisie.

SKI

La **station de ski du Somport** (☎ 05 59 36 00 21 ; www.lesomport.com), sur la commune d'Urdos, dispose de 9 pistes tous niveaux, à proximité de la station espagnole de Candanchù.

Depuis/vers la vallée d'Aspe

En correspondance avec les trains Pau-Oloron, des cars SNCF assurant la liaison entre Oloron et Canfranc en Espagne desservent les localités de la vallée d'Aspe plusieurs fois par jour, toute la semaine. Renseignez-vous directement auprès de la SNCF pour les fréquences et les horaires ou consultez le site www.ter-sncf.com/aquitaine.

LURBE-SAINT-CHRISTAU ET SAINT-CHRISTAU

D'Oloron, suivez la N134, qui file vers le sud parallèlement au gave d'Aspe. Après une dizaine de kilomètres, vous traverserez Asasp, d'où la D918 part vers Lurbe-Saint-Christau et Saint-Christau, deux bourgs paisibles au charme bucolique, pour mener, une vingtaine de kilomètres plus loin, à Arudy dans la vallée d'Ossau (voir plus haut dans ce chapitre), après avoir traversé le **bois du Bager**, une belle et profonde forêt. Saint-Christau est doté d'un **établissement thermal**, fermé pour rénovation lors de notre passage mais qui devrait rouvrir prochainement.

De retour sur la nationale, vous retrouverez la D918 à 2 km au sud d'Asasp, partant plein ouest pour relier les **vallées de Lourdios et de Barétous** (décrites plus loin dans ce chapitre).

Où se loger et se restaurer

Au Bon Coin (☎ 05 59 34 40 12 ; www.thierry-lassala.com ; s/d 56-88, demi pension à partir de 77 €/pers ; formule déj lun-ven 12 €, menus 22-52 € ; ☺ fermé fin fév et dim soir mi-sept à mi-juin ; 🅿). Si les chambres de ce trois-étoiles ont quelque peu perdu de leur lustre, le restaurant fera le bonheur des amateurs de bonne chère (foie gras, langoustines en tempura, tarte fine aux cèpes, demi-pigeon cuit en cocotte dans son jus…). Une petite piscine est réservée aux clients de l'autre côté de la route.

ESCOT

Pour rejoindre Escot, à 5 km au sud, vous pouvez suivre la N134, le long de la rive gauche du gave, ou la D238, une voie secondaire sur la rive droite qu'empruntaient les pèlerins de Saint-Jacques au Moyen Âge. Ce bourg d'allure tranquille marque véritablement la frontière entre la plaine et les molles ondulations des collines, au nord et les montagnes au relief vigoureux, au sud. Après Escot, la N134 se faufile entre le Trône du roi (1 266 m) à l'ouest et le pic Roumendarès (1 646 m) à l'est, offrant ainsi des paysages impressionnants. D'Escot, la vallée latérale de Barescou, permet de monter au **col de Marie-Blanque** (1 035 m), à 9 km de là, et de redescendre dans la vallée d'Ossau.

Où se loger et se restaurer

Camping du Moulin de Barescou (☎ 05 59 34 43 97 ; rte du col de Marie-Blanque ; ☺ mi-avr à mi-sept). À 4 km d'Escot, ce camping deux étoiles d'une cinquantaine d'emplacements est niché au creux de la montagne, à deux pas d'une rivière.

SARRANCE

Sarrance, jolie bourgade qui se déploie le long du gave, mérite une halte, ne serait-ce que pour le **musée Notre-Dame-de-la-Pierre** (☎ 05 59 34 55 51 ; adulte/enfant 4/2,50 € ; ☺ juil-sept tlj 10h-12h et 14h-19h, hors saison sam-dim et vacances scolaires 14h-18h, fermé en jan) qui, avec le musée de Lourdios-Ichère dans la vallée de Lourdios, l'hospitalet à Borce et Les Fermiers basco-béarnais à Accous, forme l'Écomusée de la vallée d'Aspe. La visite, audioguidée, s'ouvre sur une présentation du pèlerinage de Notre-Dame-de-Sarrance et de la légende qui en serait à l'origine (la découverte d'une statue miraculeuse de la Vierge au bord du gave par un taureau et un berger et l'édification d'une chapelle à cet endroit). Vous découvrirez ensuite l'histoire du sanctuaire et une exposition sur le thème de l'alliance de l'eau et de la pierre, comprenant notamment une grande maquette de la vallée, très utile pour se situer et appréhender la configuration des routes, villages, pics et rivières, du défilé d'Escot au col du Somport.

Du musée, on peut se rendre à pied jusqu'à la petite **chapelle** originelle, de l'autre côté de la N134 : des escaliers mènent aux eaux limpides du gave, jusqu'à la "source du taureau", aujourd'hui tarie.

Poursuivez votre visite par l'ensemble monumental que composent l'**église Notre-Dame** et le **cloître**. L'église actuelle date du XVIIe siècle, mais sa construction remonte au XIVe siècle. Elle se singularise par son clocher porche à huit faces curvilignes. La statue "miraculeuse" trône dans une niche, et paraît toute frêle en regard du riche décor doré de l'intérieur de l'église. Des panneaux de bois sculptés évoquent la légende. Le cloître, également du XVIIe siècle et composé de deux rangées d'arcades superposées, semble suspendu hors du temps.

Deux kilomètres après Sarrance s'offre la possibilité de faire une infidélité à la vallée d'Aspe via la D241, sur la droite. Elle rejoint Lourdios-Ichère, dans la vallée de Lourdios, à 10 km, par le **col d'Ichère** (674 m). Le trajet, très pittoresque, fait alterner grasses prairies et vallons isolés, dominés par les masses du Layens (1 625 m), au sud, et du Saraillé (1 242 m), au nord.

Où se loger et se restaurer

🅴 Les Fontaines d'Escot (☎ 05 59 34 54 40, www.fontaines.selfip.com ; s/d 26-35/31-41 € selon saison, ste 40-64 € selon saison et nbre de pers ; petit-déj 7 € ; table d'hôte 15 € ; ☯ toute l'année ; Wi-Fi gratuit). Des chambres d'hôte atypiques, aménagées sur le site d'une ancienne station thermale. Les chambres sont à des prix très intéressants, mais les planchers et les tapisseries restent à rénover. Les 2 suites ont, quant à elles, été totalement refaites : chacune possède une chambre lumineuse et haute de plafond avec poutres apparentes, un espace salon doté d'une cheminée et une sdb. Une véritable affaire ! Table d'hôte sur réservation.

BEDOUS, AYDIUS ET ORCUN

Après Sarrance, on parvient dans une partie de la vallée plus évasée, large et plate, contrastant avec le défilé d'Escot. Au cœur de ce "grand vallon", comme on l'appelle parfois, voici **Bedous**, l'une des principales localités de la vallée d'Aspe, à 6,5 km au sud de Sarrance. Elle abrite plusieurs commerces et l'office du tourisme (voir plus haut la rubrique *Renseignements*). Autour de la tranquille place centrale s'élèvent la mairie-halle et quelques vieilles maisons au cachet certain. Plus en retrait, le joli manoir du XVIIe siècle doté de deux tourelles circulaires, connu sous le nom de **château**

Lassalle, est aujourd'hui le siège de plusieurs associations.

À 500 m du village, sur la route d'Aydius, le **moulin d'Orcun** (☎ 05 59 34 74 91 ; www.moulin-orcun.com, route d'Aydius ; adulte/enfant 4/3 € ; ☯ juil-août tlj à 11h, 15h, 16h, 17h et 18h, hors saison sur réservation), datant du XVIIIe siècle, est le dernier de la vallée d'Aspe encore en activité (vente de pain bio sur place). Son propriétaire vous en détaillera l'historique et le fonctionnement et vous invitera à découvrir son petit **musée du Pain** ou à passer un moment au bord de l'eau pour **pêcher la truite**. On sert également sur place des **repas bio** (15-20 €), sur réservation

Du moulin, une courte marche de 300 m dans un paysage bucolique vous mènera jusqu'à la "roche qui pleure", un filet de cascade qui dégringole le long de rochers couverts de mousse. Non loin du moulin, la modeste **église** d'Orcun abrite un riche mobilier.

Du hameau d'Orcun, il faut impérativement monter au village perché d'**Aydius**, à 7 km à l'est. On y accède par une ravissante route en lacets (la D237). Difficile de ne pas éprouver un coup de cœur pour ce village pétri de charme, ses étroites ruelles, ses toits d'ardoise et son atmosphère paisible, sertis comme un joyau dans un magnifique cirque montagneux, dont les plus hauts sommets dépassent les 2 000 m. Allez sur les hauteurs du village pour appréhender cette vue dans toute son ampleur. En redescendant (Aydius est un cul-de-sac), prenez le temps d'observer le petit ruisseau en contrebas de la route pour ne pas manquer la **cascade de Gabarret**.

Où se loger et se restaurer

🅴 Le Mandragot (☎ 05 59 34 59 33 ; pl. Sarraillé, Bedous ; nuitée 10 € ; ☯ toute l'année). Ce gîte d'étape occupe une grande bâtisse donnant sur la place du village. Il dispose de dortoirs et de chambres avec douches séparées. Cuisine commune à disposition.

🅴 Chambres d'hôte maison Laclède (☎ 05 59 34 70 19 ; rue Laclède, Bedous ; s/d 27/34 avec petit-déj ; ☯ toute l'année). Les trois chambres de cette demeure du XVIIIe siècle, maison natale du fondateur de la ville de Saint-Louis, aux États-Unis, intéresseront avant tout les voyageurs à petit budget : leurs petits prix et les très beaux meubles anciens dont elles sont pourvues compensent leurs tapisseries démodées et l'atmosphère surannée du lieu.

La grande chambre du 1er étage, dotée d'un coin douche, est la plus intéressante ; les deux autres partagent une salle de bains au 2e étage.

Chambres d'hôte et restaurant Chez Michel (☎ 05 59 34 52 47 ; www.chambrenaspe.fr ; rue Gambetta, Bedous ; s/d 45 € avec petit-déj, ½ pension 55 €/pers, 76 €/2 pers ; formule déj sem 11 €, menus 16,50-21 € ; ☺ juil-août tlj sf sam midi, hors saison fermé ven soir, sam midi et dim soir ; Wi-Fi gratuit). Donnant sur la très passante N134, ce restaurant n'a rien d'attrayant de prime abord. Un coup d'œil à la carte suffit pourtant à attirer l'attention : truite aux cèpes, magret en cocotte, garbure ou ragoût de moutonnet et ses haricots maïs promettent un repas copieux et savoureux. Dans un bâtiment attenant, les 4 chambres d'hôte avec sdb sont propres, colorées, et dotées d'un double vitrage. La 3, avec baignoire, est particulièrement spacieuse et agréable. Délicate attention, un sauna est réservé aux hôtes. La demi-pension est possible à partir de 3 nuits.

La Broc'(☎ 06 80 33 60 36 ; pl. Sarraillé, Bedous ; ☺ 9-12h et 15h-19h, fermé mer). Un salon de thé-brocante situé sur la place du village et doté d'une petite terrasse idéale pour paresser au soleil, à l'heure du petit-déjeuner ou de retour de balade.

Restaurant et chambres d'hôte des Cols (☎ 05 59 34 70 25 ; rue du Général-Loustaunau, Aydius ; s/d 27/34 €, petit-déj 5,40 €, demi-pension 41 €/pers, 67 €/2 pers ; menus 12-22 €, plats 7-12 €, menu enfant ; ☺ tlj midi et soir ; ▣). Une auberge aspoise authentique – jusque dans le côté un peu bourru du patron – où l'on vous servira une cuisine familiale : magret, faux-filet, gigot de mouton le dimanche, tarte aux myrtilles… Réservez une table dans la véranda, pour uavoir la vue sur les montagnes. Si la quiétude sans pareille d'Aydius vous donne envie de prolonger votre séjour, vous pourrez dormir dans l'une des 3 chambres claires et colorées, avec sdb, situées à l'étage du restaurant. Demi-pension possible à partir de 3 nuits.

OSSE-EN-ASPE ET LÉES-ATHAS

De Bedous, avant de poursuivre votre route par la N134 jusqu'à Accous, faites un petit détour par Osse-en-Aspe et Lées-Athas, deux villages situés de l'autre côté du gave, séparés de 2 km seulement. Si l'architecture et le mobilier de leurs **églises** méritent le coup d'œil, ces deux modestes communautés,

alanguies au pied des montagnes, séduisent surtout par leur cadre naturel et leur calme intemporel.

À Osse-en-Aspe, l'Auberge Pimparela propose un parcours nature autour des plantes et des arbres et une visite des **animaux de la ferme** (adulte/enfant 3/2 €).

D'Osse-en-Aspe par la D442, ou de Lées-Athas par la D441, on peut rejoindre les hauteurs de la **forêt d'Issaux** et, au-delà, la vallée de Barétous et la station de **La Pierre-Saint-Martin** (voir p. 279). Ces deux routes secondaires s'unissent au **col de Bouézou**. Le parcours est éprouvant – la route est étroite et les lacets vigoureux – mais vous serez récompensé par des paysages très sauvages et réellement dépaysants.

Où se loger et se restaurer

Auberge Pimparela (☎ 05 59 34 51 96 ; quartier Ipère, Osse-en-Aspe ; menus 17-28 € ; ☺ mai-sept tlj midi et soir sur réservation, hors saison jeu-dim soir). Isolée à flanc de montagne, à 2 km environ du village, cette adresse propose une cuisine du terroir à base de produits fermiers et un menu original, réalisé à partir de plantes de montagne, qui change tous les mois. Vous pourrez ainsi goûter au poulet sauce bourrache, accompagné d'un verre de vin de la région, et terminer par un yaourt aux fleurs. L'été, la terrasse, orientée plein sud, offre une belle vue sur le cirque d'Accous. Le dépaysement est total. L'hiver, toutes les tables profitent de la cheminée centrale dans la salle de restaurant, aménagée dans une ancienne étable.

Gîte Chaneü (☎ 05 59 34 30 15/06 88 86 95 ; bourg, Osse-en-Aspe ; nuitée adulte/moins 10 ans 10/9 € juin-oct, 11/10 € nov-avr ; ☺ toute l'année). Tout proche du temple, dans une maison ancienne au cœur du village, ce gîte n'est pas à la pointe du modernisme, mais il fera l'affaire pour les randonneurs et les voyageurs à petit budget. Les chambres comportent de 4 à 8 lits et il y a une cuisine commune. Le bois est fourni pour le feu de cheminée l'hiver.

ACCOUS

En retrait de la N134, 3 km après Bedous, le petit village d'Accous était la capitale de la vallée au Moyen Âge. Blotti au pied de hauts sommets – dont le Permayou (2 344 m) et le pic d'Isabe (2 463 m), il séduit par ses ruelles étroites et paisibles partant en tous sens autour de la petite place de l'église, longées par de belles maisons aux toits d'ardoise. On produit dans les fermes d'Accous d'excellents fromages. À l'entrée du village, au bord de la nationale, **Les Fermiers basco-béarnais** (☎ 05 59 34 76 06 ; entrée libre ; ☼ juil à mi-sept lun-sam 9h-12h et 15h-19h, jusqu'à 18h le reste de l'année) regroupent une centaine de producteurs de fromages fermiers des vallées d'Aspe et d'Ossau. C'est également l'un des quatre sites de l'écomusée de la vallée d'Aspe. Récemment refait, il présente au public une vidéo sur la fabrication du fromage, une vue sur les saloirs et un "livre virtuel" détaillant les différentes sortes de fromage de vache, de brebis et de chèvre (que vous trouverez en vente sur place ; à titre d'exemple, l'Ossau-Iraty s'achète entre 10 et 16 €/kg). La visite se termine par une dégustation.

Il vaut également la peine d'explorer les environs du village. Au hameau de **Jouers**, à environ 1 km au nord d'Accous, la **chapelle Saint-Saturnin**, de facture romane, est l'édifice religieux le plus ancien de la vallée d'Aspe (XIIᵉ siècle). Son clocher arbore un cadran solaire et des modillons sont sculptés sur le chevet. La **chapelle Saint-Christau**, isolée dans la montagne à 5 km d'Accous (suivez le fléchage à la sortie du village), est également l'occasion d'une belle balade. On y accède par une petite route pleine de charme. Si vous êtes en voiture, vous pourrez faire demi-tour 500 m environ après la chapelle ou continuer environ 2 km avant de vous garer et de continuer à pied jusqu'à la **cabane du Bergout** (à environ 1 heure de marche), d'où la vue sur la vallée et les pics alentour est à couper le souffle (c'est aussi le site d'envol des parapentes).

Les plus jeunes seront intéressés par les tyroliennes, ponts de singe et autres lianes de Tarzan installés dans une forêt entre Accous et Bedous, sur la petite route parallèle à la N134 : **Du haut de mon arbre** (☎ 06 82 65 66 71 ; 5-7 ans 7 €, 8-12 ans 11 €, plus de 13 ans 17 € ; ☼ avr-oct tlj 10h-19h pendant les vacances scolaires et les week-ends, hors saison sam-dim 13h30-19h ou sur réservation) propose 5 parcours de tous niveaux.

Où se loger et se restaurer

Le Permayou (☎ 05 59 34 72 15 ; http ://permayou.vallee -aspe.com ; RN134 ; formule déj sem 9,50 €, menus 18-23 € ; ☼ fermé dim soir l'année et lun soir hors saison). Ne vous laissez pas décourager par son allure de relais routier. La cuisine, servie

dans la grande salle du restaurant (poulet à l'estragon, gigot d'agneau, petit chèvre au miel, tarte au chèvre et au chorizo) de cet établissement situé en retrait de la nationale, est aussi soignée que ses 7 chambres, propres et fonctionnelles.

🖥 **Maison Despourrins** (☎ 05 59 34 53 50 ; http :// maison-despourrins.vallee-aspe.com ; bourg ; nuitée 14 €, demi-pension 33 €, table d'hôte 13,50 € ; ☼ toute l'année). La dynamique Annie Lespinasse vous accueille dans un gîte moderne et bien tenu, au centre du village, disposant de 23 places, réparties dans des chambres de 2, 3 et 4 lits seulement, avec sanitaires sur le palier. Prévoyez un sac de couchage (location de draps possible). Accompagnatrice en moyenne montagne, elle vous renseignera sur les balades dans la vallée. La table d'hôte est appréciée autant pour la qualité des plats (sauté de porc au jurançon, gratin de pommes de terre, garbure) que pour sa convivialité. En été, la demi-pension est demandée. Cuisine équipée à disposition et possibilité de commander un panier pique-nique (8,50 €).

Chambres d'hôte L'Arrayade (☎ 05 59 34 53 65 ; www.chambresdhotes-larrayade.com ; rue Darré-Chichette ; s/d 35/45 € avec petit-déj ; ☼ toute l'année ; Wi-Fi gratuit). Aménagées en 1994 dans une ancienne maison béarnaise au centre du village, ces 5 chambres d'hôte, avec sdb et dotées d'une entrée indépendante, sont sobrement mais agréablement décorées et d'une propreté exemplaire. Deux d'entre elles, lambrissées, sont particulièrement chaleureuses. Jean-François et Isabelle, vos hôtes, toujours attentionnés et connaissant parfaitement la vallée, se feront un plaisir de vous conseiller sur les randonnées ou le parapente. Une buanderie, un salon commun et une cuisine équipée sont à disposition.

Auberge Cavalière (☎ 05 59 34 72 30 ; www. auberge-cavaliere.com ; s/d 44 €, tr 58 €, demi-pension à partir de 41,50 € ; menus 19,50 €, menu enfant, plats 13-20 € ; ☼ toute l'année). Indiquée à la sortie d'Accous (en allant vers le col du Somport), cette auberge se double d'un centre équestre (voir la rubrique *Activités sportives*). Les 6 chambres avec sdb, propres et claires, offrent un confort honorable. Le restaurant allie à un décor rustique (grande cheminée, peaux de mouton accrochées aux murs en pierre, ail et piment suspendus) une cuisine classique mais gourmande, inspirée du terroir : épaule confite au romarin, magret de canard aux fruits rouges, fromage des estives d'Aspe, escalopes de foie gras poêlé... Demi-pension possible à partir de 2 nuits.

LESCUN

Il faut l'écrire sans détour : Lescun est le joyau de la vallée d'Aspe. À 3,5 km au sud d'Accous, la D239 bifurque sur la droite et vous conduit en 6 km de vifs lacets à un monde féerique : le **cirque de Lescun**, fleuron de la vallée d'Aspe. Somptueux, grandiose, unique, les adjectifs manquent pour décrire ce site. Le village de Lescun, à 900 m d'altitude, jouit d'un environnement exceptionnel. Où que le regard se porte, on bute sur les murailles de la chaîne pyrénéenne. Leurs noms ? Les aiguilles d'Ansabère, le Dec de Lhurs, le Billare, le pic d'Anie ou les orgues de Camplong. Pouvait-on rêver plus bel horizon ?

De Lescun, plusieurs petites routes sillonnent le cirque. C'est l'occasion de découvrir le monde pastoral et les estives, entre *cayolars* et troupeaux de brebis. Montez jusqu'au **refuge de Labérouat**, à 1 442 m, accessible en voiture par une route secondaire (6 km). De là, le panorama sur les massifs environnants et le plateau en contrebas vaut son pesant d'émotions.

Reprenez la D239 qui redescend vers la vallée. En arrivant au panneau signalant Lhers, bifurquez à droite. La route, étroite, conduit au **plateau de Lhers**, fief du pastoralisme aspois. Là encore, les visions oniriques sont garanties : cabanes de bergers, troupeaux de brebis ou de vaches, et toujours de superbes massifs qui festonnent l'horizon. Avec le cirque de Lescun, c'est sans doute l'un des plus beaux endroits des Pyrénées occidentales. Vous trouverez sur place un gîte d'étape et une aire de camping.

Bien entendu, ce site se prête à de multiples randonnées (voir *Activités sportives* ci-dessous, ainsi que le chapitre *Randonnées et balades dans les Pyrénées*).

Où se loger et se restaurer

◯ ◙ **Maison de la Montagne** (☎ 05 59 34 79 14 ; bourg ; nuitée 15 € avec petit-déj, demi-pension 32 € ; ☷ fermé nov à mi-déc ; Wi-Fi gratuit). Une adresse remarquable au centre du village. Ce gîte moderne et accueillant, situé dans une bâtisse de caractère en pierres apparentes, est tenu par Thierry Croquefer, accompagnateur en moyenne montagne, qui saura

vous renseigner sur toutes les possibilités de balades dans le secteur. Les 25 places sont réparties dans de petites chambres de 4 à 5 lits, claires et pimpantes, dotées de parquet, avec douches et WC séparés. Une salle commune, une cuisine équipée et une buanderie (6 € le lavage-séchage) sont à disposition.

Bar-Brasserie Le Berger (☎ 05 59 34 74 07 ; http ://restaurant-bar-les-bergers.vallee-aspe.com ; bourg ; menus 12-17 € ; ☷ mai-oct tlj, sur réservation hors saison). En bas du village, cet établissement sert des spécialités du pays et propose des casse-croûte à emporter. Des chambres d'hôte devraient également y être proposées dans un avenir proche.

◙ **Camping-gîte du Lauzart** (☎ 05 59 34 51 77 ; tente 4 €, adulte/enfant 3,20/2,50 €, gîte 13 € la nuitée ; ☷ fermé oct). Un établissement moderne, à l'écart du village, en direction du plateau de Lhers, dans un cadre superbe. Les chambres comportent de 5 à 10 lits.

◙ **Refuge de Labérouat** (☎ 05 59 34 71 67 ; http ://refugeaberouat.blogspot.com ; nuitée 14 €, demi-pension 30 € ; ☷ toute l'année ; ▯ ; Wi-Fi gratuit). De Lescun, une route carrossable monte jusqu'à ce refuge, à près de 1 500 m d'altitude. Le site, de toute beauté, donne sur l'Anie, les orgues de Camplong et l'imposante masse du Billare, tout proche. Le refuge dispose de 80 places, réparties dans des chambrées de 2 à 5 lits, avec sanitaires communs. Il forme une base idéale pour randonner dans le cirque de Lescun.

CETTE-EYGUN, ETSAUT ET BORCE

La première de ces trois localités se partage entre Eygun, au bord de la nationale, et Cette, perché sur les hauteurs. L'ancienne gare du village fut transformée dans les années 1980-1990 en un lieu alternatif, **La Goutte d'Eau**, dont la figure emblématique, Éric Pététin, fut un farouche opposant à la construction du tunnel du Somport (voir l'encadré p. 271). L'**église Saint-Pierre**, de Cette, date du XIIe siècle.

Etsaut, à 3,5 km après Cette-Eygun, est bâti sur la rive droite du gave d'Aspe. À l'entrée du village, l'ancienne gare abrite aujourd'hui une antenne de la **Maison du parc national des Pyrénées** (☎ 05 59 34 88 30 ; www.parc-pyrenees.com ; ☷ juil-août tlj 10h-12h30 et 14h-18h), présentant une exposition sur la faune des Pyrénées. Non loin, la **Maison d'Ulysse** (☎ 05 59 34 87 78 ; ☷ tlj 10h-13h et 15h-20h) est spécialisée dans les vêtements et les couvertures en peau de mouton.

Presque en face d'Etsaut, sur la rive gauche du gave, étagé sur les flancs de la montagne, **Borce** passe pour l'un des villages les plus harmonieux de la vallée, et l'un des plus intéressants sur le plan architectural. Cette cité médiévale est depuis longtemps une étape importante des chemins de Saint-Jacques-de-Compostelle. À l'entrée nord du village, l'**hospitalet** (☎ 05 59 34 88 99 ; entrée libre ; ☼ 10h-19h), une ancienne chapelle du XIIᵉ siècle judicieusement restaurée après maintes vicissitudes, retrace l'histoire du pèlerinage, avec des panneaux d'informations et une mise en scène avec son et lumière (activé par un monnayeur pour 1 €).

Un **sentier de découverte** parcourt le village, mettant en valeur son riche patrimoine architectural : **maison forte** datant de la fin du XIIIᵉ siècle, **église**, belles demeures anciennes, tour de guet, lavoir ou encore fours à pains.

Où se loger et se restaurer

Gîte-Auberge La Garbure et **La Maison de l'Ours** (☎ 05 59 34 88 98, www.garbure.net ; bourg, Etsaut ; nuitée 12 €, 16 € avec petit-déj ; ☼ toute l'année ; Wi-Fi gratuit). Ces 2 établissements, séparés d'une centaine de mètres, sont tenus par les mêmes propriétaires (qui assurent également la prestation Rand'en Âne, voir la rubrique *Activités sportives*). La Garbure affiche, dans une maison traditionnelle, une capacité de 53 places réparties en chambres de 2 à 6 lits (avec douche) et en dortoirs de 8 et 15 lits, d'un confort sommaire mais convenable. La Maison de l'Ours, sur la place du village, comporte plusieurs chambres de 2 à 5 lits, avec lavabo (douche et WC sur le palier), d'aspect plus vieillot. Prévoyez un sac de couchage (3 € pour la location de draps et de serviettes). Aire de jeux pour enfants et cuisine équipée à disposition. Possibilité de demi-pension (28 €) et de pension complète (35 €).

Hôtel-Restaurant Au Château d'Arance (☎ 05 59 34 75 50 ; www.hotel-auchateaudarance.com ; bourg, Cette-Eygun ; s/d 59/63-65 € ; menu 12-29 €, menu enfant ; ☼ mai-sept tlj, fermé mar le reste de l'année, 3 sem en nov et mi-janv à mi-fév ; ⚐ ; Wi-Fi gratuit). Le charme de cet hôtel aménagé dans un ancien château du XIIIᵉ siècle ne tient pas seulement à son architecture de caractère : vous pouvez aussi compter sur un accueil chaleureux et personnalisé (il y a 8 chambres), une décoration, des équipements fonctionnels (TV, Wi-Fi, clim, grandes sdb), une piscine et une vue incomparable sur la vallée et les sommets environnants. Le restaurant, loin de déparer, vous servira une cuisine du terroir de qualité – à l'image du pain et des desserts maison –, rehaussée d'une touche de créativité (terrine de foie gras aux figues, pigeonneau rôti…). Il est également possible de loger dans l'une des 5 chambres d'hôte dépendant de l'hôtel (33-55 €), au sein d'une jolie maison à l'entrée du village.

Gîte Saint-Jacques-de-Compostelle (☎ 05 59 34 88 99 ; Borce ; nuitée 12 € ; ☼ toute l'année). Ce gîte de 6 places, à l'entrée du village, contre la chapelle de l'Hospitalet, possède également une cuisine. Destiné aux pèlerins, il est également utilisé par les randonneurs comme gîte d'étape.

CHEMIN DE LA MÂTURE ET FORT DU PORTALET

Environ 3 km après Borce, la N134 passe à hauteur du chemin de la Mâture (voir le descriptif de randonnée qui lui est consacré dans le chapitre *Randonnées et balades dans les Pyrénées*), taillé à mains d'homme dans la paroi calcaire au XVIIIᵉ siècle pour acheminer, dans la vallée, les troncs d'arbres destinés aux mâts de la Marine royale.

Un peu plus loin, levez la tête pour distinguer, sur votre gauche, le fort du Portalet, construit à flanc de falaise, 150 m au-dessus du gave. Il s'agit d'un fort militaire du XIXᵉ siècle. Alfred de Vigny y séjourna en garnison en 1823. Le fort servit de prison politique de 1941 à 1943 ; les opposants au régime de Vichy, dont Édouard Daladier, Léon Blum, Paul Reynaud et Georges Mandel, y furent emprisonnés. En 1945, le maréchal Pétain, dernier prisonnier de cette forteresse, y resta trois mois. Le monument, récemment classé monument historique, est en cours de restauration.

URDOS ET LE COL DU SOMPORT

La vallée s'évase à nouveau à hauteur du village d'Urdos, dernière localité avant la frontière espagnole. Il faut encore 14 km d'une rude montée en lacets pour atteindre le col du Somport, à 1 650 m d'altitude, qui marque la frontière avec l'Espagne. Le tunnel du Somport, longtemps décrié, a été ouvert à la circulation le 17 janvier 2003 (voir l'encadré p. 271). Côté espagnol, on atteint rapidement la station de sports d'hiver de Candanchu, avant de parvenir à Canfranc, célèbre pour sa gare aux proportions monumentales.

Où se loger et se restaurer

Camping du Gave d'Aspe (☎ 05 59 34 88 26 ; rue du Moulin de Latourette ; adulte/enfant 3/2,20 € ; ☺ mai à mi-sept ; véhicule 4 €). Un camping agréable, sur un terrain tout en longueur entre l'ancienne voie ferrée et le gave d'Aspe.

VALLÉE DU BARÉTOUS

La vallée du Barétous ("petite vallée" en béarnais), la plus à l'ouest des vallées des Pyrénées béarnaises, à la charnière entre le Pays basque et le Béarn, n'a pas la réputation de ses prestigieuses consœurs, Ossau et Aspe. Pourtant, c'est assurément la plus traditionnelle, la plus secrète et, à certains égards, la plus sauvage. D'Aramits, à l'entrée nord de la vallée, au col de La Pierre-Saint-Martin, le Barétous offre une gamme complète de panoramas, d'ambiances et de paysages, et n'a pas à rougir de la comparaison avec ses voisines plus médiatiques. Si Ossau a le pic du Midi d'Ossau et Aspe les mythiques aiguilles d'Ansabère, le Barétous se prévaut du pic d'Anie, autre statue du commandeur des Pyrénées occidentales. Ses rares villages ne manquent pas de charme, les forêts qui habillent ses flancs alternent avec de grasses prairies, et le secteur de La Pierre-Saint-Martin, à la frontière espagnole, se singularise par sa géologie très particulière, de type ruiniforme et lunaire. Partout, le pastoralisme est encore très vivace.

RENSEIGNEMENTS

Cyberbase d'Aramits (☎ 06 73 20 28 20/06 73 20 20 67 ; pl. Guirail ; 2,40 €/heure).

Office du tourisme d'Arette (☎ 05 59 88 95 38 ; www.valleedebaretous.com ; ☺ juil-août lun-sam 9h-12h30 et 14h30-19h, hors saison lun-sam 9h-12h et 14h-18h). Il vous renseignera sur les ressources touristiques de la vallée du Barétous.

Office du tourisme de La Pierre-Saint-Martin (☎ 05 59 66 20 09 ; www.lapierrestmartin.com ; ☺ fin juin à mi-sept lun-sam 9h-12h30 et 13h30-18h, dim et jours fériés 9h-12h, fin nov à mi-avr tlj 9h-18h). Il se trouve dans la Maison de La Pierre, au centre de la station. Poste Internet à disposition.

À VOIR ET À FAIRE

D'Oloron, suivez la D919 en direction d'Arette et de La Pierre-Saint-Martin. La route remonte la **vallée du Vert**. Les premières collines apparaissent peu après les villages de **Féas** et d'**Ance**, qui ne présentent pas d'intérêt particulier.

À 6 km vers le sud, le bourg d'**Aramits** se trouve à la confluence de deux ruisseaux, le Vert d'Arette et le Vert de Barlanes. Ce chef-lieu de canton, que l'histoire et la géographie ont consacré capitale du Barétous, doit sa notoriété à la fête des Bergers (voir *Fêtes et festivals*), ainsi qu'à l'œuvre d'Alexandre Dumas. L'écrivain se serait en effet inspiré d'Henry d'Aramitz, abbé laïque, pour créer le personnage d'Aramis, l'un des trois mousquetaires (voir l'encadré *Le Béarn, terre de mousquetaires*, p. 40).

À 1 km du bourg, **Aventure Parc** (☎ 05 59 34 64 79 ; Aramits ; adulte/enfant 20/15 € ; ☺ juil-août tlj 10h-19h, fin avr-juin et sept sam-dim 13h30-18h30, la caisse ferme 2h plus tôt), un parcours acrobatique dans les arbres, comprend une cinquantaine de jeux aériens qui feront le bonheur des petits et des grands.

À 4 km au sud d'Aramits, faites un crochet à l'est jusqu'à **Lanne-en-Barétous**, dernière commune du Béarn avant le Pays basque. De là, vous pouvez emprunter la D632 sur la gauche, une route secondaire qui longe le Vert de Barlanes sur plusieurs kilomètres avant d'entreprendre une montée de près de 1 000 m de dénivelé jusqu'au **plateau d'Issarbe**, fort justement considéré comme l'un des lieux les plus bucoliques du haut Béarn, à quelque 1 200 m d'altitude. Ce site forme un belvédère d'où l'on bénéficie de points de vue époustouflants sur les massifs environnants, et jusqu'à la plaine d'Oloron. La D632 rejoint ensuite la D132 (l'axe principal de la vallée de Barétous) plus au sud, peu avant La Pierre-Saint-Martin.

Depuis Aramits, la D133 mène rapidement à **Arette**, un bourg sans histoire, qui connut cependant des heures noires en août 1967, lors d'un tremblement de terre qui détruisit presque entièrement la localité. Ce sinistre épisode de l'histoire du village sera évoqué dans la nouvelle version du **musée du Barétous**, en travaux lors de notre passage, et qui devait rouvrir au printemps 2009. Fort d'une nouvelle muséographie, il abordera les différentes facettes du patrimoine barétounais, et notamment le pastoralisme, la junte de Roncal (voir l'encadré p. 280), le gouffre de La Pierre Saint-Martin et la spéléologie, ou encore les mousquetaires. L'**Association des mousquetaires de Béarn et de Gascogne** (inscription auprès de l'office du tourisme ; adulte/enfant 3/2 €), dont le siège se trouve à Arette, propose l'été des sorties sur les traces des mousquetaires béarnais. D'Arette, on peut rejoindre la vallée de Lourdios et la vallée d'Aspe par la D918 via Issor.

C'est à partir d'Arette que le relief prend une tournure plus montagnarde. Le décor se fait plus sauvage, l'ambiance devient plus prenante ; il n'y a plus de localité jusqu'à **La Pierre-Saint-Martin**, à 23 km au sud par la D132, à plus de 1 500 m d'altitude. Cette station de sports d'hiver, dominée par la haute masse du **pic d'Anie** (2 504 m), possède un vaste domaine skiable (voir la rubrique *Activités sportives*). Si la station elle-même souffre de l'habituelle architecture sans charme des stations de sports d'hiver, le décor alentour prend une tournure résolument minérale, aride, presque lunaire : le secteur de La Pierre-Saint-Martin est le lapiaz (zone calcaire fissurée par le ruissellement des eaux) le plus grand d'Europe. Imaginez un immense décor ruiniforme composé de roches crevassées et d'*arres*, sculptés par l'érosion au fil du temps, qui semble avoir été façonné par des titans en colère. Le site est bien connu des spéléologues, qui viennent parcourir les galeries souterraines, comme celles du **gouffre de La Pierre-Saint-Martin**, l'un des plus profonds au monde. L'été, l'office du tourisme de La Pierre Saint-Martin organise une visite guidée d'une cabane de berger, avec démonstration de **fabrication de fromage**.

Le **col de La Pierre-Saint-Martin** (1 760 m), 3 km après la station, marque la frontière avec l'Espagne.

ACTIVITÉS SPORTIVES
Randonnée pédestre

Comme les autres vallées des Pyrénées béarnaises, la vallée du Barétous est un paradis pour les randonneurs. L'office du tourisme d'Arette vend des fiches descriptives (0,50 € l'unité) présentant des parcours faciles au départ des villages de la vallée. Les parcours plus engagés se situent dans le secteur de La Pierre-Saint-Martin avec, comme randonnée mythique, l'ascension du pic d'Anie (décrite dans le chapitre *Randonnées et balades dans les Pyrénées*) et celle du pic d'Arlas, plus facile.

L'été, le camping Barétous-Pyrénées, à Aramits, organise des **randonnées accompagnées**

pour découvrir la vallée, en journée comme en soirée.

Ski et activités d'hiver

La station de **La Pierre Saint-Martin** a de quoi combler les fous de **glisse**, avec une vingtaine de pistes tous niveaux. Le fait mérite d'être signalé, la station a également fait de la protection de l'environnement l'une de ses priorités (replantation d'arbres, utilisation d'huiles biodégradables, diminution du nombre de pylones…). En bas de la station, un vaste espace nordique attend les amateurs de **ski de fond** ou de **randonnée en raquettes**, qui peuvent également se rendre sur le **plateau d'Issarbe**, à 8 km de là.

Si le ski ne vous attire pas ou que vous avez envie de changer un peu, partez pour une descende de **VTT sur neige** (☎ 06 59 66 21 86/05 59 39 65 08 ; à partir de 15 €, âge minimum 11 ans), optez pour un baptême de **ski-joering** (☎ 06 20 59 42 88 ; à partir de 26 €) ou lancez-vous dans la **construction d'un igloo** (☎ 05 59 39 65 08/06 60 25 08 73) avant d'y passer la nuit.

Nordic'Espace (☎ 06 59 09 99 46 ; à partir de 20 €) propose durant la saison d'hiver des balades en traineaux à chiens, une activité ouverte à tous, y compris aux personnes handicapées, qui pourront également découvrir le **tandem-ski** (☎ 05 59 66 21 86 ; 49 €/heure).

Cyclotourisme et VTT

Pascal Hourticq (☎ 05 59 88 90 05/06 82 05 58 43 ; Arette), moniteur diplômé, vous fera découvrir les coins secrets de la vallée du Barétous, à la demi-journée ou à la journée. Les parcours sont adaptés au niveau et aux souhaits des participants. Un programme spécial est destiné aux enfants dès 7 ans. Des itinéraires plus engagés, avec de magnifiques descentes jusqu'à 1 500 m de dénivelé sur pistes ou hors pistes, sont également prévus. Comptez 35/45 € la demi-journée/journée. Ce prestataire loue également des VTT.

Pour la location, vous pouvez également vous adresser au camping Barétous Pyrénées, à Aramits, ou aux **Chalets d'Issarbe** (☎ 05 59 39 65 08 ; 12/17 € la demi-journée/journée) à Issarbe.

FÊTES ET FESTIVALS

Grand rendez-vous du calendrier barétounais, et même pyrénéen, la **fête des Bergers** se déroule chaque année le 3e week-end de septembre à Aramits. Loin d'être un folklore

BÉARN

LA JUNTE DE RONCAL

Au col de La Pierre-Saint-Martin, à la frontière espagnole, très exactement à hauteur de la borne frontière 262, se déroule le 13 juillet de chaque année une étrange cérémonie : la junte de Roncal. Elle commémore un acte de paix de 1375 qui, dit-on, est le plus ancien traité d'Europe. Les maires de la vallée du Barétous et les *alcades* (maires) de la vallée de Roncal, en costume traditionnel, prêtent serment. Les Béarnais offrent aux Aragonais trois génisses en échange de l'usage des pâturages du côté espagnol, et tout le monde fête la paix, victorieuse des anciennes querelles frontalières. Tous superposent leurs mains sur la borne frontière et se jurent *"paz abàn"* (paix dorénavant). Un repas clôt la cérémonie. Cette fête traditionnelle est aujourd'hui l'un des grands rendez-vous touristiques de la vallée du Barétous.

galvaudé pour touristes, cette fête donne l'occasion aux bergers de la région de se retrouver et de faire partager une année de leur travail. Au programme : concours de chiens de bergers, défilés avec échassiers et bergères en tenue d'époque, exposition artisanale, stands de produits régionaux, danses et chants traditionnels…

Autre temps fort : la **junte de Roncal**, le 13 juillet, au col de La Pierre-Saint-Martin, une cérémonie qui commémore un acte de paix de 1375 (voir l'encadré ci-dessus).

Tous les jeudis soir en juillet et en août, un **souper du berger** est organisé à Aramits.

OÙ SE LOGER ET SE RESTAURER

Camping Barétous-Pyrénées (☎ 05 59 34 12 21 ; www.camping-pyrenees.com ; quartier Ripaude, Aramits ; forfait (empl, voiture, 1 ou 2 pers) 10-19,50 € selon saison ; fév-oct). Ce camping trois-étoiles, d'une capacité de 60 emplacements ombragés, possède des infrastructures de qualité, dont une piscine, une épicerie bio et une station vélo comprenant postes de lavage, séchage, entretien et gonflage.

Hôtel-Restaurant Lacassie (☎ 05 59 34 62 05 ; rte de Tardets, Lanne-en-Barétous ; s/d 25/31 € ; menus 15,50-33,50 €, menu enfant ; fermé lun). Cette adresse bien tenue, au bord de la route principale, possède des chambres petites mais agréables. Côté restaurant, c'est une cuisine familiale qui vous attend (garbure, anguilles persillade, salmis de palombe, magret de canard aux pommes, piperade), pour tous les prix et tous les appétits.

Hôtel de l'Ours (☎ 05 59 88 90 78 ; http ://hoteldelours. valleedebaretous.com ; 8 pl. de l'Église, Arette ; s/d/tr 40/50/55 € ; fermé fin-oct à déb déc). Cet hôtel deux-étoiles dispose de chambres standard, sans charme particulier mais propres et relativement spacieuses. Demi-pension possible à partir de 3 nuits.

Chambres d'hôte Moulin du Val-Rosé (☎ 05 59 39 60 85 ; chemin du Val-Rosé, Féas ; s/d/tr 40/48/63 € avec petit-déj ; mai-oct ;). Un ancien moulin retiré dans un coin de campagne idyllique, une rivière, de vastes prairies où paissent des chevaux : les trois chambres d'hôte que vous trouverez ici bénéficient d'un cadre sans pareil. L'une d'entre elles est accessible aux personnes handicapées. Elles bénéficient d'une entrée indépendante et d'une déco personnalisée. Autres atouts : la piscine et le petit-déjeuner bio, avec confitures maison et miel produit par les ruches de la propriété.

Chambres d'hôte L'Olivé de Haut (☎ 05 59 34 61 18 ; www.olivedehaut.info ; quartier Sans-Pareil, Aramits ; d 61 €, tr 79 €, ste 3/4 pers 89/99 € avec petit-déj ; toute l'année). Une belle adresse pour se ressourcer. On ne peut qu'être conquis par le cadre, superbe, qui environne cette demeure de caractère, nichée dans un parc de 2 hectares, sur les hauteurs d'Aramits, dans un calme absolu. Vous avez le choix entre une chambre double ou une suite coquette et cosy, dotées d'une sdb séparée mais très spacieuse, à l'étage de la maison des propriétaires, un couple de Belges, qui réservera un bon accueil.

Chambres d'hôte Château De Porthos (☎ 05 59 34 66 74 ; www.gites64.com/chateaudeporthos ; bourg, Lanne-en-Barétous ; s/d 58/70-75 € avec petit-déj, table d'hôte 20 € ; toute l'année). Cette superbe demeure du XVIIe siècle, placée sous le signe des mousquetaires, appartenait autrefois à la famille du fameux Porthos. Ses actuels propriétaires y ont aménagé 4 chambres d'hôte d'exception. Toutes sont très spacieuses et remarquablement décorées : élégant mobilier d'Aramis et lit à baldaquin de Milady, au 1er étage, magnifique tête de lit d'Athos et charpente apparente de Porthos, au 2e, pour ne citer que quelques-uns des éléments les plus marquants. Côté table d'hôte, vous pourrez choisir le matin entre

2 ou 3 suggestions de menus inspirés par les produits du terroir. Une salle de jeux et un grand jardin à l'arrière complètent cette prestation.

DEPUIS/VERS LA VALLÉE DU BARÉTOUS

La compagnie de bus **Mazeris Voyages** (☎ 05 59 88 90 77) assure la liaison entre Oloron et La Pierre Saint-Martin via Arette et Aramits pendant les vacances scolaires de Noël et de février, ainsi que les week-ends tout au long de la saison de ski.

VALLÉE DE LOURDIOS ET FORÊT D'ISSAUX

Aspe, Ossau et Barétous – dans l'ordre – sont les trois vallées phares des Pyrénées béarnaises. Curieusement, la vallée de Lourdios, à mi-chemin entre les vallées d'Aspe et du Barétous, reste dans l'ombre. Quelle injustice ! Qu'a-t-elle à se reprocher pour être à ce point ignorée, ou traitée comme une simple notule à la vallée d'Aspe ou à celle du Barétous ? Est-elle trop isolée, trop discrète, trop timide ? Elle offre pourtant des paysages et des ambiances très spectaculaires, différents de ceux de ses consœurs. En somme, c'est un petit monde méconnu à découvrir absolument.

À VOIR ET À FAIRE

Plusieurs itinéraires sont possibles pour entrer en vallée de Lourdios. Le plus classique consiste à emprunter la D918 depuis la N134, à 2 km au sud d'Asasp. On rejoint alors le village d'**Issor**. À la sortie du village, au lieu de continuer vers Arette et la vallée du Barétous, engagez-vous sur la gauche dans la D241. Les 6 km de route jusqu'à **Lourdios-Ichère** sont réellement superbes, le long du gave de Lourdios, dans une vallée encaissée et boisée.

Moins connu que son député-maire (Jean Lassalle a défrayé la chronique ces dernières années en entamant une grève de la faim pour protester contre la délocalisation d'une usine située à Accous), ce village distribué tout en longueur, le long du gave, mérite toutefois le détour. Si son architecture ne présente pas d'intérêt particulier, l'ambiance et le cadre sauvage en font un site privilégié. Ne manquez

pas la visite de l'**écomusée** (☎ 05 59 34 44 84 ; adulte/enfant 4/2,50 € ; ☼ tlj de juil à mi-sept 10h-12h et 14h-19h, hors saison sam-dim et vacances scolaires 14h-18h), qui abrite l'exposition permanente, "Un village se raconte", consacrée au monde pastoral et agricole. Un chemin de découverte dans le village, où l'on découvre la fontaine, le moulin et le jardin, complète la visite. Début juin, une petite **fête de la transhumance** a lieu dans le village : vous pourrez assister au marquage des bêtes, à la pose des cloches et à la bénédiction des troupeaux.

De Lourdios, vous pouvez rattraper la vallée d'Aspe en continuant sur la D241. La route franchit le **col d'Ichère** (674 m), flanqué, au nord, de la haute silhouette du Saraillé (1 242 m) et du Trône du roi (1 266 m) et, au sud, de celle du Layens (1 625 m). Ce trajet de 10 km vous gratifiera de très jolies vues et de beaux paysages.

Autre suggestion d'itinéraire, encore plus spectaculaire : en venant d'Issor, entrez dans Lourdios-Ichère et prenez à droite après le pont, vers le col de Labays. Vous quittez ainsi la D241 pour la très étroite D341 qui file plein sud, en direction d'Issaux et de La Pierre-Saint-Martin. Ce parcours de toute beauté commence par longer un ruisseau avant d'attaquer une montée franche, faite d'interminables lacets dans une forêt dense, qui vous mènera à un carrefour (avec la D441), à 900 m d'altitude. Deux possibilités s'offrent alors à vous : prendre à droite et rejoindre la partie haute de la vallée du Barétous, à l'ouest, vers La Pierre-Saint-Martin, ou bifurquer à gauche et descendre dans la vallée d'Aspe, à l'est, par le col de Bouézou (1 009 m), juste après lequel la D441 se divise en deux (à droite, la D441 plonge vers Lées-Athas, à gauche, la D442 descend jusqu'à Osse-en-Aspe). Quelle que soit l'option choisie, vous traverserez des paysages grandioses, très peu fréquentés par les véhicules, et où l'emprise humaine est restée minimale. C'est dans ce secteur que se déploie la très belle **forêt d'Issaux**, une haute futaie particulièrement dense. Dans les années qui ont précédé la Révolution, cette forêt a fourni à la Marine (avec celle de Pacq, du côté du chemin de la Mâture, dans la vallée d'Aspe) les troncs destinés à la fabrication des mâts et des avirons de ses navires.

OÙ SE LOGER ET SE RESTAURER

La Ferme aux Sangliers (☎ 05 59 34 43 96 ; Micalet, Issor ; s/d 51/57 € avec petit-déj, table d'hôte

BÉARN

18 € ; 🕑 toute l'année ; 🖥). Isolée dans un endroit superbe, d'un calme absolu, à environ 3 km du village d'Issor (suivre le fléchage), sur les hauteurs, cette ferme offre une vue magnifique sur les montagnes environnantes. Trois chambres d'hôte, douillettes et colorées, sont aménagées à l'étage de la maison des propriétaires, un couple d'exploitants agricoles spécialisés dans l'élevage de porcs noirs gascons. Deux d'entre elles sont exposées plein sud, offrant une jolie vue sur la vallée de Lourdios. La table d'hôte fait bien entendu honneur aux produits de la ferme et du jardin.

Café-Restaurant Chez Lamothe (☎ 05 59 34 41 53 ; rte du col d'Ichère, Lourdios-Ichère ; menu 18 € ; 🕑 tlj sur réservation). L'archétype de l'auberge de village, à deux pas de l'école et de l'église. Toiles cirées sur les tables, décor suranné mais sympathique, on se sent téléporté dans une autre époque. La propriétaire sert une cuisine familiale qui varie au gré de son humeur et de la disponibilité des produits, dont une excellente garbure, primée lors de la Garburade d'Oloron-Sainte-Marie. Téléphonez au préalable pour vous faire préciser le menu et réserver.

🇪 **Estivade** (☎ 05 59 34 46 39 ; www.estivade.net ; rte d'Issor, Lourdios-Ichère ; nuitée adulte 12,68-12,86, enfant 9,44-9,80 € ; 🕑 toute l'année ; 🖥). Une belle petite adresse, isolée à 3 km du village (direction Issor), dans un cadre splendide et dépaysant, au cœur de la vallée ! Trois types d'hébergement, répartis dans deux bâtiments d'une ancienne ferme entièrement rénovée, sont proposés (mais le prix de la nuitée reste le même) : une chambre double, deux dortoirs de 7 à 12 lits et deux studios de 4 à 5 lits avec sdb privée. L'ensemble est propre, moderne, fonctionnel et agréable. Les tarifs, auxquels il faut ajouter l'adhésion à l'association (4 €) qui gère l'établissement, comprennent l'utilisation de la cuisine commune, le chauffage et les draps. Pensez à réserver, car il n'y a personne en dehors des heures de bureau (lun-ven jusqu'à 17h ; en cas d'absence vous pouvez vous adresser à M. Capdeville, à la ferme face au petit pont). Un poste Internet est accessible aux résidents aux heures d'ouverture.

Pays basque espagnol et Navarre

PAYS BASQUE ESPAGNOL ET NAVARRE

Map of Pays Basque Espagnol et Navarre showing cities and geographic features including:

GOLFE DE GASCOGNE

Laredo, Cap Billano, Cap Matxitxaco, Ermita de San Juan de Gaztelugatx, Bermeo, Gorliz, Plentzia, Bakio, Mundaka, Elantxobe, Sopelana, Lekeitio, Getxo, Réserve de biosphère d'Urdaibai, Ondarroa, Aéroport de Bilbao, Mungia, Bosque de Oma, Mutriku, Zumaia, Getaria, Zarautz, Cuevas de Santimamiñe, Guernica

CANTABRIE

Les Encartaciones, BILBAO, BISCAYE, Markina-Xemein, GIPUZKOA, Avellaneda, Güenes, Bolibar, Zenarruza, Balmaseda, Balcón de Bizkaia (1 028 m), Azpeitia, S. Ignacio de Loyola, Vallée d'Ayala, Durango, A8, Tolosa, Laudio, Florrio, Bergara, Artziniega, N240, Parque natural d'Urkiola, Quejana (Kexaa), Puerto de Barazar, Otxandio, Ibarra, Oñati, GI632, Gorbeia (1 481 m), Parque natural de Gorbeia, AP1, Sierra, Orduña, Santuario de Arantzazu, Idiazabal, N1, Murguia, N622, Ortiz, Parque natural de Valderejo, Salto del Nervión, AP68, ÁLAVA, Parque ornitológico de Mendijur, Lalastra, Aéroport de Vitoria, N1, Salvatierra, Mendoza, Sierra de Urbasa, Trespuentes, N-S. de Gaceo, Aizaia, Añana, Iruña-Veleia, Estibaliz, Puerto de Urbasa, Ebre, VITORIA-GASTEIZ, Baquedano, Sobrón, Améscoa, Défilé de Sobrón, Metauten, Miranda do Ebro, N124, Villemayor de Monjardin, Sorlada, Labastida, Basílica de San Gregorio Ostiense, A12, N1, AP1, Haro, La Rioja Álavesa, Los Arcos, Torres del Rio, Laguardia, Viana, N232, LOGROÑO, Ebro, N120, A12, AP68

ESPAGNE

CASTILLE-LEÓN, LA RIOJA

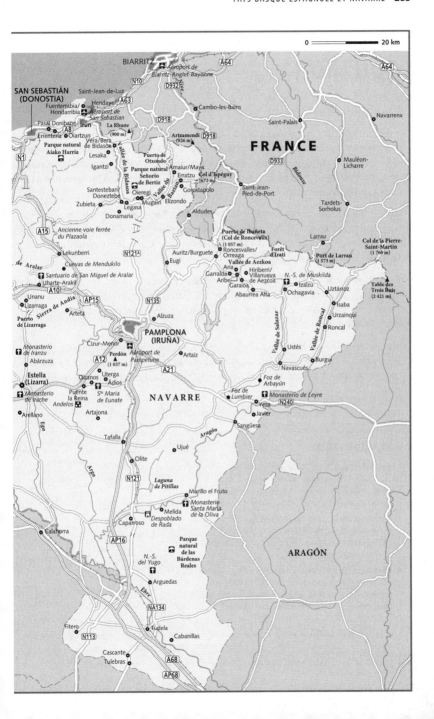

Gipuzkoa

Plus petite région du Pays basque espagnol, mais celle où la langue basque est la plus vivace, le Gipuzkoa est la porte d'entrée en Espagne pour nombre de voyageurs transfrontaliers. Certains sont immédiatement séduits, d'autres s'avouent déçus. Vallées verdoyantes et plages de rêve ici, échangeurs autoroutiers et zones industrielles là, le Gipuzkoa présente tour à tour ses mauvais et ses bons côtés.

Concentrons-nous sur ces derniers. Sur la côte, les villages de pêcheurs anciennement tournés vers la morue et la pêche baleinière vivent encore au rythme des retours des barques et des chalutiers, mais se sont aussi découvert une nouvelle vocation : le tourisme. Fuenterrabia et Pasaia en sont de beaux exemples.

Dans l'intérieur des terres, Oñati, injustement méconnue, doit à son patrimoine architectural d'être parfois surnommée "la petite Tolède". Quelques kilomètres plus loin, l'étonnant sanctuaire d'Arantzazu veille sur les montagnes verdoyantes en un étonnant mélange de foi et d'art d'avant-garde.

Mais pour les visiteurs, le Gipuzkoa c'est avant tout San Sebastián, la perle de la Côte basque. Décontractée, séduisante, festive et culturelle, la belle Basque a tout pour séduire. Sans oublier ses plages qui attirent baigneurs et surfeurs, comme celles d'autres localités de la côte, Zarautz en tête.

À NE PAS MANQUER

- **San Sebastián** (p. 293). De larges avenues ombragées, de sublimes plages au cœur de la ville, un quartier ancien où ne manquent pas les bars à tapas.
- **Fuenterrabia** (p. 288). Face à Hendaye, elle est la première étape de charme pour qui arrive de France. Une destination idéale pour goûter quelques bouffées d'Espagne.
- **Pasaia** (p. 291). Au fond d'une profonde échancrure de la côte, le plus grand port de la province de Gipuzkoa est aussi un village de caractère se partageant entre la pêche et le tourisme.
- **Oñati** (p. 307). Parfois appelée la "petite Tolède" ou la "Tolède basque", cette cité injustement méconnue peut s'enorgueillir d'un superbe patrimoine architectural.
- La **côte** (p. 312). Sportive à Zarautz, culturelle à Getaria… la côte du Gipuzkoa sait satisfaire toutes les envies.

DE LA FRONTIÈRE À SAN SEBASTIÁN

IRÚN

À un jet de pierre de la frontière, la ville natale de Luis Mariano n'a pas bonne presse auprès des voyageurs. La réalité leur donne en partie raison : partiellement détruite durant la guerre d'Espagne et traversée d'un entrelacs de voies ferrées, l'industrielle Irún a peu de charmes à offrir aux voyageurs, qui préfèrent le plus souvent poursuivre leur chemin jusqu'à l'agréable Fuenterrabia, quelques kilomètres plus au nord. Son centre-ville abrite néanmoins quelques monuments dignes d'intérêt.

La ville ne dispose pas d'office du tourisme mais celui de Fuenterrabia (voir p. 288) pourra vous renseigner. Vous trouverez également des informations sur le site www.bidasoaturismo.com (en français).

À voir et à faire

L'**église Santa Maria del Juncal** (av. Nafarroa), érigée au XVIe siècle, mêle les styles gothique et baroque. Outre son orgue, prenez le temps d'admirer le retable et la vierge gothique, la plus ancienne du Gipuzkoa. Le retable, sculpté par le Navarrais Juan Bascardo au XVIIe siècle, fut doré un siècle plus tard.

Le **musée romain Oiasso** (☎ 943 63 93 53 ; www.oiasso.com ; Eskoleta 1 ; tarif plein/réduit 4,10/3,10 €, demi-tarif le jeudi ; ☉ oct-mai 10h-14h et 16h-19h, juin-sept et semaine de Pâques 10h-14h et 16h-20h, fermé lun) témoigne du passé antique de la ville. On peut y admirer des pièces de monnaie, poteries et autres découvertes exhumées par les archéologues dans l'ancien port d'Oiasso, centre d'une cité romaine active entre 70 et 200 de notre ère. L'ensemble comportait également un pont, des termes et une nécropole dont les archéologues ont mis au jour les vestiges.

Pour avoir une vue imprenable sur la baie de Txigundi, montez jusqu'à l'**ermitage de San Marcial**, édifice de couleur claire qui se dresse sur le mont Aldabe. Haut de 224 m, il est souvent plus connu des habitants sous le nom de mont San Marcial. Sa chapelle, détruite par un incendie et reconstruite au XIXe siècle, a été originellement édifiée pour commémorer la victoire sur les Français lors de la bataille de San Marcial, le 30 juin 1522. San Marcial est depuis célébré, tous les 30 juin, à Irún.

Où se loger et se restaurer

Pension Lizaso (☎ 943 61 16 00 ; www.pensionlizaso.com ; Aduana Kalea 5 ; s/d 30/40 €). Un rapport qualité/prix très correct dans cette ville ou l'hébergement dans le centre n'offre rien d'exceptionnel. Les chambres sont soignées et bien entretenues. Préférez les doubles, plus accueillantes, claires et vastes.

LE GIPUZCOA AVEC DES ENFANTS

LIEUX	ACTIVITÉS	BON À SAVOIR
San Sebastián	L'**aquarium** (p. 298) : un "must" pour petits et grands.	Mention spéciale au tunnel de verre. Gratuit pour les moins de 3 ans.
	Les maquettes du **Museo naval** (p. 298) feront la joie de plus d'un marin en herbe…	Gratuit pour les moins de 10 ans.
	Les **plages de San Sebastián** (p. 298) dont celle de la Concha, au cœur de la ville.	Attention aux vagues ! Si une plage est fréquentée par les surfeurs, il y a fort à parier qu'elle présente de fortes vagues
Azpeitia	Le **musée basque du chemin de fer** (p. 311) fera le bonheur des plus petits.	La visite se double d'un trajet en train à vapeur à certaines dates de l'année.
Oiartzun	Le **chemin vert d'Arditurri** (p. 292). Pour prendre un bol d'air et détendre ses (petites) jambes.	La visite peut se coupler à celle des étonnantes mines d'Arditurri.

Hotel Alcazar (☎ 943 62 09 00 ; www.hotelalcazar. net ; Avenida de Iparralde 11 ; d basse/haute saison 70/120 € ; 🅿 🖭). Un cran au-dessus de l'adresse précédente en termes de confort, l'Alcazar est installé à deux pas du Paseo de Colon, la principale artère commerçante de la ville. Ne vous fiez pas à la première impression : le bâtiment est assez récent de l'extérieur mais ses propriétaires ont réussi a créer à l'intérieur une vraie ambiance d'auberge. Les chambres déclinent une atmosphère classique un peu rétro mais accueillante. Une bonne surprise à Irún, notamment grâce à la végétation qui entoure les lieux. Dommage que les tarifs soient excessifs en haute saison.

Vinoteca Arroka Berri (☎ 943 62 73 32 ; Avenida de Iparralde 12 ; 8-20 € environ). Quasiment en face de l'hôtel Alcazar, ce restaurant et bar à vin se démarque par sa jolie décoration et son atmosphère chaleureuse. Une bonne sélection de *pintxos* chauds et froids, préparés à la demande, vous attend au comptoir, tandis que des plats plus raffinés et inventifs sont servis côté salle. Belle sélection de vins (y compris bio). Une bonne surprise dans le centre d'Irún.

Bodega Sotero (☎ 943 61 60 23 ; Fuenterrabia kalea 7 ; pintxos et menu 17,90 € ; 🕑 fermé dim). Cette bodega populaire vous accueille dans une belle salle aux murs peints en jaune. Elle attire une clientèle hétéroclite avec ses bons *pintxos* et son menu du jour. L'une des adresses les plus animées et accueillantes du centre-ville.

Depuis/vers Irún

Important nœud ferroviaire, Irún est reliée par la **Renfe** (www.renfe.es) à de nombreuses villes d'Espagne et, en correspondance, avec la France. La ligne baptisée "El Topo" d'Eusko **Tren/Ferrocarril Vasco** (ET/FV ; www.euskotren.es) relie la gare Amara, à 1 km au sud du centre de San Sébastián, à Irún (1,35 € ; 25 min). Des bus assurent la liaison avec Fuenterrabia toutes les 20 minutes (1 €, 10 min) et San Sebastián (Interbus).

⊙ FUENTERRABIA (HONDARRABIA)

Seulement séparée d'Hendaye par l'estuaire de la Bidassoa, au point que la forêt de mâts des bateaux amarrés dans la marina de la voisine française semble à portée de main, Fuenterrabia possède tout le charme qui manque à Irún. Elle le doit notamment à son centre historique fortifié qui a su devenir touristique sans perdre son atmosphère, à ses ruelles bordées de remparts datant du XVe siècle et à sa façade maritime. À 7 km de la frontière franco-espagnole, cette cité de caractère de 16 000 habitants (appelée Hondarribia en basque et Fontarrabie en français) est en résumé idéale pour flaner et gouter quelques bouffées d'Espagne.

Vous trouverez l'**office du tourisme** (☎ 943 64 54 58 ; www.hondarribia.org ; Calle de Javier Ugarte 6 ; 🕑 juil-sept lun-ven 10h-20h, sam-dim 10h-14h et 16h-20h, oct-juil lun-ven 9h30-13h30 et 16h-18h30, sam-dim 10h-14h) entre la vieille ville et le quartier dit "de la marina", à quelques minutes à pied.

Une navette maritime relie régulièrement la ville à Hendaye (voir *Hendaye*, p. 147).

À voir

Stratégique car située en bordure de l'estuaire de la Bidassoa et de la frontière française, Fuenterrabia fut fortifiée dès le VIIe siècle. Sa vieille ville est à ce jour l'unique cité bordée de remparts existant encore dans la province de Guipuzkoa. Outre l'étroite **Calle Mayor** et ses demeures anciennes, dont nombre arborent les blasons d'anciennes familles seigneuriales, son point fort est sa belle **place d'armes** (Plaza de Armas), bordée de maisons aux balcons colorés et dominée par la structure massive, en gros appareil, du **château de Charles Quint**. Bâti entre les Xe et XIIe siècles par les rois de Navarre, puis embelli sous Charles Quint au XVIe siècle, c'est aujourd'hui un hôtel de luxe.

La **porte Santa María** (en bas de la calle Mayor), surmontée des armes de la ville, mérite également la visite, tout comme l'**église Santa María de la Asunción y del Manzano**. Bâtie entre les XVe et XVIIe siècles dans la calle Mayor, sur les ruines d'anciens remparts, cette église de style gothique tardif complétée d'ajouts Renaissance et baroques se distingue notamment par ses trois nefs de hauteurs différentes.

Ne ratez pas son plus la paisible **place Gipuzkoa**, qui possède en charme ce que la place d'Armes a en grandeur.

En bordure de l'estuaire, le **quartier de la marina** présente une facette plus moderne de la ville grâce à sa longue esplanade face à Hendaye. Outre la promenade sur le front de mer, son principal atout touristique est gastronomique : le quartier regroupe en effet de nombreux bars à *pintxos* (voir l'encadré p. 19) particulièrement animés en soirée.

Où se loger

Camping Faro de Higuer (☎ 943 64 10 08 ; Paseo del Faro 58 ; emplacement 10/5,5 € par pers/tente ; P 🅿). À quelques kilomètres à l'ouest de la ville, ce camping est quasiment installé les pieds dans l'eau. L'idéal si vous souhaitez planter votre tente au bord de la mer.

Pension Txoko Goxoa (☎ 943 64 46 58 ; www.txokogoxoa.com ; Calle Murrua 22 ; s/d 40/70 € environ). Un peu à l'écart des ruelles les plus animées du centre, Txoko Gokoa est une pension familiale où vous trouverez des chambres au confort simple, mais agréables et rutilantes de propreté. Entrée sur l'arrière du bâtiment, par la rue Etxenagusia.

Hotel San Nikolás (☎ 943 64 42 78 ; www.hotelsannikolas .com ; Plaza de Armas 6 ; s/d 60-90/80-100 € selon saison ; P ; **Wi-Fi**). Difficile de faire plus central que ce petit hôtel. L'accueil est agréable et le bâtiment doit sa personnalité à ses balcons colorés, qui donnent directement sur la place d'Armes. Les chambres n'ont rien d'exceptionnel par leur confort et leur décoration mais sont impeccables de propreté. Des réductions sont fréquemment accordées hors saison.

Pension Zaragosa (☎ 943 64 13 41 ; Calle Javier Ugarte 1 ; d sdb ext/avec sdb 49-59/70 € en basse saison ; 69/80 € en haute saison). Cette pension installée dans une grande bâtisse blanche dissimulée en contrebas de la place d'Armes se distingue davantage par son accueil familial que par le confort chambres, réduit au minimum, ou sa décoration au style désuet. Certaines chambres ont vue sur la baie.

🅒 **Hotel Palacete** (☎ 943 64 08 13 ; www.hotelpalacete .net ; Plaza de Gipúzkoa ; s/d 65-92/73-100 € selon saison ; 🅧 ; **Wi-Fi**). Voilà une adresse qui cumule les bons points : installé sur la charmante place de Gipúzkoa dans une belle demeure ancienne restaurée avec soin, le Palacete abrite des chambres modernes et colorées, particulièrement confortables et décorées avec goût. Le petit jardinet, le bon petit déjeuner et les tarifs raisonnables compte tenu de la beauté du lieu sont des atouts supplémentaires.

Hotel Obispo (☎ 943 64 54 00 ; www.hotelobispo.com ; Plaza del Obispo 1 ; s/d 78-115/96-156 € ; 🅧 ; **Wi-Fi**). Cette belle demeure du XVIᵉ siècle joliment rénovée, avec balcons et gargouilles, ne manque pas de style. Elle loue 16 chambres confortables et bien équipées, toutes différentes, qui déclinent une décoration faisant la part belle aux matériaux nobles – bois, pierre – et aux teintes chaleureuses. Les "supérieures" ont vue sur la baie et disposent d'une terrasse. Accueil agréable.

Parador El Emperador (☎ 943 64 55 00 ; www.parador .es ; Plaza de Armas 14 ; d à partir de 188 € ; P 🅧 ; **Wi-Fi**). Voyage de noces ? Occasion spéciale à fêter ? Si tel est votre cas, ce palais du XIIᵉ siècle transformé en hôtel de luxe est l'adresse qu'il vous faut. Les tarifs sont bien sûr à la hauteur de ses chambres somptueuses, de son élégant patio et de la longue liste des services proposés.

Où se restaurer

La meilleure option est d'aller faire le tour des **bars à pintxos** du quartier de la marina. Ils s'alignent notamment le long de San Pedro kalea, animée à partir de 21h. Essayez aussi Santiago kalea, plus calme. Préférez les suggestions ci-dessous si vous êtes las de manger debout autour d'un comptoir et préférez prendre place autour d'une table.

La Hermandad de Pescadores (☎ 943 64 27 38 ; Calle Zuloaga 12 ; plats 14-38 € ; 🕑 fermé mar soir et mer). Impossible de rater cette maison blanche aux volets bleus située en plein cœur du quartier de la marina, et considérée comme une référence pour les poissons et fruits de mer (merlu, chipirons). Installé autour de grandes tables en bois que l'on partage et servi par des serveuses aux chemisiers aussi immaculés que les nappes, on y déguste une cuisine familiale sans fioritures mais goûteuse, dans une atmosphère décontractée (même si les lieux sont à l'occasion fréquentés par quelques snobs, ce qui explique peut être les tarifs un peu excessifs). Une valeur sûre.

Sebastian (☎ 943 64 01 67 ; www.sebastianhondarribia .com ; Calle Mayor 11 ; plats 18,50-42 €, menu dégustation 40 € ; 🕑 fermé dim soir et lun). La table la plus réputée de la ville est installée dans une ancienne épicerie, au milieu de la Calle Mayor. L'ambiance est chaleureuse et un rien feutrée et la carte évite les noms pompeux et interminables pour se concentrer sur la qualité des produits sélectionnés. Poisson avant tout (notamment un alléchant merlu aux clovisses), mais aussi quelques viandes. Une référence.

GIPUZKOA

Depuis/vers Fuenterrabia

La ville est reliée par bus à Irún (1 €, 10 min), San Sebastián (1,55 €, 45 min) et Hendaye à certaines époques. Les départs ont lieu toutes les 20 minutes environ depuis les abords de la poste. Une navette maritime relie également Hendaye (1,50 €,10 min) en été.

NOTRE-DAME-DE-GUADALUPE

Dominant la ville depuis les hauteurs du mont Jaizkibel, à quelques kilomètres de Fuenterrabia par la GI3440, cette belle petite **église** de pierre blonde bordée d'une galerie à colonnes a vraisemblablement été bâtie au XVIIIᵉ siècle sur les ruines d'une église précédente. Elle est dédiée à la sainte patronne de la ville, Nuestra Señora de Guadalupe. Cette Vierge miraculeuse serait intervenue à la faveur des habitants lors du siège de la ville par les troupes françaises de Condé, en 1638, durant lequel Fuenterrabia résista pendant 69 jours. En souvenir des faits, les habitants se rendent en procession jusqu'au sanctuaire tous les 8 septembre. Au-delà de l'église (admirez son chœur richement décoré), on y vient surtout admirer le superbe panorama qui s'étend depuis ce promontoire sur la ville, les Pyrénées et la France, dans le lointain.

Plusieurs **sentiers de randonnée**, de 4 à 12 km, sont bien indiqués et balisés depuis l'église. La majorité descendent vers la mer et la ville, mais il est aussi possible de faire des boucles en revenant au sanctuaire, par exemple en suivant l'itinéraire K, qui parcourt une boucle de 10 km. Vous pourrez également vous balader dans une agréable zone reboisée située derrière l'église, au-delà du parking

Pour en savoir davantage sur ces itinéraires, renseignez-vous à l'office du tourisme de Fuenterrabia ou consultez le panneau d'informations situé près de Notre-Dame-de-Guadalupe.

ERRENTERIA

Aux portes de Lezo et d'Oiartzun, avec qui elle forme la micro-région de l'Oarsoaldea, Errenteria ne peut guère dissimuler son passé industriel. Son nom provient en effet du mot *"rentería"*, qui fait référence aux "rentes" que lui procurait naguère son activité commerciale.

La ville, fondée en 1320 sous le nom de "Villanueva de Oiarso", a cependant réussi à préserver un joli cœur, centré sur la place Herriko et son église. Ses murailles, en revanche, ont été emportées par l'histoire.

L'**office du tourisme** (☎ 943 44 96 38 ; www.oarsoaldea-turismo.net ; Calle Magdalena 27 ; ☾ hiver lun-sam 11h-14h et 16h-18h, dim 11h-14h) propose quelques brochures. N'en attendez guère plus, car Errenteria reste peu fréquentée par les touristes.

La ville est reliée par bus à San Sebastián, toutes les 30 minutes, par la compagnie **Iparbus** (www.iparbus.com), ainsi que par les trains des compagnies **Euskotren** (www.euskotren.es) et **Renfe** (www.renfe.es).

OIARTZUN

Oiartzun présente l'avantage d'être plus calme que les autres localités des environs, notamment Errenteria et Lezo, et peut s'enorgueillir de la jolie placette et des ruelles qui constituent son cœur historique, assez assoupi.

L'**office du tourisme** (☎ 943 49 45 21 ; www.oarsoaldea-turismo.net ; Donibane 11 ; ☾ hiver lun-sam 11h-14h et 16h-18h, dim 11h-14h), niché près de l'église, pourra vous renseigner sur les deux sites les plus appréciés des environs : la piste cyclable et piétonnière d'Arditurri (voir l'encadré p. 292) et le parc naturel d'Aiako Harria (voir page suivante).

Où se loger et se restaurer

Ⓔ Hotel Elizalde (☎ 943 49 25 86 ; www.hotelelizalde.com ; Iparralde Etorbidea 1 ; s/d basse saison 52-60 €, s/d haute saison 60/80 € ; Ⓟ ☒ ; **Wi-Fi**). Seul hôtel d'Oiartzun, cet établissement ouvert en 2008 dans une bâtisse moderne un peu grandiloquente, à l'entrée du village, est une bonne surprise. Décoré dans un style contemporain, il propose des chambres confortables à la déco moderne et un rien branchée, colorée et design. Les simples sont un peu exiguës, mais les très belles doubles sont proposées à des tarifs très raisonnables pour la prestation.

Vous pourrez vous restaurer dans quelques **bars à tapas** aux abords de la place principale. Si vous êtes motorisé, vous trouverez nettement plus de choix en rejoignant Pasaia et ses restaurants, à 9 km au nord-ouest (voir p. 292).

Depuis/vers Oiartzun

Oiartzun est reliée par bus à San Sebastián, toutes les 30 minutes, par la société Iparbus

---

GI3440 : PANORAMIQUE !

La route côtière GI3440, entre Fuenterrabia et Pasaia, est un itinéraire à ne pas rater. Prenant de la hauteur à mesure qu'elle gravit le **mont Jaizkibel** (455 m d'altitude), elle traverse de paisibles paysages alternant sous-bois, pâtures et points de vue sur la mer. Elle vous emmènera ainsi jusqu'à l'église **Notre-Dame-de-Guadalupe** (voir page précédente), puis rejoint le bourg de **Lezo**. Ce port actif aux quais bondés de voitures neuves en attente de livraison manque de grâce, mais vous pourrez y prendre le temps d'admirer le **Christ de la basilique de Santo Cristo**, qui présente la singularité d'être imberbe (il n'en existerait que trois en Europe). La route parvient ensuite à **Errenteria** (voir page précédente) puis à la belle **Pasaia** (voir ci-dessous), l'une des étapes les plus séduisantes de cette portion de côte.

(www.iparbus.com), ainsi que par les trains de la compagnie Euskotren (www.euskotren.es).

PARC NATUREL AIAKO HARRIA

À une dizaine de kilomètres à l'est d'Oiartzun, ce parc naturel de 6 900 ha, créé en 1995, doit une large part de son succès local à ses installations de pique-nique et ses barbecues extérieurs, qui remportent un franc succès le week-end.

En saison, vous pourrez vous renseigner au **point d'information** (☺ mi-juin à mi-oct jeu-sam 10h-16h, plus dim 10h-14h en juil et août). Le parc comprend un club d'équitation, des sentiers de randonnée et des grottes (la plupart fermées au public dans un souci de protection), qui témoignent d'une occupation il y a plus de 9 000 ans.

Visible depuis San Sebastián sous la forme d'une couronne à trois pointes, l'Aiako Harria (821 m), seul massif granitique d'Euskadi, offre quelques belles possibilités de **randonnée**. Suivez la route GI363 Oiartzun-Irún jusqu'à Alto de Elurtxe. De là, une boucle de 14 km, de difficulté moyenne, contourne le massif par Arritxulegui et Castillo del Inglés. Vous pouvez aussi gravir l'impressionnante crête en passant par Irumugarrieta, Txurrumurru et Erroilbide, avec un superbe panorama en toile de fond. La carte IGN n°65-I *Ventas de Irún* au 1/25 000 vous sera utile.

✪ PASAIA (DONIBANE)

À l'embouchure du río Oiartzun, au fond d'une profonde échancrure de la côte qui évoque un fjord et en fait l'un des abris les plus sûrs de cette côte pour les marins, le plus grand port de la province de Guipúzcoa s'annonce par un premier abord assez industriel. Ne vous y fiez pas. Car sitôt passés ces faubourgs ingrats, Pasaia se révèle sous son plus beau jour : celui d'un village de caractère

se partageant entre la pêche, d'un côté de l'estuaire, et le tourisme, de l'autre.

La localité est en effet construite de part et d'autre du río Oiartzun. La rive nord (Donibane-San Juan), la plus intéressante pour les visiteurs, se présente comme une longue rue pavée bordée d'habitations anciennes au charme indéniable. Une navette maritime (0,60 €) permet de traverser en quelques minutes jusqu'à l'autre rive (San Pedro), qui reste un important port de pêche.

L'**office du tourisme** (☎ 943 34 15 56 ; casa Victor Hugo, Donibane 63 ; ☺ 11h-14h et 16h-18h) est situé dans la rue principale.

Si vous êtes en voiture, garez-vous sur le grand parking à l'entrée de la ville, car les ruelles de Pasaia sont un véritable piège pour les véhicules.

À voir et à faire

Centre de construction d'embarcations traditionnelles Ontziola (☎ 943 49 45 21 ; San Juan ; entrée libre ; Pâques-fin sept mar-dim 11h-14h et 16h-19h, oct-Pâques lun-sam 10h-14h et 15h-17h). À gauche en entrant dans la rue principale, un peu en retrait quelques centaines de mètres avant l'office du tourisme, cet atelier permet d'assister à la construction des barques en bois traditionnelles de Pasaia. Cette initiative vise en premier lieu à pérenniser le savoir-faire des charpentiers de marine de la région, jadis réputés.

Casa Victor Hugo (☎ 943 34 15 56 ; Donibane 63, locaux de l'office du tourisme ; ☺ 11h-14h et 16h-18h). Ce modeste musée situé dans les locaux de l'office du tourisme rappelle que Pasaia reçut en 1843 la visite de Victor Hugo, séduit par la région. En 1902, deux députés français décidèrent de transformer en musée les deux étages supérieurs de la maison de marin dans laquelle l'écrivain résida. Ils abritent une petite exposition et une salle multimédia

GIPUZKOA

LE CHEMIN VERT D'ARDITURRI

Oiartzun est l'un des points de départs possibles de la **piste cyclable et piétonnière** d'Arditurri. Ce tracé d'une petite quinzaine de kilomètres aller-retour (environ 3 heures 30 à pied ou 1 heure 15 à vélo), sans difficulté, propose une parenthèse "verte" au cœur d'une région où l'urbanisation et l'industrialisation sont des réalités. Le tracé, le long de la rivière Oiartzun, est l'occasion de découvrir la flore de la région et plusieurs moulins. Peu avant le parc d'Aiako Harria (voir p. 291), vous découvrirez également les étonnantes **mines d'Arditurri** (☎ 943 49 45 21 ; www.arditurri.com ; 4-10 € selon la visite choisie ; hjuin-sept mar-sam 10h-14h et 16h-18h, dim 10h-14h, oct-mai mar-ven 10h-14h, sam 10h-14h et 16h-18h, dim 10h-14h) où le fer, l'argent et le plomb ont été exploités jusqu'en 1983. Le chemin d'Arditurri reprend en partie le tracé de l'ancien chemin de fer jadis utilisé pour acheminer le minerai jusqu'au port de Pasaia.

---

dans laquelle est projeté un film consacré à l'auteur des *Misérables*.

Pour une petite **balade à pied**, suivez la rue principale et poursuivez le long de la rive nord du "fjord" sur un chemin goudronné qui cède ensuite la place à un étroit sentier. Vous atteindrez la mer en une vingtaine de minutes d'agréable balade, où vous pourrez constater à quel point le goulet est étroit à son embouchure.

Où se restaurer

Pour un repas sur le pouce, dirigez-vous vers la place principale, dont un côté est bordé de **bars à pinxtos**. Il n'existe pas d'hôtel à Pasaia.

🫙 **Casa Camara** (☎ 943 52 36 99 ; San Juan 79 ; plats 13-25 € , menu 38 € ; 🕒 fermé dim soir et lun). La table la plus recommandée de Pasaia n'usurpe pas sa réputation. Dans une grande salle sobre et blanche, avec un étonnant vivier à crustacés (des poulies permettent de remonter les homards et les langoustes immergés dans l'estuaire en contrebas du restaurant), on y sert une cuisine d'inspiration marine : poissons, fruits de mer, merlu grillé, chipirons à la plancha, tourteau farci (excellent). Bons vins et fromages.

Ziaboga (☎ 943 510 395 ; www.ziaboga.es ; San Juan 91 ; plats 15-21 € ; 🕒 fermé mar, mer et jeu soir). Dans un coin de la place principale, Ziaboga vous accueille dans une jolie salle à la décoration maritime rehaussée de quelques toiles colorées qui lui apportent une touche contemporaine. La carte mise avant tout sur les produits de la mer, proposés à des tarifs raisonnables : poissons, chipirons, langoustines ou gambas à la plancha. Bon accueil et vue sur le port.

Depuis/vers Pasaia

Pasaia est desservie par des bus réguliers depuis San Sebastián. En train, comptez

1,20 € et 15 minutes de trajet depuis la gare Amara de San Sebastián. Les départs ont lieu toutes les 30 minutes environ.

DE PASAIA À FUENTERRABIA

Durée : 6 heures-6 heures 30
Distance : 22,6 km
Balisage : rouge et blanc
Difficulté : Les ronces peuvent être gênantes sur certaines parties de l'itinéraire.

Longeant l'arête du Jaizkibel, cet itinéraire révèle une étonnante variété de fleurs sauvages côtières, qui prospèrent sur les abords du sentier et des bois.

Du débarcadère de Pasaia, tournez à gauche pour traverser Pasai Donibane en passant la place principale. Continuez tout droit par le sentier maritime pour atteindre, 5 minutes plus tard, une arche du Castillo de Santa Isabel, qui défendait autrefois le port (c'est aujourd'hui une demeure privée). Au bout de 100 m, sous l'arche, prenez un sentier qui monte sur la droite le long des pentes abruptes. Quittez-le 200 m plus loin et tournez à droite en suivant le balisage rouge et blanc et grimpez abruptement à travers champs sur 300 m. Revenez au sentier juste au-dessus d'une jeune pinède. En arrivant au sommet rocheux, franchissez la clôture en fil de fer par un échalier pour rejoindre un large chemin. À la première fourche, tournez à gauche. Vous apercevrez rapidement les ruines du Castillo de Lord John, entouré d'une aire de pique-nique. Gardez-les sur votre droite et continuez tout droit vers une route gravillonnée puis goudronnée que vous emprunterez sur 1 km. En atteignant la route, bifurquez à gauche. Errenteria est visible en contrebas sur la droite. Suivez la route sur 700 m. Après être passé devant un bar, tournez à droite à l'endroit où s'arrête la glissière de sécurité et dirigez-vous vers l'ancienne tour de guet militaire.

En bifurquant à gauche commence le sentier de la crête, qui offre pendant 9 km un panorama ininterrompu sur l'océan. Le contraste entre la tranquillité et l'isolement des flots (sur la gauche) et le tohu-bohu des zones urbaines en contrebas est frappant. Les marques rouge et blanc sont moins fréquentes à cet endroit. En cas de doute, choisissez le sentier le plus proche de l'arête de la crête. Sur cette portion, le chemin croise deux autres tours de guet. À environ 1 heure de la première, il atteint un groupe de tours de télécommunications que vous laisserez à gauche. Au pied de la deuxième tour, un mirador livre un panorama somptueux sur la chaîne de l'Aiako Harria, Hondarribia, Hendaye et le pic de Larrun, de l'autre côté de la frontière. Au pied de la troisième antenne, sur la droite, se trouvent les ruines du Castillo de San Enrique. Traversez-les vers le sommet de Jaizkibel (545 m). La descente commence après un minuscule avant-poste forestier.

Après une zone rocheuse, le chemin fait une courbe sur la droite et franchit une clôture par un échalier qui s'ouvre sur un pâturage. Dirigez-vous vers le mirador moderne visible au loin (1 km). Une fois arrivé au mirador, le chemin passe devant une tour défensive, traverse un pâturage, puis dépasse deux dolmens. Après le second (à mi-parcours de la journée), l'itinéraire suit un embranchement sur la gauche par un chemin herbeux. Un autre échalier marque la fin du pâturage et le début d'une descente abrupte vers la route, tandis que Notre-Dame-de-Guadalupe apparaît sur la droite.

Le sentier traverse la route et continue tout droit en longeant un chemin bétonné. Les ruines du vaste Castillo de Guadalupe s'étendent sur la droite. À la première fourche, descendez sur la gauche et vous atteindrez un croisement 600 m plus loin. Tournez à gauche sur la route goudronnée (en direction d'Artzu). Au bout de 10 minutes, l'asphalte s'arrête (au niveau de l'Agroturismo Artzu) et vous continuerez sur une piste de terre. Après avoir passé deux maisons sur la droite, la descente vers l'océan s'accentue. D'une intersection en

T, prenez à droite sur la piste de terre qui suit plus ou moins la côte sur 3,5 km, traversant une châtaigneraie, jusqu'à une station d'épuration.

Contournez la station et le chemin débouche sur une route goudronnée et le Camping Faro de Higuer. Tournez à droite sur l'asphalte et passez devant le terrain de camping et le phare. Continuez sur la route pendant 200 m et bifurquez à gauche pour descendre vers Fuenterrabia.

❍ SAN SEBASTIÁN (DONOSTIA)

180 000 habitants

Comment aborder San Sebastián sans lui faire une déclaration d'amour ? La belle Basque a tout pour séduire : de larges avenues ombragées, deux sublimes plages au cœur de la ville, des quartiers anciens de caractère, une concentration de bars à tapas qui compte certainement parmi les plus importantes d'Espagne…

Active mais décontractée, vivante et contemporaine, San Sebastián a du charme à revendre. Elle a gardé l'architecture élégante et un peu grandiloquente de la Belle Époque, qui attire le jet-set fortunée et bien habillée, mais sait aussi se faire canaille sitôt la nuit tombée. Sportive, la diva soigne également sa forme : il n'est pas rare d'y croiser des surfeurs, leur *surfboard* sous le bras, en plein centre-ville. Quant à sa sensualité, elle se révèle dans la lumière de la fin de journée et se promenant le long de la plage de la Concha, l'une des activités préférées de ses habitants à laquelle les visiteurs se prêtent avec bonheur.

HISTOIRE

L'histoire de San Sebastián est, dès son origine, tournée vers la mer. En 1180, le roi Sancho El Sabio, désireux de donner une ouverture maritime au royaume de Navarre, jeta son dévolu sur ce modeste village de pêcheurs. Dès lors, l'essor de San Sebastián dut beaucoup à la pêche à la baleine et à la morue, en plus du commerce maritime avec les ports européens, puis américains.

Située à un emplacement stratégique entre la France et l'Espagne, la ville connut plusieurs sièges jusqu'en 1719, date à laquelle elle tomba aux mains des armées françaises pour deux ans. Quelques années plus tard, en 1793, San Sebastián fut à nouveau conquise par les Français. Sa libération par les troupes anglo-portugaises se solda par une razzia et un incendie qui détruisit en 1813 la majeure partie de la ville historique.

Le XIXe siècle apporta heureusement de meilleures nouvelles. Notamment grâce à la reine Isabelle II, qui popularisa la station balnéaire, emmenant à sa suite la cour d'Espagne et la jet-set de l'époque. À la fin du siècle, la ville avait perdu son ancien aspect défensif, remplacé par les édifices Belle Époque et Art nouveau que l'on peut encore admirer sur le front de mer.

La guerre civile espagnole, la Seconde Guerre mondiale puis l'urbanisation du Pays basque faillirent jeter une ombre sur le destin de la ville. San Sebastián est cependant entrée la tête haute dans le XXIe siècle : économiquement active, prisée des touristes, réputée pour sa cuisine et présente sur la scène artistique contemporaine, la ville voit l'avenir avec optimisme.

ORIENTATION

La physionomie de San Sebastián, bâtie autour du fleuve Urumea et articulée autour deux anses séparées par le mont Urgull, décontenance souvent le nouveau venu. La ville se divise en trois quartiers principaux. La "vieille ville" historique (*casco viejo*), rebâtie aux lendemains de l'incendie de 1813, s'étend aux pieds du mont Urgull, au nord de Alameda del Boulevard (souvent simplement appelé "Boulevard"). Elle est centrée sur la belle Plaza de la Constitución, bordée d'un lacis de ruelles étroites.

Juste au sud s'étend la ville "nouvelle", ou Centro Romántico. Bâti à la fin du XIXe siècle, ce quartier agréable occupe l'espace qui sépare le fleuve et la plage de la Concha (la principale carte de visite touristique de la ville, bordée d'un *paseo* où tous les habitants de San Sebastián semblent se donner rendez-vous en fin de journée) et se décline en une série de larges avenues ombragées et commerçantes.

Sur la rive sud du río Urumea, le quartier de Gros et la plage de Zurriola, particulièrement appréciée des surfeurs, offrent une alternative décontractée aux quartiers précédents et à leur foule.

RENSEIGNEMENTS
Accès Internet

Cibernetworld (☎ 943 42 06 51 ; Calle de Aldamar 3 ; 3 €/heure ; ☾ 9h-12h juin-sept, 10h30-12h oct-mai). Internet, consigne à bagages, informations générales sur le voyage et échange de livres en différentes langues.

Donosti-Net (☎ 943 42 94 97 ; Calle de Narrica 3 ; 10 min/1h 0,90/3,30 € ; ☾ 9h-23h). Le meilleur point d'accès Internet. C'est aussi un centre de renseignements précieux pour voyageurs, qui propose tout, de la consigne à bagages aux transferts d'argent et à la location de véhicules.

Therow (☎ 943 29 18 09 ; Calle de Zabaleta 10 ; le matin 1,50 €, après 14h 2,30 € ; ☾ 10h-22h)

Zarranet (Calle de San Lorenzo 6 ; 2 €/heure ; ☾ 10h30-14h et 15h30-21h)

Offices du tourisme

Centro de Atracción y Turismo (CAT ; ☎ 943 48 11 66 ; www.sansebastianturismo.com ; Boulevard 8 ; ☾ juin-sept lun-sam 8h30-20h, dim 10h-19h, oct-mai lun-sam 9h-14h et 15h30-19h, dim 10h-14h). Ce bureau accueillant dispose d'informations exhaustives sur la ville et tout le Pays basque.

Kiosque touristique (Paseo de la Concha ; ☾ 10h30-20h30 juil et août). Au bout du Paseo de la Concha, côté ville.

À VOIR ET À FAIRE

À la différence d'une Bilbao et de son musée Guggenheim, San Sebastián ne compte pas de grands monuments emblématiques ou de site "à ne pas manquer". L'attrait de la ville réside dans son ambiance, dans la variété de ses quartiers et dans une multitude de lieux attachants et agréables. San Sebastián n'est pas une ville qui se visite le plan à la main, de site touristique en site touristique, mais une cité où il fait bon flâner au gré des rues et de son humeur. Laissez-vous aller…

Casco viejo

Avec ses ruelles étroites et sombres bordées de dizaines d'enseignes, la vieille ville de San Sebastián, reconstruite après l'incendie qui la ravagea en 1813, a presque des airs d'Italie. Elle s'étend derrière le **Mercado de la Bretxa**, ancien marché aux bestiaux transformé en centre commercial, qui accueille maintenant des boutiques modernes mais mérite le coup d'œil pour sa façade. Il doit son nom à la brèche que les canonniers anglo-portugais firent dans les murailles de la ville, à son emplacement, lors du siège de 1813. Derrière le marché, quelques centaines de mètres de ruelles donnent accès à l'épicentre du *casco viejo*, la **Plaza de la Constitución**. Elle est bordée sur trois côtés de bâtiments rectilignes dont les fenêtres sont numérotées car elles servaient de loges à l'époque où la place était utilisée comme arène pour les courses de taureaux. La place et ses abords, où les bars à tapas sont légion, s'animent en soirée. À quelques centaines de mètres en direction de la baie, la belle **église San Vincente**, toute de pierre blonde, est la plus ancienne de la ville. Bâtie au XVIᵉ siècle dans un style gothique, elle présente un portique polychrome et abrite un superbe retable baroque. Faites également un tour sur les quais du **port de pêche**, véritable village dans la ville, au pied du mont Urgull.

Mont Urgull

Dominant la ville depuis sa position stratégique, au milieu de ses deux anses de sable, le mont Urgull est occupé par un **parc municipal** escarpé et ponctué par une **statue du Sacré Cœur** haute de 29 m. Érigée en 1950, elle est bâtie sur le **Castillo de la Mota** (XIIᵉ siècle), qui témoigne de l'ancienne vocation défensive de la ville et présente une petite exposition le temps des travaux du musée de San Telmo. On accède au mont de part et d'autre du vieux port, par un escalier d'un côté et au-dessus de l'aquarium de l'autre. Préférez la fin de journée, lorsque la lumière est la plus belle sur la baie de la Concha.

Paseo de la Concha

Le lieu le plus emblématique de la ville est presque un quartier en soi. Bordant la baie et la plage du même nom, le paseo de la Concha s'étend entre l'**hôtel de ville** et le **palais de Miramar**, édifice de style anglais construit à la demande de la régente Maria Cristina, qui servit de résidence d'été à la cour d'Espagne. Le style architectural de l'hôtel de ville mérite quelques explications. Inauguré en 1887 comme casino, l'édifice a connu les riches heures de la Belle Époque avant que l'interdiction du jeu ne change son destin. Il a été transformé en hôtel de ville en 1947. Bordé de quelques beaux vestiges architecturaux, le **paseo** est idéal pour prendre l'air en fin de journée (toute la ville

---

LE PASSE-PARTOUT DE SAN SEBASTIÁN

En vente à l'office du tourisme, la San Sebastián Card ou "Le passe-partout de San Sebastián" permet de disposer d'un tarif réduit dans de nombreux musées de la ville et de bénéficier de la gratuité des transports ainsi que d'une visite guidée offerte. Valable 5 jours, elle est proposée au prix de 12 € dont 1 € dit "écologique", remboursé lorsque la carte est restituée (en bon état !).

---

ou presque semble penser la même chose !). En face, l'**île de Santa Clara** est accessible en bateau de juin à septembre (2,6 € ; départs toutes les 30 min).

Centro Romántico

Au sud du **Boulevard**, la "ville moderne", ou Centro Romántico, se distingue par ses larges avenues arborées. Sa **cathédrale del Buen Pastor**, de style néogothique, était le noyau de l'agrandissement de la ville dans les dernières années du XIXᵉ siècle. Elle est remarquable par ses hautes flèches élancées et sa tour, haute de 75 m et visible de tout le quartier. En face, la rue San Martin et la rue de Loyola, en grande partie piétonnières, sont agréables pour déambuler et séduiront les amateurs de **shopping** avec leurs boutiques chics et branchées. Également à voir, la **Calle Prim** présente une belle série de façades Belle Époque.

Quartier de Gros

On atteint ce quartier, sur la rive est du río Urumea, en traversant l'étonnant **pont de la Zurriola** et ses globes lumineux modernistes. Considéré comme l'un des quartiers "qui montent" de la ville, Gros abrite notamment la double structure de verre dépoli du **Kursaal**. Inauguré en 1999, ce bâtiment cubique signé par l'architecte navarrais Rafael Moneo est à la fois un centre de congrès, un auditorium et un espace d'exposition. Symbole du renouveau architectural de la ville, le bâtiment est composé de plus de 10 000 panneaux de verre translucide et représente, aux yeux de son architecte, des rochers échoués sur la plage.

SAN SEBASTIÁN

A **B** **C** **D**

1

RENSEIGNEMENTS
Bureau de poste principal.......... 1 G5
Casa de Socorro........................ 2 F3
Cibernetworld........................... 3 F3
Donosti-Net.............................. 4 H2
Kiosque d'information
touristique 6 F4
Office du tourisme..................... 7 F3
Therow 8 G3
Zarranet..................................10 H1

À VOIR ET À FAIRE
Aquarium 11 D3
Bateaux vers l'île
de Santa Clara 12 E3
Museo de San Telmo   13 F3
Museo Naval 14 E3
Pukas......................................15 H2
Pukas......................................16 G2

OÙ SE LOGER 🛏
Albergue La Sirena Ondarreta...17 B5
Hospedaje Ibai........................18 H1
Hostal Alemana 19 E5
Hotel de Londres e Inglaterra...20 F5
Hotel Maria Cristina.................21 G3
Olga's Place.............................22 H3
Pension Aida............................23 H4
Pension Amaiur Ostatua...........24 G1

Pension Aries...........................25 G1
Pension Bellas Artes.................26 G5
Pension Donostiarra.................27 G4
Pension Edorta........................28 G2
Pension Kursaal 29 G3
Pension La Perla 30 F4
Pension Larrea.........................31 H1
Pension Loinaz........................32 H2
Pension Santa Clara.................33 H1
Pension Urkia 34 F4
Urban House 35 H2

OÙ SE RESTAURER 🍴
Astelena 36 H1
Bar Goiz-Argi...........................37 H1
Bar La Cepa.............................38 H1
Bar Nagusía 39 H2
Bidebide 40 H1
Caravanserail 41 F5
Casa Valles 42 G5
Juantxo Taberna......................43 H2
Kaskazuri................................44 F3
La Cuchara de San Telmo 45 H1
La Mejillonera..........................46 G2
La Zurri...................................47 G3
Mercado de la Bretxa...............48 F3
Plaza Café 49 F5
Restaurante Alberto..................50 H1
Restaurante Kursaal 51 G3

Restaurante Mariñela...............52 E3
San Martin Centre 53 F4
Txandorra Restaurante 54 H1
Urbano....................................55 H1

**OÙ PRENDRE UN VERRE
ET SORTIR** 🍷 🎭
Bar Ondarra.............................56 G3
Dioni's....................................57 G2
Altxerri Jazz Bar 58 F3
Be Bop....................................59 F3
Etxekalte.................................60 E3
M.A.D.....................................61 G5
Splash....................................62 F5

ACHATS 🛍
Divain......................................63 H2
Nómada 64 H1
Trip...65 G1

TRANSPORTS
Avis...66 F5
Bici Rent 67 G3
Bus 16 et 28............................68 H2
Bus vers Fuenterrabia,
Irún et l'aéroport 69 F4
Bus vers Hernani
et Astigarraga.....................70 G3
Europcar..................................71 G5

2

3

Faro de
Igeldo

Monte
Igueldo

Parque de
Atracciónes

Paseo del Faro

Paseo del Faro

Punta Torrepea

Isla de
Santa Clara

11

4

Plaza del
Funicular

Av. de Satrustegui

5

Parque
Igueldo

Playa de
Ondarreta

Pico del
Loro

Ondarreta

Av. de Satrustegui

Pico de Igueldo

17

C. de Brunet

C. de Pamplona

Plaza de
Alfonso
XIII

Playa de
la Concha
Paseo de la Concha
Paseo de Miraconcha

Av. de Zumalkarregi

Antiguo

Paseo de Ondarreta

C. de Vitoria-Gasteiz

Av. de Tolosa

C. de Mari

Vers le camping
Igueldo (5 km)

6

GIPUZKOA

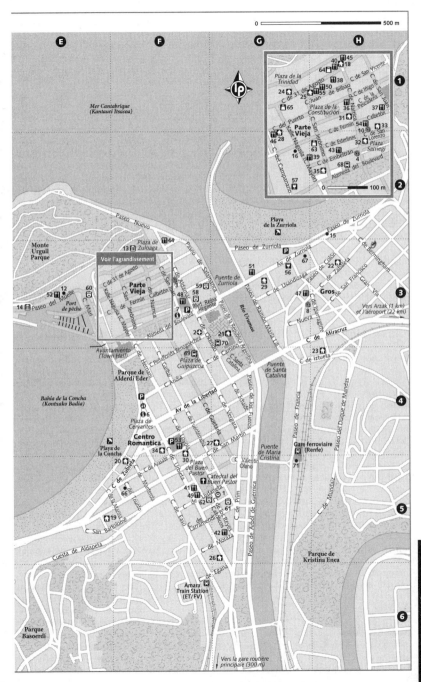

Plages

Archétypes de la plage urbaine de rêve, la **Playa de la Concha** et la **Playa de Ondarreta**, son extension à l'ouest, présentent des anses de sable quasi parfaites. En été, il y règne une ambiance de fête permanente en raison des milliers de corps bronzés alanguis au bord de l'eau.

La **Playa de Zurriola**, face au quartier de Gros, est moins belle mais aussi moins fréquentée, hormis par les surfeurs, qui apprécient ses vagues. La baignade peut y être plus dangereuse que sur les deux autres plages de la ville.

Musées

Museo naval (☎ 943 43 00 51 ; http://um.gipuzkoakultura. net ; Paseo des Muele 24 ; plein tarif/tarif réduit/– 10 ans 1,20/0,60 €/gratuit ; ✆ mar-sam 10h-13h30 et 16h-19h30, dim 11h-14h). Installé sur le port dans l'ancienne Bourse des commerçants et marins de la ville, il retrace l'histoire maritime de la ville au travers de maquettes, documents et instruments de navigation. Ceux qui comprennent un peu l'espagnol apprécieront mieux la visite.

Museo de San Telmo (www.museosantelmo. com). Situé dans un superbe monastère du XVIe siècle entouré d'un joli cloître, ce musée qui rassemble une belle collection de peinture est fermé pour travaux jusqu'en 2010. À suivre.

Aquarium

Réputé auprès des petits et des grands, le superbe **aquarium** (☎ 943 44 00 99 ; www.aquariumss .com ; Plaza Carlos Blasco de Imaz 1 ; plein tarif/tarif réduit/4-12 ans/– 3 ans 10/8/6 €/gratuit ; ✆ avr-juin et sept lun-ven 10h-20h et sam-dim 10h-21h, oct-mars lun-ven 10h-19h et sam-dim 10h-20h, Semaine sainte et juil-août tlj 10h-22h) de San Sebastián présente des dizaines d'espèces marines – dont certaines rarement présentées dans des aquariums, comme les poissons-pierres ou encore des méduses – dans une série de grands aquariums. Le clou du spectacle est son tunnel de verre passant sous un immense bassin océanique peuplé de requins, raies, mérous, tortues et murènes. La déformation due à la courbure du verre finit par donner un peu mal à la tête (!) mais le spectacle est réellement magistral.

Mont Igueldo

Juste à l'ouest de la ville, ce sommet réserve un panorama à couper le souffle sur San Sebastián, la baie de la Concha, la côte et les montagnes environnantes. La solution la plus simple pour s'y rendre consiste à emprunter le **funiculaire** (aller-retour adulte/enfant 2,30/1,70 € ; ✆ juil-août 10h-22h, horaires variables le reste de l'année) jusqu'au parc d'attractions (*parque de atracciones*).

Surf

Les débutants apprécient généralement les vagues assez clémentes de la plage de la Zurriola. Si vous êtes prêt à vous jeter à l'eau, adressez-vous à **Pukas** (☎ 943 32 00 68 ; www. pukassurfeskola.com ; avenida de Zurriola 24 ; ✆ lun-sam 10h-13h30 et 16h-20h), où vous pourrez louer tout le matériel nécessaire et prendre des cours. Les tarifs des leçons dépendent du nombre de participants et de la durée, avec un maximum de 49 € pour un cours individuel d'une heure.

PROMENADE À PIED

C'est l'idéal pour se familiariser avec la ville et ses différents quartiers. Prévoyez environ deux heures pour l'itinéraire ci-dessous, qui peut aussi s'étendre sur une demi-journée.

Au départ de l'**office du tourisme** (Boulevard 8), revenez quelques centaine de mètres en direction du fleuve et prenez **San Juan** à gauche, à l'angle de l'ancien **marché de la Bretxa**. Prenez encore une fois à gauche pour rejoindre la **Plaza de la Constitución** (pourquoi ne pas en profiter pour boire un verre en terrasse ?). Vous êtes au cœur de la vieille ville ou **casco viejo**. Prenez le temps d'admirer l'**église San Vincente**, quelques ruelles plus loin, puis prenez **Portu kalea**, qui mène, comme son nom l'indique au **port de pêche**. Au passage, à l'angle de la Calle Mayor, admirez à droite la très belle façade de l'**église Santa Maria**. Faites le tour du port et, si vous en avez le courage, montez au sommet du **mont Urgull**.

Poursuivez ensuite votre promenade en empruntant le **Paseo de la Concha** vers le sud (si vous y êtes un dimanche, en été, ou en fin de journée, il n'y a qu'à suivre la foule). Longez la plage phare de San Sebastián, passez devant le bel **hôtel de ville** puis, après la Plaza de Cervantes, prenez à gauche la Calle de Easo jusqu'à **San Martin**. Vous êtes alors au cœur du **Centro Romántico** et de ses belles boutiques. Poursuivant votre chemin, prenez le temps d'admirer les hautes flèches de la **cathédrale du Buen Pastor** puis prenez en face la **Calle Loyola**, elle aussi très commerçante. Obliquez dans la troisième

UN PEU DE (S)CUL(P)TURE !

Les rues de San Sebastián sont ponctuées de 56 sculptures disposées en plein air dans des lieux inattendus ou particulièrement en vue. Les plus monumentales sont le *Peine del Viento (Le Peigne du vent)*, œuvre d'Eduardo Chillida (1924-2002) qui se dresse à l'extrémité ouest de la plage de la Concha, la *Construction Vacía (Construction vide)* de Jorge Oteiza (1908-2003) visible aux pieds du mont Urgull, et la *Colombe de la paix* de Nestor Basterretxea, plaza Aita Donostia, au sud de la ville. De nombreuses œuvres, plus discrètes – et anciennes pour certaines – rendent hommage à des personnages célèbres ou à des épisodes historiques : Don Quichotte (jardins d'Alderdi), les grandes personnalités du Gipuzkoa (Plaza de Gipuzkoa) ou encore *Oroimena*, sculpture en hommage aux victimes du terrorisme et de la violence d'Aitor Mendizabal, exposée dans les jardins d'Alderdi.

Pour en savoir plus, procurez-vous la belle brochure gratuite en français intitulée *L'Autre regard*, éditée par l'office du tourisme, qui propose un parcours dans la ville, de sculpture en sculpture.

rue à droite, **Libertad**, l'une de ces larges avenues tranquilles et arborées comme les urbanistes espagnols savent si bien les faire. Empruntez-la jusqu'au **pont Santa Catalina**, qui enjambe le fleuve.

Parvenu de l'autre côté du río Urumea, prenez tout de suite à gauche, en diagonale, pour rejoindre le **Paseo Cristobal Colón**, au cœur du quartier de **Gros**. Obliquez ensuite sur votre gauche, au niveau d'une petite placette, pour retrouver le bord de mer et la structure cubique et translucide du **Kursaal**, le moderne centre de congrès et de spectacles de la ville, qui se dresse en bordure de la **plage de la Zurriola**.

Retraversez le fleuve par le **pont de la Zurriola** qui vous fait face, et continuez quelques centaines de mètres tout droit. Vous êtes revenu à votre point de départ.

FÊTES ET FESTIVALS

San Sebastián accueille toute l'année de nombreuses manifestations. Les plus importantes sont :

Janvier

Festividad de San Sebastián (☎ 943 48 11 68 ; www.donostia.org). La fête annuelle de la ville et ses défilés, le 20 janvier, est l'un des points forts du calendrier de San Sebastián.

Février

Carnaval (☎ 943 48 11 68 ; www.donostia.org). Du 31 janvier aux premiers jours de février

Juin

Nuit de la Saint-Jean (☎ 943 48 11 68 ; www. donostia.org). Le 23 juin.

Juillet

Jazzaldia – festival de jazz (☎ 943 48 19 00 ; www. jazzaldia.com)

Août

Quinzaine musicale (☎ 943 00 31 70 ; www. quincenamuscal.com). Musique classique. La Quincena Musical fête sa 69ᵉ édition en 2009.
Semana grande (☎ 943 48 11 68 ; www.donostia. org). Une semaine de concerts, spectacles de rue et feux d'artifice.

Septembre

Zinemaldia – Festival international de cinéma (☎ 943 48 12 12 ; www.sansebastianfestival.com). Internationalement reconnu, le festival existe depuis 1957.
Régates de trainières (☎ 943 48 11 68 ; www. donostia.org). Régates à la rame (les trainières sont les barques qui étaient jadis utilisées pour pêcher les baleines) et fête du cidre.

Novembre

Cook & fashion (☎ 943 49 01 77 ; www. cookandfashion.com). Gastronomie et haute couture.

Décembre

Foire de Santo Tomás (☎ 943 48 11 68 ; www. donostia.org). L'une des foires aux produits régionaux les plus anciennes de la ville, le 21 décembre.

OÙ SE LOGER

L'hébergement à San Sebastián est généralement de qualité, mais les prix sont élevés et les hôtels pris d'assaut en saison haute. Du fait de la popularité croissante de la ville, les meilleures adresses affichent complet des mois à l'avance pour juillet et août. Si vous arrivez sans réservation, l'office de

GIPUZKOA

💚 LE MUSEO CHILLIDA LEKU

Envie d'admirer des sculptures modernes dans un parc verdoyant aux portes de San Sebastián ? Le **Museo Chillida Leku** (☎ 943 33 60 06 ; www.museochillidaleku.com ; Hernani ; adulte/étudiant/enfant 8,50/6,50 €/gratuit ; 🕙 juil-août lun-ven 10h30-20h, sept-juin lun et mer-dim 10h30-15h) est ce qu'il vous faut. À la fois rustique et contemporain, ce bel espace est un véritable écrin pour une quarantaine d'œuvres d'Eduardo Chillida (1924-2002), l'un des sculpteurs basques les plus reconnus. Exposé dans des musées prestigieux de par le monde, Eduardo Chillida avait conçu ce lieu de son vivant pour y présenter ses œuvres, en extérieur pour nombre d'entre elles, et au milieu d'un parfait gazon. On sera ou non sensible au style de l'artiste, géométrique et massif, mais il est difficile de ne pas apprécier le parc, la sérénité du lieu (même si la route se fait un peu entendre dans le lointain) et la beauté de la charpente de l'ancienne ferme du XVIe siècle où sont superbement présentées les œuvres de petite taille.

Pour vous y rendre de San Sebastián, prenez le bus G2 (1,25 €) vers Hernani depuis la rue Okendo et descendez à Zabalaga. En voiture, comptez une quinzaine de minutes depuis le centre-ville. Prenez la A1 vers le sud puis, après 7 km, la direction d'Hernani (GI3132). Le musée est situé 600 m plus loin sur la gauche. Une petite buvette est installée sur place.

---

tourisme dispose d'une liste de chambres disponibles.

Petits budgets

Camping Igueldo (☎ 943 21 45 02 ; www.campingigueldo. com ; Paseo del Padra Orkolaga 69 ; empl pour 2 pers, une tente ou une caravane et un véhicule à partir de 25,20 €). Ce camping ombragé et bien conçu est à 5 km à l'ouest de la ville. Bus n°16 depuis Alameda del Boulevard (1,20 €, 30 min).

Albergue La Sirena Ondarreta (☎ 943 31 02 68 ; www.hihostels.com ; Paseo de Igueldo 25 ; dort -/+ de 25 ans à partir de 17/18 € ; 🅿 💻). Impeccable et très sûre, l'auberge de jeunesse HI de San Sebastián est proche de la plage d'Ondarreta et du mont Igueldo. Le couvre-feu passe de minuit à 4h du matin les week-ends de juin à septembre.

Urban House (☎ 943 42 81 54 ; www.enjoyeu. com ; Alameda del Boulevard 24 ; dort/ch 27/50 € ; 💻). La bonne humeur règne dans ce superbe établissement aux chambres très colorées. Vous serez au cœur de l'animation, et le personnel, jeune et polyglotte, fera tout pour vous aider à passer du bon temps. Des visites de la ville et des cours de surf sont également proposés. En saison haute, seuls des dortoirs pour quatre personnes sont disponibles.

📍 **Olga's Place** (☎ 943 32 67 25 ; Calle de Zabaleta 49 ; dort 30 € ; 💻). Une pension rudimentaire mais impeccable et d'excellente qualité, qui connaît un franc succès. Les espaces communs sont particulièrement plaisants : il y a plusieurs terrasses pour se détendre, une multitude de DVD (même s'il est peu probable que vous trouviez du temps pour cela à San Sebastián) et une cuisine accessible aux voyageurs. Certaines chambres sont dotées de vertigineux lits superposés, d'autres comportent des lits simples plus moelleux.

Pensión La Perla (☎ 943 42 81 23 ; www.pensionlaperla. com ; Calle de Loyola 10 ; s/d/tr 35/55/70 €). Le service à l'ancienne, efficace et rapide, et les chambres, propres mais sans cachet, font le succès de cette pension bien placée dans le Centro Romántico. Fiez-vous aux conseils avisés de la propriétaire.

Pensión Urkia (☎ 943 42 44 36 ; www.pensionurkia. com ; Calle de Urbieta 12 ; s/d 35/55 € ; 💻). Cette agréable pension familiale, située en face de la boutique Zara, propose des chambres douillettes. Si l'établissement est complet, on vous indiquera où trouver des chambres libres.

Pensión Loinaz (☎ 943 42 67 14 ; pensionloinaz@ telefonica.net ; Calle de San Lorenzo 17 ; s/d 50/55 € ; 💻). Petite, moderne et impeccable, la Pensión Loinaz est un endroit très agréable, avec des salles de bains étincelantes et des chambres lumineuses.

Pensión Aries (☎ 943 42 68 55 ; www.pensionaries.com ; Calle San Jerónimo 22 ; s/d sans sdb 30/60 €). Une bonne adresse, en particulier pour les voyageurs en solo qui bénéficieront d'un tarif avantageux. Les chambres sont simples et insonorisées, et l'une des salles de bains communes est dotée d'une immense baignoire où il fait bon se prélasser.

Hospedaje Ibai (☎ 943 42 62 53 ; www. reservasibai.e.telefonica.net ; Calle de 31 de Agosto 16 ; s/d/tr sans sdb 40/60/80 €). Voici l'un des plus grands établissements de la vieille ville, où vous aurez toutes les chances de pouvoir poser votre sac à dos. Il y a toutes sortes de chambres, sobres mais bien tenues, et assez de salles de bains communes pour ne pas avoir à faire la queue.

Pensión Larrea (☎ 943 42 26 94 ; Calle de Narrica 21 ; ch 60 € ; 🖳). Dans cette pension immaculée, vous serez accueilli à bras ouverts. Les chambres donnant sur la rue étant un peu bruyantes le soir, il ne vous reste qu'à vous joindre à la fête !

Catégorie moyenne

Pensión Amaiur Ostatua (☎ 943 42 96 54 ; www. pensionamaiur.com ; Calle de 31 de Agosto 44 ; s/d sans sdb 55/60 € ; 🖳). Avec seulement 9 chambres, il est difficile d'obtenir un lit mais le jeu en vaut la chandelle. Les chambres sont petites mais originales – il y a du papier peint coquet dans les couloirs et des couleurs éclatantes dans les chambres, décorées de tableaux représentant des scènes de rues en France ou la savane africaine. Choisissez-en une donnant sur la rue, pour profiter des belles fleurs rouges. Cuisine et salles de bains communes. En saison haute, il est nécessaire de réserver plusieurs mois à l'avance.

Pensión Edorta (☎ 943 42 37 73 ; www.pensionedorta. com ; Calle del Puerto 15 ; ch sans/avec sdb 60/80 € ; 🖳). Jolie *pensión* aux chambres colorées et impeccables. Les plafonds et les murs en pierre sont un agréable clin d'œil au passé. La plupart des chambres partagent des salles de bains communes.

Pensión Santa Clara (☎ 943 43 12 03 ; www.pension santaclara.com ; Calle de San Lorenzo 6 ; s/d 50/65 €). Cette *pensión* chaleureuse loue quelques chambres aux couleurs chatoyantes ; le propriétaire est une mine d'informations. L'emplacement est tellement central que l'odeur des *pintxos* viendra vous chatouiller les narines pendant la nuit.

Pensión Aida (☎ 943 32 78 00 ; www.pensiones conencanto.com ; Calle de Iztueta 9 ; s/d 59/78 € ; 🖳). Excellente adresse, propre et nette, où les chambres lumineuses aux pierres apparentes ne manquent pas de cachet. Les canapés moelleux de la pièce commune sont parfaits pour consulter les innombrables brochures (encore un point fort). Un rapport qualité/prix imbattable.

Pensión Bellas Artes (☎ 943 47 49 05 ; www. pension-bellasartes.com ; Calle de Urbieta 64 ; s/d à partir de 59/79 € ; 🖳). Hautement recommandé, cet hôtel compte parmi les plus sympathiques de la ville, avec des chambres aussi chaleureuses que l'accueil.

Pensión Kursaal (☎ 943 29 26 66 ; www.pensiones conencanto.com ; Calle de Peña y Goñi 2 ; ch 82 € ; 🖳). Cette pension épatante, lumineuse et colorée, dispose de belles chambres raffinées, à quelques pas de la vieille ville.

Pensión Donostiarra (☎ 943 42 61 67 ; www.pension donostiarra.com ; Calle de San Martín 6 ; s/d 64/87 €). Une charmante *pensión*, avec un imposant escalier à l'ancienne et un ascenseur cliquetant. Les chambres douillettes sont égayées de bleu ciel et certaines sont dotées d'une superbe porte en vitrail débouchant sur un petit balcon.

🅒 Hostal Alemana (☎ 943 46 25 44 ; www.hostal-alemana.com ; Calle de San Martín 53 ; s/d 59/98 € ; 🖳). Cet hôtel élégant a misé sur le blanc et la décoration minimaliste, ce qui fonctionne à merveille dans les chambres lumineuses et aérées. À une encablure de la plage.

Catégorie supérieure

Hotel de Londres e Inglaterra (☎ 943 44 07 70 ; www. hlondres.com ; Calle de Zubieta 2 ; s/d à partir de 175/225 € ; 🅟 🗶 🖳). La reine Isabelle II a séjourné ici il y a bien plus d'un siècle mais l'ambiance n'a rien perdu de sa superbe. Les lieux sont empreints d'élégance et certaines chambres bénéficient d'une vue spectaculaire sur la plage de la Concha.

Hotel Maria Cristina (☎ 943 43 76 00 ; www. starwoodhotels.com ; Paseo de la República Argentina 4 ; s/d à partir de 225/335 € ; 🅟 🗶 🖳). Dans cet hôtel irréprochable, aux chambres immenses et luxueuses, vous n'aurez aucune chance de croiser un auteur de Lonely Planet, mais vous côtoierez des têtes couronnées et des stars d'Hollywood.

OÙ SE RESTAURER

San Sebastián est le paradis des *pintxos* (voir encadré p. 302), ces tapas qui font la fierté de toutes les villes espagnoles, et personne ne conteste sa supériorité en ce domaine. Pour varier les plaisirs, la cité compte également d'excellents restaurants et dépasse Paris en nombre d'étoiles au Michelin.

Pintxos

Le prix des *pintxos* varie selon la taille et la qualité. Les bouchées chaudes sont généralement

TXOKO

Si vous êtes du genre à regarder par les trous de serrure, vous finirez par tomber sur cette scène étonnante : une grande pièce remplie d'hommes, assis autour d'une table débordant de nourriture et de boissons. Il s'agit d'un txoko (société gastronomique basque), chasse gardée de la gent masculine (à quelques exceptions près). Les individus qui les fréquentent (et qui souvent ne mettent pas un pied dans la cuisine chez eux) sont de talentueux chefs amateurs qui mitonnent à tour de rôle leur spécialité et les soumettent au jugement des autres membres du groupe. On dit souvent que la meilleure cuisine basque se déguste dans un txoko. Récemment, de rares femmes ont été admises dans les txokos, mais seulement en tant qu'invitées. Dans tous les cas, l'accès à la cuisine leur est formellement interdit pendant les préparatifs, afin de ne pas déconcentrer ces messieurs. Après le repas néanmoins, elles ont tout le loisir d'aller faire la vaisselle !

plus chères que les froides, qui peuvent être emportées.

€ **Bar La Cepa** (Calle de 31 de Agosto 7). Le meilleur *jamón jabugo* (jambon fumé du sud de l'Espagne), à déguster devant une énorme tête de taureau. Bons menus sans prétention (13,50 €).

Casa Valles (Calle de los Reyes Católicos 10). Spécialisé dans les *pintxos* à la viande, ce bar agréable, avec, comme il se doit, une multitude de jambons accrochés au plafond, propose aussi des *raciones* (grosses tapas) et des repas complets (13 à 30 €).

La Mejillonera (Calle del Puerto 15). On vient ici pour les moules, servies sous toutes les formes (à partir de 3 €).

Bar Goiz-Argi (Calle de Fermín Calbetón 4). Les *gambas a la plancha* (crevettes grillées) sont la spécialité de la maison, et elles sont tout bonnement parfaites.

Astelena (Calle de Iñigo 1). Les *pintxos* présentés au comptoir de ce bar niché dans un angle de la Plaza de la Constitución comptent parmi les meilleurs de la ville. La plupart fusionnent les cuisines basque et asiatique, mais la palme revient aux bouchées à base de foie gras.

Bar Nagusía (Calle Nagusia 4). Dans ce bar à l'ancienne, le comptoir croule sous le poids des *pintxos*. Vos papilles vont adorer.

Txandorra Restaurante (Calle de Fermín Calbetón 7). Des figures locales viennent manger quelques *pintxos* et jouer aux machines à sous dans ce bar à l'ambiance sulfureuse mais mémorable.

La Cuchara de San Telmo (☎ 943 42 08 40 ; Calle de 31 de Agosto 28). Loin des projecteurs, ce bar sans esbroufe propose des plats miniatures de *nueva cocina vasca*, tout droit sortis de l'imagination fulgurante des chefs Alex Montiel et Iñaki Gulin. Ces deux excellents

cuisiniers mitonnent des délices comme la *carrilera de ternera al vino tinto* (joue de veau au vin rouge). La viande fond littéralement dans la bouche. Et pour couronner le tout, une partie des bénéfices est reversée à l'association caritative Fundación Vicente Ferrer.

Restaurants

☯ **Urbano** (☎ 943 420 434 ; www.restauranteurbano.com ; Calle de 31 de Agosto 17 ; plats 12-18,5 €, menus 20-38 € ; ☯ fermé mer, dim soir). Une cuisine inventive et légère à base de produits locaux, à l'image du délicieux thon mi-cuit aux piments frits et aux miettes de jambon serrano, servie dans un cadre design et raffiné. Excellent rapport qualité/prix et bonne sélection de vins. Que demander de plus ?

Restaurante Mariñela (☎ 943 42 73 83 ; Paseo del Muelle ; plats 9-15 €). Certes, vous paierez l'emplacement sur le port, mais vous aurez l'assurance de déguster un poisson on ne peut plus frais.

Bidebide (☎ 943 42 99 36 ; Calle de 31 de Agosto 22 ; plats 7,50-12 €). À mille lieux des restaurants traditionnels et de leurs jambons suspendus, cette nouvelle adresse lumineuse et branchée se distingue par sa musique d'ambiance et son atmosphère de nuit citadine. Le choix de *pintxos* est limité mais tous sont parfaits ; il y a aussi des repas tout simples.

La Zurri (☎ 943 29 38 86 ; Calle de Zabaleta 10 ; menu 9,50 €). De l'autre côté du fleuve dans le quartier de Gros, ce restaurant au succès jamais démenti propose un menu interminable où tout est délicieux.

Restaurante Alberto (☎ 943 42 88 84 ; Calle de 31 de Agosto 19 ; plats à partir de 15 € ; ☯ fermé mar). Sombre et adorablement désuet, ce restaurant présente des fruits de mer tout frais dans une vitrine alléchante. Le poisson étant généralement vendu au kilo, il faut donc venir à plusieurs.

Kaskazuri (☎ 943 42 08 94 ; Paseo de Salamanca 14 ; menu 20 €). Les délicates spécialités basques à base de fruits de mer font la réputation de ce restaurant génial, situé sur une plate-forme surélevée offrant une belle vue sur la mer. Mieux vaut réserver bien à l'avance.

Restaurante Kursaal (☎ 943 00 31 62 ; Avenida de Zurriola 1 ; menu dégustation à partir de 48 € ; ✆ fermé mi-déc à mi-jan). Autre établissement du célèbre chef Martin Berasategui, le Kursaal a décroché une étoile au Michelin. En bas, vous découvrirez le "pub gastronomique" (ouvert du dimanche au mercredi ; menu à partir de 24 €). Cerise sur le gâteau, la déco chic du centre Kursaal ne dépare pas.

Arzak (☎ 943 27 84 65 ; Avenida Alcalde Jose Elosegui 273 ; repas 100-160 €). S'agissant de *nueva cocina vasca*, difficile de surpasser le célèbre chef Juan Mari Arzak et ses trois étoiles au Michelin. Désormais secondé par sa fille Elena, il ne cesse d'innover. Il est indispensable de réserver longtemps à l'avance. Situé à environ 1,5 km à l'est de San Sebastián, le restaurant est fermé les deux dernières semaines de juin et une grande partie du mois de novembre. Les prix sont élevés, mais n'oubliez pas que cet homme a cuisiné pour la reine d'Angleterre.

Restauration rapide

Juantxo Taberna (Calle de Embeltrá 6 ; sandwichs à partir de 2,50 €). Pas d'étoile pour ce bar, mais les grosses faims seront vite rassasiées grâce aux énormes *bocadillos* à la *tortilla* et autres garnitures savoureuses.

Caravanserai (☎ 943 47 54 18 ; angle Calle San Bartolomé et Plaza del Buen Pastor ; sandwichs à partir de 4 €, repas à partir de 8,50 €). Hamburgers, sandwichs, pâtes, ici tout est savoureux. Installé sur la place de la cathédrale, près de l'agréable **Plaza Café** (☎ 943 44 57 12 ; Plaza del Buen Pastor 14 ; petit-déj 3,50-7 €), où les habitants aiment petit-déjeuner.

OÙ SORTIR ET PRENDRE UN VERRE

On prétend que le *casco viejo* de San Sebastián possède la plus forte concentration de bars au mètre carré du monde. Difficile de faire un tri. La journée commence généralement dans le calme, à l'heure du café. Puis vient le moment de grignoter quelques *pintxos* avant de se retrouver dans le même bar entouré de fêtards bruyants. Les soirées de San Sebastián sont longues et s'étirent jusqu'au petit jour.

Dioni's (Calle Ijentea 2). On vient y siroter un café corsé dans la journée. Très prisé de la communauté homosexuelle, ce bar décontracté met les années 1980 à l'honneur. Le lieu idéal pour regarder le concours Eurovision de la Chanson !

LES PINTXOS, OU L'ART DE LA GASTRONOMIE MINIMALISTE

Les Basques, on le sait, n'aiment pas faire comme les autres Espagnols. Un exemple ? Là où ces derniers parlent de tapas, les Basques utilisent le mot *pintxo*. La différence ne s'arrête pas à la linguistique : le Pays basque a en effet quasiment élevé ces repas de comptoir au rang d'œuvre gastronomique, notamment à San Sebastián.

Alignés sur les comptoirs des bars et des restaurants à l'heure des repas, les *pintxos* prennent une infinie variété de formes. Les plus simples sont constitués de petites tranches de pain sur lesquelles sont réparties des portions de jambon, fruits de mer, poivrons, salades en mayonnaise, *tortillas* aux pommes de terre ou à la morue. L'ensemble est tenu par une pique en bois que chaque convive (les *pintxos* se grignotent en général debout, au comptoir) garde face à lui car ils servent à compter ce que chacun a consommé à l'heure de l'addition.

Ces *pintxos* traditionnels sont la partie émergée de l'iceberg. Suite à une série de concours lancés il y a une quinzaine d'années par plusieurs organismes basques, certains bar et restaurants commencèrent à rivaliser d'inventivité et à donner une nouvelle impulsion à l'art de *tapear*. Souvent cuisinés "à la minute", ces nouveaux *pintxos* utilisent fréquemment des produits nobles, préparés avec raffinement et mangés en une bouchée. Les gagnants des concours de *pintxos* 2007 se sont par exemple singularisés avec des "chinchards au fromage de brebis et à la menthe sur toast de cerise", de l'artichaud grillé au foie gras et au cacao ou encore un risotto de moules croquant... Alléchant, non ?

Selon les lieux et les produits, les *pintxos* coutent en général de 1,50 à 3 € l'unité.

Bar Ondarra (Avenida de Zurriola 16). Direction Gros et ce bar fantastique face à la mer ! La clientèle est dense et hétéroclite. Dans la salle du bas, toutes les musiques ont droit de cité.

Etxekalte (Calle Mari). Près du port, un bar ouvert très tard le soir, avec de la dance et de la techno au sous-sol et du jazz funky à l'étage.

Altxerri Jazz Bar (Blvd Reina Regente 2 ; www.altxerri. com). Ce temple du jazz et du blues programme régulièrement des musiciens locaux et internationaux. Les autres soirs, les jam-sessions prennent le dessus. Sur place, il y a une galerie d'art.

Be Bop (Paseo de Salamanca 3). Brûlez la nuit dans ce bar/club sulfureux paré de rouge vif, de vert et de crème, doré par le soleil couchant. La soirée commence avec des tubes pop puis on se déhanche au son de la salsa.

Splash (Sánchez Toca 1). Un bar moderne et clinquant, avec une terrasse et des décibels à l'intérieur.

M.A.D. (Calle de Larramendi 4). Comme son nom l'indique, il y a de la folie dans l'air. Les musiques alternatives résonnent nuit et jour et les murs rouge sang sont ornés de photos et d'œuvres d'art psychédéliques.

ACHATS

Les amateurs de shopping trouveront leur bonheur autour des rues San Martin et Loyola, dans le Centro Romántico, où nombre de boutiques de chaînes et de créateurs ont pignon sur rue. Mentionnons également quelques adresses qui sortent davantage de l'ordinaire :

Trip (☎ 943 42 94 43 ; Calle de 31 de Agosto 33). Des objets amusants alliant kitsch et authenticité.

Nómada (☎ 943 42 61 52 ; www.nomada.biz ; Calle de 31 de Agosto 24). Pour un souvenir vraiment original, jetez un œil aux somptueux tapis, sacs et autres objets sélectionnés avec un souci d'éthique par les propriétaires. Superbes toiles réalisées par des peintres basques.

Divain (☎ 943 63 46 03 ; Calle San Jerónimo). Une boutique pleine à craquer de beaux meubles et de bijoux ethniques provenant d'Argentine.

DEPUIS/VERS SAN SEBASTIÁN
Avion

L'**aéroport** (☎ 902 40 47 04), situé à 22 km de la ville près de Fuenterrabia, offre des vols vers Madrid et plus rarement des liaisons charter avec les principales villes européennes. Côté français, Biarritz, desservie par Ryanair, EasyJet et beaucoup d'autres compagnies low-cost, est souvent l'option la moins onéreuse.

Bus

La principale gare routière est à 20 minutes à pied au sud du *casco viejo*, entre la Plaza de Pío XII et le fleuve. Le bus n°28 la relie au Alameda del Boulevard (1,10 €, 10 min).

Continental Auto (☎ 943 46 90 74) rallie chaque jour Madrid (à partir de 30,54 €, 6 heures) et Vitoria (7,51 €, 1 heure 30).

La Roncalesa (☎ 943 46 10 64) fait circuler jusqu'à 10 bus par jour à destination de Pamplona (6,50 €, 1 heure).

LA BELLE SAISON DES CIDRERIES

Le cidre est une tradition dans la province de Gipuzkoa. Peu pétillant, légèrement acide, il a de faux airs de jus de pomme qui cachent bien sa réelle teneur en alcool. La meilleure façon de le goûter est de se rendre dans une cidrerie (*sagardotegiak*) à l'époque de sa fabrication, de janvier à avril. Offrez-vous à cette occasion un repas traditionnel : *tortilla de bacalao* (omelette à la morue), côte de bœuf, fromage de brebis accompagné de pâte de coing et de noix. Le repas est généralement servi à partir de 22h et généreusement arrosé de cidre. Lorsque le patron s'écrie "*mojón*", cela signifie qu'un nouveau tonneau est entamé.

La formule "*gutxi eta maiz*" (peu mais souvent) est la règle d'or pour déguster le cidre. Versez un peu du breuvage dans votre verre et buvez-le sans tarder afin de lui conserver toute sa fraîcheur.

La "capitale" du cidre est **Astigarraga**, à 8 km au sud-est de San Sebastián (prenez la GI131 depuis le quartier de Loiola). Sur 2 km, une demi-douzaine de *sagardotegiak*, clairement indiquées, jalonnent la route tortueuse reliant la ville à **Hernani**, 3 km plus loin. Les fermes du village d'**Usurbil** produisaient également du cidre.

L'une des cidreries les plus connues, car elle est ouverte toute l'année, est **Petrigeti** (☎ 943 45 71 88), avec ses grandes tablées et ses tonneaux tout aussi immenses. Vous la trouverez un peu avant l'entrée d'Astigarraga en venant de San Sebastián.

PESA (☎ 902 10 12 10) assure une liaison par demi-heure pour Bilbao (9,20 €, 1 heure) via l'*autopista* (autoroute à péage) A8, de 6h30 à 22h. Par ailleurs, deux bus par jour desservent les villes françaises d'Hendaye (2,75 €, 35 min), Saint-Jean-de-Luz (4,15 €, 50 min), Biarritz (6,10 €, 75 min) et Bayonne (7,10 €, 1 heure 30).

Train
La principale **gare Renfe** (Paseo de Francia) est sur la rive est du río Urumea, sur la ligne Paris-Madrid. Il y a plusieurs liaisons quotidiennes avec Madrid (37,20 €, 6 heures) et deux avec Barcelone (à partir de 38,20 €, 8 heures).

Il n'y a qu'un train direct pour Paris, mais plusieurs trains partent d'Hendaye (1,55 €, 35 min), desservie par la compagnie **Eusko Tren/ Ferrocarril Vasco** (ET/FV ; ☎ 902 54 32 10 ; www.euskotren. es en espagnol et en basque) par une ligne surnommée "El Topo" (la taupe). Les trains partent toutes les demi-heures de la gare Amara, 1 km au sud du centre-ville, et s'arrêtent à Pasaia (1,20 €, 12 min) et Irún (1,35 €, 25 min). Une autre ligne ET/FV rejoint à l'ouest Bilbao (6,50 €, 2 heures 30, toutes les heures) via Zarautz, Zumaia et Durango.

Voiture
Plusieurs grandes sociétés de location possèdent des agences à San Sebastián, notamment **Avis** (☎ 943 46 15 27 ; Calle del Triunfo 2) et **Europcar** (☎ 943 32 23 04 ; gare ferroviaire Renfe).

COMMENT CIRCULER
Interbus dessert Fuenterrabia (1,55 €, 45 min) et l'aéroport (1,55 €, 45 min) au départ de la Plaza de Guipúzkoa.

Bici Rent (☎ 655 72 44 58 ; Avenida de Zurriola 22 ; 4/17 € par heure/jour) loue des vélos et des VTT.

DE SAN SEBASTIÁN À PASAIA

Durée : 2 heures 30-3 heures
Distance : 11,5 km
Balisage : rouge et blanc
Difficulté : L'itinéraire peut être dangereux en début de saison du fait de l'érosion des falaises. Renseignez-vous.

Ce bel itinéraire côtier offre à la fois de magnifiques paysages maritimes et des falaises,

un accès aisé et des ports historiques, en même temps qu'une agréable solitude malgré la proximité des zones urbaines.

Partez de l'hôtel de ville, qui surplombe la Playa de la Concha, et prenez la direction du port de pêche. Passez devant l'aquarium et continuez en contournant le Monte Urgull jusqu'au Puente Zurriola (pour gagner 1,5 km, marchez vers l'est depuis l'hôtel de ville en descendant Alameda del Boulevard jusqu'au pont). Traversez le pont, dépassez le Kursaal et la Playa de Zurriola pour continuer tout droit.

Tournez ensuite à gauche à travers le parking jusqu'au sentier côtier. Au dernier réverbère, remarquez la première marque rouge et blanc. Au bout du sentier, continuez tout droit en longeant le pied des falaises. En arrivant à un petit champ, l'ascension de la colline érodée commence par un étroit sentier passant devant un à-pic abrupt et parfois dangereux, à 20 m de hauteur. Descendez brièvement avant de remonter par un chemin envahi de végétation jusqu'à un ancien ouvrage militaire. Entrez en prenant l'escalier pour rejoindre le chemin. En arrivant à une petite tour, bifurquez à droite en montant et vous entrerez rapidement dans une forêt. Prenez à gauche sous un épais tunnel de feuillage. À la fin de la forêt, au sommet de la falaise, continuez tout droit.

Poursuivez sur le sentier au sommet des falaises de grès, qui descend bientôt vers le sud-est (à droite) dans une pinède. À une fourche, faites un virage en épingle à cheveux sur la gauche puis sortez au bas de la forêt sur un chemin pavé qui descend abruptement vers l'océan. Le chemin descend en zigzagant pendant 20 minutes en contournant un affleurement puis ondule à flanc de colline vers un poste d'observation naturel. Le Faro de la Plata se dessine à l'horizon. Il vous reste alors 3,4 km à parcourir jusqu'au phare.

Le sentier pénètre dans une forêt et, 10 minutes plus tard, rejoint une route goudronnée. Descendez-la sur 75 m puis, lorsqu'elle fait une courbe sur la gauche, prenez à droite une piste de terre à travers la prairie, entre les arbustes puis dans la forêt. Vingt minutes plus tard, le chemin monte vers les pâturages, la broussaille se densifie et vous parvenez à une fourche. Faites un grand virage sur la gauche sur un sentier bordé de broussailles. À une intersection en T, tournez une nouvelle fois à gauche sur un large chemin en grès, puis pavé. Au bout de 20 minutes, le phare réapparaît ainsi qu'un étrange aqueduc en ruine. Le chemin contourne *des gorges et l'aqueduc jusqu'au pied du romantique Faro de la Plata.*

Tournez à droite sur la route et continuez pendant 500 m. À l'endroit où la route fait une courbe vers la droite, bifurquez à gauche sur un large chemin qui mène à une aire de pique-nique. Tournez à gauche et traversez la. Repérez le sentier en lacets balisé qui descend abruptement jusqu'au phare. Suivez le sentier pour descendre vers le chemin côtier et vous atteindrez 10 minutes plus tard le port de Pasaia San Pedro. Faites la traversée en bateau pour rejoindre Pasaia Donibane.

ARRIÈRE-PAYS DE SAN SEBASTIÁN

Une série de vallées s'étend à l'intérieur des terres au sud-ouest de San Sebastián. Inégale par ses attraits, la région est parfois un peu débordée par une industrialisation galopante, mais elle compte quelques merveilles méconnues comme la ville d'Oñati. Les localités ci dessous sont présentées dans l'ordre d'un itinéraire en boucle depuis San Sebastián qui s'achève au-dessus de la côte ouest de la ville (voir p. 312), par de petites routes traversant le vignoble dominant littoral.

TOLOSA

Bâtie en bordure du río Oría à 27 km de San Sebastián par la N1, Tolosa est une petite ville tranquille dont les ruelles du *casco viejo* se prêtent à la promenade. Ancienne ville industrielle vouée à la pâte à papier, elle est maintenant célèbre pour ses haricots, presque noirs, qui font la fierté de la ville. Relativement peu touristique, Tolosa mérite une visite le temps d'un repas (la cuisine y est si importante que certaines rues de la vieille ville ont des noms de légumes !) et de découvrir son centre ancien, mâtiné d'ajouts contemporains assez réussis.

L'**office du tourisme** (☎ 943 69 74 13 ; www. tolosaldea.net ; Plaza Santa Maria 1 ; tte l'année lun-sam 9h-12h et 14h-19h, juil-sept également dim 14h-19h), au cœur de la vieille ville, distribue plans et brochures.

À voir et à faire
CASCO VIEJO
Centrée autour de la place dite "du triangle" (Triangulo Plaza), la vieille ville de Tolosa

abrite quelques **palais** des XVIIe et XVIIIe siècles, notamment le palacio Idiakez, visibles dans les rues piétonnes du centre et au bord de la rivière. L'**église Santa Maria**, édifiée aux XVIIe-XVIIIe siècles en un mélange de styles baroque et gothique, mérite également la visite. Au fil des rues, vous découvrirez également quelques **sculptures contemporaines**, signées par des artistes basques, acquises par la municipalité au fil du temps et disséminées dans le centre. Enfin, ne ratez pas le **marché**, tous les samedis de l'année, rendez-vous des producteurs de produits régionaux. Il se tient dans la halle bâtie au XIXe siècle en bordure de la rivière.

MUSÉE DE LA CONFISERIE GORROTXATEGI
Apporté au Pays basque par les grands navigateurs, le chocolat occupe une place à part dans l'histoire régionale. Ce **musée** (☎ 943 69 74 13 ; www.museodelchocolate.com ; Letchuga 3 ; ☻ visite sur rendez-vous) retrace l'histoire des confiseurs de la ville depuis le XIVe siècle et présente leurs outils et leurs techniques. Visite sur rendez-vous auprès de l'office du tourisme.

MUSÉE DE MARIONNETTES TO.PIC
Annoncé comme un lieu unique au monde pour les amateurs de marionnettes, le centre **To.pic** (renseignements à l'office du tourisme) devrait ouvrir ses portes en 2009 après des années de tractations. Étendu sur 3 600 m² dans un bâtiment rénové et modernisé au cœur de la vieille ville, il contiendra un musée, un centre de documentation et une salle de spectacle de 250 places. La ville organise par ailleurs chaque fin d'année un **Festival international de marionnettes**.

Fêtes et festivals
Le **carnaval de Tolosa**, en février, est le point fort du calendrier de la ville, qui s'enorgueillit de l'avoir toujours célébré, même lorsque les manifestations qu'il occasionnait étaient interdites. D'une durée de 6 jours, il permet de ressortir les costumes traditionnels, de faire la fête dans les rues et de faire vivre les traditions.

Les fêtes de la **Saint-Jean**, le 24 juin, sont également célébrées avec ferveur. Le **Festival international de marionnettes**, en novembre-décembre, fait suite au **Concours international de chorales**, en octobre-novembre.

Où se loger

Pension Karmentxu (☎ 943 67 37 01 ; Koreos 24 ; d basse saison/haute saison 42/50 €). Au premier étage du bâtiment faisant l'angle des rues Letchuga et Koreos, derrière l'office du tourisme. Chambres avec sdb extérieure au confort simple, assez anciennes et rustiques, mais très correctes pour le prix demandé.

Hotel Oria (☎ 943 65 47 11 ; www.hoteloria.com ; Oria Kalea 2 ; s basse/haute saison 54/58 €, d basse/haute saison 78/84 € ; **Wi-Fi**). Le seul véritable hôtel en ville se décline en deux bâtiments. L'un, moderne et en brique, vise surtout la clientèle d'affaires. Il loue des chambres certes pas immenses mais confortables, avec une belle vue sur la ville et une décoration assez cossue. L'annexe, quelques centaines de mètres plus loin, propose des chambres plus classiques qui nous ont semblé plus chaleureuses. Restaurant et cafétéria sur place. L'accueil laisse parfois à désirer.

Où se restaurer

⊘ **Casa Julian de Tolosa** (☎ 943 67 14 17 ; www.casajuliandetolosa.com ; Santa Clara Kalea 6 ; plats 10-15 € environ ; ⊗ fermé dim). Végétariens s'abstenir ! Juste de l'autre côté de l'un des principaux ponts de la ville, la Casa Julian ressemble à un bric-à-brac au premier abord. Mais quelle atmosphère sitôt l'entrée passée ! Une petite salle voûtée aux murs couverts de vieilles bouteilles, de grandes tables an bois qui attendent les convives et, dans un coin, *el assador* et ses pièces de bœuf qui grillent. Une adresse particulièrement attachante et, osons utiliser ici le mot le plus galvaudé du vocabulaire touristique : authentique. Rien que ça.

Hernialde (☎ 943 67 56 54 ; www.restaurantehernialde.com ; Calle Martin Jose Iraola 10 ; plats 17,50-35 € ; ⊗ fermé mer). Réputée, la table gastronomique de Tolosa vous accueille un peu à l'écart de la vieille ville, de l'autre côté du río Oría, dans une salle à la décoration moderne et sobre où les nappes blanches des tables dressées avec soin tranchent sur les boiseries. On y sert une cuisine moderne et inventive à base de produits locaux. Bonne sélection de vins.

Frontón (☎ 943 65 29 41 ; San Francisco Kalea 4 ; plats 10-22 € ; ⊗ fermé lun). Un bâtiment rose, une salle assez cossue à l'étage et une carte où tout le monde devrait trouver son bonheur : des salades aux grillades, en passant par les haricots dont la ville fait sa fierté.

Depuis/vers Tolosa

Les bus de la Compañia del tranvia San Sebastián-Tolosa (www.tsst.info) assurent la liaison entre les deux villes toutes les 30 minutes. Les départs ont lieu de la place Gipuzkoa à San Sebastián.

IDIAZABAL ET SES ENVIRONS

Au-dessus des industries de la ville de Beasain, Idiazabal tente de préserver son ambiance de petit bourg au milieu de quelques hectares de pâturages sur lesquels les brebis qui ont fait sa célébrité font des taches de plus en plus clairsemées. Le village est en effet la capitale du **fromage de brebis** basque, que quelques bars et restaurants proposent de goûter sur place. Protégé par un label, ce fromage de brebis reconnaissable à sa forme cylindrique, à sa croûte sèche et dure et à sa couleur beige clair tirant sur le gris, est fabriqué au Pays basque et en Navarre à partir de lait de brebis de race Latxa. Parfois fumé au bois de hêtre, l'idiazabal est l'un des produits "identitaires" du Pays basque. Aucune fromagerie ne propose malheureusement d'en acheter dans le village auquel il doit son nom.

La direction d'Idiazabal est indiquée depuis la N1 à la sortie de Beasain. Il est ensuite possible de poursuivre sa route par l'étroite et sinueuse **GI3520**, qui se dirige vers Oñati via **Zerain** et **Legazpi**. Cet itinéraire, entre sous bois, pâtures et forêts de pins, est l'occasion de quitter un peu la N1 et les zones trop industrielles et urbanisées pour retrouver un Pays basque bucolique et verdoyant.

⊘ OÑATI

Injustement méconnue, cette localité bordée de collines doit à son riche patrimoine architectural d'être parfois appelée la "petite Tolède" ou la "Tolède basque". La modeste ville que l'on découvre aujourd'hui a en effet une histoire aussi riche qu'originale.

Ancienne seigneurie puis comté, Oñati fut placée durant des siècles sous la coupe de grandes familles locales, les Vela puis les Guevara, qui y avaient quasiment tout pouvoir. Ce système despotique fut, dès le XIVe siècle, à l'origine de nombreux heurts entre les habitants et les comtes d'Oñati. Les tensions s'accentuèrent au XVIe siècle, lorsque les habitants décidèrent de demander l'intégration de la ville à la province du Gipuzkoa et à ses institutions, afin de s'affranchir du pouvoir des comtes. Leur demande fut rejetée après plus d'un siècle de procédures et les habitants d'Oñati durent attendre 1845 et l'évolution des idées antiseigneuriales pour être finalement rattachés à la province de Gipuzkoa. Le rayonnement du village doit cependant à son statut de comté qui a eu un avantage, encore visible de nos jours : Oñati peut s'enorgueillir d'une série d'édifices anciens remarquables, notamment son université et son église San Miguel.

Précisons enfin que la forte personnalité des habitants d'Oñati s'illustre encore au XXIᵉ siècle. La ville est en effet très attachée à ses traditions, on y parle majoritairement le basque et les idées indépendantistes semblent y trouver un large écho, comme en témoignent les nombreux graffitis visibles sur les façades.

L'**office du tourisme** (☎ 943 78 34 53 ; www.oinati.org ; San Juan 14 ; ⏱ avril-sept lun-ven 10h-14h et 15h30-19h30, sam 10h-14h et 16h30-18h30, dim 10h-14h, oct-mars lun-ven 10h-13h et 16h-19h, sam-dim 11h-14h), particulièrement accueillant, est installé en face de l'université Sancti Spiritus.

À voir

Adressez-vous à l'office du tourisme si l'université et l'église sont fermées lors de votre passage. Des visites peuvent être organisées rapidement sur demande.

UNIVERSIDAD SANCTI SPIRITUS

L'édifice le plus étonnant de la ville a été fondé par Rodrigo Mercado de Zuazola. Évêque, homme politique et amateur d'art, il en finança lui même la construction, qui engloutit une bonne part de sa fortune. Le mécène souhaitait que les habitants de sa ville puissent bénéficier d'un enseignement. Inaugurée en 1548, l'université fut la première du Pays basque. Elle dispensa des cours de droit, de philosophie, de théologie et de médecine jusqu'en 1901. Outre sa belle façade Renaissance et son cloître délicat, en double arcature, on peut y admirer, dans la chapelle, un beau retable exécuté par le sculpteur français Pierre Picart. Ce dernier, alors reconnu en Espagne, travailla également au portail de l'université, qui mélange les valeurs païennes et les vertus chrétiennes en représentant Hercule aux côtés de guerriers en armes et de saints.

IGLESIA DE SAN MIGUEL

Sa construction s'étendit sur plusieurs siècles, ce qui en fait un réjouissant mélange de styles gothique et baroque. L'édifice d'origine, du XIᵉ siècle, fut complété par deux nefs gothiques quatre siècles plus tard. L'évêque Rodrigo Mercado de Zuazola, fondateur de l'université, souhaita y adjoindre un cloître au XVIᵉ siècle. Faute de place, ce dernier fut bâti sur les eaux de la rivière Ubao, soutenu par deux ponts, ce qui en fait un édifice unique en Espagne. Outre les délicates arches de la nef, l'église est remarquable pour l'exubérant retable baroque du maître-autel, sculpté au XVIᵉ siècle.

La **chapelle de la Piedad** abrite le tombeau de Zuazola, tandis que certains des anciens comtes d'Oñati reposent dans la crypte.

CASCO VIEJO

La vieille ville s'étend autour de la Plaza de los Fueros, remaniée suite à l'intégration de la ville à la province de Gipuzkoa en 1845. Le choix des urbanistes fut alors de mettre en avant l'édifice phare de la politique civile : l'*ayuntamiento* (hôtel de ville). Tout semble en effet avoir été conçu pour que le regard converge vers ce bel édifice baroque du XVIIIᵉ siècle.

Dans une angle de la Plaza de los Fueros, le **monastère de Bidaurreta**, construit au début du XVIᵉ siècle, mêle les styles gothique, mudéjar et Renaissance. Ses fondateurs, Juan Lopez et Juana de Lazarraga, sont enterrés dans son église, aux côtés de plus de 200 membres des familles influentes de la ville. Ne ratez pas les deux retables de l'église, l'un baroque, l'autre plateresque.

Non loin, la **place de Santa Marina**, édifiée aux XVIIIᵉ et XIXᵉ siècles, mérite que l'on s'attarde à détailler les palais baroques et néoclassiques qui la bordent. Prenez également le temps de vous promener dans les ruelles du *casco viejo*. Comme dans nombre de bourgades espagnoles, elles sont souvent assoupies en milieu de journée mais se réveillent en fin d'après midi.

Où se loger et se restaurer

Ongí Ostatua (☎ 943 71 82 85 ; ongiostatua@latinmail.com ; Zaharra kalea 19 ; s/d 41-54/30-42 € en août). Le seul hôtel situé dans la ville est (heureusement !) une bonne halte. Vous y trouverez des chambres claires entretenues avec soin, au dessus d'un bar-restaurant animé. Elles ont la particularité d'être meilleur marché en août.

Arregi (☎ 943 78 08 24, 943 78 36 57 ; www.nekatur. net/arregi ; Garagaltza auzoa 19 ; d 40-42 € ; **P** ; **Wi-Fi**). Installée dans une belle demeure traditionnelle à 2 km au sud-ouest de la ville, cet "agro-turismo" ne manque pas d'atouts. Dans un décor calme et verdoyant, Arregi propose 6 belles chambres vastes et confortables. Une cuisine et un salon avec cheminée sont mis à la disposition des hôtes.

Soraluze Ostatua (☎ 943 71 61 79 ; route d'Arantzazu ; d 50-60 €). Plantée au milieu de la verdure dans un cadre agréable et reposant, à 1,5 km d'Oñati en direction d'Arantzazu, cette auberge séduit par son calme et sa belle salle de restaurant ouverte sur la vallée. Les 12 chambres modernes sont un peu aseptisées dans leur décoration mais agréables et incontestablement confortables. Petit practice de golf. L'accueil laisse parfois à désirer.

Plusieurs **restaurants** de spécialités basques sont répartis sur la route d'Arantzazu. Vous trouverez également des restaurants et **bars à pintxos** dans la vieille ville d'Oñati, mais rien qui sorte vraiment du lot.

Depuis/vers Oñati

Oñati est desservie par des bus quotidiens depuis San Sebastián, Vitoria et Bilbao. En voiture, prenez la N1 puis la GI2630 depuis San Sebastián. D'Idiazabal, préférez la belle GI3520 (voir p. 307).

SANTUARIO DE NUESTRA SEÑORA DE ARANTZAZU

Une dizaine de kilomètres au sud d'Oñati par la GI3591, le sanctuaire d'Arantzazu est un étonnant mélange de foi et d'art d'avant garde.

Selon la croyance locale, un jeune berger trouva en 1468 une statue de la Vierge posée sur une branche d'aubépine alors qu'il gardait ses bêtes. Sa trouvaille, considérée comme miraculeuse, ne tarda pas à faire affluer des centaines de pèlerins. En 1950, la construction d'un sanctuaire en remplacement de l'édifice d'origine, qui avait subi plusieurs incendies, fut décidée et confiée à Francisco Xavier Sáenz de Oiza et Luis Laorga. Ils conçurent la basilique et le haut campanile qui se dresse sur le site, face à une colline verdoyante sur laquelle s'agite une batterie d'éoliennes. Étonnant à

défaut de faire l'unanimité par son style, le campanile se caractérise par sa construction à base de pierres taillées en pointe qui symbolisent les épines du buisson d'aubépine. La basilique en partie souterraine, dans laquelle on pénètre en passant sous une lourde sculpture représentant quatorze apôtres, renferme la statue par laquelle tout a commencé.

Qu'on en apprécie ou non le style, le site offre une atmosphère assez sereine hors saison, mais il semblerait qu'il n'en soit pas toujours ainsi vu le nombre de places de parking aménagées sur place.

À quelques kilomètres du site en revenant vers Oñati puis en prenant sur la gauche la direction d'Araotz, les **grottes d'Arrikrutz** (☎ 943 08 20 00 ; tarif plein/tarif réduit/- 3 ans 8/6 €/gratuit ; ☼ mars-mai et oct mar-dim 10h-14h et 15h-18h, juin-sept mar-dim 10h-14h et 15h-19h, nov-fév mar-dim 10h-14h et 15h-17h) présentent de belles formations de stalagmites.

Où se loger et se restaurer

◎ **Hotel Santuario de Arantzazu** (☎ 943 78 13 13 ; www.hotelsantuariodearantzazu.com ; d 60 €, menu 15 € ; ☒ 🖥). Coup de cœur pour cet hôtel ouvert fin 2008 juste derrière la basilique. Estampillé trois étoiles, il décline une décoration contemporaine épurée et réussie dont le ton est donné dès la réception : pierre grise, beau béton et bois. Les 52 chambres claires et spacieuses sont rendues plus chaleureuses par une palette de tons grèges, les parquets, les couvres lits blancs immaculés et les sdb placées sous le signe du zen. Cafétéria, très belle salle de restaurant, dans le même esprit, et projet de spa. Les tarifs indiqués ci-dessus (une affaire !) sont les tarifs d'ouverture. Espérons qu'ils ne s'envoleront pas trop par la suite.

D'ARRASATE À ARANTZAZU	

Durée : 6-7 heures
Distance : 19 km
Balisage : jaune et blanc, parfois déroutant

Débutant à Arrasate-Mondragón, cette randonnée de difficulté moyenne emprunte un ancien sentier de pèlerinage à travers de

GIPUZKOA

charmants villages et de vastes espaces jusqu'à Arantzazu.

Le parcours commence dans le centre d'Arrasate, rue Araba Etorbidea. Marchez les 600 m jusqu'au rond-point qui marque la lisière d'Arrasate et tournez à gauche (vers Bedoña) en suivant le marquage jaune et blanc. Passez sous la route nationale (tunnel), puis montez sur 1,6 km vers Bedoña. À la première fourche, prenez à droite. Passez l'église (à gauche) et continuez pendant 10 minutes en dépassant plusieurs fermes. Prenez alors un sentier vers le sud (à droite) qui fait le tour de la vallée en longeant le versant, à travers une pinède, avant de descendre vers un carrefour. Continuez jusqu'à déboucher sur une route goudronnée. Bifurquez à gauche et, 600 m plus loin, vous attoindrez l'église, la fontaine et le terrain de handball de Larrino.

Continuez sur la route goudronnée vers un réservoir, désormais visible. En moins de 5 minutes, à l'endroit où la route fait un crochet vers la gauche, prenez sur la droite. À l'embranchement suivant, prenez à droite sur une route gravillonnée et passez devant une ferme jusqu'à une intersection en T. Tournez à gauche, en contournant le réservoir, et continuez sur 1,5 km jusqu'au barrage. Franchissez-le et tournez à droite sur une piste caillouteuse. Au premier virage sur la gauche, quittez la route et grimpez vers une pinède. Vous atteindrez le col d'Urruxola Garai après 25 minutes. Le sentier passe ensuite devant une ferme et droit devant, le premier pic de la Sierra de Aizkorri, le Gorgomendi (1 239 m), domine l'horizon. Vous êtes à mi-chemin.

En rejoignant sur la gauche un chemin plus large en descente, prenez tout de suite un embranchement sur la droite et continuez sur 600 m jusqu'à une autre fourche. Prenez à droite pour entrer dans Urruxola. Passez deux fermes et descendez le long d'un chemin pavé au milieu des vergers. Prenez l'escalier qui descend jusqu'à l'Iglesia de Andra Mari ; une fontaine se trouve derrière. Trois cents mètres plus bas, au niveau d'une ferme abandonnée sur la gauche, tournez à droite (sans entrer dans la pinède) sur un sentier bordé de murs de pierre. Vous atteindrez, 200 m plus loin, les maisons de Barrenetxe. Tournez à droite en passant entre les maisons jusqu'à un sentier qui, au bout de 5 minutes, longe un canal qui pénètre dans la gorge cachée du río Artixa, sous les hautes parois de l'Orkatzategi (874 m).

À 1,1 km de là, vous atteindrez une centrale hydroélectrique et, peu après, la route principale. Prenez à gauche en suivant la pancarte "Arantzazu 4,6 km" (en fait 6 km) jusqu'à un pont. Montez sur 300 m et prenez sur la droite le sentier de pèlerinage reliant Oñati à Arantzazu. Après une zone boisée, vous ferez une ascension abrupte en zigzags à travers la pinède. Le chemin rejoint une route goudronnée qui passe devant une ferme et une ancienne taverne (avec une fontaine). Franchissez une porte en fer et montez en zigzaguant jusqu'à une barrière en bois. Une fois arrivé au col, traversez la route goudronnée vers une chênaie. Prenez à droite par une autre route asphaltée qui descend à la ferme de Gesaltza. Continuez à descendre brièvement par un sentier caillouteux. Au niveau d'un abreuvoir, franchissez une barrière sur la gauche pour entrer dans un pâturage. Allez tout droit vers la sortie, un peu à gauche du centre, à mi-pente.

Prenez alors un sentier au-dessus d'un canal couvert pendant 10 minutes et, après avoir franchi une barrière en fer vert, empruntez un chemin pavé sur la gauche. À la première fourche, tournez à gauche pour atteindre, en 300 m, une route bétonnée. Bifurquez à gauche. Au carrefour, continuez tout droit en passant devant une ferme et grimpez jusqu'à la route. Tournez à droite et vous découvrirez le sanctuaire, 600 m plus loin.

BERGARA

Ne vous laissez pas décourager par les abords industriels de Bergara. Sa vieille ville et ses ruelles, qui justifient une brève visite, chasseront vite les fumées dans votre esprit. Ses points forts sont l'**église Santa Marina**, construite par étapes successives entre le XVIe siècle et le XVIIe siècle, qui abrite un beau retable baroque du XVIIIe siècle, ainsi que la **Plaza San Martín Aguirre**, où se dressent la mairie, et le **Real Seminario de Bergara**, qui fut l'un des centres d'enseignement et de recherche les plus actifs d'Europe au XVIIIe siècle. Vous pourrez également admirer plusieurs **maisons anciennes**, dont certaines arborent des blasons sculptés dans la pierre de la façade, rues Goenkalea et Artekalea

L'**office du tourisme** (☎ 943 77 91 28 ; www.bergara. net ; Plaza San Martín Aguire ; ☉ lun-sam 10h30-14h et 16h30-19h ; août lun-sam 10h30-14h et 16h30-19h, dim 11h30-14h30) est situé sur la place, dans les locaux de la mairie. Le centre-ville est piétonnier. Si vous êtes en voiture, garez-vous sur l'un des parkings payants.

Où se loger et se restaurer

Hotel Ormazabal (☎ 943 76 36 50 ; www.gratisweb. com/hotelormazabal ; Barrenkale 11 ; s/d/t 49/60/70 € ; 🖳 ; Wi-Fi). Au cœur de la vieille ville, cette demeure ancienne de style classique, avec parquets qui craquent et mobilier ancien, affiche une décoration un peu désuète qui ne manque pas d'un certain charme. Jetez un œil, de l'autre coté du bâtiment, sur le grand balcon en bois surplombant la rue. Tarifs raisonnables.

Hotel Ariznoa (☎ 943 76 18 46 ; Telesforo Aranzadi 3 ; s/d/t 42,52/52,34/70 €). À deux pas du centre-ville dans un immeuble moderne, cet hôtel aux airs de pension n'a rien d'exceptionnel, mais il offre un confort très correct compte tenu des tarifs demandés. Les dessus-de-lit colorés donnent une touche de gaieté aux chambres. Vous trouverez des **bars à pintxos** dans la vieille ville, de part et d'autre de la Plaza de San Martín Aguirre. Pour un repas gastronomique, optez pour le **Restaurante Lasa** (☎ 943 76 10 55 ; palacio Ozaeta, Calle Zubiaurre 35 ; formule midi/soir à partir de 36/48 € ; 🕓 fermé lun), situé à l'entrée de la ville en direction de Zumarraga, sur les rives de la Deba. Outre sa belle salle éclairée par la lumière naturelle provenant de larges fenêtres arrondies, ce restaurant qui doit son nom au chef Koldo Lasa est réputé pour ses viandes séchées, ses poissons et ses gibiers délicatement cuisinés.

Depuis/vers Bergara

La société **Pesa** (www.pesa.net) assure une liaison de bus toutes les 30 minutes environ depuis San Sebastián (7,35 €).

AZPEITIA

Ancien haut lieu de la sidérurgie régionale, Azpeitia est surtout fréquenté par les visiteurs se rendant au sanctuaire de Loyola, aux portes de la ville. La localité n'est pas la plus glamour du Pays basque, mais elle a préservé un centre-ville où l'on peut admirer quelques belles demeures anciennes flanquées de balcons en fer forgé. Vous pourrez notamment admirer l'**hôtel de ville**, du XVIIIᵉ siècle, l'**église San Sebastián**, de la même époque, et la **maison Basozabal**, plus ancienne demeure du bourg.

Citons également l'intéressant **museo vasco del Ferrocarril** (musée basque du Chemin de fer ; ☎ 943 17 06 77 ; www.euskotren.es ; 2,5 € ; 🕓 nov-avril mar-sam 10h-13h30 et 15h-18h30, dim 10h30-14h, avril-juin et sept-nov mar-ven 10h-13h30 et 15h-18h30, sam 10h30-14h et 16h-19h30, dim 10h30-14h, juil-août mar-sam 10h-14h et 16h-19h30, dim 10h-14h). Installé dans l'ancienne gare désaffectée de la ville, il présente une très belle collection de matériel ancien : wagons, locomotives, objets ferroviaires. D'avril à novembre, un petit **train à vapeur** (5 € avec la visite du musée ; 45 min) permet de revivre la grande époque du rail le temps d'un aller-retour entre le musée et le village de Lasao.

SANCTUAIRE DE SAN IGNACIO DE LOYOLA

À la sortie d'Azpeitia, le **sanctuaire de San Ignacio de Loyola** (2 € ; 🕓 mar-sam 10h-13h et 15h-19h, dim 10h-13h) est dédié à saint-Ignace de Loyola, fondateur de l'ordre des jésuites. La basilique, grise, massive et surmontée d'une imposante coupole, a été érigée entre les XVIIᵉ et XVIIIᵉ siècles sur des plans de l'architecte italien Carlo Fontana. L'intérieur de l'édifice est à l'image de sa façade. Entre les torsades et les ornementations baroques surchargées (qu'en aurait pensé le saint, qui prônait la pauvreté ?), prenez le temps d'admirer le maître-autel, le beau retable et les peintures de la coupole. Il est également possible de visiter la **maison natale du saint** (2 € ; 🕓 mar-dim 10h-13h et 15h-19h), dans l'une des ailes du sanctuaire.

Issu d'une famille de la petite noblesse basque, Ignace de Loyola (Azpeita 1491-Rome 1556) commença par fréquenter la cour de Castille avant de se tourner vers la carrière militaire, ce qui lui valut d'être blessé à Pamplona. Après une convalescence consacrée en large part à la lecture de livres pieux, il se tourna vers la religion et écrivit ses *Exercices spirituels* reclus dans une grotte, en Catalogne. Il voyagea ensuite jusqu'à Jérusalem puis s'installa à Paris, où il fonda la Compagnie de Jésus, qui s'illustra notamment par sa réaction à la Réforme protestante et fut reconnue par le pape Paul III. De son vrai nom Íñigo de Oñaz y Loyola, Ignace de Loyola fut canonisé en 1622, soixante-six ans après sa mort.

Un **bureau d'information** (🕓 mar-ven 10h-13h30 et 15h30-18h, sam 10h-13h30 et dim 10h-14h) est situé sur le côté droit de la basilique lorsqu'on la regarde

GIPUZKOA

de face. Vous pourrez louer des audioguides sur place. Une cafétéria-restaurant est installée à côté de l'entrée du sanctuaire.

Le site est particulièrement fréquenté le 31 juillet, jour de la Saint-Ignace.

Les proches abords du site sont assez décevants mais la route **GI631**, qui sinue le long de la **vallée de l'Urola** entre Azpeitia et Zumarraga, est particulièrement belle.

CÔTE À L'OUEST DE SAN SEBASTIÁN

Une série de ports de pêche et de localités balnéaires, dont certaines font la joie des surfeurs, se succèdent le long de la côte ouest de San Sebastián, jusqu'à Mutriku. Les panoramas que réserve par endroit la route côtière ne sont pas le moindre des attraits de cette portion de côte.

Le localités situées plus à l'ouest sur la côte, dans la province de Biscaye, de Ondarroa à Bakio, sont traitées au chapitre *La côte de Biscaye*, p. 333.

ZARAUTZ (ZARAUZ)

Au départ de San Sebastián, la N634 longe le Rio Oría jusqu'à la ville d'Orio, offrant au passage quelques beaux paysages, puis elle se fait plus sinueuse tandis qu'elle s'approche de Zarautz. La ville en elle-même n'est pas la plus séduisante du littoral mais elle bénéficie d'un atout de taille : une belle et longue plage de sable dont les vagues sont particulièrement appréciées des surfeurs. Zarautz dispose par ailleurs de bons services et de possibilités d'hébergement qui peuvent constituer des solutions de repli si Getaria et les autres localités de la côte affichent complet.

L'**office du tourisme** (☎ 943 83 09 90 ; www. turismozarautz.com ; Nafarroa Kalea 3 ; [clock] lun-ven 9h30-13h et 15h30-19h30, sam 10h-14h) distribue avec le sourire brochures et plans de ville.

À voir et à faire
CASCO VIEJO
Jadis fréquentée par la monarchie, la ville conserve quelques sites emblématiques de sa grandeur, notamment sa belle **Musika Plaza**, cœur du *casco viejo* et la **tour Luzea** (Calle Mayor), édifice de pierre claire bâti au XVᵉ siècle pour la famille seigneuriale

qui a donné son nom à la ville. Les Zarauz commencèrent par résider dans la maison-clocher des Zarauz, demeure du XVᵉ siècle qui abrite maintenant le **musée d'Art et d'Histoire de Zarautz** (☎ 943 83 52 81 ; www.menosca.com ; Elizamerr 1 ; 1,20 €, gratuit - 14 ans ; [clock] mar-sam 11h-14h et 15h30-18h30, dim 15h30-18h30). Ce musée, qui retrace l'histoire de la ville, est mitoyen de la paroisse **Santa Maria la Real**.

PLAGE ET SURF
Principal attrait de la station et raison d'être de son succès balnéaire, la plage de sable de Zarautz s'étend sur 2 km, ce qui en fait l'une des plus longues de cette portion de côte. Elle est fréquentée par les surfeurs et accueille régulièrement des compétitions internationales. Plusieurs écoles dispensent des cours sur place. Vous pourrez notamment vous adresser à :

Pukas (☎ 943 89 06 36 ; www.pukassurfeskola.com ; Lizardi 9)

Zarautz Surf Eskola (☎ 943 89 02 25, 607 42 45 56 ; www.zarauzkosurfelkartea.com ; Calle Mendilauta 13)

Où se loger et se restaurer
Gran Camping Zarautz (☎ 943 83 12 38 ; www. grancampingzarautz.com ; Monte Talai-Mendi ; forfait 2 pers + tente + voiture basse/haute saison 15,76/19,70 €). Supermarché, bar, restaurant, blanchisserie, activités pour enfants. ce vaste camping situé à environ 2 km de la ville est aussi confortable qu'un camping peut l'être mais il souffre de manque d'intimité en haute saison.

[icon] **Txiki Polit** (☎ 943 83 53 57 ; www.txikipolit.com ; Musika Plaza ; s/d/t basse saison 40/55/70 €, haute saison 55/68/85 € ; [P] ; Wi-Fi). Difficile de faire plus central que cet hôtel situé en plein centre de Zarautz, sur une jolie place flanquée d'une rotonde. Les chambres, d'un excellent rapport qualité, au-dessus du bar et du restaurant, sont un peu petites mais proprettes et impeccables. Les propriétaires vous proposeront d'autres hôtels ou pensions en ville si le Txiki Polit est complet. Possibilité de parking payant (10 €).

[icon] **Roca Mollarri** (☎ 943 89 07 67 ; www.hotel -rocamollarri.com ; Zumalakarregi Kalea 11 ; s/d basse saison 60/77 €, haute saison 75/98 € ; Wi-Fi). Également au chapitre des bons choix, cette adresse appréciée et professionnelle offre l'avantage d'être située quelques rues à l'écart du centre, dans un environnement calme. Ses 12 chambres à la décoration classique sont confortables et

agréables, tout comme le petit patio et l'accueil des propriétaires.

Hotel Alameda (☎ 943 83 01 43 ; Guipuzkoa Kalea ; d basse/haute saison 69/100 € ; 💻). Son principal atout est de proposer 40 chambres proches de la plage, en plus d'un restaurant et d'un bar. Les lieux ne remporteront pas un prix de décoration, mais les chambres sont bien tenues. Archétype de l'auberge de catégorie moyenne, l'Alameda pratique cependant des tarifs un peu surévalués.

Hôtel-Restaurant Karlos Arguiñano (☎ 943 13 00 00 ; www.hotelka.com ; Calle Mendilauta 13 ; s/d 99-160/110-170 € selon saison ; plats 10-50 € ; 🍽 restaurant fermé lun, mar, jeu et dim soirs et mer toute la journée ; 🍽 💻). À quelques centaines de mètres du centre-ville, cet établissement assez luxueux est le seul hôtel de Zarautz donnant directement sur la mer. Installé dans un bâtiment du XIXᵉ siècle, qui donne l'impression de jouer la vie de château, il propose de belles et confortables chambres, bien équipées et décorées avec goût. Certaines (les plus chères !) disposent de terrasses face aux flots. Le restaurant jouit d'une bonne réputation en Espagne car le maître des lieux, Karlos Arguiñano, anime une émission culinaire à la TV espagnole. La carte est particulièrement alléchante : morue tiède et légumes rôtis, dorade au gros sel à la crème de ciboulette et d'asperges sauvages, canard sauté aux épices et coulis de framboises. Gardez un peu de place pour les desserts, préparés par la fille du patron.

🍴 Asador Telesforo (☎ 943 83 09 01 ; Plaza Donibane 6 ; plats 9-13 €). Plusieurs habitants de Zarautz nous ont recommandé à juste titre ce restaurant familial bon marché, idéalement placé en centre-ville. On y sert des fruits de mer et des grillades bien préparés dans une petite salle chaleureuse et agréable – genre "rustique pimpant" –, à l'atmosphère décontractée.

Gure Txokoa (☎ 943 83 59 59 ; www.restauranteguretxokoa .com ; Gipuzkoa Kalea 22 ; plats 16,50-35 €, menu midi 16 €). L'une des tables les plus réputées de la ville pour sa constance, son raffinement et son attachement aux produits locaux de qualité, Gure Txokoa vous accueille dans une salle en bois et en pierre de belle allure, aux tables impeccablement dressées. Recommandée pour ses fruits de mer, que côtoient également quelques viandes sur la carte, cette belle adresse qui joue dans la

cour des restaurants gastronomiques fait face à l'Asador Telesforo.

Depuis/vers Zarautz
Eusko Tren/Ferrocarril Vasco (ET/FV ; www.euskotren.es) assure une liaison de San Sebastián à Bilbao via Zarautz.

⭕ GETARIA
Seulement 3,5 km après Zarautz par la N634, ici construite en corniche le long du rivage, le joli village de Getaria se laisse découvrir par étapes, de la vieille ville au port de pêche. On est accueilli dans le village par une statue de l'enfant du pays, **Juan Sebastián de Elkano** (1486-1526), marin injustement oublié par l'histoire. Natif de Getaria, ce navigateur était le second du célèbre Magellan. Il acheva en 1522 la première circumnavigation complète du globe avec la flotte du navigateur portugais après que celui-ci se fut fait tuer aux Philippines, l'année précédente.

Un petit **office du tourisme** (☎ 943 14 09 57 ; www. getaria.net ; Aldamar Parkea 3 ; 🕐 Pâques et été seulement) est situé en bordure de la route principale, près du restaurant Elkano.

À voir
Les ruelles qui s'insinuent dans le vieux **bourg médiéval** révèlent la dimension touristique des lieux. Invisible de la route, le cœur de Getaria ne manque en effet pas de caractère, à l'image de sa jolie **église San Salvador** (XIIIᵉ-XVᵉ siècles), dont l'une des arches traverse la ruelle. Vient enfin le **port de pêche**, actif toute l'année, où une flotte de barques et de chalutiers côtoie les mâts du bassin de plaisance. Il est ponctué par un îlot baptisé **El Ratón** (la souris), car sa forme est censée évoquer celle du rongeur.

Où se loger et se restaurer
Pension Getariano (☎ 943 14 05 67 ; Calle Herrerieta 3 ; s/d 40/55 €). Installée dans un bâtiment peint d'un jaune pimpant en face du restaurant Elkano, cette pension sans prétention propose 16 chambres confortables, dont certaines avec balcon.

🍴 Hotel Itxas-Gain (☎ 943 14 10 35 ; www.hoteli-txasgain.com ; Roke Deuna 1 ; s/d 40-50/55-65 € selon saison ; Wi-Fi). Le nom des lieux ne trompe pas – *Itxas gain* signifie "au-dessus de la mer" en basque. Situé juste derrière le restaurant Elkano, cet établissement reconnaissable à sa façade ocre offre en effet les plus beaux paysages maritimes de Getaria. Bonne surprise également côté chambres, notamment les plus chères, récemment refaites dans un style contemporain très réussi, avec boiseries et belle déco colorée. Certaines disposent d'une terrasse ou d'un jacuzzi. Les moins chères, plus anciennes dans leur décoration, sont plus attendues mais confortables. Un bon rapport qualité/prix.

Restaurante Astillero (☎ 943 14 04 12 ; Calle Muelle 1 ; plats 9-30 € environ ; ☽ fermé mer soir et dim soir). Difficile d'être plus près des arrivages que ce restaurant situé sur le port, à l'étage d'un bâtiment blanc : les langoustines, poissons et fruits de mer sont en effet débarqués sur le quai qui lui fait face. Rien d'étonnant, donc, à ce que Astillero soit l'une des adresses de la ville les plus appréciées pour sa cuisine fraîche, goûteuse et familiale. Le cadre, une grande salle animée où l'on sert sans chichis, sur des nappes à carreaux et avec le sourire, est à l'avenant.

Restaurante Elkano (☎ 943 14 00 24 ; www.restauranteelkano.com ; Calle Herrerieta 2 ; 60 € environ ; ☽ fermé lun). Impossible de rater sa haute et belle façade blanche, à deux pas de l'office du tourisme, en bordure de la route principale. Adresse gastronomique de Getaria, Elkano est réputé pour sa délicate cuisine de poisson et de fruits de mer, adaptée en fonction des saisons et des arrivages. Service professionnel, cadre classique mâtiné de touches contemporaines.

D'autres restaurants vous attendent sur la placette située aux pieds de l'église.

Depuis/vers Getaria
La ligne à destination de Bilbao de **Eusko Tren/ Ferrocarril Vasco** (ET/FV ; www.euskotren.es) dessert Getaria.

ZUMAIA
Zumaia n'a rien de réjouissant au premier abord. La gangue industrielle qui l'enserre abrite cependant un centre ancien et deux belles plages : la **Playa de Itzurun**, au pied de falaises d'ardoise, et la **Playa de Santiago**, plus traditionnelle, à quelques kilometres à l'est du centre.

Le principal point d'intérêt de la Zumaia est cependant le **Museo Zuloaga** (☎ 943 86 23 41 ; 6 € ; ☽ avril-sept mer-dim 16h-20h). Situé dans l'ancien atelier du peintre basque Ignacio Zuloaga (1870-1945), il renferme plusieurs de ses toiles majeures, aux côtés d'œuvres signées de maîtres comme El Greco et Zurbarán. Des visites sur rendez-vous sont possibles

en dehors de la période normale d'ouverture, d'avril à septembre. Le musée est indiqué à l'entrée de Zumaia en venant de Getaria. Il n'est donc pas nécessaire d'entrer dans la ville pour le visiter.

MUTRIKU
L'un des plus anciens ports du golfe de Gascogne – le village fête les 600 ans de sa fondation en 2009 – l'ancien port baleinier et corsaire de Mutriku reste entièrement voué à la mer. Une volée de ruelles pentues, d'escaliers et de passages en pierre mène vers son port miniature où les barques de pêche font des taches de couleur.

L'accueillant **office du tourisme** (☎ 943 60 33 78 ; www.mutriku.net ; Plaza Churruca ; ☽ juil-aout tlj 10h-14h et 16h-18h, hors saison mar-sam 11h-13h et 16h-18h, dim 10h-14h) est installé place Churruca.

À voir
Assez austère de prime abord et bardée de références indépendantistes, le village présente le meilleur et le pire de l'architecture (qui a autorisé la construction de cet immeuble en forme de tour face au port ?). Le meilleur est à chercher dans les ruelles et sur le **port**, ainsi qu'en haut du bourg, autour de la **place Churruca**. Cette jolie place est en effet bordée de demeures anciennes, notamment l'hôtel de ville (XVIIIe siècle) et la maison Galdona (XVIIe siècle). On peut également y admirer l'imposante église **Nuestra Señora de la Asunción**, édifice néoclassique du XIXe siècle dont la façade évoque un palais de justice. Au centre de la place se dresse une **statue de Cosme Damián Churruca Elorza**, ancien maire de la ville qui mourut lors de la bataille de Trafalgar.

Où se loger et se restaurer
🅤 **Pension Jartxa Etxea** (☎ 656 70 49 18 ; www.jartxaetxea.com ; Atxitxin 6 ; s/d 40/60 €). En plein cœur du vieux quartier, cette maison de poupée à la façade ocre loue 4 chambres douillettes à la décoration originale, confortables et accueillantes. Nombre d'éléments de décoration des chambres sont proposés à la vente et les tarifs sont très raisonnables. Un bon choix.

🅤 **Hotel Zumalabe** (☎ 943 60 46 17 ; www.hotelzumalabe.com ; Bajada al Puerto 2 ; s/d basse saison 55/70 €, haute saison 60/80 € ; ✖ ; Wi-Fi). Également au chapitre des bonnes surprises, l'hôtel Zumalabe domine le port, sur lequel ont vue toutes ses chambres. Ces dernières ont été récemment rénovées avec goût, dans des tons clairs et reposants, avec un soin particulier apporté aux carrelages. Certaines disposent d'une terrasse.

Hotel Kofradi (☎ 943 60 39 54 ; Muelle 1 ; d 46 €). Sur le môle au milieu du port. Le confort est réduit à sa plus simple expression mais les tarifs sont bon marché. Accueil au bar-restaurant. En dernier recours.

Côté restauration, plusieurs bars proposent des **pintxos** autour de la place Churruca. Pour un repas plus élaboré, on nous a recommandé **Jarri Tokki** (☎ 943 60 32

39 ; à partir de 30 € environ ; ✉ fermé lun et dim soir), belle demeure traditionnelle couverte de végétation, implantée en bord de route à environ 500 m de Mutriku en direction de Deba, appréciée pour les spécialités de poisson et de fruits de mer.

Depuis/vers Mutriku

La société **Pesa** (www.pesa.net) propose 4 liaisons par jour avec Mutriku depuis San Sebastián (5,80 € ; 45 minutes). Des bus relient également la ville à Bilbao. La gare la plus proche est celle de Deba, à 5 km au sud-est, accessible par bus.

Álava

Discrète, moins fréquentée par les visiteurs que ses voisines, l'Álava est une région à découvrir en prenant son temps. Rares sont ceux qui sont déçus par l'expérience, car la plus méconnue des provinces basques est sans conteste l'une des plus attachantes.

Seule province du Pays basque espagnol à ne pas être ouverte sur la mer, l'Álava (*Araba* en langue basque) n'en a pas moins une série d'atouts à faire valoir. Son environnement préservé, qui la distingue des régions côtières plus urbanisées, n'est pas le moindre. Traversée d'est en ouest par des chaînes montagneuses au pied desquelles s'étendent les vignobles de la Rioja Álavesa, cette région, terre de passage entre la côte et l'intérieur du pays, a en effet été en grande partie épargnée par la révolution industrielle qui a touché la Biscaye et le Gipuzkoa.

L'Álava, territoire de transition entre le climat océanique de la côte et celui, plus sec, de l'intérieur du pays, offre des paysages variés. Parcs naturels, reliefs accidentés et belle campagne tapissée de pâtures d'un vert profond sont aussi les marques de fabrique de cette région, dont les trois quarts des habitants sont concentrés à Vitoria-Gasteiz.

La ville est une bonne base pour découvrir la région. Au nord, le parc de Gorbeia fera la joie des randonneurs. À l'est, de minuscules villages révèlent des églises dont les fresques sont considérées comme des joyaux de l'art gothique. À l'ouest, le défilé de Sobrón et le Salto del Nervión raviront les amateurs de curiosités géologiques à grand spectacle. Au sud, enfin, Laguardia veille sur ses vignes du haut de ses murailles.

À NE PAS MANQUER

- **Vitoria-Gasteiz** (p. 317). Culturelle, bonne vivante, décontractée et… trop souvent oubliée. La capitale de la province de l'Álava et de l'Euskadi gagne à être connue.
- **Parque Natural de Gorbeia** (p. 235). Le plus vaste parc du Pays basque, est une destination de choix pour les amateurs de randonnées et de balades, quel que soit leur niveau.
- **Laguardia** (p. 329). Son nom est synonyme de vin mais ses charmes ne s'arrêtent pas là. Posée sur un piton rocheux, Laguardia mérite également la visite pour son centre médiéval bordé de murailles.
- **Salto del Nervión** (p. 327). Site naturel parmi les plus impressionnants de l'Álava, cette cascade se laisse admirer depuis les abords d'Orduña.
- **Montagnes de l'Álava** (p. 330). Une escapade dans les régions rurales peu fréquentées des contreforts de la Sierra Cantabria.

♥VITORIA-GASTEIZ

229 080 habitants

C'est la grande oubliée. Trop souvent dans l'ombre de ses illustres voisines, Bilbao et San Sebastián, la capitale de la province de l'Álava et de la communauté autonome basque gagne à être connue. Cette ville de 230 000 habitants posée à 500 m d'altitude réussit à être à la fois culturelle, bonne vivante et décontractée. Avec ses nombreux parcs, ses musées dont les expositions n'ont rien à envier à celles de Bilbao, sa vieille ville aux rues piétonnes et aux places animées, ses restaurants et bars à *pintxos* et sa population en grande partie estudiantine, Vitoria-Gasteiz a tous les atours d'une ville moderne vibrante et active, qui ne renie en rien son passé mais a incontestablement trouvé sa place dans le XXIᵉ siècle.

HISTOIRE

Sur le tracé de l'ancienne voie romaine menant à Bordeaux, le site de l'actuelle Vitoria, sur une hauteur stratégique, a été fréquenté par les Wisigoths au VIᵉ siècle. La ville ne prit réellement son essor qu'à partir de 1181, lorsque le roi Sancho VI le Sage lui concède ses *fueros* sous le nom de Nueva Victoria, la "nouvelle victoire". Le principal but du roi de Navarre était de doter son royaume d'un avant-poste défensif, ce qui explique le choix de ce site situé sur une hauteur (selon d'autres sources, la ville

devrait même son nom au basque *beturia*, qui signifie "hauteur").

Vitoria s'agrandit ensuite au fil des siècles et de l'activité croissante de ses artisans, bientôt rejoints par de nombreux commerçants. Les affaires de ces derniers bénéficiaient de la position de la ville, entre les plaines agricoles et les ports de commerce, qui en faisait un lieu de transit pour les céréales, le vin et le minerai de fer.

La ville a gravé son nom dans les manuels d'histoire le 21 juin 1813, lorsque la victoire du duc de Wellington sur les troupes françaises qui se déroula à ses portes scella la fin du pouvoir napoléonien en Espagne et de la guerre d'indépendance espagnole.

Tombée en sommeil durant les décennies d'expansion industrielle, Vitoria prit un nouveau départ avec la décision, en 1979, d'en faire la capitale de la communauté autonome basque (Euskadi), lui redonnant ainsi un sursaut d'énergie et dynamisant ses quartiers périphériques. La ville abrite également le siège de l'université du Pays basque.

ORIENTATION

Le principal point de repère de la ville est constitué de ses deux places centrales mitoyennes : la plaza de la Virgen Blanca, qui forme une large esplanade, et la plaza de España (aussi appelée plaza Nueva), créée à la fin du XVIIIᵉ siècle et bordée d'édifices rectilignes.

L'ÁLAVA AVEC DES ENFANTS

LIEUX	ACTIVITÉS	BON À SAVOIR
Vitoria-Gasteiz	La ville accorde une large place aux enfants. Ses **musées** (p. 319 et 320) leur consacrent des ateliers spécialement adaptés (dès 3 ans).	Des jeux de plein air sont installés dans la ville au début du mois de juillet.
	Concours de cerfs-volants (p. 321). Un festival est organisé chaque mois d'octobre, dans le parc de Garaio.	Les cerfs-volants sont aussi une activité phare des plages basques.
	Fiestas de la Virgen Blanca (p. 321). Feux d'artifice, concerts et danse, chaque mois d'août.	De nombreuses autres fêtes ont lieu au Pays basque.
Murguia	**Parc de Gorbeia** (p. 325) – pour un bol d'air pur…	Le parc s'adresse avant tout aux randonneurs mais se prête également à un pique-nique en famille.

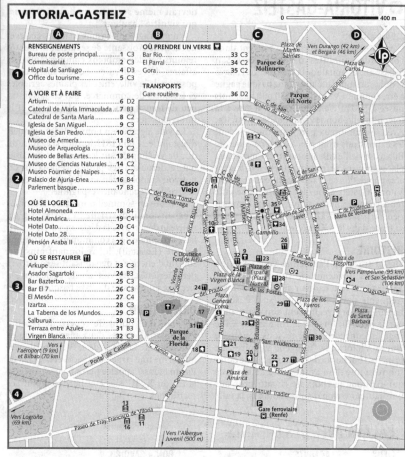

VITORIA-GASTEIZ

0 ——————— 400 m

RENSEIGNEMENTS
Bureau de poste principal............1 C3
Commissariat.................................2 C3
Hôpital de Santiago 4 D3
Office du tourisme........................5 C3

À VOIR ET À FAIRE
Artium..6 D2
Catedral de María Immaculada....7 B3
Catedral de Santa María 8 C2
Iglesia de San Miguel...................9 C3
Iglesia de San Pedro...................10 C2
Museo de Armería.......................11 B4
Museo de Arqueología 12 C2
Museo de Bellas Artes.................13 B4
Museo de Ciencias Naturales.....14 C2
Museo Fournier de Naipes 15 C2
Palacio de Ajuria-Enea...............16 B4
Parlement basque.......................17 B3

OÙ SE LOGER
Hotel Almoneda 18 B4
Hotel Amárica.............................19 C4
Hotel Dato..................................20 C4
Hotel Dato 28.............................21 C4
Pensión Araba II 22 C4

OÙ SE RESTAURER
Arkupe.......................................23 C3
Asador Sagartoki 24 B3
Bar Baztertxo.............................25 C3
Bar El 7......................................26 C3
El Mesón....................................27 C4
Izartza.......................................28 C3
La Taberna de los Mundos.........29 C3
Salburua....................................30 D3
Terraza entre Azules...................31 B3
Virgen Blanca.............................32 C3

OÙ PRENDRE UN VERRE
Bar Rio.......................................33 C3
El Parral.....................................34 C2
Gora...35 C2

TRANSPORTS
Gare routière 36 D2

Au nord les rues concentriques de la vieille ville médiévale forment une ellipse, surnommée *la Almendra* (l'Amande) du fait de cette forme en arc de cercle. Elles se rejoignent, au sud, à la plaza de España et, au nord, à la cathédrale de Santa María.

Au sud des places se trouvent l'extension de la ville datant du XIXᵉ siècle et ses larges artères se coupant à angle droit, ponctuées à l'ouest par l'agréable parque de la Florida. Nombre de ces rues sont piétonnes, notamment la calle de Eduardo Dato, principal lieu de shopping et de promenade de fin de journée. On atteint la gare ferroviaire Renfe en la suivant vers le sud. La gare routière est pour sa part implantée à l'est de la vieille ville, dans l'axe de la calle de la Esperanza.

Les travaux de réalisation d'une ligne de tramway étaient en cours dans le centre-ville lors de notre dernier passage.

RENSEIGNEMENTS

Office du tourisme (☎ 945 16 15 98, 945 16 15 99 ; www.vitoria-gasteiz.org/turismo ; Plaza General-Loma 1 ; ⏲ lun-sam 10h-19h, dim 11h-14h). Accueillant et bien organisé, l'office du tourisme propose des brochures thématiques et des plans de la ville. Il organise également plusieurs visites guidées axées sur le quartier médiéval, les églises ou encore les palais et les musées. Renseignez-vous sur place.

À VOIR

La majorité des sites d'intérêt de la ville sont concentrés dans la vieille ville et la ville moderne, dans un périmètre qu'il est possible de découvrir à pied.

Vieille ville

La **plaza de la Virgen Blanca**, qui sépare la vieille ville médiévale de la ville moderne, est l'épicentre de Vitoria-Gasteiz. Bordée d'édifices des XVIIIᵉ et XIXᵉ siècles, elle a été dotée d'éclairages nocturnes qui lui donnent un air contemporain sans nuire à la beauté de son ordonnancement classique. La place est bordée sur son flanc est par la **plaza de España**, aussi appelée "plaza Nueva" ("place neuve"), créée en 1791 et ceinte de bâtiments néoclassiques à l'agencement rectiligne. La partie la plus ancienne de la ville s'étend au nord de ces places, où débute la *Almendra gótica* (l'Amande gothique). Cette **vieille ville médiévale** regroupe d'anciennes demeures aux façades blasonnées et est particulièrement bien préservée. Déclarée "ensemble monumental" en 1997, elle est notamment célèbre pour ses trois églises gothiques.

Juste derrière la plaza de España, la plaza del Machete s'étend au pied de l'**église San Miguel**, bâtie au XIVᵉ siècle. On peut y voir, dans une niche, une statue de la Vierge Blanche, sainte patronne de la ville. Outre son retable du XVIIᵉ siècle, le portail sculpté de la fin du XIVᵉ siècle présentant des épisodes de la vie de Saint-Michel mérite une halte. La **plaza del Machete** doit, pour sa part, son nom à une coutume ancienne : les autorités judiciaires de la ville y faisaient naguère le vœu de la défendre, la main sur un couteau (*machete*).

Quelques centaines de mètres en direction du nord-ouest, au cœur de "l'Amande", l'**église San Pedro** (XIVᵉ siècle) est la plus ancienne de Vitoria-Gasteiz. Son intérêt réside avant tout dans l'exceptionnel frontispice gothique de sa façade est.

Coiffant la vieille ville au nord de "l'Amande", la **cathédrale de Santa María** (☎ 945 25 51 35 ; www.catedralvitoria.com ; plein tarif/tarif réduit/– 12 ans 5/2,50 €/gratuit, gratuit le lundi ; ☻ 11h-14h et 13h-20h), construite entre le XIIIᵉ siècle et le XIVᵉ siècle, fait l'objet d'un programme de visite original, dont la ville est particulièrement fière. La municipalité a en effet décidé de permettre la visite de la cathédrale durant ses travaux de restauration, qui s'étalent sur plusieurs années, dans le cadre d'un projet baptisé *Abierto por obras*

(ouvert pendant les travaux). Les visiteurs, munis d'un casque, peuvent ainsi découvrir ce vaste chantier. Il est nécessaire de réserver à l'avance par téléphone ou via le site web de la cathédrale. Des visites des anciens **remparts** de la ville, fortifiée au XIᵉ siècle, également en cours de restauration, sont proposées en parallèle.

Ville moderne

Entre la plaza de España et la gare ferroviaire, l'extension de la ville réalisée au XIXᵉ siècle se présente comme une série de larges rues se coupant à angle droit. Dotée d'une large portion piétonne et commerçante, cette partie du centre-ville regroupe de nombreux hôtels et restaurants, mais aussi les bâtiments officiels de la capitale basque. Vous pourrez notamment y voir le **Parlement basque**, bâti en 1853 dans le Parque de la Florida, et le **Palacio de Ajuria-Enea** (1920 ; Paseo Fray Francisco de Vitoria) residence du *lehendakari*, président du gouvernement régional.

Le style néogothique de la **cathédrale de María Inmaculada** (☎ 945 15 06 31 ; Calle Cadena y Eleta ; ☻ mar-ven 10h-14h et 16h-18h30, sam 10h-14h, dim 11h-14h) est trompeur. Cet imposant édifice, souvent appelé *Nueva catedral* (la cathédrale neuve) fut en effet bâti entre 1907 et le début des années 1970. Elle est flanquée d'un musée d'art sacré qui présente des sculptures sur pierre des débuts de l'ère chrétienne, des croix basques, des peintures religieuses et une série de crucifix et d'objets de culte rassemblés au Pays basque.

Musées
✪ Artium

S'il passe souvent inaperçu du fait de la concurrence du prestigieux Guggenheim de Bilbao, le **musée d'Art contemporain Artium** (☎ 945 20 90 20 ; www.artium.org ; Calle de Francia 24 ; plein tarif/tarif réduit 4,50/2,20 €, gratuit mer ; ☻ mar-sam 11h-20h, fermé lun) ne figure pas moins parmi les plus intéressants centres d'exposition du Pays basque. Assez petit de l'extérieur, cet espace moderne inauguré en 2002 abrite de larges salles souterraines où sont présentées les œuvres d'artistes basques, espagnols et internationaux. Le musée, qui bénéficie de la politique d'acquisitions d'œuvres d'art de la province de l'Álava depuis les années 1970, possède des œuvres de Dalí,

Picasso, Miró, Tàpies, Oteiza et Chillida. Il est néanmoins surtout intéressant pour ses expositions temporaires qui couvrent tous les domaines de l'art contemporain : vidéo, installations, photographie, sculpture… Certains n'hésitent pas à affirmer que sa visite est plus riche et intéressante que celle du Guggenheim de Bilbao, ce qui, reconnaissons-le, se révèle parfois vrai. Seule ombre au tableau : les commentaires sont très hispanophones.

Museo de Bellas Artes
Installé dans le beau Palacio de Augusti, bâti en 1912 dans un style néo-Renaissance, l'intéressant **musée des Beaux-Arts** (☎ 945 18 19 18 ; Paseo Fray Francisco 8 ; entrée libre ; ☷ mar-ven 10h-14h et 16h-18h30, sam 10h-14h, dim 11h-14h) présente un panorama de la peinture et de la sculpture basques des XVIIIᵉ et XIXᵉ siècles. Une large place est consacrée aux œuvres du peintre néoclassique Fernando de Amaríca, natif de Vitoria, qui offrit à la ville quelques-unes de ses toiles, notamment *La Ciudad con sol*.

Museo Fournier de Naipes
Cet étonnant **musée des cartes à jouer** (☎ 945 18 19 20 ; Calle de la Cuchillería 54 ; entrée libre ; ☷ mar-ven 10h-14h et 16h-18h30, sam 10h30-14h, dim 11h-14h) est installé dans le palais des Arrieta-Maeztu, aussi appelé palais de Bendaña, érigé au XVIᵉ siècle sur une ancienne tour défensive. Il présente près de 20 000 jeux de cartes, ce qui en ferait la plus importante collection au monde. Il doit son nom à Heraclio Fournier, industriel d'origine française qui ouvrit en 1868 le premier atelier d'impression de jeux de cartes à Vitoria.

Autres musées
Installé dans la maison Gobeo-Guevara, une belle demeure du XVIᵉ siècle, le **Museo de Arqueología** (musée d'archéologie ; ☎ 945 18 19 22 ; Calle de la Correría 116 ; entrée libre ; ☷ mar-ven 10h-14h et 16h-18h30, sam 10h30-14h, dim 11h-14h) présente des objets funéraires du néolithique et des vestiges des âges du bronze et du fer.

Le **Museo de Ciencias Naturales** (musée des sciences naturelles ; ☎ 945 18 19 24 ; Calle de las Siervas de Jesús 24 ; entrée libre ; ☷ mar-ven 10h-14h et 16h-18h30, sam-dim 11h-14h), dans la tour de Doña Ochanda, édifice du XVᵉ siècle qui faisait partie du système défensif de la ville, s'intéresse aux fossiles, aux gisements d'ambre de la région, à la botanique et à la zoologie.

Le **Museo de Armería** (musée de l'armurerie ; ☎ 945 18 19 25 ; Calle Fray Francisco ; entrée libre ; ☷ mar-ven 10h-14h et 16h-18h30, sam 10h30-14h, dim 11h-14h) présente des armes médiévales utilisées lors des combats qui se déroulèrent aux portes de la ville.

☉ Parcs
Vitoria s'enorgueillit de compter une quarantaine de parcs, situés en ville et à sa périphérie. En plein centre-ville, le très agréable **Parque de la Florida** a été créé à partir de 1829 en s'inspirant des jardins à la française du XIXᵉ siècle. Bordant la ville nouvelle à l'ouest, il abrite près de 95 espèces végétales. Quelques centaines de mètres plus au sud, au-delà de la voie ferrée, le **Parque El Prado** fut un pâturage jusqu'au XIXᵉ siècle, lorsqu'il fut transformé en parc urbain. Plus éloigné du centre, au nord de la ville, le **Parque Juan de Arriaga** est le plus grand espace vert de Vitoria-Gasteiz, avec ses 19 ha. Regroupant une centaine d'espèces d'arbres, il est apprécié pour ses pistes cyclables.

LA VIE EN VERT

Une des premières villes d'Espagne à adopter un Agenda 21 (outil de développement en faveur du développement durable), Vitoria-Gasteiz entend être un modèle en termes de protection de l'environnement et de "ville durable". Son "anneau vert", réseau de parcs périurbains qui ceinture la ville, a été sélectionné par l'ONU parmi les 100 meilleures initiatives mondiales durant son 3ᵉ Concours de bonnes pratiques environnementales, en 1999. La ville a reçu nombre de distinctions nationales et internationales dans ce domaine depuis 1996, et a été saluée par le prix Pavillon vert - Ville durable pendant 8 années consécutives.

Avec 40 parcs plantés de 80 000 arbres, Vitoria-Gasteiz totalise 42 m² d'espaces verts par habitant, ce qui la place dans le peloton de tête des villes d'Europe. La municipalité, qui a décidé la construction d'un tramway, développe par ailleurs les pistes cyclables depuis plusieurs années. Un service de location de vélos est disponible de juin à septembre. Ouf, on respire !

La ville a également créé au cours des dernières décennies un réseau de parcs périphériques baptisé *Anillo verde* (Anneau vert). Vous trouverez des précisions sur le site www.vitoria-gasteiz.org/anilloWeb/es/html/index.shtml.

FÊTES ET FESTIVALS
Mars-avril
Semaine du pintxo (en avril certaines années). L'occasion pour les restaurants de la ville de rivaliser d'ingéniosité.

San Prudencio (7 et 8 avril). La fête débute au son des tamborradas (tambours) sur la plaza de las Provincias.

Mai-juin
Foire de l'artisanat. La longue tradition d'artisanat de la ville revient sur le devant de la scène chaque année au mois de mai.

Expositions en plein air. Des artistes présentent leurs œuvres en plein air à l'occasion du solstice d'été.

Juillet-août
Festival de jazz (www.jazzvitoria.com) en juillet. Ron Carter, Paco de Lucía, Chick Corea, Branford Marsalis, Wayne Shorter… Ce festival qui a célébré ses 30 ans en 2006 a accueilli les grands noms du jazz actuel.

Fête de Santiago (25 juillet). Animations de rues, costumes traditionnels et foire à l'ail.

Fiestas de la Virgen Blanca (4 au 9 août). Feux d'artifice, concerts et danse sont au programme de cette fête qui embrase la ville chaque mois d'août. Elle débute par l'apparition traditionnelle du *celedón*, mannequin représentant un personnage populaire coiffé d'un parapluie, descendu sur la place en contrebas depuis le clocher de l'église de San Miguel.

Septembre-octobre
Festival de rock Azkena (www.azkenarockfestival.com). Il met en scène, en septembre, des groupes basques et espagnols, mais aussi des têtes d'affiche internationales. Iggy Pop et Deep Purple s'y sont produits par le passé.

Festival de cerfs-volants. Pendant 3 jours au mois d'octobre, dans le parc de Garaio.

OÙ SE LOGER
Albergue Juvenil (☎ 945 14 81 00 ; ifj@alava.net ; angle de la Calle del Escultor Isaac Diéz et de la Calle Salvatierrabide ; lit en dortoir 13,50-18 €). Cet ensemble en brique assez moderne et bien tenu est installé à environ 600 m au sud-ouest de la gare ferroviaire. Avec un total de 100 lits, l'auberge affiche rarement complet et offre l'hébergement le meilleur marché de la ville. Les tarifs tiennent compte de l'âge, les plus de 30 ans payant plus cher.

Pensión Araba II (☎ 945 23 25 88 ; Calle Florida 25 ; s/d 30/42 €). Bien placée dans la principale rue commerçante de la nouvelle ville, à deux pas de la plaza de la Virgen Blanca, cette pension familiale accueillante déborde d'éléments de décoration vieillots. Les propriétaires vous indiqueront d'autres options dans les environs si la pension est complète.

◐ Hotel Dato (☎ 945 14 72 30 ; www.hoteldato.com ; Calle Eduardo Dato 28 ; s/d 31-35,80/44-57 € selon saison ; Wi-Fi). "Tout un art", dit la carte de l'hôtel. Bibelots à foison, sculptures de nymphes, vitraux colorés, napperons en crochet, porte-manteaux et lampes du meilleur clinquant, tout ce que vous n'avez (certainement) pas envie d'avoir chez vous est à l'hôtel Dato, au cœur de la grande rue commerçante de Vitoria. Bon goût ? Certainement pas. Mais il n'empêche que le résultat, kitsch et drôle, a quelque chose de réjouissant. Les chambres offrent un confort très correct pour les tarifs demandés et l'accueil est adorable. Si le Dato est complet (ce qui est fréquent), on vous dirigera vers le Dato 2, à quelques centaines de mètres dans la rue parallèle, qui a visiblement eu recours au même décorateur. On ne change pas une équipe qui gagne…

Hotel América (☎ 945 13 05 06 ; Calle Florida 11 ; s/d 37-42/51-60 €). Une statue du Bouddha vous accueille dans cet établissement ouvert en 2001. Les 10 chambres n'ont rien d'exceptionnel dans leur décoration mais sont fonctionnelles et confortables. Certaines sont un peu exiguës.

Hotel Almoneda (☎ 945 15 40 84 ; www.hotelalmoneda.com ; Calle Florida 7 ; s/d semaine 63-105 €, week-end 48/69 € ; Wi-Fi). Cet établissement qui s'adresse avant tout à la clientèle d'affaires propose des chambres chaleureuses et confortables, avec parquet et bonne literie. Certaines salles de bains mériteraient en revanche un peu d'entretien. Le petit-déjeuner est inclus dans les tarifs, et l'établissement annonce reverser 0,7% de ses gains à Amnesty International.

OÙ SE RESTAURER
Commençons par un conseil pour profiter du soleil si vous souhaitez vous attabler sur

ÁLAVA

les places du centre-ville : préférez les moitiés ouest de la plaza de España et de la plaza de la Virgen Blanca le matin et leurs parties est en fin de journée.

Terraza entre Azules (☎ 945 14 88 48 ; Parque de la Florida ; ⏱ 8h30-23h ; Wi-Fi). Envie d'un café, d'un snack ou simplement de faire une pause en buvant un verre dans le cadre apaisant et verdoyant du parque de la Florida ? Ce petit kiosque et sa terrasse vous tendent les bras. Le cadre est idéal pour le petit-déjeuner – viennoiseries, bon café et jus d'orange frais – et la petite salle moderne, avec accès Wi-Fi gratuit, est reposante à souhait. Nul doute que vous y reviendrez !

El Mesón (☎ 945 14 61 91 ; Calle Ortiz de Zarate 5 ; plats 10-30 €, tapas à partir de 8 € ; ⏱ fermé lun soir et mar). D'un côté un bar servant de savoureuses tapas, fréquenté par une clientèle d'habitués, de l'autre une salle plus feutrée, voilà une adresse susceptible de satisfaire toutes les envies. Les plats et *pintxos* misent avant tout sur les saveurs marines : anchois farcis, gambas à la plancha, chipirons à l'encre, poissons grillés… Une adresse à l'atmosphère animée et chaleureuse.

Izartza (☎ 945 23 55 33 ; Plaza de España 5 ; repas 30 € environ ; ⏱ fermé dim soir). "Cocina & vinos" (cuisine et vins), tel est le programme de cette excellente et chaleureuse adresse située dans un recoin de la plaza de España. Ici on aime manger (et boire), pour le plus grand plaisir des convives installés le long d'un long comptoir en chêne, face à la cuisine ouverte sur une petite salle moderne à la déco design. On y sert des tapas avant 21h, puis des plats plus élaborés. Essayez l'excellentissime jambon ou les recettes plus originales, comme le délicieux tataki de thon au vinaigre d'oranges, le carpaccio de morue ou la salade de foie et fromage de chèvre. Bonne sélection de vins, accueil souriant, atmosphère chaleureuse… une adresse sans fausse note.

La Taberna de los Mundos (☎ 945 13 93 42 ; www.delosmundos.com ; Calle Independencia 14 ; plats 12,50-20 € ; menu 11,20 €). *Pintxos*, *boccadillos* (sandwichs), menus du jour, carte, cette chaleureuse version moderne de la "taverne" traditionnelle, qui compte également deux adresses à Bilbao déclinant la même formule, se distingue en premier lieu par son large choix de formules pouvant satisfaire toutes les bourses et tous les appétits (y compris végétariens). La décoration, comme le nom

des lieux le laisse entendre, tend à reproduire un univers de voyages au travers de cartes anciennes et d'expositions photographiques. La cuisine, quant à elle, reste dans les standards basques : jambon, chipirons, brandade de morue, entrecôte au fromage de brebis, etc.

Bar Baztertxo (☎ 628 12 02 37 ; Plaza de España 14 ; plats 10-15 €). Dans un coin de la place, ce restaurant accueillant se décline entre une agréable terrasse et une salle où l'on s'installe sur de grands bancs et tables en bois. Le magret de canard au miel nous a laissé une bonne impression.

Virgen Blanca (☎ 945 28 61 99 ; Plaza de la Virgen Blanca ; menu 15 € environ). L'atout principal de cette adresse : son emplacement sur la place principale de la ville, qui lui garantit une fréquentation annuelle. On pourrait s'attendre au pire vu l'emplacement "touristique", mais la cuisine à base de spécialités basques s'en tire très bien. Les réservations sont rarement nécessaires vu le grand nombre de tables.

Asador Sagartoki (☎ 945 28 86 76 ; Calle del Prado 18 ; plats à partir de 20 € environ ; ⏱ fermé dim soir). Une ambiance de *sidrería* (cidrerie) au cœur de la ville, avec les serveurs versant de longs jets de cidre dans les verres, tel est le premier visage de cette adresse chaleureuse et animée. Elle se double d'un bar à *pintxos* reconnu pour ses spécialités aussi goûteuses qu'originales et sa salle de restaurant où les grillades sont à l'honneur. Idéal pour une soirée entre amis.

Arkupe (☎ 945 23 00 80 ; Calle Mateo Benigno de Moraza 13 ; plats à partir de 20 € environ). On est d'emblée séduit par le cadre. Sur l'arrière de la plaza de la Virgen Blanca, Arkupe est installé au rez-de-chaussée d'une demeure ancienne mais vous accueille dans une salle à la décoration moderne, sobre et chic. La cuisine ajoute une touche d'inventivité aux incontournables de la gastronomie basque et la carte des vins est particulièrement bien fournie. Le service est impeccable mais l'ensemble manque malheureusement d'un peu de chaleur.

De nombreux bars de la vieille ville servent des *pintxos* et menus du jour (*menú del día*). **Salburua** (☎ 945 28 64 60 ; Calle de los Fueros 19) est une référence pour ses *pintxos*, qui lui ont valu plusieurs récompenses. Les jambons pendus à des crochets derrière le bar contribuent à son atmosphère chaleureuse.

Le **Bar El 7** (☎ 945 27 22 98 ; calle de la Cuchillería 3 ; menu 11 € environ) est, pour sa part, fréquenté par une clientèle jeune qui apprécie ses menus bon marché. L'ambiance monte autour du bar en fin de soirée.

OÙ PRENDRE UN VERRE

Ville étudiante, Vitoria-Gasteiz est une cité joyeuse la nuit tombée, notamment dans son *casco viejo*.

El Parral (☎ 945 27 68 33 ; Cantón de San Francisco Javier). Vin, discussions animées entre étudiants, rock, reggae et pop espagnole sont au programme de ce bar où des concerts sont parfois organisés.

Gora (☎ 945 12 14 52 ; Cantón de San Francisco Javier). Restaurant décontracté le jour (*menú del día* à 10 €), Gora se transforme en bar-rock bruyant et bondé en soirée, aidé en cela par sa déco un peu déjantée.

Bar Río (Calle de Eduardo Dato). Plus sophistiqué et calme que les précédents, ce bar, au très beau comptoir orné de mosaïques, est idéal pour une soirée calme. Apprécié de tous les âges.

DEPUIS/VERS VITORIA-GASTEIZ

L'**aéroport** (☎ 945 16 35 00) de Vitoria-Gasteiz est implanté à Foronda, à environ 9 km au nord-ouest de la ville. Il est fréquenté par des avions desservant Madrid et Barcelone. Vous y trouverez des distributeurs automatiques et des agences de location de voitures. Des bus (3 €) s'y rendent depuis la ville aux horaires des vols. En taxi, comptez 15-20 €.

Des bus quittent régulièrement la **gare routière** (☎ 945 25 84 00 ; calle de los Herrán) vers Madrid (23,79 €, 4 heures, jusqu'à 13 départs quotidiens), Barcelone (37,65 €, 7 heures), Pamplune (6,85 €, 45 minutes) et Bilbao (5,45 €, 55 minutes).

La **gare ferroviaire Renfe** (☎ 902 24 02 02 ; calle Eduardo Dato 46) est située au sud du centre-ville. Des trains desservent Madrid (à partir de 30,55 €, 45 minutes, 8 départs quotidiens), San Sebastián (8,85 €, 45 minutes, jusqu'à 10 par jour) et Pamplona (4,40 €, une heure, 4 départs par jour).

Si vous êtes en voiture, sachez qu'il est difficile de se garer à Vitoria-Gasteiz, à plus forte raison aux abords du centre. Vous trouverez des parcs de stationnement près de la gare ferroviaire, de l'Artium, juste derrière la rue Eduardo Dato, dans le centre, et à l'est de la cathédrale.

ENVIRONS DE VITORIA-GASTEIZ

EST DE VITORIA-GASTEIZ
Réserve de Mendijur

À une dizaine de kilomètres au nord-est de Vitoria-Gasteiz, le lac de retenue d'eau d'Ullíbarri Gamboa a donné naissance à la **réserve ornithologique de Mendijur**, sur son côté sud. La réserve ne dispose quasiment d'aucune installation, mais il est possible de se promener librement sur les sentiers tracés au bord du plan d'eau, dans un décor apaisant. Le lac accueille des canards et d'autres oiseaux.

Salvatierra-Agurain

Située à une trentaine de kilomètres à l'est de Vitoria-Gasteiz, **Salvatierra-Agurain**, dotée de remparts et d'églises fortifiées, a vu son quartier ancien être déclaré "ensemble historique" en 1975. Les constructions de la **vieille ville**, qui confèrent à Salvatierra un charme certain, sont toutes postérieures à l'incendie qui détruisit la cité à la fin du XVIe siècle.

Baladez-vous dans la vieille ville, et découvrez notamment le grand nombre de maisons blasonnées qui bordent la **Calle Mayor**. L'**église San Juan Bautista**, édifiée fin XVe-début XVIe siècle, et la place sertie d'arcades qui lui fait face, valent également le coup d'œil.

✪ Églises peintes de Gaceo et Alaiza

Aux portes de la ville de Salvatierra-Agurain et à une vingtaine de kilomètres à l'est de Vitoria-Gasteiz, les hameaux assoupis de Gaceo (Gazeo) et d'Alaiza se sont fait un nom grâce aux fresques gothiques qui ornent leurs églises. Dissimulées sous un crépi, ces merveilles du XIVe siècle furent découvertes par hasard à la fin des années 1960.

Dans un souci de conservation, les églises ne sont pas ouvertes en permanence. Pour les visiter, contactez à l'avance l'office du tourisme de Salvatierra-Agurain (☎ 945 30 29 31) ou l'organisme en charge des visites guidées (☎ 945 31 25 35, 608 90 16 70).

L'église romane **Saint-Martin-de-Tours** de Gaceo, à 22 km de Vitoria, présente des scènes de la vie du Christ considérées comme un témoignage unique en Espagne d'art gothique primitif. Les fresques de l'église **Santa-María-de-la-Asunción** d'Alaiza, 3,5 km plus loin, sont plus anciennes (XIᵉ siècle) et moins élaborées. Elles dépeignent des scènes guerrières dont la présence dans une église reste assez mystérieuse.

À Alaiza, vous pourrez éventuellement vous arrêter au restaurant **Señorio de Alaiza** (☎ 945 31 26 28 ; www.alaiza.com ; 30 € environ ; ⊗ fermé lun), installé dans une belle demeure de pierre du XVIIIᵉ siècle, qui fait aussi office de petit musée.

Pour vous y rendre en voiture depuis Vitoria-Gasteiz, préférez la A3110, via Alegría-Dulantzi, à la voie rapide menant à Salvatierra-Agurain.

OUEST DE VITORIA-GASTEIZ
Jardín botánico Santa Catalina
Entourant les ruines de l'ancien monastère (XIIIᵉ-XIVᵉ siècles) du même nom, le **jardin botanique Santa Catalina** (☎ 680 47 01 46 ; www. cuadrilladeanana.es/santacatalina ; 3 € , gratuit – 10 ans ; ⊗ mar-ven 10h-14h, sam-dim 10h-18h en hiver et 11h-20h en été) est situé à l'entrée de **Trespuentes**, à 12 km de Vitoria-Gasteitz.

Il présente des centaines de plantes réparties autour des vestiges de l'ancien monastère, incendié durant les guerres carlistes, offrant une visite à la fois reposante et culturelle.

Ruines romaines d'Iruña-Veleia
Les découvertes archéologiques effectuées sur ce site au cours des dernières années, notamment une représentation du Chemin de croix du IIIᵉ siècle, qui serait l'une des plus anciennes connues, et de nombreuses écritures (hiéroglyphes et textes en basque), ont poussé certains à comparer Iruña-Veleia à Pompéi pour son importance historico-scientifique.

À une dizaine de kilomètres à l'ouest de la capitale basque, ce **site archéologique** (☎ 945 40 33 44, 652 72 09 47 ; www.veleia.com ; visite guidée 4 € ; ⊗ été mar-ven 10h-14h et 16h-20h, sam 11h-15h, dim 11h-14h, hiver mar-sam 11h-15h, dim 10h-14h) a vraisemblablement été habité dès l'âge du bronze. L'un de ses intérêts est de l'avoir été durant plus de 15 siècles. Initialement constitué de cabanes de torchis et de branchages, il a évolué vers un oppidum (ensemble fortifié bâti sur une butte) et a connu son apogée au IIᵉ siècle. Iruña-Veleia se présentait alors comme une véritable cité romaine. Un petit

musée présente sur place quelques-unes des pièces découvertes sur le site.

Des visites guidées sont organisées d'avril à novembre sur réservation préalable, par téléphone ou via le site Internet. Les visites libres sont gratuites.

Torre de Mendoza
Dressée au milieu d'un espace gazonné aux portes de la ville de Mendoza, cette massive **tour** (☎ 945 18 16 17 ; entrée libre ; ⊗ oct-avril mar-sam 11h-15h et dim 10h-14h, mai-oct mar-ven 11h-14h et 16h-20h, sam 11h-15h, dim 11h-14h), édifiée au XIIIᵉ siècle, a fière allure. Bordée de remparts défensifs ponctués aux quatre coins de tours crénelées rondes, elle fut la résidence des seigneurs de Mendoza avant d'être utilisée comme prison. La tour abrite maintenant un **musée** présentant les blasons et armoiries des anciennes grandes familles locales.

SUD DE VITORIA-GASTEIZ
Santuario Nuestra Señora de Estíbaliz
À 10 km au sud-est de Vitoria-Gasteiz, ce **sanctuaire** (☎ 945 29 30 88 ; entrée libre) du Moyen Âge est vénéré de longue date car il renferme une statue du XIIᵉ siècle de la Vierge d'Estíbaliz, patronne de la province. L'église, de style roman, est considérée comme l'un des édifices majeurs de l'époque romane en Álava.

NORD-OUEST DE L'ÁLAVA

MURGUÍA
Au pied du parc de Gorbeia, à une vingtaine de kilomètres au nord-ouest de Vitoria-Gasteiz, le petit bourg tranquille de Murguía présente peu d'intérêt en lui-même, mais il doit son succès à la proximité du parc naturel de Gorbeia, paradis des randonneurs (voir page suivante).

Un petit **office du tourisme** (⊗ mars-juin et sept-oct lun-ven 9h30-12h30 et 15h30-17h30, juil-août 9h-13h30 et 15h30-19h) est situé sur la place principale.

Où se loger et se restaurer
Les deux hôtels de Murguía, situés à côté de l'office du tourisme sur la place principale, sont tenus par les mêmes propriétaires.

La Casa del Patrón (☎ 945 46 25 28 ; www. casadelpatron.com ; calle San Martín 2 ; s/d/t basse saison

43/55/68 €, s/d/t haute saison 48/60/73 € ; menu 15 € ; P ; Wi-Fi). Dans une belle maison basque qui fait quasiment office de centre névralgique du village, la Casa del Patrón se décline entre un bar à tapas apprécié et un hôtel louant 14 chambres modernes, confortables et lumineuses, dont certaines sont mansardées. Des réductions – double à moins de 50 € petit-déjeuner compris – sont souvent proposées les vendredis et samedis soirs.

Hotel Nagusi (☎ 945 46 25 28 ; www.hotelnagusi.com ; Calle Domingo de Sautu 32 ; s/d basse saison 57/72 €, s/d haute saison 65/82 € ; P ⌨). Ambiance chic et moderne pour cet hôtel récent installé à deux pas de la Casa del Patrón. La réception affiche des teintes sobres – gris, blanc et noir – mais les chambres misent davantage sur les couleurs. Elles sont confortables et très fonctionnelles. Promotion les vendredis et samedis soirs en basse saison : chambre double à 60 € petit-déjeuner inclus.

Pour un en-cas ou quelques *pintxos* avant ou après une randonnée, vous pourrez vous diriger vers **Casa Areso**, dans la rue principale, qui décline une ambiance de bar de village avec billard, bois de cerf et objets rustiques accrochés au mur. Mentionnons aussi deux adresses situées dans les environs :

Taberna Izarra (☎ 945 43 00 73 ; Bitoriano ; menu 11,80 €). Cette auberge installée dans une belle maison traditionnelle basque, face à un petit jardin, fait partie des adresses fréquentées localement. Vous la trouverez au hameau de Bitoriano, à 1 km de Murguía.

Arlobi Taberna (☎ 945 43 02 12 ; Sarría ; plats 10-18 € environ et pintxos ; ⏲ midi, sam soir). Une maison en pierre située au bord d'une petite route menant au parc de Sarría, environ 1 km avant celui-ci, où l'on sert des *pintxos* plutôt bons. En été, vous pourrez vous installer dans un agréable petit jardin.

Depuis/vers Murguía

Murguía est desservie plusieurs fois par jour par les bus de la compagnie La Unión assurant la liaison entre Vitoria-Gasteiz et Bilbao.

PARQUE NATURAL DE GORBEIA

Plus vaste parc du Pays basque avec une superficie de 20 016 ha, le parc naturel de Gorbeia a été créé en 1994. Il s'étend à cheval sur les provinces de Biscaye et d'Álava et affiche un relief étagé entre 300 et 1 482 m. Son point culminant est l'emblématique mont Gorbeia, immense massif arrondi qui occupe le centre du parc et but ultime de nombreux itinéraires de randonnée. Contrairement à la majorité de ses voisins, à l'impressionnant profil de calcaire dentelé, Gorbeia est une chaîne de grès sédimentaire largement recouverte de pâturages. Quelque 500 cavernes et 100 kilomètres de galeries tortueuses creusent les entrailles de la roche. Mairulegorreta, la plus célèbre de ces grottes, fait 12 km de long et abrite des vestiges néandertaliens. Autre chef-d'œuvre karstique, la cascade Gujuli déverse les eaux du río Altube d'une falaise abrupte, à 100 m de hauteur.

Le sommet du parc est couronné d'une **croix**. Elle fait partie de celles ayant été érigées selon le souhait du pape Pie XIII afin de célébrer l'arrivée du XXe siècle. Sa construction a posé de nombreux problèmes et a duré plusieurs années : la première croix, haute de 33 m, a en effet été emportée par une tempête, tout comme la deuxième, haute de 25 m, qui parvint cependant à braver le vent et les éléments durant 4 années. Celle que l'on voit maintenant au sommet mesure (seulement) 18 m.

Les pins de Monterey, qui succèdent aux hêtraies et aux forêts mixtes de chênes et d'aubépines, constituent la principale espèce végétale du parc de Gorbeia. Le cerf, réintroduit en 1958, est son emblème. En septembre et octobre, les brames et combats des mâles attirent de nombreux visiteurs.

La **Casa del parque** (maison d'accueil du parc ; ☎ 946 73 92 79 ; ⏲ mar-ven 9h-15h, sam-dim 10h-18h, fermé lun) est située à la sortie du village de Sarría, 3,5 km après Murguía (suivez les panneaux depuis Murguía). Outre une exposition bien faite sur le parc, son environnement, sa faune et sa flore, aux explications en espagnol, vous y trouverez tous les renseignements utiles sur l'activité principale qui attire les visiteurs dans cet espace protégé : la **randonnée**.

Sept sentiers, de 1h15 à 3h30 de marche, sont fléchés et balisés depuis la maison du parc, où un vaste parking permet de stationner. Il est possible de les cumuler en un grand nombre de variantes. Les cartes, disponibles à la *casa del parque*, vous aideront à faire votre choix. L'**ascension du mont Gorbeia** est la motivation première de nombre de randonneurs. Elle peut s'effectuer de différentes façons. La plus rapide, depuis la maison du parc, met 2h30.

La suggestion d'itinéraire décrite ci-après s'adresse à des marcheurs confirmés.

TRAVERSÉE DE GORBEIA, DE BARÁZAR À IBARRA

Durée : 7-8 heures
Distance : 25,8 km
Difficulté : exigeante
Balisage : rouge-blanc, jaune-rouge. Pas de balisage par endroits.

Montagne classique du Pays basque, Gorbeia révèle toute la diversité de la région. Cette longue randonnée l'aborde depuis le col de Barázar, à l'est du parc (accessible en bus depuis Bilbao) et s'achève au village d'Ibarra, non desservi par les transports en commun. Munissez-vous d'une carte (vous en trouverez au bureau de Sarría) et surveillez bien la météo.

Le sentier débute au col de Barázar, accessible en bus depuis Bilbao. Au panneau "Alto de Barázar (606 m)", prenez le chemin goudronné indiqué par un balisage rouge et blanc, qui part sur la droite. Suivez-le sur 3 km, à travers une forêt de conifères, puis devant une aire de jeux et un parking, jusqu'à l'Humedal de Saldropo, un marais de 3 ha réputé pour son ancienne tourbière.

Après le cabanon d'information sur le marais, prenez à droite au premier embranchement en direction d'Atxurribidea, à 45 minutes de marche. Un four à chaux se dresse sur la gauche une centaine de mètres plus loin, et le bitume s'interrompt après une passerelle en bois. Continuez pendant 300 m sur un sentier de terre jusqu'à une fourche. Tournez à gauche puis, presque 200 m plus loin, bifurquez à nouveau à gauche pour emprunter un étroit sentier qui grimpe vers le sud-ouest entre des clôtures en fils de fer. Cent mètres plus loin, traversez une piste de terre battue jusqu'à un chemin qui continue de monter à travers la forêt. En arrivant à une intersection en T, prenez à gauche. En moins de 10 minutes, à l'endroit où le chemin s'aplanit et devient boisé, vous atteindrez une fourche. Prenez à gauche et traversez un autre sentier avant de commencer une ascension abrupte de 100 m jusqu'à un chemin de terre plus large, sur la gauche. Suivez-le sur 200 m. Faites un virage à angle droit sur la gauche sur un sentier qui grimpe abruptement parmi les aubépines et les hêtres. En approchant du sommet, tournez à droite pour marcher au pied de l'impressionnante paroi en surplomb

de l'Atxurri. À l'endroit où la paroi s'arrête, tournez à gauche et remontez en zigzaguant vers l'Atxurri (941 m).

Bifurquez à droite (vers l'ouest) et suivez la pancarte indiquant Aldamiñape, le long de la crête (une clôture en fil de fer longe la corniche sur votre droite). Après 5 minutes de marche, le chemin descend sur la gauche en direction d'un bosquet de cyprès (sans y entrer). Le sentier rejoint ensuite une piste pour 4x4 sur la droite (en direction du nord-ouest). En arrivant à un col plat, faites un crochet sur la gauche et grimpez vers plusieurs maisons visibles à mi-pente d'Aldamiñape. Après la maison (aux fenêtres et toit rouges) indiquée "Cementos Lemona", vous atteindrez une fourche. Prenez à droite et le chemin rejoint rapidement une petite vallée au pied du mont Aldamín (1 376 m). Tournez à gauche (vers le sud) et coupez à travers champs pendant presque 1 km jusqu'au col, où s'achève la crête rocheuse de l'Aldamín. Cette section n'est pas balisée. Une fois en haut, contournez l'extrémité est de la crête et rejoignez le sentier, à nouveau bien net et signalé. Grimpez en gardant la crête sur votre droite et une colline herbeuse sur votre gauche. Au bout de 20 minutes, en arrivant à un pluviomètre, quittez le sentier (qui tourne à gauche) pour continuer tout droit (vers l'ouest), le long d'un col herbeux, pendant 100 m. Prenez le chemin sur la gauche, qui monte directement et abruptement vers le sommet de Gorbeia (1 481 m). Admirez la superbe croix et la vue splendide sur l'Anboto et l'Aiskorri.

Retournez ensuite au col et prenez à gauche, en descendant vers la lisière nord-ouest de l'Aldamín en direction d'Egiriñao, une vallée ponctuée de hêtres avec une maison. Du côté droit de l'habitation, prenez un sentier en direction du nord sur lequel il est rapidement indiqué qu'il reste 15 minutes jusqu'à Elorria. Suivez la crête (à droite) de près et en presque 15 minutes, passez de l'autre côté du versant au pied du Gatzarrieta (1 177 m). Les vastes pâturages des Campas de Arraba s'étendent devant vous. Au pied de la vallée se niche le Refugio Ángel de Sopeña. Du refuge, prenez vers le nord-ouest à travers les pâturages sur 1,1 km jusqu'au col de Kargaleku. En arrivant au col, tournez à droite (vers le nord) en suivant les marques jaune et blanc (puis rouges) au milieu des affleurements calcaires et des hêtres jusqu'au cœur du massif d'Itxina. Passez la première dépression dénudée et bosselée *qui s'étend au pied du massif, en montant légèrement vers la gauche. Au col suivant, prenez à droite. Après 350 m (à un autre col), tournez à droite vers un chalet ; passez devant en le gardant sur votre gauche et continuez pendant 1,2 km jusqu'à une fourche sous un affleurement rocheux. Le chemin de gauche conduit à la Cueva de Supelegor en 25 minutes. Vous prendrez à droite et monterez sur 100 m pour atteindre l'Ojo de Atxular (Œil d'Atxular). Empruntez cette sortie naturelle du massif d'Itxina et descendez jusqu'au pied de la montagne en zigzaguant.*

Parvenu au pied de l'Atxular, empruntez à gauche (nord-ouest) un sentier non balisé qui disparaît par endroits. Gardez les parois verticales de l'Itxina sur votre gauche. Après 1 km, le sentier croise une clôture en fils de fer qu'il suit jusqu'à ce que le chemin s'évanouisse dans un pâturage. Prenez vers le nord-ouest à travers le pâturage, puis empruntez une piste pour 4x4 et suivez-la pendant 2,8 km, en franchissant trois échaliers, jusqu'au village d'Urigoiti.

Traversez Urigoiti en laissant l'église sur la gauche et la fontaine sur la droite, jusqu'au bout du village. Continuez tout droit à travers un pâturage. Après une petite pinède, traversez un champ. Suivez les poteaux de téléphone en bois (sur votre gauche) et passez un bosquet de noisetiers jusqu'à un autre champ. Traversez-le en prenant à droite vers une allée pavée, puis à travers un autre pâturage. Descendez par la route goudronnée jusqu'à la route principale. Tournez à droite sur celle-ci et longez le río Atxurri pendant 700 m jusqu'à Ibarra.

ORDUÑA

À 40 km au nord-ouest de Vitoria-Gasteiz, Orduña (Urduña) présente la caractéristique d'être administrativement rattachée à la Biscaye bien qu'elle soit géographiquement située en Álava. Suite à une série de conflits avec les seigneurs locaux, la ville s'unit en effet avec le *señorío de Bizkaia* à la fin du XVᵉ siècle.

Ravagée par un incendie en 1536, Orduña présente néanmoins quelques intéressants bâtiments anciens. Ils sont en majorité répartis autour de sa **place centrale** (Plaza de los Fueros), où l'on peut admirer plusieurs **palais** de style Renaissance et baroque et le bel édifice de l'**Ayuntamiento** (mairie), en pierre et brique, bâti en 1600. Le bâtiment

le plus remarquable est cependant celui de l'ancienne **douane**, qui occupe un pan entier de la place. De style néoclassique français, il fut bâti en 1789 et se distingue par ses arcades et le blason de l'Espagne qui orne sa façade. Vous pourrez également prendre le temps de détailler l'**Iglesia de la Sagrada Familia** (église de la Sainte Famille), édifice baroque achevé dans les dernières années du XVIIᵉ siècle.

Pour intéressants qu'ils soient, ces bâtiments méritent certes le coup d'œil mais ne justifient qu'une brève visite à Orduña, localité au charme tout relatif. Dans les faits, la ville doit réellement son attrait à la proximité du **Salto del Nervión** (cascade du Nervión, voir l'encadré). Cette rivière qui prend sa source à quelques kilomètres de la ville chute en effet de près de 300 m en une superbe cascade aux portes d'Orduña.

L'**office du tourisme** (☎ 945 38 43 84 ; Plaza de los Fueros ; ⏰ mar-jeu et dim 9h30-14h, ven-sam 9h30-14h et 16h-19h30) vous attend dans un coin de la place centrale.

Depuis/vers Orduña

Les bus de la compagnie La Unión assurant la liaison entre Vitoria-Gasteiz et Artziniega desservent Orduña environ 6 fois par jour.

Si vous êtes en voiture et arrivez de Vitoria-Gasteiz, empruntez la très belle A2521, qui évolue dans un apaisant décor de forêts de conifères avant de descendre dans la vallée entre Murguía et Orduña.

LE SALTO DEL NERVIÓN

L'un des sites naturels les plus impressionnants de l'Álava, le Salto del Nervión est une cascade qui se jette de près de 300 m de hauteur dans le canyon de Delika. Elle se laisse admirer depuis un point de vue situé à une dizaine de kilomètres au sud d'Orduña. Pour vous y rendre, commencez par emprunter la belle route sinueuse qui monte jusqu'au Puerto de Orduña (col d'Orduña), à 900 m d'altitude. Après avoir garé votre voiture, empruntez le chemin qui mène en une courte balade jusqu'au vertigineux point de vue sur le canyon. Le site est bordé par les contreforts de la Sierra de Salvada, majestueuse chaîne montagneuse qui domine le nord de la vallée de l'Álava.

VALLÉE D'AYALA

Entre Bilbao et Vitoria, cette vallée qui porte le nom de l'une des familles seigneuriales les plus influentes de la région à la fin du Moyen Âge, s'étend du village d'Amurrio au bourg d'Artziniega. Outre ce dernier, son point fort est le château de Quejana-Kexaa. Vous pourrez également accorder un peu de temps au village d'Amurrio, qui abrite un joli cœur de ville ancien.

Château de Quejana-Kexaa

Dressé au dessus des coteaux et des pâturages dans le seul bruit des cloches des vaches, ce bel ensemble en pierre claire, remarquable pour sa tour carrée, est l'ancienne demeure des Ayala. Bâti au XIVᵉ siècle et très bien restauré, le site inclut la **chapelle de la Virgen del Cabello**, où se trouve un retable baroque de la fin du XIVᵉ siècle dont l'original a été acquis par un musée de Chicago, et où sont enterrés plusieurs membres de la famille, dont Pedro Lopez de Ayala, qui fut l'un des conseillers les plus influents de la cour de Castille à la fin du XIVᵉ siècle. L'**église** mitoyenne de **San Juan Bautista** abrite pour sa part un beau retable en bois sculpté du XVIIᵉ siècle. L'une des pièces du château s'est muée en un petit **musée** consacré à l'histoire de la famille, grâce aux archives conservées avec dévotion par les religieuses dominicaines dont le couvent, bâti au XVIIIᵉ siècle, est également installé sur le site.

Un petit **bureau d'information touristique** (☎ 945 39 94 14 ; www.aiaratur.org ; entrée libre ; ☼ juil-sept tlj 9h-14h et 16h-19h, oct-juin mar-dim 10h-14h) est installé sur place. L'accès à la chapelle et à l'église ne semble pas toujours possible.

Le site est indiqué à 2 km depuis la A624, entre Amurrio et Artziniega.

OÙ SE LOGER ET SE RESTAURER

Los Arcos de Quejana (☎ 945 39 93 20 ; www. arcosdequejana.com ; s/d 55/68 € ; plats 12-30 €, menus à partir de 30 €, demi-pension s/d 73/104 € ; P ⌨ ; Wi-Fi). Seulement 500 m après le château, dans un environnement verdoyant, cette belle bâtisse ancienne plantée face aux pâturages abrite 16 chambres modernes et confortables, mais sans grande surprise dans leur décoration. L'hôtel est idéal si vous souhaitez passer quelques jours de repos, de calme et… de gastronomie. Une alléchante cuisine est en effet servie dans la très belle salle de restaurant en pierre de l'établissement : crabe à la plancha, bœuf sauce aux truffes, magret

de canard aux raisins (les menus changent selon les saisons). Accès handicapés. Bon accueil et fréquentes promotions en dehors des périodes d'affluence.

Artziniega

Ce village médiéval quelque peu assoupi doit son indéniable atmosphère à ses venelles pavées, qui invitent à la flânerie. Jadis bordé de murailles, Artziniega a été déclaré "ensemble monumental historico-artistique" par le gouvernement basque en 1995.

L'**office du tourisme** (☎ 945 39 61 56 ; www.aiaratur. org ; ☼ juin-sept tlj 9h-14h et 16h-19h, oct-mai mar-dim 10h-14h) est situé Plaza de Arriba, au cœur des ruelles du village.

À VOIR

Artziniega doit son intérêt aux bâtiments qui bordent sa belle **Plaza de Arriba**. La **tour Ortiz de Molinillo de Velasco**, transformée en hôtel (voir plus loin), est un édifice du XVIᵉ siècle mariant les styles baroque et Renaissance. Elle fut bâtie en lieu et place d'un édifice précédent appartenant aux comtes d'Ayala.

Les autres édifices majeurs de la ville sont le **couvent de las Madres Agustinas** (couvent des Mères augustines), réalisé entre les XVIᵉ et XVIIIᵉ siècles et dont la façade est ornée de plusieurs blasons, et l'**Iglesia Nuestra Señora de la Asunción**, qui renferme un retable baroque du XVIIᵉ siècle.

Ne ratez pas la visite de l'intéressant **Museo etnográfico** (musée ethnographique ; ☎ 945 39 62 10 ; www.artziniegamuseoa.org ; 4 € ; ☼ mar-sam 11h-14h et 16h30-19h30, dim 11h-14h), dont les 1 700 m² sont consacrés au mode de vie des habitants de la région au cours de l'histoire. Le rez-de-chaussée s'intéresse aux vieux métiers – la visite du musée inclut également celles d'une forge et d'un moulin anciens –, tandis que le premier étage met l'accent sur les cultures populaires, la religion, l'habitat ou encore l'enseignement.

OÙ SE LOGER ET SE RESTAURER

Torre de Artziniega (☎ 945 39 65 00 ; s/d 58/68-78 € ; plats 15-30 € ; ⌨ ; Wi-Fi). "Tradition et repos", annonce la documentation de l'hôtel. On veut bien le croire. Et ajouter une troisième caractéristique des lieux : le charme d'une demeure historique. Le seul (mais bon !) hôtel du village est en effet installé dans sa superbe tour du XVIᵉ siècle à la façade joliment sculptée, à deux pas de l'office du tourisme et de la place Arriba. Ses 8 chambres en pierre de taille meublées avec goût, avec boiseries, lits à baldaquin et/ou balcon pour certaines, ne manquent pas de style et sont proposées à des tarifs très raisonnables pour les lieux. La jolie salle de restaurant – escalope au roquefort, chipirons à l'encre, morue aux poivrons… – fleure bon l'excellente auberge. Accueil souriant.

Vous trouverez quelques bars proposant des **pintxos** dans les ruelles.

DEPUIS/VERS ARTZINIEGA

Artziniega est desservie plusieurs fois par jour par les bus de la compagnie La Unión en direction de Vitoria-Gasteiz.

Le centre ville ancien (*casco viejo*) est fermé à la circulation. Vous devrez stationner sur le parking situé à l'entrée du bourg.

VALDEREJO ET SES ENVIRONS

PARQUE NATURAL DE VALDEREJO

À 55 km à l'ouest de Vitoria-Gasteiz, le **parc naturel de Valderejo** est situé à l'extrémité occidentale de l'Álava. Occupant une profonde vallée mitoyenne de la province voisine de Burgos, protégée par les hauteurs montagneuses de la sierra de Bóveda, il s'étend sur 3 418 ha et a été classé parc naturel en 1992.

Ce parc se distingue en premier lieu par sa faune et sa flore riches et variées, favorisées par la faible densité de peuplement de la vallée. On y trouve ainsi la plus importante population de vautours fauves du Pays basque. Ses forêts abritent des chevreuils et quelques loups y auraient été observés. Les pins sylvestres, hêtres et chênes verts se partagent ses larges espaces boisés, aux côtés d'érables, de frênes et de peupliers.

La grande attraction du parc est l'impressionnante **gorge du río Purón** (Desfiladero del río Purón), qui fournit une belle occasion de mettre ses chaussures de marche. Partant de Lalastra, près du centre d'information du parc, une brève et remarquable **randonnée** traverse le village abandonné de Ribera puis pénètre dans les gorges profondes et étroites, où le sentier est parfois taillé dans la roche.

Vous trouverez toutes les informations nécessaires pour effectuer cette randonnée ou l'une des autres balades balisées dans cet espace protégé à la **Casa del parque** (maison du parc ; ☎ 947 35 31 46), qui fournit gratuitement la carte *Valderejo Parque Natural*, à l'échelle du 1/16 000. Elle est située dans le village de Lalastra, accessible depuis Vitoria-Gasteiz par la A2622 (puis la BUY5532). Un parking s'étend près de la maison du parc.

ENVIRONS DU PARQUE NATURAL DE VALDEREJO

Défilé de Sobrón

Au nombre des plus beaux espaces naturels de la région, cet étroit défilé longe le cours du río Ebro sur une bonne vingtaine de kilomètres. La sinueuse A2122 permet de le suivre dans ses méandres, offrant au passage de spectaculaires points de vue sur cet environnement minéral.

Le défilé débute au niveau du village qui porte son nom, à 53 km au sud-ouest de Vitoria-Gasteiz.

Salines d'Añana

Vraisemblablement connues dès l'époque romaine, ces **salines** (☎ 945 35 11 11 ; www.vallesalado. net ; plein tarif/tarif réduit/– 12 ans 4/2 €/gratuit ; ☼ en saison, sur réservation), situées à 17 km au nord-est de Sobrón et à 30 km au sud-ouest de Vitoria-Gasteiz, ont été exploitées dès le IXe siècle, à l'origine par de petits paysans, puis sous tutelle seigneuriale.

L'exploitation commerciale a quasiment cessé faute de rentabilité depuis les années 1960, en dépit de la forte concentration en sel de l'eau de la vallée, mais le site s'est trouvé une nouvelle vocation avec les visites touristiques. Possibles en saison sur réservation préalable, soit par téléphone, soit par l'intermédiaire du site Internet, elles permettent de découvrir les méthodes d'extraction et de séchage du sel.

Le site des salines d'Añana est protégé dans le cadre du programme Ramsar (protection des zones humides).

RIOJA ÁLAVESA

LAGUARDIA

Posée sur un piton rocheux face à un océan de vignes et à la chaîne montagneuse de la Sierra Cantabria, Laguardia (Biasteri) est la "capitale" de la Rioja Álavesa. Autant dire que son nom est synonyme de vin : mitoyenne de la province de la Rioja, qui s'étend au sud et est mondialement célèbre pour ses vins rouges, la Rioja Álavesa est une terre de vignobles produisant des vins réputés. Outre ses dizaines de vinothèques et caves, cette ville touristique située à 45 km au sud de Vitoria-Gasteiz mérite la visite pour son beau centre médiéval bordé de murailles.

Fondée en 1164 par le roi de Navarre Sancho le Sage, Laguardia doit son nom à sa position de "gardienne" de la frontière séparant les anciens royaumes de Navarre et de Castille. La ville fut fortifiée au XIIIe siècle et incorporée à l'Álava en 1486 sur ordre des Rois Catholiques. Ses antiques murailles souffrirent ensuite des guerres carlistes et de la guerre d'indépendance, mais une habile restauration leur a rendu leur beauté d'origine, que des milliers de touristes admirent chaque année entre deux dégustation de vin.

L'**office du tourisme** (☎ 945 60 08 45 ; www.laguardia-alava.com ; casa palacio de los Samaniego, plaza San Juan ; ✦ lun-ven 10h-14h et 16h-19h, sam 10h-14h et 16h-19h, dim 10h45-14h) est installé sur la placette qui fait face à l'église San Juan.

À voir et à faire
VIEILLE VILLE MÉDIÉVALE
Fortifiée sous le règne de Sancho VII le Fort, Laguardia est bordée de remparts ponctués de tourelles qui, associés à sa position au-dessus d'une colline dominant la plaine, lui donnent un indéniable aspect de ville défensive. Sa porte principale est la **Puerta de las Carnicerías** (porte des boucheries),

ajoutée à l'ensemble au XVe siècle, ce qui lui doit d'être parfois appelée Puerta Nueva (porte neuve). Elle donne accès au réseau de venelles de la vieille ville, où s'alignent nombre de demeures des XVe au XVIIIe siècle. Ne ratez pas celles de la **Calle Mayor**, notamment aux numéros 14 (l'une des plus anciennes de la ville), 34 (remarquable pour son balcon), 18 et 54 (observez les blasons).

IGLESIA DE SANTA MARÍA DE LOS REYES
Fleuron de la vieille ville, cette église dont la construction débuta au XIIe siècle se dresse en haut de la Calle Mayor. Elle ne fut achevée que trois siècles plus tard et présente des éléments roman, gothique et Renaissance. De forme rectangulaire et dotée de trois nefs, Santa María de los Reyes serait comparable à nombre d'autres édifices religieux du Pays basque si elle ne possédait un joyau : le **portail gothique polychrome** de sa façade principale, qui donne dans la Calle Mayor. Sculpté dans la pierre à la fin du XIVe siècle, il représente les 12 apôtres et les principaux épisodes de la vie de la Vierge en un ensemble d'une richesse et d'une finesse exceptionnelles. La Vierge se tient au centre, au-dessus du pilier central séparant le double portail, tenant l'enfant Jésus dans ses bras. L'un des principaux attraits du portail est sa polychromie. Non restaurée depuis sa réalisation, au XVIIe siècle, elle est particulièrement bien conservée car les statues furent longtemps protégées des intempéries. Une ancienne tour défensive de la ville, vocation reconnaissable à sa structure carrée et massive, fait office de **clocher** à l'église.

Dans le petit square jouxtant la droite de l'église, vous pourrez prendre le temps de découvrir *Viajeros*, une petite exposition de sculptures en bronze représentant des chaussures et des sacs de voyage, signées par l'artiste Koko Rico.

IGLESIA DE SAN JUAN
À l'autre extrémité de la calle Mayor, cette église dédiée à saint Jean fait face au Palacio de los Samaniego, qui abrite l'office du tourisme. Sa construction s'étendit sur une longue période mais l'ensemble, relativement homogène, décline avant tout un style pré-gothique. La chapelle Nuestra Señora del Pilar fut ajoutée au XVIIIe siècle.

DÉGUSTATIONS DE VINS

Des dizaines de vinothèques et de caves sont installées dans tous les recoins de la vieille ville. Impossible d'en indiquer une plutôt qu'une autre, car elles proposent toutes des sélections des vins des environs, à des prix comparables. La Rioja Álavesa est avant tout réputée pour ses rouges, mais la région produit également quelques vins blancs et rosés.

Vous pourrez également faire le tour des nombreuses *bodegas* (domaines viticoles) de la région. L'office du tourisme pourra vous en donner la liste. Citons notamment la **Bodega Ysios** (☎ 945 60 06 40 ; www.bodegasysios.com ; camino de la Hoya ; ☽ lun-ven 11h-13h et 16h, sam-dim 11h et 13h), dont l'architecture inspirée de barriques de vins a été dessinée par Santiago Calatrava.

Fêtes

Le principal temps fort du calendrier festif de Laguardia a lieu du 23 au 29 juin, avec les **fêtes de San Juan y San Pedro**. Au programme : danseurs en costumes traditionnels, musique de flûtes, lâchers de vachettes dans les rues et combats de taureaux. Autre fête ancienne, **El Día del gaitero** (jour du joueur de corne-muse) a lieu le deuxième dimanche de mai et rappelle la place de la musique dans les traditions locales.

Où se loger et se restaurer

Hostal Biazteri (☎ 945 60 00 26 ; www.biazteri.com ; Calle Mayor ; s/d/t 32,30/50/90 € ; menu 11 €). À deux pas de l'office du tourisme, une adresse typique de catégorie moyenne avec des chambres agréables, récentes et raisonna-blement confortables. Le bar-restaurant, au rez-de-chaussée, sert des menus dans une salle chaleureuse. Une bonne adresse pour séjourner à Laguardia à tarif raisonnable.

Hôtel Pachico (☎ 945 60 00 09 ; www.pachico.com ; Calle Sancho Abarca 20 ; s/d 42/53 €). Parquets qui craquent, napperons en dentelle et TV des années 1980… le décor est planté. Ce petit hôtel affiche un confort simple et un charme désuet, mais on peut compter sur la patronne pour la propreté. Les tarifs restent cependant le principal atout des lieux. Le Pachico est situé dans un immeuble sans grand charme, juste à l'extérieur des remparts.

۞ Legado de Ugarte (☎ 945 60 01 14 ; www. legadougarte.com ; Calle Mayor 17 , d 75 € , taxes et petit-déj compris). Idéalement située au milieu de la rue principale, cette adresse à l'accueil charmant a une vraie personnalité. La souriante maî-tresse des lieux a décoré ses 4 chambres avec soin en leur donnant un vrai style. Rouge et noir ici, argent et prune là, chacune est un petit cocon agréable où l'on se sent bien. Salles de bains impeccables. Un coup de cœur.

Hotel Marixa (☎ 945 60 01 65 ; www.hotelmarixa.com ; Calle Sancho Abarca 8 ; s basse/haute saison 52,43/63,13 € , d 72,80/91 € , taxes et petit-déj inclus ; plats 7,50-20 € , menus à partir de 17 €). À la limite des remparts, cette adresse ouverte en 1954, qui a préservé une atmosphère d'auberge de campagne, est avant tout appréciée pour son restaurant. L'une de ses trois salles, panoramique, offre en effet un point de vue exceptionnel sur les abords de la ville et sa plaine viticole. La vue s'étend sur quatre provinces. On y sert une cuisine familiale appréciée qui saura satisfaire tous les goûts (lapin, crabe, cigale de mer ou bœuf). N'hésitez pas à vous faire aider pour choisir un vin, car la carte compte plusieurs centaines de références ! Les chambres assez classiques sont un peu surévaluées, sans bonne ni mauvaise surprise.

Posada Mayor de Migueloa (☎ 945 62 11 45 ; www.mayordemigueloa.com ; Calle Mayor 20 ; d 115 € ; plats 19,10-22,80 €). Les chambres de cette adresse située dans une demeure ancienne de caractère de la rue principale sont toutes différentes mais déclinent la même ambiance classique et cossue. Tapis, sols en tuiles vernissées, mobilier ancien, l'ensemble est un peu passé de mode mais a un vrai charme. Les tarifs, en revanche, relèvent amplement de la vocation touristique de la ville. Une cuisine régionale de qualité est servie dans la jolie salle de restaurant, décorée dans le même esprit (issue du même tonneau pourrait-on dire, car on est aussi ici dans une maison de vin). À la carte : tournedos grillé aux truffes, cocotte de morue aux poivrons et tomates, côtes d'agneau grillées, soufflé au chocolat, sorbet à la mandarine et au champagne…

Hotel Castillo el Collado (☎ 945 62 12 00 ; www. euskalnet.net/hotelcollado ; Paseo el Collado 1 ; d 125-175 €). Ambiance classique un peu surchargée pour cet hôtel qui vous reçoit dans une belle demeure ancienne flanquée d'un donjon, aux allures de petit château. Les chambres les plus chères y sont installées. Les tarifs nous ont semblé surévalués. L'accueil n'est pas le point fort des lieux.

Villa de Laguardia (☎ 945 60 05 60 ; www. hotelvilladelaguardia.com ; Paseo de San Raimundo 15 ; s/d 115/40-155 € , ste 165 € ; ⓟ ⊠ ⊡ ⊠). Le palace local, qui affiche quatre étoiles, est installé dans un bâtiment massif, d'aspect assez incongru dans ce décor, à la sortie sud-est de la ville. Outre une belle piscine, vous y trouverez des chambres alliant décoration classique et confort moderne. Une salle de sport, une vinothèque, un restaurant et des activités sportives sont au nombre de ses services.

Depuis/vers Laguardia

Les bus de la compagnie La Continental desservent la ville 3 à 4 fois par jour depuis Vitoria-Gasteiz.

Le centre-ville étant entièrement piéton, le stationnement peut être un problème en haute saison. De petits parkings sont implantés à l'extérieur des remparts.

LABASTIDA

Dominant la plaine de l'Èbre depuis une hauteur, Labastida doit à sa position stratégique d'avoir longtemps été disputée entre les provinces environnantes. Le village, rattaché à l'Álava depuis le XVIᵉ siècle, s'est découvert une vocation viticole depuis que les rivalités entre la Castille et la Navarre ont laissé en paix ses vieilles pierres.

Outre les nombreuses **bodegas** disséminées dans ses ruelles, les points forts de sa visite sont sa **Calle Mayor**, bordée de demeures des XVIᵉ et XVIIᵉ siècles, à laquelle on accède en passant sous une arche Renaissance – l'**Arco de Larrazuria** –, les demeures blasonnées des abords de l'hôtel de ville et l'**ermitage Santo Cristo**. Bâti au XIIᵉ siècle et remanié par la suite, ce dernier emprunte au roman et au gothique et révèle un large panorama sur les abords du bourg.

L'**office du tourisme** (☎ 945 33 10 15 ; Plaza de la Paz 1 ; www.labastida-bastida.org ; ☺ été mar-ven 10h-13h et 17h-19h, sam 11h-13h30, dim 11h-13h, hiver mar-ven 10h-13h et 16h30-18h30, sam-dim 11h-13h) pourra vous renseigner sur les quelques possibilités d'hébergement de la ville.

Biscaye

Région multifacettes, la Biscaye (Bizkaia) semble s'ingénier à ne pouvoir être classée dans une catégorie. Longtemps, la région fut tournée vers la mer, qui lui procurait une large part de ses ressources, notamment les "baleines de Biscaye" que ses marins allaient pêcher devant les côtes. Vint ensuite le temps du fer : l'exploitation du minerai contenu dans son sous-sol constitua un tournant industriel majeur de l'histoire régionale.

La Biscaye a gardé des traces de ces deux époques. Côté mer, elle présente une côte plus sauvage et moins fréquentée que celle du Gipuzkoa voisin, où la tradition de la pêche, encore vivante, a fait de la place au développement touristique. Côté terre, la région ne renie en rien son passé industriel mais elle a réussi à l'intégrer dans le présent. Outre le pont de Biscaye, à l'embouchure du río Nervión, inscrit sur la liste du patrimoine mondial de l'Unesco, le renouveau de Bilbao, porté par le musée Guggenheim, en est le plus bel exemple. Plus à l'intérieur des terres, les poumons verts de la région – parc d'Urkiola et réserve de la biosphère d'Urdaibai – témoignent, pour leur part, de l'intérêt que la région porte à la protection de l'environnement.

La Biscaye, enfin, c'est aussi Guernica (Gernika). Une ville symbole de la barbarie guerrière devenue *Ciudad de la Paz*, où les villageois se réunissaient naguère sous un chêne pour débattre de l'avenir de la région. Intégrée au royaume de Castille en 1379, la Biscaye fut en effet, de tous temps, attachée à son indépendance.

À NE PAS MANQUER

- Le **musée Guggenheim de Bilbao** (p. 345) – tête de pont en Europe de la prestigieuse fondation new-yorkaise du même nom – à l'architecture stupéfiante

- **Guernica** (p. 336). Ville symbole, entrée tristement dans l'histoire suite au tragique bombardement du 26 avril 1937

- **Saint-Jean de Gaztelugatx** (p. 341). L'une des plus belles visions de la côte de Biscaye depuis ce sanctuaire méconnu, perché sur un îlot percé d'une double arche naturelle

- **Mundaka** (p. 339). L'un des spots qui comptent sur la planète surf

- **Elantxobe** (p. 336). L'un des plus étonnants petits villages de la côte de Biscaye, accroché à une falaise

CÔTE DE BISCAYE

Une série de ports de pêche bordent le golfe de Gascogne entre Ondarroa et Bakio. La plus belle partie de cette côte est à nos yeux celle qui s'étend aux abords de Bermeo, notamment près du sanctuaire de Gaztelugatx. Mundaka, autre point fort de ce littoral, suffit par son seul nom à faire rêver les accros du surf.

ONDARROA

Au pied des montagnes côtières de la Biscaye, le plus important port de pêche du Pays basque est bâti de part et d'autre du río Artibai. Plusieurs ponts franchissent le cours d'eau sinueux. Le plus ancien, sobrement appelé le **Puente viejo**, est remarquable pour ses belles arches de pierre. Il a été bâti en 1795 en lieu et place d'un ouvrage du XIVe siècle qui aurait été l'un des premiers du Pays basque à pouvoir se lever pour laisser le passage aux navires. Un pont récent dessiné par Santiago Calatrava – peu inspiré en comparaison des merveilles que l'architecte a signées à Valencia, sa ville natale ! – enjambe le fleuve quelques centaines de mètres en aval.

L'un des principaux attraits d'Ondarroa est sa **ville ancienne**, dédale de minuscules ruelles pentues noyées entre les bâtiments modernes. L'existence au XXIe siècle de ce cœur de ville qui remonte à l'époque où Ondarroa, fondée il y a près de 700 ans, vivait du commerce maritime et de la pêche baleinière dans le golfe de Gascogne, relève quasiment du miracle. Il fut en effet dévasté par un premier incendie en 1463, puis à nouveau la proie des flammes en 1794, cette fois du fait des armées françaises. Le feu a heureusement préservé son plus bel élément de patrimoine, l'**église Santa María** qui domine le port. Cet édifice gothique du XVe siècle se distingue notamment par son cortège de 12 figures sculptées, le **Kortxeleko-Mamuak**, représentant la suite d'une cour royale.

La ville faisait l'objet de nombreux travaux d'aménagement urbain lors de notre dernier passage, ce qui nuisait à son charme. Nul doute qu'ils lui auront donné une nouvelle jeunesse à l'heure où vous lisez ces lignes.

L'**office du tourisme** (☎ 946 83 19 51 ; www.learjai. com ; Erribera Kalea 9 ; ☼ mi-juin à mi-sept lun-sam 10h-14h et 16h-19h, dim 10h-14h, mi-sept à mi-juin ven-sam 10h30-13h30 et 16h-19h, dim 10h30-14h30) distribue plans et brochures.

AVEC DES ENFANTS

LIEUX	ACTIVITÉS	BON À SAVOIR
Bilbao	Le **musée Guggenheim** (p. 345) organise une visite conçue pour les enfants de 6 à 11 ans chaque dimanche à 12 h, sauf en juillet et août.	Sur une aire ouverte à l'ouest du musée, une fontaine lance au hasard des jets d'eau pour la plus grande joie des enfants.
Bilbao	La **Semana Grande** de Bilbao (p. 347) est l'occasion de sortir les costumes traditionnels et de danser.	Des animations pour les enfants sont spécialement prévues.
Bilbao	Le **Musée maritime de la ría de Bilbao** (p. 347) présente des installations multimédias qui enchantent les enfants.	Gratuit pour les moins de 6 ans.
Mundaka	La **plage de Laidatxu** (p. 340), parfaite avec des enfants.	La plage est abritée du vent.
Bermeo	L'exposition sur la chasse à la baleine de l'**Aita Guria** (p. 341), réplique d'un navire baleinier biscayen.	Ravira autant petits et grands.

Où se restaurer

Sutargi jatetxea (☎ 946 83 22 58 ; Nasa Kalea, zeb 11 ; plats 12-24 €). Déco moderne mais spécialités bien traditionnelles pour cette accueillante et goûteuse adresse qui se décline entre un bar à *pintxos* (au rez-de-chaussée) et une salle de restaurant (à l'étage) avec vue sur le cours d'eau. La formule a visiblement trouvé son public d'habitués, attirés par les bons produits et la sélection de vins au verre.

Depuis/vers Ondarroa

La ville est desservie par les bus de Bizkaibus depuis Bilbao (3,20 €) et ceux de la compagnie **Pesa** (www.pesa.net) depuis San Sebastián. Ondarroa est également reliée aux deux grandes villes basques par **Euskotren** (www.euskotren.es).

LEKEITIO

Une très belle mais sinueuse route côtière (BI3428) relie Ondarroa à Lekeitio, à une douzaine de kilomètres au nord-ouest. Port de pêche important fondé au XIVᵉ siècle, cette localité qui se partage entre la pêche et le tourisme doit son intérêt auprès des visiteurs à son port et aux ruelles de sa vieille ville. Celle-ci s'articule autour de l'**Iglesia de Santa María de la Asunción** (XVᵉ siècle), caractéristique du style gothique tardif basque, qui abrite un retable de 1514. Outre le **port** et la visite de la **vieille ville**, les visiteurs apprécient Playa Isuntza, qui fait face à un îlot planté de pins.

L'un des temps forts du calendrier de la ville est la **Fiesta de San Antolín**, qui a lieu chaque année vers le 5 septembre. Cette manifestation ancienne, qui attire des centaines de visiteurs, ne fera cependant pas la joie des amis de la nature : une oie est en effet accrochée à une corde au-dessus du port, et les participants doivent parvenir à saisir l'infortuné animal. D'autres n'apprécieront pas davantage que cet ancien port baleinier ait choisi une baleine (souriante !) comme logo… L'autre grande fête de la ville, **San Pedros**, a lieu le 29 juin, jour où une procession part de l'église Santa María. Elle se distingue par la danse de la Kaxarranka, au cour de laquelle un homme danse sur un coffre porté par huit marins.

L'**office du tourisme** (☎ 946 84 40 17 ; www.lekeitio.com ; Independentziaren Enparantza ; ☽ basse saison lun-sam 10h30-13h30 et 16h-19h, dim 10h-14h ; haute saison tlj 10h-14h et 16h-20h), sur le port, distribue plans de ville et brochures.

UNE PROIE FACILE

Les ports de la Côte basque ont pratiqué la pêche à la baleine dès le XIᵉ siècle. Leur proie favorite était la baleine noire franche (*Eubalaena glacialis*), aussi appelée "baleine des Basques" ou "baleine de Biscaye", car elle venait mettre bas le long des côtes de la province. Ce cétacé pouvant atteindre quinze mètres de long pour un poids d'une cinquantaine de tonnes était une proie facile : lent et peu craintif, il pouvait facilement être chassé depuis des barques légères, les traînières, mues par une dizaine de rameurs.

L'huile de ce que l'on appelait alors les "poissons à lard" était utilisée pour l'éclairage et la fabrication de savon. Par la suite, les fanons servirent à la réalisation de corsets.

Poussées vers le large et le nord par la pêche, les baleines de Biscaye ne fréquentent plus le golfe de Gascogne. Avec une population actuelle estimée à moins de 400 individus dans l'hémisphère nord, repliée au large du Canada, elles sont l'une des espèces marines les plus menacées.

Précisons que les ports basques ne portent pas l'entière responsabilité de la dramatique diminution de l'espèce. Leurs techniques de pêche, encore "artisanales" furent suivies au cours du XXᵉ siècle par celles, autrement plus dommageables à l'espèce, de navires modernes russes, norvégiens ou japonais.

Où se loger et se restaurer

La ville se distingue par son choix d'hébergements de catégorie moyenne-supérieure, mais n'offre guère de bonnes chambres à petit budget. Plusieurs restaurants et bars à *pintxos* sont alignés sur le port.

Camping Endai (☎ 946 84 24 69 ; 3,80/3,80 € par personne/tente ; ☽ mi-juin à mi-sept). Ce petit terrain doté d'un bar et d'une épicerie en bordure de la Playa Mendexa, quelques kilomètres avant la ville, est une option à prendre en compte si votre budget est limité.

Hotel Oxangoiti (☎ 944 65 05 55 ; www.oxangoiti.net ; Gamarra Kalea 2 ; s/d 60-85/80-107 € selon saison ; ☐). Juste derrière l'office du tourisme, dans le centre-ville, cet établissement est installé dans un ancien palais du XVIᵉ siècle transformé en hôtel en 2008. Derrière sa belle façade ocre

BISCAYE

ornée d'un balcon en bois, cette adresse de style propose 7 chambres confortables à la décoration rustique, avec mobilier en bois et lits douillets.

Aisia Zita (☎ 946 84 26 55 ; www.aisiahoteles.com ; s/d 46-58,50/60-82,50 € selon vue et saison ; menu déjeuner/ dîner 15/27 € ; P ⚅ 🖥). Également connu sous le nom d'Imperatriz Zita, ce trois-étoiles aux tarifs raisonnables compte tenu de la prestation se distingue par ses chambres immenses à la décoration classique, bien entretenues et rehaussées d'équipements modernes. Si vos moyens vous le permettent, préférez celles avec vue sur mer et ajoutez à votre séjour quelques soins de thalassothérapie, spécialité de l'établissement. La très belle salle de restaurant décorée dans des teintes sobres, face au port, est à l'image de l'ensemble, chic sans être ostentatoire. C'est une affaire hors saison.

Villa Itsaso (☎ 606 00 50 05 ; www.hotelvillaitsaso.com ; Likoa 30, Mendexa ; d 75-90 €). Adresse de charme, la villa Itsaso est située à la sortie de la ville, sur une hauteur, en direction d'Hondarroa. Cette très belle villa basque rénovée renferme des appartements généralement proposés à la semaine mais pouvant aussi être loués à la nuitée en fonction des disponibilités. Tous offrent la vue sur la mer (et le calme qui va avec), mais vous aurez besoin d'un véhicule.

Hotel Beita (☎ 946 84 01 11 ; Venida Pascual Abaroa 25 ; s/d 45/63 €). Chambres vieillissantes mais correctes, dans un immeuble moderne. Le patron lui-même reconnaît que les tarifs sont surévalués.

Piñupe Hotela (☎ 946 84 29 84 ; Avenida Pascual Abaroa 10 ; s/d/t 30/45/60 €). Sommaire. Accueil au bar du rez-de-chaussée.

Depuis/vers Lekeitio

Bizkaibus assure une liaison jusqu'à la gare Abando de Bilbao depuis la Calle Hurtado Amezaga (8 fois par jour environ, sauf dim ; 3,10 €) via Guernica et Elantxobe.

Des bus réguliers (www.pesa.net) desservent San Sebastián via Ondarroa (7 €).

ELANTXOBE

Accroché à la falaise en surplomb de son port, dont les impressionnantes digues donnent une idée de la violence des vagues qui viennent parfois frapper le littoral basque, le minuscule village d'Elantxobe est l'un des plus étonnants et séduisants de cette portion de côte. D'autant plus que les difficultés pour construire des habitations dans ce relief, associées à l'absence de plage, ont tenu les promoteurs à l'écart, limitant l'afflux touristique. Les rues de ce village d'atmosphère sont si étroites que le bus public dispose d'un pont tournant, spécialement aménagé pour lui permettre de faire demitour. Elantxobe mérite une visite, même si elle sera brève compte tenu des dimensions très modestes du village.

Elantxobe dispose d'une unique auberge, **Itsasmin ostatua** (☎ 946 27 61 74 ; www.itsasmin.com ; Calle Nagusia 32 ; d 36-48 €), dont les chambres à la décoration vieillotte sont cependant confortables et impeccables de propreté. Certaines disposent d'un balcon.

Le village est relié à Bilbao par les bus de la compagnie Bizkaibus.

GUERNICA ET SES ENVIRONS
Guernica

Guernica (Gernika) n'est pas seulement un nom sur la carte. Le bombardement du 26 avril 1937 en a fait une ville symbole. Vers 16 heures ce jour là, une vingtaine d'appareils de la légion Condor, unité spéciale de l'armée de l'air de l'Allemagne nazie, appuyée par des avions italiens, commencèrent à bombarder Guernica, siège de la démocratie basque, à la demande de Franco. Le général, souhaitant "donner une leçon aux Basques" qui s'opposaient trop violemment à ses troupes, avait demandé à Hitler de lui venir en aide. Ce dernier ne se fit pas prier, d'autant plus qu'il y vit l'occasion d'expérimenter sur le terrain les nouvelles armes de guerre de son armée de l'air. Au total, près de 50 tonnes de bombes explosives et incendiaires tombèrent sur la ville en quelques heures. Plus de la moitié de Guernica fut détruite, soit par le raid, soit par l'incendie qui s'ensuivit. Cet épisode dramatique, qui coûta la vie à 1 645 personnes (le tiers des habitants de la ville), est considéré comme le premier raid aérien massif sur des populations civiles de l'histoire (en dépit du fait que les avions nazis avaient bombardé Durango quelques jours plus tôt, épisode souvent oublié car aucun observateur étranger n'était présent pour en témoigner).

Autoproclamée *Ciudad de la paz* (ville de la paix), Guernica vit dans le souvenir de la tragédie, immortalisée par Pablo Picasso (voir l'encadré page suivante). Sur le plan de la ville distribué par l'office du tourisme,

GUERNICA DE PICASSO, UNE ŒUVRE PROPHÉTIQUE

Le nom de Guernica est également devenu synonyme de la toile *Guernica* de Picasso. Moins de deux mois après les faits, le peintre, qui habitait alors à Paris, commença à la demande du gouvernement républicain espagnol cette peinture considérée comme l'un des aboutissements de son œuvre. De grande taille, en noir et blanc, elle illustre en un cri muet l'horreur des événements de Guernica et est considérée comme une vision prophétique de la guerre mondiale qui allait démarrer deux ans plus tard. L'artiste refusant que le tableau soit exposé en Espagne tant qu'un gouvernement démocratique n'y serait au pouvoir, *Guernica* fut longtemps visible au MoMA de New York. L'œuvre est finalement arrivée en Espagne en 1981, et est exposée au Museo Reina Sofia, à Madrid. Une copie est présente dans le hall d'entrée du siège des Nations unies, à New York. À Guernica, une reproduction en céramique est visible en face de l'hôpital, Calle Allende Salazar.

L'histoire rapporte qu'en 1937, alors que la toile était exposée à Paris, l'ambassadeur nazi demanda à Picasso si c'était lui qui avait "fait cela". "Non, c'est vous", aurait répondu l'artiste.

BISCAYE

les bâtiments apparaissent en deux couleurs distinctes : ceux qui ont été touchés par le bombardement et les autres.

Petite ville moderne assez ordinaire et cernée de collines, elle compte peu – et pour cause – de bâtiments anciens mais sa visite est empreinte d'émotion. Guernica abrite par ailleurs quelques beaux et intéressants musées – notamment la Casa de Juntas et le musée de la Paix – et le siège de la réserve de la biosphère d'Urdaibai, créée par l'Unesco en 1984, qui s'étend entre la ville et la côte.

RENSEIGNEMENTS

Maison de la réserve de la biosphère d'Urdaibai (☎ 946 25 71 25 ; Jardins du Palacio Udetxea ; www. euskadi.net/urdaibai ; ☼ lun-sam 9h30-13h30). Son accueillant personnel prend le temps de renseigner les visiteurs (en espagnol) sur la faune, la flore, les sentiers pédestres et cyclables et les possibilités d'observation des oiseaux de la réserve (voir p. 339). Le bureau d'information est installé au sein du palais Udetxea, bordé de beaux et paisibles jardins.

Office du tourisme (☎ 946 25 58 92 ; Artekalea 8 ; www.gernika-lumo.net ; ☼ lun-sam 10h-14h et 16h-19h, dim 10h-14h). À 50 m du musée de la Paix, il propose des documents sur la ville ainsi qu'un "pass" donnant droit à un tarif préférentiel sur les sites de la ville (5,25 €).

À VOIR

Museo de la Paz de Gernika

Le **musée de la Paix de Guernica** (☎ 946 27 02 13 ; www.peacemuseumguernica.org ; Plaza Foru 1 ; plein tarif/tarif réduit/– 12 ans 4/2 €/gratuit ; ☼ sept-juin mar-sam 10h-14h et 16h-19h, dim 10h-14h, juil-août mar-sam 10h-20h, dim 10h-15h) est installé à 50 m de l'office du tourisme, en plein centre-ville. À nouveau ouvert au public et rebaptisé "musée de la Paix" en 2003, après d'importants travaux

de modernisation, l'ancien "musée de Guernica" et sa fondation se sont donné pour objectif de véhiculer une culture de la paix et de présenter l'histoire de la ville. Ses expositions permanentes et temporaires consacrées à des événements et des personnages liés à l'histoire de la paix (et donc des dernières guerres…), animées par des présentations audiovisuelles, révèlent par touches successives les horreurs générées par la guerre et la haine de par le monde. Les légendes sont présentées en castillan et en basque mais des traductions en français sont disponibles au guichet.

La visite du musée est gratuite les premiers dimanche de chaque mois (sauf en décembre), le 30 janvier (journée internationale de la Paix pour les scolaires), le 26 avril (date anniversaire du bombardement de Guernica), le 18 mai (jour des musées), le 21 septembre (journée internationale de la Paix) et le 10 décembre (journée internationale des Droits de l'Homme).

Euskal Herria Museoa

Le **musée du Pays basque** (☎ 946 25 54 51 ; Calle Allende Salazar ; www.bizkaia.net/euskalherriamuseoa ; adulte/enfant 3/1,50 € ; ☼ mar-sam 10h-14h et 16h-19h, dim 11h-15h) est installé dans le palais Alegría, bâti au XVIIIe siècle et épargné par le bombardement. Il consacre ses trois étages à l'histoire et à la culture régionales, notamment aux *fueros* (droits jadis accordés aux habitants), au travers de documents anciens, vieilles cartes, gravures et portraits.

C'est sur le **marché** de la ville, qui se tenait autrefois sur l'esplanade faisant face au bâtiment, que les bombes firent le plus de victimes.

Casa de Juntas et arbre de Guernica

La Casa de Juntas (☎ 946 25 11 38 ; Calle Allende Salazar ; entrée libre ; ⊗ haute saison tlj 10h-14h et 16h-19h, basse saison tlj 10h-14h et 16h-18h) est à ne pas rater. Ce beau bâtiment du XIXe siècle qui se dresse en bordure du parc des peuples d'Europe, à l'ouest du centre-ville, abrite la superbe salle du conseil où se tiennent depuis 1979 les séances plénières des Juntas (équivalent d'un parlement provincial) de Biscaye. Outre l'architecture et le mobilier de la salle du conseil, le plafond en vitrail de la salle attenante, de 235 m², mérite le coup d'œil.

À l'extérieur, le tronc restant du **chêne** sous lequel se tenaient naguère les assemblées est entouré d'un kiosque à colonnes. Ce n'est pas l'arbre d'origine (plusieurs chênes ont été replantés au cours du temps), mais le plus ancien à être parvenu à nos jours. Un jeune chêne a été récemment planté dans la cour.

Parque de los pueblos de Europa

Plusieurs massives sculptures modernes sont exposées dans l'agréable **parc des Peuples d'Europe** (⊗ hiver 10h-19h, été 10h-21h) qui s'étend à deux pas de la Casa de Juntas. Vous pourrez y voir *Great Figure in a shelter*, de Henry Moore, et *Gure Aitaren Etxea*, d'Eduardo Chillida.

Le parc est mitoyen des jardins où sont installés les bureaux de la réserve de la biosphère d'Urbaidai.

OÙ SE LOGER

Hotel Boliña (☎ 946 25 03 00 ; www.hotelbolina.net ; Barrenkale 3 ; s/d 33/39-48 € selon saison). Ses seuls atouts sont ses tarifs et sa situation, en plein centre-ville. Les chambres (espérons-le !) ont connu des jours meilleurs…

€ Pension Akelarre (☎ 946 27 01 97 ; www.hotelakelarre.com ; Barrenkale 5 ; s basse/haute saison 32/40,50 € ; d basse/haute saison 42/54 € ; 🖥). Mitoyenne de l'adresse précédente, cette pension propose des chambres au confort simple mais plutôt pimpantes et agréables. Elle est impeccable de propreté, le petit salon et la terrasse sont les bienvenus, mais la pension souffre d'un manque cruel de personnel : le réceptionniste n'est présent qu'à certaines heures (9h-13h et 18h-21h, en dehors de ces horaires, appelez pour réserver et récupérez vos clés grâce à la machine située en bas), et le petit-déjeuner est proposé par le biais de machines automatiques… Akelarre reste néanmoins le meilleur choix à petit prix de la ville.

Hotel Gernika (☎ 946 25 03 50 ; www.hotel-gernika.com ; Carlos Gangoili 17 ; s/d 55/80,50 € ; 🅿 🖥 ; Wi-Fi). Ce bâtiment en pierre grise et en brique qui se dresse dans la rue principale est assez froid de prime abord, ce qui résume bien son atmosphère générale. Estampillé trois étoiles, il loue cependant des chambres qui comptent parmi les plus confortables de la ville, dont on peut regretter la décoration standardisée. Réductions les samedis et dimanches de novembre à mai (d 71 € environ). Bar-cafétéria. À ne pas confondre avec la pension et le restaurant du même nom, dans Industria Kalea.

OÙ SE RESTAURER

€ Rugby Taberna (☎ 944 65 36 25 ; Portu Kalea 3 ; ⊗ tlj). L'ambiance évoque un pub irlandais – boiseries, omniprésente couleur verte, quelques trèfles, Guinness et Murphy's à la pression – mais on est pourtant bel et bien au Pays basque, comme le prouvent les *pintxos* aussi originaux que raffinés alignés sur le comptoir. "Les meilleurs de la ville" nous a-t-on affirmé. Après les avoir goûtés, on est bien tenté de croire que cette adresse dédiée au club de rugby local est la meilleure de Guernica pour *tapear* !

Gernika (☎ 946 25 07 78 ; Industria Kalea 2 ; plats 10-17 €). Entrecôtes, chipirons, gambas à la plancha, desserts maison… cette auberge à la décoration traditionnelle (nappes à carreaux, sol carrelé et murs en pierre) sert une cuisine familiale plutôt réussie dans un cadre chaleureux. Les chambres sont moins intéressantes.

Julen (☎ 946 25 49 27 ; Industria Kalea 14 ; plats 8-15 € environ). On nous a aussi recommandé cette adresse mitoyenne de la précédente, où il est également possible de manger à table. La carte est très proche de celle de Gernika, quelques euros en moins, mais le cadre nous a semblé moins chaleureux.

DEPUIS/VERS GUERNICA

Guernica est reliée à la gare Atxuri de Bilbao pour les trains d'**Eurkotren** (www.euskotren.es). Les départs ont lieu toutes les demi-heures (2,40 € ; 1 heure). Les bus de Bizkaibus assurent des liaisons avec Bermeo et Bilbao.

Si vous circulez en voiture, vous pourrez essayer de trouver une place de stationnement dans le grand parking gratuit installé en bordure de la voie de chemin de fer, au nord du centre-ville.

Réserve de la biosphère d'Urdaibai

Premier espace naturel protégé du Pays basque, la réserve de la biosphère d'Urdaibai a été créée par l'Unesco en 1984. Centrée sur la ville de Guernica, elle occupe une superficie totale de 220 km² et s'étend jusqu'à la mer. Baignée d'un climat océanique humide, elle regroupe des milieux de montagnes, marais et estuaire et offre des possibilités d'activité de plein air.

À première vue, il peut paraître étrange qu'une région dont les abords sont si urbanisés soit une réserve naturelle. Dans les faits, le programme MAB (Man and the Biosphere) s'intéresse à la cohabitation des hommes, des écosystèmes et des activités économiques. Initié par l'Unesco dans les années 1970, il a pour but de "réduire la perte de biodiversité" de la planète et d'"améliorer les moyens de subsistance des populations", mais aussi de "favoriser les conditions sociales, économiques et culturelles essentielles à la viabilité du développement durable". Dans les faits, il suffit de comparer l'estuaire de Guernica et celui de Bilbao pour voir les effets de cette protection. La réserve fait en effet son possible pour concilier les intérêts des 45 000 personnes qui résident sur son territoire, leurs activités (métallurgie, pêche, agriculture, tourisme, exploitation forestière…) et la protection de l'environnement.

Fin 2008, il existe au monde 531 réserves de la biosphère, réparties dans 105 pays.

À FAIRE

Installée à Guernica, la **Maison de la réserve de la biosphère d'Urdaibai** (☎ 946 25 71 25 ; jardins du palacio Udetxea ; www.euskadi.net/urdaibai ; ☺ lun-sam 9h30-13h30) est une étape quasi obligée pour les amateurs d'activités de plein air dans la réserve. Son personnel accueillant vous renseignera (en espagnol) sur les possibilités de randonnée à pied ou en VTT, d'observation des oiseaux et de découverte de la faune.

Concernant la **randonnée**, la réserve est traversée par le sentier de Saint-Jacques. Le GR®98 en fait le tour en 3 étapes (75 km) et plusieurs sentiers de petite randonnée la sillonnent. Le mieux est de se procurer une carte et de se faire conseiller un itinéraire à la maison de la réserve de Guernica.

Les adeptes du **VTT** trouveront leur bonheur dans le village de **Elexalde-Mendata**, à 6 km de Guernica, où est installée une structure spécialisée.

Quelques sites ont été aménagés dans l'estuaire pour l'**observation des oiseaux**. Pour les oiseaux marins, le cap Matxitxako, près de Bermeo (voir p. 340) est considéré comme l'un des meilleurs sites des environs.

Des **itinéraires écotouristiques** guidés sont proposés en saison.

Cuevas de Santimamiñe

À quelques kilomètres au nord-est de Guernica, les **grottes de Santimamiñe** (☎ 944 65 16 57 ; santimamiñe@bizkaia.net ; 5 € ; ☺ mar-dim 10h-14h et 16h-19h) attirent les foules avec leurs impressionnantes stalactites et stalagmites. Les visites guidées doivent théoriquement être organisées à l'avance mais vous pouvez toujours tenter votre chance.

Pour vous y rendre, empruntez la BI638 vers Kortezubi puis bifurquez dans la BI4244 juste avant le bourg.

El Bosque Pintado de Oma

À proximité des grottes, la **"forêt peinte"** d'Agustín Ibarrola est l'une des curiosités des abords de Guernica. Silhouettes humaines, arcs-en-ciel, figures abstraites et colorées… l'artiste basque a peint des dizaines de troncs d'arbres de la vallée d'Oma. Le résultat déconcerte à première vue mais il finit par révéler une évidente cohérence.

La "forêt peinte" s'atteint uniquement à pied (comptez 2 heures, visite comprise). Pour vous y rendre, suivez les panneaux vers les grottes de Santimamiñe, puis empruntez le sentier forestier, théoriquement interdit aux voitures, qui mène au site en 3 km.

MUNDAKA

Vous n'avez jamais entendu son nom ? Alors vous n'êtes pas surfeur ! Le petit village de Mundaka est en effet l'un des spots qui comptent sur la planète surf. Il doit cette réputation internationale à sa "gauche", qui peut atteindre près de 400 mètres, entre la plage de Laida et la "barre" de Mundaka. Cela signifie-t-il que les non-surfeurs n'ont rien à faire ici ? Pas vraiment : Mundaka a en effet préservé sa culture basque et n'est pas devenu un ghetto de la glisse. Il n'est pas obligatoire d'avoir un surf sous les pieds pour trouver du charme à revendre à ce port de carte postale.

Un petit **office du tourisme** (☎ 946 17 72 01 ; www.mundaka.org ; Calle Kepa Deuna ; ☺ mar-sam 10h30-13h30 et 16h-19h, dim 11h-14h) est installé sur le port.

BISCAYE

À faire

Outre se promener dans le village et le long du port (ce qui reste limité), Mundaka compte deux **plages**, notamment celle de Laidatxu, conseillée si vous avez des enfants car elle est abritée du vent.

L'activité reine des lieux est bien sûr le **surf**. Mundaka accueille chaque année en octobre le **Billabong Pro Mundaka** (www.billabongpro.com), l'une des étapes du championnat du monde, ce qui range cette station aux côtés de l'Australie, de Tahiti, de Fiji et de Hawaii.

Si vous souhaitez vous frotter à cette gauche de légende, vous pourrez notamment vous adresser à **Mundaka surf shop** (☎ 946 87 67 21 ; www.mundakasurfshop.com ; paseo Txorrokopunta 10), qui loue du matériel (shortboard à partir de 10 € la demi-journée) et propose des cours (50 € pour 2h/jour pendant 2 jours). Sachez cependant que le site de Mundaka n'est pas le meilleur pour les débutants.

Où se loger et se restaurer

Camping Portuondo (☎ 946 87 77 01 ; www.camping portuondo.com ; emplacement 5,10-5,70/10,70-11,50 € par personne/voiture selon saison, bungalows à partir de 59,20/84,20 € en basse/haute saison ; 🍴). Littéralement bondé en été. Bien équipé, il n'en offre pas moins de bons emplacements, est doté d'une piscine et propose également des bungalows en location. Le camping est indiqué environ 1 km avant Mundaka en venant de Guernica.

Trois hôtels sont situés à quelques centaines de mètres l'un de l'autre, près de l'office du tourisme et du port. Notez que la période du championnat du monde de surf (une semaine en octobre) fait partie de la haute saison.

Hotel Mundaka (☎ 946 87 67 00 ; www.hotelmundaka. com ; Calle Florentino Larrínaga 9 ; s/d 54/78 € ; 🖥 ; Wi-Fi). Ses chambres manquent un peu de caractère mais elles sont proprettes et cosy. Des rabais sont souvent consentis hors saison. Bon accueil.

Hotel El Puerto (☎ 946 87 67 25 ; www.hotelelpuerto. com ; Portu Kalea 1 ; s/d 50-60/60-75 € ; 🖥). Cette ancienne maison de pêcheurs qui dresse sa façade blanche face au port de carte postale ne manque pas d'allure. Vous y trouverez des chambres confortables et décorées avec goût. L'accueil, en revanche, n'est pas toujours des plus souriants.

Hotel Atalaya (☎ 946 17 70 00 ; www.atalayahotel. es ; Itxaropen Kalea 1 ; s/d 76-84/95-105 € ; 🅿 🖥). En travaux d'amélioration lors de notre dernier passage, l'hôtel le plus confortable de Mundaka, qui occupe un édifice ouvert sur la mer construit en 1911, devrait l'être encore davantage à l'heure où vous lisez ces lignes.

Plusieurs restaurants et bar à *pintxos*, dont celui de l'hôtel **El Puerto**, qui compte parmi les lieux les plus animés de Mundaka, même hors saison, sont situés aux abords du port. Pour un repas "à table", poussez la porte de **El bodegon de Mundaka** (☎ 946 87 63 53 ; Calle Kepa Deuna ; plats 12-18 € environ), en face de l'office de tourisme. L'intérêt de cette adresse qui vous accueille dans une salle assez rustique est son *asador*, où l'on fait griller poissons et viandes au feu de bois. Le service n'est pas toujours très professionnel mais la cuisine offre un bon rapport qualité/prix. Sinon, essayez **La Fonda** (☎ 946 87 65 43 ; plats 10-22 €), 200 m plus loin en direction du centre de la ville, qui propose une carte plus élaborée.

Depuis/vers Mundaka

La ville est reliée par train à Bilbao et San Sebastián (www.euskotren.es). Elle est également desservie chaque demi-heure environ par les bus de Bizkaibus assurant la liaison Bilbao-Guernica-Bermeo.

BERMEO

Joli et actif, comme le prouve la flottille de chalutiers colorés amarrés le long de ses quais, le port de Bermeo se partage entre la pêche, la conserverie et, dans une moindre mesure, le tourisme (son port s'est notamment doublé d'une partie réservée aux plaisanciers depuis 2006). La ville ne compte pas de plage mais la découverte de son quartier ancien, son musée des pêcheurs et son port bordé de maisons colorées assurent son succès auprès de visiteurs.

L'**office du tourisme** (☎ 946 17 91 54 ; Askatasun Bidea 2 ; www.bermeo.org ; 🕐 haute saison lun-sam 10h-20h, dim 10h-14h et 16h-20, basse saison lun-sam 10h-14h et 16h-19h), dans un angle de la place principale, près du port, diffuse de la documentation sur la ville, dont certaines en français.

À voir

Belle initiative locale, le **Museo del Pescador** (musée de la pêche ; ☎ 946 88 11 71 ; Plaza Torrontero 1 ; 3 €, gratuit - 12 ans ; 🕐 mar-sam 10h-14h et 16h-19h, dim 10h-14h45) est installé dans la belle tour Ercilla (XVe siècle), que l'on atteint par une série d'escaliers depuis l'office du tourisme. Vous y apprendrez tout sur la pêche pratiquée depuis les ports biscayens.

Amarré au quai, l'impressionnant **Aita Guria** (☎ 946 17 91 21 ; www.aitaguria.bermeo.org ; adulte/enfant 5/3 € ; ☉ tlj 11h-14h et 16h-20h) est pour sa part la réplique d'un navire baleinier biscayen du XVIIᵉ siècle. Il renferme une exposition sur la chasse à la baleine qui séduit souvent davantage les enfants que leurs parents.

Dans le même registre, une série de **sculptures**, dont beaucoup ont pour thème la pêche et les marins, sont disséminées en plein air dans la ville. Bermeo accueille également une **foire au poisson** animée en mai.

Vous pourrez également prendre le temps de découvrir le **couvent de San Francisco** sur la Plaza Taraska, dont la construction a débuté en 1357. Achevé au XVIᵉ siècle, il a été utilisé au fil du temps comme tribunal, prison et caserne. Son élément le plus remarquable est son cloître dont les coins présentent des statues de moines en prière, prêchant ou chantant des cantiques.

Où se loger et se restaurer

Le choix est assez limité.

Torre Ercilla (☎ 946 18 75 98 ; Calle Talaranzko 14 ; d basse/haute saison 51,40/63 € ; ☐ ; Wi-Fi). Archétype de la chambre d'hôte, cette adresse familiale située en plein centre-ville offre 4 belles chambres décorées avec goût et dotées de salles de bains impeccables. L'ensemble est situé dans un appartement, ce qui nuit un peu à l'intimité, mais n'en constitue pas moins l'une des options les plus accueillantes de la ville. Petit patio en été.

On nous a également recommandé l'**Ostatua Aldatzeta** (☎ 946 18 77 03, 630 22 52 14 ; Erremedio Kalea), installé dans un bâtiment de la vieille ville reconnaissable à sa façade jaune et ocre.

Hotel Txaraka (☎ 946 88 55 58, Almike Bidea 5 ; s/d 41-48/62-72 € selon saison ; ℗). Un peu à l'écart du centre-ville (suivez les panneaux), ce bâtiment moderne sans réel charme abrite des chambres raisonnablement confortables.

Côté restauration, vous trouverez des *tabernas* en ville et sur le port.

⦿ **Jokin** (☎ 946 88 40 89 ; Euperme Deuna 13 ; raciones 12-14 €, plats 22-26 €, menu 16,50 € ; ☉ fermé dim soir). D'un côté un bar à *raciones* (assiettes) qui est l'un des lieux de rendez-vous de la population locale, de l'autre une salle de restaurant avec belle vue sur le port : le cadre de Jokin, au-dessus de l'office du tourisme, devrait satisfaire tous les goûts. La cuisine mise avant tout sur les poissons et fruits de mer, notamment des chipirons à la plancha

qui se sont révélés tout simplement excellents. Une bonne surprise.

Pub Izaro (☎ 946 88 11 12 ; entrée du quai du port ; Wi-Fi gratuit). Cette grande bâtisse jaune pâle, à l'entrée du port, décline une ambiance certes peu basque (plutôt irlandaise, avec boiseries et enseignes maritimes…), mais c'est l'une des adresses les plus chaleureuses de la ville grâce à ses confortables fauteuils en cuir. Appétissante sélection de *pintxos*.

Depuis/vers Bermeo

Les bus de la compagnie Bizkaibus relient Bermeo à Bilbao, via Guernica, chaque demi-heure environ. La ville est également desservie par les trains d'**Euskotren** (www.euskotren.es) vers San Sebastián et Bilbao (2,40 €, 1 heure 15).

CAP MATXITXAKO

Intégré à la réserve de la biosphère d'Urdaibai (voir p. 339), le cap Matxitxako, ou Machichaco, est le point le plus septentrional de la côte de Biscaye. Il est avant tout réputé auprès des ornithologues pour l'observation des oiseaux marins, mais tout le monde appréciera le large panorama sur le golfe de Gascogne qui se révèle depuis son extrémité battue par les vents et ponctuée d'un phare et d'un sémaphore.

On accède à Matxitxako par une étroite route goudronnée depuis la BI3101, qui relie Bermeo à Bakio. En partie en sous-bois, elle mène au cap en 2,8 km.

⦿ SANCTUAIRE SAINT-JEAN DE GAZTELUGATX

S'il y a un site à ne pas rater sur cette belle partie de côte particulièrement découpée, c'est bien celui-ci. Imaginez un sanctuaire perché sur un îlot percé d'une double arche naturelle et relié à la terre ferme par une étroite digue. Le sanctuaire en lui-même est dédié à saint-Jean Baptiste. Une sculpture représentant sa tête coupée (selon le Nouveau Testament, saint Jean Baptiste mourut décapité à la demande de Salomé, qui voulait qu'on offre sa tête sur un plateau à sa mère, offensée par ses propos) est visible à la proue de la barque qui orne l'intérieur de l'église. Cette dernière a longtemps été un important lieu de pèlerinage pour les pêcheurs locaux et fait encore l'objet de pèlerinages et de messes les 24 juin, 31 juillet, 29 août et 30 décembre (l'église est fermée en dehors de ces dates).

Le sanctuaire a été fondé au XIᵉ siècle mais l'église actuelle date de 1980. En octobre 1978, un incendie criminel dévasta en effet l'édifice précédent. La tête du saint, jetée sur la côte, ne fut retrouvée que quelques jours plus tard. Suite à cet acte, des volontaires des environs, emmenés par le prêtre Ramón Mendizabal, entreprirent de reconstruire le sanctuaire, inauguré le 24 juin 1980.

Au-delà de l'aspect religieux, ce site mérite la visite pour son cadre naturel sauvage, battu par les vents et bercé des cris des oiseaux marins. Vous devrez certes gravir plus de 200 marches pour accéder au sanctuaire, mais l'effort est récompensé par le panorama.

Saint-Jean de Gaztelugatx est visible en bordure de la BI3101 une dizaine de kilomètres après Bermeo en direction de Bakio, 3 km avant cette dernière.

BAKIO

Cette station balnéaire d'aspect récent qui aligne des immeubles modernes et sans charme le long du littoral bénéficie d'un atout : sa plage, longue d'un kilomètre, fait la joie des baigneurs et des surfeurs. Branchée en été, dénuée de toute vie hors saison, Bakio n'a pas le charme d'autres localités de la côte, mais elle peut séduire les amateurs de loisirs sportifs avec ses activités nautiques et quelques sentiers de randonnée balisés.

L'**office du tourisme** (☎ 946 19 33 95 ; www.bakio.org ; Agirre Lehendakaria Plaza 3 ; ☉ basse saison lun-sam 10h-14h et 16h-19h, dim 10h-14h, haute saison tlj 10h-14h et 16h-20h) pourra vous renseigner sur les activités sportives et les (rares !) possibilités d'hébergement.

BILBAO ET SES ENVIRONS

BILBAO

353 950 habitants

Longtemps, la laborieuse Bilbao fut synonyme d'industrie, de sidérurgie et de port de commerce. Capitale économique et première ville du Pays basque avec 355 000 habitants, Bilbao était invariablement décrite comme morne et polluée. Rien de bien glamour… Qui aurait cru qu'elle devrait son renouveau au titane ? Ce fut pourtant le cas. L'ouverture du musée Guggenheim, qui fit rapidement parler de lui internationalement grâce à son architecture d'avant-garde à base de plaques de titane, a mis la ville sur le devant de la scène. Le nom de Bilbao évoquait jadis la grisaille, il est maintenant synonyme d'art contemporain.

Le renouveau de Bilbo (son nom en basque) ne s'arrête pas là : la ville s'est dotée d'un métro, continue à faire appel à des architectes internationaux prestigieux et les anciens abords industriels de sa *ría* abritent maintenant des lieux voués à la culture.

Bilbao ne se résume cependant pas à ce nouveau visage. Si elle a su se réinventer sans devenir prétentieuse, celle qui est surnommée "*el botxo*" (le trou) en référence à sa situation encaissée au fond de la rivière, n'a ni la légèreté, ni la décontraction, ni l'art de vivre d'une San Sebastián. En dépit de sa belle vieille ville et de ses aménagements récents, Bilbao la travailleuse garde un côté âpre, besogneux et affairé.

Histoire

Si des vestiges attestent de traces de peuplement sur les rives du río Nervión il y a près de 2 000 ans, la fondation officielle de Bilbao remonte à 1300, lorsque la ville reçut le titre de "*villa*" (cité-État). Son activité se limitait alors aux quelques rues bordant la cathédrale, les *Siete Calles*, et sur les quais de San Antón et d'Abando.

Bilbao devint capitale de la Biscaye en 1602, à une époque où le commerce maritime au départ de la ville avait déjà dépassé le cadre de l'Espagne et de l'Europe pour faire parler de lui jusqu'en Amérique. Au cours des siècles suivants, la découverte de gisements de fer permit le développement d'une solide activité sidérurgique et métallurgique. À la fin du XIXᵉ siècle, le paysage urbain de la ville disparaissait sous les fumées des aciéries, des usines pétrochimiques et des chantiers navals. Cette croissance fut à l'origine de la création

---

LA BILBAO CARD

En vente dans les points d'information touristiques, à l'aéroport et dans certains hôtels, la Bilbao Card offre une réduction sur les transports en commun, les musées (hors Guggenheim) et certains services de la ville. Elle est proposée au prix de 6/10/12 € pour 1/2/3 jours.

BILBAO

0   400 m

OÙ SE LOGER 🏠

Gran Hotel Domine	14 C1
Hostal Begoña	15 D3
Hotel Bilbao Jardines	16 A4
Hotel Ripa	17 D2
La Estrella	18 B4
Miro Hotel	19 C1
Pensión Gurea	20 A4
Pensión Iturrienea Ostatua	21 A4
Pensión Ladero	22 B3
Pensión Mardones	23 A4
Petit Palace Arana	24 A4

OÙ SE RESTAURER

Abaroa	25 D2
Abaroa	26 C1
Bar Gure Toki	27 B3
Café Guggenheim	(voir 12)
Café Iruña	28 D2
Café-bar Bilbao	29 B4
Casa Víctor Montes	30 B4
El Globo	31 C2
Fresc Co	32 D2
Ghandi	33 D2
La Deliciosa	34 A4
Los Candiles	35 D2
Mercado de la Ribera (marché)	36 E4
Río-Oja	37 C3
Ristorante Passerela	38 A4
Sasibil	39 A4
Tapelia	40 D1
Xukela	41 A4

OÙ PRENDRE UN VERRE ET SORTIR 🍷

Café Boulevard	42 A3
Kamin	43 B3
Twiggy	44 C3
Conjunto Vacío	45 D3
El Balcón de la Lola	46 D3
Euskalduna Pal	47 B1
Kafe Antzokia	
Le Club	
Teatro Arriaga	

TRANSPOF
Bureau d
Bus vers |
Bus vers
Termibu
de b

À VOIR ET À FAIRE

Catedral de Santiago	8 A4
Euskal Museoa (musée basque)	9 B4
Hôpital civil de Basurton	10 E2
Marché aux fleurs	11 C2
Museo de Bellas Artes	(voir 50)
Museo Guggenheim	6 D2
Museo Marítimo Ría de Bilbao	7 A3

RENSEIGNEMENTS

Bureau de poste principal	1 D3
Hôpital civil de Basurton	3 A2
L@zar	4 E2
Net House	5 D2
Office du tourisme du musée Guggenheim	(voir 12)
Office du tourisme du théâtre Arriaga	6 D2
Office du tourisme principal	7 A3
Police municipale	

BISCAYE

LE GU
Dé
a

GG À CIEL OUVERT

ouvrir le Guggenheim, c'est aussi flâner autour du bâtiment, admirer l'extraordinaire imagination qui a donné vie à ses formes, découvrir les teintes changeantes des reflets de la lumière sur ses tuiles de titane, son verre et sa pierre. Entre les contreforts de verre de l'atrium central et le fleuve, un bassin projette à intervalles réguliers la *Sculpture de brume* conçue par Fuyiko Nakaya. De l'autre côté du bassin, on peut voir *Tulips*, de Jeff Koons, sculpture en forme de ballons aux couleurs acidulées. Non loin se dresse une étonnante sculpture de la Française Louise Bourgeois représentant une gigantesque araignée. Elle est dénommée *Maman* car elle représenterait une figure protectrice.

Sur l'aire ouverte située à l'ouest du musée, une fontaine lance de façon aléatoire des jets d'eau dans les airs pour la plus grande joie des enfants, qui s'amusent à la traverser sans se mouiller (un terrain de jeu pour enfants est situé derrière et un café en plein air est installé à côté). Sur Alameda Mazarredo, côté ville, le fantaisiste et kitsch *Puppy*, de Jeff Koons, est un fox-terrier haut de 12 m en acier inoxydable recouvert de milliers de bégonias. Bilbao s'est attachée à cette œuvre surnommée "El Poop", qui devait à l'origine quitter rapidement la ville pour être présentée dans le monde entier. Avec l'humour désabusé des citadins, les *Bilbaínos* aiment à raconter que le chien est venu en premier, et qu'il a ensuite fallu lui construire une niche...

d'un nouveau quartier, l'Ensanche, de l'autre côté du fleuve.

Ce dynamisme industriel fit de Bilbao l'une des villes les plus riches du nord de l'Espagne entre les guerres carlistes (guerres de succession d'Espagne, 1833-1876) et la guerre civile (1936-1939). Conquise au printemps 1937 par les troupes franquistes, Bilbao prospéra en répondant aux besoins industriels de l'Espagne en dépit de la répression violente et prolongée dont furent victimes les nationalistes.

Le déclin industriel des années 1980 faillit lui porter un coup fatal. Il marqua au contraire le signal de départ d'un salutaire sursaut. Au début des années 1990, Bilbao entreprit en effet un vaste programme de redynamisation

culturelle et touristique autour d'un projet phare : l'annexe européenne du prestigieux musée Guggenheim de New York. Repoussant les industries en périphérie, la ville s'est ainsi réapproprié les berges du río Nervión. Au passage, elle a gagné en qualité de vie et s'est fait un nom dans le secteur touristique.

Orientation

Le principal point de repère de la ville est la *ría* de Bilbao, nom donné au cours du río Nervión, qui traverse Bilbao dans sa route vers la mer.

Le *casco viejo* (vieille ville) est enchâssé dans une boucle du fleuve, sur sa rive est, où un ensemble de rues piétonnières, les *Siete Calles*, concentre de nombreux bars, cafés et *pensiones*. Entre la vieille ville et le fleuve, la Plaza de Arenal, autre point de repère de la ville, s'étend face à l'élégante façade du Teatro Arriaga.

Le musée Guggenheim est lui aussi implanté en bordure du río, au nord du centre-ville. Une agréable balade d'environ 1,8 km le long du fleuve y mène depuis la vieille ville.

Face à la Plaza de Arenal, de l'autre côté du pont du même nom, s'étend le quartier de l'Ensanche. La Plaza Circular (ou Plaza de España) est le cœur de cette extension de la ville datant du XIXe siècle.

La principale gare ferroviaire est située entre la Plaza Circular et le fleuve. Le plus important arrêt de bus, baptisé Terminus, se trouve à 1,5 km à l'ouest de la Plaza Circular.

Renseignements

L@zar (☎ 944 45 35 09 ; Calle de Sendeja 5 ; 0,06 €/ min ; ☽ lun-ven 10h30-1h30, sam-dim 11h-1h30). Temps de connexion de 15 minutes minimum. Communications internationales bon marché.

Net House (☎ 944 23 71 53 ; Calle Villarías 6 ; 3 €/ heure ; ☽ lun-ven 10h-14h et 16h30-22h, sam 10h30-14h). Horaires assez flexibles !

Offices du tourisme (☎ 944 79 57 60 ; www.bilbao. net/bilbaoturismo). Bureau principal (Plaza del Ensanche 11 ; ☽ lun-ven 9h-14h et 16h-19h30) ; aéroport (☎ 944 71 03 01 ; ☽ lun-ven 7h30-23h, sam-dim 8h30-23h) ; Guggenheim (Avenida Abandoibarra 2 ; ☽ juil-sept lun-sam 10h-19h, dim 10h-18h, oct-mai mar-ven 11h-18h, sam 11h-19h, dim 11h-15h) ; Teatro Arriaga (Plaza Arriaga ; ☽ juin-sept tlj 9h30-14h et 16h-19h30, oct-mai lun-ven 11h-14h et 17h-19h30, sam 9h30-14h et 17h-19h30, dim 9h30-14h). Les employés des offices du tourisme de Bilbao sont très efficaces, bien informés et extrêmement enthousiastes au sujet de leur ville. Demander n'importe où le bimensuel gratuit *Bilbao Guía*, guide consacré aux programmes des spectacles, loisirs, restaurants, bars et à la vie nocturne. Tout aussi utile, le centre de renseignements par téléphone (☎ 944 71 03 01 ; ⊗ 8h30-23h) est opérationnel tous les jours.

À voir

MUSEO GUGGENHEIM

Ouvert en septembre 1997, le **musée Guggenheim de Bilbao** (☎ 944 35 90 80 ; www.guggenheim-bilbao. es ; Avenida Abandoibarra 2 ; adulte/étudiant/– 12 ans 10,50/6,50 €/gratuit ; ⊗ sept-juin mar-dim 10h-20h, juil-août tlj 10h-20h) est la tête de pont en Europe de la prestigieuse fondation new-yorkaise du même nom. "El Gugg", comme l'appellent parfois les *Bilbaínos*, est devenu en quelques années le principal argument touristique de la ville.

Les mauvaises langues (qui n'ont parfois pas tout à fait tort) affirment que le musée est plus célèbre pour son architecture audacieuse signée **Frank Gehry**, lauréat du prix Pritzker d'architecture en 1989, que pour les œuvres qu'il renferme. Donnons-leur en partie raison : étonnante structure dont les arêtes de titane prennent toutes les teintes possibles selon la course du soleil, le musée est une œuvre à part entière. Nombreux sont ceux qui accourent davantage ici pour en faire le tour que pour en visiter les salles. Fait d'arêtes, de promontoires, de formes arrondies et de reliefs qui évoquent tantôt une coque de navire tantôt des ailerons d'animaux marins, le bâtiment de Frank Gehry est difficile à appréhender tant il est hors norme et étonnant par ses volumes et perspectives. Il faut en faire au moins une fois le tour complet.

L'architecte s'est inspiré de l'histoire du site, qui entrait parfaitement en résonance avec ses propres centres d'intérêt. Le musée se dresse en effet en lieu et place d'une ancienne zone industrielle en friche sur les rives du fleuve. Frank Gehry a rebondi sur ce passé en créant un bâtiment qui reflète à la fois l'histoire sidérurgique de la ville, avec sa coque métallique, et la tradition de pêche de la Biscaye, illustrée par des courbes qui rappellent la forme et les arêtes de créatures marines. La fascination enfantine de l'architecte américano-canadien pour les poissons expliquerait également les étincelantes tuiles de titane en forme d'écailles de ce bâtiment inspiré.

L'intérieur du musée est si vaste qu'il a presque l'air trop grand pour les œuvres présentées. Le hall d'entrée, haut de plus de 45 m, s'ouvre sur l'immense galerie 104, dite "galerie du poisson". Longue de 128 m et large de 30 m, elle abrite deux des rares œuvres de l'exposition permanente du musée, *Snake* et *The Matter of Time*, de Richard Serra.

BISCAYE

PEINTRES, SCULPTEURS ET... ARCHITECTES

Fondée en 1937 afin de conserver, collecter et étudier les arts visuels contemporains, mais aussi d'en promouvoir la compréhension, la Solomon R. Guggenheim Foundation fut constituée autour de la collection acquise par son fondateur, issu d'une riche famille minière américaine. Ses directeurs successifs complétèrent ses acquisitions au fil des décennies, rassemblant une collection unique d'œuvres de Kandinsky, Fernand Léger, Chagall, Paul Klee, Oskar Kokoschka, Joan Miró, Brancusi, Marcel Duchamp, Max Ernst, Jackson Pollock ou encore Picasso...

La Fondation s'illustre également, depuis ses origines, dans le domaine de l'architecture. Son bâtiment phare de la 5e Avenue de New York souleva dès son ouverture, en 1959, enthousiasme et polémique. Dessiné par Frank Lloyd Wright et reconnaissable à sa forme hélicoïdale, il est devenu l'un des points de repères de la ville de New York.

Les autres bâtiments qui abritent des œuvres de la Fondation de par le monde sont également remarquables : à Venise, le Palazzo Venier dei Leoni, sur les rives du Grand Canal, abrite la Peggy Guggenheim Collection ; à Berlin, la Deutsche Guggenheim est installée dans un édifice classique d'Unter den Linden ; à Bilbao, l'architecture du musée a toujours fait davantage parler d'elle que ses expositions.

Né en 1929 et récompensé en 1989 par le prestigieux prix Pritzker, son architecte, le canado-américain Frank O. Gehry, a signé des immeubles salués par ses pairs aux États-Unis, au Canada, en France et en Allemagne. On lui doit également le dessin futuriste du prochain événement annoncé de la Fondation : le Guggenheim Abu Dhabi. Plus vaste musée Guggenheim du monde, il devrait ouvrir ses portes sur une presqu'île naturelle face à la capitale des Émirats arabes unis dans les années à venir.

Ces installations se composent d'immenses panneaux de métal, courbés et oxydés, entre lesquels le visiteur se promène comme dans un labyrinthe. Toujours au niveau du hall, les galeries 103 et 105 offrent au regard des sélections de la collection Guggenheim, qui peuvent inclure des œuvres de Picasso, Braque, Mondrian, Miró, Rothko, Klee ou Kandinsky. D'autres œuvres de la collection permanente sont exposées à l'extérieur du bâtiment (voir l'encadré *Le Gugg à ciel ouvert*, p. 344).

L'intérêt du musée réside cependant avant tout dans ses expositions temporaires. Elles sont présentées sur son site Internet (www.guggenheim-bilbao.es), que nous vous conseillons de consulter avant votre visite (d'autant plus que les tarifs d'entrée peuvent varier – à la baisse – selon la programmation du moment).

Des visites guidées en français sont proposées à 11h, 12h30, 16h30 et 18h30. Une visite spécialement conçue pour les enfants de 6 à 11 ans et leur famille a lieu à 12h le dimanche, sauf en juillet et août. Un parcours avec animateur en langage des signes se déroule le dernier dimanche de chaque mois à 12h30. Présentez-vous une demi-heure à l'avance au bureau d'information (voire plus tôt, car les groupes sont limités à 20 personnes). La majorité des visiteurs se contentent de l'excellent audioguide en plusieurs langues, dont le français, proposé gratuitement avec le billet d'entrée.

Armez-vous de patience en été et à Pâques, périodes durant lesquelles il est fréquent de faire une heure de queue pour accéder au musée. L'accès est en revanche très rapide hors saison.

MUSEO DE BELLAS ARTES

Regroupant l'ancien musée des Beaux-Arts de Bilbao, qui a fêté son centenaire en 2008, et le musée d'art moderne fondé en 1924, le **musée des Beaux-Arts** (☎ 944 39 60 60 ; www.museobilbao.com ; Plaza del Museo 2 ; plein tarif/tarif réduit/– 12 ans 4,50/3 €/gratuit ; ☿ mar-sam 10h-20h, dim 10h-14h), à 5 minutes à pied au sud-ouest du Guggenheim, est considéré par beaucoup comme supérieur à son célèbre voisin pour ses collections.

Le musée regroupe plus de 6 000 œuvres du XIIe siècle à nos jours, divisées en trois grandes collections. La section Renaissance et art baroque présente notamment des œuvres de Murillo, Zurbarán, El Greco, Goya,

Ribera et Van Dyck, tandis que les salles consacrées à l'art contemporain mettent à l'honneur Gauguin, Francis Bacon, Tàpies ou encore Anthony Caro. L'art basque, enfin, est représenté par des sculptures de Jorge de Oteiza et d'Eduardo Chillida, qui côtoient les peintures d'Ignacio Zuloaga et de Juan de Echevarria.

La location d'un audioguide, particulièrement utile, coûte 2 €. La carte Bilbao Card donne droit à une réduction de 10%.

⊙ CASCO VIEJO

Pour scintillant qu'il soit, le musée Guggenheim ne doit pas faire oublier que Bilbao existait des siècles avant la création de la Fondation Guggenheim et la naissance de Frank Gehry… Le *casco viejo* (vieille ville) est là pour le rappeler. Logé dans une boucle de la *ría*, il est tout proche des **Siete Calles**, quartier formé par les sept rues historiques de la ville. Ce quartier compact où les bars et commerces sont au coude à coude mérite qu'on prenne le temps de s'y promener.

En son centre, la **cathédrale de Santiago** (☿ mar-sam 10h-13h et 14h-19h, dim 10h30-13h30), édifice gothique dont la construction a débuté au XIVe siècle, se distingue par son portique Renaissance et son joli cloître. Sa tour et sa façade ont été achevées tardivement au XIXe siècle. Élevée au rang de cathédrale en 1949, elle est dédiée au saint patron de la ville.

Quelques centaines de mètres au sud de la cathédrale en direction du fleuve, le **Palacio de John** (Edificio de la Bolsa ; Pelota 10), accueillait vraisemblablement l'ancienne Bourse de la ville. L'intérieur ne se visite pas mais ses façades baroques ouvertes sur trois rues méritent le coup d'œil. Plus au sud en bordure de la *ría*, le **marché de la Ribera** (☎ 944 15 70 86 ; ☿ lun-jeu 8h-14h et 16h30-19h, ven 8h-14h et 16h30-19h, sam 8h30-14h30) a été bâti en 1929. Ce marché, qui est l'un des plus célèbres de Biscaye, s'étend sur 3 étages et regroupe plus de 180 commerces alimentaires. Outre sa façade jaune, il est remarquable par son intérieur éclectique mâtiné de style Art-déco et son éclairage naturel.

Au nord du *casco viejo*, dans ce qu'on appelle la "vieille ville moderne", la **Plaza Nueva**, abrite de nombreux bars à *pintxos* et un **marché aux puces** animé, le dimanche, où l'on trouve aussi bien des livres d'occasion que des disques anciens ou des oiseaux en cage… En continuant vers le nord, on atteint rapidement l'**église de San Nicolás**, dédiée au saint patron des marins. De style baroque, elle mérite la visite pour son retable et ses sculptures. En bordure du fleuve, le **Théâtre Arriaga** (☎ 944 16 35 33 ; Plaza Arriaga 1 ; www.teatroarriaga.com) fut inauguré en 1890 et baptisé en l'honneur de Juan Crosótomo de Arriaga, compositeur natif de la ville. Ravagé par un incendie en 1914, il fut reconstruit et rouvrit ses portes 5 ans plus tard, puis finalement acquis par la municipalité, qui y entreprit de vastes travaux. Loin de s'arrêter à sa façade classique, sa beauté s'illustre également dans sa très belle salle, toute en dorures et velours rouge.

Un **marché aux fleurs** se tient chaque dimanche matin sur la **Plaza del Arenal**, toute proche.

EUSKAL MUSEOA (MUSÉE BASQUE)

Le **Musée basque** (Museo vasco ; ☎ 944 15 54 23 ; www.euskal-museoa.org ; Plaza Miguel Unamuno 4 ; plein tarif/tarif réduit / 10 ans 3/1,50 € / gratuit pour tous jeux ; ✆ mar-sam 11h-17h, dim 11h-14h) est une bonne introduction à l'histoire régionale. Né en 1921 de la volonté conjointe du gouvernement de Biscaye et de la municipalité de Bilbao, il présente un panorama historique des premiers jours, de la Préhistoire à l'âge moderne. Tout serait parfait si les responsables de ses collections n'avaient oublié que tous les visiteurs n'ont pas appris le castillan, et encore moins l'euskara, à l'école. À défaut de comprendre les légendes et les panneaux explicatifs, les pièces exposées valent cependant la visite, tout comme le bâtiment, construit autour d'un paisible cloître naguère intégré à un collège de jésuites du XVIIᵉ siècle. Il abrite notamment l'**idôle Mikeldi**, figurine préchrétienne datant vraisemblablement de l'âge du fer.

MUSEO MARITIMO RÍA DE BILBAO

Dernier né des lieux d'exposition de la ville, le **Musée maritime de la ría de Bilbao** (☎ 902 13 10 00 ; www.museomaritimobilbao.org ; muelle Ramón de la Sota 1 ; plein tarif/tarif réduit / 6 ans 5/3,50 €/gratuit ; ✆ mar-dim 10h-20h) retrace l'évolution du rapport étroit unissant la ville à son fleuve et au commerce maritime. Situé à l'ouest du centre-ville en bordure de la *ría*, environ 1,4 km après le musée Guggenheim, il se démarque par ses présentations modernes, notamment des installations multimédias qui font la joie des enfants. Outre ses expositions intérieures, qui s'intéressent aussi bien aux lieux qu'aux hommes qui les ont mis en valeur, le musée se double d'une exposition extérieure sur les 20 000 m² du quai et chantier naval Euskalduna. Créé en 1900, ce dernier fut l'un des maillons les plus importants du commerce maritime de la ville.

PARQUE DE DOÑA CASILDA DE ITURRIZAR

Désireuse de faire oublier dans l'esprit du public son passé industriel, la ville de Bilbao n'oublie jamais de rappeler qu'elle compte 7 m² d'espaces verts par habitant et qu'elle a reçu plusieurs labels de qualité environnementale. Pour s'en convaincre, il faut faire un tour par le **parc de Doña Casilda de Iturrizar** (✆ ouvert en permanence), situé juste derrière le musée des Beaux-Arts. Créé à partir de 1907, ce parc urbain de 85 000 m² particulièrement paisible s'étend autour d'un étang où barbotent des canards. Le cadre apaisant de sa pergola est particulièrement bienvenu après la visite du musée voisin. On peut également y voir plusieurs sculptures, dont une œuvre d'Eduardo Chillida et une effigie de Doña Casilda de Iturrizar, qui offrit à la ville le terrain sur lequel s'étend le parc.

Fêtes et festivals

Bilbao accueille relativement peu de grandes manifestations annuelles. Getxo, à une quinzaine de kilomètres de la ville à l'embouchure de l'estuaire, organise deux festivals de musique annuels (voir p. 353).

FÉVRIER

Carnaval. Six jours de déguisements et de fête autour de deux mascottes : Farolín et Zarambolas.

JUILLET

Bilbao BKK Live (www.bilbaobbklive.com). Le plus important festival de musique de la ville accueille chaque année pour trois jours, début juillet, de grands noms de la pop espagnole et internationale.

AOÛT

Semana Grande. Parades, feux d'artifice, concerts et animations pour les enfants sont au programme de la "grande semaine", qui débute le premier samedi après le 15 août.

DÉCEMBRE

Santo Tomás. La Saint-Thomas est l'occasion, chaque 21 décembre, d'une importante foire aux produits locaux sur la Plaza del Arenal et la Plaza Nueva.

Où se loger

À l'instar du Pays basque en général, Bilbao attire de plus en plus de visiteurs et il n'est pas toujours facile de trouver un hébergement correct, en particulier le week-end. Il est donc prudent de réserver le plus tôt possible. L'office du tourisme de Bilbao dispose d'un efficace **service de réservations** (☎ 902 87 72 98 ; www.bilbaoreservas.com).

PETITS BUDGETS

Camping Sopelana (☎ 946 76 21 20 ; empl pour 2 pers, une petite tente et un véhicule 25,20 € ; 🦽). Site agréable sur la ligne de métro, à 15 km de Bilbao, avec piscine et équipements de bonne qualité. La plage de Sopelana est à côté.

Pensión Ladero (☎ 944 15 09 32 ; Calle Lotería 1 ; s/d 24/36 €). Les chambres, sans fioritures, sont les moins chères de Bilbao. Après avoir gravi les quatre étages, vous pourrez même vous autoriser un dessert. Pas de réservations.

🟢 **Pensión Mardones** (☎ 944 15 31 05 ; www. pensionmardones.com ; Calle Jardines 4 ; s/d 34/48 € ; 🖵). Les chambres sont bien tenues et agrémentées de belles armoires en bois et bien souvent de poutres apparentes. Le sympathique propriétaire n'est pas avare en conseils. Au final, un très bon rapport qualité/prix.

CATÉGORIE MOYENNE

Hostal Begoña (☎ 944 23 01 34 ; www.hostalbegona. com ; Calle de la Amistad 2 ; s/d à partir de 53/64 € ; 🖵). Cet endroit extraordinaire peut se passer des commentaires des revues branchées : les chambres colorées décorées d'œuvres d'art moderne parlent d'elles-mêmes. Lits en fer forgé et adorables salles de bains carrelées.

Pensión Gurea (☎ 944 16 32 99 ; hostalgurea@yahoo. es ; Calle de Bidebarrieta 14 ; s/d 45/65 € ; 🖵). Cette pension lumineuse et aérée est tenue par une famille chaleureuse. Un lieu bien conçu, avec des chambres spacieuses.

Hotel Ripa (☎ 944 23 96 77 ; www.hotel-ripa.com ; Calle de Ripa 3 ; s/d 55/65 € ; 🅿 🖵). Demandez une chambre donnant sur la rivière, car les autres sont banales. Prix très correct.

La Estrella (☎ 944 16 40 66 ; Calle de María Muñoz 6 ; s/d 40/68 €) propose de longue date des chambres colorées au confort satisfaisant, propres mais sans rien d'exceptionnel.

🟢 **Pensión Iturrienea Ostatua** (☎ 944 16 15 00 ; www.iturrieneaostatua.com ; Calle de Santa María 14 ; d/tr 70/96 €). À la fois ferme, magasin de jouets à l'ancienne et œuvre d'art à part entière, cet hôtel est sans doute le plus excentrique de

Bilbao. Les chambres du premier étage ont un cachet tout particulier ! Le personnel polyglotte est très sympathique et efficace.

Barcelo Avenida Hotel (☎ 944 12 43 00 ; www. barceloavenida.com ; Avenida Zumalacárregui 40 ; ch à partir de 75 € ; 🅿 🗶 🖵 🦽). Certes il s'agit d'une chaîne hôtelière facturant toutes sortes de suppléments (par exemple le parking), mais honnêtement, on ne peut espérer payer moins pour un hôtel de cette qualité. Chambres d'une sobriété élégante qui se fondent parfaitement dans le style de Bilbao. Situé à 1,5 km du centre, mais à côté d'une station de métro.

Hotel Bilbao Jardines (☎ 944 79 42 10 ; www.hotelbil baojardines.com ; Calle Jardines 9 ; s/d 80/90 € ; 🅿 🗶 🖵) N'y cherchez pas de jardin, il doit son nom à sa rue. Verdoyant et confortable, il tranche agréablement avec les façades poussiéreuses du *casco viejo*. Un peu impersonnel, mais central et impeccable, il offre une bonne alternative aux pensions parfois défraîchies qui ont pignon sur rue dans le quartier. Tarifs raisonnables.

Petit Palace Arana (☎ 944 15 64 11 ; www.hthoteles. com ; Calle de Bidebarrieta 2 ; s/d à partir de 80/90 € ; 🖵). Un nouvel hôtel d'affaires original, qui apporte un vent de modernité dans un bâtiment ancien. Les chambres sont dotées de grands lits moelleux et de sdb zébrées. Certaines bénéficient d'un point de vue sur la rivière.

CATÉGORIE SUPÉRIEURE

Miró Hotel (☎ 946 61 18 80 ; www.mirohotelbilbao. com ; Alameda Mazarredo 77 ; s/d à partir de 87/112 € ; 🅿 🗶 🖵 🦽). Dans cet hôtel imaginé par le designer Antonio Miró, chaque détail est subtil, élégant et reflète le renouveau de Bilbao. Le genre d'endroit qui donne envie de refaire sa déco au retour ! Pour obtenir les meilleurs tarifs, réservez via le site Internet de l'hôtel.

Gran Hotel Domine (☎ 944 25 33 00 ; www.granhotel dominebilbao.com ; Alameda Mazarredo 61 ; d à partir de 140 € ; 🅿 🗶 🖵 🦽). Ici, le design est à l'honneur jusque dans les toilettes ! De Javier Mariscal pour l'architecture intérieure à Philippe Starck et Arne Jacobsen pour le mobilier. Ce bijou de la chaîne Silken bénéficie d'une vue sur le Guggenheim depuis les chambres les plus chères et la terrasse du toit.

Où se restaurer

Si les Basques ont compris qu'ils avaient tout à gagner à regarder ce qui se passe ailleurs en matière de commerce, pour ce qui est de

BISCAYE

INTERVIEW > WILLY URIBE, PHOTOGRAPHE ET ÉCRIVAIN

Originaire du Pays basque, Willy Uribe est un photographe et écrivain célèbre. Passionné par le surf et les surfeurs, il collabore à de nombreuses publications partout dans le monde. Son dernier roman s'intitule Revancha. *Pour en savoir plus, consultez son blog : http://willyuribe.blogspot.com.*

D'où venez-vous ?
Je suis né à Bilbao et j'ai grandi dans sa banlieue, au bord de la mer. J'y vis toujours.

Ce que vous préférez à Bilbao ?
La *ría* et les activités qui en découlent. Bilbao est une cité à échelle humaine, ce qui est très plaisant, et le fleuve en constitue le cœur. Ce dernier est en mouvement tout au long de la journée. On peut toujours sentir la mer à 15 km à l'intérieur des terres et il y a même des marées à Bilbao.

Comment a évolué Bilbao au fil des ans ?
L'évolution majeure, c'est que le port et les grosses usines ont quitté le centre-ville pour la périphérie, ont disparu ou ont été réaménagés. Ce changement radical a eu plus d'impact sur le paysage que sur la mentalité des habitants.

Ce qui vous déplaît le plus à Bilbao?
Je suis un peu triste quand je m'aperçois que les touristes étrangers viennent à Bilbao uniquement pour le Guggenheim. Bilbao n'est pas une destination touristique classique. Bilbao, c'est un voyage intime.

Quel est votre restaurant préféré à Bilbao ?
Je ne suis pas fanatique des restaurants. Je préfère manger un *bocadillo* (sandwich) au bord de la *ría*. Mais lorsque je vais au restaurant, je choisis le Rio-Oja (p. 350) dans le *casco viejo*.

Votre travail de photographe vous amène à beaucoup voyager dans le Pays basque. Quels sont vos lieux et activités préférés dans la région ?
Pour moi, le meilleur du Pays basque c'est le bord de mer et les villages de pêcheurs. Marcher le long de la côte est une de mes activités favorites. Il y a de beaux endroits sur le littoral, et des balades agréables. Peu de guides de voyage en parlent, mais quand on connaît les bons sites, l'expérience est extra.

En matière de photographie, quel est votre sujet préféré dans le Pays basque ?
Le surf restera toujours mon thème de prédilection, mais j'aime beaucoup photographier les sports basques ruraux comme les compétitions d'aviron. Ils sont très photogéniques et variés et dégagent beaucoup de force. Par ailleurs, ils offrent de nombreux angles de vue pour prendre les photos.

Comment décririez-vous les Basques ?
Gentlemen, mais imbus de leur personne.

Parlez-vous basque ? Et vos amis ?
J'ai un niveau basique en euskara (basque), mais certains de mes amis le parlent parfaitement.

Le parlez-vous au quotidien avec vos amis ?
En ville, on entend rarement parler le basque. Avec mes amis, je parle généralement castillan. Quand je suis à la campagne, où le basque est plus présent dans les conversations, je le parle aussi. Le régime de Franco a été terrible pour les personnes qui apprenaient et parlaient le basque. Heureusement, tous les enfants l'apprennent désormais.

Si vous deviez changer une chose dans le Pays basque ?
La violence de l'ETA. Sans l'ETA, les choses se passeraient mieux ici.

Quel futur pour le Pays basque ?
Tout dépend de nous. Si nous parvenons à instaurer la paix, le futur sera positif. Sinon… Bon… il nous faut la paix !

la cuisine, ils n'imaginent pas que l'on puisse surpasser leurs talents (et peut-être n'ont-ils pas tout à fait tort). En conséquence, la quasi-totalité des restaurants de Bilbao proposent exclusivement de la cuisine basque, ce qui ne pose pas vraiment problème dans la mesure où l'on trouve d'excellentes tables.

Concernant les *pintxos*, si la réputation de Bilbao n'atteint pas celle de San Sebastián, les prix ici sont souvent plus modestes, pour une qualité équivalente.

PINTXOS

Bar Gure Toki (☎ 944 15 80 37 ; Plaza Nueva 12). Niché à l'angle nord-ouest de la Plaza Nueva, cet adorable petit bar à *pintxos* est un concentré de culture et de saveurs basques. Les *pintxos* (2 €) sont simples mais originaux et délicats.

Xukeia (☎ 944 15 97 72 ; Calle de Perro). L'un des bars les plus originaux : mélange de bistrot de province français et d'ambiance festive espagnole. Les *pintxos* remportent un franc succès, d'autant qu'ils ne coûtent que 1 à 1,50 € la pièce.

Café-Bar Bilbao (☎ 944 15 16 71 ; Plaza Nueva 6). Avec son carrelage bleu et son ambiance chaleureuse, ce bar est très fier de ses *pintxos* imaginatifs. Ne résistez pas à la mousse de *pata sobre crema de melocotón y almendras* (canard, crème, pêche et mousse d'amande). Un délice !

Sasibil (☎ 944 15 56 05 ; Calle Jardines 8). attire une clientèle plus mûre que la plupart de ses voisins. Les écrans de télévision diffusent des documentaires sur la confection des délicieux *pintxos*, et non les habituels clips de rock.

Pour dénicher le parfait *pintxo*, ne vous limitez pas au *casco viejo*, El Ensanche vous réserve quelques bonnes adresses. L'une des meilleures est **El Globo** (☎ 944 15 42 21 ; Calle de Diputación 8), un bar réputé pour ses innombrables *pintxos modernos*, comme le *txangurro gratinado* (araignée de mer) et la *morcilla rebozada* (boudin enrobé de pâte à frire légère). **Los Candiles** (☎ 944 24 14 79 ; Calle de Diputación 1) est un bar étroit et sans prétention où l'on déguste de subtils *pintxos* aux fruits de mer.

RESTAURANTS

€ Fresc Co (☎ 944 23 30 01 ; Calle de Ledesma 12 ; plats 7-10 € ; **V**). Assiettes débordantes de salade, soupes, pâtes et pizzas et savoureux desserts sont au programme dans cet attrayant établissement bon marché, toujours plein à

craquer. Tentez le coup vers 16h pour avoir un peu d'espace.

Abaroa (☎ 944 13 20 51 ; paseo del Campo de Volantín 13 ; plats 7-12 €). Les gens du coin adorent ce restaurant à l'ambiance intimiste et aux meubles colorés qui excelle dans la cuisine campagnarde remise au goût du jour. Au final, le meilleur boudin aux haricots de votre vie. Pour un repas de trois plats accompagnés de vin, comptez 25 € maximum par personne. Il y a une succursale de même facture sur la Plaza del Museo.

Rio-Oja (☎ 944 15 08 71 ; Calle de Perro 4 ; plats 8-10 €). Cette institution incontournable est spécialisée dans la cuisine basque légère à base de produits de la mer et les solides plats de la Rioja. Tout est délicieux, mais les calamars à l'encre et les têtes de mouton sont particulièrement inoubliables.

Ghandi (☎ 944 23 39 34 ; Calle de la Amistad 6 ; plats 9 €). Lassé de la cuisine basque ? Ghandi, l'un des rares restaurants à curry du Pays basque, sert tous les classiques indiens, du *rogan josh* au poulet *tikka*.

Ristorante Passerela (☎ 944 44 03 46 ; Alameda de Urquijo 30 ; plats 10-13 €). Ce restaurant italien propose pizzas, pâtes mais aussi plats de viande ou de poisson. La plupart des pâtes et tous les pains sont confectionnés sur place. Idéal pour déjeuner, mais il est indispensable d'arriver tôt ou de réserver.

La Deliciosa (☎ 944 15 09 44 ; Jardines 1 ; plats 9,80-14,80 €). Ses principaux atouts sont son emplacement idéal au cœur du *casco viejo* et la décoration chaleureuse de sa salle, dont l'ambiance blanche est réchauffée par les tons des boiseries. La carte mise sur une cuisine italienne mâtinée d'ajouts espagnols, sans bonne ni mauvaise surprise.

Tapelia (☎ 944 23 08 20 ; www.tapelia.com ; Calle Uribitarte 24 ; plats 10-15 €). Installé sur les berges du Nervión, ce nouveau restaurant, très chic à l'extérieur, s'apparente à une maison de campagne en pierre à l'intérieur. Il propose une succulente paella et des saveurs d'Alicante. Il est primordial de réserver bien à l'avance. Le café attenant sert des *pintxos* et des en-cas.

Casa Victor Montes (☎ 944 15 56 03 ; Plaza Nueva 8 ; plats 15 €). Véritable œuvre d'art, cet établissement est à la fois bar, boutique et restaurant. Un peu touristique, il attire aussi les habitants qui apprécient sa décoration extravagante, la bonne cuisine et les centaines de bouteilles alignées derrière le comptoir. Si vous désirez manger, réservez une table pour déguster les bernacles, grande spécialité galicienne.

Café Guggenheim (☎ 944 23 93 33 ; www. restauranteguggenheim.com ; Avenida Abandoibarra 2 ; menu déj 19 €, plats 30-35 €). Chic et moderniste, le restaurant-café du Guggenheim est dirigé par Martin Berasategui, chef étoilé au Michelin. Inutile de préciser que la *nueva cocina vasca* (nouvelle cuisine basque) est époustouflante. Un exemple : les tomates-cerises farcies aux minicalamars, accompagnées de risotto noir et de crème fraîche. Pour couronner le tout, les prix sont très accessibles, en particulier à midi. Le soir, il est indispensable de réserver, mais à midi les premiers arrivés seront les premiers servis, à partir de 13h30.

CAFÉS
Les arcades de la Plaza Nueva sont parfaites, surtout l'été, pour boire un café et observer les badauds.

Café Iruña (☎ 944 24 90 59 ; angle Calles de Colón de Larreátegui et Berástegui). Dans ce café à la décoration mudéjare, les clients se succèdent depuis plus d'un siècle pour échanger les derniers potins de la ville. Parfait pour s'installer avec un bon livre ou observer les passants. Tous les soirs, les *pinchos morunos* (kebabs épicés servis avec du pain ; 2,20 €) déplacent les foules.

FAIRE SES COURSES
Mercado de la Ribera (Calle Ribera). Bon endroit pour remplir son panier. Le marché au poisson est fantastique.

Où prendre un verre
Les Calles Barrenkale, Ronda et Somera et leurs alentours dans le *casco viejo* ne manquent pas de super petits bars, souvent politisés, généralement alternatifs, à la clientèle plutôt jeune. L'ambiance est plus sophistiquée sur l'autre rive, dans les nombreux bars et cafés du quartier Ensanche.

Café Boulevard (☎ 944 15 31 28 ; Calle del Arenal 3). Une institution née en 1871, dont le style Art déco un peu vieilli surpasse bien des décors modernes. Même les couleurs du presse-fruits sont assorties aux vitraux.

Twiggy (☎ 944 10 38 14 ; Alameda de Urquijo 35). Rétro-psychédélique ! Joyeux bar post-hippie revisitant le kitsch des années 1960 à l'intention d'une clientèle branchée.

Kamin (☎ 944 44 41 21 ; Manuel Allende 8). Lumière tamisée et ambiance décontractée pour ce bar où l'on écoute du rock, de la pop et des nouvelles musiques alternatives de la scène basque, au milieu des connaisseurs locaux.

Où sortir
CLUBS ET CONCERTS
Bilbao compte quantité de discothèques et de lieux de concerts où l'ambiance est détendue et chaleureuse. Leurs sites web donnent le programme des spectacles.

Kafe Antzokia (☎ 944 24 46 25 ; www.kafeantzokia. com ; Calle San Vicente 2). Le cœur du Bilbao basque moderne. Programmation de groupes internationaux de rock, blues et reggae, ainsi que de la crème de la pop-rock basque. Concerts de 22h à 1h le week-end, puis DJ jusqu'à 5h. Prix d'entrée des concerts à partir de 4 €. En journée, il s'agit d'un café, restaurant et centre culturel organisant beaucoup d'événements intéressants.

Conjunto Vacío (Muelle de la Merced 4 ; environ 10 € le week-end). Ce temple de la house est fréquenté par une clientèle jeune et sûre d'elle, tendance *fashion victims* mixtes gays/hétéros.

Le Club (☎ 944 16 71 11 ; www.leclub.es ; Muelle Marzana 4). Trois étages, trois décors, trois ambiances : agitée, plus calme et zen. Rock et pop des années 1980 au premier étage, musique dance au deuxième et salon décontracté au troisième. Entrée entre 8 et 12 € avec boisson.

El Balcón de la Lola (☎ 946 08 67 20 ; Calle Bailén 10 ; environ 10 € le week-end). Un des clubs mixtes gays/hétéros les plus appréciés de la ville, à ne pas rater si vous appréciez les décors industriels et les soirées disco bondées du samedi.

THÉÂTRES
Théâtre, danse et opéra sont régulièrement à l'affiche des deux principales salles de Bilbao. Consultez les sites Internet des théâtres pour connaître le programme.

Teatro Arriaga (☎ 944 31 03 10 ; www.teatroarriaga. com ; Plaza Arriaga). Sa façade baroque s'ouvre sur le vaste espace d'El Arenal entre le *casco viejo* et la rivière.

Euskalduna Palace (☎ 902 54 05 39 ; www.euskalduna .net ; Avenida Abandoibarra). Édifié sur la rive à environ 600 m en aval du Guggenheim, cet autre bijou moderniste évoque par sa forme les grands chantiers navals du XIXe siècle. C'est le lieu de résidence de l'Orchestre symphonique de Bilbao et de l'Orchestre symphonique basque.

Depuis/vers Bilbao

AVION

L'**aéroport** (☎ 944 86 96 64 ; www.aena.es) de Bilbao, à 12 km au nord-est de la ville, est très bien desservi. On y trouve un **bureau de renseignements touristiques** (☎ 944 71 03 01 ; ☺ lun-ven 7h30-23h, sam et dim 8h30-23h) de première qualité, un centre médical, des DAB, boutiques, cafés, un restaurant et des comptoirs de location de véhicules.

BUS

La principale gare routière, **Termibus** (arrêt San Mamés), est située à l'ouest de la ville. De Termibus, des lignes régulières desservent Vitoria (5,45 €, 50 min), Pamplona (12,85 €, 1 heure 45), Logroño (12,05 €, 2 heures), Irún et la frontière française (7,91 €, 2 heures) et Santander (9,25 €, 1 heure 30). **Pesa** (☎ 902 10 12 10) propose une liaison toutes les 30 à 60 minutes vers San Sebastián (9,20 €, 1 heure) et dessert aussi Durango (3,50 €, 25 min), Elorrio (3,50 €, 40 min) et Oñati 5,50 €, 1 heure 15).

Bizkaibus (☎ 902 22 22 65) dessert de nombreuses destinations sur le territoire du Pays basque, parmi lesquelles les villes côtières de Lekeitio (3,10 €) et Bermeo (2,40 €).

TRAIN

La **gare Abando** de la **Renfe** (☎ 902 24 02 02 ; www.renfe.es) est sur l'autre rive, en face de la Plaza Arriaga du *casco viejo*. Elle offre des liaisons quotidiennes avec les grandes villes d'Espagne, notamment Madrid (à partir de 39,80 €, 6 heures) et Barcelone (39,80 €, 9 heures).

Juste à côté, la **gare Concordia**, à la façade Art nouveau en fer forgé et céramiques, est exploitée par la **FEVE** (☎ 944 23 22 66 ; www.feve. es), compagnie ferroviaire privée desservant la Cantabrie et les Asturies.

La **gare Atxuri** est à environ 1 km en amont du *casco viejo*. De là, **Eusko Tren/Ferrocarril Vasco** (ET/FV ; ☎ 902 54 32 10 ; www.euskotren.es, en espagnol et en basque) dessert toutes les 30 minutes Bermeo (2,40 €, 1 heure 30) via Guernica (2,40 €, 1 heure) et Mundaka (2,40 €, 1 heure 30), et toutes les heures San Sebastián (6,50 €, 2 heures 45) via Durango, Zumaia et Zarautz.

Comment circuler

DEPUIS/VERS L'AÉROPORT ET LE PORT

De l'aéroport, le bus **Bizkaibus** A 3247 (1,25 €, 30 min) part d'un arrêt situé à l'extrême droite en sortant du hall des arrivées. Il traverse le nord-ouest de la ville, passe devant le musée Guggenheim, s'arrête Plaza Moyúa et rejoint le Termibus (gare routière). Il circule toutes les 20 minutes de 5h20 à 22h20.

Le trajet en taxi coûte environ 25 € de l'aéroport au *casco viejo*.

Les bus allant au port de Santurtzi partent de la Calle Hurtado de Amézaga à proximité de la Plaza Circular.

MÉTRO

Les quartiers du *casco viejo* et d'Ensanche sont bien desservis par de nombreuses stations de métro (à partir de 1,30 € le billet). Dessiné par l'architecte Sir Norman Foster, le métro est entré en service en 1995. En hommage à ce dernier, les accès faits de verre et chromés de style accordéon ont été instantanément surnommés "*fosteritos*" par les usagers. Les nombreuses stations des deux lignes desservent les deux rives du fleuve et permettent de rejoindre facilement les plages du Nord les plus proches.

TRAMWAY

Le réseau de tramways de Bilbao est une aubaine pour les visiteurs autant que pour les habitants. La ligne principale relie Basurto au sud-ouest de la ville à la gare Atxuri, en s'arrêtant notamment à la gare routière Termibus, au Guggenheim et au Teatro Arriaga près du *casco viejo*. Les billets coûtent 1 € et doivent être compostés près du distributeur.

GETXO ET PLAGES ENVIRONNANTES

Ancien village d'agriculteurs et de pêcheurs situé à l'embouchure de la *ría* de Bilbao, Getxo a connu l'arrivée du chemin de fer et des industries avant de devenir une banlieue un peu chic de Bilbao grâce à sa longue **plage**. Nul doute cependant que les autres localités de la côte assouviront mieux vos désirs balnéaires. Car malgré les efforts de l'accueillant office du tourisme et ses belles brochures, qui font leur possible pour mettre en avant les atouts touristiques de la localité, un fait demeure : Getxo fait face aux imposantes et disgracieuses installations portuaires de l'embouchure de la *ría* de Bilbao, qui n'incitent guère à la farniente.

Ajoutons cependant que la ville présente un front de mer bien aménagé, où se trouvent quelques hôtels de qualité, qu'elle est reliée au métro de Bilbao et qu'on peut y voir un pont transbordeur, le **pont de Biscaye** (aussi appelé pont Colgante), qui doit à son architecture métallique de l'ère industrielle d'être inscrit sur la liste du patrimoine mondial de l'Unesco depuis 2006. Ouvert en 1893 entre Getxo et Portugalete, il permet à 6 véhicules et à des piétons de traverser l'embouchure du Río Nervión (0,30 € aller simple/pers). Il est également possible de monter en ascenseur jusqu'à 46 m de hauteur, de traverser le fleuve et de revenir (4 €, déconseillé si vous êtes sujet au vertige).

Getxo s'illustre également par sa programmation musicale : la ville accueille un **Festival international de jazz** en juillet, un **festival de blues** en juin et un **Festival de musique folk** en septembre.

Renseignez-vous à l'accueillant et efficace **office du tourisme** (☎ 944 91 08 00 ; www.getxo.net ; Playa de Ereaga ; ☽ lun-ven 9h30-14h30 et 16h-19h, sam-dim 10h30-14h30 et 16h-20h), qui distribue des plans (pratiques pour localiser les stations de métro) et pléthore de luxueuses brochures.

D'autres **plages** vous attendent à l'est de Getxo, en direction du cap Billano. La plage de **Sopelana** a la faveur des surfeurs. Les baigneurs lui préféreront les étendues de sable situées à l'est de **Plentzia** ou la plage protégée de **Gorliz**, avec son joli phare. Des sentiers de randonnée sont balisés à proximité.

Où se loger et se restaurer
Pensión Basagoiti (☎ 944 60 79 75 ; Avenida Basagoiti 71 ; s/d 42-48/55 €). Tarifs raisonnables et emplacement entre les deux plages de Getxo sont les atouts de cette pension sans prétention. Métro Algorta.

Hotel Neguri (☎ 944 91 05 09 ; www.hotelneguri.com ; Avenida Algorta ; s/d 60-70/90-100 € selon saison ; ℗ ▯). L'une des adresses les plus appréciées de la ville, y compris par la clientèle d'affaires. Chambres claires et confortables dans une demeure de 1932. Métro Neguri.

Hotel Igeretxe (☎ 944 91 00 09 ; Playa Ereaga ; s/d 59-79/92 € avec petit-déj ; ℗). L'un des seuls établissements du front de mer, à 200 m de l'office du tourisme, face à la plage d'Ereaga. Chambres à la décoration classique et cossue et belle salle de restaurant en bord de plage. Une adresse plutôt chic. Métro Neguri.

Depuis/vers Getxo
Le plus simple depuis Bilbao est de s'y rendre en métro, ce qui évite les problèmes de circulation et de stationnement. La localité, à une quinzaine de kilomètres de Bilbao, est desservie par 6 stations de la ligne 1 : Areeta (pont de Biscaye), Gobela (port de plaisance), Neguri (plage d'Ereaga), Aiboa, Algorta ("vieux port") et Bidezabal.

LES ENCARTACIONES

Ayant pour centre Balmaseda, principale localité de cette petite enclave du sud-ouest de Bilbao, les Encartaciones présentent deux visages opposés : d'un côté celui de belles forêts de conifères traversées d'est en ouest par le chemin de Saint-Jacques ; de l'autre celui d'immenses et (mal)odorantes industries de traitement du bois, à l'image de celle, gigantesque, que l'on peut voir à l'entrée de Güenes.

AVELLANEDA
Outre les vestiges d'une ancienne voie romaine, ce modeste hameau doit sa présence sur la liste des sites touristiques de la région au **Museo de las Encartaciones** (musée des Encartaciones ; ☎ 946 50 44 88, 946 10 48 15 ; www.enkarterrimuseoa.net ; entrée libre ; ☽ juil-août mar-sam 10h-14h et 16h-19h, dim 10h-14h ; sept-juin mar-sam 10h-14h et 16h-18h). Installé dans un bâtiment étonnamment moderne pour ce petit village, il présente des documents retraçant l'histoire et le mode de vie des habitants de la région. Il intéressera en premier lieu les véritables passionnés d'histoire. Sa grande maquette en bois de la région, en relief, constitue une saisissante présentation de la géographie des Encartaciones.

Inauguré en 1994 après plusieurs remodelages successifs, le musée est bâti au pied du **palais des Conseils d'Abellaneda** (ne se visite pas), ancien lieu de réunion des conseils généraux des vallées des Encartaciones. Construit au XVIe siècle, le palais cessa d'être utilisé en 1806.

BALMASEDA
Fondée en 1199, ce qui en fait la première ville de Biscaye, Balmaseda doit sa richesse passée à sa situation géographique en bordure du río Cadagua, sur la route commerciale reliant Bilbao et la Castille. Grâce à cette position stratégique qui lui permettait notamment de lever des droits de péage sur les marchandises, la ville connut un essor rapide auquel participa une active communauté juive, expulsée

au XVᵉ siècle par les Rois Catholiques. Tombée en désuétude suite à la création de nouvelles routes commerciales, revenue sur le devant de la scène avec l'industrialisation et l'arrivée du chemin de fer, Balmaseda connut par la suite des hauts et des bas jusqu'à sa reconversion dans le tourisme et les services. La ville garde de beaux vestiges de sa grandeur passée et a préservé ses traditions, notamment celle de la procession de la Semaine sainte.

L'**office du tourisme** (☎ 946 80 92 76 ; www.enkartur. net ; Plaza El Marques ; ☾ hiver lun-ven 10h-14h et 16h-19h, sam-dim 10h-14h, été lun-sam 9h-14h et 16h-19h, dim 9h-14h) est installé en bordure de la place principale de la ville, presque en face de l'église San Severino.

À voir

Le *casco viejo* et ses longues ruelles pavées, parallèles à la rivière, sont le principal argument touristique de Balmaseda. Le premier bâtiment que l'on découvre est l'**église San Severino**. Bâtie au XVᵉ siècle dans un style gothique puis ornée d'ajouts baroques au XVIIIᵉ siècle, elle se distingue par les sculptures de sa façade et la lumineuse pureté de sa nef. À côté, la **Casa consistorial** (hôtel de ville, XVIIIᵉ siècle) présente une façade originale, flanquée d'une série d'arcades.

En descendant la rue principale, on passe ensuite devant le **Palacio Horcasitas**, palais du XVIIᵉ siècle à la façade blasonnée (ne se visite pas). Vous pourrez également jeter un œil au **Palacio Urrutia** (Calle Correría 36), édifice assez sévère du XVIIᵉ siècle dont l'intérieur a été réaménagé en habitations mais dont la façade, d'un classicisme tout en sobriété, a été restaurée à l'identique. Rejoignez ensuite la placette où se dresse

l'**église-musée San Juan** (Calle Martín Mendia ; 1 € , gratuit - 16 ans ; ☾ hiver mar-sam 10h-13h30 et 16h30-19h, dim 10h30-14h30, été mar-ven 10h-13h30 et 17h-19h30, sam 10h-13h30 et 17h-20h, dim 10h-14h), qui présente une petite exposition sur l'histoire de la ville, illustrée de documents anciens. Au-delà de l'exposition en elle-même, sa visite est intéressante pour son cadre, le musée étant installé dans une église du XVᵉ siècle au cœur de la vieille ville.

Quelques centaines de mètres plus loin, une ruelle tortueuse s'échappe sur la gauche vers le **vieux pont** en pierre médiéval (*Puente viejo*), qui enjambe le río Cadagua d'une foulée qui fait penser à un triple saut. Ce pont fortifié étroit, dont la tour fait figure de symbole de la ville, aurait servi de passage commercial dès le XIIIᵉ siècle avant d'être supplanté par un ouvrage plus large, bâti en aval.

Où se loger et se restaurer

Hostal Mendia (☎ 946 10 22 58 ; Calle Martín Mendia ; d 40 € environ). Dans la rue principale de la ville, environ 50 m à droite après l'office du tourisme, cette adresse sans prétention dispose de chambres à la décoration désuète et un peu triste qui présentent en revanche deux qualités : 1/ des tarifs très abordables et 2/une propreté irréprochable. Évitez en revanche la peu accueillante pensión Begoña, sur la place.

Hotel-Convento San Roque (☎ 946 10 22 68 ; www. hotelsanroque.es ; campo de las Monjas 2 ; s/d 60/80 € ; plats 15-18,50 €). Le seul véritable hôtel de Balmaseda ne manque pas d'élégance. Installé dans l'ancien monastère de Santa Clara datant du XVIIᵉ siècle, il s'articule autour d'un très beau patio sur lequel donnent certaines de ses

---

LA "PASSION VIVANTE" DE BALMASEDA

Au-delà de son patrimoine, Balmaseda est également célèbre pour ses festivités de la Semaine sainte, qui drainent chaque année des milliers de visiteurs. Chaque jeudi et vendredi saints, plusieurs centaines d'acteurs et figurants, tous bénévoles, reconstituent dans les rues de la ville les grandes étapes de la Passion du Christ. Outre la ferveur religieuse qui l'anime, la cérémonie se distingue par le soin des costumes et des chants, qui en font une véritable représentation théâtrale.

Les manifestations débutent le jeudi à 21h30 par la Cène, devant l'église San Severino, face à laquelle les gradins sont installés pour l'occasion. Le vendredi, le Chemin de Croix emmène le public en procession depuis le Campo de la Monjas, à l'église Santa Clara, pour finalement aboutir au Campo del Frontón, de l'autre côté du fleuve, où est représentée la Crucifixion.

Mieux vaut prévoir votre visite à l'avance si vous souhaitez y assister. Vous trouverez des précisions sur le programme sur le site www.viacrucisbalmaseda.com (en espagnol).

16 chambres. Décorées dans des teintes claires, elles sont confortables sans être luxueuses et certaines sont dotées de baignoires à jets. Le restaurant, installé dans une superbe salle en pierre au rez-de-chaussée, est à l'image des lieux. À la carte, grillades, gibier et quelques poissons précèdent une belle sélection de desserts. Essayez la sensacíon de chocolates (humm !) ou le sorbet au vin doux...

Pintxo i blanco (☎ 637 80 35 16 ; Calle Martín Mendia 5). Mention spéciale à ce bar à cocktail de la rue principale qui se distingue également par sa belle sélection de *pintxos* et sa décoration – les parapluies pendus au plafond sont-ils un clin d'œil à la météo locale ? Une adresse chaleureuse et originale.

Depuis/vers Balmaseda

La ville est reliée à Bilbao par les bus de Bizkaibus (ligne A0651) et les trains de Feve (www.feve.es).

DURANGO ET SES ENVIRONS

DURANGO

Moderne et industrielle au premier abord, Durango a réussi à préserver son *casco viejo*, dont la basilique mérite à elle seule la visite. À lire son histoire, on pourrait presque penser que c'est un miracle si elle figure encore sur la carte. Peste, inondations, incendies, procès pour hérésie... le sort semble s'être acharné sur Durango jusqu'à l'urbanisation de la région au XXe siècle, qui apporta la prospérité à la ville. Puis vint ce jour funeste de 1937 où elle fut bombardée par les avions nazis, quelques jours avant Guernica. Mais Durango a la peau dure, et n'est pas née d'hier : on y a trouvé une sculpture représentant un quadrupède qui daterait, selon certaines sources, du IIIe siècle avant J.-C.

L'**office du tourisme** (☎ 946 03 39 38 ; www.durango -udala.net ; Askatasun Etorbidea 2 ; ☺ lun-ven 10h30-14h30 et 16h-18h30, sam-dim 10h30-14h30) est installé le long de la grande artère moderne menant à la Plaza Ezkurdi et à la vieille ville.

À voir

◎ BASILICA SANTA MARIA DE URRIBE

Si la charpente de son porche pouvait parler, nul doute qu'elle raconterait tous les secrets de Durango... Bruissant des conversations répercutées sous ses poutres plusieurs fois centenaires, le superbe porche de la basilique Santa Maria – plus grand porche en bois du Pays basque – fait quasiment office de place du village. La basilique, bâtie à partir de 1510, abrite un superbe retable Renaissance, doré et sculpté.

ARC ET ÉGLISE SANTA ANA

Construite en 1722 sur des plans de Lázaro de Incera, cette église gothique présente une architecture étonnamment sobre pour l'époque. Elle fait face à l'arc du même nom, plus ouvragé, seul vestige restant des 6 portes qui fermaient jadis la ville. L'église et l'arc se dressent sur une placette pavée que l'on atteint par les rues Artekalea ou Goienkalea, les deux parallèles qui forment le cœur de la vieille ville depuis la basilique.

CROIX KURUTZIAGA

Renseignez-vous à l'office du tourisme pour savoir si cette croix en pierre, sculptée sur ses deux faces de représentations bibliques, est à nouveau visible. Auparavant exposée en extérieur dans la rue du même nom, à l'est de la basilique, et malheureusement détériorée par les intempéries, elle devrait bientôt trouver sa place dans un musée (un souhait cependant encore au stade de projet lors de notre dernière visite). En attendant, le public ne peut voir ce joyau déclaré monument national, superbe pour ses sculptures d'un dramatisme tout gothique. La croix aurait été érigée pour expier les excès de l'hérésie dirigée par le franciscain Fray Alonso de Mella et du procès qui s'ensuivit, qui coûta la vie à plus de 100 habitants de la ville au milieu du XVe siècle.

ARTE ETA HISTORIA MUSEOA

Le **musée d'Art et d'Histoire** (☎ 946 03 00 20 ; entrée libre ; ☺ mar-ven 11h-14h et 16h-20h, sam 11h-14h et 17h-20h, dim 11h-14h), installé dans le palais d'Etxezarreta de style baroque, présente quelques toiles d'artistes basques, mais intéressera en premier lieu les amateurs d'histoire locale avec ses présentations de documents anciens liés à la ville.

HÔTEL DE VILLE

Ne ratez pas la façade de la mairie, ornée de fresques du début du XVIIIe siècle.

Le bâtiment ayant été endommagé par le bombardement de 1937, les fresques ont été reproduites d'après les dessins d'origine.

Où se loger et se restaurer

ⓔ Hostal Juego bolos (☎ 946 21 54 88 ; San Agustinalde 2 ; s/d/t 35-40/50/64 € ; 🖳). En plein centre ville, cette pension vous accueille dans un bâtiment moderne sans réel charme. Ne vous arrêtez pas à cette première impression : elle propose en effet des chambres confortables, joliment décorées dans un style moderne et coloré. Un bon rapport qualité/prix.

Hotel-Restaurant Kurutziaga (☎ 946 20 08 64 ; www.kurutziaga.net ; Kurutziaga 52 ; s semaine/week-end 43-55/50-65 € ; d semaine/week-end 85/66 € ; plats 16-35 €, menu 16,5 € ; ❌ 🖳). Les tarifs de ce trois-étoiles confortable restent très raisonnables, surtout le week-end. Les chambres, bien entretenues, associent à un style classique un confort bien actuel, tandis que le restaurant propose des suggestions alléchantes à base de produits régionaux, servies dans de belles salles à l'atmosphère cossue.

Gran hotel Durango (☎ 946 21 75 80 ; www.granhotel durango.com ; Gazteiz Bidea 2 ; d semaine/week-end 135/78 € ; 🅿 ❌ 🖳). Envie du luxe d'un quatre-étoiles ? Le palace local affiche des tarifs qui restent sages le week-end compte tenu de ses excellentes prestations. Le bâtiment ancien abrite un hall et une salle de restaurant qui déclinent une décoration contemporaine épurée. La même ambiance se retrouve dans les chambres, qui arborent de sobres teintes de gris, de blanc et de beige. Une belle adresse.

Outre les restaurants d'hôtels mentionnés ci dessus, vous trouverez les habituelles adresses à *pintxos* dans la vieille ville. Citons-en une qui nous tient à cœur pour son atmosphère et son accueil : **ⓔ El Arco** (☎ 946 81 09 41 ; Plaza Santa Ana). Sur la place Santa Ana, juste à côté du bel arc du même nom, ce petit bar accueillant, tout en boiseries, sert une bonne sélection de *pintxos* à déguster en compagnie des habitués, béret vissé sur la tête, qui boivent des coups de blanc en commentant l'actualité.

Depuis/vers Durango

Les bus de **Pesa** (www.pesa.net) relient régulièrement Durango à San Sebastián et Bilbao. Cette dernière est également desservie par les lignes de Bizkaibus. En train, Euskotren (www.euskotren.es) dessert les deux villes.

PARQUE NATURAL DE URKIOLA

Créé en 1989, le parc d'Urkiola s'étend sur près de 6 000 ha et accueille l'un des sommets les plus sacrés du Pays basque, l'Anboto, demeure mythique de la déesse de la nature Mari. Ses paysages karstiques tourmentés, ses crêtes affûtées comme des lames et ses pics spectaculaires relèvent sans aucun doute du mythe. Outre l'*urkia* ("bouleau" en basque), qui lui donne son nom, le parc abrite des grottes, des crevasses et d'étranges formations géologiques qui renforcent son atmosphère mystique.

Des preuves de présence humaine remontant à plusieurs milliers d'années y ont été trouvées. De nos jours, moutons et chèvres paissent sur les hauts pâturages. Les forêts – pins, mélèzes du Japon, cyprès, chênes-verts, hêtres – sont souvent survolées par des vautours fauves, plus grands oiseaux du parc.

Le **centre d'interprétation Toki Alai** (☎ 946 81 41 55 ; www.urkiola.net ; 🕒 été et printemps 10h-14h et 16h-18h, automne et hiver 10h30-14h30 et 15h30-17h30), à 200 m du col d'Urkiola (700 m), vous renseignera sur les possibilités d'activités, notamment l'escalade, les circuits en VTT et la randonnée sur des sentiers balisés depuis le centre d'interprétation. Pour vous y rendre, prenez la direction de Vitoria-Gasteiz depuis Durango et suivez sur 10 km la route qui monte en lacets dans un saisissant paysage de forêts de conifères accrochées à flanc de montagnes, de plus en plus présentes à mesure que l'on s'approche du col d'Urkiola.

Au col, le **sanctuaire d'Urkiola** est une belle église en pierre claire dédiée à deux saints Antoine : saint Antoine l'Abbé et saint Antoine de Padoue. Prenez le temps d'admirer les mosaïques derrière l'autel principal et ses vitraux. La fête de saint Antoine de Padoue est célébrée le 13 juin.

Les possibilités d'hébergement et de restauration sont limitées. Au col, les auberges **Bizkarra** (☎ 946 812 026) et **Landajuela** (☎ 946 81 80 81) servent des repas bon marché. L'hôtel **Lagunetxea** (☎ 944 65 60 10 ; www.lagunetxea.com ; s/d 40-50/65-75 € selon saison ; menus 12-24 €), installé dans une belle bâtisse carrée à côté du sanctuaire, dispose de chambres modernes et confortables et sert également des repas. Ces adresses tournent au ralenti hors saison.

LA CRÊTE D'ANBOTO

Durée : 5 heures 30-6 heures
Distance : 19,5 km
Balisage : rouge-blanc, jaune-blanc
Difficulté : exigeante, notamment dans la dernière partie

Une ascension vers une crête et un pic karstiques mythiques à travers les anciens pâturages des bergers.

Du sanctuaire du col, montez et tournez à gauche sur le niveau le plus élevé du parking puis bifurquez à droite, entre les bouleaux, après 50 m. Passez la barrière par un échalier et traversez les champs en montant la large pente herbeuse. Continuez à grimper vers une butte artificielle. Vous apercevrez alors l'impressionnante chaîne d'Aramoitz (devant) et l'Anboto (au loin, sur la droite). Montez en ignorant un sentier sur la droite et continuez jusqu'au sommet d'Urkiolagirre (1 009 m), puis poursuivez vers l'est et descendez sur 1 km jusqu'à une piste de terre.

Tournez à gauche puis, 150 m plus loin, prenez le sentier sur la gauche annoncé par un panneau "PRB202". En approchant du haut de la crête, prenez un sentier couvert d'herbe sur la droite pour rejoindre la crête au niveau de la chapelle d'Ermita de Santa Bárbara (973 m), entourée d'aubépines et offrant une vue exceptionnelle. Retournez ensuite vers la piste de terre.

Grimpez sur la gauche (vers le sud-est) la piste de terre parallèle aux montagnes et passez un réservoir d'eau, un refuge (sur la droite) et une carrière (sur la gauche). En arrivant à une fourche, prenez à gauche, en montant doucement vers le Collado de Pagozelai (col du Hêtre). Une pancarte en bois indique à gauche le chemin pour le sommet d'Anboto (35 minutes). Si vous préférez ne pas faire cette ascension difficile sur la fin, continuez tout droit sur un sentier qui descend vers une piste de terre. Tournez à gauche et 1 km plus loin, après une hêtraie dense, vous atteindrez le col de Zabalandi (où les randonneurs redescendant du sommet de l'Anboto retrouvent le sentier).

Pour gravir l'Anboto, tournez à gauche et, 100 m plus loin, prenez un sentier sur la droite à travers une hêtraie. Après 25 minutes de marche, les hêtres disparaissent et vous arrivez à une butte artificielle. Le parcours devient alors plus difficile et dangereux. Tournez à droite et montez, en escaladant, jusqu'au sommet (1 331 m).

Revenez par le même chemin jusqu'à Pagozelai ou faites l'audacieuse descente par le versant sud-est de l'Anboto. Continuez sur la crête pendant un court moment, puis partez sur la droite pour commencer une descente abrupte sur la roche calcaire. Le parcours est balisé et l'objectif est en vue : une piste de terre à côté d'un refuge sur le col verdoyant de Zabalandi, au pied de l'Izpizte (1 061 m).

En atteignant Zabalandi (910 m), une pancarte indique "GR°12 Orisol" en direction du sud. Pour revenir, prenez la piste de terre qui descend vers l'ouest, passez un refuge (à gauche), puis une source naturelle (au-dessus du sentier sur la droite). La route grimpe puis s'aplanit pendant 400 m avant de partir sur la droite sur un sentier balisé qui monte. Après 10 minutes de marche, vous atteindrez le Collado de Pagozelai. Revenez par la route devenue familière et, 200 m avant le refuge, empruntez un sentier qui descend sur la gauche, à travers la verte Campa de Azuntza. Prenez le chemin qui longe, puis entre dans les bois. De la source Pol Pol, au goût ferreux, grimpez vers la piste de terre. Tournez à gauche et descendez sur 3,5 km jusqu'au sanctuaire.

OTXANDIO

Seulement 6 km après le col d'Urkiola, Otxandio doit son ambiance paisible à son minuscule cœur historique où les maisons en pierre, bois et briquettes (certaines évoquent presque les maisons à colombages visibles sous d'autres cieux) sont au coude à coude. Pour ancien qu'il soit, le village ne vit pas hors de son temps, comme le rappellent les graffitis indépendantistes et les drapeaux basques présents dans ses ruelles.

Mention spéciale au **Camping Zubizabala** (☎ 660 42 30 17, contact à Bilbao ☎ 94 447 92 06 ; www.zubizabala.com ; adulte/enfant 4-10 ans/voiture 4/3,20/3,45 €), particulièrement respectueux de l'environnement : utilisation de l'énergie solaire, tri des déchets, sensibilisation à la gestion de l'eau. Bien équipé – bar, laverie, épicerie, jeux pour enfants –, il est installé à la sortie d'Otxandio en direction de Barazar. Il est possible de louer une tente sur place.

Quelques *agroturismos* (séjours à la ferme) sont indiqués aux abords du village.

BISCAYE

ELORRIO

Une trentaine de kilomètres au nord-est d'Otxandio par la BI623, ce minuscule village fondé en 1356 par le seigneur de Biscaye Don Tello se distingue par son étonnant patrimoine architectural. Le village connut son âge d'or entre les XVIe et XVIIe siècles, en premier lieu grâce à ses forges. Cette prospérité se traduisit par l'édification de la **Basílica de la Purísima Concepción** et d'une série de **Palacios** (palais) blasonnés, visibles dans la rue principale du *casco viejo*.

Elorrio est desservi par la ligne A3923 de Bizkaibus.

MARKINA-XEMEIN ET SES ENVIRONS

Situé à une quinzaine de kilomètre au nord de Durango sur la BI3231, le **Balcón de Bizkaia** offre un splendide panorama sur la zone d'Urdaibai.

Poursuivez sur la BI3231 puis bifurquez sur la BI2224 en direction de Bolibar. Sur la droite, en direction de Ziorta, accordez-vous une halte au **monastère de Zenarruza**, posté dans un environnement champêtre. Rejoignez ensuite **Bolibar**, petit village offrant de belles possibilités de promenades et dont la famille de Simon Bolivar était originaire. Un musée lui est consacré (www.simonbolivarmuseoa.com).

La BI633 vous mènera ensuite à **Markina-Xemein**, capitale de la pelote basque. Il serait donc dommage d'y aller sans un passage par son trinquet. Découvrez également son église baroque San Miguel de Arretxinaga, son couvent des carmélites et son église recelant de superbes retables, ainsi que ses ruelles flanquées de maisons anciennes.

Navarre

Vous ne connaissiez la Navarre que de nom, par les rois de France… et de Navarre ? Franchissez donc les cols – qu'on appelle localement des "ports" (*puertos*) – pour découvrir cette province espagnole, l'une des sept que compte historiquement le Pays basque. Avec des envergures nord-sud et est-ouest de 157 km et 150 km, ce territoire de 10 420 km², à peine plus grand que le département de la Gironde, compte près de 606 000 habitants, dont 195 000 à Pamplona/ Iruña, la capitale. Des vallées verdoyantes des Pyrénées aux sols arides des Bárdenas Reales, la Navarre décline une mosaïque de paysages qui vous surprendra, parsemés de champs agricoles, de terroirs viticoles, de terres maraîchères et de pâturages voués à l'élevage.

En cela, la diversité est peut-être la caractéristique qui qualifie le mieux la Navarre : on distingue quatre entités géographiques ayant chacune leur intérêt touristique. Au nord s'étendent les Pyrénées, barrière naturelle compartimentée en vallées successives, habillées de grandes forêts de hêtres et de sapins. Redoutée par les pèlerins mais appréciée des bergers, la montagne se prolonge à l'ouest vers les sierras annonçant les monts Cantabriques. La zone moyenne et le bassin de Pamplona (Pampelune) concentrent l'essentiel de la population et le cœur économique de la région. C'est aussi la terre des châteaux (d'Artajona à Javier) et des monastères (de Leyre à Iranzu). La Ribera enfin, de la plaine fertile de la vallée de l'Èbre aux terres désertiques des Bárdenas Reales, avec la ville de Tudela et sa cathédrale comme pivot entre ces extrêmes.

Les amateurs de marche se reporteront au chapitre *Randonnées et balades dans les Pyrénées* (p. 67) dans lequel sont décrits en détail plusieurs itinéraires.

NAVARRE

À NE PAS MANQUER

- La ville de **Pamplona** (p. 360), ses vieux quartiers, le musée de Navarre et sa cathédrale
- **Olite** (p. 376) avec son musée du Vin et son palais des rois de Navarre
- Les **monastères** isolés (p. 373 et 395) de Leyre et d'Iranzu
- La balade des **gorges de Lumbier** (p. 374)
- Les **sierras** d'Urbasa, d'Andia, d'Aralar et del Perdón (p. 396)
- Les paysages déserts et sauvages des **Bárdenas Reales** (p. 384)
- Le site de **Roncevaux** et les **chemins de pèlerinage** de Saint-Jacques (p. 402)
- Les paysages verdoyants des **vallées pyrénéennes** de Baztan, d'Aezkoa, de Salazar et de Roncal (p. 404)
- Les **villages pittoresques** d'Ujué, d'Isaba et d'Ochagavía (p. 318, 406 et 407)

LA NAVARRE AVEC DES ENFANTS

LIEUX	ACTIVITÉS	BON À SAVOIR
Arguedas	Le **parc d'activités Senda Viva** (p. 384) est un espace ludique axé sur la nature.	Entrée à tarif réduit de 16h à 20h.
Astitz	Les enfants découvriront les secrets et les trésors du monde souterrain en visitant les **grottes (cuevas) de Mendukilo** (p. 399).	N'oubliez pas de vous couvrir et de vous munir de chaussures antidérapantes.
Lumbier	La muséographie du **Centro de interpretación de las focas** (p. 374) s'adresse prioritairement aux enfants.	Présence d'une ludothèque et d'un original "tunnel des sens" en forme de labyrinthe.
Olite	Quel formidable terrain de jeux que le **Palacio de los Reyes de Navarra** (p. 376) !	Très peu onéreux.
Pitillas	Les **sentiers de découverte** et le bâtiment d'observation de la lagune sauront séduire les plus jeunes (p. 380).	Jumelles et lunettes d'observation sont à votre disposition.
Sierra de Aralar (Lekunberri)	La **Via verde del Plazaola** (p. 398), voie verte sécurisée pour les cyclistes et les promeneurs, est un incontournable rendez-vous familial.	Possibilité de louer des vélos à l'office de tourisme.

NAVARRE

PAMPLONA ET SES ENVIRONS

Quand on évoque Pamplona (Pampelune), on pense immédiatement aux *Sanfermines* (fêtes de la Saint-Firmin) et son *encierro*, cette course de taureaux disputée dans les rues même de la ville, et dont les images sont relayées à travers le monde entier, à l'instar de Sienne et de son Palio… Mais on aurait tort de résumer la ville à cette fête qui, pour être populaire, n'en reste pas moins l'infime partie immergée de l'iceberg : Pamplona recèle bien d'autres trésors qu'il convient de découvrir un à un…

PAMPLONA/IRUÑA

L'importance de la ville, capitale du royaume de Navarre, pourrait presque se résumer à deux faits. Le premier : les remparts qui, du début du XVIᵉ siècle au premier quart du XXᵉ, ont protégé la cité des attaques extérieures. Le second fait référence à un chiffre : pas moins de 40 km de rayonnages sont consacrés aux archives de la Navarre (25 km sont occupés à ce jour, 15 restent à remplir). Fortifications et concentration du pouvoir : c'est dire la place que tient la ville dans l'histoire de la Navarre. Bâtie sur un promontoire dominant une large boucle de l'Arga, au cœur d'une vaste plaine agricole, la ville de Pamplona a depuis fort longtemps abrité le pouvoir central, une vocation politique dont elle hérite compte tenu de sa situation à la fois au centre de la Navarre et à la frontière entre les Pyrénées et les terres fertiles des vallées alluviales méridionales. Établie au carrefour des voies de communications, Pamplona est devenue un incontournable centre économique qui n'a cessé d'attirer les convoitises.

Histoire

Si les premiers peuplements remontent à – 75 000 ans, il faudra attendre l'arrivée du général romain Pompée, vers 75 av. J.-C., pour qu'un acte juridique valide la naissance de la

PAMPLONA

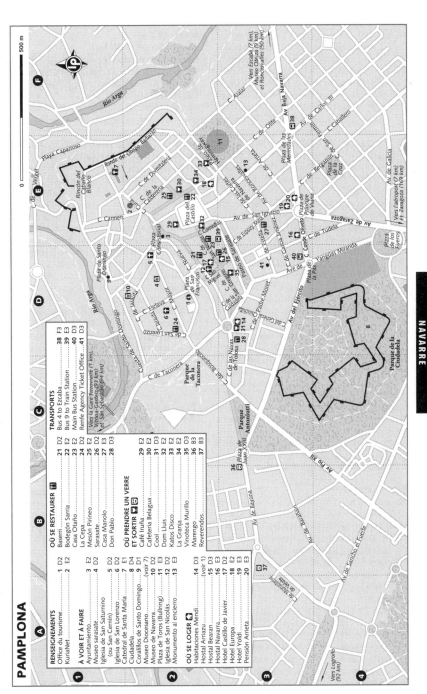

ville à qui il donne son nom. Dans la géopolitique d'alors, Pamplona est une porte donnant accès à la péninsule Ibérique, en territoire vascon (les Vascons avaient occupé le site, alors connu sous le nom d'Iruña, "la Ville"). La cité romaine, pourvue de ses deux axes orthogonaux (le *cardo* et le *decumanus*), d'un forum, d'égouts, de thermes et d'échoppes marchandes, est pratiquement ravagée par un incendie au IIIᵉ siècle. Le salut viendra d'Aragon où les souverains successifs n'auront de cesse, à partir du XIIᵉ siècle, de recoloniser la ville. C'est ainsi que naquirent trois entités urbaines, enracinées sur leur église respective : le Burgo de San Cernín (autour de l'église San Saturnino), la Población de San Nicolás (église San Nicolás), et la Navarrería (où vit la noblesse, autour de la cathédrale). Rivalités, disputes, mésententes durèrent jusqu'en 1423, année où le roi Carlos III décréta l'unification des trois quartiers (Privilège de l'Union). Dans la foulée fut édifié l'hôtel des Jurés, devenu l'hôtel de ville, et un nouveau blason vit le jour. Parallèlement grandit la notoriété de la ville avec le formidable essor du pèlerinage vers Saint-Jacques-de-Compostelle.

Annexée à la Castille depuis 1515, la Navarre devient un poste avancé de la couronne espagnole vers le royaume de France, d'où la nécessité de fortifier Pamplona. Les remparts traversèrent les siècles, contenant les assauts mais empêchant le développement urbanistique de la ville. Ce n'est que dans les années 1920 qu'il fut décidé de les démolir (excepté le côté est, au-dessus de l'Arga) afin d'envisager l'extension – vitale et nécessaire – de la ville, comptant aujourd'hui près de 200 000 habitants.

Renseignements

Office du tourisme (☎ 848 420 420 ; www.pamplona. es ; oit.pamplona@navarra.es ; 1 Calle Eslava/angle Plaza de San Francisco ; ☼ lun-sam 10h-14h et 16h-19h, dim 10h-14h). En plus d'un accueil chaleureux et souriant, vous y trouverez une large documentation sur la Navarre. Le plan de la ville est édité en français ; n'oubliez pas de demander le *Civivox*, petit guide culturel trimestriel (gratuit). À noter : tous les monuments disposent de panneaux explicatifs rédigés en braille.

Ciber-café KuriaNet (☎ 948 22 30 77 ; kurianet@ hotmail.com ; 15 Calle Curia ; 30 min/1h 1,50/2,50 € ; ☼ lun-sam 10h-14h30 et 17h-22h). Ce cybercafé est discrètement situé dans la petite rue Curia, entre l'hôtel de ville et la cathédrale. Tout en longueur, l'établissement dispose d'une dizaine de moniteurs possédant des claviers qwerty espagnols.

À voir et à faire

◉ MUSEO DE NAVARRA

La visite du **musée de Navarre** (☎ 948 42 64 92 ; Calle Cuesta Santo Domingo 47 ; www.cfnavarra.es/ cultura/museo ; museo@cfnavarra.es ; entrée 2 € (-16 ans gratuit) ; ☼ mar-sam 9h30-14h et 17h-19h, dim et fêtes 11h-14h, jeu fermeture à 21h en cas d'exposition temporaire) pourrait (presque) résumer à elle seule la riche histoire culturelle et artistique de la Navarre. Véritable lieu de mémoire, le musée (établi depuis 1956 dans un ancien hospice) est compartimenté en salles thématiques qui, du sous-sol au quatrième étage, suivent un fil rouge artistique de la préhistoire à nos jours.

Le sous-sol abrite une surprenante mosaïque octogonale polychrome d'époque romaine, datant des IVᵉ et Vᵉ siècles. Les vitrines exposent, quant à elles, le matériel paléolithique (100 000 ans av. J.-C.) et néolithique (4 500 av. J.-C.) issu de fouilles archéologiques. D'autres mosaïques provenant de villas romaines sont exposées au musée, notamment celles de la villa de Ramalete (IVᵉ et Vᵉ siècle av. J.-C.), celle d'Andelos (voir p. 389) et celle où figurent Thésée et le Minotaure. Les parties manquantes sont représentées de façon diaphane (avec des couleurs pâles), de manière à pouvoir contempler la globalité. Remarquez les entrelacs, le jeu des motifs géométriques et leur complexité, la variété de la polychromie. Autels votifs et cippes romains complètent la partie antique du musée.

Les salles consacrées à l'art préroman et roman (premier étage) sont riches de chapiteaux superbement sculptés et de représentations anthropomorphiques. Le musée conserve notamment de beaux chapiteaux récupérés sur la façade romane de la cathédrale de Pamplona, avant sa reconstruction selon une facture néoclassique. L'art hispano-musulman est représenté par des chapiteaux historiés provenant de la cathédrale de Tudela (voir p. 381).

Au deuxième étage sont exposées les toiles de peintres d'époque gothique, dominées par des représentations travaillées de Crucifixions, de Vierges à l'Enfant et d'Annonciations. La plupart ont été exécutées sur bois. Attardez-vous sur la magnifique représentation de la Vierge à l'Enfant du XVᵉ siècle, de style bourguignon, et celle, plutôt rare, de sainte Anne. Les salles suivantes présentent des peintures murales en grisaille (d'époque Renaissance), dont on notera la vivacité des traits des innombrables personnages représentés : cette fresque illustre la bataille de Carlos V menée contre les protestants.

Le troisième étage est consacré aux peintures religieuses du XVIIe siècle, notamment sur cuivre. Les tableaux d'écoles espagnoles côtoient celles de facture navarraise des XIXe et XXe siècles.

☑ CATEDRAL DE SANTA MARÍA

Le site de la **cathédrale de Santa María** (☎948 22 290 90 ; Calle Dormitalería 3-5 ; www.iglesianavarra.org ; guiapatrimoniocultural@yahoo.es ; entrée 4,40 € ; ☺17 sept-15 juil lun-ven 10h-14h et 16h-19h, 16 juil-16 sept 10h-19h, sam 10h-14h30) sur une éminence du quartier historique, recèle, outre la nef, le musée diocésain et le cloître. Vue de l'extérieur, la façade de la cathédrale pourra interloquer : elle est due à l'architecte madrilène Ventura Rodríguez qui lui donna, en 1783, un style néoclassique, afin de remplacer la facture romane d'origine, lourdement endommagée. L'une des deux tours abrite une cloche de 12 tonnes, la Maria, qui est la deuxième plus lourde cloche d'Espagne. Passez le porche et dirigez-vous vers la billetterie. Le circuit numéroté sur le petit plan remis à l'entrée vous aidera à circuler de façon ordonnée.

L'édifice gothique, élevé à la charnière des XIVe et XVe siècles, fut le lieu du couronnement des souverains navarrais, mais aussi le siège du Parlement. Les travaux de restauration entrepris entre 1992 et 1994 ont rendu l'éclat et le faste de ce joyau qui trouve son inspiration dans la cathédrale de Bayonne ; une crypte romane et des peintures murales furent mises au jour à cette occasion.

La nef de 28 m de hauteur impose le recueillement, favorisé par la pénombre qui y règne. Le subtil éclairage joue en faveur d'une sombre atmosphère. Solennité, grandeur, plénitude, silence : tels sont les mots qui viennent à l'esprit pour caractériser ce sanctuaire qui, riche de l'histoire navarraise, abrite les gisants d'albâtre du roi Carlos III le Noble et de son épouse la reine Léonor de Castille, endormis pour l'éternité au beau milieu de la nef. On les doit à l'artiste Johan Lome de Tournai. Remarquez, sur le pourtour du mausolée, le détail des 28 personnages, princes, nobles et ecclésiastiques, pleurant la perte du souverain. D'un point de vue architectural, la nef en forme de croix latine, coiffée par des voûtes ogivales sexpartites, est flanquée de deux larges bas-côtés qui donnent accès au déambulatoire et à l'abside polygonale,

typiques des églises situées sur le chemin de Saint-Jacques-de-Compostelle. Remarquez au passage les retables de Caparroso et le Christ en Croix, tous deux du XVIe siècle. Dans le chœur est exposée la statue argentée de Santa María la Real qui a, en réalité, été sculptée en bois ; les cérémonies du baptême, de la bénédiction et du couronnement des rois avaient lieu devant cette statue romane, la plus ancienne des statues de la Vierge en Navarre.

Le **cloître** vaut un coup d'œil appuyé pour la dentelle formée par le jeu ajouré des remplages gothiques, pour son original dallage composé de 328 tombes dans lesquelles reposent les chanoines qui officièrent en ces lieux, et pour ses deux portes savamment sculptées : la Porta Preciosa (du nom du psaume que les moines chantaient lorsqu'ils la franchissaient pour aller au dortoir), et la porte de Nuestra Señora del Amparo, surmontée par une représentation de la Dormition de la Vierge. Au centre du cloître se trouve un puits environné de trois conifères.

Le **musée diocésain**, établi dans l'ancien réfectoire, est un musée d'art sacré. Il expose plusieurs statues de la Vierge à l'Enfant dont les plus belles pièces, polychromes, datent des XIIe et XIVe siècles. Vous verrez également une chaire en pierre, remarquablement ciselée, des statues en pied de saint Martin et de saint Augustin (XVIIe siècle), une Virgen del Rosario sous vitrine (XVIIe siècle) et une Virgen sedente con Niño du XIIe siècle. Dans l'ancien cellier sont exposées des pièces liées à la liturgie : ciboires, châsses, crucifix de toute beauté.

AYUNTAMIENTO

L'**hôtel de ville** (☎948 42 01 00 ; Plaza Consistorial ; www.pamplona.net ; sugerencias@ayto-pamplona.es ; ☺lun-ven 8h30-14h30) est fermement enraciné dans le cœur des habitants car c'est depuis son balcon que sont lancées les fêtes de la Saint-Firmin (*Sanfermines*) le 6 juillet. Le bâtiment dégage un charme certain, considérablement rehaussé par son éclairage nocturne (nous vous recommandons d'ailleurs de l'admirer une fois la nuit tombée). Il a été édifié en 1423 selon la volonté du roi Carlos III le Noble, consécutivement au Privilège de l'Union qui prévoyait la fusion des trois communautés urbaines.

Sa façade, baroque et néoclassique, présente une élévation compartimentée en trois niveaux. Le niveau inférieur (rez-de-chaussée) est caractérisé par un jeu de quatre colonnes géminées à chapiteaux doriques, par un porche cintré orné d'un blason métallique et par un entablement à triglyphes et métopes, enjolivé de motifs floraux. Les deux statues qui encadrent l'entrée représentent la Prudence et la Justice. On retrouve un jeu de quatre colonnes géminées au premier étage mais coiffées de chapiteaux d'ordre ionique cette fois-ci ; des arabesques décorent le pourtour des fenêtres rectangulaires. Les colonnes (à chapiteaux corinthiens) diminuent de volume au second étage ; le fronton triangulaire, qui abrite l'horloge du XVIIIᵉ siècle, porte la représentation de l'allégorie de la Renommée, encadrée par deux statues.

Juste derrière l'hôtel de ville bat, depuis 1876, le cœur du marché de Pamplona. Disposé sur deux niveaux, il juxtapose les étals de nombreux producteurs dans un joyeux brouhaha saupoudré d'odeurs promises aux plus belles agapes : viandes, fromages, fruits secs, poissons, olives, condiments variés, mais aussi des fleurs...

PALACIO DEL CONTESTABLE – MUSEO SARASATE

Le **musée Sarasate** (Calle Mayor 2 ; www.pamplona. net ; entrée libre ; ☺ mar-sam 11h-14h et 18h-21h, dim 11h-14h) est établi dans le **Palacio del Contestable**, ancien palais de ville dénué de tout mobilier, qui surprend par ses plafonds à la française caractérisés par de belles poutres décorées, entièrement restaurées. On notera l'aspect brut, dénué de toute peinture, de ces poutres aux extrémités délicatement sculptées. Le vaste patio couvert (hors d'eau), rythmé par un jeu de quatorze colonnes octogonales, donne accès à toutes les pièces, dont celles réservées à l'exposition permanente consacrée à Pablo Sarasate, violoniste navarrais du XIXᵉ siècle. Les grands panneaux retraçant la vie artistique du musicien sont développés en espagnol et en anglais. C'est ainsi que l'on apprend que, prénommé Martin, il prend le prénom de Pablo à l'âge de 34 ans, et que Camille Saint-Saëns fut son grand ami. Gravures, photos d'époque et peintures illustrent le parcours de cet enfant prodige pour qui la musique fut une raison de vivre. Les vitrines exposent ses montres à gousset, ses effets personnels, des violons de toute beauté ; sur les murs sont affichés (en reproduction) ses diplômes et les honneurs reçus.

IGLESIA DE SAN SATURNINO (OU SAN CERNÍN)

Église de quartier édifiée dès le XIIIᵉ siècle, l'**église de San Saturnino** (☎ 948 22 11 94 ; angle Calle San Saturnino et Calle Ansoleaga 21 ; ☺ lun-sam 9h-12h30 et 18h-20h, dim et fêtes 10h15-13h30 et 17h45-20h), donne dans l'une des artères principales du vieux Pamplona, à deux pas de l'hôtel de ville. Le porche cache sous ses arcades un portail gothique dont le tympan représente le Christ triomphant. ; l'archivolte, dénuée d'ornementation, est composée de six voussures. Quelques chapiteaux ont cependant été sculptés. La nef, agrémentée d'un très beau et original parquet numéroté (!), est accessible par le collatéral nord ; sa large tribune est caractérisée par une voûte en anse de panier, compartimentée en quatre voûtes dont il faudra remarquer les clefs blasonnées, polychromes et figurant des armoiries héraldiques. Ce que l'on pourrait croire être le transept est en fait une profonde chapelle baroque dédiée à la Virgen del Camino, reconnue comme "Dame et Reine de la ville". La coupole est élevée sur pendentifs. Quant au chœur à cinq pans de l'église, il abrite un riche retable caractérisé par un triptyque, des flèches, des niches à gâbles et des scènes polychromes sculptées en ronde-bosse.

Derrière l'église, dans la Calle Ansoleaga, se trouve le vieux bâtiment de la **Cámara de Comptos** (cour des Comptes), identifiable à ses fenêtres géminées et à son porche gothique.

IGLESIA DE SAN LORENZO Y CAPILLA DE SAN FERMÍN

L'**église de San Lorenzo** (☎ 948 22 53 71 ; Calle Mayor 74 ; ☺ lun-sam 8h-12h30 et 18h30-20h, dim et fêtes 8h30-13h45 et 17h30-20h) est chère dans le cœur des Pampelunais, car c'est ici que reposent les reliques de San Fermín (saint Firmin), premier évêque de la ville, et dont le reliquaire de la fin du XIVᵉ siècle est caractérisé par un mi-corps en bois polychrome argenté. Il est révélé à la foule lors de la procession en juillet. San Fermín fait d'ailleurs l'objet d'une attention particulière puisque la **chapelle** néoclassique qui lui est consacrée (à droite en entrant) étonne par ses grandes dimensions, avec une coupole reposant sur pendentifs. Cette chapelle latérale vole même la vedette au chœur qu'on aurait presque oublié : il faut dire que la statue de San Lorenzo (saint Laurent) avec son gril – objet de son supplice – fait plutôt pâle figure à côté du rouge éclatant et du doré des habits de San Fermín ! Pour la petite histoire, les reliques du saint furent rapportées d'Amiens par l'évêque Pedro de Artajona en 1186.

IGLESIA DE SAN NICOLÁS

L'**église San Nicolas** (☎ 948 22 12 81 ; Calle San Miguel 15 ; ☒ lun-sam 9h30-12h30 et 18h-20h30, dimanche et fêtes 9h30-13h30 et 18h30-20h30), autre église de quartier, est auréolée d'une galerie qui fait office de péristyle : on s'y abrite volontiers pour y tenir conversation et on y accède par plusieurs portails, notamment ceux côté rue San Nicolás et côté Plaza Sarasate. D'origine romane, l'église, rehaussée ultérieurement en style gothique, possède une belle nef rythmée par des colonnes engagées sur des pilastres. Demeurent encore les chapiteaux originels, discrètement décorés par des feuilles de ciste. Mais la plus grande part de la décoration de la nef a été repensée au XIXe siècle, à grands coups de stucs. Si votre regard balaie le sol, vous remarquerez, à l'instar de l'église San Saturnino, un parquet numéroté. Au contraire, si vous levez les yeux, vous pourrez admirer les belles orgues baroques de 1769. La statuaire présente ici vaut le coup d'œil, on s'arrête notamment sur un saint Nicolas avec les trois enfants ressuscités à ses côtés (sur le pilier droit du chœur).

PLAZA DEL CASTILLO

Ce grand quadrilatère de presque 1,4 ha est livré aux piétons depuis 2002-2003 (parking souterrain). En son centre trône un kiosque en pierre agrémenté de vasques en forme de conques. Le café Iruña et l'hôtel La Perla sont les deux adresses majeures de cette place située à la frontière des quartiers anciens et des quartiers modernes. C'est le lieu de rencontre par excellence.

CIUDADELA

La **citadelle** (Avenida del Ejército ; entrée libre) a été construite en 1571, en pleine Renaissance, sous l'impulsion du roi Felipe II afin de protéger la ville contre les assauts français lors de l'annexion de la Navarre. Relativement bien conservée, cette citadelle de forme pentagonale offre un bel exemple du système défensif en vigueur à l'époque avec ses bastions (deux furent rasés). Les demi-lunes et les escarpes furent ajoutées au XVIIIe siècle. Le site est aujourd'hui devenu un agréable parc public livré aux promeneurs.

MONUMENTO AL ENCIERRO

Il ne faut pas manquer cette **sculpture** (angle de l'avenida Roncesvalles et de l'avenida Carlos III) qui touche le promeneur par son réalisme, voire son hyper-réalisme ; outre le choix de l'échelle 1 (c'est-à-dire à taille réelle), le monument, qui représente une scène de la célèbre course de taureaux lors des fêtes de la Saint-Firmin met en avant le mouvement, la force, la rapidité et la spontanéité. On pourrait comparer le monument avec une photo, prise sur le vif. Faites-en le tour : regardez les visages saisissants des coureurs, l'homme à terre, l'expression des taureaux. On sentirait presque leur souffle…

Fêtes et festivals

Fêtes de la Saint-Firmin (6-14 juillet) : la plus grande manifestation navarraise avec son **encierro** et ses processions enfiévrées.

Foire artisanale et gastronomique (2-4 octobre)

Fête patronale (11-17 septembre) avec foire aux bestiaux et *encierros* de taureaux.

Où se loger

Durant les *Sanfermines*, les tarifs montent en flèche : tous les hôtels multiplient leurs prix par quatre, et certains par cinq. Par ailleurs, il est pratiquement impossible de trouver une chambre sans avoir réservé de six mois à un an à l'avance. À tel point qu'un bout de trottoir jonché de détritus peut s'apparenter à un lit douillet ! L'office du tourisme dispose d'une liste de chambres à louer chez l'habitant pendant cette période, et des rabatteurs se tiennent aux alentours des gares ferroviaire et routière pour proposer des chambres. Sachant que de nombreux bus "San Fermín" desservent presque toutes les villes françaises et espagnoles de la région, il peut être judicieux de se loger en dehors de Pamplona et d'emprunter les bus de la *fiesta*. Renseignez-vous auprès des offices du tourisme pour connaître les horaires et les tarifs.

Le reste de l'année, les hébergements de Pamplona offrent un bon rapport qualité/prix, et il n'est généralement pas nécessaire de réserver.

PETITS BUDGETS

Ezcaba (☎ 948 33 03 15 ; www.campingezcaba.com ; empl par pers/tente/véhicule 4,90/5,35/4,90 €). Sur la rive du río Ulzama, à environ 7 km au nord sur la N121, c'est le terrain de camping le plus proche de

NAVARRE

NAVARRE

FÊTES DE LA SAINT-FIRMIN (SANFERMÍNES)

Cette célébration est en fait la synthèse de trois fêtes d'origine médiévale : une liturgie d'octobre correspondant à l'arrivée de saint Firmin à Amiens, une foire commerciale et une course de taureaux. Ce n'est qu'en 1591 que la date du 6 juillet fut choisie par les Pampelunais, échaudés par la météo capricieuse d'octobre... Les *Sanfermínes* obéissent à des codes et des rituels très précis.

Tout commence le 6 juillet avec le **chupinazo**, cette fusée qui ouvre les festivités. Elle est lancée depuis le balcon central du premier étage de l'hôtel de ville à 12h pile ; 29 autres fusées suivront. La Plaza Consistorial est alors noire de monde, la foule scandant "¡ Viva San Fermín ! Gora San Fermín !" (espagnol puis basque) avec le **pañuelico**, ce foulard rouge noué autour du cou (symbolisant la décapitation du saint, survenue le 25 septembre 303) dès la première fusée envoyée (pas avant !). Le soir ont lieu les vêpres. Puis vient le 7 juillet, jour de la procession du reliquaire du saint à travers un itinéraire urbain immuable, à 10h. Auparavant aura eu lieu (et jusqu'au 14 juillet inclus) à 8h l'**encierro**, cette course où les taureaux, accompagnés de coureurs, sont lâchés selon un tracé précis depuis la Calle Santo Domingo jusqu'à l'arène en passant par l'hôtel de ville et la Calle Estafeta. Géants et grosses têtes, **peñas** (associations de quartier pourvues d'un local où on peut danser, boire ou manger à toute heure pendant les fêtes ; chaque peña entretient une fanfare) rythment la fête jusqu'au 14 juillet à minuit, devant l'hôtel de ville, où la foule entonne le "Pobre de mí" (pauvre de moi) et dénoue le pañuelico... jusqu'à l'année suivante.

la ville. Le bus n°4 s'y rend quatre fois par jour (davantage pendant la Saint-Firmin) depuis la Plaza de las Merindades près de la banque BBVA. Les prix doublent pendant la Saint-Firmin.

Habitaciones Mendi (☎ 948 22 52 97 ; Calle de las Navas de Tolosa 9 ; ch 40 €). Cette petite pension est une adresse en or, dans le pur style pampelunais : escalier en bois grinçant et chambres coquettes et surannées.

Pensión Arrieta (☎ 948 22 84 59 ; Calle de Arrieta 27 ; s/d sans sdb 35/45 €). Une pension conviviale et plaisante, avec des salles de bains communes et de petites chambres aux parquets cirés odorants. Petites peintures indiennes sur les murs. Durant la Saint-Firmin, c'est l'une des adresses les moins chères (les prix sont multipliés par trois seulement).

Hostal Bearan (☎ 948 22 34 28 ; fax 948 22 43 02 ; Calle de San Nicolás 25 ; s/d à partir de 40/52 €). Les chambres sont un peu ternes mais le personnel est jeune et sympathique. Un emplacement central et une option idéale pour les voyageurs à petit budget.

CATÉGORIE MOYENNE
Hostal Navarra (☎ 948 22 51 64 ; www.hostalnavarra. com ; Calle de Tudela 9 ; s/d 45/60 € ; 🖥). Une adresse coup de cœur pour plusieurs raisons : la propreté est irréprochable, le propriétaire est un amour, les chambres sont colorées et confortables et les espaces communs sont agrémentés de cheminées et d'une foule de livres.

Hotel Castillo de Javier (☎ 948 20 30 40 ; www. hotelcastillodejavier.com ; Calle de San Nicolás 50 ; s/d 45/62 € ; 🖥 🖥). Un îlot chic dans une rue jalonnée de pensions bon marché. Le hall est ultramoderne et les chambres offrent les prestations classiques d'un hôtel d'affaires, mais dans un espace réduit.

Hostal Arriazu (☎ 948 21 02 02 ; www.hostalarriazu. com ; Calle Comedias 14 ; s/d avec petit-déj 55/65 € ; 🅿 🖥). À mi-chemin entre une pension bon marché et un hôtel de catégorie moyenne, cet établissement installé dans un ancien théâtre offre un excellent rapport qualité/prix. Les chambres sont sobres mais les salles de bains sont parfaites. Le salon commun est doté d'un grand écran de télévision et si les courses de taureaux ne sont pas votre tasse de thé, vous pourrez passer la soirée à lire tranquillement en piochant dans la bibliothèque.

Hotel Yoldi (☎ 948 22 48 00 ; www.hotelyoldi.com en espagnol ; Avenida de San Ignacio 11 ; s/d 60/88 € + 7% taxes ; 🖥 🖥). Un hôtel d'affaires animé où chaque chambre est équipée de lecteur de CD, télévision écran plat et autres éléments sophistiqués, et où les douches sont aussi puissantes que les chutes du Niagara. En bas, le café est l'un des points de rendez-vous classiques de la ville.

Hotel Europa (☎ 948 22 18 00 ; www.hreuropa. com ; Calle de Espoz y Mina 11 ; s/d 87/95 € ; 🖥 🖥). Un curieux mélange de faux marbre, de faux portraits de personnages historiques dans des cadres dorés et de photos de clients de l'hôtel, connus ou inconnus. Malgré tout, les chambres, confortables, sont d'un bon rapport qualité/prix.

Où se restaurer

Bodegón Sarria (☎ 948 22 77 13 ; Calle de la Estafeta 50 ; plats à partir de 9 €). Jambons suspendus au plafond, serviettes en papier qui jonchent le sol, photos d'Hemingway et de bravade de taureaux donnent à ce lieu une ambiance virile. Le bar déborde de *pintxos* et des menus du jour sont proposés à midi.

La Cepa (☎ 948 21 31 45 ; Calle de San Lorenzo 2 ; menu 10 €). Un bar grunge fréquenté par une clientèle de jeunes Basques. Des repas simples et des concerts alternatifs organisés en soirée.

Sarasate (☎ 948 22 57 27 ; Calle de San Nicolás 21 ; menu 11-17 € ; Ⓥ). Au premier étage, ce restaurant lumineux et dépouillé propose d'excellents plats végétariens avec des options sans gluten. Il est géré par les propriétaires du Baserri, ce qui est un gage de qualité.

Ⓔ Ⓞ Baserri (☎ 948 22 20 21 ; Calle de San Nicolás 32 ; menu du jour 14 €). Ce restaurant a remporté une quantité astronomique de prix culinaires. Comme on peut s'y attendre, les plats et les *pintxos* sont succulents, à des prix très raisonnables. Le *menú degustación* (un assortiment de *pintxos*) coûte 24 € ; goûtez les délices comme le chevreuil aux champignons sauvages ou l'autruche au fromage d'Idiázabal. Il y a également des options sans gluten.

Mesón Pirineo (☎ 948 22 20 45 ; Calle de la Estafeta 41 ; menu 16 €). Ce bar dans la plus pure tradition de Navarre n'a rien de moderne ni de branché mais les *pintxos* sont à tomber.

Casa Otaño (☎ 948 22 50 95 ; Calle de San Nicolás 5 ; plats 16-20 €). Les prix sont un peu plus élevés que dans ses autres établissements de la rue, mais cela se justifie. L'ambiance sérieuse est adoucie par les éclatantes fleurs roses et rouges débordant du balcon. Parmi les plats délicieux, citons le *bacalao* (morue séchée et salée) avec sa sauce Viscaína (17,50 €) et toute une gamme de plats de viande en sauce. La pension attenante (s/d 30/48 €) est gérée dans le même esprit.

Ⓞ Casa Manolo (☎ 948 22 51 02 ; www.restaurante casamanolo.com ; Calle García Castañón 12 ; menus 30-45 €, menu du jour 15 €). En marge de la vieille ville, ce restaurant des quartiers chics prend place au premier étage d'un immeuble cossu. L'accueil et le service sont professionnels sans être distants, la grande salle chaleureuse et avenante, et la décoration riche mais discrète. La

cuisine est stylée, concoctée à base de produits du terroir comme le foie de canard, la morue, les champignons de montagne, etc. Tout est délicieux. Le plus : il est possible de commander le menu du jour pour le dîner.

Don Pablo (☎ 948 22 52 99 ; www.restaurantedonpablo. com ; info@restaurantedonpablo.com ; Calle Navas de Tolosa 19 ; menus 45-70 €, menu du jour 18 €). Un restaurant aux allures de bistrot, dans un décor lounge ? Le mariage en est heureux : les murs couleur "mousse au chocolat" (observez la texture : on en mangerait !) donnent un ton feutré, à peine rehaussé par les discrètes lumières. On conseille d'y aller pour le déjeuner, le menu d'appel à 18 € ne pâtissant pas d'un quelconque laisser-aller : les plats sont savoureux, copieux, recherchés. La clientèle d'hommes d'affaires, fidèle, est là pour en témoigner.

Où prendre un verre

Ville étudiante, Pamplona connaît une vie nocturne animée toute l'année. Une chaude ambiance basque règne dans les bars autour de la Calle Carmen et de la Calle de la Calderería et plus haut vers la cathédrale.

Cool (☎ 948 22 46 22 ; www.coolounge.com ; Calle de las Navas de Tolosa 11). Comme son nom l'indique, ce bar au décor en acier, à la limite de la vieille ville, est l'endroit parfait pour voir et être vu.

Ⓞ Café Iruña (☎ 948 22 20 64 ; www.cafeiruna.com ; info@cafeiruna.com ; Plaza del Castillo 44 ; menu du jour 14 €). C'est *le* lieu incontournable de Pamplona. Même si la terrasse, déployée en saison, vous séduit par ses parasols ou par l'ombrage des arcades, c'est à l'intérieur qu'il faut déjeuner ou prendre un thé. Ici se révèle un lieu d'exception, tout droit sorti de la Belle Époque : lustres à globes floraux, boiseries sculptées, déclinaison de couleurs vert olive, tables et chaises de bistro, plafonds à larges caissons... rien ne manque à ce décor, pratiquement inchangé depuis la fondation du café en 1891. Remarquez les douze grands miroirs, chacun surmonté d'un blason d'une ville de Navarre. Côté fourchette, le menu du jour remplit toutes les promesses de la cuisine roborative et familiale de bistro qu'affectionnait Hemingway lorsqu'il séjourna dans la ville. Les chambres (de simple à quadruple), toutes discrètement déclinées dans des tons chauds, avec appliques et cadres aux murs, sont également proposées.

Cafeteria Belegua (☎ 948 22 32 82 ; Calle de la Estafeta 49). Une adresse prisée des jeunes mamans qui viennent faire une pause en fin d'après-midi en buvant un café et en grignotant un gâteau.

Vinoteca Murillo (☎ 948 22 10 15 ; angle Calle de San Gregorio et Plaza de San Nicolás ; ☽ lun-sam 9h-13h45 et 16h-20h). Pour les fêtards sans le sou, ce caviste propose des cubis de vin de mauvaise qualité (5 litres pour seulement 6,50 €). Il y a aussi des vins bien meilleurs.

Parmi les autres bars sympas, citons le cosy **Dom Lluis** (angle Calles de San Nicolás et Pozo Blanco), qui reste ouvert tard dans la nuit quand beaucoup ont déjà baissé le rideau et **La Granja** (Calle de la Estafeta 71), dont le bar est truffé d'antiquités dans un cadre moderne. Pour plus de bruit et d'alcool, la **Katos Disco** (Paseo de Hemingway) vous attend jusqu'au petit jour.

Où sortir

La plupart des discothèques de Pamplona sont accessibles à pied ou en taxi (courts trajets) au sud et à l'ouest du centre historique, dans la direction de l'université. Elles ouvrent leurs portes vers 23h du jeudi au samedi, et l'entrée coûte 8 à 12 €, selon les jours.

Reverendos (Calle de Monasterio de Velate 5 ; ☽ 23h30-6h30). Le rendez-vous des amateurs de dance et de techno âgés de 20 à 30 ans.

Marengo (Avenida de Bayona 2). Rythmes latinos et tubes pop attirent les foules.

Achats

Hijos de U. Ataun (☎ 948 22 39 00 ; 32 Calle Mayor/14 Calle Eslava ; ☽ lun-sam 10h-13h30 et 17h-20h). C'est une boutique à la devanture négligée, située à l'angle de la Calle Hilarión Eslava, dans le centre-ville. Pourtant, on aurait tort de passer son chemin : ici sont proposés des produits du terroir navarrais, essentiellement des sucreries ! Bonbons, gâteaux, pastilles parfumées, infusions, confitures (4,50 €), miel (5 à 7,80 €), caramels (4 et 8 €), chocolat en tablette... Vous trouverez également des boissons alcoolisées comme le *patxaran* (liqueur à base de prunelles et d'alcool anisé) et la mandragore. Rien ne semble manquer, pas même la gamme de conditionnement qui contentera toutes les bourses.

Depuis/vers Pamplona
AVION

L'**aéroport** (☎ 948 16 87 00), à 7 km au sud de la ville, est desservi par des vols réguliers depuis Madrid et Barcelone. On y trouve DAB et comptoirs de location de voitures.

Le bus n°21 (1 €) circule entre la ville (gare routière) et l'aéroport. La course en taxi coûte environ 13 €.

BUS

Depuis la **gare routière principale** (☎ 948 22 38 54 ; Calle Conde Oliveto 8), des bus desservent la plupart des villes de Navarre, avec un service réduit le dimanche.

Des bus réguliers rallient Bilbao (12,85 €, 1 heure 45), Vitoria (6,85 €, 1 heure 45), Logroño (7,69 €, 1 heure 30), San Sebastián (6,50 €, 1 heure). Parmi les destinations régionales, on compte Olite (3,40 €, 40 min, 16 bus/jour) et Estella (3,69 €, 1 heure, 10 bus/jour).

TRAIN

Du centre-ville, la gare est desservie toutes les 15 minutes par le bus n°9 depuis le Paseo de Sarasate. Dans le centre, l'**agence Renfe** (☎ 902 24 02 02 ; Calle de Estella 8 ; ☽ 9h-13h30 et 16h30-19h30 lun-ven, 9h-13h sam) vend les billets de train.

Les trains circulent depuis Madrid (51,80 €, 3 heures, 3 trains/jour), San Sebastián (à partir de 14,70 €, 2 heures, 3 trains/jour), Vitoria (4,40 €, 1 heure, 4 trains/jour) et Tudela (à partir de 6,40 €, 1 heure 15, 5 trains/jour).

CIZUR-MENOR

Cette petite bourgade résidentielle, située à 4 km au sud de Pamplona par l'A12, jouit d'une relative tranquillité. Bien que physiquement distante de la capitale navarraise (des champs cultivés séparent les deux zones urbaines), Cizur-Menor subit néanmoins les nuisances sonores de l'aéroport voisin. L'intérêt de la ville tient uniquement dans son étape sur le chemin de Saint-Jacques et par les deux édifices religieux qui lui sont liés.

À voir
IGLESIA SAN JUAN (OU SAN JUANISTA)

L'**église romane San Juan**, édifiée avec un bel appareil régulier sur une petite éminence, possède un portail cintré à trois voussures, dont le tympan présente un monogramme du Christ (chrisme). Elle est l'unique vestige de la commanderie des Hospitaliers de Saint-Jean de Jérusalem, datant du XIIIe siècle. L'église domine aujourd'hui Pamplona, la zone d'activité d'Esquiroz et, juste devant, les cultures.

NAVARRE

IGLESIA SAN MIGUEL

L'**église romane San Miguel** du XIIᵉ siècle, perchée elle aussi sur une petite hauteur, présente un clocher carré et un porche latéral en brique, fermé par une grille. Trois voussures et un chrisme enjolivent le portail.

Où se restaurer

Restaurant Asador El tremendo (☎ 948 18 39 24 ; menu du jour et du pèlerin 10 € ; ☟ fermé dimanche). La maison à pans de bois vous paraît avenante ? Tant mieux, les assiettes aussi ! On est ici dans un restaurant familial, sans prétentions, mais à la bonne cuisine revigorante et roborative, celle qu'affectionnent les pèlerins en mal de calories. Le menu du jour à 10 € contentera toutes les bourses et tous les estomacs.

☼ SIERRA DEL PERDÓN

Cette étroite langue de montagne orientée est-ouest, à 18 km au sud de Pamplona par l'A12, la N111 et la NA6056, coupe véritablement le paysage : au nord se déploie la dépression de Pamplona, au sud alternent les collines et les champs de la région de Puente la Reina. Nous conseillons vivement de quitter l'autoroute gratuite A12 pour gravir ce relief hérissé d'éoliennes. Au Puerto del Perdón (sur la route N111), suivez la direction de la Sierra (NA6056) : après un vaste parking équipé de tables de pique-nique, vous parviendrez, entre deux parcs d'éoliennes, à un terre-plein où croise le chemin de Saint-Jacques. De ce site très venteux, vous apprécierez la large vue qui se déploie au nord sur le bassin de Pamplona, avec les Pyrénées comme toile de fond, et au sud sur les vallées des ríos Robo et Arga avec les villages d'Uterga, Obanos… et Adiós ! Quatorze silhouettes métalliques figurant des pèlerins d'autrefois sont fichées dans le sol, dressant des bannières vers le ciel. À moins que vous ne tombiez sur de véritables pèlerins en chair et en os, et qui font souvent halte ici pour apprécier le paysage.

FUNDACÍON MUSEO JORGE OTEIZA

On ne peut être que surpris par les lignes futuristes du **musée Jorge Oteiza** (☎ 948 33 20 74 de 9h à 15h ; www.museooteiza.org ; info@ museooteiza. org ; Calle de la Cuesta 7, Alzuza ; entrée 4 € ; ☟ fermé lun, oct-mai mar-ven 10h-15h, sam-dim et fêtes 11h-19h, juin-sept mar-dim 11h-19h), situé à l'entrée du petit village d'Alzuza, à 7 km à l'est de Pamplona par la NA150. L'imposant édifice domine la petite vallée de l'Urbi. Il s'agit en fait d'une fondation où est exposée une partie de la riche œuvre du sculpteur Jorge Oteiza (1908-2003) qui s'est essayé avec succès au dessin et au collage après l'abandon de la sculpture en 1959. L'architecture du musée a d'ailleurs intégré la petite maison qu'occupait Oteiza depuis 1975. Ébauches, études et documents occupent deux étages tandis qu'une bibliothèque et un centre de documentation conservent la mémoire et l'héritage légué par le sculpteur.

IGLESIA SAN MARTÍN DE ARTAIZ

Si vous en avez l'occasion, détournez votre itinéraire par l'église **San Martín d'Artaiz** (☎ 628 55 11 75 de 9h à 15h ; 22 km à l'est de Pamplona par les A21, NA234 et NA2402 ; ☟ sam-dim 10h-14h et 16h30-19h30), remarquable par son monumental portail roman, articulé autour d'une archivolte coiffant des colonnes engagées à chapiteaux, d'un tympan et d'une corniche, tous sculptés. Remarquez les chapiteaux historiés de motifs à caractère animal et végétal, mais aussi anthropomorphe : les proportions n'ont pas été gardées afin de renforcer les traits, de créer des figures grotesques que l'on retrouve dans les modillons de la corniche. Essayez de repérer l'accouchement d'une femme : elle met au monde un bébé tenant un poignard ! Cette représentation de l'enfant adultérin avait de quoi impressionner les paroissiens qui, au XIIᵉ siècle, ne savaient ni lire ni écrire…

La nef, remaniée à l'époque gothique, abrite des peintures murales qui ont depuis été déposées au musée de Navarre à Pamplona.

SANGÜESA ET SES ENVIRONS

L'hydrographie, mêlée au relief, caractérise cette région de la Navarre orientale, les torrents nés dans les Pyrénées s'écoulant en direction du sud, vers les bassins versants des ríos Irati et Aragón. La ville de Sangüesa, important centre historique et poumon économique local, est-elle-même établie juste en amont de ces deux principaux axes fluviaux. Mais ce sont les paysages façonnés par l'eau qui ont retenu notre attention, les ríos Irati et Salazar cisaillant les sierras calcaires de profondes entailles, créant de spectaculaires gorges. Quant au cours plus paisible du río

NAVARRE

Aragón, il est veillé, telles des sentinelles, par les séculaires monastère de Leyre et château de Javier, postés en frontière face à la province d'Aragon.

SANGÜESA

En venant du nord par la NA127, on croise tout d'abord l'imposant complexe pétrochimique qui, face à la position dominante du petit village très ancien de Rocaforte (c'est la Sangüesa primitive, remontant à l'âge du bronze), fait un contraste saisissant. Puis apparaît la ville de Sangüesa, blottie sur la rive gauche du río Aragón, en aval de la confluence avec le río Irati. On pourra être surpris de découvrir une ville bien calme pour une population d'un peu plus de 5 000 habitants.

L'établissement de la ville actuelle dans la plaine (Sangüesa la Nueva, par opposition à Rocaforte) remonte à 1122, sur décision du roi de Navarre et d'Aragon Alphonse le Batailleur ; cette création urbaine avait un but économique et stratégique lié au passage du chemin menant à Saint-Jacques-de-Compostelle, venant de Jaca et du col du Somport. Le succès est au rendez-vous : outre ses cinq paroisses et ses quatre couvents, la ville se voit dotée de douze hôpitaux pour faire face à l'afflux massif de pèlerins (XIVe siècle).

Garez-vous (gratuitement) sur les parkings des **Plaza de Santo Domingo**, **Plaza de San Salvador** ou, si vous y séjournez, devant l'**Hostal JP** situé sur la rive droite.

Office du tourisme (☎ 948 87 14 11 ; oit.sanguesa@ navarra.es ; Calle Mayor 2 ; ☉ lun-sam 10h-14h et 16h-19h, dim 10h-14h). Vous y trouverez notamment le plan de la ville en français.

À voir et à faire

Sangüesa se découvre à pied. Nous vous proposons de suivre un itinéraire qui, au départ de l'office du tourisme, face à la majestueuse église Santa Maria la Real, vous conduira Calle Mayor (avec détour par la Plaza du General Los Arcos), Calle Santiago, Plaza de la Abadia, Calle Estudio, Calle Caballeros, Calle Enrique Labrit et Calle Alfonso el Batallador.

IGLESIA DE SANTA MARIA LA REAL

C'est le monument majeur de la ville. Caractérisée par une construction en gros appareil régulier à la base et en brique aux étages, l'église romane, qui remonte aux XIIe

(chevet) et XIVe siècles (nefs et clocher), mérite une attention particulière, notamment son magnifique portail ouvragé agrémenté d'une belle archivolte. Y figurent, entre autres, le Jugement dernier, la Présentation de Jésus au temple et le Massacre des Innocents : admirez la finesse de l'exécution, la virtuosité des traits et des drapés. Ce portail, classé, est un pur chef-d'œuvre de l'art roman espagnol. Vous verrez à l'intérieur de l'église, en abside, le beau retable du XVIe siècle représentant la Vierge de Rocamadour environnée par les évangélistes et des scènes de la vie de Marie. Cette Vierge était très vénérée par les pèlerins de Saint-Jacques. Attardez-vous, dans le collatéral nord, dans la chapelle de la Piedad (XVIe siècle) : la Descente de Croix (XVIe siècle), d'inspiration hispano-flamande, occupe un retable du XVIIIe siècle. Quant à l'ostensoir de procession, d'époque gothique (XVe siècle), il trône au bout du collatéral sud. C'est une inestimable pièce d'orfèvrerie, en argent doré, l'une des plus anciennes du pays.

CASA CONSISTORIAL

C'est l'hôtel de ville, caractérisé par ses quatre arcades cintrées sur colonnes rondes. Vous remarquerez, dans un écoinçon, les armes de la ville et un millésime (1570). Au premier étage, la façade arbore des motifs à damier rhomboïdal (losanges), des corbeaux de bois sculptés, quatre grandes fenêtres et une horloge.

Passez sous les arcades et traversez la petite place calme, sans commerces ou presque (vieille mercerie), agrémentée de bancs publics.

PALACIO DEL PRINCIPE DE VIANA

Accueillant autrefois la cour des rois navarrais, ce palais gothique abrite aujourd'hui la bibliothèque publique. Côté place, le bâtiment affiche une porte ogivale auréolée de larges claveaux et trois fenêtres géminées. Deux tours carrées crénelées, mais ruinées, permettent d'identifier de loin le palais.

PALACIO DE LOS SEBASTIENES

Cet ancien **palais** (62 Calle Mayor) a vu naître Henri d'Albret (1503-1555), futur Henri II de Navarre. Remarquez les armoiries et timbre en relief, les cinq ouvertures cintrées à voussures et les douze corbeaux en bois à clefs pendantes.

IGLESIA DE SANTIAGO

Commencée à la charnière des XIIe et XIIIe siècles, l'église Santiago (Saint-Jacques) a été achevée dans un style gothique. Identifiable par son clocher fortifié crénelé, l'édifice vaut le coup d'œil pour son portail roman (remarquable statue polychrome de Saint-Jacques) et, à l'intérieur (remarquez les croisées d'ogives reposant sur des culots et non sur les chapiteaux des colonnes engagées), pour son monumental et magnifique retable doré du XVIe siècle disposé en abside, voué à saint Éloi. La rosace, moderne, est composée de morceaux de verre coloré.

Juste à côté se dresse la porte médiévale (sur la **Plaza de la Abadia**), décorée de coquilles Saint-Jacques au centre, d'une croix de Malte à gauche et des armes de Navarre à droite.

Sur la petite place devant l'église se trouve l'ancien **hôtel des pèlerins**, à la façade ornée de deux imposants blasons en relief.

CASA DE LOS ÍÑIGUEZ-MEDRANO

L'intérêt de cette maison de ville porte sur sa façade baroque ; en face se trouve l'auberge des pèlerins, à la coquille explicite. Vous avez la possibilité de remonter la Calle Enrique Labrit jusqu'à la **Portal de Carajeas**, ancienne porte médiévale de la ville fortifiée et, accessoirement, péage pour pèlerins et colporteurs venant d'Aragon.

IGLESIA SAN SALVADOR

Son large porche est impressionnant : à moitié ouvert sur la rue, il remonte au XIVe siècle. L'église abrite un beau retable.

PALACIO DE ONGAY-VALLESANTORO

Pourvu de colonnes torsadées, il présente un magnifique avant-toit : remarquez les superbes corbeaux sculptés (chevaux, figures humaines) et les soffites à clefs pendantes. L'édifice accueille désormais la maison de la culture de Sangüesa.

Fêtes et festivals

Misterio de los Reyes Magos en Sangüesa

(6 janvier) : cavalcade et représentation par des habitants de la ville de l'arrivée des Rois Mages pour l'adoration de l'Enfant (*Auto de los Reyes Magos*). C'est l'une des cinq cérémonies encore vivantes en Espagne.

Fête patronale (11-17 septembre), avec foire aux bestiaux et *encierros* de taureaux.

Où se loger et se restaurer

Hostal JP (☎ 948 87 16 93 ; www.hostaljp.es ; Calle Raimundo-Lumbier 3 ; s/d 34-38/52-56 € selon saison ; menu du jour 13 € ; ☒ 8h-12h et 18h-20h sauf sam après-midi et dim). Les sept chambres, situées au deuxième étage, donnent sur la rue, sauf la 206 et la 207. L'établissement est calme au demeurant, avec une faible circulation automobile sur cette rive droite du río Aragón. Les chambres, toutes équipées de sdb, sont propres et confortables, sans pour autant afficher une décoration recherchée. Bon rapport qualité/prix.

Hotel-restaurant Yamaguchi (☎ 948 87 01 27 ; www.hotelyamaguchi.com ; Carretera Sangüesa, Javier ; s/d/t 49-53/61-68/70-76 € selon saison ; déj et dîner 17 €). Disons-le franchement : c'est un établissement de passage, situé à l'est de la ville, au carrefour de la NA127 et de la NA5410 menant à Javier. Autant dire peu de charme. Les quarante chambres accueillent tout au long de l'année routiers, ouvriers, VRP et touristes, dans un honnête confort. L'adresse vaut pour la table où, dans la vaste salle de restaurant toute proprette, vous pourrez savourer de succulentes asperges de Navarre, de l'agneau braisé, du colin au four, etc. Bref, une adresse pratique aux portes de Sangüesa, sur la route de l'Aragon.

🄴 **Asador Mediavilla** (Calle Alfonso el Batallador 15 ; ☎ 948 87 02 12 ; mediavilla15@hotmail.com ; menus 12/29 € vin compris). C'est l'un des rares restaurants de charme de Sangüesa : la petite salle tout en longueur mise en avant le bois, le côté cosy, pour un repas placé sous le signe des grillades. Si les deux menus tiennent la corde, la carte propose, quant à elle, des entrées de 6 à 18 € (*esparragos de Navarra* à 6 €, *pochas* – haricots blancs – *de Sangüesa*), des poissons de 14 à 18 € (*merluza*) et bien sûr des viandes de 13 à 20 € (*solomillo, chuleta, costilla*).

YAMAGUCHI

Parc Yamaguchi à Pamplona, hôtel-restaurant Yamaguchi à Sangüesa… Ce nom à consonance nipponne en terre ibérique peut, à juste titre, intriguer. Il fait tout simplement référence à la ville du Japon dans laquelle pénétra saint François Xavier (voir encadré p. 372), en mars 1551, afin de demander au *daimyo* (titre de noblesse japonaise) l'autorisation de prêcher. Les villes de Pamplona et de Yamaguchi sont d'ailleurs jumelées.

✪ CASTILLO DE JAVIER

La route de Sangüesa à Javier (NA5410) est jalonnée par des arpents de vigne et des exploitations maraîchères ; à l'horizon sud, une crête déploie une plantation... d'éoliennes. Le village de Javier se situe sur le versant nord de la vallée du río Aragón, juste après un petit col. Vous apercevrez sur le versant opposé le monastère de Leyre, devant le rempart naturel que dresse la Sierra de Leyre.

Le site piétonnier du château, précédant le village (visite non indispensable), a été remarquablement aménagé : le vaste parking donne accès à divers bâtiments comme l'office du tourisme, l'antenne de police, les toilettes publiques et les boutiques de souvenirs, avant de parvenir au pied du château. On apprécie cette disposition qui isole le château du flot de véhicules.

Office du tourisme (☎ 948 88 43 87 ; oit.javier@navarra.es ; bajo Calle 1). Il affiche en vitrine tous les hébergements et restaurants de la région.

À voir

LE CHÂTEAU

Un jeu de construction : c'est la première impression que donne ce **château** (☎ 948 88 40 24 ; castillodejavier@jesuitas.es ; entrée -12 ans/+12 ans 1/2 € ; ☽ mars-oct tlj 10h-14h et 15h30-19h, nov-fév tlj 10h-14h et 15h30-18h) constellé de crénelages, de bretèches et de courtines, situés à différents niveaux. À la tour de guet primitive, élevée au Xᵉ siècle pour surveiller la vallée de l'Aragón (la tour Saint-Michel, correspondant aujourd'hui au donjon), a été ajoutée, au XIᵉ siècle, une première enceinte. Remparts et tours complètent le dispositif défensif au cours des XIIᵉ, XIIIᵉ et XIVᵉ siècles. Quant au palais d'habitation, il apparaît au XIVᵉ siècle. C'est ici que naquit, le 7 avril 1506, François Xavier (voir encadré ci-après), futur missionnaire jésuite. Le palais fut démoli en 1896 pour bâtir la basilique située sur le flanc ouest, inaugurée en 1901 après les travaux de restauration du château.

D'un point de vue architectural, ce château de modeste dimension est un véritable outil pédagogique de défense militaire : bâti à même le rocher (absence de terrassement), il dispose de trois enceintes successives (et de trois cours ou fossés) qui isolent le donjon. Mâchicoulis, bretèches et meurtrières (certaines auront été ouvertes en fenêtres) assurent une défense active.

De cette très agréable visite, facilitée par le circuit numéroté, on retiendra le très beau diorama qui, en douze tableaux, illustre la vie du saint (dans les écuries, au sous-sol), les tableaux (remarquez notamment les kakémonos du XIXᵉ siècle), les statues polychromes et le mobilier du XVIIᵉ siècle, le panorama depuis la terrasse de la tour Saint-Michel,

---

SAINT FRANÇOIS XAVIER (FRANCISCO JAVIER)

Vous serez sans doute surpris de découvrir, dressé face au château de Javier, un gigantesque tableau en céramique (2006), figurant le saint tenant en main droite la carte du monde centrée sur l'Asie. Quant au diorama du château, il restitue les principales scènes de la vie de François Xavier : l'adieu à sa mère, la rencontre à Paris avec Ignace de Loyola, dans la pagode de Trichendur en Inde, sur la jonque du Pirata vers le Japon, l'entrée solennelle à Yamaguchi, etc., jusqu'à la mort de saint François Xavier à Sancian.

Le saint patron de la Navarre (et de la Mongolie !) voit le jour le 7 avril 1506 au château. Ce cadet d'une famille noble fuit le pays, alors convoité par les troupes espagnoles, et monte à Paris, à l'âge de 19 ans, pour étudier la théologie à la Sorbonne. C'est là qu'il rencontre Ignacio de Loyola, fondateur de l'ordre des jésuites. Ordonné prêtre en 1537, il est envoyé par le pape Paul III pour convertir les peuplades des Indes orientales. Parti en bateau en avril 1541, il débarque à Goa (Inde) en mai 1542, ville où les conversions sont couronnées de succès. François Xavier prend son bâton de pèlerin, multipliant les conversions jusqu'à Taïwan ; il se rend aux Moluques où il fonde des missions (1546-1547), avant d'entreprendre l'évangélisation du Japon. C'est ainsi qu'il met pied à terre à Kagoshima, en 1549. Tombé malade lors d'une traversée pour les Moluques, François Xavier meurt le 3 décembre 1552 dans l'île de Sancian, proche de Canton (Chine). Il fut canonisé en 1622 (de même qu'Ignace de Loyola, mort en 1556) par le pape Grégoire XV. Saint François Xavier est fêté le 3 décembre, jour de sa mort

La basilique du Bon Jésus de Goa abrite le corps du saint tandis que son bras droit repose depuis 1614 dans un reliquaire de l'église du Gesù à Rome, église-mère de la Compagnie de Jésus.

et surtout la chapelle du Santo Cristo où le Christ, représenté souriant, a été sculpté dans du noyer au XIIIe siècle ; remarquez les peintures murales de la chapelle (XVe siècle) figurant une Danse macabre.

Où se loger et se restaurer

Hostal El Mesón (☎ 948 88 40 35 ; www.hotelmeson.com ; Plaza de Javier ; d 70-75 € ; menu 16 €, assiettes composées 9-10,60 € ; ☺ fermé 15 déc-15 fév). Même si les huit chambres nécessitent une réservation impérative, on appréciera le calme, l'ombrage, l'accueil chaleureux... et les copieuses assiettes. Endroit idéal pour prendre un verre en terrasse. La salle, avec ses 175 couverts accueille principalement des groupes.

☺ Hotel Xabier (☎ 948 88 40 06 ; www.hotelxabier. com ; Plaza de Javier ; s/d 44-50/68-81 € selon saison ; menu 17 € en semaine, 20 € le week-end ; pension 36 € par personne et par jour, demi-pension 25 € ; ☺ fermé 20 déc-10 fév). C'est une maison cossue, couverte de lierre, plantée face au château. Partout semble régner l'opulence : chambres raffinées et décorées avec goût, salles et salons meublés comme une maison de famille ancienne, cuisine délicate et relevée (raviolis de homard et foie gras avec sauce aux fruits de mer, ragoût de pigeon façon grand-mère, etc.).

MONASTERIO SAN SALVADOR DE LEYRE

Posté sur un replat du versant ensoleillé de la Sierra d'Errando (ou Sierra de Leyre), le **monastère San Salvador de Leyre** (☎ 948 88 41 50 ; www.monasteriodeleyre.com ; 4 km au nord de Yesa par la NA2113 ; entrée 2,10 € ; ☺ lun-ven 10h15-14h et 15h30-19h, sam-dim et fêtes 10h15-14h et 16h-19h) profite d'un panorama ouvert sur le sud, offrant un éventail de paysages montagneux avec, au premier plan, le lac de barrage de Yesa ; au nord, le monastère est adossé aux contreforts abrupts de la sierra (qui culmine à l'Arangoiti, 1 353 m, point d'envol apprécié des parapentistes), tapissés de hêtres et de résineux.

Le monastère de Leyre (prononcez "Lédé"), fondé au XIe siècle (crypte), a été complété et remanié aux XIIe, XIVe et XVIIe siècles, au gré des vicissitudes de son histoire (incendié par les Maures, rebâti par le roi Sancho Garcia, etc.). On ne visite que l'église et la crypte, le reste des bâtiments étant occupé par des moines (nouveau monastère, situé au sud) et par l'hôtel-restaurant (ancien monastère).

À voir
L'ÉGLISE

Après vous être acquitté de votre droit d'entrée, ne vous étonnez pas si l'on vous remet une clef : c'est celle de l'église abbatiale (la partie plastifiée de la clef permet de déclencher l'éclairage intérieur). Contournez l'hôtel et, avant de pénétrer dans l'église, contemplez le portail. Il forme ce qu'on appelle ici une *"Porta speciosa"*. Datant du XIIe siècle, ce portail est composé d'une archivolte gothique (avec en tympan le Christ entouré par la Vierge Marie, saint Pierre, saint Jean et deux évangélistes), d'un ensemble de colonnettes ciselées, et d'une frise travaillée (scènes de martyres, monstre de l'Apocalypse, etc.). La nef de l'église affiche un style gothique sur des fondations typiquement romanes : la nef en voûte d'ogives s'achève par une abside en cul-de-four, flanquée de deux étroites chapelles orientées, voûtées en berceau. Peu d'ornementations : l'austérité est de mise. Remarquez cependant, sur le mur latéral nord, la petite chapelle grillagée abritant un coffret, petit tombeau recelant les restes des premiers rois navarrais. Juste à côté se dresse le grand Christ de Leyre du XVIe siècle. L'ouverture dans le mur sud donne accès à une petite chapelle dans laquelle trône un grand retable Renaissance (XVIIe siècle). Retournez-vous : un beau portail roman du XIIe siècle orne la porte. La chapelle latérale dans laquelle vous vous trouvez est postérieure à la construction de l'église.

Retournez à l'accueil (après avoir refermé l'église à clef si c'est le cas).

☸ LA CRYPTE

C'est l'élément majeur du monastère, la visite à ne manquer sous aucun prétexte. De grande dimension, cette crypte du XIe siècle étonne par ses puissants et massifs arcs (soutenant l'église abbatiale), reposant sur de petites et courtes colonnes. Remarquez les imposants chapiteaux carrés sculptés, couronnés de tailloirs, et les énormes claveaux composant les voûtes. La décoration archaïque des chapiteaux, parfois sobre, est directement héritée de l'époque romane. La lumière tamisée ajoute la juste touche de recueillement à l'atmosphère mystérieuse du lieu.

Derrière la crypte se trouve le tunnel de saint Virila, passage qui permettait de relier l'ancien monastère à l'extérieur. Fermé par une grille (car le tunnel donne aujourd'hui accès au nouveau monastère), on apercevra au fond une statue de saint Virila, datant du XVIIe siècle.

Où se loger et se restaurer

Hotel Hospederia de Leyre (☎ 948 88 41 00 ; www. hotelhospederiadeleyre.com ; s/d 34-38/61-72 € selon saison ; menu du jour 15,80 € ; pension 66,65/70,35 € par pers et par jour, demi-pension 55,20/58,90 € ; ☺ fermé mi déc-fév). Les 33 chambres (de simple à quadruple) sont toutes discrètement déclinées dans des tons chauds, avec appliques et cadres aux murs. On prend plaisir ici ou là à retrouver des éléments de patrimoine ancien : voûte, arcade, vieilles pierres... Beaucoup de charme dans cet établissement où le silence est monacal. Côté restauration, le menu du jour met en avant soupe, rouleau de fromage frit à la compote de tomate, veau à l'étouffée, poivrons farcis, etc.

Fuente de las Virgenes (site de pique-nique à 250 m du monastère). La "fontaine des Vierges" est un agréable site aménagé pour pique-niquer à l'ombre en famille (tables, poubelles).

Achats

Vous pourrez rapporter comme souvenir, de la **boutique du monastère**, certaines spécialités comme la liqueur de Leyre, breuvage digestif élaboré à partir de 35 plantes récoltées par les moines dans les environs du monastère. Pralines, miel et fromages trouvent aussi leur place sur les étals de la petite échoppe. Quant au CD de chants grégoriens, il viendra combler votre nourriture spirituelle...

LUMBIER

On accédait autrefois au village par deux ponts anciens franchissant le río Salazar : le Puente de Sielva (au nord-est) et le Puente de las Cabras (au sud). Établi sur une hauteur du bassin d'Aioz, en amont de la confluence avec le río Irati, Lumbier possède encore des maisons anciennes marquées de blasons sculptés et pourvues de heurtoirs ouvragés. À ce titre, ne manquez pas la mairie d'époque Renaissance, qui est aussi la plus ancienne de Navarre.

À voir

CENTRO DE INTERPRETACIÓN DE LAS FOCES

Le **centre d'interprétation des gorges de Lumbier et d'Arbayún** (☎ 948 88 08 74 ; cinlumbi@cfnavarra.es ; Plaza Mayor ; ☺ 16 juin-15 sept mar-dim 10h-14h et 16h30-20h30, 16 sept-15 juin mar-jeu 10h-14h, ven 16h30-19h30, week-end, jours fériés et vacances 10h-14h et 16h30-19h30, fermé lun) est un écomusée dont la visite pourra être perçue comme une étape préliminaire avant de les découvrir in situ. Nous recommandons cette visite si vous avez des enfants. Situé en plein cœur du village, le centre présente le territoire des gorges au gré de multiples supports. Un atelier de potier, des scènes de la vie agricole et des commentaires sur la viticulture occupent le rez-de-chaussée ; les salles d'exposition et audiovisuelle, en entresol, présentent les caractéristiques physiques et fauniques des gorges (dont les fameux vautours fauves, principale attraction de ces réserves naturelles). Enfin, l'étage est consacré à la découverte avec une ludothèque où petits et grands trouveront des ouvrages sur les gorges, et un "tunnel des sens" où arômes et odeurs vous guideront dans un labyrinthe obscur.

Où se restaurer

Iru-Bide (☎ 948 88 04 35 ; h.irubide@cenavarra.es ; Avenida Bijués s/n ; menu du jour 19 € ; ☺ fermé 15 déc-15 fév). La grande salle jaune et bleu accueille manœuvres et ouvriers des environs : on fera donc abstraction du brouhaha ambiant en se concentrant sur les grandes assiettes copieuses servies rapidement. Au menu : jardinière de légumes, filets de turbot (deux filets !), gâteau au chocolat. Bon rapport qualité/prix.

☸ FOZ DE LUMBIER

Un défilé de 1 300 m de long, des parois avec des à-pics de 150 m : la gorge (foz) creusée par le río Irati est un enchantement méritant vraiment le détour. C'est avant tout une agréable balade pour toute la famille que l'on effectue à partir du parking (2 €), situé à 1 km au sud de Lumbier (direction indiquée par des panneaux marron). De ce parking aménagé (coin pique-nique), suivez à pied la piste carrossable (se chausser de tennis ou de baskets) qui reprend le tracé d'une ancienne ligne ferroviaire électrique (la toute première de ce type de la péninsule Ibérique) qui relia Pamplona et Sangüesa entre 1911 et 1955 : comptez 2,6 km aller-retour.

Le classement des gorges de Lumbier en réserve naturelle en 1987 a permis à la faune et la flore de trouver ici un refuge salutaire, au milieu de sierras balayées par les vents. L'écosystème forme un biotope assurant humidité, ombrage et abri dans lequel croissent le cornouiller sanguin, le buis, l'églantier, l'orme (de petite taille), l'épine-vinette, le chêne rouvre et le chêne vert. Thym et lavandin parfument discrètement les lieux… Après le premier tunnel, vous pourriez voir planer des oiseaux. Les ornithologues avertis reconnaîtront le cri distinctif de rapaces comme le vautour fauve, le milan noir ou le choucas des tours qui trouvent dans les failles et les escarpements d'agréables aires de nidification. Les passereaux se risquent à emprunter les gorges malgré la présence des rapaces : vous reconnaîtrez peut-être le troglodyte mignon, la bergeronnette grise, le martin-pêcheur, le merle bleu, le martinet à ventre blanc et le moineau domestique… L'eau bruit au gré des déversoirs naturels qui jalonnent les gorges, enserrées entre de vertigineux escarpements rocheux. Au bout du deuxième tunnel, vous aurez la possibilité d'obliquer tout de suite à droite vers le Puente del Diablo ou de Jesús (du XVIe siècle), en partie détruit en 1812 durant la guerre d'indépendance. Nous attirons votre attention sur la dangerosité de cet itinéraire supplémentaire, que vous suivrez à vos propres risques et périls (enfants déconseillés), en raison du vent, d'à-pics, de passages abrupts et non sécurisés, et d'un sentier étroit jalonné d'une épaisse végétation buissonnante. Attention aux pierres glissantes en arrivant en vue du pont. Chaussures antidérapantes conseillées. Le pont apparaît, jeté à la sortie de la gorge à 15 m au-dessus du torrent, et amputé au milieu de son arche (franchissement impossible du río Irati). Retournez sur vos pas pour regagner le parking.

Vous pourrez aussi profiter d'une belle vue sur les gorges et sur le pont à partir du site archéologique (accès libre) de la ville romaine de Liédena (IIe et IVe siècles), en bordure de la route N240.

FOZ DE ARBAYÚN

Depuis Lumbier, la route NA178 conduit à Puerto de Iso (rond-point), d'où vous suivrez, à droite, la petite route conduisant au belvédère surplombant les gorges du río Salazar, véritable canyon qui, à l'inverse des gorges de Lumbier, ne dispose pas d'un sentier de découverte. Le site, encaissé sur 5,6 km avec des parois dont la hauteur atteint jusqu'à 300 m, révèle une nature avec un grand N : la rivière a creusé un profond sillon dans le plateau calcaire, laissant apparaître la couverture de hêtres, d'érables et de chênes du versant nord de la sierra de Leyre. Dans les airs tournoient le vautour fauve, l'aigle royal, le gypaète barbu, le faucon pèlerin ou encore le discret vautour percnoptère, ces présences ayant valu au site des gorges d'Arbayún d'être inscrit comme réserve naturelle et zone de protection spéciale des oiseaux. Le belvédère d'Iso dispose de panneaux didactiques relatifs à la faune et à la flore (peu de textes en français). Jumelles conseillées.

ÎLE DE NAVARRE…

Petilla de Aragón est une commune particulière puisqu'elle est enclavée (en deux parties !) dans la province d'Aragon (plus précisément : comarque de Saragosse de Cinco Villas et Aragón) ; c'est une *islas* comme on l'appelle localement, située à 28 km au sud-est de Sangüesa. La deuxième enclave, résolument sauvage avec quelques habitations, est située au sud-ouest de Petilla.

Petilla abrite la maison natale de Santiago Ramón y Cajal (1852-1934), Prix Nobel de médecine en 1906 pour avoir mis en avant l'existence des neurones, découvrant que la cellule nerveuse était une unité élémentaire du système humain. La maison a été transformée en musée (exposition sur sa vie et ses travaux, reproductions de diplômes, décorations et effets personnels). Quant à l'église gothique San Millán (XIIIe siècle), bâtie en pierre, elle présente une nef unique et un clocher polygonal.

OLITE ET SES ENVIRONS

Si la Zona Media de la Navarre correspond à une vaste dépression hérissée çà et là de collines et constellée d'exploitations agricoles (maraîchage, élevage, cultures intensives) et de domaines viticoles, les bourgades qui s'y sont développées sont toutes caractérisées par des fortifications. Lieux de passage, les sites d'Olite, d'Artajona, d'Ujué et de Rada affichent leur identité défensive, qui par des remparts ou des murailles, qui par des châteaux forts et des églises dûment maçonnées... La lagune de Pitillas et son observatoire des oiseaux jouent la carte naturelle de cette région irriguée par les ríos Arga et Aragón.

OLITE

Fondée dès l'époque romaine, la ville d'Olite a hérité du Moyen Âge son réseau urbain dont la colonne vertébrale est encore assurée aujourd'hui par la Rúa de San Francisco, prolongée par la Rúa Mayor. Si quelques tours et portes témoignent de la position défensive de la ville, le nom des rues évoque les activités et les populations qui s'y côtoyaient : le jeu (Rúa de la Tafurería), la communauté juive (Rúa de la Judería), les échoppes de poteries et de cruches (Plaza de la Cantarería). C'est à partir du XIIIe siècle qu'Olite prend une place importante en Navarre, devenant le lieu de résidence des rois ; Charles III le Noble (1361-1425) assoit cette décision en réhabilitant le château afin de pouvoir y résider.

Le centre-ville, autrefois circonscrit par une enceinte fortifiée, est principalement dévolu aux promeneurs : les véhicules n'y ont que de parcimonieux accès... Nous vous proposons donc de faire un petit tour à pied dans la vieille ville, qui concentre tous les monuments incontournables. Garez-vous (gratuitement) sur le parking sud (au bout de la Rúa Mayor) du **Paséo de Doña Leonor**, ou bien sur le parking situé le long de la **Ronda del Castillo**, artère contournant l'est de la vieille ville.

Office du tourisme (☎ 948 74 17 03 ; www.olite. com.es et www.olite.es ; oit.olite@navarra.es ; Plaza de Los Teobaldos ; ◷ lun-sam 10h-14h et 16h-19h, dim 10h-14h). Il est installé dans l'ancien palais Santo Ángel (XVIIe siècle). Hormis l'accueil charmant, vous trouverez toujours quelqu'un parlant français. Le plan de la ville vous y sera délivré en version française. Pensez également à demander la carte de la route des vins.

À voir
◘ MUSEO DEL VINO

Ce **musée du Vin** (☎ 948 74 12 73 ; 10 Plaza de Los Teobaldos ; www.museodelvinodenavarra.com ; info@ guiartenavarra.com ; entrée 3,50 €, combinaison possible avec la visite du palais royal : 1 € de réduction ; ◷ lun-sam 10h-14h et 16-19h, dim et fêtes 10h-14h) est établi dans le même édifice que l'office du tourisme. On découvre sur quatre niveaux l'histoire du vin, depuis ses origines en Mésopotamie jusqu'aux appellations d'origine contrôlée de Navarre, en passant par la Grèce (où vous apprendrez que s'enivrer pouvait avoir un caractère votif) et l'Empire romain, époque où le vin commence à se généraliser (il devient même un bien de première nécessité). La présence de la vigne en Navarre remonte au Ier siècle (caves romaines des villes de Funès, Liedéna, Falces et Arellano). On apprend que le *botecarius* (personne chargée de la cave) accompagnait les monarques et que, déjà, les pèlerins vantaient les vins navarrais.

Le musée met en avant la vigne depuis le cep, la taille, le traitement, mais aussi les maladies. Au sous-sol : tout ce qu'il faut savoir et avoir en tête pour déguster et apprécier un vin (notamment les curieuses boîtes à odeurs et à bonbons, histoire de commencer à se sensibiliser aux quatre saveurs primaires : sucré, salé, acide, amer). Cette mise en bouche reste somme toute théorique et est d'autant plus frustrante que, au rez-de-chaussée, le mur du couloir d'accès à l'escalier est couvert de bouteilles navarraises, hélas intouchables !

Vous trouverez aux niveaux supérieurs outils et ustensiles de la vigne, nécessaires à l'élaboration du vin (processus de la vinification) et, au deuxième étage, les processus d'élaboration du vin (maquettes et panneaux didactiques).

PALACIO DE LOS REYES DE NAVARRA
C'est bien sûr le monument majeur de la ville. Dressé au bout de la place, le **Palacio de los Reyes de Navarra** (☎ 948 74 00 35 ; Plaza Carlos III El Noble ; http://guiartenavarra.com/es ; info@guiartenavarra. com ; entrée 3,10 €, combinaison possible avec la visite du musée du Vin : 1 € de réduction, plan du château en français ; ◷ juil-août tlj 10h-20h, avril-juin et sept tlj 10h-20h (19h en avril), jan-mars et oct-déc tlj 10h-18h (18h30 mars et oct)) intrigue par ses multiples tours et terrasses situées à plusieurs niveaux. Son architecture résolument gothique – d'inspiration française – répand un indéfinissable parfum de mystère, renvoyant à nos châteaux imaginaires de l'enfance...

VIN DE NAVARRE

Le vignoble couvrait 18 500 ha en Navarre au XVIIe siècle et déjà apparaissent – dès 1624 – les problèmes d'excédents de production. À la fin du XIXe siècle, ce sont près de 99% des 50 000 ha de vignoble navarrais qui disparaissent sous le coup du phylloxéra. Replanté, le vignoble se décline aujourd'hui en deux AOC : Navarre et Rioja. L'AOC Navarre se répartit comme suit :

Ribeja baja (de Fitero à Casteljón) : 33%

Ribera alta (Olite, Lerin, Marcilla) : 25%

Baja Montaña (de San Martin de Unx à Lumbier) : 20%

Tierra Estella (Sansol et Estella) : 14%

Valdizarbe (Cirauqui à Puente la Reina, Obanos, Bierrun et Garisoain) : 8%

Le centre technologique de prestige Evena, créé en 1981 à Olite, forme les apprentis œnologues et garantit la qualité des vins par l'application de nombreux contrôles. Ce centre est vanté pour sa rigueur en matière de recherche, d'expérimentation et de conseil au secteur viticole navarrais.

La cave Zezen, à la sortie sud de la vieille ville (porte Pasco del Portal), fut la deuxième cave coopérative créée en Navarre.

Une route des vins permet aux visiteurs de découvrir les richesses de ce vaste terroir ponctués de nombreuses caves de dégustation. À consommer avec modération…

L'édifice se compose de trois éléments : un vieux château aujourd'hui reconverti en *parador* (hôtel de luxe, entrée visible depuis la Plaza de Los Teobaldos), la chapelle Saint-Georges en ruine, et le nouveau château, objet de la visite. Ce dernier fut fortement réhabilité au tout début du XVe siècle afin que le roi Charles III Le Noble (roi de 1387 à 1425) puisse y résider de façon fastueuse (les chroniques mentionnent la présence d'animaux exotiques tels que buffles, lions et girafes !) : le roi fit bâtir son château sur le modèle de ceux qu'il a connus dans la Loire pendant son enfance passée en France. C'est à partir de 1512, date à laquelle la Navarre fut rattachée à la Castille, que le palais fut peu à peu laissé à l'abandon : la détérioration s'accentua quand bien même les vice-rois de Navarre l'occupaient épisodiquement. La guerre d'indépendance porta le coup de grâce avec l'incendie du château en 1813 par le général Espoz, afin d'empêcher sa prise par les troupes françaises. Les travaux de restauration, selon un style néogothique, s'étalèrent de 1937 à 1966.

Désormais dépourvu de mobilier et de décoration, le château enfile les salles et les étages avec une certaine monotonie, rehaussée par endroits par quelques effets architecturaux : ici une terrasse, là un jardin. À ce titre, ne manquez pas l'impressionnante salle des Arcs et ses puissantes voûtes soutenant les jardins suspendus de la Reine. Mais ce sont les enfants (sous la surveillance de leurs parents) qui trouveront là un formidable terrain de jeu : il est en effet très aisé de " se

perdre " au gré des terrasses étagées, des culs-de-sac, des escaliers et des tours. Les plus grands apprécieront la salle des fouilles archéologiques où sont concentrés les résultats des différentes campagnes, et le donjon (tour de l'Hommage) d'où vous pourrez profiter d'une large vue sur Olite et ses environs.

PALACIO VIEJO O DE LOS TEOBALDOS

Ses hauts murs crénelés semblent veiller la place. Cet ancien **palais** (Plaza de Los Teobaldos 2), correspondant à une aile du château des rois de Navarre, a été intelligemment réhabilité en *parador*, hôtel de charme et de luxe. Le roi Charles III Le Noble y tint ses états généraux. À moins d'y séjourner, vous pourrez toutefois pénétrer dans le hall d'accueil sous le fallacieux prétexte de demander des renseignements !

IGLESIA DE SANTA MARÍA LA REAL

C'est simple, on ne voit de l'**église de Santa María la Real** (☎ 948 74 01 36 ; Plaza de Los Teobaldos 1 ; ✆ offices lun-sam 10h, dim et fêtes 11h et 18h30) que son magnifique portail ouvragé qui, insidieusement, captive et attire le regard. La façade de ce sanctuaire de facture gothique (XIIIe et XIVe siècles) est un véritable livre ouvert : les apôtres (statues des arcades latérales) sont environnés d'une multitude d'angelots répartis sur les huit voussures, tandis qu'en tympan trône la Vierge à l'Enfant. L'exubérance de l'exécution rappelle la très probable influence des ateliers de la cathédrale Notre-Dame de Paris. Si vous

NAVARRE

en avez la possibilité, essayez de pénétrer à l'intérieur (l'église est ouverte 30 min avant les offices) : vous pourrez y admirer un beau retable peint d'époque Renaissance et un Christ du XIVᵉ siècle. Des concerts d'orgue s'y produisent de mai à novembre, dans le cadre du **Cycle de musique pour orgue en Navarre.**

GALERÍAS MEDIEVALES SUBTERRÁNEAS
On ne sait presque rien quant à l'utilisation de ces **galeries médiévales souterraines** (☎948 74 18 85 ; Plaza Carlos III El Noble ; entrée 1,5 €) ; on sait juste qu'elles ont été bâties au XIVᵉ siècle. Les deux galeries parallèles, qui courent sous la place, abritent une exposition permanente consacrée à la cour des rois à Olite : Charles III comme il vivait dans son château, la cour (mannequins) et les divertissements de l'époque, des reproductions de costumes, la reconstitution d'une pharmacie (avec épices) complètent la galerie. L'accueil propose de nombreux ouvrages dédiés au Moyen Âge.

IGLESIA DE SAN PEDRO APÓSTOL
L'intérêt de l'**église de San Pedro Apóstol** (☎948 74 00 56 ; Calle El Fosal 2 ; ⏱ offices lun-sam 19h, dim et fêtes 10h et 12h30), la plus ancienne église d'Olite, est son heureux mariage architectural entre roman et baroque : au portail et cloître romans (remarquez les chapiteaux figurant des scènes de la Genèse) s'oppose la grandiloquence de la nef où repose un grand retable aux nombreuses peintures. Vous pourrez également y voir un bas-relief polychrome, en albâtre, représentant la Trinité et une statue gothique de saint Jacques, identifiable à son bourdon et à la coquille placée sur son couvre-chef ! Le clocher, élevé au-dessus de la croisée du transept, n'est ni roman ni baroque mais gothique.

Fêtes et festivals
Pèlerinage à la chapelle de Santa Brigida (dim le plus proche du 22 mai), à 3 km au sud-ouest d'Olite, vers Peralta.
Fêtes médiévales (avant-dernier week-end d'août, sur 3 jours). Elles sont annoncées par le discours d'ouverture lu depuis le château durant l'époque médiévale. Les habitants, invités à se costumer en artisans, marchands, troubadours, cavaliers, sorciers, jongleurs, bateleurs, etc., animent les ruelles décorées pour l'occasion. Ces festivités donnent aussi lieu à des démonstrations de fauconnerie, à des repas médiévaux, à des conférences, des spectacles d'archerie, etc.
Fête de la Vierge del Cólera (26 août)
Fêtes patronales (13-19 septembre)

Où se loger et se restaurer
Casa Zanito (☎ 948 74 00 02 ; www.casazanito.com ; reservas@casazanito.com ; Rúa Mayor 16 ; s/d 57-67/67-80 € selon saison ; plat 18-24 € ; ⏱ haute saison 15 juin-15 sept, fermé 16 déc-16 jan). Les seize chambres, toutes impeccables et chaleureusement cosy, donnent sur une petite rue calme. C'est un peu le labyrinthe pour y accéder, mais quel confort à l'arrivée ! Beau parquet lustré, mobilier de style, lit confortable. C'est tellement douillet qu'on y resterait bien un peu plus longtemps... Côté restaurant, la maison tient sa réputation depuis 1954. Autant dire qu'on sait où l'on s'attable. Et ce ne sont pas les viandes grillées (porcelet grillé au citron, porc farci à la piperade, escalope de veau au foie et au porto...) et les poissons proposés (morue aux trois façons) qui terniront l'établissement. Originalité : vous aurez la possibilité de passer commande à la ration ou à la demi-ration, selon votre appétit.

Restaurant Gambarte (☎ 948 74 01 39 ; Rúa del Seco 15 ; menu du jour 9,50 €, dîner 25-45 € ; ⏱ 13h-15h30 et 20h-22h30). Tout se passe dans une rue discrète, à l'écart de la place Carlos III el Noble, à l'étage d'une maison rénovée. L'adresse intéressera les voyageurs à budget serré à l'heure du déjeuner, avec ses copieuses assiettes. Bien sûr, on a le choix dans le menu du jour, mais à ce tarif-là (moins de 10 euros), on risque aussi de déjeuner en tête-à-tête avec un parfait inconnu ! Vu le nombre d'ouvriers qui y tiennent leur cantine, on peut raisonnablement confirmer le bon plan qu'offre ce restaurant de ville. Seul bémol : on y fume largement. L'ambiance en soirée est plus décontractée et la carte plus raffinée.

♥ UJUÉ
Ujué appartient à cette rare famille de villages médiévaux qui restent immanquablement gravés en mémoire. Depuis San Martín de Unx, la petite route serpente entre les collines sauvages, un brin désertifiées, et l'on est en droit de se demander où cet itinéraire jalonné de chênes verts, de chênes kermès, d'amandiers et de genêts peut bien mener... La réponse intervient sous forme de surprise au passage du petit col, bifurcation avec la route menant à Murillo el Fruto : le village d'Ujué apparaît soudainement, aggloméré sur un promontoire auréolé de terrasses cultivées étagées surplombant le ravin de Turtumbera. On repère immédiatement la massive église qui semble régner sur un cortège de maisons

blotties tout autour. C'est bon, Ujué vous a déjà séduit…

Garez-vous avant le village (suivre "centro villa") jusqu'au grand terre-plein faisant office de parking (gratuit). Ujué est un cul-de-sac. L'entrelacs des ruelles pavées conduit inévitablement à la place Iñigo Arista (premier roi de Pamplona de la fin du VIIIᵉ au début du IXᵉ siècle qui fonda Ujué), étalée au pied de l'église.

À voir et à faire

De la place Iñigo Arista se dégage un vaste panorama vers l'est avec la lointaine plaine drainée par le río Aragón. Faites également le tour au plus près de l'église, au gré des escaliers et des ruelles : vous parviendrez très rapidement à une table d'orientation en céramique détaillant sommairement les reliefs jusqu'aux Pyrénées.

Baladez-vous tranquillement selon votre envie : ici, tout est calme, les habitants aspirent à la sérénité. Le village possède des artères pentues, composant un ensemble urbain tout droit hérité d'un modèle de cité médiévale. Regardez les façades ouvertes par de grands portails, les détails des maisons nobles et les blasons surchargés qui décorent les murs.

IGLESIA SANTA MARÍA LA REAL

L'**église Santa María la Real** (☎ 948 74 00 56 ; Calle El Fosal 2 ; ⊙ offices lun-sam 19h, dim et fêtes 10h et 12h30) semble plonger ses fondations au cœur du rocher qui caractérise Ujué, dominant de toute sa masse le village. Bâtie aux XIᵉ, XIIᵉ et XIVᵉ siècles, cette église d'origine préromane ferait plutôt penser à une forteresse qu'à un sanctuaire, protégée par des portes de ville (enceinte) désormais ouvertes aux visiteurs. D'ailleurs, on la désigne localement comme la *castillo iglesia*, le "sanctuaire-forteresse", grâce à ses deux tours encore intactes, Cuatro Vientos et Picos.

Le portail latéral, permettant l'accès au sanctuaire, est enjolivé par une gracieuse archivolte composée de nombreuses voussures aux motifs de feuilles de vigne (pampres) et aux visages d'angelots ; le tympan représente les Rois Mages, la Vierge à l'Enfant et, en dessous, la Cène.

La nef gothique (XIVᵉ siècle), aussi longue que large, est caractérisée par trois niveaux rattrapés par des marches d'escalier, trahissant l'absence de nivellement lors de la construction de l'édifice à même le roc. La tribune

---

---

porte les orgues. Remarquez les clefs de voûte sculptées, la chaire baroque du XVIIIᵉ siècle et les trois absides en cul-de-four protégées par une grille en fer forgé qui en interdit l'approche : y repose une statue en argent de la Vierge, datant de 1190. En sortant de l'église, obliquez tout de suite à droite pour accéder à la galerie (ancien chemin de ronde) offrant une belle vue au sud d'Ujué.

Où se restaurer

🏠 **Mesón Las Migas** (☎ 948 73 90 44 ; www.hotelmeson. com ; Calle Villeta 19 ; menu 28 € ; ⊙ 15 juil-août tlj midi et soir, le reste de l'année sam, dim et fêtes midi seulement). On aime bien ce restaurant familial situé en contrebas de l'église, signalé par quelques panonceaux publicitaires disposés sur les murs des maisons avoisinantes… Poutres, cheminée, grandes tables en bois massif : on est dans un cadre chaleureux, voire montagnard (Ujué culmine à 840 m d'altitude). Comme le nom de l'établissement l'indique, vous viendrez ici pour déguster les *migas de pastor*, ce plat à base de mie de pain, d'eau, de sel et de graisse de brebis qu'affectionnent les bergers, mais aussi pour savourer les grillades cuites au feu de bois. On en ressort rassasié avec le sourire aux lèvres…

Achats

Estefania Arangua (☎ 948 739 070 ; Calle Santa María ; sachets à 2, 3 et 5 €). Ce n'est pas un restaurant mais le rendez-vous des gourmands depuis 1926 : les amandes grillées enrobées de praliné d'Ujué sont aussi célèbres que les calissons d'Aix-en-Provence. La devanture l'affirme : vous trouverez ici les légitimes amandes d'Ujué, médaillées d'or à l'exposition de Pamplona. La boutique est incontournable, au pied de l'église : il n'y a qu'à voir l'animation qui règne dans les parages… Optez dès à présent pour le sachet à 5 € car on regrette très vite celui de 2 €, vite englouti !

NAVARRE

Outre les amandes, vous trouverez également chocolats et miel de pays. Des petits cadeaux à rapporter ? Succombez sans tarder à la tentation !

ARTAJONA

En venant de Tafalla (route NA6030), l'apparition de la bourgade a tout du mirage : Artajona apparaît soudainement au détour d'un virage, hérissant le paysage de ses multiples tours. La citadelle, en partie ruinée, a conservé de sa superbe : les tours carrées crénelées se découpent dans le ciel, semblant couronner le point éminent, l'urbanisation moderne occupant le versant sud de la colline.

Le site Internet de la ville (www.artajona. net), bien détaillé, vous offrira des informations complémentaires en anglais, en espagnol ou en basque.

L'enceinte

On accède facilement à la citadelle par le nord : suivez la direction de Pamplona (NA6020), sortir d'Artajona et bifurquez à gauche en épingle après la basilique baroque de Notre-Dame de Jérusalem. Se garer sur le parking devant les remparts.

Les fortifications médiévales remontant au XIe siècle sont localement appelées El Cerco, "l'enceinte". Remarquez la construction des tours : bâties en fer à cheval, elles sont ouvertes vers le côté intérieur. Cette caractéristique technique permettait aux assiégés d'attaquer l'assaillant si toutefois celui-ci parvenait à s'emparer des tours. Par la porte de ville, on parvient à l'**église San Saturnino**, à la façade résolument carrée, ouverte par un portail avec archivolte et décoré d'un tympan et de chapiteaux sculptés. Remarquez les deux jeux d'arcatures aveugles avec petits gâbles.

Les dolmens

Proche de la NA6020, sur la petite route d'accès à la citadelle, une piste carrossable mène, au bout de 3 km, au **site mégalithique de Portillo de Eneriz**, dolmen de type "couloir" composé d'une chambre funéraire mais sans table de couverture. Le **dolmen de La Mina de Farangortea** est accessible à pied (850 m) par un sentier balisé (pensez à prendre de l'eau) : il est plus grand, également de type "couloir", avec une porte et une chambre. Pas de couverture non plus. Ces constructions néolithiques remontent à -3000 à -1800 av. J.-C.

L'**Association Les Amis d'Artajona** (☎ 948 36 40 31) organise une visite culturelle (en espagnol) à la fin du mois de mai avec pique-nique.

LAGUNA DE PITILLAS

Situé à 2 km au sud-est de Pitillas par la NA5330, le site du marais de Pitillas (216 ha), déclaré réserve naturelle depuis 1987, est un lieu privilégié pour l'observation des oiseaux (chiens interdits), le plus important plan d'eau naturel de la Navarre mais aussi le plus septentrional d'Espagne : de nombreux oiseaux migrateurs trouvent ici refuge et nourriture. Devant le parking, vous aurez la possibilité de suivre le petit itinéraire n°1 (en bleu), long de 1 km et qui dure 15 minutes environ, histoire de découvrir ce site exceptionnel à la fois classé comme zone spéciale de conservation pour les oiseaux et zone humide d'importance internationale. Le **bâtiment d'accueil** (☎ 619 46 34 50 ; www.lagunadepitillas. org ; 🕑 16 juil-15 sept tlj 10h-14h et 17h-20h (fermé lun matin), mars-15 juil sam, dim, vacances et fêtes 10h-14h et 16h-19h, 16 sept-fév sam, dim, vacances et fêtes 10h-14h et 16h-18h), situé en hauteur, est un excellent belvédère : jumelles et lunettes d'observation sont à votre disposition tandis que des guides assermentés pourront vous aider à identifier les espèces. Le centre affiche aussi la liste des oiseaux qu'il vous sera possible d'observer mois par mois (grèbes, busards des roseaux, guêpiers, cigognes, canards colvert, souchet, siffleur, fuligules milouins, sarcelles, foulques, etc.), l'activité ornithologique n'ayant aucune relâche. Vous trouverez aussi des ouvrages de documentation en espagnol à consulter sur place (ornithologie, entomologie, erpétologie, botanique).

LA RIBERA

La Navarre méridionale, au sud de la sierra d'Ujué, porte le nom de Ribera. C'est en tout cas sous ce nom que vous entendrez parler de la région de Tudela, sa capitale, deuxième ville de Navarre regroupant près de 33 000 habitants. La Ribera est une terre contrastée : à l'aridité et aux paysages minéraux des Bárdenas Reales, vaste zone désertifiée protégée par un statut de réserve naturelle, s'opposent les larges plaines alluviales fertiles du puissant río Ebro, tout juste enrichi des eaux du río Aragón. Bourgades et villages, la plupart localisés sur la rive droite du río, sont entourés de cultures maraîchères, de jardins potagers et de canaux d'irrigation. Amandiers, figuiers et oliviers gratifient les paysages de leurs ramures, porteuses des plus belles promesses gustatives...

TUDELA

La ville, exclusivement située en rive droite du río Ebro, a été fondée en 802 par Amrus ibn Yusuf al-Muwalad, ce qui la place parmi les plus importantes villes d'origine islamique en Europe. Tudela fut durant des siècles une position stratégique, aussi bien pour les musulmans que pour le royaume de Navarre qui voyait en elle un poste avancé lors des conflits entre la Castille et l'Aragon.

C'est la communauté juive tudélane qui rendit la cité prospère, au carrefour d'importantes routes commerciales. Juifs (plus de trois mille) et Maures furent expulsés aux XVᵉ, XVIᵉ et XVIIᵉ siècles, laissant derrière eux des trésors d'architecture que l'on retrouvera au gré d'une balade tranquille dans la vieille ville.

De nos jours, la ville jouit d'une notoriété en matière... de fruits et légumes, docilement cultivés dans la plaine de l'Èbre. Les restaurants font la part belle aux plats concoctés à partir de produits agricoles locaux comme les asperges, les cœurs de laitue, la jardinière de légume, ou les artichauts, mais aussi des viandes comme le jarret d'agneau. Et n'oubliez pas d'arroser votre repas par un exquis vin de Navarre.

Renseignements

Office du tourisme (☎ 948 84 80 58 ; www.tudela. es ; www.riberanavarra.com ; oit.tudela@navarra.es ; Calle Juicio 4 ; 🕙 lun-ven 9h30-14h et 16h-20h, sam 10h-14h et 16h-20h, fêtes 10h-14h). Il n'est pas facile à trouver, au cœur de l'entrelacs des rues de la vieille ville : repérez la cathédrale, l'office se trouve juste devant. Vous y trouverez le plan de la ville en français.

Ciber-café Praga (☎ 948 84 79 33 ; www.ciberpraga. com ; ciberpraga@ciberpraga.com ; avenida Santa Ana 10). Les huit postes qui vous relieront au reste du vaste monde sont situés au fond de ce propre et beau café de quartier, en brique et pourvues de grandes baies vitrées, situé à l'écart de la vieille ville (l'avenue Santa Ana donne sur la longue rue Juan Antonio Fernandez, axe à sens unique nord-sud). Comme toujours, les claviers sont de type qwerty espagnols.

À voir et à faire

Comme la plupart de ses consœurs, la ville de Tudela se visite à pied. La majorité des sites sont concentrés dans les quartiers anciens, au nord de la **Plaza de Los Fueros**.

🔾 CATEDRAL SANTA MARÍA LA BLANCA

L'histoire de la cathédrale **Santa María la Blanca** (☎ 948 40 21 61 ; www.museodetudela.com ; museodetudela@tudela.com) (élevée au rang de cathédrale en 1783) est assez surprenante : une première collégiale prend racine vers 1180 sur la grande mosquée tudélane du IXᵉ siècle, suite à la conquête de la ville musulmane en 1119. Le cloître attenant (accessible uniquement par le musée de Tudela) abrite encore de nos jours... une synagogue.

On ne peut que s'extasier devant son magnifique portail ouest dit "du Jugement dernier", richement ouvragé : les angelots des huit voussures semblent en mouvement, volant dans un sens ou dans l'autre. Attardez-vous sur les détails des personnages (élus et damnés, la résurrection des morts), le drapé de leurs vêtements, leur position et les attributs de leur corporation.

NAVARRE

LA SEMAINE SAINTE DE TUDELA

▪ **Samedi saint** (Semaine Sainte) : à 10h apparaît au balcon de la Maison de l'Horloge (Plaza de Los Fueros) le Volatín, pantin de bois dont la bouche tient un pétard. Après l'explosion, le pantin est dépouillé de ses vêtements par la foule. Ce cérémonial renvoie à la mort de Judas.

▪ **Dimanche de Pâques** : à 9h, un enfant déguisé en ange, suspendu à un câble, descend sur la Plaza de Los Fueros jusqu'à une Vierge endeuillée, voilée de noir. La cérémonie de la Bajada del Ángel (descente de l'Ange) s'achève par le retrait du voile noir, symbolisant la résurrection du Christ. Les fêtes médiévales sont annoncées par le discours d'ouverture lu depuis le château médiéval. Les habitants, invités à se costumer en artisans, marchands, troubadours, cavaliers, sorciers, jongleurs, bateleurs, etc., animent les ruelles décorées pour l'occasion. Ces festivités donnent aussi lieu à des démonstrations de fauconnerie, à des repas médiévaux, à des conférences, des spectacles d'archerie, etc.

La cathédrale possède deux autres portails. Celui situé au nord, ouvert sur la Plaza Vieja, est dit de "Santa María" : il arbore des scènes du Nouveau Testament. Le troisième, au sud, est plus discret : contournez la cathédrale par la Calle Verjas puis par la Calle Portal. Vous découvrirez, sous un auvent en bois ouvragé, le portail roman de la Vierge, caractérisé par des motifs végétaux et géométriques.

La nef et les chapelles latérales sont de facture à la fois gothique et Renaissance, période charnière qui confère à la cathédrale un statut architectural unique en Navarre. Aux envolées audacieuses des ogives gothiques répond le maniérisme de la Renaissance au travers des somptueux retables présentés ici. Classée comme monument national en 1884, la cathédrale abrite une spacieuse chapelle dédiée à Santa Ana, de style baroque (bas-côté nord).

MUSEO DE TUDELA

Attenant à la cathédrale, dans le palais du Doyen, la visite du **musée de Tudela** (☎ 948 40 21 61; Calle Roso 2 ; www.museodetudela.com ; museodetudela@tudela.com ; entrée 3 € ; ☺ lun-ven 10h-13h30 et 16h-19h, sam et vacances 10h-13h30) mérite une attention particulière car il donne accès au cloître roman rectangulaire (9 arcades sur 12) et dont les galeries abritent un dépôt lapidaire. Remarquez les chapiteaux : si tous n'ont pas été sculptés, ceux qui le sont le sont très bien ouvragés. Enfin, le cloître est caractérisé par un plafond peint (galerie en bois) et par un lavabo central non couvert, destiné aux ablutions.

Le côté est du cloître ouvre sur une synagogue dans laquelle sont exposés des textes hébraïques, un chandelier à sept branches, mais aussi l'histoire du judaïsme à Tudela et son principal personnage : Benjamin de Tudela (1130-1173), rabbin espagnol et grand voyageur.

Le musée, de taille modeste, met en avant une statuaire polychrome des XVIe, XVIIe et XVIIIe siècles de grande valeur, comme ce saint Louis (XVIIIe siècle) ou ce Santiago (XVIIe siècle), mais aussi quelques reliquaires de noble facture. Trois retables à riches dorures sont intégralement adossés à la paroi ouverte sur un patio. À l'étage, vous verrez des tableaux religieux, des tables mudéjares (XIVe siècle) et des bois polychromes. Au niveau inférieur se trouvent des vitrines de vêtements sacerdotaux brodés. Remarquez notamment la *capa pluvial del terno de Santiago* avec les coquilles Saint-Jacques brodées.

PLAZA DE LOS FUEROS

Cette place chère au cœur des habitants est depuis 1687 (date de sa construction) l'incontournable carrefour (piétonnier) de la ville, son cœur battant. Bars et cafés étalent leurs terrasses aux beaux jours. Cette place carrée est agrémentée de la **Casa de Reloj** (maison de l'Horloge) et de l'église Santa María. La place vaut le coup d'œil pour ses cartouches décorés au niveau supérieur : scènes de corridas (côté sud) et blasons des communes de la Ribera (sur les autres côtés), parfois rehaussés de céramiques colorées. Au centre trône un beau kiosque à musique ouvragé. C'est sur cette place qu'ont lieu les événements les plus importants de la ville (voir encadré *La Semaine sainte de Tudela* page. 381 et la rubrique *Fêtes et festivals* page précédente), jonction entre les vieux quartiers historiques et la ville moderne.

Fêtes et festivals

Semaine sainte (voir encadré p.381)

Jornadas de exaltación de la verdura (1er-4 mai) : parcours gastronomiques, fête musicale, entre autres, mettent à l'honneur les fruits et légumes.

Marché de producteurs et d'artisans locaux (juin) dans le centre historique tous les samedis et dimanches.

Fêtes patronales célébrant Santa Ana (24 juillet) : pendant 7 jours processions de Santa Ana et de Santiago, corridas, défilé des géants et grosses têtes, fanfares et danse de la *revoltosa* sur la Plaza de Los Fueros.

Où se loger

Hostal Remigio (☎ 948 82 08 50 ; www.hostalremigio.com ; info@hostalremigio.com ; Gaztambide 4 ; s/d 27-32/45-52 € selon saison ; possibilité de parking). On apprécie la situation idyllique de l'établissement, en plein centre-ville, juste devant la Plaza de Los Fueros. Les trente-cinq chambres sont certes un peu sobres mais correctement équipées. La plupart donnent sur l'arrière-cour et sont donc au calme. L'accueil est charmant et on vous donnera toutes les indications nécessaires pour visiter la ville (vous pouvez même demander un plan).

Où se restaurer

Restaurant Iruña (☎ 948 82 10 00 ; www.restauranteiruna.com ; Muro 11 ; ☺ fermé jeudi ; carte 18-35 €). La rue du Muro correspond à l'ancien rempart de la ville : c'est aujourd'hui un large mail situé à deux pas de la Plaza de Los Fueros. Le restaurant joue la carte de la finesse et de la qualité pour le plus grand nombre : à l'accueil

LA VOIE VERTE DE LA TARAZONICA

La voie ferroviaire reliant Tudela et Tarazona, ville située en Aragon, a définitivement cessé de fonctionner à la fin de l'année 1972. Le parcours de 22 km, relativement plat et rectiligne, a depuis été aménagé et balisé afin que promeneurs et cyclistes puissent l'emprunter en toute sécurité, indépendamment des dangers liés à la circulation automobile. Nous décrivons ci-après l'itinéraire jusqu'à Tulebras, situé à 12 km au sud de Tudela, ce qui fait un total de 24 km aller-retour à vélo. Les marcheurs feront demi-tour quand bon leur semblera.

Depuis la gare ferroviaire de Tudela, vous suivez le chemin qui sort rapidement de la capitale de la Ribera pour traverser une mosaïque de paysages où règnent les cultures maraîchères, richesses des vallées du Queiles et de l'Èbre. Au bout de ces 3 premiers kilomètres, vous parviendrez à une aire de repos, marquée par une étrange sculpture, *L'Escachamatas* (du nom de ce petit train d'autrefois), créée à partir de matériaux ferroviaires. Vous franchirez successivement la route d'Ablitas et le canal de Lodosa, puis passerez sous l'autoroute pour arriver en gare de Murchante (aire de repos). La voie Verte traverse les vestiges de l'ancien village d'Urzante pour atteindre la gare de Cascante (voir p. 385) ; jardins potagers et amandiers ponctuent le tronçon menant à Tulebras où vous pourrez visiter le monastère (voir p. 385).

Location de vélos : **Chiqui-Bike** (☎ 948-82 52 01/629 322 0311 ; Calle Misericordia, Tudela).

et au service irréprochables répondent des assiettes enjouées, pleines de saveurs comme cette salade de perdrix (13 €) et ces croquettes de bourrache (14 €). Les viandes (de 9 à 32 €) sont tendres et délicieuses.

Restaurant Treintaitrés (☎ 948 82 76 06 ; www. restaurante33.com ; restaurante33@terra.es ; Capuchinos 7 ; Ⓥ fermé dim, lun et mar soir ; menu dégustation 40 € ; carte 35-55 €). L'adresse est discrète mais néanmoins courue du tout Tudela et même d'ailleurs : on ne saurait trop vous recommander de réserver. Ce restaurant estampillé "grande table" est à la hauteur de ses ambitions : tout est cuisiné de façon recherchée et raffinée, comme cette épaule d'agneau braisée ou ce velouté de bourrache, exquis en tout point. On regrettera la promiscuité induite par la disposition des tables, mais quel régal dans l'assiette !

◻ LAS BÁRDENAS REALES

Un paysage de Far West qui vous laissera en mémoire un goût d'aventure, des espaces sauvages et naturels piquetés de reliefs lunaires, un moment de temps suspendu entre rêve et réalité, un gigantesque décor de cinéma, une ode à la nature où la trace de l'homme n'existe pas, ou si peu : voilà quelles pourraient être les quelques formules décrivant les Bárdenas Reales. Mais c'est en fait bien plus que cela... À vous de trouver la vôtre.

Bien que situées à quelques dizaines de kilomètres des Pyrénées, les Bárdenas Reales font tout de suite penser au désert : le sable, la sécheresse voire l'aridité, une maigre végétation xérophile (adaptée à la chaleur)... Ce

relatif dénuement n'inciterait pas, a priori, à de démonstratifs débordements d'enthousiasme. Et pourtant, ces paysages hors normes, en partie classés en trois réserves naturelles (voir ci-après), sauront capter votre attention comme ils ont su retenir celle de l'Unesco qui a promu les Bárdenas Reales au rang de réserve de la biosphère en 2000.

Les Bárdenas Reales couvrent une superficie de 42 500 hectares, avec une longueur maximale de 45 km du nord au sud et 20 km d'est en ouest. La zone peut se découper en quatre entités géographiques naturelles : au nord au sud, on trouve successivement El Plano (aux terres cultivées), La Bárdena blanca alta, La Bárdena blanca baja et enfin Plana de la Bárdena Negra où culmine la Loma Negra à 646 m d'altitude, environné de pins d'Alep. Cet univers essentiellement minéral est né des caprices de l'eau, du calcaire et de l'argile qui ont sculpté, il y a des millions d'années, ce paysage de plateaux, de ravins et de buttes solitaires. Un périmètre militaire, réservé aux exercices de tir, est circonscrit dans les Bárdenas Reales : il est strictement défendu d'y pénétrer. Des cultures irriguées, principalement localisées dans la partie occidentale de la région, apportent un peu de verdure dans un environnement quelque peu austère. Oliviers et amandiers croissent également dans cette marge. L'avifaune se résume à des aigles, des vautours, des hiboux, des grands ducs, des outardes barbues, tandis que le sol est le domaine des renards, chats sauvages et genettes. Sans oublier les reptiles que l'on on se gardera bien de provoquer...

Renseignements

Comunidad de Bárdenas Reales de Navarra (☎ 948 82 00 20 ; www.bardenasreales.es ; info@bardenasreales.es)

Site Internet de la mairie d'Arguedas (☎ 948 83 00 05 ; www.arguedas.es/es/, arguedas@arguedas.es ; Plaza de los Fueros, Arguedas)

À voir et à faire

DÉCOUVRIR LAS BÁRDENAS REALES

Peu de routes carrossables sillonnent la région ; aussi conseillons-nous un itinéraire de découverte automobile au départ d'Arguedas, même si les 700 km de chemins, pistes et drailles ouverts à la randonnée, au VTT ou à l'équitation restent les meilleurs itinéraires pour "saisir" les Bárdenas Reales. Sachez donc que 25 vélos sont disponibles à la location, tous les jours de la semaine, chez **Ciclos Martón** (☎ 948 83 15 77/609 560 912, sam-dim contactez par mobile ; Calle Real 31, Arguedas). Des renseignements sur les parcours touristiques possibles des Bárdenas Reales vous seront prodigués.

Sur la NA134, juste au sud d'Arguedas (station-service : pensez à faire le plein si besoin !), en direction de Tudela, se trouve une petite route goudronnée partant vers l'est, sinueuse (remarquez l'élevage de taureaux), qui mène au cœur des Bárdenas Reales. Après avoir franchi le río Los Aguilares et être passé devant l'entreprise d'excavation Ecay-Andueza, vous pourrez stopper pour profiter d'un large panorama sur les paysages désolés.

Une fois parvenu devant la caserne militaire précédant la zone interdite, obliquer sur la piste à droite (30 km/h) pour en faire le tour (32 km ; comptez 1h15 à 1h30 selon les arrêts photos ; de discrètes petites bornes sont là pour vous repérer tout au long de la piste). Touffes herbacées, arbustes, *barrancos* (gros ravins qui peuvent devenir torrentiels lors d'intempéries ;

---

les petits ponts permettent de les identifier) mais aussi troupeaux de moutons composent l'essentiel du décor ; en retrait se dressent d'insolites reliefs façonnés par les caprices de l'eau et du vent. Car l'érosion règne ici en maîtresse : les buttes-témoins possèdent des versants argileux constellés de bosses ravinées par les eaux de ruissellement (phénomène de *badlands*). L'eau, ayant creusé des sillons, se dirige vers des lits improvisés qui, inoffensifs à sec, peuvent devenir véritablement dangereux en cas de gros orage. Aussi ne vous aventurez pas ou bien rebroussez chemin si le temps se couvre et se fait menaçant (que vous soyez en voiture, à pied, à VTT ou à cheval) : l'argile omniprésente devient gadoue et patinoire… Vers la fin du parcours se dresse l'élément naturel le plus emblématique du site : la Cabeza de Castildetierra, grande cheminée de fée d'environ 28 m de hauteur (et qu'il est strictement interdit d'escalader).

ERMITA NUESTRA SEÑORA DEL YUGO

Dominant une colline à 480 m d'altitude, à 4 km au nord d'Arguedas, le site de cet **ermitage** (☎ 948 38 60 11 ; www.virgendelyugo.com) est aussi un superbe belvédère sur les Bárdenas Reales (à admirer plutôt l'après-midi ou en soirée).

Le sanctuaire, bâti aux XVIIe et XVIIIe siècles, renvoie à l'apparition de la Vierge sur un joug (*yugo*), survenue au XVe siècle. Sur le parvis est d'ailleurs scellée une dalle commémorant l'apparition. Le site jouit d'une grande notoriété que l'on retrouve lors des nombreux pèlerinages qui y sont menés (le premier dimanche d'octobre a lieu la fête annuelle des **Amis de la Virgen del Yugo**) : ferveur et dévotion animent les fidèles qui viennent s'y presser. La nef, protégée par une grille, abrite un retable baroque polychrome à dorures de 1660, au milieu duquel rayonne une Vierge du XVe siècle.

PARQUE DE LA NATURALEZA SENDA VIVA

Ce **parc de loisirs** (☎ 948 088 100 ; www.sendaviva.com ; info@sendaviva.com ; Carretera del Yugo, Arguedas ; entrée 5-11 ans/12 ans et plus 15/22 €) de 120 hectares, axé sur la nature, ravira les enfants comme leurs parents. Il est compartimenté en quatre thématiques : le village, la foire, la ferme et la forêt, chaque partie ayant ses propres spectacles. Plus de 300 animaux sont regroupés ici dont lions, singes capucins, brebis, poulains, etc. L'offre des animations

---

UNE NATURE RÉPARTIE EN TROIS RÉSERVES NATURELLES

■ Le **Vedado de Eguaras**, au nord, abrite les vestiges du château de Peñaflor.

■ Le **Rincón del Bu** (Bárdena Blanca) protège, parmi ses 460 hectares, des falaises où niche le grand duc.

■ La réserve naturelle de **Caídas de la Negra** (Bárdena Negra) s'étend sur 1 926 hectares.

LES BÁRDENAS REALES, MODE D'EMPLOI

- **Période conseillée :** de septembre à juin. En été, pensez à vous hydrater et à vous protéger du soleil.
- **Matériel :** eau, boussole, téléphone portable, jumelles, chaussures montantes. Ne pas faire de feu et ne pas laisser de déchets : ne rien laisser, ne rien jeter.
- **Réglementation :** défense de cueillir des plantes, de déranger les animaux. Hors-piste interdit. Ne pas séjourner après 20h (camping interdit). Circulation interdite en dehors des pistes balisées.

---

est multiple : manège, miroirs déformants, labyrinthe aquatique, cirque climatisé, etc. Et ne manquez pas le spectacle de vol des rapaces ! Vous pourrez vous restaurer en divers endroits à l'intérieur du site, résolument conçu pour le tourisme familial.

Où se loger

Casa Rural La Bárdena Blanca (☎ 948 83 17 22/636 28 62 65 ; Calle San Francisco Javier 11, Arguedas ; d 45-52 €). Les quatre chambres d'hôte, à la fois sobres mais pimpantes, sont toutes équipées de salles de bains. La maison, enchâssée au cœur d'Arguedas, est un bon point de départ pour visiter les Bárdenas Reales, mais aussi Tudela.

CABANILLAS

Situé en retrait du río Ebro, à 8 km à l'est de Tudela par la NA126 (direction Fustiñana), le tranquille village de Cabanillas possède une église romane, cachée tout au bout du village (panneaux directionnels).

Les caractéristiques romanes de l'**église San Juan de Jerusalén** (☎ 948 81 21 36 ; ☺ lun-ven sur rendez-vous, samedi 16h-19h) concernent l'abside et les murs latéraux, bâtis au XIIᵉ siècle. Remarquez le magnifique appareillage régulier. Le portail latéral présente trois voussures cintrées, décorées de motifs floraux, d'animaux et d'anges ; les chapiteaux sont eux aussi sculptés. Le chevet demi-circulaire présente des modillons ouvragés représentant des feuillages, des maillons de chaîne, des volutes, des croix... Seuls la dernière travée (du XXᵉ siècle !) et la partie supérieure en brique (clocher à deux baies campanaires) détonnent.

CASCANTE

Ce village établi sur une hauteur de la Ribera, à 9 km au sud de Tudela par la N121C (direction Tarazona), possède une curiosité architecturale unique en Navarre : les **Arcos**

del Romero forment une galerie composée de 39 arcades de plein cintre, montant progressivement vers la **basilique baroque du Romarin** ou **Nuestra Señora del Romero** (XVIIIᵉ siècle).

Ce portique, couvert par un appentis de tuiles et pavés de galets, permet aux fidèles et aux pèlerins d'accéder à la basilique à l'abri des intempéries ; il est orné d'un Chemin de Croix dont la dernière station se trouve sur la basilique. Çe type de construction est rare en Europe : les Arcos del Romero sont comparables au portique del Parque Güell à Barcelone et à La Arquería de Dotti à Bologne.

Entourée de jardins, la basilique de style baroque (1760), à la probable influence mudéjare, couronne la colline : vous profiterez ainsi d'un large panorama sur la Ribera agricole, avec les reliefs des Bárdenas Reales au nord. Construit en brique et en gros appareil de pierre, l'édifice mérite une visite, ne serait-ce que pour contempler les orgues, en tribune, certaines étant disposées horizontalement ! La croisée du transept, chapeautée par une coupole à lanternon élevée sur pendentifs stuqués, et le chœur, rouge et blanc, contrastent avec la sobriété de la nef et des deux collatéraux dépouillés de toute ornementation. Le chœur, fermé par une grille ancienne, abrite une abside encombrée par un imposant retable polychrome de la première moitié du XVIᵉ siècle, doté de boiseries dorées, de colonnes torsadées ornées de pampres, et d'une niche en mandorle au milieu de laquelle trône une Vierge à l'Enfant (éclairée à l'électricité !). Remarquez la virtuosité d'exécution des draperies et des motifs floraux.

MONASTERIO SANTA MARÍA DE LA CARIDAD DE TULEBRAS

Ce **monastère roman** (☎ 948 85 14 75/676 18 67 34 ; ocsocari@planalfa.es ; Calle San Bernardo, Tulebras ; entrée : donation libre ; ☺ mai-sept mar-dim 11h-13h30 et 16h-18h,

NAVARRE

oct-avril sam et dim 16h-18h), érigé au XIIᵉ siècle, abrite un musée d'art sacré, en harmonie avec la communauté de religieuses qui l'habite encore. Ce fut le premier monastère féminin d'obédience cistercienne en terre ibérique ; il a par ailleurs toujours été occupé par des religieuses depuis sa fondation, sans aucune interruption !

On visite (silencieusement) l'église abbatiale cistercienne et le musée. L'église possède un modeste portail roman et, dans son unique nef, abrite un autel du XIIIᵉ siècle ; remarquez également la facture gothique de la statue de la Vierge de la Charité, du XIVᵉ siècle. Mais c'est la visite du **musée d'Art sacré**, guidée par des religieuses, qui vaut le déplacement à Tulebras : les collections des XVIᵉ, XVIIᵉ et XVIIIᵉ siècles comportent, entre autres joyaux, des peintures (dont une magnifique sainte Trinité), des retables comme celui où est représenté un rare Endormissement de la Vierge, du mobilier et des pièces d'orfèvrerie, des sculptures… Profitez-en pour jeter un œil, par une fenêtre, au cloître du XVIᵉ siècle.

En fin de visite, vous aurez aussi la possibilité d'acheter les produits confectionnés par les moniales : miel, pollen, gâteaux et cosmétiques naturels.

MONASTERIO SANTA MARÍA LA REAL DE FITERO

Peu de recul pour apprécier ce **monastère** (www.fiteroellegadodeunmonasterio.com ; Plaza de la Iglesia 12), littéralement étouffé par les maisons de Fitero ! La ville s'est en effet développée en rive gauche de l'Alhama au XVᵉ siècle, autour de son monastère, afin d'en renforcer la sécurité. Fondé en 1140 par San Raimundo – avec une construction étalée entre la fin du XIIᵉ et le milieu du XIIIᵉ siècle –, le monastère serait le tout premier d'ordre cistercien élevé sur le sol de la péninsule ibérique.

L'**office du tourisme** (☎ 948 77 66 00 ; www.fitero.org, turismo@fitero.org ; visite libre/guidée 1/3 € ; ☺ lun-sam 11h-12h et 16h30-17h30, visite guidée lun-sam 12h et 17h30, dim, vacances et fêtes 13h et 17h30) organise des visites guidées du monastère tous les jours de la semaine. Garez-vous sur le *paseo* ombragé de San Raimundo pour accéder à l'office du tourisme et au monastère.

Le monastère

Classé depuis 1931, ce monastère mérite votre attention, d'une part par ses dimensions, insoupçonnées depuis l'extérieur (son église abbatiale est l'une des plus importantes de l'ordre de Cîteaux en Europe), et d'autre part par sa prestigieuse collection de coffrets médiévaux, notamment d'origine arabe. Vous remarquerez à l'intérieur de l'église abbatiale (agrandie aux XVIᵉ et XVIIᵉ siècles) les voûtes aux larges arêtes, l'abside rehaussée de retables dorés, aux tons bleus, et ses cinq chapelles.

Le cloître d'époque Renaissance invite à la contemplation, caractérisé par son plan carré et son étage. D'autres bâtiments furent adjoints au XVIᵉ siècle : le dortoir, le palais abbatial et la bibliothèque (reconvertie en musée).

Certaines dépendances ne sont plus vouées à des fins religieuses, comme l'hôtellerie (aujourd'hui devenue la mairie), les cellules des moines (désormais réhabilitées en résidence de troisième âge) et le réfectoire (maison de la culture). Le musée du monastère, installé à la fois dans l'ancienne bibliothèque et… la cuisine, abrite des pièces surprenantes, comme ce très beau reliquaire gothique de San Raimundo, orné d'émaux de Limoges, ou encore ce reliquaire-ostensoir de San Andrés, ciselé au XVIIIᵉ siècle. Vous admirerez également une coupe en filigrane d'argent et des calices du XVIIᵉ siècle, mais aussi des pièces plus petites comme une navette d'argent du XVIᵉ siècle et un étonnant coffre en ivoire datant de 966 !

DESPLOBLADO DE RADA

La route NA5500 reliant Caparroso (village situé sur l'axe Pamplona/Tudela) à Mélida est ponctuée d'une colline aux allures de piton rocheux, dominant la vallée du río Aragón. En y regardant de plus près, vous distinguerez un château ruiné qui, il est vrai, fait tout son possible pour se confondre avec le paysage minéral qui l'entoure… Mais c'est en arrivant de Mélida que vous bénéficierez de la meilleure vue : le clocher plat de l'ancien ermitage, découpé dans le ciel, identifie le site en lui conférant un statut mystique… Voici le **despoblado de Rada** (☎ 660 98 80 56 ; entrée 1 € (0,50 € étudiants et demandeurs d'emploi) ; ☺ mai-oct ven et sam 11h-13h30 et 17h-20h, dim et fêtes 10h-14h, nov-avril ven et sam 11h-13h30 et 15h-18h, dim et fêtes 10h-14h) et son *recinto amurallado* (enceinte fortifiée).

Une petite route conduit à l'ancien village perché (parking juste devant). Même si vous n'aimez pas les vieilles pierres, force est de constater qu'un indéniable charme se dégage de ce site pourtant rasé en 1455 lors d'une

NAVARRE

guerre civile en Navarre – et qui est en fait devenu depuis une nécropole – dont la forme évoque une pointe, l'extrémité étant marquée par la Torre de Almenara ruinée. On parcourt aisément l'ensemble séculaire semé de fouilles archéologiques, protégé par une muraille longue d'une centaine de mètres encore debout.

L'ermitage San Nicolás est une petite église romane du XIIe siècle agrémentée d'un beau et sobre portail cintré (chapiteaux posés sur des colonnes dépouillées). L'intérieur, fruste, est caractérisé par une nef en berceau légèrement brisé, avec abside en cul-de-four ; l'unique bas-côté abrite trois panneaux lumineux expliquant l'histoire du site, le travail des fouilles et leur résultat : céramiques (vases), vaisselle (assiettes, pichets, etc.) mais aussi projectiles, pointes de lance et outils agraires.

MONASTERIO DE SANTA MARÍA DE LA OLIVA

On avait l'habitude de trouver les monastères à l'écart des vicissitudes et des agitations de ce monde, et on est un peu surpris – pour ne pas dire déçu – d'accéder très facilement à celui-ci, posé en fond de plaine le long du río Aragón, à 7 km à l'est de Mélida par la NA5500, vers Carcastillo. Mais la déception va rapidement être balayée...

Le **monastère de La Oliva** (☎ 948 72 50 06 ; www.larrate.net/LaOliva, www.monasteriodelaoliva.eu ; entrée 2 € ; ☽ lun-sam 9h-12h30 et 15h30-18h, dim et fêtes 9h-11h45 et 16h-18h45) doit son nom à une légende rapportant la mort d'un roi de Navarre venu mourir au pied d'un olivier, suite aux blessures reçues lors d'une farouche bataille livrée contre les Arabes. Fondé en 1149, le monastère est régi par l'ordre cistercien ; après les heures glorieuses du Moyen Âge se succédèrent les outrages de la guerre d'indépendance et la ruine et la vente des biens au cours du XIXe siècle. La restauration menée au siècle suivant contribua à réinstaller une vie monastique de façon pérenne.

Une fois passé le porche, vous traverserez un parterre jardiné menant à la galerie d'accès au cloître : vous verrez dans ce passage une intéressante maquette en bois du monastère, un imposant ornement métallique de style gothique et la grille déposée de l'église, réalisée dans le premier tiers du XXe siècle.

Le magnifique cloître carré voûté d'arêtes gothiques (bien que datant du XIIe siècle, le cloître a été rebâti aux XIVe et XVe siècles) est la pièce maîtresse du complexe conventuel : les galeries à six arcades aux remplages ajourés sont rythmées par des culs-de-lampe (certains sont sculptés). Le cloître, qui possède deux armoriums, donne accès à la sacristie du XIIe siècle, à la salle capitulaire (curieusement vitrée) fin XIIe-début XIIIe siècle et à la cuisine du XIIe siècle non restaurée. L'accès au réfectoire a été obstrué.

Mais c'est au sol que se trouve la marque identitaire du monastère, constellé de 28 tableaux formés par les couleurs et la disposition de galets : armes de Navarre, rosace, figures géométriques, volutes... Ces compositions sont toutes différentes.

Quant à l'**église Santa María**, elle date des XIIe et XIIIe siècles. Issue de l'école hispano-languedocienne, cette église cistercienne en forme de croix latine est caractérisée par une combinaison de figures romanes et gothiques, avec une nef à six travées voûtées de larges arêtes et aux clefs de voûtes armoriées ; les deux bas-côtés présentent les mêmes caractéristiques, mais sont moins longs. On notera les proportions harmonieuses, les colonnes géminées engagées, la puissance des arcs doubleaux et la sobriété de la décoration, à peine apparente. L'éclairage est assuré par des baies latérales et par un lanternon situé à la croisée du transept.

Si vous en avez l'occasion, essayez d'assister aux offices quotidiens, comprenant notamment des liturgies chantées par les 26 moines encore présents au monastère. Si le cœur vous en dit : à 4h30 (prime), 7h (eucharistie), 8h15 (tierce), 12h45 (sexte), 15h10 (none), 18h30 (vêpres) et 20h45 (complies et salve).

LES CHEMINS DE SAINT-JACQUES

Les curiosités à voir et à visiter de la partie occidentale de la Zona Media de la Navarre sont disséminées au gré du chemin séculaire menant à Saint-Jacques-de-Compostelle. De la solitaire église Santa María de Eunate à la ville fortifiée de Viana, l'itinéraire rend compte des étapes du mythique chemin de pèlerinage.

✪ SANTA MARÍA DE EUNATE

On attribue à cette **chapelle** (☽ fermé lundi, jan-fév et nov 10h30-14h30, mars-juin et oct 10h30-13h30 et 16h-19h, juil-sept 10h30-13h30 et 17h-20h) rurale, isolée, des pouvoirs mystiques… Il faut dire qu'elle jouxte le chemin de Saint-Jacques-de-Compostelle et que son portique, disposé tout autour du sanctuaire, a de quoi intriguer. Sans oublier son chapiteau à tête richement barbue qui, si on le retournait, était censé représenté la figure du Malin. Diable !

L'église romane Santa María de Eunate (prononcez "É-ou-nate", ce qui signifie les "cent portes", en référence à la ceinture d'arcades) a été bâtie en 1170, probablement par les Templiers de l'ordre de Saint-Jean. Elle revêt un charme indéfinissable, notamment lors des couchers de soleil où son aura semble alors se développer, voire se prolonger avec la nuit… Le portique d'arcades qui en fait le tour a depuis toujours revêtu une signification mystique, source de légendes ; il s'agirait en fait d'un cloître circulaire, mais non couvert. Eunate serait aussi le sommet d'un triangle magique, aux vertus ésotériques (stimulant les forces telluriques), dont les deux autres sommets seraient Olcoz et le site des dolmens d'Artajona (voir p. 380). Et ce n'est peut-être pas un hasard si l'édifice a été élevé en bordure du chemin de Saint-Jacques-de-Compostelle : des fouilles ont permis de mettre au jour des ossements et des coquilles, ce qui tend à croire que l'église fut en premier lieu une chapelle funéraire pour les pèlerins trépassés.

Ce qu'il y a d'indéniable, c'est la beauté et l'harmonie du sanctuaire : l'église de forme octogonale (sur le modèle du Saint-Sépulcre à Jérusalem) abrite une statue de la Vierge à l'Enfant. Il ne faut pas manquer la coupole à cabochons avec ses huit larges nervures, d'inspiration mozarabe, et l'abside à cinq pans (inclus dans l'octogone originel) décoré d'arcatures sculptées. Il est possible d'éclairer l'intérieur (1 €).

Vous trouverez, juste à côté de l'église, une aire de pique-nique et des toilettes publiques.

Où se loger

Casa Goni (☎ 948 35 02 02 ; www.casagoni.es ; casagoni@gmail.com ; Calle Concepción 1, Tirapu ; d 45 € ; table d'hôtes 15 €). Tirapu est un village blotti en haut du versant de la vallée de Valdizarbe, à 5 km à l'est de l'église Santa María de Eunate. D'ailleurs, la petite route qui y conduit s'arrête là. Posée devant l'église, en haut du village, la grande bâtisse toute proprette pourrait ressembler à celle d'un parent que vous viendriez visiter. La maîtresse des lieux, charmante et souriante, vous proposera l'une de ses 3 chambres d'hôte qui fleurent bon l'authenticité : des lits rustiques mais confortables, une décoration sobre mais soignée, des salles de bains petites mais fonctionnelles. Une petite salle commune, à l'étage, concentre accès Internet (1,50 € les 30 min), télévision, lecteur DVD, documentation touristique et même un micro-ondes (pour vos tisanes nocturnes !).

○ PUENTE LA REINA/GARES

La ville est le point de convergence de deux importants chemins de Compostelle : le chemin navarrais (en provenance de Saint-Jean-Pied-de-Port, avec étapes à Roncesvalles et Pamplona) et le chemin aragonais (en provenance du col du Somport, étapes à Jaca et Sangüesa). À partir de Puente la Reina, le chemin prend le nom de Camino francés, le chemin des Français. La ville a d'ailleurs été créée au XIIᵉ siècle par Alfonso Iᵉʳ le Batailleur pour les pèlerins.

Office de tourisme (☎ 948 34 08 45 ; www.puentela reina-gares.net ; oit@puentelareina.e.telefoni ; Calle Mayor 105, Casa del Vínculo ; mar-sam 10h-14h et 16h-19h, dim 11h-14h). Il est idéalement situé avant le pont médiéval. Outre la documentation habituelle, vous pourrez y trouver des cartes postales et de nombreux ouvrages consacrés au chemin de pèlerinage.

À voir et à faire

La ville, toute bâtie de brique en rive gauche de l'Arga, présente un urbanisme rectangulaire où tout semble graviter autour de sa **Calle Mayor**, rue principale empruntée par les pèlerins. Prenez le temps de la découvrir : arrêtez-vous devant les habitations seigneuriales aux larges porches en anse de panier, les portes ornées de heurtoirs forgés et décorées de gros clous à motifs, sans oublier les échoppes qui profitent de la ferveur (certains diront "business") du chemin de Saint-Jacques-de-Compostelle. La ville s'anime aussi autour de sa petite **Plaza Julian Mena** (XVIIIᵉ siècle), bien ordonnancée par ses galeries à arcades.

À l'ouest de la ville se trouve le très beau **pont médiéval**, jeté au-dessus de l'Arga dès le XIᵉ siècle et consolidé par la suite. N'hésitez pas à l'emprunter et à en faire le tour par le pont routier afin d'admirer ses six belles arches.

IGLESIA DE CRUCIFIJO

L'**église du Crucifix** (Calle del Crucifijo ; ⊗ 9h-20h), située à l'est de la ville, trône juste devant l'auberge des pèlerins (qui fut justement un ancien hospice de pèlerins). Avant d'entrer dans le sanctuaire, prenez le temps de contempler le portail roman très ouvragé, notamment l'archivolte à sept voussures, richement décorée : remarquez les coquilles et les colonnes toutes sculptées différemment, tout comme leurs chapiteaux. Les deux nefs en berceau brisé s'achèvent par des absides en cul-de-four. Le grand crucifix gothique qui trône sur le mur nord aurait été apporté par des pèlerins allemands au cours de leur pèlerinage, au XIVᵉ siècle...

IGLESIA DE SANTIAGO

Difficile à voir, mais l'**église Saint-Jacques** (Calle Mayor ; ⊗ lun-sam 10h-13h30 et 17h-20h, dim et fêtes 8h45-14h) est d'origine romane (remarquez la facture caractéristique des portails) malgré les remaniements survenus au cours du XVIIᵉ siècle ; le clocher date, quant à lui, du XVIIIᵉ siècle. L'église est, comme son nom l'indique, le repaire religieux des pèlerins : un prie-dieu, situé devant l'effigie de saint Jacques, sur le côté gauche, permet même de demander la protection, la bienveillance et la bénédiction du saint pour le reste de l'itinéraire. Il faut aussi admirer les retables monumentaux où la profusion de dorures tapisse les murs jusqu'à la voûte.

Fêtes et festivals

Fêtes patronales (24-30 juillet)
Ferias (dernier week-end de septembre) avec courses de layas (fourches à bêcher).

Où se loger et se restaurer

Hotel Jakué (☎ 948 34 10 17 ; www.jakue.com ; hotel@jakue. com ; Calle Irunbidea ; s/d 57-74/67-86 € ; ⊗ fermé 16 déc-15 jan). L'établissement, construit en 1990, est situé à l'écart de Puente la Reina, sur la NA111 vers Pamplona. Les vingt-huit chambres portent le nom d'une étape du pèlerinage : Estella, Somport, etc. Excellent rapport qualité/prix : les chambres, de très bon standing, disposent de grands lits, de téléviseurs écran plat, d'un vaste bureau et d'une salle de bains équipée. Tout y est impeccable.

L'hôtel détient également une petite auberge pour les pèlerins, avec une nuitée facturée à 6 € (dortoir en lits superposés) ou à 32 € (chambre avec grand lit).

Sidreria Ilzarbe (☎ 948 34 09 21 ; www.sidreriailzarbe. com ; info@sidreriailzarbe.com ; Calle Irunbidea ; menus 10-15-35 € ; ⊗ haute saison 15 juin-15 sept, fermé 16 déc-16 jan). Ce restaurant, situé juste à côté de l'hôtel Jakué, fait aussi cidrerie. D'ailleurs, la grande salle est aménagée en fonction des énormes barriques de cidre disposées en son milieu (possibilité de cidre au verre). Côté assiette, on trouvera une bonne cuisine roborative, sans recherche excessive. Bon à savoir : le menu moyen (à 15 €) est servi en fin de semaine.

ANDELOS

Postée en sentinelle sur le rebord d'un plateau juste au-dessus de l'Arga, à 4 km au sud de Mendigorria par la NA601 et la NA6031, la ville romaine d'Andelos, qui remonte aux IVᵉ et IIIᵉ siècles av. J.-C., possède depuis 2003 un petit **musée archéologique** (☎ 660 98 80 57 ; www. mendigorria.es/es/visitenos/andelos/ ; entrée 1 € ; ⊗ mai-oct ven-sam 11h-13h30 et 17h-20h, dim et fêtes 10h-14h, nov-avr ven-sam 11h-13h30 et 15h-18h, dim et fêtes 10h-14h) qui retrace les différentes périodes de peuplement du site. Un dépôt lapidaire sous vitrine vient étayer les explications des grands panneaux (en espagnol).

Une fois passé le petit musée, vous arpenterez le site archéologique, en commençant par la rue principale le long de laquelle sont encore visibles les bases des arcades de l'aqueduc. Cet aqueduc acheminait l'eau, retenue artificiellement à quelque 3,5 km à l'ouest, vers le réservoir de la cité, le *castellum aquae* (voir la randonnée ci-dessous). Fontaine, maisons, bâtiments publics... : il émane un sentiment vague de nostalgie mêlé de rêverie lors de cette visite où tout semblait être si bien conçu qu'on se surprend à s'imaginer mener une douce vie de Romain. Qui a dit *dolce vita* ?

D'ANDELOS À LA PRESA ROMANA DE ITURRANDUZ

Durée : 2 heures
Distance : 7 km AR
Balisage : balisage blanc et vert
Dénivelé : 130 m

Et si vous alliez faire un tour jusqu'à cette fameuse retenue d'eau (itinéraire SLNA170 ; VTT possible) ? Cette balade tranquille, pas du tout ombragée (pensez à emporter suffisamment d'eau et à vous protéger du soleil), vous permettra de découvrir une construction romaine ayant traversé le temps : le système d'approvisionnement en eau de la cité romaine, localisé à 3,5 km de là. La retenue (Presa romana de Iturranduz), longue de 150 m et affichant une capacité de 20 000 m³ est un remarquable ouvrage d'art remontant au Ier siècle. Remarquez notamment son excellent état de conservation. Juste à côté se trouve le réservoir régulateur d'une capacité de 7 000 m³ qui permettait de contrôler le débit de l'eau vers l'aqueduc. Le retour s'effectue toujours tout droit, l'itinéraire décrivant un large virage qui vous ramènera au parking d'Andelos. À moins que vous ne préfériez revenir sur vos pas.

ESTELLA/LIZARRA

Lovée dans un cirque, à l'intérieur d'une boucle encaissée du río Ega, la ville d'Estella – étoile – est environnée de collines. Ses quartiers anciens sont, quant à eux, concentrés en rive droite, cordon urbain le long du chemin de Saint-Jacques-de-Compostelle. "Estella la belle", comme on l'appelait au XVe siècle, a été rebâtie au XIIe siècle par les rois de Navarre, en lieu et place d'une première fondation datant du XIe siècle, avec force couvents, églises, palais et maisons nobles ; Aymeric Picaud – premier pèlerin chroniqueur – ne la décrivait-il pas comme "[…] une ville de bon pain, d'excellent vin, de viandes et poissons en abondance, et de toutes sortes de plaisirs" ? La ville prit un essor certain au XIIIe siècle.

Office du tourisme (☎ 948 55 63 01 ; www.estella-lizarra.com ; oit.estella@navarra.es ; Calle San Nicolás 1 ; ⊙ lun-sam 10h-14h et 16h-19h, dim 10h-14h). Installé dans le palais des rois de Navarre, l'office dispose d'hôtesses parlant français qui sauront vous guider et vous conseiller (plan de la ville en français). Dans un recoin se trouve le bureau des visites par lequel vous devrez obligatoirement passer si vous désirez visiter l'église San Pedro de la Rúa et son cloître (l'église est cependant accessible 30 min avant les messes).

À voir

❂ IGLESIA DE SAN PEDRO DE LA RÚA

La grande et majestueuse **église San Pedro de la Rúa** (visite guidée 3,50 € église et cloître, s'adresser à l'office de tourisme ; ⊙ église ouverte 30 min avant les messes : lun-ven 19h, sam 20h, dim et fêtes 9h, 12h et 13h), église principale de la ville, est campée sur un promontoire face à l'office du tourisme. Le

site de l'église était occupé au Moyen Âge par un cimetière de pèlerins. Vous pourrez visiter librement l'église une demi-heure avant les horaires de messe ; sinon, la visite guidée (en espagnol) débute par le cloître attenant avant de parcourir l'église.

Le **cloître** du troisième quart du XIIe siècle (roman tardif) conserve seulement deux galeries sur quatre, les deux manquantes ayant été fortement endommagées lors de la démolition du château de Zalatambor, ordonnée par le roi Felipe II en 1572. Une fontaine et un grand cèdre séculaire occupent le carré central, donnant un peu de vie à cet espace cultuel. On ne peut que déplorer la présence immédiate d'une voie rapide avec tunnel qui dénature le lieu et son caractère silencieux, lié au recueillement. Remarquez, en galerie ouest, le très curieux pilier composé de quatre colonnettes torsadées d'un quart de tour : c'est le seul exemple de tout le cloître. Attardez-vous également sur les chapiteaux des colonnes géminées, tous uniques et magnifiquement ciselés, représentant des motifs animaux (fantastiques ou non) et végétaux, mais aussi des scènes liées au pèlerinage de Compostelle. Profitez-en également pour observer la tour-clocher tronquée de l'église, d'allure militaire (remarquez les meurtrières côté façade), rebâtie en brique au XVIIe siècle.

La visite continue par l'**église** et son magnifique chœur en cul-de-four, richement décoré et coloré, avec des voussures moulurées et des colonnes lisses coiffées de chapiteaux historiés. Au centre trône le retable baroque (XVIIe siècle) du bras de l'Évangile, contenant un crucifix du XIIIe siècle dont la légende rapporte qu'il fut jeté par un ennemi juif dans les eaux de l'Ega ; la statue remonta le courant jusqu'à la paroisse du Santo Sepulcro où elle fut recueillie. N'oubliez pas non plus de jeter un œil averti aux stalles romanes (rares), aux fonts baptismaux du XIIIe siècle ornés d'un Arbre de Vie, et aux différentes sculptures romanes (Vierge romane de Belén) et gothiques (crucifix du XIVe siècle). Quant à la chapelle San Andrés (de 1596), elle est coiffée par une coupole baroque de la toute fin du XVIIe siècle.

C'est en contemplant son magnifique **portail** du XIIIe siècle que s'achève la visite ; remarquez l'influence arabe dans les lobes et admirez la finesse d'exécution des chapiteaux, des voussures, des colonnes. Retournez-vous : depuis le portail s'ouvre une large vue sur Estella.

NAVARRE

◘ IGLESIA DE SAN SEPULCRO

L'**église du Saint-Sépulcre** (Calle Curtidores), élevée du XIIe au XIVe siècle, est un édifice religieux à part, puisqu'elle demeure inachevée (on ne peut plus visiter l'intérieur depuis 1881). Située dans la partie orientale de la ville, sur le chemin de Saint-Jacques, elle satisfait cependant la curiosité et le regard des visiteurs.

C'est pour son magnifique portail que l'on fait le chemin (à environ 800 m de l'office de tourisme) en suivant l'itinéraire des pèlerins. Sur les trois nefs qui auraient dû être construites, seule celle consacrée à l'Évangile a vu le jour. Bien que d'époque romane, cette nef présente un superbe portail gothique de la fin du XIIIe siècle, considéré comme l'un des plus beaux exemples d'architecture gothique en Navarre.

Le portail est riche d'une archivolte composée de douze voussures reposant sur des chapiteaux ouvragés, et sous lesquelles on reconnaîtra les apôtres ; le tympan, juste en dessous, est compartimenté en trois bandes horizontales, avec en haut des scènes de la vie du Christ (Crucifixion avec des soldats romains, Marie, saint Jean et, en retrait, les deux larrons), au milieu la visite des Trois Maries au Sépulcre de Jésus, la descente de Jésus dans les Limbes (remarquez l'expression du dragon avalant quatre âmes), et l'apparition de Jésus à Marie Madeleine. La Cène figure sur la bande du bas : remarquez notamment la symétrie et la précision des détails, avec la présence de la vaisselle sur la table ! La porte est encadrée par deux statues en ronde-bosse qui représentent saint Jacques en pèlerin et saint Martin évêque.

Fêtes et festivals

Fêtes patronales de la Vierge du Puy (Virgen del Puy) (24 mai) avec processions, défilé de géants, feux d'artifice et bandas.
Semaine médiévale (fin juin)
Fêtes patronales (vendredi précédant le 1er dimanche d'août)
Foire aux bestiaux de San Andrés (30 novembre)

Où se loger et se restaurer

Hotel Yerri (☎ 948 54 60 34 ; www.hotelyerri.es ; hotelyerri@ hotelyerri.es ; avenida Yerri 35 ; s/d 38-45/58-65 € selon saison). Résolument moderne, cet hôtel de standing à l'architecture passe-partout s'accommode fort bien de sa situation dans les quartiers récents d'Estella. Les 28 chambres, très correctes,

ont été conçues pour leur fonctionnalité : ne cherchez donc pas la touche personnalisée. Très bon rapport qualité/prix. L'hôtel dispose également d'un parking souterrain doté d'une quinzaine de places (6 €) et de postes Internet (0,50 €/30 min).

◘ Restaurante Richard (☎ 948 74 01 39 ; www. barrestauranterichard.com ; info@barrestauranterichard.com ; avenida Yerri 10 ; menu du jour 9,50 €, dîner 25-45 € ; ☼ 13h-15h30 et 20h-22h30). On passera d'emblée sur la décoration de la salle, mal inspirée : rose et noir… Les assiettes rattrapent haut la main l'esthétisme ambiant, préparées par un chef dont on saluera le raffinement. Ne passez pas à côté de la spécialité maison : le carré de veau et sa sauce aux oranges. Les escargots aux anchois, les pâtes fraîches aux truffes (un régal), la salade de saumon sauvage, la soupe au pistou, la daurade grillée ou l'agneau de Navarre livrent toutes leurs saveurs pour le plus grand bonheur du palais. Une très bonne adresse qui mise avant tout sur la qualité des produits et le soin mis dans leur préparation.

🄴 La Aljama (☎ 948 55 23 55 ; www.la-aljama.net ; info@la-aljama.net ; 6 Calle La Rúa ; menu du jour 12 €). Situé dans la rue où passent les pèlerins, en rive droite du río Ega, ce restaurant joue admirablement des coudes pour se maintenir dans une gamme de prix qui ne trahit pas la qualité des mets, la rue arborant bon nombre d'établissements concurrents. On aime bien la décoration stylée, à la fois moderne (gros abat-jour orange, photos de chapiteaux romans au mur) et pratique (tables en bois semblant être sorties de chez Ikea). Le service est souriant, les assiettes garnies de *pochas* (haricots blancs), de salades, de poisson, de purée à l'huile d'olive, etc. Le petit plus : un service d'épicerie et de sandwicherie, pèlerins obligent…

MONASTERIO DE IRACHE

Le **monastère d'Irache** (donation libre ; ☎ 948 55 44 64 ; ☼ mar-ven 10h-14h et 17h-19h, sam-dim 9h-14h3 et 16h-19h, fermé lun et mar après-midi), situé sur le chemin de Saint-Jacques, à 3 km au sud-ouest d'Estella par la NA1110, est un curieux édifice. Fondé au XIIe siècle (église), il a successivement été utilisé comme hospice pour les pèlerins, université, hôpital militaire et collège religieux. Pour l'heure, il est inhabité depuis 1985 et, selon toute vraisemblance, il pourrait devenir dans un futur encore indéterminé un *parador* (hôtel de luxe).

Des lignes droites, des fenêtres parées de grilles, une tour-clocher austère... Voilà qui n'engage pas l'enthousiasme. Pourtant, une fois franchi l'entrée (côté université, dans le bâtiment du XVIIᵉ siècle), on sera surpris de découvrir que le site renferme deux cloîtres !

Le premier cloître traversé date du XVIIᵉsiècle : essentiellement construit en brique, il arbore trois galeries d'arcades et une quatrième pourvue de fenêtres (les arcades ont été obstruées). Une fontaine et des résineux agrémentent le parterre central.

Le second cloître, de style platéresque (milieu du XVIᵉ siècle), cumule les intérêts. Outre l'élégance des galeries (remarquez leur hauteur), il se dégage un certain raffinement dont le pinacle est sans nul doute la *puerta speciosa*, la porte ornée donnant accès à l'église : achevée en 1547, elle offre au regard une multitude de détails finement sculptés, avec deux médaillons de saint Pierre et de saint Paul, surmontés par l'Assomption de la Vierge. Mais revenons au cloître. De forme rectangulaire (il alterne 5 et 6 galeries rythmées par de longues arches), il conserve les niches à statues, aujourd'hui vides. Mais c'est la décoration Renaissance qu'il faut retenir : les plafonds sillonnés d'arêtes aux nombreuses courbures, les chapiteaux aux scènes de l'Enfance du Christ, de la Passion et de la vie de saint Benoît. Les consoles sont sculptées de scènes mythologiques, comme Prométhée et l'Aigle, ou encore Héraclès et l'hydre de Lerne.

L'église est le bâtiment le plus ancien de l'ensemble monastique. Élevée au XIIᵉ siècle sur un sanctuaire médiéval, elle est caractérisée par un chœur en cul-de-four, ajouré par cinq oculi (baies rondes) et flanqué de deux absidioles (petites chapelles s'ouvrant sur l'abside) orientées. La nef romane est encadrée par deux collatéraux possédant des voûtes d'arêtes grossières.

⊙ VILLA ROMANA DE ARELLANO

Le **site romain d'Aurelianum** (☎ 616 88 29 12 ; entrée 1 € ; ⊙ ven-sam 11h-13h30 et 15h-18h, dim et fêtes 10h-14h) situé 16 km au sud-ouest d'Estella par la NA122 puis la NA6340, et qui a donné son nom au village d'Arellano (situé 6 km au nord), a été bâtie au Iᵉʳ au Vᵉ siècle, dans une plaine agricole balayée par les vents, entre Allo et Arróniz.

On aperçoit tout d'abord un grand bâtiment blanc, un genre de hangar posé dans un environnement dénué de toute population. C'est une fois arrivé sur place que l'on découvre que le site archéologique est recouvert entièrement par cette grande construction blanche qui fait office de protection. Les fouilles ont permis d'attester la fonction résidentielle de cette villa, mettant également au jour des dépendances à vocation viticole. Les grands panneaux explicatifs (en espagnol) détaillent l'origine des peuplements romains en Espagne, les objets et outils ruraux, les récipients et ustensiles de cuisine, etc. Une passerelle métallique enjambe les diverses parties du site, permettant d'avoir une vision originale des pièces, de leur envergure et, parfois, de leur décoration. C'est ainsi que vous pourrez admirer la mosaïque dite "des Muses", ou plutôt sa reproduction car l'original est exposé au Musée archéologique national de Madrid. Seules deux "salles" n'ont pas été protégées des intempéries : vous verrez à l'extérieur les sites du temple du sacrifice des taureaux (le Taurobole) et l'étable.

Vous aurez sans doute remarqué que le gravier disposé au sol est différemment coloré, indiquant les différentes étapes de la construction : le gravier gris correspond aux constructions édifiées du Iᵉʳ au IIIᵉ siècle, tandis que le gravier rose signale celles bâties aux IVᵉ et Vᵉ siècles.

VILLAMAYOR DE MONJARDÍN

Ce village, situé à 8 km au sud-est d'Estella, possède deux trésors : une charmante église romane et une fontaine gothique, plus discrète, à l'écart du village.

À voir

IGLESIA DE SAN ANDRÉS

L'**église** (messe dim et fêtes 13h) des XIIᵉ et XVIIᵉ siècles, précédée par un portique composé de cinq arcades, arbore un beau portail roman cintré, caractérisé par une large archivolte de quatre voussures simples. Deux paires de colonnes encadrent la porte dont on notera l'ancienneté (remarquez le travail des ferrures) ; les chapiteaux représentent une Vierge à l'Enfant et des chevaliers combattants. Quelques marches descendantes permettent d'accéder à la nef unique qui s'achève par une abside en cul-de-four (un interrupteur est situé à côté de la porte en entrant). Quant au clocher baroque, il a été édifié au cours du XVIIIᵉ siècle.

FUENTE DE LOS MOROS

La **fontaine des Maures** est située à 1 km au nord-est du village, en suivant le chemin des pèlerins (chemin de terre). De style gothique, c'est en fait un profond bassin auquel on accède après avoir descendu les marches qui y mènent.

LOS ARCOS

Cette bourgade localisée à mi-chemin entre Estella et Viana se distingue par son église Santa María et son haut clocher baroque, sa porte de ville (ouest) aux trois pignons blasonnés, et à son quartier ancien dont la *casa consistorial* est le plus bel exemple d'architecture civile (le rez-de-chaussée abrite l'office du tourisme).

Office du tourisme (☎ 948 64 00 21 ; turismo@losarcos. animsa.es ; Plaza de los Fueros 1 ; ☺ mar-sam 10h-14h et 16h-19h, dim 10h-14h)

À voir
IGLESIA SANTA MARÍA

L'**église Santa María**, édifiée entre les XIIᵉ et XVIIIᵉ siècles, est caractérisée par sa haute tour visible de loin, et dont l'élévation pourrait s'apparenter à un jeu de construction. Un dôme octogonal à lanternon coiffe la croisée du transept. On accède à l'église par la place Santa María, entourée d'arcades ; le portail platéresque, datant de la Renaissance, passe pour être l'un des plus beaux de Navarre avec notamment la belle facture de la Vierge à l'Enfant, couronnée, et environnée des apôtres Pierre et Paul. La nef rococo, richement décorée, collectionne les dorures et les sculptures : où que vous portiez le regard, vous tomberez immanquablement sur un bel ornement, que ce soit une statue ciselée, le fastueux buffet d'orgues (1760), les stalles maniéristes ou un retable ouvragé (celui du chœur figure la Passion du Christ). Remarquez la coupole ornée de mystérieux motifs en relief, aux formes de volutes.

BASÍLICA DE SAN GREGORIO OSTIENSE

L'édifice, posé au sommet d'une haute colline boisée, est visible de loin. On y accède par une petite route un peu défoncée, au départ du village de Sorlada, à 1 km au sud de ce dernier.

D'emblée, on est frappé par la multitude de détails qui caractérise la **basilique de San Gregorio Ostiense** (☎ 948 53 40 15 ou 609 86 98 59 (visite guidée) ; ☺ sam 12h-13h30 et 16h45-18h30), construite en brique : bienvenue au royaume du rococo où foisonnent les courbes, les motifs et les effets recherchés, caractéristiques de ce style. Le monumental portail latéral sud affiche sa grandeur par une construction architecturale édifiée autour des colonnes torsadées. La nef unique est incroyablement colorée : sept grandes peintures formant de véritables tableaux s'étalent sur les murs, séparées par de gracieux pilastres ; la voûte est également peinte. La coupole, élevée sur pendentifs (représentation des évangélistes), est rehaussée par un tambour octogonal ouvert par huit fenêtres.

Derrière le chœur se trouve une petite pièce abritant une curieuse collection photographique présentant toutes les vierges de Navarre. À voir.

TORRES DEL RÍO

Cette bourgade, blottie sur le versant ouest de la vallée du río Linares (belle vue depuis Sansol, village établi sur la rive gauche), vaut le détour pour son **église du Saint-Sépulcre** (entrée 1 € ; ☺ 9h-13h et 16h30-19h), de forme octogonale, bâtie au XIIᵉ siècle sur le modèle de celle de Jérusalem et dont les bâtisseurs pourraient être les Templiers. La traditionnelle construction romane, massive, solide et fruste, semble vouer ici un culte à la verticalité et à la légèreté. La nef octogonale possède une coupole dont les larges nervures forment une étoile à huit pointes, d'inspiration hispano-musulmane, identique à celle de la mosquée de Cordoue.

VIANA

L'emplacement de la ville est tout un symbole : positionnée sur un promontoire dominant la vaste plaine du río Ebro et, plus lointains, les monts Cantabriques, la cité la plus occidentale de Navarre semble regarder depuis ses fortifications La Rioja et sa capitale Logroño, situées à 9 km de là... C'est aussi la dernière étape du chemin de Saint-Jacques en terre navarraise.

Fondée au début du XIIIᵉ siècle par Sancho VII le Fort, la ville avait une vocation hautement stratégique face à la Castille. Ceinturée de remparts rythmés par cinq portes (qui ont fonctionné jusqu'au XIXᵉ siècle), la place forte avait un but défensif dont les traces sont encore visibles aujourd'hui. Le plan urbain – un rectangle divisé en trois rues parallèles – s'articule autour de l'église de Santa María et de la place de los Fueros.

L'**office du tourisme** (☎ 948 44 63 02 ; www.viana.es ; turismoycultura@viana.animsa.es ; Plaza de los Fueros 1 ; ☽ lun-sam 9h-14h et 17h-19h, dim 10h-14h) occupe une partie du rez-de-chaussée de la mairie.

À voir

IGLESIA DE SANTA MARÍA DE LA ASUNCIÓN

L'**église Santa María de la Asunción** (☎ 948 64 50 37 ; Rúa Santa María ; ☽ église ouverte 30 min avant les offices : lun-ven 19h30, sam 20h, dim 12h30), construite aux XIIIe et XIVe siècles, trône au beau milieu de la vieille ville. De style gothique, elle surprend par ses grandes dimensions, magnifiées par le faible recul qu'a le visiteur dans ces rues étroites. La haute tour-clocher, ajoutée au XVIe siècle, est visible à des kilomètres à la ronde. Le véritable trésor de cette église est son monumental portail sud, bâti en pierre à la Renaissance (entre 1530 et 1560) : prenez le temps d'admirer son élévation et son envergure, le détails des sculptures, notamment les figures humaines, la statuaire des niches... Juste devant le portail, scellée dans le sol, une plaque de marbre indique la sépulture de César Borgia, à la fois prince, cardinal et général de l'armée navarraise (et fils du pape Alexandre VI !), mort à Viana en 1507.

IGLESIA DE SAN PEDRO

Bien que ruinée (nef démolie et rosace en lambeaux), cette église située à l'ouest de la vieille ville (Medio de San Pedro) conserve un très beau porche baroque du XVIIIe siècle, finement sculpté, orné d'une statue de Saint-Pierre dominant son architecture raffinée de colonnes, de motifs floraux ciselés, et couronné par un élégant entablement. Glissez-vous sur le côté, dans la petite rue Il Portillo : au bout se découvre un large panorama sur la vallée de l'Èbre. On devine Logroño au loin, devant les monts Cantabriques.

Fêtes et festivals

La San Anton (7 janvier) est l'occasion de grands feux sur lesquels ail, chorizo et pommes de terre sont grillés.
La San Felices (1er février) commémore la fondation de Viana (1219). Un joueur de tambour parcourt les rues, incitant les enfants à aller à la messe. À la sortie, ils reçoivent une pièce de monnaie comme souvenir de cette date.
Dimanche des Rameaux. Foire de l´artisanat avec danses, musique et manifestations culturelles.

Lundi de Pâques. Pèlerinage à Cuevas, ermitage et dernier sanctuaire de Navarre sur le chemin de Saint-Jacques-de-Compostelle.
Fêtes de la Madeleine (22 juillet) avec *vaquillas* (vachettes), *gigantes* (géants) et *cabezudos* (têtes gigantesques), dégustations gastronomiques et concerts.
Fêtes de la Vierge de Nieva (dimanche suivant le 8 septembre), avec beaucoup d'animations.

Où se loger et se restaurer

Palacio Pujadas (☎ 948 64 64 64 ; www.palaciodepujadas.com ; info@palaciodepujadas.com ; 30 Calle Navarro Villoslada ; s/d 70/96 €, petit-déj inclus ; menu 20 €). Le bâtiment du XVIe siècle, édifié au cœur de la vieille ville face à l'église San Pedro, est situé sur le chemin de pèlerinage de Compostelle. Les vingt-quatre chambres, toutes équipées et décorées dans des tons pastel, baignent dans une atmosphère très cosy. L'établissement de grand standing dispose d'un bar et d'un restaurant sous voûte dont le grill rend tous les honneurs à la viande d'agneau et de veau. Le *menú especial* à 20 € propose un large choix parmi des pochas, un risotto de champignons et de foie, du thon mariné, du magret aux fruits rouges et, pour finir, pourquoi pas la tarte aux pommes avec sa glace vanille et son chocolat chaud ?

Restaurante Borgia (☎ 948 64 57 81 ; 1 Serapio Urra ; menu dégustation 55 €, carte 45-70 € ; ☽ fermé dim, lun-jeu soir et août). L'établissement, situé sur le pourtour nord de la vieille ville (à deux pas de la Plaza de los Fueros) se distingue par son grand panneau "Borgia" et par ses grilles gardant porte et fenêtres. La décoration, d'une sobriété qui va de pair avec la blancheur de la lingerie et des couverts, donne le ton : tout se passe dans les assiettes. Et l'on ne sera pas déçu : une bonne et franche cuisine navarraise de marché vous sera copieusement servie, comme cette soupe à l'oignon au fromage de chèvre, ces côtes de porc aux aubergines, ces artichauts au foie gras ou encore ce foie d'agneau à la crème de noisettes et de pommes... Original, raffiné, goûteux : la sainte trinité qu'un repas devrait toujours connaître.

MUSEO DE LA TRUFA

Vous ne pourrez pas manquer le bâtiment moderne (inauguré en 2007), tout blanc, fiché le long de la route, au beau milieu... de nulle part, à l'écart du petit village agricole de Metauten, à 10 km à l'ouest d'Estella par la NA132^A et la NA7310.

Estampillé **Centro de Interpretación de la Trufa** (☎ 948 54 01 02 ; www.museodelatrufa.com ; info@ museodelatrufa.com ; Carretera Ganuza 1, Metauten ; entrée 1,50 € ; ☙ 26 juin-5 sept mar-dim 10h-14h et 17h-20h, dim et fêtes 10h-14h, 6 sept-25 juin ven-sam 10h-14h et 17h-19h, dimanche et fêtes 10h-14h), ce musée de pays est cependant tout petit : comptez 20 minutes pour en faire le tour. On regrettera les panneaux uniquement libellés en castillan, mais on parvient néanmoins à en comprendre le sens. Didactiques, ils expliquent les origines de la truffe (on la trouve uniquement entre le 40ᵉ et le 46ᵉ parallèle nord), ses caractéristiques organoleptiques (il faut 9 mois pour que ce champignon souterrain arrive à maturité), les sites privilégiés (au pied des chênes verts, des noisetiers), la différence entre la truffe noire d'hiver (*Tuber melanosporum*), de décembre à mars, et la truffe d'été (*Tuber aestivum*), que l'on trouve de juin à août. Bref, on apprend plein de choses. Le petit film diffusé en boucle saura vous mettre en appétit avec la préparation en image d'une recette mettant en scène le diamant noir de la cuisine.

En poursuivant votre route vers la sierra de Santiago de Loquiz, vous parviendrez, après Ganuza, au petit village tranquille d'**Aramendía** : il possède un étrange et original calvaire rural abrité par une construction triangulaire.

☼ MONASTERIO DE IRANZU

L'arrivée au monastère, par la petite route depuis Abárzuza (la NA7135, à 10 km au nord d'Estella par la NA120), est tout à fait pittoresque : elle suit le cours encaissé du río Iranzu qui s'écoule au sud de la sierra de Urbasa. Le monastère s'est établi au XIIᵉ siècle au fond de la vallée, dans un site plat et large. L'allée de platanes permet d'accéder au monastère, flanqué d'un vaste parking ombragé.

Le **monastère d'Iranzu** (☎ 948 52 00 12 ; donation libre ; ☙ mai-sept tlj 16h-20h, oct-avr 10h-14h et 16h-19h) est né en 1176, de la volonté de l'évêque de Pamplona Don Pedro de Paris qui y installa à sa tête son frère Nicolas, moine cistercien dépêché d'Orléans. La disposition et l'organisation des bâtiments obéissent fidèlement aux préceptes de l'ordre cistercien originel, en Bourgogne, ce qui fait d'Iranzu un monastère de grand intérêt.

Passé le porche d'entrée, on pénètre directement dans le **cloître** (un tronc permet de percevoir les dons – libres – pour la visite et l'entretien des bâtiments : c'est le *donativo*). En premier lieu, on ne remarque que le bruit de l'eau : celui de la fontaine et celui du lavabo couvert (fontaine, le plus souvent circulaire, où les moines effectuaient leurs ablutions). Sérénité et silence caractérisent ce monastère isolé. Les quatre galeries, sous voûtes d'arêtes, sont rythmées par les chapiteaux historiés et par les culs-de-lampe ; au plafond, les clefs de voûte sont agrémentées de motifs floraux tandis qu'un dépôt lapidaire (composé de chapiteaux, de morceaux de colonnes, de fragments de stèles, etc.) occupe une partie du sol. Mais ce sont les remplages des arcades qui donnent tout son charme à ce cloître : savamment ajourés pour assurer dans le même temps solidité et élégance, ils forment une très belle dentelle de pierre qui en garnit le pourtour. Les colonnettes qui soutiennent les arceaux possèdent des chapiteaux décorés de motifs végétaux, tous différents. Remarquez la diversité des arcades : 7 côté nord, 6 côté est, 8 côté sud, et 6 côté ouest, cette dernière constituant la plus belle galerie car toutes les arcades sont différentes. Le cloître fut achevé à la fin du XIVᵉ siècle.

Le cloître distribue des espaces fonctionnels bien définis, comme la cuisine du XIIIᵉ siècle et sa monumentale cheminée gothique coiffant le foyer central. Elle abrite également un mobilier ancien : pressoir à fromage, pressoir à vin, pétrin, tonneau à vin, *boteros* (pots à eau)... La salle capitulaire, d'époque romane (XIIᵉ siècle), surprend par ses modestes dimensions. On retiendra ses deux colonnes palmiers donnant naissance chacune à huit départ d'arêtes.

L'**église abbatiale** attenante, des XIIᵉ et XIIIᵉ siècles, étire sa nef sur une longueur de cinq travées ; remarquez les arêtes partant des chapiteaux situés au sommet des colonnes engagées, et qui semblent les prolonger. Le collatéral ouest est ouvert par des baies romanes très ébrasées, afin d'ajourer au maximum le sanctuaire. Le transept très court (de la largeur des deux collatéraux) donne accès à l'abside plate, éclairant le chœur par trois baies romanes et par un oculus (baie ronde). Notez la sobriété, le dépouillement, le calme qui habite cette église.

Le monastère est habité depuis 1943 par des moines théatins.

Où se loger

Apartamento Garayalde (☎ 948 54 21 40 ; passage du Camino Real 3, Azcona ; d 60 €). Bienvenue à Azcona, petit village situé sur un versant exposé au sud, à 10 km au nord d'Estella et à 8 km du monastère d'Iranzu. En plus d'une large vue sur les collines d'Estella, d'une grande chambre confortable et d'un salon de télévision, l'accueil de la famille de cette chambre d'hôte est charmant, empreint d'une réelle gentillesse. Et que dire de ces confitures maison à savourer au petit déjeuner (4 €) ! Parfait pour les amoureux du silence...

VALLÉES PYRÉNÉENNES

Barrière géographique entre la France et l'Espagne, la chaîne des Pyrénées tend à s'adoucir à mesure que l'on s'approche du littoral basque : depuis la table des Trois Rois, point culminant de Navarre (2 428 m et limite entre la France et les provinces de Navarre et de Huesca, en Aragon) situé à l'est dans la vallée de Belagua, la ligne de haut relief forme une épine dorsale dont l'altitude ne cesse de décroître, pour atteindre 18 m, au lieu-dit Endarlatsa, là où la Bidassoa quitte la Navarre.

Les Pyrénées se prolongent à l'ouest par les monts Cantabriques, relayés par des sierras, ces plateaux élevés et plats, à l'instar de nos causses. Sauvages, désertes, ces étendues calcaires font le bonheur des randonneurs, des moutons et des pottoks (petits chevaux originaires du Pays basque) !

Les vallées pyrénéennes ont en commun leur orientation nord-sud, rides successives dont les rivières coulent au final vers le río Ebro. Seule la Bidassoa se démarque par ses caractéristiques originales : il s'agit d'un fleuve qui prend sa liberté vers le nord, dans le golfe de Gascogne.

☼ SIERRA DE URBASA ET DE ANDIA

Étendues sur une cinquantaine de kilomètres, les sierras d'Urbasa et d'Andia sont en partie constituées en parc naturel depuis 1997, lequel couvre une superficie de 214 km², dont 70% de couverture forestière.

Sierra de Urbasa

C'est à Urbasa que furent découvertes les premières traces de peuplement en Navarre, sous la forme d'ustensiles de pierre datant de – 150 000 à – 100 000 ans, retrouvés dans des sites mégalithiques pour certains encore dressés, comme les dolmens, cromlechs et menhirs qui émaillent ici ou là la sierra. Forêt (hêtres, chênes, érables, aubépines) et pâtures couvrent 114 km² de la zone classée en parc naturel : une seule route (la NA178)

traverse ces paysages naturels depuis la vallée des Améscoas et son cirque glaciaire, au sud, jusqu'à la vallée du río Arakil au nord. Vous pourrez jouir d'une magnifique vue sur la vallée des Améscoas depuis le balcon de Pilatos, sommet du cirque, en suivant à pied l'unique piste très bien matérialisée qui part du Puerto de Urbasa (parking Iruleze, au col). Le chemin, jalonné de hêtres et de noisetiers, suit à distance le cirque : la prudence est recommandée (ne franchissez pas les barbelés, surveillez les enfants) et restez en retrait du vide.

Un **point d'information** (☎ visites 948 38 24 38, garde forestier 608 41 76 35 ; www.parquedeurbasa.es ; gestcin@gavrn.com ; Carretera Estella/Olazagutía NA178 ; ☼ juil-août tlj 11h-18h, Pâques-juin et sept-oct sam-dim et fêtes 11h-18h) est situé dans la partie nord de l'unique route qui traverse la sierra ; outre de la documentation (en espagnol et en basque) et des panneaux sur la géologie et l'écologie, vous aurez de grandes chances d'y trouver au moins un garde qui pourra vous donner des renseignements, notamment des idées de balades. Des itinéraires pédestres avec descriptifs vous seront remis gracieusement si vous en faites la demande (le chemin des Montagnards, long de 3,8 km, reprend l'ancien chemin du sel ; le circuit des Sources est un sentier en boucle de 4,5 km ; la route des Bergers vous entraîne pendant 7,6 km). Une aire d'interprétation jalonne également la route, au cœur de la sierra.

À VOIR ET À FAIRE
Nacedero del Urederra

Une paisible **balade** (durée 2 h ; distance 9 km AR ; dénivelé 40 m ; balisage, suivre les flèches en bois) au départ de Baquedano vous permettra d'accéder aux sources couleur émeraude de l'Urederra ("belle eau" en basque), zone protégée de 119 ha. Garez-vous sur le vaste parking à l'entrée du village de Baquedano. Vous y trouverez panneaux didactiques, tables de pique-nique et toilettes.

La source résulte de l'infiltration des eaux de pluie à la surface de la sierra (relief karstique). L'itinéraire remonte la rivière dans le cadre prestigieux d'un ancien cirque glaciaire modelé par l'eau, jaillissant au pied de la paroi.

OÙ SE LOGER

Camping de Urbasa (☎ 948 39 10 04 ; www.campingurbasa.com ; info@campingurbasa.com ; Carretera Estella/Olazagutía NA178, à 15 km au Nord de Zudaire ; bungalows

---

LA SIERRA D'URBASA CÔTÉ PROTECTION

- **Accessibilité :** la circulation des véhicules à moteur est limitée aux routes de Olazti/Olazagutía à Estella (NA178) et à la piste forestière de Otsaportillo. Le stationnement est limité aux aires aménagées et aux bas-côtés des routes et des pistes forestières. VTT et équitation possibles, mais seulement sur les routes et pistes destinées aux éleveurs.

- **Usages :** feu interdit, ne pas laisser de déchets. Animaux domestiques sous la responsabilité de leur propriétaire.

- **Réglementation :** défense de cueillir des plantes, de déranger les animaux. Hors piste interdit. Camping interdit.

4/6 pers 74-87/101-114 €, s/d 11-40/12-46 € selon saison ; demi-pension 15 €, pension 26 €). Bien sûr, vous pourrez planter la tente si cela vous chante. Mais il serait dommage de passer à côté de ces solides bungalows en bois, aménagés et confortables, conçus pour 4 ou 6 personnes. Le camping d'Urbasa jouit d'une situation privilégiée, au cœur du parc naturel de la Sierra d'Urbasa, sur le plateau, en pleine nature et à deux pas de la forêt. De quoi faire de ce camping (qui dispose également de places en dortoir, de chambres doubles, d'un mini-supermarché et d'une auberge où sont servis petits-déjeuners et repas) un bon point de départ si vous optez pour la Navarre côté nature.

Hotel Irigoyen (☎ 948 53 90 06 ; hotelirigoyen@eresmas.com ; Carretera Estella/Olazagutía NA178, Zudaire ; s/d/t 26/36/54 € ; dîner 10 €). On aime bien ce petit village étiré au pied de l'impressionnante falaise sud de la sierra d'Urbasa. L'hôtellerie, familiale, propose 21 chambres et une restauration aux bons produits de terroir comme les asperges, les haricots rouges, la truite navarraise (au jambon), le fromage d'Idiazabal et le sorbet de *patxaran* (l'alcool basque). L'adresse, centrale, vous permettra d'effectuer la petite balade des sources de l'Urederra au départ de Baquedano, à 2 km de là.

Sierra de Andia

C'est un peu la petite sœur de la sierra d'Urbasa qu'elle prolonge à l'est, au-delà de la faille de Zunbeltz. Le parc naturel qui la couvre ne protège que 47 km² bien que la sierra ait une superficie plus vaste. Côté végétation et accès, on retrouve les mêmes caractéristiques que la sierra voisine : le plateau est piqueté de chênes, d'aubépines, d'érables et de hêtres, traversé par l'unique route Lizarraga/Estella NA120. La sierra d'Andia diffère de celle d'Urbasa par sa topographie : le plateau est "basculé" vers le sud, avec un rebord (ou

corniche) important côté nord, face à la sierra d'Aralar. Pour s'en convaincre, suivez la route depuis Estella : bordée de chênes verts, elle monte sensiblement jusqu'au niveau du col (puerto de Lizarraga). Après le tunnel, un belvédère (attention en se garant : pas de parking) permet d'apprécier le magnifique panorama qui se déroule sur la vallée de l'Arakil et sur la sierra d'Aralar.

À VOIR ET À FAIRE
Museo etnográfico de Arteta

Une brocante : voilà à quoi l'on pense devant cette belle maison ancienne du XVIIᵉ siècle, située dans le village d'Arteta, sur le versant est de la sierra de Andia. Malgré le bric-à-brac étalé, vous êtes bien sur le site d'un **musée ethnographique** (☎ 948 32 80 34 ; Calle San Salvador 18, Casa Fanticorena, Arteta ; donativo (tarif libre) ; ☼ mar-dim 10h-13h30), tout ce qu'il y a de plus sérieux. Vous y verrez des témoignages de l'histoire de la Navarre, depuis le Moyen Âge jusqu'aux années 1940. Forge, artisanat, constructions, jeux, etc. Voici un programme ambitieux qui vous fera voyager à travers les siècles.

Randonnée du Beriaín

Durée : 4 heures 30
Distance : 13 km AR
Balisage : panneaux et cairns
Dénivelé : 850 m
Période conseillée : d'avril à novembre ; renoncer en cas de brouillard en raison de vertigineux à-pics

---

Cette randonnée pour randonneurs chevronnés, part du petit village d'Unanu, sur le versant

NAVARRE

nord de la sierra. Attention, ça grimpe ! Sortez du village en passant devant la fuente San Pedro (fontaine) et la Casa rural Edronekoa (chambres d'hôte) ; suivez le sentier marqué du panneau routier "interdit aux poids lourds". Passez devant le réservoir d'eau et, au bout de 15 minutes, vous atteignez la fontaine Itutxiki. Poursuivez sur la gauche, vers la hêtraie. Le spectacle commence au passage en corniche : frissons garantis mais vue imprenable sur la sierra d'Aralar. L'itinéraire parvient au Pilo de Unanua (1 400 m). Vous pouvez faire demi-tour, mais il serait dommage de manquer le sommet de la petite sierra de San Donato : repérez l'ermitage qui couronne le Beriaín à 1 493 m d'altitude). Savourez le panorama à 360° tout en prenant garde au vent ! Retournez à Unanu par le même itinéraire. Si vous désirez jeter un œil au cairn figurant le centre géographique du Pays basque, il vous faudra continuer encore pendant 40 minutes en suivant le chemin bien identifié (voir l'encadré ci-après).

SIERRA DE ARALAR

Étendue à la fois sur le Pays basque (région du Gipuzkoa) et en Navarre, la sierra d'Aralar (208 km²) est le pendant des sierras d'Urbasa et d'Andia, situées immédiatement au sud. La petite route (NA7510) qui serpente au départ de Lekunberri, principale bourgade de la vallée de Larraun, traverse des pâtures puis la hêtraie pour atteindre, au bout de 18 km, l'église San Miguel de Aralar, perchée à plus de 1 300 m d'altitude. Le trajet, fort pittoresque, est jalonné de pottoks, ces petits chevaux typiquement pyrénéens : conduisez prudemment !

Office du tourisme (☎ 948 50 72 04 ; www. Plazaola.org ; www.pirineonavarro.org ; oit.lekunberri@ navarra.es ; Calle Plazaola 21, Lekunberri, dans l'ancienne

---

CŒUR D'EUSKADI

C'est en 2004 qu'un ingénieur basque détermine le cœur de l'Euskadi, en tenant compte des superficies des Pays basque français et espagnol, mais aussi de la Navarre. Et ce barycentre (centre de gravité ou centre géographique) se trouve être... en Navarre, précisément sur la sierra San Donato. On vous livre les coordonnées GPS : 586,935/4 748,458. Pour y parvenir, reportez-vous au descriptif de la randonnée ci-dessus.

---

gare ferroviaire ; ☺ mar-ven 10h-17h, sam-dim et fêtes 10h-14h).

À voir et à faire

SANTUARIO DE SAN MIGUEL DE ARALAR (OU DE EXCELSIS)

Le **sanctuaire de San Miguel de Aralar** (☎ 948 37 30 13/626 03 02 34/686 89 32 49 ; www.aralar-excelsis.com ; info@aralar-excelsis.com ; Monte Aralar s/n, Huarte-Araquil ; ☺ ouvert tte l'année 10h-14h, juin-sept 16h-20h, avr-mai et oct 16h-19h, nov-mars 16h-18h) couronne un replat proche du sommet de la sierra, à l'abri du mont Artxueta, point culminant à 1 343m et identifiable par son antenne de relais de télécommunication. La route s'achève par un parking offrant une large vue sur la vallée de l'Arakil, face à la petite sierra de San Donato et, à l'ouest (sur votre droite), aux parois calcaires des sierras d'Andia et d'Urbasa.

Vue de l'extérieur, l'église paraît ordinaire, avec son chevet circulaire flanqué de ses deux absidioles orientées, et sa courte tour octogonale élevée à la croisée du transept. Bâtie sur le roc au XIe siècle puis agrandie au cours du XIIe siècle, cette église vous réserva bien des surprises.

Le long couloir qui flanque la partie héber-gement et réfectoire du sanctuaire conduit à l'entrée de l'église. Là se dresse curieusement, au beau milieu du sanctuaire, une chapelle de la fin du XIIe siècle qui occupe toute la largeur de la nef. Les chaînes fixées sur le côté gauche renvoient à la légende de Teodosio de Goñi (voir encadré).

Mais c'est dans le chœur (accessible en passant par les bas-côtés) que se trouve le vrai trésor de San Miguel : le retable d'époque romane, œuvre d'art composée tout en émail et cristaux de roche. Tout de bleu et de couleur d'or, ses 2 m d'envergure et ses reflets impres-sionnent : cette pièce unique d'orfèvrerie comporte 16 médaillons et 37 émaux que l'on attribue à un atelier du Limousin. En son cœur figure la Vierge à l'Enfant, tout en majesté, environnée de l'étoile de l'Épiphanie, des lettres alpha et oméga, et des symboles des quatre évangélistes (l'ange pour saint Matthieu, le lion pour saint Marc, le taureau pour saint Luc et l'aigle pour saint Jean).

Après la visite, vous aurez le choix de retourner dans la vallée de Larraun et la ville de Lekunberri, ou bien de descendre dans la vallée de l'Arakil en suivant la piste bétonnée qui rejoint le village de Uharte-Arakil (vitesse limitée).

LA LÉGENDE DE TEODOSIO DE GOÑI

Teodosio de Goñi, un seigneur de la vallée de Goñi, vécut au VIIIe siècle. Après avoir combattu les Arabes, il fut confronté sur le chemin du retour à un démon déguisé en ermite. Celui-ci l'informa qu'en son absence sa femme avait eu une aventure avec un domestique. Aveuglé par la rage, Teodosio pourfendit de son épée le couple qui dormait dans son lit… et il y découvrit ses propres parents. Pour pénitence, le pape le condamna à errer enchaîné dans la montagne en portant une croix ; la pénitence s'achèverait quand les chaînes seraient brisées. Un jour, alors que Teodosio marchait péniblement dans la sierra d'Aralar, un dragon lui apparut. Teodosio invoqua San Miguel qui le sauva en terrassant le dragon et le libéra de ses chaînes. En remerciement, Teodosio fit bâtir le sanctuaire dans lequel sont toujours conservées les chaînes et la relique de San Miguel.

CUEVAS DE MENDUKILO

Ouvertes au public en 2005, les **grottes de Mendukilo** (☎ 948 39 60 95 ; www.mendukilo.com ; mendukilo@mendukilo.com ; entrée 7 € ; ☺ 15 juil-août mar-dim 10h30-13h30 et 15h30-19h, mai-14 juil et sept-oct mar-ven 10h-14h, sam-dim 10h30-13h30 et 15h30-19h, avr mar-ven 10h-14h, sam-dim 10h30-13h30 et 15h30-18h, mars et nov mar-ven 10h-14h, sam-dim 10h30-13h30, fév et déc sam-dim 10h30-13h30, fermé en jan), situées à 5 km de Lekunberri par la NA7500 en direction d'Astitz, furent auparavant utilisées comme étable ! Aujourd'hui, vous pourrez admirer trois salles spectaculaires : Artzainzulo (le Refuge des bergers), Hartz-zuloa (la Tanière à ours) et Laminosin (la Salle des lacs). Elles sont caractérisées par de magnifiques concrétions calcaires : draperies, stalactites et stalagmites dont les dimensions — jusqu'à 60 m de long et 20 m de haut — sont impressionnantes. La visite dure une heure, à des températures allant de 8 à 10°C : pensez donc à vous couvrir et à bien vous chausser. L'accueil dispose d'une salle de projection, d'une buvette et d'une petite boutique.

Vous pourrez également suivre, après la visite, le petit circuit botanique long de 1,5 km, où vous reconnaîtrez à coup sûr hêtre, chêne pédonculé, érable, orme et frêne.

VÍA VERDE DEL PLAZAOLA

Une envie de se dégourdir ? À pied, à cheval ou à vélo, l'**ancienne voie ferroviaire du Plazaola** (☎ 948 50 72 04 ou 948 50 72 05 ; www.Plazaola.org ; Plazaola@Plazaola.org), qui relia Pamplona à San Sebastián de 1914 à 1953, est à vous. Au départ de la gare de Lekunberri (siège de l'office de tourisme), vous pourrez choisir entre deux trajets. Le premier, long de 2 km, vous conduira, au sud, vers Mugiro (où s'achève actuellement la voie verte) ; le second, long de 5 km, part en direction du tunnel d'Uitzi (en cours de rénovation).

Kantina del Plazaola (☎ 609 04 40 71) vous permettra de louer des vélos.

Où se loger et se restaurer

Restaurante Hotel Ayestarán (☎ 948 50 41 27 ; www.hotelayestaran.com ; info@hotelayestaran.com ; Ayestarán I s/d/t 35-39/49-59/62-79 € selon la saison, Ayestarán II d 62-79 € selon la saison ; menus 11-17 € ; ☺ Ayestarán I ouvert 20 juin-15 oct, Ayestarán II fermé 20 déc-10 jan). Impossible de manquer ces deux établissements de caractère (pierre apparente, murs blancs, pans de bois typiques du Pays basque), postés face à face sur la route principale de Lekunberri, et qui accueillirent Ernest Hemingway et Orson Welles. Leurs chambres (Ayestarán I : 60 chambres, Ayestarán II : 17 chambres) sont identiques et de même standing, même si la décoration aurait besoin d'un petit coup de jeune. Notez que l'hôtel Ayestarán I (ouvert uniquement en été) dispose d'une piscine avec pataugeoire pour les enfants, de courts de tennis et de tables de ping-pong. Côté papilles, le menu du jour à 11 euros saura contenter tout le monde. *Pochas*, poissons et viandes grillées rivalisent de saveur… Bon point : les deux salles hermétiquement séparées, pour les fumeurs et les non-fumeurs.

VALLE DEL BIDASOA

Cette vallée a de tout temps été l'exutoire naturel de la Navarre vers la mer (que la province ne borde pas). Cette tendance est, de nos jours, toujours vérifiée, attestée par l'intense trafic routier (camions surtout) qui ronronne au fil de la N121[A] (prudence : travaux en cours). La basse vallée est d'ailleurs sujette à d'importants aménagements visant à réduire les sinuosités de la route d'origine et à fluidifier le trafic : tunnels et viaducs tendent à aligner le tracé et, de fait, à améliorer les temps de parcours entre Pamplona et la côte. La vallée mérite pourtant qu'on s'y attarde,

NAVARRE

notamment pour ses petites vallées latérales qui, à l'est comme à l'ouest, sont de véritables écrins de verdure dans lesquels se nichent de charmants villages ayant conservé des maisons anciennes.

À voir et à faire
LESAKA
Le village de Lesaka est situé en retrait de la vallée de la Bidassoa, dans une vallée adjacente irriguée par le río Onin. Les riches demeures témoignent de la vitalité économique qui a marqué la vallée : aux traditionnelles activités agricoles ont succédé des industries. Reléguées en périphérie ouest de la ville, les entreprises ont le bon goût de ne pas apparaître de plein fouet aux touristes.

Le village – dont on remarquera l'unité et l'harmonie architecturale du **centre bourg** – possède encore ses forges, ses pressoirs à cidre, ses moulins à farine et ses ateliers de menuiserie du XVIIIe siècle (non visitables).

Sur une éminence a été bâtie, aux XVIe, XVIIe et XVIIIe siècles, l'**église paroissiale Saint-Martin-de-Tours** dont les grandes dimensions la feraient passer pour une cathédrale. Ce bel exemple de mariage entre architecture gothique et baroque abrite de magnifiques orgues, ainsi qu'une statue de la Vierge de Carmona.

Hôtel de ville (☎ 948 50 72 04 ; www.lesaka.net ; lesaka@animsa.es ; Plaza Zaharra 1). Le site Internet de la ville de Lesaka est particulièrement complet. Accessible en basque, en espagnol et en anglais, vous y trouverez des idées de randonnées, des descriptifs de monuments et le calendrier des festivités.

CASA-TORRE JAUREGIZAR DE DONAMARIA
La **tour fortifiée** (☎ 948 59 23 23 ; bertiz@consorciobertiz. org ; entrée 2 € ; ☷ sam à 12h et à 17h, dim et fêtes à 12h) du petit village de Donamaria, situé à 3 km de Santesteban/Doneztebe par les NA4040 et NA4041, est un exemple d'architecture civile locale valant le détour. De forme rectangulaire, cette belle construction médiévale du XVe siècle est caractérisée par une partie inférieure bâtie en pierre, une partie supérieure parée de bardeaux de bois, une porte gothique et par un escalier latéral. Remarquez les meurtrières : elles définissent la fonction défensive de la tour.

Dans le village, vous pourrez aussi jeter un œil à l'église caractérisée par son clocher circulaire et à toiture conique, mais aussi par son porche-galerie à quatre arcades.

MOLINO DE ZUBIETA
Situé en bordure de la route NA170, ce **moulin** (☎ 948 45 19 26 ; ☷ 15 juin-15 sept tlj 11h-14h et 17h-20h, 16 sept-15 oct mar-dim 11h-14h et 17h-20h, 16 oct-14 juin mar-ven 11h-13h, sam-dim et fêtes 11h-14h et 16h-18h), devenu écomusée, fonctionne depuis 1785 grâce à la force hydraulique du río Ezkurra, acheminée par un bief. Le moulin, tout blanc, ombragé par de beaux frênes, produit encore de la farine ; le petit édifice annexe abrite des panneaux à contenu ethnographique, relatant le mode de vie de Zubieta au fil du temps. Garez-vous dans le village et rendez-vous au moulin à pied en suivant le ponton sécurisé.

Où se loger et se restaurer
Ekaitza hostala (☎ 948 63 75 59 ; www.ekaitzalesaka. com ; ekaitzalesaka@telefonica.net ; Plaza Berria 13, Lesaka ; d 35-45 €, d avec terrasse 40-50 €, appartement 70-360 € selon la saison). Située au cœur de Lesaka, la grande bâtisse du XVIIe siècle (rénovée en 1999) loue 4 chambres doubles (dont deux avec des lits séparés, et un grand appartement composé de deux chambres). C'est rustique, mais le rapport qualité/prix est très acceptable. En saison, il fait bon paresser sur la grande terrasse, à l'ombre d'un parasol…

OÙ PROFITER D'UNE BELLE VUE ?
La petite route – ô combien bucolique – reliant Lesaka à Igantzi passe par un petit col, matérialisé par un cimetière rural (avec sa chapelle juste à côté) : c'est ici qu'il vous faudra bifurquer vers la gauche, en direction du relais de télécommunications (3,2 km, direction "Frain Auzoa"). Le point de vue depuis la montagne de Frain (496 m) offre un panorama à 360°, avec notamment, au nord-ouest, la silhouette de la montagne de la Rhune. Remarquez aussi la mer qui apparaît entre deux échines montagneuses, du côté de Hendaye. Une lourde plaque est gravée du nom des cinq communes limitrophes : Arantza, Igantzi, Lesaka, Bera et Etxalar. Vous pouvez redescendre à pied la route jusqu'au terre-plein herbeux du large virage : un petit chemin conduit à la grande croix de béton de Gurutzan. Le point de vue sur les Pyrénées s'avançant vers la mer est tout aussi magnifique.

Restaurante Arotxa (☎ 948 45 61 00 ; www.arotxa. com ; arotxa@arotxa.com ; Calle Santa Catalina 34, Legasa ; menus 10-40 € ; ⊙ fermé lun soir et mar). Legasa est un petit village situé en rive gauche de la Bidassoa, à proximité du parc de Bertiz. Le jeune chef Luis Miguel Lacar, talentueux, vous proposera les spécialités maison comme la côte de bœuf à l'os grillée, le risotto aux champignons, le canard au foie, le foie frais à la compote de pommes, le filet de bœuf aux pommes de terre à la crème, sans oublier les desserts maison. Le cadre est raffiné, à l'image du service, de l'accueil et bien sûr de la carte. De ces adresses qu'on se refile sous le manteau...

⊙ VALLE DEL BAZTAN

Géographiquement, la vallée du Baztan correspond à la haute vallée de la Bidassoa : les deux vallées ont donc la même rivière, le río Bidasoa, même si, en amont du village d'Oieregi, on nomme localement la rivière (un fleuve en réalité) le río Baztan. La vallée du Baztan séduit inévitablement par la verdure déployée aussi bien sur ses versants que dans ses fonds de vallée : forêts et pâtures composent une belle mosaïque dans laquelle s'inscrivent admirablement de jolis villages ruraux. N'hésitez pas à aller voir de près ces villages : les maisons cossues, bien entretenues, sont le fait d'hidalgos et d'indianos, ces enfants du pays partis faire fortune aux Amériques, et qui sont revenus au pays pour terminer leurs vieux jours. L'architecture de ces élégantes bâtisses est parfois teintée de touches et d'inspirations venues d'outre-Atlantique.

Terre d'élevage et de pâturage, la vallée est reconnue sur le plan gastronomique, pour son *txuri ta beltz* (un boudin d'agneau cuit au sang), ses *perretxikos* (champignons sauvages de la vallée) et ses cèpes tête de nègre. **Centro de turismo rural** (☎ 948 59 23 86 ; www. baztan-bidasoa.com ; www.baztan.es ; oit.bertiz@navarra. es ; Parque de Bertiz, Oieregi/Bertizarana ; ⊙ lun-ven 10h-13h30 et 16h-20h, sam 10h-13h30 et 17h-20h, dim 11h-14h et 17h-20h). Le grand bâtiment de l'office du tourisme n'est pas évident à trouver : il est situé sur le vaste parking du Parque Natural de Bertiz (pour y accéder, il vous suffit de passer en voiture la grille au niveau du carrefour routier d'Oieregi). L'espace abrite une grande maquette des vallées de Baztan et de la Bidassoa qui vous permettra de vous repérer, mais aussi un stand de produits du terroir.

L'itinéraire décrit ci-après remonte la vallée jusqu'au col, le puerto de Otxondo (602 m).

Parque Natural Señorío de Bertiz

Promu parc naturel en 1984, le domaine de 2 040 hectares du **parc naturel Señorío de Bertiz** (☎ 948 59 24 21 ; www.parquedebertiz.es ; www.consorciobertiz.org ; cinberti@cfnavarra.es ; Oieregi/ Bertizarana ; parc accès gratuit, jardin botanique : 2 € ⊙ parc printemps-été 10h-20h, automne-hiver 10h-18h, jardin botanique printemps-été 10h-14h et 16h-20h, automne-hiver 10h-14h et 16h-18h) trouve son origine à la fin du XIVᵉ siècle, mais c'est en 1421 que Don Pedro Miguel de Bertiz, premier seigneur du nom, le reçut du roi Charles III. Ce n'est qu'à la toute fin du XIXᵉ siècle, en 1898, que Pedro Ciga, dernier seigneur de Bertiz, transforma le parc en jardin et en un refuge pour les animaux.

Le **jardin botanique**, situé à l'entrée du parc le long de la Bidassoa, accueille pas moins de 126 espèces botaniques différentes, arbres et arbustes confondus : ginkgos de Chine, séquoias de Californie, châtaigniers des Balkans, etc. Il fut conçu en 1847 par un jardinier français, Félix Lambert. Le parcours exotique vous fera découvrir le cyprès chauve ou le cèdre du Liban, sans oublier azalées et bambous.

Juste à côté du belvédère donnant sur la Bidassoa se trouve un bâtiment dit palais, abritant désormais le **Centre d'interprétation de la Nature** : vous apprendrez ainsi comment fonctionne l'écosystème du parc. En sortant, n'oubliez pas de jeter un œil au four à chaux et à la meule à charbon.

Du parking de l'office du tourisme, il est possible d'accéder au curieux **palais de l'Aizkolegi** (22 km AR ; 5h30 AR ; dénivelé 730 m ; balisage : panneaux SL-NA12), isolé et perché à 842 m d'altitude. Passez devant le vaste espace vert agrémenté de tables de pique-nique et de jeux pour enfants pour pénétrer véritablement dans la forêt – couvrant 1 869 hectares – composée de chênes ; le large sentier est peu à peu environné de résineux, de hêtres et de fougères. Le palais de l'Aizkolegi est en fait un petit manoir qui est resté fermé depuis la mort du dernier seigneur de Bertiz, en 1949. De ce promontoire privilégié, vous pourrez embrasser une large vue sur la vallée de Baztan.

Elizondo

Chef-lieu et cœur géographique de la vallée, la bourgade d'Elizondo, forte de ses 3 300 habitants, concentre foires et marchés. C'est à partir de la **Plaza de Los Fueros** que vous déambulerez au fil des rues, à la découverte des riches demeures blasonnées et des palais pittoresques comme celui, baroque, d'**Arizkunenea**. Remarquez l'unité des couleurs des habitations, toujours déclinées dans les tons rouges : volets, portes, balcons, pans de bois. Nombreux aussi sont les écussons ornant triomphalement les façades. Ne manquez pas les **rues Jaime Urrutia** et **Braulio Iriarte**, dans le vieux quartier proche de la rivière, où sont alignées de superbes maisons des XVIIIe et XIXe siècles, bâties par des habitants de retour d'Amérique, soulignant ainsi la fortune acquise.

OÙ SE LOGER ET SE RESTAURER

◘ **Urruska** (☎ 948 45 21 06 ; www.urruska.com ; urruxka@ terra.es ; reservas@urruska.com ; à 10 km d'Elizondo par la NA2596, en direction de Berro ; d 52-55 € ; table d'hôte 14 € ; ☺ sauf dim et fêtes). C'est une aventure incroyable, de celle qu'on n'oublie pas : au bout de vingt longues minutes à rouler prudemment sur les petites routes tortueuses de la vallée, apparaît soudain, dans la partie haute d'une grande prairie, un chalet qui est en fait une exploitation ovine. Bienvenue à Urruska, le bout du monde de la Navarre (la propriété prend le nom du sommet qui culmine au-dessus, à plus de 990 m d'altitude, frontière avec la vallée des Aldudes, en France). Autant vous avertir : vous n'aurez pas le cœur de redescendre dans la vallée pour aller dîner. Pensez donc à réserver votre table d'hôte, vous ne le regretterez pas une minute. L'accueil de la patronne est absolument charmant et souriant. On aime beaucoup le petit salon cosy avec cheminée et coin lecture, le magnifique parquet brillant, aux lattes séculaires disparates, les chambres rustiques mais au cachet montagnard chaleureux. La table d'hôte met à l'honneur les produits du terroir, à commencer par la truite, l'agneau (monsieur est éleveur), sans oublier légumes verts et fromages de brebis. On parie que vous vous engagerez à y revenir un jour ?

Amaiur/Maya

Vous apprécierez ce village de la haute vallée, gardé par deux portes fortifiées, et traversé par un diverticule du chemin de pèlerinage vers Saint-Jacques-de-Compostelle. La rue principale est jalonnée de très belles maisons de caractère, aux couleurs blanches et aux volets rouges ou verts. Vous pourrez aussi vous désaltérer à la très originale fontaine dédiée aux pèlerins : elle est caractérisée par une effigie de saint Jacques, une timbale reliée par une chaîne et une vasque pour soulager les pieds gonflés ! Effectuez également une halte devant l'église située à l'extérieur du village, devant la tombe anonyme d'un pèlerin trépassé : en des époques plus reculées, le chemin n'a pas toujours été synonyme de réjouissances...

Centro de Turismo Rural (☎ 948 45 34 90 ; amaiurkoerrota@yahoo.es ; Calle Mayor, Amaiur)

♥ **CASCADA DE XORROXIN**

Durée : 50 min AR
Distance : 3,5 km AR
Dénivelé : 60 m
Balisage : blanc, jaune et vert

Au départ du petit village de Gorostapolo, arpentez les chemins agricoles jusqu'à l'Arroyo Iñarbegi dont le cours est majestueusement précipité par la chute de la cascade de Xorroxin. Période conseillée d'avril à octobre.

Garez-vous dans le village de Gorostapolo, situé à 1 km au sud d'Erratzu par la NA2651. De la petite chapelle Nuestra Señora la Dolorosa, descendez à gauche le chemin dallé, franchissez le vieux pont, puis obliquez deux fois à droite (vieux four à chaux à la 1re bifurcation) pour remonter le long du torrent. Le sentier débouche sur la cascade caractérisée par une belle vasque. Revenez sur vos pas par le même itinéraire.

Au retour, arrêtez-vous dans le village d'Erratzu et allez voir l'original petit cloître jouxtant l'église : dallé de tombes, il forme une figure trapézoïdale, d'allure asymétrique, avec un jardinet en son milieu. Surprenant et charmant.

VALLE DE RONCESVALLES

La vallée de Roncevaux ("vallée des ronces") tire son nom du hameau de Roncesvalles/ Orreaga (toponyme espagnol de Roncevaux pour le premier, basque pour le second), dont le nom est lui-même associé depuis des siècles à celui de Roland. Le comte Roland, neveu de Charlemagne et marquis des marches de Bretagne, fut tué le 15 août 778 ainsi que toute son arrière-garde par des Vascons – des Basques – qui, en représailles des saccages perpétrés par l'armée franque à Pamplona, les prirent en embuscade.

Un monument dédié à la bataille a été dressé au col d'Ibañeta (1 057 m), mais la réplique de la légendaire épée Durandal de Roland a été subtilisée. Environné d'ajoncs, ce col marque aussi la frontière naturelle entre les versants français (au nord) et espagnol (au sud) des Pyrénées. La chapelle moderne (1965) qui y est établie possède un autel extérieur et de curieux vitraux constitués de morceaux de verre colorés.

Roncesvalles/Orreaga

Roncesvalles, hameau de 26 habitants situé à 2 km au nord d'Auritz-Burguete, s'articule autour de ses **bâtiments religieux** (☎ 948 79 04 80 ; atz@jet.es ; ☺ printemps-été tlj 10h-14h et 15h30-19h30, automne-hiver 10h-14h et 15h30-17h30 ; janvier : 10h30-14h30, fermé mercredi) formant un ensemble qui, bâti au XIIe siècle, visait à accueillir les pèlerins, souvent désemparés après le franchissement des Pyrénées.

Office du tourisme (☎ 948 76 03 01 ; www.roncesvalles.es ; oit.roncesvalles@navarra.es ; Antiguo Molino, Roncesvalles/Orreaga ; ☺ lun-sam 10h-14h et 16h-19h, dim et fêtes 10h-14h).

Vous trouverez par ailleurs un distributeur de billets dans le hall de l'Hôtel La Posada.

À VOIR

La **collégiale Santa María** (☺ 10h-20h ; messes lun-ven 20h, sam-dim 19h) est l'édifice majeur – la messe étant censée offrir le salut spirituel – de cet hôpital de pèlerins. L'**église collégiale** (XIIe-XIIIe siècle), bien restaurée, affiche une architecture résolument gothique ; la nef, courte, s'achève par un chœur dans lequel trône, parée de lumières, la statue du XIVe siècle de Santa María de Roncevaux, exposée sous un dais. Le collatéral sud (celui de droite) abrite un tombeau orné de blasons sculptés.

Le **cloître** attenant date du XVIIe siècle, rebâti suite à son effondrement en 1600 sous le poids de la neige. Il donne accès à la petite **chapelle San Augustín** qui conserve le tombeau du roi Sanche VII le Fort (1170-1234).

À l'écart de cet ensemble religieux, au bout de l'allée (juste avant l'Hôtel La Posada), se dresse la **chapelle du Sancti Spiritus**, encore appelée silo de Charlemagne. Élevée au XIIe siècle, cette chapelle, de petite dimension, affiche un beau style roman. Selon la légende, sa crypte a été construite sur le lieu où, après la défaite, Roland ficha son épée.

OÙ SE LOGER ET SE RESTAURER

Casa Sabina (☎ 948 76 00 12 ; www.casasabina-roncesvalles.com ; casasabina@gmail.com ; Carretera Francia s/n, Roncesvalles/Orreaga ; d 45-55 € ; table d'hôte 14 € ; menu 15 € ; ☺ fermé 10 nov-jan). Seulement dix chambres, mais correctement équipées (avec sdb privée) : autant vous avertir qu'il vous faudra réserver, l'établissement tournant à plein régime en saison avec le passage continuel des pèlerins. La demeure, incroyablement blanche, est située juste devant l'office de tourisme : on pourra se prélasser en terrasse si l'on parvient à faire abstraction de l'incessant trafic routier. Une adresse de passage, mais pas de villégiature. Côté restauration, pas de folie dans les assiettes mais du roboratif digne des cuisines familiales.

Auritz-Burguete

La bourgade, tout en longueur, possède une unité architecturale, composée de grandes maisons des XVIIe et XVIIIe siècles, le plus souvent ornées de linteaux sculptés et millésimés, en clef de voûte : dans la rue principale, remarquez les habitations, en pierre, datant de 1760, 1798, 1824 et 1853, ainsi que les décorations avec croix, blasons et figures géométriques.

OÙ SE LOGER ET SE RESTAURER

🏨 **Loizu** (☎ 948 76 00 08 ; www.hotelloizu.com ; reservas@hotelloizu.com ; Calle San Nicolás 13, Auritz-Burguete ; ☺ fermé 15 déc-15 mars ; s/d 52-65/61-86 € selon la saison ; menus 17-45 € ; 🅿). Cet établissement cossu, à la toiture rouge et aux pans de bois apparents, se situe dans la partie sud du bourg d'Auritz-Burguete, le long de la grande route. Loizu est le nom de la famille qui tient cette hôtellerie de caractère depuis le XVIIIe siècle. Les 27 chambres (dont 26 doubles et 1 seule simple) sont toutes équipées de sdb privées, de téléviseurs et de téléphones et accessibles en ascenseur. Si cela est possible, demandez l'une des 8 chambres disposant d'un balcon : la vue sur les Pyrénées et la campagne verdoyante vaut le coup d'œil. L'hôtel dispose également d'une salle de restaurant où vous sera proposée toute une gamme de produits du terroir de saison. Un bon rapport qualité/prix pour cette villégiature de charme.

VALLE DE AEZKOA

La vallée d'Aezkoa correspond à la haute vallée du río Irati, né dans la forêt du même nom. La couleur verte règne ici sans partage : aux camaïeux de vert de la forêt (principalement composée de hêtres, de sapins et de chênes) répondent les verts doucereux des pâtures. Neuf communes composent le territoire de cette vallée méconnue, dont le hameau d'Abaurrea Alta qui, culminant à 1 035 m, est le plus haut village de Navarre. Aux activités traditionnelles de l'élevage et de l'exploitation forestière s'est ajouté le tourisme vert, avec notamment la randonnée qui prend ici tout sa dimension. Vous pourrez aussi découvrir au gré des villages traversés d'étranges constructions élevées sur pilotis : des greniers en pierre...

Le **site Internet de la Vallée d'Aezkoa** (www.aezkoa. net ; info@aezkoa.net) et le **Consortium Pyrénées** (Consorcio Turístico del Pirineo Navarro/Nafarroako Pirinioko Partzuergo Turistikoa ; ☎ 948 76 43 26 ; www.pirineonavarro.com, info@pirineonavarro.com ; Casa del Valle de Aezkoa, Aribe) constituent des mines d'information sur la vallée.

Fábrica de armas de Orbaitzeta

La **fabrique d'armes** (site Internet de la ville, www.orbaizeta.com, info@orbaizeta.com ; à 11 km au nord d'Orbaitzeta par la NA2030 ; accès libre) se situe au bout d'une petite route qui remonte le cours du río Legartza, affluent du río Iratí. L'établissement, aujourd'hui en ruine, trouve son origine au XVIIIᵉ siècle, époque où la guerre menée par le roi Carlos III nécessitait un approvisionnement suffisant et constant en armes. La vallée d'Aezkoa présentait en effet l'avantage de détenir des matières premières telles que l'eau, le bois, mais aussi le minerai de fer, le plomb et l'argent (exploitation des gisements locaux). Maintes fois détruite, la fabrique d'armes ne fut pas relevée en 1873, date de son abandon définitif. Promenez-vous à travers les ruines (prudence : surveillez vos enfants), dans un environnement teinté de nostalgie, au milieu du calme de la forêt...

Hórreos

Les **greniers montés sur pilotis de pierre** sont la fierté de la vallée, mais aussi son identité. L'Aezkoa concentre 15 des 22 greniers sur pilotis de Navarre : vous pourrez en voir dans les villages d'Orbaitzeta (notamment dans les hameaux de Larrañeta, d'Etxegarai et d'Estanquero), d'Aribe, d'Aria, de Hiriberri/Villanueva de Aezkoa et de Garaioa.

Bâtis exclusivement en pierre, ces greniers traditionnels qui conservent le grain sont caractérisés par un plan rectangulaire, par une toiture à deux pentes dépassant à peine le mur, et surtout par de solides piliers de pierre, de forme pyramidale ou tronconique, dont le sommet est couronné par une pierre plate circulaire, empêchant les rongeurs de se hisser.

VALLE DE SALAZAR

La vallée de Salazar est localisée au cœur des Pyrénées navarraises : les ríos Zatoya et Anduña, dont la confluence engendre le río Salazar, prennent leur source respective au plus profond de la montagne, dans d'inaccessibles vallées reculées. Après avoir creusé les gorges d'Arbayún (voir p. 375), le río terminera sa course à Lumbier (voir p. 374) en se jetant dans le río Irati.

Ochagavía

Le village est véritablement séparé en deux parties par une large tranchée pouvant surprendre : le cours du río Salazar a été endigué afin de parer aux inondations. Ochagavía (764 m d'altitude) s'est formé à la confluence de deux torrents impétueux, le río Zatoya, en provenance de la sierra de Abodi, et le río Anduña qui prend sa source non loin du pic d'Orhi (2 018 m). Les deux ríos forment le Salazar.

Office du tourisme/Centro de Interpretación de la Naturaleza (☎ 948 89 06 41 ; www.valledesalazar.com ; www.ochagavia.com ; oit.ochagavia@cfnavarra.es ; ⊙ 16 juin-15 sept lun-sam 10h-14h et 16h30-20h30, dim 10h-14h, 16 sept-15 juin ven-sam 10h-14h et 16h30-19h30, lun-jeu et dim 10h-14h). Le centre d'interprétation de la nature se trouve dans le bâtiment de l'office de tourisme.

À VOIR ET À FAIRE

Le village est à lui tout seul un sujet pour tous les photographes : les maisons typiquement montagnardes avec leurs balcons fleuris, la couleur blanche des murs, le pont médiéval (*puente de piedra*), les ruelles pentues pavées de galets... Tout concourt à faire d'Ochagavía un village de carte postale ! Laissez-vous simplement envoûter lors de votre promenade découverte... Le centre d'interprétation de la nature (entrée 1,20 €), concentré notamment sur l'écosystème de la forêt d'Irati, mais aussi sur la faune et la flore de toute la vallée du Salazar, mérite une visite. Un peu plus haut se dresse l'**église paroissiale** du XVIe siècle, dont on retiendra l'énorme porte en noyer, sculptée dans un seul bloc de 3 m d'envergure (XVIIe siècle). Le sanctuaire recèle un monumental retable Renaissance.

Depuis l'église, une balade tranquille de 2,6 km vous conduira jusqu'à l'**ermitage de Muskilda** (voir ci-dessous) qui semble veiller sur la vallée. Idée pour un aller simple : si vous êtes plusieurs, désignez quelqu'un qui, en voiture, vous attendra au sanctuaire. De l'église, montez une rue pavée jalonnée de marches, entre des maisons anciennes. À peine sorti du village, vous tomberez sur une bifurcation de chemins : empruntez celui de droite (indication "Muskildak-Bide") qui serpente jusqu'à l'ermitage. Votre repère ? Les croix qui jalonnent l'itinéraire. Si vous en avez le temps, vous pouvez redescendre par le sentier de 3 km balisé en vert et blanc (45 min), moins pentu que le tracé du GR11 emprunté à l'aller (30 min).

OÙ SE LOGER ET SE RESTAURER

Hostal Auñamendi (☎ 948 89 01 89 ; www.hotelesruralesnavarra.es ; auniamendi@jet.es ; s/d 58-66/72-82 € selon saison ; menus 15-19 € ; ☻ fermé 12 sept). L'établissement est situé sur une place piétonne de La Blankoa, en rive gauche du río Anduña. Les 11 chambres sont confortablement meublées, équipées d'un téléviseur et d'une sdb privative. C'est coquet, sans plus, mais l'hôtel reste un bon point d'ancrage pour visiter la région. Au premier étage se trouve la vaste salle de restaurant où, pour 15 euros, le menu du jour déploie des trésors d'imagination pour satisfaire votre appétit. En saison, une petite terrasse permet d'apprécier la vue sur l'ermitage Nuestra Señora de Muskilda, dominant la vallée.

Hostal Orhy Alde (☎ 948 89 00 27 ; Calle Urrutia 6 ; ☻ fermé 15 déc-10 mars ; s/d 20/40-50 € selon saison). Une robuste maison face à l'étroit pont à parapet métallique : voici le décor de cet hôtel aux 11 chambre toutes équipées. Des petits-déjeuners simples à 5 €, ou sportifs à 10 € sont proposés. C'est calme, discret, courtois : idéale trinité pour un séjour en toute quiétude à la montagne.

Ermita Nuestra Señora de Muskilda

L'**ermitage Nuestra Señora de Muskilda** (☎ 948 89 00 38 ; visite guidée juil-août à 18h30, 1,50 € ; ☻ juil-sept tlj 11h-14h et 16h-20h, mai-juin et oct lun-ven 16h-19h, sam-dim 11h-14h et 16h-19h, nov-avr sam-dim et fêtes 11h-14h et 16h-19h) est situé à 4 km d'Ochagavía par les NA140 et NA2013. La petite route sinueuse finit par déboucher sur la croupe sur laquelle est posée depuis le XIIe siècle cette chapelle placée sous la protection de Notre-Dame de Muskilda (devenue depuis la patronne de la vallée de Salazar). Son nom est tout simplement celui de la petite montagne, Muskilda (1 025 m), sur laquelle a été élevé le sanctuaire. Vous pourrez en faire le tour et profiter ainsi de la large vue sur la haute vallée du río Anduña, avec le petit village d'Izalzu en contrebas, vers l'est, mais aussi sur les vastes forêts composées d'érables, de chênes, de merisiers, d'ormes et de frênes.

Votre regard sera immanquablement attiré par le clocher : de forme carrée, il est curieusement couvert par une toiture conique composée de petites tuiles de bois. Remarquez également le beau portail roman à trois voussures. Remaniée au XVIIe siècle, la chapelle (flanquée de son ermitage) est composée de trois nefs, et abrite un grand retable au centre duquel est exposée la statue gothique de bois doré et polychrome de Muskilda, datant du XVe siècle. La Vierge y est représentée souriante et joyeuse. Remarquez la grille en fer forgé, également du XVe siècle, séparant le maître-autel de la nef.

Selva de Irati

La **forêt d'Irati** (www.irati.org ; info@irati.org) s'étend dans la partie interne des Pyrénées, à moitié sur le territoire français. La longue route au départ d'Ochagavía (NA2012, en cul-de-sac ; 47 km AR ; ☻ comptez 1h20 AR) franchit la sierra d'Abodi au paso Tapia, col culminant à 1 340 m. Profitez-en pour y faire une halte : le paysage qui se déploie vers le sud est absolument magnifique. Votre présence aura peut-être alerté les chevaux sauvages qui paissent de temps en temps en ces parages. Si tel est le cas, repérez celui sui porte une sonnaille à l'encolure (comme les vaches !). Puis la route redescend jusqu'à un vaste parking au-dessus duquel trône l'**ermita Nuestra Señora de la Virgen de las Nieves**, chapelle blanche à la large façade et au petit clocheton.

Le parking est le terminus de la route, mais le commencement pour des balades

NAVARRE

à travers la deuxième hêtraie-sapinière d'Europe, soit 17 000 hectares de nature et de verdure. Le petit **cabanon des gardes forestiers** (☺ juil-16 oct tlj 10h-19h) jouxte des tables de pique-nique avec point d'eau, juste à côté du jeune río Iratí. La forêt d'Irati possède des zones protégées comme celles de Mendilatz, de Tristuibartea, sans oublier la Réserve intégrale de Lizardoia.

Ustés

N'empruntez pas la déviation (NA178) et préférez traverser ce village de fond de vallée, situé à 18 km au sud d'Ochagavía. La charmante église dresse un clocher carré percé de quatre baies campanaires, de dimension différente, mais toutes pourvues de cloches.

Navascués

La **chapelle Santa María del Campo**, posée dans la plaine en bas du village, est un ravissant exemple d'édifice rural roman. Environnée de champs et de peupliers sur fond de montagne, on la croirait, pour un peu, tout droit sortie d'un tableau impressionniste. Dépourvue de transept, la chapelle affiche un beau portail roman sur son côté sud ; remarquez les modillons et la corniche sculptée du chevet.

Du village, campé sur un rocher dominant la cuvette fertile de la vallée, se détache la flèche de l'**église San Cristobal**, également d'origine romane.

La route NA214 vers Burgui, bordée de tilleuls et de frênes en fond de vallée et par une végétation composée de buis, de genévriers, d'ajoncs, et de thym notamment, est assez pittoresque. Vous pourrez apercevoir des moutons paissant çà et là dans les landes à bruyère. Le col de Las Coronas, à 951 m, fait basculer dans la vallée de Roncal.

○ VALLE DE RONCAL

La longue vallée de Roncal (une cinquantaine de kilomètres), drainée principalement par le río Esca, se prolonge en amont d'Isaba dans la vallée de Belagua, au pied du pic d'Anie (2 504 m d'altitude, mais qui se trouve en France) et de la table des Trois Rois. L'unique route (entre Burgui et Isaba) est jalonnée de sept villages tout à fait pittoresques (Burgui, Vidángoz, Garde, Roncal, Urzainqui, Isaba et Uztárroz) : nous vous en présentons les principaux, en suivant la direction sud-nord

(prolongeant ainsi l'itinéraire entrepris dans la vallée de Salazar).

Vous trouverez des distributeurs de billets à Roncal et à Isaba, une station-service Petronor à Urzainqui (☺ 8h-20h).

Burgui

Ce charmant village, blotti en aval de la confluence du río de Biniés et en amont du site naturel des gorges de Burgui, creusées par le río Esca, est un village étagé qu'il convient de découvrir à pied. Un petit parking (indiqué) est situé non loin de l'église. Au deuxième étage de la mairie, une grande bâtisse de la Plaza de la Villa, se trouve le **museo de la Almadia** (☎ 948 47 71 53 ; www.almadiasdenavarra.com ; info@almadiasdenavarra.com ou almadieros_navarros@hotmail.com ; Plaza de la Villa 1 ; entrée 1,50 € ; ☺ juil-août mar-sam 11h30-13h30 et 18h-20h, dim 11h30-13h30, le reste de l'année sur rendez-vous). L'espace muséographique relate l'histoire et la vie de ces hommes qui véhiculaient des grumes (troncs nus, débarrassés de leur branchage) depuis les hautes vallées pyrénéennes vers les plaines par flottage via les torrents. L'activité perdura jusqu'à la construction du barrage de Yesa, sur le río Aragón, vers la moitié du XXᵉ siècle.

En contrebas de la Plaza de la Villa, se dresse la massive **église San Pedro** (☺ messe mer 19h30), édifiée en gros appareil et caractérisée par un clocher carré. Baladez-vous dans les ruelles pavées de galets : vous découvrirez de nombreuses maisons anciennes pourvues de linteaux gravés et millésimés, et parfois de blasons en relief. Une fois arrivé dans le bas du village, ne manquez pas le beau pont médiéval en dos d'âne, enjambant par trois arches le río Esca.

Roncal

La route menant à Roncal ne traverse que la partie basse du village, qui est aussi la partie la moins intéressante. En conséquence, garez-vous à proximité de l'office du tourisme (qui abrite le **centre d'interprétation de la nature** (entrée 1,20 €) : vous pourrez découvrir la flore et la faune de la vallée, grâce à des panneaux didactiques) ou devant la mairie (juste devant le pont sur l'Esca) pour découvrir, à pied, ce village de montagne connu pour son fromage (achat possible dans l'épicerie du village et dans tous les autres magasins de la vallée ; compter 15 €/kg ; fromage se dit "*queso*"). Le roncal, fromage artisanal confectionné à partir de lait de brebis, a été le premier à avoir obtenu une appellation d'origine contrôlée en Espagne.

Office du tourisme/Centro de Interpretación de la Naturaleza (☎ 948 47 53 17 ; www.vallederoncal.es, oit. roncal@navarra.es ; ☒ 16 juin-15 sept lun-sam 10h-14h et 16h30-20h30, dim 10h-14h, 16 sept-15 juin ven-sam 10h-14h et 16h30-19h30, lun-jeu et dim 10h-14h)

À VOIR ET À FAIRE

La massive **église San Esteban**, perchée sur une hauteur, s'inscrit dans un décor de crèche : bâtie en retrait de la route, elle est environnée de grandes maisons de montagne et précédée de jardinets maraîchers situés le long d'un petit torrent.

Juste au sud de l'église, admirez cette belle bâtisse carrée, blanche aux volets verts et dont la façade est ornée de médaillons. C'est le **museo Julián Gayarre** (☎ 948 47 51 80 ; Calle Arana s/n, fléchage dans le village par des panneaux de bois ; entrée 1,80 € ; ☒ avr-sept mar-dim 11h30-13h30 et 17h-19h, oct-mars sam-dim 11h30-13h30 et 16h-18h), qui a naturellement pris place dans la maison natale de ce ténor né en 1844 et mort en 1890. Vous apprendrez que le jeune Julián, berger jusqu'à l'âge de 15 ans et forgeron à Pamplona jusqu'à 18 ans, fut repéré par le musicien Joaquín Maya. Les bourses octroyées par le gouvernement de Navarre lui permirent de se consacrer à ses études de chant au conservatoire de Madrid puis à Milan. Sa carrière, fulgurante, fut couronnée de succès (en Italie, Russie, Autriche, Allemagne, France, Argentine, etc.). Il n'existe de nos jours aucun enregistrement de sa voix. Son interprétation des opéras *Tannhäuser* et *Lohengrin* aurait contribué à mettre en lumière Wagner. Outre les effets personnels du ténor, le musée conserve... son larynx !

Urzainqui

Nous mentionnons ce petit village de fond de vallée uniquement pour sa curieuse église

bâtie bien au-dessus de la route, sur un rocher : remarquez notamment son clocher latéral garni, en dessous, d'une porte permettant l'accès au sanctuaire. Le village est, quant à lui, établi en rive gauche du río Esca.

Isaba

L'**office du tourisme** (☎ 948 89 32 51 ; www.isaba. es ou www.vallederoncal.es ; turismo-isaba@terra.es ou casadelamemoria@isaba.es ; barrio Izargentea 28 ; ☒ 16 juin-15 sept lun-sam 10h-14h et 16h-20h, dim 10h-14h, 16 sept-15 juin jeu et dim 10h-14h, ven et sam 10h-14h et 16h30-19h30), situé devant l'église, est facilement identifiable grâce à sa meule déposée juste devant. La **Casa de la Memoria** (Maison de la mémoire ; située dans l'office du tourisme ; entrée : 3 €) est un écomusée ethnographique qui, sur trois niveaux, rend compte de la vie traditionnelle dans la vallée de Roncal (pastoralisme avec rôle de la transhumance, agriculture, vie communautaire, exploitation du bois avec la tradition du flottage, etc.). Une reconstitution d'un intérieur typique montagnard roncalais est également présentée.

Au gré des rues, arrêtez-vous pour détailler les maisons du XVIIIe siècle agrémentées de nombreux millésimes et de décorations sculptées comme le monogramme du christ (IHS). Les fleurs aux fenêtres font aussi le charme du village. Face au chevet de l'église San Cipriano se dresse une belle demeure de caractère avec des bacs à fleurs ornés de *lauburus*, les croix basques ; remarquez le balcon de bois, le millésime au-dessus du linteau et le blason enchâssé dans le mur.

L'**église-forteresse San Cipriano**, haute et massive, a été construite selon un gros appareil régulier au XVIe siècle. Remarquez son caractère défensif : sa tour-clocher carrée, certes élégante, affiche vers son sommet des colonnes engagées et une décoration de mâchicoulis. Le clocher est surmonté d'un

NAVARRE

LE JOUR DE L'ALMADÍA

Le samedi le plus proche du 1er mai est célébré le **Día de la Almadía**, en hommage aux flotteurs de bois des vallées de Roncal (appelés *almadieros*), mais aussi à ceux des vallées voisines, de Salazar et de l'Aezkoa. Les forêts pyrénéennes étaient depuis fort longtemps exploitées pour leur bois qui était acheminé vers le cours plus sage de l'Èbre où il était alors transformé. Les festivités s'articulent autour des *almadías*, ou radeaux de troncs, que les flotteurs guident habilement dans le río Esca, à l'aide de rames fixées aux extrémités. La descente de la rivière s'achève à Burgui, par le saut de la retenue du village, à proximité du vieux pont médiéval. Spectacles de musique et de danse, foire artisanale, expositions, projections audiovisuelles, manifestations de force basque et bals rassemblent chaque année des milliers de spectateurs, sans oublier le repas collectif.

tout petit clocheton octogonal abritant une unique cloche. Le porche cintré possède trois voussures simples.

L'hiver, Isaba est un important centre de ski de fond, notamment à destination de la vallée de Belagua, située un peu plus au nord. Dépaysement, ressourcement et silence garantis.

OÙ SE LOGER ET SE RESTAURER

○ **Lola** (☎ 948 89 30 12 ; www.hostal-lola.com ; info@hostal-lola.com ; s/d 35-50/55-62 € selon saison ; menus 12-17 € ; Ⓨ fermé nov). Légèrement en retrait de la route (assez passante au demeurant), la bâtisse affiche un caractère résolument montagnard avec ses murs épais et ses étages aux petits volets de bois. Prenez garde à vos bagages à roulettes dans la ruelle d'accès, pavée de galets : vous troubleriez le silence ! L'accueil est en accord avec la décoration intérieure : chaleureux. On aime bien les petits meubles discrets, le jeu des lumières tamisées, le raffinement des couleurs. Les 21 chambres sont plutôt petites mais ô combien douillettes : sdb privative, literie confortable, téléviseur à écran plat... On a envie de prolonger le séjour tellement on s'y sent bien. Demandez les chambres donnant sur l'église : la vue y est superbe. Le restaurant – de bon standing – met à l'honneur les produits du terroir pyrénéen, à savoir truite à la navarraise (truite farcie d'une tranche de jambon de montagne) ou œufs brouillés aux champignons en saison. La carte propose également agneau, veau et légumes cuits (*verduras*).

Uztárroz

La route menant à Ochagavía (la NA140) atteint, 4 km après Isaba, le charmant village d'Uztárroz, blotti sur la rive droite du tumultueux cours de l'Arroyo Uztárroz, dans une courbe de cette vallée très encaissée. Vous pouvez vous garer le long de la route dans le village, et franchir le pont pour arpenter les ruelles pentues jusqu'au **Museo del Queso** (musée du fromage ; ☎ 948 89 32 36 ; entrée libre ; Ⓨ ouvert tte l'année 10h-13h30 et 17h-19h). Ce petit musée à caractère ethnographique est établi dans une authentique fromagerie (du nom d'Ekia).

Carnet pratique

SOMMAIRE

ACHATS

Le Pays basque est une région riche en gourmandises et vous n'aurez aucun mal à rapporter quelques spécialités du coin. Les macarons Adam, les kanougas et mouchous de Pariès, les chocolats de Daranatz, Cazenave, Henriet ou Pariès régaleront à coup sûr vos proches, à moins que vous ne succombiez pour du touron, une autre des spécialités locales. Le piment d'Espelette (en poudre, il remplace tout aussi bien le poivre), le jambon de Bayonne, l'Ibaïona, le fromage de brebis, la confiture de cerises noires d'Itxassou figurent également au chapitre des achats gourmands. Sans oublier le vin, si vous êtes amateur d'irouléguy, de madiran, de jurançon ou de rioja. L'Izarra, liqueur jaune et vert aux plantes des Pyrénées, est aussi une spécialité basque. À Biarritz, faites un tour à la Maison Arostéguy, une belle cave-épicerie. Et si vous passez par Espelette, vous trouverez dans le centre-bourg la Conserverie Accoceberry.

Reconnaissable à ses rayures traditionnelles, le linge basque se décline en arts de la table mais également en arts du bain. Le Pays basque et le Béarn accueillent les deux dernières fabriques artisanales de linge basque : Ona Tiss à Saint-Palais et Tissages Lartigue (Artiga) à Oloron-Sainte-Marie. Les maisons Charles Larre et Jean Vier proposent aussi du linge de belle qualité. Dans de nombreuses boutiques, vous pourrez trouver de la vaisselle basque ainsi que les fameux bérets basques et espadrilles. Sachez que les espadrilles de Mauléon sont un gage de qualité puisqu'elles sont encore fabriquées de façon artisanale. Et pour le véritable béret basque, moulé et cousu main, direction la chemiserie Jacky à Bayonne. Enfin, à Saint-Jean-de-Luz, la Maroquinerie Laffargue, maison fondée en 1890, est célèbre pour ses sacs, ceintures et portefeuilles cloutés.

Côté mode, on ne présente plus la marque de tee-shirts 64 qui a fait du chemin depuis sa création en 1997 à Guéthary. Si vous préférez un univers plus taurin, fréquentez plutôt les boutiques Paseo et Ruedo. Les amateurs de rugby apprécieront, quant à eux, "15", la marque de Serge Blanco. Sur la côte, vous trouverez aussi de nombreuses boutiques spécialisées dans le surf qui plairont aux ados.

PRATIQUE

- Les restaurants n'acceptent pas toujours les cartes de crédit. Munissez-vous suffisamment d'espèces et de chèques.

- Lors de vos escapades en montagne, prévoyez à l'avance vos points de ravitaillement en essence pour ne pas tomber en panne sèche au milieu de nulle part avec, en prime, aucun accès au réseau téléphonique.

- L'avant-saison (d'avril à juin) et l'arrière-saison (septembre-octobre) sont des périodes idéales pour profiter de la côte et de l'arrière-pays.

- La plupart des établissements touristiques démarrent la saison à Pâques et ferment mi-octobre.

Bâton sculpté dans le bois de néflier, tressé de cuir et garni de métal, le makhila servait autrefois d'arme de défense. Il est aujourd'hui un bâton de marche encore fabriqué par quelques artisans. Parmi l'artisanat local, on peut aussi citer le xahakoa, une gourde en peau de bouc retournée à laquelle on boit à la régalade (autrement dit sans porter la gourde à la bouche), et le chistera (pour jouer à la pelote basque).

La région compte de nombreux marchés, mais il est de bon ton également de franchir la frontière pour se rendre dans des *ventas*, qui vendent alcools et cigarettes (notamment), à prix détaxés.

ACTIVITÉS SPORTIVES

Surf, golf, randonnée, plongée, sports nautiques, sports d'eau vive, VTT, promenades équestres… le Pays basque est un paradis pour les amateurs de loisirs sportifs, partagé entre mer et montagne. Un chapitre est consacré au surf dans cet ouvrage (voir p. 63). Pour les autres loisirs, les renseignements utiles figurent dans les chapitres régionaux.

Activités nautiques

Voile, char à voile, planche à voile ou kayak de mer, le Pays basque fera le bonheur des adeptes des loisirs nautiques. Chaque station balnéaire, ou presque, est dotée d'une base nautique où vous pourrez vous initier aux joies de la glisse et de la navigation.

Balades équestres et avec des ânes

Cavalier émérite ou non, laissez-vous tenter par une balade à cheval. Le territoire de Xareta et les environs de Hasparren, en basse Navarre, s'y prêtent bien, tout comme la forêt d'Iraty en Soule. Plusieurs organismes proposent des sorties d'une heure pour les moins aguerris mais aussi d'une demi-journée, une journée voire plusieurs jours avec bivouac à la clé. Autre alternative pour vos bambins : les promenades avec des ânes. En général, on ne monte pas sur leur dos mais on marche à côté sur les chemins, parfois en compagnie d'un guide qui vous fera découvrir les merveilles des alentours.

Golf

C'est à Pau que les Anglais fondèrent, en 1856, le premier golf d'Europe continentale. Biarritz suivit en 1888, puis d'autres encore sur la Côte basque. Aujourd'hui, le Pays basque compte huit parcours très variés. Parmi les plus beaux practices, citons le golf de Chiberta à Biarritz et le golf Epherra à Souraïde. Le golf d'Ilbarritz à Bidart compte un Centre international d'entraînement.

Parcs aventure

De plus en plus de parcours ont été aménagés ces dernières années et ils ont l'avantage de s'adapter à tous les âges et à tous les niveaux. Certains proposent des ateliers à partir de 3 ans et des installations très acrobatiques, mais toujours sécurisées, aux ados les plus téméraires. Si le cœur vous en dit, vous pourrez donc tenter l'aventure du côté d'**Anglet** (Évolution 2 Pays basque ; ☎ 05 59 42 03 06 ; www.evolution2.com/paysbasque), **Saint-Jean-de-Luz** (Cl aventure, Quartier Chantaco ; ☎ 06 70 80 55 93), **Urrugne** (64 Oihana ; ☎ 06 03 40 52 31 ; www.oihana-64.com), **Saint-Pée-sur-Nivelle** (Territoires d'Aventures ; ☎ 05 59 85 89 47 ; www.evolution2.com/paysbasque), **Saint-Martin d'Arrossa** (Arrossa, Parcours aventure ; ☎ 05 59 49 17 64 ; www.mendi-gaiak.fr), et dans le Béarn, du côté d'**Accous** (Du haut de mon arbre ; ☎ 06 82 65 66 71 ; www.duhautdemonarbre.com), **Aramits** (Aventure Parc ; ☎ 06 76 74 21 39 ; www.aventure-parc.fr), **Bosdarros** (Vert Voltide ; ☎ 05 59 21 68 11) et **Eaux-Bonnes** (Forêt suspendue ; ☎ 06 89 87 26 66 ; www.foretsuspendue.com).

Plongée sous-marine

Les amateurs de plongée sous-marine pourront donner libre cours à leur passion à Ciboure et Hendaye principalement, encadrés par des clubs locaux. Au programme : baptêmes, explorations ou plongée sur épave.

Randonnée pédestre

Quelle plus belle façon de découvrir les Pyrénées basques et béarnaises que la marche ? Vous aurez l'embarras du choix. Le GR°10 traverse la chaîne pyrénéenne d'ouest en est, en restant en moyenne montagne. Les plus aguerris se frotteront à la Haute Route pyrénéenne, qui traverse également les Pyrénées d'ouest en est, mais en restant au cœur de la haute montagne (comptez 45 jours).

Dans le Béarn ou au Pays basque, et plus spécialement dans leur partie montagneuse, vous pourrez faire appel aux services d'accompagnateurs en moyenne montagne (les offices du tourisme vous remettront leurs coordonnées). Il existe bien d'autres sentiers, balisés ou non, dans les Pyrénées ; reportez-vous au chapitre *Randonnées et balades dans les Pyrénées* (p. 67) où sont décrits plusieurs circuits, côté basque et côté béarnais, ainsi qu'au chapitre *Les chemins de Saint-Jacques-de-Compostelle* (p. 83).

Outre les Pyrénées, de multiples micro-régions se prêtent à une découverte à pied, que ce soit sur le littoral (avec en particulier le sentier du littoral) ou dans le Pays basque intérieur. Les offices du tourisme vous remettront des brochures relatives aux sentiers balisés dans leur région. Vous pouvez également vous procurer la carte des randonnées en Béarn et Pays basque éditée par le Comité départemental du tourisme Béarn-Pays basque, et téléchargeable sur leur site (www.tourisme64.com).

La Fédération française de la randonnée pédestre (FFRP) a publié plusieurs topo-guides sur la région, comprenant des cartes et des descriptifs d'itinéraires, dont un réunit désormais le GR®10 et le GR®8 sous le titre *Pyrénées occidentales Pays basque/Béarn, la traversée des Pyrénées*. Vous trouverez aussi dans cette collection : *Le Béarn à pied* (P641), *Le Pays basque à pied* (P642), *Le sentier vers Saint-Jacques-de-Compostelle, le chemin du Puy* (n°653), également appelé GR®65. Contactez le **Centre d'information de la randonnée pédestre** (☎ 01 44 89 93 93 ; www.ffrandonnee.fr ; 64 rue du Dessous-des-Berges, 75013 Paris) ou le **Comité départemental Pyrénées-Atlantiques** (☎ 05 59 14 18 80 ; www.rando64.com ; 12 rue du Professeur-Garrigou-Lagrange, Pau). Voyez également les guides de randonnée *Pays basque* et *Aspe/Ossau*, chez Rando-Éditions, bien conçus, avec une sélection d'itinéraires commentés.

Sports d'eau vive

Les multiples cours d'eau de la région – Nive, Adour, gaves de Pau et d'Oloron, entre autres – sont propices à la pratique du canoë-kayak, du rafting et de la nage en eaux vives. Plus précisément, citons en Pays basque, la Nivelle et les gorges du pas de Roland, près d'Itxassou. Le canyoning se pratique en haute Soule, ainsi que dans les vallées des Pyrénées béarnaises. Contactez les bases nautiques de la région où vous séjournez.

Ski et raquettes

La région est une destination mer, mais également montagne. Les Pyrénées béarnaises possèdent plusieurs stations qui, sans avoir l'envergure de leurs homologues alpines ou de leurs voisines des Pyrénées centrales, n'en restent pas moins des lieux de pratique très courus : Arette-La-Pierre-Saint-Martin (ski alpin et ski de fond), dans la vallée du Barétous, Artouste-Fabrèges (ski alpin et ski de fond) et Gourette (ski alpin et ski de fond) dans la vallée d'Ossau, Issarbe (ski de fond) et Iraty-Soule (ski de fond) en haute Soule et Le Somport-Candanchu (ski de fond) dans la vallée d'Aspe, à la frontière espagnole. L'enneigement n'est pas toujours au rendez-vous, mais ces stations, souvent familiales, vous promettent de jolies descentes.

VTT et cyclotourisme

Le cyclotourisme et le VTT font de plus en plus d'adeptes. De la balade en famille au parcours plus chevronné, la région offre différents niveaux de difficulté. Quatre sites sont particulièrement propices à la pratique du VTT : le Piémont oloronais, le Barétous, ainsi que les gaves et coteaux de Navarrenx. Les secteurs de l'Aubisque, de la Pierre-Saint-Martin et de la haute Soule sont eux pourvus de descentes assez techniques en VTT. Le littoral reste encore assez pauvre en pistes cyclables. C'est à Anglet qu'il est le plus agréable de pratiquer le vélo, surtout pour une promenade en famille. Une piste cyclable longe le littoral jusqu'à l'embouchure de l'Adour, et une voie verte traverse l'agréable forêt du Pignada. Depuis Bayonne, il est possible de longer les bords de la Nive sur plusieurs kilomètres, une promenade qui ne présente également aucune difficulté particulière. Il en va autrement si vous vous attelez à la route des cols (Saint-Ignace, Ispéguy, Bagargui...) ou les côteaux du Jurançon.

Le **Comité départemental du tourisme Béarn-Pays basque** (☎ 05 59 30 01 30 ; www.tourisme64.com) édite un guide vélo gratuit, téléchargeable sur leur site. Vous pouvez également vous procurer le Cycloguide 64 *Les Pyrénées-Atlantiques à vélo*, édité par l'IGN (12 €). Pour vous renseigner sur les randonnées organisées et ouvertes à tous, vous pouvez aussi contacter le **Comité départemental de la Fédération française de cyclotourisme** (☎ 05 59 02 53 93 ; www.codep64-ffct.org).

Sachez enfin que Bayonne et Ciboure ont mis en place un système de prêt gratuit de vélo à la journée et que la ville d'Aramits est équipée d'une station de vélo en libre service, située à l'entrée du camping Baretous, et qui accueille une aire de lavage, un banc d'entretien et de gonflage ainsi que des douches et des toilettes. Dans ce guide, les loueurs de vélos sont indiqués dans chaque localité. Le site www.tourisme64.com offre la possibilité de faire une recherche par ville.

ARGENT

Aucun problème pour retirer de l'argent dans les distributeurs automatiques (DAB) dans les villes du littoral. En revanche, la situation se complique dès que l'on entre dans les régions reculées du Pays basque intérieur, comme la vallée des Aldudes ou la Soule. Sachez également que certains établissements, même situés dans des coins très touristiques, n'acceptent pas toujours la carte de crédit. Les banques, bureaux de change et bureaux de poste acceptent souvent les chèques de voyage.

Dans le Pays basque espagnol, vous trouverez sans peine des distributeurs automatiques dans les grandes villes. Certains petits villages, en revanche, ne comptent pas de banques. Les règlements par cartes de crédit sont largement répandus. Attention ! Une TVA (IVA en espagnol) de 7% s'applique sur les tarifs des hôtels et restaurants. Elle n'est en général pas comprise dans les prix affichés. Sauf mention contraire, vous devrez l'ajouter aux tarifs indiqués dans ces pages.

CARTES ET PLANS

La carte routière Michelin n°342 *Hautes-Pyrénées, Pyrénées-Atlantiques* à l'échelle 1/150 000 (1 cm = 1,5 km) donne une excellente vision d'ensemble de la région tout en faisant apparaître les plus petites routes. Il existe également des cartes à l'emprise plus restreinte, comme les cartes Michelin n°85 et 86 au 1/200 000.

Pour le Pays basque espagnol, Michelin édite une carte routière et touristique au 1/250 000 couvrant le Pays basque sud, la Navarre et la Rioja (n°573). La compagnie espagnole Geo Estel propose des cartes du Pays basque au 1/250 000 et 1/150 000.

Chez IGN, vous pouvez vous procurer la carte touristique n°64 *Pyrénées-Atlantiques* (1/125 000), ainsi que la carte de promenade Pau-Bayonne (n°69).

À de rares exceptions près, tous les offices du tourisme proposent gratuitement des cartes plus ou moins détaillées des villes et des localités environnantes.

CLIMAT

Si la région est placée sous l'influence océanique (hiver doux, pluviométrie importante et faible variation de température), on distingue aussi des caractéristiques qui lui sont propres et des saisons irrégulières. Le climat a ici souvent des sautes d'humeur.

En moyenne, l'ensoleillement est plus important sur la façade atlantique que dans l'intérieur des terres, où les températures sont aussi plus froides. Sur le littoral, la température varie peu (13°C en moyenne), excepté sur la Côte basque ou elle s'élève de 1°C (Biarritz étant la station la plus chaude de l'Atlantique). Dans les Pyrénées-Atlantiques, les massifs montagneux se chargeant de bloquer l'humidité océanique, la pluviométrie est très abondante (le Pays basque reste vert en toute saison). Enfin, on reconnaît, au Pays basque et au Béarn, une faiblesse des vents qui amena les précurseurs de l'aviation, les frères Wright, à s'installer dans la région au début du siècle pour faire des essais dans des conditions optimales. Ce qui n'est pas le cas du littoral, particulièrement exposé au vent dominant d'ouest. On a aussi coutume de dire qu'en hiver ou au printemps, il est possible de skier dans les stations des Pyrénées le matin et de surfer à Biarritz l'après-midi !

DÉSAGRÉMENTS ET DANGERS
Mer

Les plages de la côte atlantique requièrent une certaine prudence. L'océan n'est pas la mer Méditerranée. Les courants peuvent vite vous emporter au loin et fatiguer le meilleur des nageurs. Veillez ainsi à vous baigner sur les plages surveillées (en saison) et tenez compte de la signalisation relative à la sécurité (drapeau vert, orange ou rouge, selon la dangerosité de la baignade – les consignes sont expliquées sur des panneaux en haut des plages). Si les baïnes concernent davantage les Landes que le Pays basque, il faut connaître ce phénomène de courants sous-marins qui se forment à cause des bancs de sable et qui, en tourbillonnant, vous emportent rapidement vers le large.

Montagne

La randonnée en montagne présente elle aussi des dangers spécifiques. Évitez de partir seul (ou prévenez quelqu'un de votre itinéraire), renseignez-vous sur les conditions météo du moment, ne surestimez pas vos capacités, étudiez soigneusement votre itinéraire et ne vous écartez pas des sentiers. Prévoyez toujours un vêtement de pluie, ainsi qu'une bouteille d'eau. Attention aussi, pendant la période de chasse à la palombe : à cette époque (octobre-novembre), les cols et les crêtes du Pays basque sont monopolisés par des chasseurs.

Enfin, faites preuve de prudence en voiture, notamment sur les routes de montagne, parfois très étroites.

Terrorisme

L'Espagne est depuis longtemps confrontée à l'ETA et à certaines formes de terrorisme dans le pays. Dans l'ensemble, les risques de se trouver au mauvais endroit au mauvais moment ne sont pas plus grands en Espagne que dans n'importe quel autre pays occidental.

L'organisation séparatiste basque a publié dans le passé des communiqués visant à dissuader les touristes de venir en Espagne. À la suite de la rupture du cessez-le-feu de mars 2006, de nombreux dirigeants de l'organisation ont été arrêtés (notamment au Pays basque français). Malgré cela, l'ETA a poursuivi ses attentats à la bombe.

Vols

Comme dans toute région touristique, vous ne serez pas à l'abri des vols, surtout en été. Inutile, cependant, de se calfeutrer dans sa chambre d'hôtel, de simples précautions suffisent. Ne laissez aucun objet de valeur dans votre voiture ou votre chambre d'hôtel (sauf si l'établissement met à votre disposition un coffre) et gardez votre sac à main près de vous, même attablé à la terrasse d'un café (évitez de le poser à terre). Sur la plage, n'allez pas vous baigner en laissant vos papiers d'identité et argent sans surveillance.

DOUANE

Vous serez certainement tenté d'aller faire quelques emplettes côté espagnol. La réglementation européenne vous autorise à effectuer des achats d'ordre personnel dans un autre pays de l'UE. Elle autorise que vous rapportiez sans déclaration particulière aux douanes : 5 cartouches de cigarettes (soit 1 kg de tabac) et côté alcool, 10 l de boissons spiritueuses (gin, vodka, whisky…), 20 l de produits intermédiaires (porto, madère…), 90 l de vin ou 110 l de bière. Ces quantités s'entendent par moyen de transport individuel ou par personne âgée de plus de 17 ans en cas d'utilisation d'un transport collectif.

Les sommes (espèces ou chèques), titres (actions, obligations…) ou valeurs d'un montant égal ou supérieur à 10 000 euros (ou son équivalent en devises), transportés par une personne physique, doivent être déclarés à l'administration des douanes. Celle-ci effectue des contrôles dans ce domaine afin de lutter contre le blanchiment des capitaux provenant de trafics illicites, notamment des stupéfiants.

Évitez absolument d'acheter à la frontière des contrefaçons, même si leurs prix sont attractifs. Sacs, montres, bijoux, vêtements pullulent mais leur acquisition est totalement interdite. En cas de contrôle des douanes, il vous sera difficile de mettre en avant votre bonne foi tant le phénomène est de notoriété publique. La marchandise sera saisie et vous paierez sans doute une amende en plus. Pour plus de renseignements, consultez le site : www.douane.gouv.fr.

ENFANTS

Vos chérubins seront ici comme chez eux. L'été, de nombreuses activités aquatiques leur sont proposées sur les plages de la côte – certaines sont pourvues de clubs de plage spécialement conçus pour l'accueil des enfants – même si un simple bain de mer et un château de sable devraient suffire à leur bonheur. Prévoyez une protection contre le soleil : écran total à renouveler plusieurs fois par jour et chapeau sont impératifs. Faites boire votre enfant fréquemment, même s'il joue sur le rivage. Préférez les plages surveillées et gardez un œil attentif sur vos enfants lorsqu'ils sont dans une piscine.

Les sentiers de randonnées vous promettent de belles échappées en famille. On conseillera aussi le parcours du petit train de la Rhune dans le Pays basque et celui du petit train d'Artouste dans la vallée d'Ossau, deux "vrais" trains qui serpentent dans des paysages spectaculaires. Pensez également aux fêtes locales, hautes en couleur, avec des défilés, des costumes et une ambiance festive, qui les enchanteront. Dans les musées, monuments et autres attractions, les enfants bénéficient le plus souvent de tarifs réduits.

Vous trouverez des suggestions d'activité regroupées dans un tableau en début de chaque chapitre régional.

Côté équipements, de nombreux hôtels installent des lits supplémentaires à la demande, et la majorité des agences de location de voitures pourra vous fournir des sièges auto, parfois gratuitement. Certains restaurants offrent des menus enfant même s'il est parfois difficile de sortir de l'éternel "steak haché-frites-boule de glace". Dans les lieux hautement touristiques, le service de restauration laisse souvent à désirer en juillet et août. N'hésitez pas à vous manifester.

FÊTES ET FESTIVALS

Certaines des manifestations suivantes ont un écho qui dépasse le cadre de la région, d'autres restent très locales. Adressez-vous aux offices du tourisme de chaque commune pour prendre connaissance de l'ensemble des manifestations.

Janvier

Festival de Saint-Sébastien – La fête annuelle de la ville avec ses défilés, le 20 janvier, est l'un des points forts du calendrier de San Sebastián.

Le FIPA à Biarritz – Festival international des programmes audiovisuels.

Fêtes de la Bixintxo à Hendaye – Autour du 22 janvier, elles célèbrent durant 15 jours saint Vincent, le saint patron de la ville.

Foire aux Pottoks à Espelette – Les derniers mardi et mercredi du mois.

Février

Carnaval de Bilbao – 6 jours de déguisements et de fêtes.

Carnaval de Saint-Sébastien – Du 31 janvier aux premiers jours de février.

Sare – Une journée consacrée aux *bertsulari*, les improvisateurs basques.

Mars

Le Quicksilver Biarritz Maïder Arosteguy – Compétition de surf, sur la Grande Plage.

Avril

Foire au Jambon à Bayonne – À Pâques, au carreau des halles et sur le mail Chaho-Pelletier.

Biltzar des écrivains à Sare – Le lundi de Pâques, des écrivains basques célèbrent, sur la place centrale, le Biltzar, l'ancienne assemblée de notables du Labourd.

Festival international du film de surf de Saint-Jean-de-Luz – Fin avril, début mai.

Mai

Festival du cinéma fantastique à Bilbao – Début mai.

Journées du chocolat à Bayonne – À l'Ascension, des journées organisées sous l'égide de l'Académie du chocolat.

Festival andalou à Saint-Jean-de-Luz – À la Pentecôte.

Foire du 1er mai à Oloro-Sainte-Marie – Une tradition de plus de 6 siècles.

Juin

Fête de la cerise à Itxassou – Le 1er juin.

Fêtes de la Saint-Jean à Saint-Jean-de-Luz – Fêtes patronales de la ville, autour du 21 juin.

Nuit de la Saint-Jean à Saint-Sébastien – Le 23 juin.

Festival Malic'Art à Monein – Théâtre, danse et chants à travers la ville.

Marché des Potiers à Sauveterre-sur-Béarn – Esplanade de la mairie.

Festival de jazz Des rives et des notes à Oloron-Sainte-Marie – Rencontres et découvertes autour des musiques de jazz. En juin ou juillet.

Festival international de blues de Getxo – Tous les concerts ont lieu en plein air. Fin juin ou début juillet.

Les Océanes à Biarritz – Fête de la mer et des casetas, fin juin.

Régates de trainières à Saint-Jean-de-Luz – Fin juin ou début juillet.

Internationaux de cesta punta à Saint-Jean-de-Luz – De fin juin à fin août, tous les mardis et vendredis à 21h au jaï-alaï.

Juillet

Bilbao BBK Live – Le plus important festival de musique de la ville accueille chaque année pour 3 jours, début juillet, de grands noms de la pop espagnole et internationale.

Transhumance en vallée d'Ossau – Animations dans les villages de la vallée. Début juillet.

Le Roxy Jam à Biarritz – Championnat du monde féminin de longboard, sur la côte des Basques.

Fêtes de la Saint-Firmin (*Sanfermines*) à Pampelune – La plus grande manifestation navarraise avec son *encierro* et ses processions enfiévrées. Du 6 au 14 juillet.

Junte de Roncal à La Pierre-Saint-Martin – Célébration du plus ancien traité d'Europe. Le 13 juillet.

Festival "La Ruée au Jazz" à Bayonne – Programmé à la mi-juillet.

Fête du thon à Saint-Jean-de-Luz – Animations sur le port.

L'Errobiko Festibala à Itxassou – Festival de musique et d'art basques, vers la mi-juillet.

L'Été à Pau – En juillet-août. Programmation musicale de qualité : les concerts, gratuits, ont lieu dans le théâtre de verdure du parc Beaumont.

Fête de la Kutxa à Fontarrabie (Hondarribia) – Célèbre une ancienne tradition de pêcheurs. Le 25 juillet.

Feria d'Orthez – À la fin du mois.

Fêtes de Bayonne – 5 jours de festivités à partir du vendredi précédent le premier week-end d'août.

Août

La fête des fruits et du jurançon – Le 1er week-end d'août, sous la halle de la mairie de Monein, dans le Jurançonnais.

Fiestas de la Virgen Blanca de Vitoria-Gasteiz
– Cette fête embrase la ville du 4 au 9 août.

Temporada (saison) de Bayonne – En août et septembre

Surf de nuit à Anglet – Compétition professionnelle de surf organisée en nocturne sur la plage des Sables-d'Or.

Festival de théâtre à Cambo-les-Bains – En plein air à la Villa Arnaga, pendant 3 jours autour du 15 août.

Festival de force basque à Saint-Palais – Le dimanche qui suit le 15 août.

Fête de l'espadrille à Mauléon – Place du Fronton, le 15 août.

La Piperadère à Salies-de-Béarn – Une autre fête très courue qui comprend une foire des métiers d'antan et un concours de la meilleure piperade béarnaise. Le 15 août.

Festival de théâtre Plumes et paroles en Ossau – Dans les villages de la vallée.

Festival Hestiv'Oc à Pau – Musiques et cultures du Sud.

Semana Grande à Bilbao. Parades, feux d'artifice, concerts et animations pour les enfants sont au programme de la "grande semaine", qui débute le 1er samedi après le 15 août.

Semana grande à Saint-Sébastien – Une semaine de concerts, spectacles de rue et feux d'artifice.

Hestiv'Òc à Pau – fête durant 5 jours (fin août) la culture occitane : fanfares, spectacles de rues, apéros-concerts (www.hestivoc.com).

Festival international folklorique des Pyrénées à Oloron-Sainte-Marie – En août, chaque année paire (et à Jaca, en Espagne, les années impaires).

Fêtes de Nay – Fin août, la foule est au rendez-vous.

Gant d'or de Biarritz – Compétition de pelote basque, fin août-début septembre.

Septembre

Le Temps d'aimer à Biarritz – Festival de danse

Fêtes de Sare – Fêtes du village, 4 jours durant à partir du second dimanche de septembre.

La Fête du sel à Salies-de-Béarn – Le 2e week-end de septembre. Un grand événement festif qui met la ville en ébullition.

Marché potier à La Bastide-Clarence – À la mi-septembre.

Zinemaldia – Festival international de cinéma de Saint-Sébastien – Internationalement reconnu, le festival existe depuis 1957.

Fête des bergers à Aramits – Le 3e week-end de septembre.

Régates de trainières (courses de trainières) à Saint-Sébastien – Régates à la rame (les trainières sont les barques qui étaient jadis utilisées pour pêcher les baleines) et fête du cidre.

Octobre

Festival de Biarritz – Festival consacré aux cinémas et cultures d'Amérique latine.

Festival Translatines à Bayonne et Biarritz – Festival de théâtre franco-ibérique et latino-américain, programmé tous les 2 ans.

Transe Atlantique à Pau – Festival des cultures électroniques : concerts et créations numériques contemporaines au programme (www.acces-s.org).

Fête du Piment à Espelette – Le dernier week-end du mois.

Novembre

Foire aux pottoks à Hélette – Avec Espelette en janvier, l'autre rendez-vous des éleveurs du petit cheval basque.

Décembre

Fête des vendanges dans le Jurançonnais – D'octobre à décembre, avec une journée "portes ouvertes dans les chais" le 2e week-end de décembre.

Santo Tomás à Bilbao – La Saint-Thomas est l'occasion, chaque 21 décembre, d'une importante foire aux produits locaux.

Foire de Santo Tomás à Saint-Sébastien – L'une des foires aux produits régionaux les plus anciennes de la ville, le 21 décembre.

Foire aux chevaux à Saint-Palais – Le 26 décembre, place du Foirail.

HANDICAPÉS

La côte basque n'est pas sans poser de problèmes aux personnes à mobilité réduite. L'**association handiplage** (☎ 05 59 59 24 21 ; www.handiplage.fr ; 34 rue des Faures, Bayonne) édite une brochure très utile, Handi-Plus Aquitaine, qui détaille des itinéraires de découverte en Pays basque et en Béarn, avec une thématique sport et détente. Elle répertorie également les plages accessibles, aménagées de tiralos*, toilettes, stationnement, rampes d'accès et caillebotis. Sur la Côte basque, sont équipées la plage du VVF à Anglet, la Milady à Biarritz, l'Ouhabia à Bidart, Socoa à Ciboure, les Deux-Jumeaux et la Baleine à Hendaye, et la plage du Port-de-Pêche à Saint-Jean-de-Luz. En juillet et août, des handiplagistes sont sur place, pour venir en aide à ceux qui le souhaitent, à Hendaye (plage des Deux-Jumeaux), Saint-Jean-de-Luz (plage du Port-de-Pêche), Anglet (plage du VVF) et Biarritz (plage de la Milady).

Le site du **Comité départemental du tourisme** (☎ 05 59 30 01 30 ; www.tourisme64.com) répertorie les prestataires qui bénéficient du label "Tourisme et Handicap", créé par le secrétariat d'État au tourisme. Parmi les sites labellisés, on peut citer le Musée basque et le Musée Bonnat à Bayonne, le Musée de la mer et le Musée d'art oriental Asiatica à Biarritz, les maisons du Parc national des Pyrénées à Etsaut et Laruns ou encore le château de Crouseilles. Parmi les activités, citons le zoo d'Asson, les piscines de Mourenx et de Saint-Jean-de-Luz ou encore l'**association La Pierre Handiski** (http://lapierrehandiski.blogspot.com) qui permet aux personnes handicapées de pratiquer du ski alpin à La Pierre Saint-Martin.

De plus en plus d'hôtels et de chambres d'hôte prennent en compte les difficultés des personnes handicapées et proposent des prestations adaptées. Les musées font également des efforts d'aménagement pour accueillir cette clientèle. La **Délégation départementale APF du Pays basque** (☎ 05 59 59 02 14, fax 05 59 25 49 75 ; 2 rue Jacques-Laffitte, Bayonne) pourra vous fourni une brochure qui sélectionne les sites et établissements accessibles aux personnes handicapées.

HÉBERGEMENT

Les hébergements abondent dans la région. Toutes les catégories et tous les styles sont représentés, même sur le littoral qui, bien que plus onéreux, propose une gamme diversifiée. Vous trouverez cependant davantage d'opportunités d'hébergement à tarif raisonnable en vous éloignant de la côte ; cela peut donc valoir le coup si vous avez un moyen de locomotion. Sachez aussi que nombre d'établissements de l'arrière-pays ferment de décembre à mars.

Auberges de jeunesse

Vous trouverez des auberges de jeunesse à Biarritz, Anglet, Les Aldudes et Pau-Gelos. Sauf exception, elles sont affiliées à la FUAJ (Fédération unie des auberges de jeunesse). La carte d'adhésion, obligatoire, coûte 11 € pour les moins de 26 ans et 16 € au-delà. Le niveau de confort et d'équipement varie d'une auberge à l'autre. Certaines sont de vrais "hôtels en réduction" impeccablement tenus, avec parfois des chambres doubles, et bénéficient d'un cadre exceptionnel. D'autres présentent un confort plus limité. Consultez les chapitres régionaux pour les détails relatifs à chacune d'entre elles. Attention ! En période estivale, pensez à réserver.

Campings

Il existe une forte densité de campings, notamment dans les secteurs balnéaires. Du simple terrain vaguement équipé de sanitaires aux prestations luxueuses, le choix existe pour toutes les bourses. Certains critères seront décisifs : hygiène, activités organisées en journée pour les enfants, animations en soirée, piscine, terrains de sports, restaurants, alimentation, proximité de la ville… La solution la plus rentable reste évidemment la tente, mais la location à la semaine d'un mobil-home entièrement équipé vous reviendra toujours moins cher qu'un hôtel, surtout si vous êtes en famille.

Enfin, le "camping à la ferme" est une formule originale et bon marché : on plante sa tente sur le terrain d'une exploitation agricole, près de la bâtisse principale. On doit alors se contenter d'infrastructures plutôt limitées, que compense souvent la possibilité d'acheter directement les produits de la ferme.

Chambres d'hôte

De plus en plus appréciées, les chambres d'hôte se multiplient et sont souvent de très bonne qualité. Le prix, l'accueil et le style varient énormément d'une adresse à l'autre, mais les prestations que vous y trouverez seront de toute façon toujours supérieures à celles d'un hôtel. Certaines font également table d'hôte : une occasion de faire plus ample connaissance avec les propriétaires et, pourquoi pas, de tisser des liens amicaux qui vous pousseront à revenir ! Les très bonnes adresses se découvrent souvent par le bouche à oreilles et certaines affichent complet d'une année sur l'autre ! Le nombre de places étant limité (au-delà de 5 chambres, la maison d'hôte est considérée comme un hôtel), soyez prévoyant et réservez à l'avance.

Si vous n'êtes pas sûr de la qualité d'une adresse, reportez-vous au réseau Gîtes de France ou à son concurrent Clévacances, qui garantissent en général le respect des normes de sécurité et de confort.

Pour une chambre double avec petit-déjeuner, comptez entre 70 et 100 € sur le littoral, un peu moins dans l'arrière-pays.

Gîtes d'étape et refuges

Destinés en principe aux randonneurs, les gîtes d'étape font également le bonheur des voyageurs à petit budget, qui y trouvent une excellente alternative au camping et à l'hôtel. Ces structures, privées ou gérées par les mairies, se trouvent dans des villages traversés par des sentiers de randonnée. Ils proposent un hébergement en dortoir, de capacité variable, avec des sanitaires communs. Leur niveau de confort est généralement très satisfaisant voire, pour certains, exceptionnel ! La demi-pension est généralement demandée en haute saison mais ce n'est pas systématique.

Gîtes ruraux et meublés de tourisme

Les meublés de tourisme désignent des studios, des appartements et des villas équipés, loués à la semaine – une excellente formule pour ceux qui privilégient l'indépendance. Les tarifs sont très variables selon le site et la saison. Comptez une moyenne de 550 à 800 € la semaine en haute saison. La plupart sont affiliés aux Gîtes de France : n'hésitez pas à demander la brochure spécialisée (www.gites-de-france.com). Vous pouvez aussi contacter les offices du tourisme, qui possèdent la liste des hébergements locaux.

Hébergement au Pays basque espagnol

Vous trouverez des possibilités dans toutes les gammes de prix, à des tarifs souvent inférieurs à ceux pratiqués de l'autre côté des Pyrénées. Le style des établissements varie du classique vieillot – meubles de style et napperons en dentelle – au contemporain sobre et épuré.

Outre le camping (attention, la région est volontiers pluvieuse, comme en témoigne le vert des pâturages !), les options les moins chères sont les *pensiónes*. Ces dernières sont généralement installées dans les centres-villes anciens, emplacements agréables qui posent cependant des problèmes de stationnement si vous circulez en voiture.

Des réductions sont parfois proposées en fin de semaine hors saison.

De nombreuses demeures historiques transformées en hôtels pratiquent des tarifs très raisonnables. Un nombre croissant d'établissement proposent à leurs clients une connexion Wi-Fi gratuite.

Hôtels

Le parc hôtelier est relativement diversifié, et les prix restent raisonnables, même dans les stations balnéaires. La majorité des établissements sont des deux-étoiles, de style familial, au confort standard, mais convenable. Les tarifs sont étroitement liés à l'emplacement (bord de mer ou non), au standing de la station et à la saison. En règle générale, la tarification s'applique pour la chambre et la distinction simple/double est parfois peu usitée. La plupart des hôtels de catégorie moyenne possède dans chaque chambre une TV et une salle de bains privée. À noter : bon nombre d'établissements hôteliers se doublent de restaurants. Certains imposent la demi-pension pendant la période estivale. Si vous voyagez en dehors des mois de juin, juillet et d'août, renseignez-vous sur les tarifs : beaucoup d'hôtels pratiquent des tarifs moyenne et basse saison. De nombreux estivants adoptent la formule des villages-vacances, réservés des mois à l'avance par l'intermédiaire de tour-opérateurs. N'espérez pas y séjourner sans réservation.

HEURE LOCALE

La France et l'Espagne ont 1 heure (hiver) ou 2 heures (été) d'avance par rapport à l'heure de Greenwich. Lorsqu'il est 14h à Bayonne ou à Pau, il est 8h à Montréal. L'heure est la même en France, en Espagne, en Suisse et en Belgique.

HEURES D'OUVERTURE

Les horaires d'ouverture des commerces et des restaurants varient selon les saisons et les villes. En principe, ils ouvrent tous les jours en juillet-août dans les villes touristiques fréquentées. Un grand nombre de restaurants servent ainsi midi et soir, tous les jours, en haute saison. Hors saison, les horaires sont plus restreints, avec une pause à l'heure du déjeuner et un à deux jours de fermeture hebdomadaire. Des villes comme Pau, Bayonne et Biarritz n'ont toutefois pas réellement de caractère saisonnier. Attention ! Dans les Pyrénées béarnaises, il y a deux saisons, celle d'été et celle d'hiver.

HOMOSEXUALITÉ

De manière générale, même si on ne l'affiche pas franchement, l'homosexualité n'a pas de problème de droit de cité dans le coin… Le réseau gay et lesbien est bien implanté, avec bars et clubs, comme le Caveau à Biarritz, ou des restaurants comme le bistrot Saint-Cluque à Bayonne. Les plages sont aussi des lieux de rencontre naturels, mais certaines plus que d'autres : la plage du Miramar, à Biarritz, les plages de l'Océan et des Dunes à Anglet et la plage des Cent-Marches à Bidart, sans oublier le Phare à Biarritz et les sentiers alentour. S'ils ne sont pas particulièrement gays, beaucoup d'établissements de la côte sont gay-friendly, ce qui est moins le cas dans l'arrière-pays.

INTERNET (ACCÈS)

La Côte basque est plutôt bien lotie en matière de connexion Internet. De plus en plus de bars et d'hôtels possèdent un accès Wi-Fi gratuit. Si vous n'avez pas l'habitude de partir en vacances avec votre ordinateur portable, des cybercafés sont présents dans les principales agglomérations (ils sont répertoriés dans ce livre).

OFFICES DU TOURISME

Des offices du tourisme et des syndicats d'initiative sont implantés dans les villes et les sites touristiques. Certains ouvrent toute l'année, d'autres seulement pendant la saison touristique. Les brochures, disponibles en nombre, sont généralement d'excellente qualité. De plus en plus d'offices du tourisme possèdent leur propre site Internet. Vous trouverez leurs coordonnées dans ce guide.

ORGANISMES À CONNAÎTRE

Comité régional de tourisme d'Aquitaine (☎ 05 56 01 70 00 ; www.tourisme-aquitaine.fr ; 23 parvis des Chartrons, Bordeaux).
Comité départemental du tourisme Pays basque – Béarn (☎ 05 59 30 01 30 ; www.tourisme64.com ; délégation Pays basque : Petite Caserne, 2 allée des Platanes, Bayonne ; délégation Béarn : 22 ter rue Jean-Jacques-de-Monaix, Pau)
Comité départemental de randonnée pédestre des Pyrénées-Atlantiques (☎ 05 59 14 18 80 ; www.rando64.com ; 12 rue du Professeur-Garrigou-Lagrange, Pau).
Institut culturel basque (☎ 05 59 93 25 25 ; www.eke.org ; Château Lota, BP6 64480, Ustaritz).
Maison de l'Aquitaine (☎ 01 55 35 31 42, fax 01 40 20 07 18 ; http://maison.aquitaine.fr ; 21 rue des Pyramides, 75001 Paris)
Ostau Biarnes, association de promotion de la culture béarnaise (☎ 05 59 30 60 34 ; www.ostaubearnes.fr ; 46 boulevard d'Alsace-Lorraine, Pau)
Portail des offices de tourisme du Pays basque espagnol (www.turismoa.euskadi.net)

PHOTOGRAPHIE

Particulièrement photogénique, la région ne se livrera pas forcément très facilement, entre les nuances des couleurs de la montagne et de l'océan.

Ici comme ailleurs, les règles élémentaires de courtoisie ont cours. Avant de tirer le portrait d'un pêcheur ou d'une personne âgée dont l'allure vous semble "typique", demandez impérativement l'assentiment de votre "victime"…

TÉLÉPHONE

Les réseaux de téléphonie mobile couvrent l'ensemble du littoral, ainsi qu'une grande partie de l'arrière-pays. Quelques zones reculées ne sont cependant pas encore accessibles à l'émission et à la réception des téléphones portables.

Vous trouverez encore des cabines téléphoniques dans les villes et dans un grand nombre de villages, généralement à proximité des bureaux de poste et des mairies.

Pour appeler l'Espagne de l'étranger, composez le code d'accès international de votre pays, suivi du code de l'Espagne (☎ 34) et du numéro de votre correspondant. Pour appeler l'étranger depuis l'Espagne, composez le 00, le code du pays (☎ 33 pour la France, ☎ 32 pour la Belgique, ☎ 41 pour la Suisse et ☎ 1 pour le Canada) et le numéro de votre correspondant.

VOYAGER EN SOLO

Les voyageurs solitaires devront s'attendre à quelques déconvenues, surtout dans les localités touristiques du littoral en haute saison, où tout semble avoir été pensé pour les couples et, surtout, les familles. La tarification en "simple" dans les hôtels n'est pas courante et les restaurateurs ne voient pas toujours d'un très bon œil un touriste seul s'installer en terrasse, l'estimant moins "rentable". En revanche, les prestataires habitués à la fréquentation des randonneurs sont plus habitués à ce type de clientèle et facturent les nuitées par personne.

Femmes seules

Aucun danger particulier ne menace a priori les voyageuses solitaires. Observez simplement des règles élémentaires de précaution : évitez le stop de jour comme de nuit ou ne vous baladez pas dans des ruelles sombres et désertes au beau milieu de la nuit, cela va de soi.

Transports

COMMENT S'Y RENDRE

EN VOITURE

Pour venir de Paris sur la Côte basque, il faut prendre l'A10 ou la N10. À Bordeaux, l'A63 prend le relais, puis la N117. Il faut compter environ 7 heures de trajet entre Paris et Bayonne, et 2 heures pour rejoindre Bayonne depuis Bordeaux. L'autoroute A63 relie ensuite Bayonne à la frontière espagnole, où l'A8 prend le relais pour vous emmener à San Sebastián et Bilbao.

De Bruxelles, le plus simple est de passer par Paris pour rejoindre la Côte basque. Comptez environ 11 heures pour rallier Bayonne. De Genève, mettez le cap sur Lyon (par l'A40 et l'A42), puis Bordeaux et Bayonne, un trajet d'un peu moins de 10 heures.

Pour rejoindre Pau depuis Bayonne, prenez l'A64 ou la N117 qui relient Toulouse à l'Espagne, en passant par Tarbes, Orthez et donc Bayonne. Comptez 1 heure 15 de trajet. De Bordeaux, la N134 relie Pau, Oloron-Sainte-Marie et le col du Somport. De Paris, il faut compter 9 heures de trajet (et passer par Bordeaux).

De Bruxelles à Pau (passez par Paris et Bordeaux), comptez 12 heures de trajet. De Genève, il vous faudra 9 heures pour rallier Pau par Lyon et Toulouse.

EN TRAIN

Le **TGV** (☎ 3635 ; www.voyages-sncf.com) dessert les gares de Bayonne, Biarritz, Saint-Jean-de-Luz, Hendaye et Irun. Bayonne est à 4 heures 40 de Paris, à 7 heures 20 de Bruxelles (en passant par Bordeaux) et à 8 heures de Genève (en passant par Paris).

Des **trains régionaux** (www.ter-sncf.com/aquitaine) relient Dax et Hendaye ainsi que Bayonne et Saint-Jean-Pied-de-Port.

La gare SNCF de Pau assure des liaisons directes avec les lignes Bordeaux-Paris, Toulouse-Genève, Bayonne-Hendaye et l'Espagne ainsi que l'accès à la vallée d'Aspe par sa liaison TER avec Oloron-Sainte-Marie.

EN AVION

À l'**aéroport international de Bayonne-Anglet-Biarritz** (☎ 05 59 43 83 83 ; www.biarritz.aeroport.fr), **Air France** (☎ 0820 820 820 ou 36 54 ; www.airfrance.fr) propose 5 vols quotidiens pour Orly-Ouest, 2 vols quotidiens pour Roissy-Charles-de-Gaulle, 4 vols quotidiens pour Lyon et un vol quotidien pour Clermont-Ferrand. La compagnie assure aussi une liaison avec Nice et Genève. La compagnie **EasyJet** (www.easyjet.com) dessert au départ de Biarritz, Paris-Charles-de-Gaulle, Lyon, Bristol et Londres Gatwick. **Ryanair** (☎ 05 59 43 83 93 ou 08 92 23 23 75 ; www.ryanair.com) propose une liaison avec Londres, Birmingham et désormais Marseille. En haute saison, la compagnie relie aussi Dublin et Shannon. **Flybaboo** (☎ 0080 044544545 ; www.flybaboo.com) assure une liaison avec Genève, et **Blue 1** (☎ 08 92 390 160 ; www.blue1.com) avec Helsinki, en haute saison.

L'**aéroport Pau-Pyrénées** (☎ 05 59 33 33 00 ; www.pau.aeroport.fr) est à 7 km au nord de la ville. **Air France** (☎ 0820 820 820 ou 36 54 ; www.airfrance.fr) propose des vols quotidiens pour Orly-Ouest, Paris-Charles-de-Gaulle et Lyon. **Ryanair** (☎ 05 59 43 83 93 ou 08 92 23 23 75 ; www.ryanair.com) dessert Londres Stansted et Charleroi Bruxelles Sud.

Très bien situé, à 10 km de Tarbes et de Lourdes, tout proche des Pyrénées-Atlantiques et très facilement accessible depuis Pau, l'aéroport **Tarbes-Lourdes-Pyrénées** (☎ 05 62 32 93 71 ; www.tarbes-lourdes.aeroport.com) peut constituer aussi une bonne option. **Air France** (☎ 0820 820 820 ou 36 54 ; www.airfrance.fr) y assure des vols réguliers pour Orly Ouest. L'aéroport est aussi

TRANSPORTS

utilisé par une soixantaine de compagnies aériennes, essentiellement sous forme de vols charters durant la saison des pèlerinages (avril-novembre), au départ de nombreuses villes d'Europe (Italie, Allemagne, Suisse, Pologne, Espagne, Portugal, entre autres) et de France (dont Strasbourg, Lille, Lorient, Metz-Nancy, Lyon). Renseignez-vous auprès de votre agence de voyages.

Bon à savoir, l'**aéroport de Saint-Sébastien** (www.aena.es) propose des vols réguliers pour Madrid, Barcelone, Malaga ou encore Séville, mais peu de vols directs pour l'étranger.

L'**aéroport de Bilbao** (www.aena.es) est desservi par de nombreuses compagnies internationales, mais les vols sont souvent avec escale. Notez cependant qu'Air France propose 5 vols directs quotidiens.

COMMENT CIRCULER

EN BUS

Les bus de la **STAB** (☎ 05 59 52 59 52 ou 05 59 24 26 53 ; www.bus-stab.com) relient entre elles les villes de Bayonne, Anglet et Biarritz. Les bus de l'**ATCRB** (☎ 05 59 26 06 99 ; www.transdev-atcrb. com) longent la côte de Biarritz à Hendaye. **Daniel Aleman Transports** (☎ 05 59 93 16 16) relie depuis Anglet et Bayonne, Urcuit, Urt, Briscous, La Bastide-Clairence et Isturits et Saint-Martin-d'Aberoue.

Vers l'Espagne, les bus de la compagnie **PESA** (www.pesa.net) desservent San Sebastián et Bilbao. Mais les horaires ne permettent pas de faire l'aller-retour dans la journée ; il faut donc prévoir de dormir une nuit en Espagne.

Dans le Pays basque intérieur, les autocars **Hiruak Bat** (☎ 05 09 65 73 11 ; www.autocars-hiruak-bat. com) relient Bayonne, Saint-Palais, Mauléon et Tardets. Ils assurent aussi une liaison entre Saint-Palais et Saint-Étienne-de-Baïgorry (en passant par Saint-Jean-Pied-de-Port et Irouléguy). Le **Basque Bondissant** (☎ 05 59 26 25 87 ; www.basquebondissant.com) propose des excursions mais également des lignes régulières entre Saint-Jean-de-Luz et Hasparren (via Ascain, Saint-Pée-sur-Nivelle, Espelette et Cambo), et Saint-Jean-de-Luz et Sare.

Vers et dans le Béarn, **Bidegain** (☎ 05 59 38 57 38) relie Saint-Palais et Orthez. La société **TPR** (☎ 05 59 27 45 98) assure une liaison entre Pau et Orthez, ainsi qu'une ligne Mauléon-Mourenx et Monein-Pau. **CITRAM Pyrénées** (☎ 05 59 72 07 07) dessert les localités entre Pau et Oloron-Sainte-

Marie. Quant à **Mazeris Voyages** (☎ 05 59 88 90 77), ils font la navette entre Oloron-sainte-Marie et La Pierre-Saint-Martin. L'agglomération de Pau compte bien entendu un service développé : la **Société des transports de l'agglomération paloise** (☎ 05 59 14 15 16 ; bus-stap.com).

Pour plus d'informations, vous trouverez une carte complète et interactive du réseau, avec les horaires, sur le site du conseil général (www.cg64.fr). Notez par ailleurs, qu'il n'existe plus de service de bus dans la vallée des Aldudes.

EN TRAIN

Le **TER Aquitaine** (www.ter-sncf.com/aquitaine) compte plusieurs lignes qui desservent le Pays basque et le Béarn : Bayonne-Saint-Jean-Pied-de-Port-Saint-Étienne-de-Baïgorry, Bayonne-Pau-Tarbes, Hendaye-Dax-Bordeaux, Pau-Dax-Bordeaux, Pau-Buzy-Artouste, Pau-Oloron-Confranc.

La Société de chemins de fer basque **Eusko Tren** (www.euskotren.es) fait des navettes quotidiennes entre Hendaye et Saint-Sébastien. Départ du "topo" tous les jours et toutes les 3 et 33 de chaque heure depuis la gare d'Hendaye. Le trajet dure 35 minutes.

Deux petites lignes à caractère touristique existent :

Le **petit train à crémaillère de la Rhune** (☎ 05 59 54 20 26 ; www.rhune.com ; aller-retour 14/8 € adulte/enfant 4 à 10 ans, aller simple 12/7 € ; ☼ tlj fin mars-fin sept, tlj sf lun et jeu oct, tlj vacances de Toussaint, départs à 10h et 15h, trains supp en fonction de l'affluence, en juil-août 1er départ 9h et ttes les 35 min env, dernier départ vers 17h-17h30, selon météo) conduit au sommet de la Rhune, à 905 m d'altitude, en près de 30 minutes. Construit en 1924, il roule à une vitesse moyenne de 8 km/h et permet de contempler les paysages alentour (p. 155).

Le **petit train d'Artouste** (☎ 05 59 05 36 99 ; www.train-artouste.com ; destination lac/musée adulte 21,50/24 €, enfant 17/19 €, familles 71/81 € ; ☼ tlj fin mai-fin sept, 9h-17h juil-août, départ toutes les 30 min, 9h30-15h juin et sept, départ toutes les heures), le plus haut d'Europe, serpente à 2 000 m d'altitude au milieu des Pyrénées, depuis la vallée d'Ossau (p. 258).

À VÉLO

Le littoral reste encore assez pauvre en pistes cyclables. C'est à Anglet qu'il est le plus agréable de pratiquer le vélo sur la piste cyclable longeant le littoral jusqu'à l'embouchure de l'Adour. Depuis Bayonne, il est possible de longer les bords de la Nive sur plusieurs kilomètres.

CIRCULER DANS LE PAYS BASQUE ESPAGNOL

Un véhicule particulier est le meilleure option pour circuler au Pays basque, mais le stationnement pose souvent problème dans les villes – les grandes comme les petites – dont les centres sont généralement interdits à la circulation automobile. Des parkings publics sont disponibles mais ils sont en général onéreux (12 à 15 € par nuit dans les grandes villes).

Attendez-vous à croiser beaucoup de camions sur les routes, notamment aux abords des nombreux centres industriels. Louer une voiture en France et traverser la frontière ne pose en général aucun problème aux loueurs français. Prévenez cependant votre agence de location de votre volonté de vous rendre en Espagne car la législation espagnole oblige à être en possession de 2 triangles de signalisation à bord du véhicule.

Le Pays basque est bien desservi par un réseau de bus et de trains, notamment entre les grandes villes et sur la côte.

Le comité départemental du tourisme Béarn-Pays basque (☎ 05 59 30 01 30 ; www.tourisme64.com) édite un guide vélo gratuit, téléchargeable sur son site. Vous pouvez également vous procurer le Cycloguide 64 *Les Pyrénées atlantiques à vélo* (12 €) édité par l'IGN.

PAYS BASQUE

À Bayonne, près de la gare SNCF, l'**Adour Hôtel** (☎ 05 59 55 11 31 ; www.adourhotel.net ; 13 pl. Sainte-Ursule ; 12,50-16 €/jour, 9 € la 1/2 journée) loue des vélos. La ville a aussi mis en place un service gratuit de prêt de vélo pour une journée. Plusieurs points de prêts : l'office du tourisme, la maison des associations et les parcs de stationnement couverts.

À Biarritz, on peut louer des vélos chez **Cycle Océan** (☎ 05 59 24 94 47 ; www.cycleocean.com ; 24 rue Peyroloubilh ; VTT à partir de 12 €/jour, scooters à partir de 31 €/jour) et **Takamaka Biarritz** (☎ 05 59 24 11 84 ; www.takamaka.fr/biarritz ; 11 av. de la Marne ; vélo-VTT 15 €/jour).

Deux adresses à Anglet pour louer des VTT et VTC, qui demandent cependant d'avoir une voiture pour y accéder : **Blancpignon Sports** (☎ 05 59 31 10 89 ou 06 23 12 09 41 ; www.blancpignon-sports.com ; 96 av. de l'Adour) et **Loisirs 64** (☎ 05 59 93 35 65 ou 06 14 59 26 11 ; www.loisirs64.com ; 21 r. d'Hirigogne).

À Saint-Jean-de-Luz, vous pouvez louer, devant la gare, des VTT chez **FunBike64** (☎ 05 59 26 75 76 ; boulevard du Commandant-Passicot ; ⏱ 10h-19h tlj en saison, sur réservation).

De mai à fin septembre, l'**office de tourisme de Ciboure** (☎ 05 59 47 64 56 ; www.ciboure.fr ; 27 quai Maurice-Ravel ; ⏱ 9h-12h30 et 15h-18h30 lun-ven et le sam à partir de 10h, 10h-12h30 dim en saison ; 10h-12h30 et 15h-18h lun-ven hs) prête gratuitement des vélos à la journée. Parc de 9 vélos.

À Hendaye, vous louerez des vélos chez **Onaka** (☎ 05 59 20 85 88 ; www.onaka.fr ; 17 avenue des Mimosas ; 14 € la journée).

À Pau, **Romano Sport** (☎ 05 59 98 48 56 ; 6 rue Jean-Réveil) loue des VTC (10 €/jour) et des VTT (15-20 €/jour).

À Oloron-Sainte-Marie, adressez-vous à **Béarn VTT** (☎ 05 59 39 33 43 ; 24 bis rue Auguste-Peyré ; adulte/enfant 13/10 € la demi-journée, 18/15 € par jour ; ⏱ tlj 9h30-12h et 14h-19h en saison).

EN VOITURE

La nationale qui borde le littoral de la Côte basque est souvent impraticable en été, si bien que certains se résignent à emprunter l'autoroute, pourtant payante, mais elle permet d'éviter embouteillages et crises de nerfs. Elle est cependant moins fréquentée le soir, lorsque les gens sont revenus de la plage. À l'intérieur des terres, vous ne rencontrerez pas ce type de mésaventure. Soyez toutefois prudent, certaines routes étant plus chargées en saison qu'à l'accoutumée et ne s'y prêtant pas forcément par leur taille. Le réseau autoroutier est de bonne qualité.

Bon à savoir, le conseil général a mis au point un système de **covoiturage**. Le site www.covoiturage64.fr est ainsi destiné à mettre en contact de manière rapide et facile les usagers qui souhaitent partager un véhicule sur un itinéraire donné.

Vous trouverez les grandes enseignes de location de voiture dans les principales villes, gares et aéroports.

Location de voiture

Budget (☎ 0825 00 35 64 ; www.budget.fr)
Hertz (☎ 0825 342 343 ; www.hertz.fr)
Europcar (☎ 0825 358 358 ; www.europcar.fr)
Avis (☎ 0820 05 05 05 ; www.avis.fr)

Taxis

PAYS BASQUE

Taxi Bayonne (☎ 05 59 59 48 48)
Atlantic Taxi Radio à Biarritz (☎ 05 59 03 18 18)
Taxis BAB à Anglet (☎ 05 59 63 17 17)
Taxis Autos à Saint-Jean-de-Luz (☎ 05 59 26 10 11)
Agur Taxis à Ciboure (☎ 05 59 47 38 38)
Les taxis Kaké à Hendaye (☎ 06 09 76 15 47)
Lascano Taxis à Ascain (☎ 06 09 71 36 66)
Taxi Argian à Sare (☎ 05 59 54 26 92)

Taxi Meinjou à Saint-Palais (☎ 05 59 65 83 55)
Taxi Nafarroa à Saint-Jean-Pied-de-Port (☎ 06 75 78 36 23)
Gacherieu Philippe à Mauléon (☎ 05 59 28 17 80)

BÉARN

Taxis Palois à Pau (☎ 05 59 02 22 22)
Taxi Myriam à Oloron-Sainte-Marie (☎ 06 79 57 82 66)
Taxi Guichandut à Sauveterre-de-Béarn (☎ 05 59 38 94 95)

Langue

LANGUE BASQUE

La langue basque (*euskara*) échappe à toute tentative de classement. Pour les linguistes, elle n'a pas fini de poser problème. D'où vient-elle ? Voici la question centrale. Ses origines restent mystérieuses, car elle n'a aucune filiation avec les langues indo-européennes.

Pour entendre parler le basque, il existe plusieurs solutions : branchez-vous sur les radios locales, fréquentez les marchés, assistez à des tournois de pelote et à des manifestations culturelles, tels les chants et les pastorales. Le *bertsularisme* (improvisation chantée et versifiée) est également un autre exemple d'utilisation de la langue basque dans l'art populaire.

PRONONCIATION

La prononciation du basque est relativement simple : l'écriture étant phonétique, toutes les lettres se prononcent, individuellement (il n'y a pas de diphtongue ; ai se prononce ail). Les voyelles se prononcent comme en français sauf le *u*, prononcé "ou" (pour *agur*, il faut dire "agour"). Quant aux consonnes, le *z* se prononce "s", le *g* est toujours dur (*gi* se dit "gui"), le *j* se prononce "y", le *x* se prononce "ch", le *r*

est roulé et le *s* est légèrement mouillé (entre le s et le ch).

GRAMMAIRE

Si la prononciation peut être rapidement assimilée, il n'en va pas de même pour la grammaire, réputée complexe. Le basque est une langue à déclinaison, autrement dit la terminaison des mots change selon la fonction qu'ils remplissent dans la phrase (sujet, verbe, complément…). De même, le basque est une langue agglutinante ; on ajoute une particule à la fin du mot pour modifier son sens. Ainsi, *etxe* (la maison) devient *etxeak* au pluriel (k étant la marque du pluriel). Il existe bien d'autres suffixes (*ra*, qui signifie la direction, *an* qui indique la situation, *az, tik*, etc.) qui, toutes, donnent un sens différent à la racine ; avec *etxe*, on obtiendra donc *etxera, etxean, etxeaz, etxetik*, etc.

La syntaxe est également originale, car le verbe se place généralement à la fin de la phrase.

PETIT PRÉCIS DE BASQUE

CIVILITÉS

bonjour	*egun on*
bonsoir	*arratsalde on*
au revoir	*agur ou adio*
Comment allez-vous ?	*ongi zara ?*
bien, merci	*ongi milesker*
bienvenue	*ongi etorri*
oui	*ba*
non	*ez*
excusez-moi	*barkatu*
merci	*milesker*
s'il vous plaît	*otoi*
Je ne comprends pas.	*ez dut konprenitzen*

GÉOGRAPHIE ET NOMS DE LIEUX

route	*bide*
ville	*hiri*
plage	*hondartza*
rivière	*ibaia*
mer	*itsas*
vallée	*larran*
montagne	*mendi*

marché	azoka
place, square	enparantza
hôtel	ostatu
forêt	oihan
musée	ekarustoki
église	eliza
mairie	herriko etxea
maison	etxe
restaurant	jatetxe

LES NOMBRES

un	bat
deux	bi
trois	hiru
quatre	lau
cinq	bost
six	sei
sept	zazpi
huit	zortzi
neuf	bederatzi
dix	hamar
onze	hamaika
douze	hamabi
vingt	hogoi
cent	ehun

QUESTIONS DIVERSES

D'où êtes-vous ?	nongoa zara ?
Quel est votre nom ?	zer da zure izena ?
Pouvez-vous m'aider ?	laguntzen ahal nauzu ?
Combien ça coûte ?	zonbat da ?
Quelle heure est-il ?	zer oren da ?

LE TEMPS

lundi	astelehena
mardi	asteartea
mercredi	asteazkena
jeudi	osteguna
vendredi	ostirala
samedi	larunbata
dimanche	igandea
jour	eguna
mois	hilatea
janvier	urtarrila
février	otsaila
mars	martxoa
avril	apirila
mai	maiatza
juin	ekaina
juillet	uztaila
août	abuztua
septembre	iraila
octobre	urria

LANGUE

novembre	hazaroa
décembre	abendua

PETIT PRÉCIS D'ESPAGNOL

CIVILITÉS

salut/bonjour (matin)	hola/buenos días
bonsoir	buenas noches
au revoir	adiós
Comment ça va ?	¿ qué tal ?
merci	gracias
bienvenue	bienvenido
oui	sí
non	no
excusez-moi	perdón
merci beaucoup	muchas gracias
s'il vous plaît	por favor
Je ne comprends pas.	yo no entiendo

GÉOGRAPHIE ET NOMS DE LIEUX

route	calle
ville	ciudad
plage	playa
rivière	río
mer	mar
vallée	valle
montagne	montaña
marché	mercado
place	plaza
hôtel	hotel
forêt	bosque
musée	museo
église	iglesia
mairie	ayuntamiento
maison	casa
restaurant	restaurante

LES NOMBRES

un	uno
deux	dos
trois	tres
quatre	cuatro
cinq	cinquo
six	seis
sept	siete
huit	ocho
neuf	nueve
dix	diez
onze	once
douze	doce
vingt	veinte
cent	cien

LA SIGNALÉTIQUE BASQUE

Voici les principaux panneaux en basque que vous rencontrerez dans le Pays basque, surtout du côté espagnol :

Basque	Français	Espagnol
AIREPORTUA	aéroport	*aeropuerto*
ERDIALDEA	centre-ville	*centro de la ciudad*
ERDIA	centre	*centro*
JATETXEA	restaurant	*restaurante*
KALEA	rue	*calle*
KALE NAGUSIA	rue principale	*calle mayor*
KOMUNA/K	toilette/s	*servicios*
KONTUZ!	attention !	*¡cuidado!*
NEKAZAL GÓTES AGROTOURISTIQUES	(chambres à la campagne)	*casa rural*
ONGI ETORRI	bienvenue	*bienvenido*
TURISMOA/TURISMO	tourisme	*turismo*
TURISMO BULEGOA	office du tourisme	*oficina de turismo*

QUESTIONS DIVERSES

D'où êtes-vous ?	*¿ de dónde es/eres ?*
Quel est votre nom ?	*¿ cómo se llama usted ?*
Pouvez-vous m'aider ?	*¿ me puede ayudar ?*
Combien ça coûte ?	*¿ cuánto cuesta ?*
Quelle heure est-il ?	*¿ qué hora es ?*

LE TEMPS

lundi	*lunes*		**jour**	*día*
mardi	*martes*		**mois**	*mes*
mercredi	*miércoles*			
jeudi	*jueves*		**janvier**	*enero*
vendredi	*viernes*		**février**	*febrero*
samedi	*sábado*		**mars**	*marzo*
dimanche	*domingo*		**avril**	*abril*
			mai	*mayo*
			juin	*junio*
			juillet	*julio*
			août	*agosto*
			septembre	*septiembre*
			octobre	*octubre*
			novembre	*noviembre*
			décembre	*decembre*

Le guide de conversation espagnol
(7,90 €) publié par Lonely Planet permet d'acquérir les bases grammaticales et les rudiments de prononciation pour se faire comprendre. On y trouve des mots indispensables pour communiquer en toutes circonstances : à l'hôtel, au restaurant, dans les transports publics, au garage, etc. Facile à utiliser, il comprend également un minidictionnaire bilingue.

Glossaire

abbaye laïque – désignation attribuée à la maison d'un petit seigneur local (dit abbé laïque). Il possédait certains droits tel qu'un banc permanent dans le chœur de l'église, la première place dans les processions, une chapelle particulière, le droit de sépulture dans l'église, etc. Ce statut, répandu en Béarn, n'a aucun rapport avec les abbayes d'un ordre religieux.

aficionados – amateurs éclairés de corrida, ayant la connaissance précise des règles et des coutumes.

airial – propriété typiquement landaise bâtie dans une forêt de pins.

ardi gasna – fromage de brebis servi traditionnellement avec de la confiture de cerises noires d'Itxassou.

arres – terme local (Béarn) désignant un amoncellement de rochers calcaires.

axoa – émincé de veau haché avec oignons et piments frais (recette basque).

bacalao al pil pil – morue salée cuisinée à l'ail et au piment.

barthes – parcelles de terre conquises sur l'eau.

Biltzar – ancienne assemblée des notables du Labourd (elle siégeait à Ustaritz).

bertsularisme – improvisation chantée et versifiée en langue basque.

bertsulari – improvisateurs basques.

boccadillos – sandwichs.

bodega – mot espagnol signifiant littéralement "cave" ; par extension, bar à vin.

bonite – petit thon.

cayolar – cabane de berger.

cazuelitas – petits caquelons de poisson, de viande ou de légumes.

cesta punta – sport traditionnel basque, proche de la *pelote basque*.

chacouka – piperade avec jambon grillé.

chipirons – calamars ou seiches.

chipirones en su tinta – calamars à l'encre.

chistera – instrument en osier, courbe, servant à renvoyer la balle dans le jeu de la *pelote basque*.

chuletón de buey – côte de bœuf, généralement énorme, très appréciée en Pays basque espagnol.

churrigueresque (Pays basque espagnol) – style architectural mis en œuvre par la famille d'architectes catalans Churriguera, et considéré comme le plus représentatif du baroque espagnol des XVIIe et XVIIIe siècles.

couralin – barque traditionnelle de l'Adour.

course landaise – lâcher de vachettes dans les rues, jusqu'à l'arène où ont lieu différentes passes devant montrer l'agilité des écarteurs et des sauteurs ; si la course landaise appartient à la tauromachie, elle se distingue de la corrida, car elle ne se pratique pas avec des taureaux mais des vaches élevées en semi-liberté ; en outre, elle ne comprend pas de mise à mort.

couvert – portique formant un passage couvert au rez-de-chaussée des maisons qui borde la place d'une bastide.

crédential – "passeport" du pèlerin délivré par les paroisses catholiques, les refuges et les associations des amis de Saint-Jacques, sur la route de Saint-Jacques-de-Compostelle.

cromlech – groupe de pierres dressées ou de menhirs disposés en cercle.

dantzazpi – danses basques.

dios et miques – plat béarnais : de la cochonnaille avec des garnitures à base de farine de maïs et de blé.

elzekaria – soupe de légumes : pommes de terre, poireaux, carottes, choux, haricots rouges et blancs, citrouille et oignon (Pays basque).

eskhatz – ancienne grange.

estive – pâturage.

etxe – maison rurale traditionnelle en Pays basque.

euskara – terme désignant la langue basque.

fondas – auberges (Pays basque espagnol).

force basque – sport traditionnel ayant gardé un fort caractère rural puisqu'il puise son origine dans les travaux paysans ; parmi les épreuves figurent le tir à la corde, la coupe de bois, la levée de pierres, d'enclumes ou de charrette.

garbure – soupe béarnaise.

gave – cours d'eau, torrent ; terme employé dans les Pyrénées.

grave – (géologie) terrain caillouteux, fait de gravier, de sable et de galets.

herrades – récipient en bois cerclé que les Béarnaises portaient sur la tête.

herrerien – style dépouillé des XVIe et XVIIe siècles, du nom de l'architecte Juan de Herrera (Pays basque espagnol).

hostales – hôtels pour voyageurs à petits budgets (Pays basque espagnol).

ikurriña – drapeau basque.
Iparretarak – "Ceux du Nord" ; mouvement nationaliste basque clandestin, implanté au nord des Pyrénées.

jacquet – pèlerins de Saint-Jacques-de-Compostelle.
jaï alaï – fronton de pelote basque à trois murs sur lequel on joue la *cesta punta*.

lapiaz – zone calcaire fissurée par le ruissellement des eaux (le secteur de La Pierre-Saint-Martin, en Béarn, par exemple).
locutorio de telefónica – agences téléphoniques (Pays basque espagnol).
lomo – variété de bacon assaisonnée au piment d'Espelette.

makhila – canne basque sculptée dans du bois de néflier dont la lame effilée était autrefois redoutable.
mamia – lait caillé de brebis.
marmitako – tomates, oignons, ail, pommes de terre, poivrons, piment d'Espelette et vin blanc.
mascarade – fête souletine mêlant défilé, théâtre de rue médiéval et carnaval. Connue en Soule sous le nom de *zotal-egünak* (jours fous).
merluza a la vasca – merlu accompagné d'une sauce verte.
muleta – cape de flanelle rouge tenue par un bâton de 50 cm (la muleta en tant que telle à l'origine), qu'utilise le matador durant le dernier tercio.

nekazal turismoak – "maisons d'agrotourisme" : maisons rurales qui proposent des chambres en Pays basque espagnol.
novillada – c'est une corrida où de jeunes toreros non professionnels, les novilleros, affrontent des taureaux de moins de 4 ans, les novillos, plus légers mais aussi parfois plus vifs.
pastorale – spectacle donné en Soule (Pays basque) comprenant des chants, des danses et des saynètes en *euskara*, suivant des règles existant depuis le Moyen Âge. Ce nom vient du fait que la pastorale était jouée, à l'origine, par des bergers.

pelote basque – jeu traditionnel où les joueurs renvoient une pelote contre un mur (fronton), à main nue ou à l'aide d'une *chistera*.
pensiones – établissements de une ou deux étoiles (Pays basque espagnol)
pimiento del piquillo – piment doux ou poivron farci (le plus souvent à la morue).
pintxos – tapas (Pays basque espagnol).
piperade – de *piper*, piment ou poivron ; spécialité basque composée de poivrons cuits, de tomates et d'œufs battus.
plato combinado – grande assiette garnie d'un assortiment de viandes, de fruits de mer ou d'une omelette, servi avec un accompagnement (Pays basque espagnol).
port – col des Pyrénées (terme pyrénéen venant du provençal).
pottok – "petit cheval" littéralement. Aujourd'hui au bord de la disparition, cet authentique descendant de la préhistoire soulève une mobilisation générale ; il est élevé en semi ou totale liberté et laissé sur les estives et les plateaux pyrénéens durant la belle saison.
provinces basques – côté espagnol : Biscaye, Guipùzcoa, Álava (rassemblées en un gouvernement autonome) et Navarre (Navarra) ; côté français : Labourd, Soule, basse Navarre.

sauveté – à l'époque féodale, bourg bénéficiant de franchises (droits et privilèges limitant l'autorité du seigneur) ; ces communes devinrent des lieux de refuge pour les parias de toute origine.
sameaux – récipient utilisé en Béarn pour puiser l'eau salée.
stèle discoïdale – stèle des cimetières basques, dont le socle, représentant la terre, est surmonté d'un disque, symbole du soleil et source de la vie. Ces stèles matérialisent le cycle de la vie et de la mort.

L'INTÉRIEUR D'UNE ÉGLISE

nef : partie centrale du bâtiment comprise entre le portail et le chœur dans le sens longitudinal, où se trouvent les fidèles
transept : nef transversale qui a la forme symbolique des bras de la croix. Les bras sont situés de part et d'autre de la **croisée**
travée : partie de la nef comprise entre quatre piliers
bas-côté ou collatéral : vaisseau parallèle à la nef
chœur : partie devant le maître autel, réservée au clergé pendant l'office
déambulatoire : galerie qui tourne autour du **chœur** d'une église et relie les bas-côtés, sur lequel s'ouvrent les **chapelles rayonnantes** ou **absidioles**
abside : ensemble constitué par le chœur, le déambulatoire et les chapelles rayonnantes. À l'extérieur, cette partie s'appelle le **chevet**

temporada : saison durant laquelle les corridas ont lieu, en général entre mars et octobre.

trinquet – salle aménagée pour certaines formes de jeu de la pelote basque.

tripotxa – boudin de veau ou d'agneau relevé de sauce tomate.

truite de Banca – truite d'élevage de la vallée des Aldudes.

ttoro – soupe de poissons.

txanguro – crabe.

venta – bazars-auberges, situés à la frontière franco-espagnole, côté Espagne, où sont proposés souvenirs touristiques, produits du terroir ou alcools (généralement détaxés).

vert – terme béarnais pour "ruisseau".

xapata – les plus anciennes cerises d'Ixtassou.

zotal-egünak – "jours fous" en Soule ; voir *mascarade*.

En coulisses

À PROPOS DE CET OUVRAGE

Cet ouvrage est la première édition du guide Pays basque, France Espagne. Quatre auteurs ont parcouru le Pays basque français, le Béarn et le Pays basque espagnol, de Bayonne à Bilbao, en passant par le Béarn des gaves et les vallées pyrénéennes, à la recherche des meilleures adresses. C'est à Martine Marmouget et Bertrand de Brun que l'on doit la création des cartes.

CRÉDITS

Responsable éditorial : Didier Férat
Coordination éditoriale : Didier Férat, Cécile Bertolissio et Carole Huon
Coordination graphique : Jean-Noël Doan
Maquette : Gudrun Fricke
Cartographie : Martine Marmouget et Bertrand de Brun
Couverture : Pauline Requier
Fabrication : Sandrine Levain
Remerciements à Carole Haché et Françoise Blondel pour leur précieuse contribution au texte. Un grand merci à Didier Férat qui nous a soutenu et encouragé tout au long de l'édition de ce guide. Merci à Carole Huon pour son travail minutieux et sa bonne humeur. Merci également à Gayle Welburn pour son travail minutieux et patient. Enfin, merci à Clare Mercer et Becky Rangecroft du bureau londonien, et à Debra Herrmann du bureau australien.

UN MOT DES AUTEURS
CAROLINE DELABROY

Un grand merci à toute l'équipe de Lonely Planet avec qui, une nouvelle fois, ce fut un vrai plaisir

LES AUTEURS LONELY PLANET

Lonely Planet réalise ses guides en toute indépendance et n'accepte aucune publicité. Tous les établissements et prestataires mentionnés dans l'ouvrage le sont sur la foi du seul jugement des auteurs, qui ne bénéficient d'aucune rétribution ou de réduction de prix en échange de leurs commentaires.

Sillonnant le pays en profondeur, les auteurs de Lonely Planet savent sortir des sentiers battus sans omettre les lieux incontournables. Ils visitent en personne des milliers d'hôtels, restaurants, bars, café, monuments et musées, dont ils s'appliquent à faire un compte-rendu précis.

de travailler. Merci en particulier à Didier Férat, Juliette Stephens et Cécile Bertolissio pour leur écoute, leur regard avisé et leur bienveillance tout au long de ces semaines de travail. Félicitations aussi à mes confrères de terrain, Olivier Cirendini, Hervé Milon et Frédéric Dalléas, qui ont sillonné les autres régions et apporté à cet ouvrage collectif une belle cohérence. Mes remerciements vont par ailleurs aux personnels des offices de tourisme qui ont su m'accorder du temps et répondre à mes nombreuses questions (un merci particulier à Emmanuelle Dissard, à Saint-Palais, et Serge Ospital, à Hasparren), ainsi qu'à toutes les personnes rencontrées sur place lors de ma quête d'informations (je pense notamment à Jean Idiart

VOS RÉACTIONS ?

Vos commentaires nous sont très précieux et nous permettent d'améliorer constamment nos guides. Notre équipe lit toutes vos lettres avec la plus grande attention. Nous ne pouvons pas répondre individuellement à tous ceux qui nous écrivent, mais vos commentaires sont transmis aux auteurs concernés. Tous les lecteurs qui prennent la peine de nous communiquer des informations sont remerciés dans l'édition suivante, et ceux qui nous fournissent les renseignements les plus utiles se voient offrir un guide.

Pour nous faire part de vos réactions, prendre connaissance de notre catalogue et vous abonner à Comète, notre lettre d'information, consultez notre site web : **www.lonelyplanet.fr**

Nous reprenons parfois des extraits de notre courrier pour les publier dans nos produits, guides ou sites web. Si vous ne souhaitez pas que vos commentaires soient repris ou que votre nom apparaisse, merci de nous le préciser. Pour connaître notre politique en matière de confidentialité, connectez-vous à : **www.lonelyplanet.fr/confidentialite/index.cfm**

EN COULISSES

LES GUIDES LONELY PLANET

Tout commence par un long voyage : en 1972, Tony et Maureen Wheeler rallient l'Australie après avoir traversé l'Europe et l'Asie. À l'époque, on ne disposait d'aucune information pratique pour mener à bien ce type d'aventure. Pour répondre à une demande croissante, ils rédigent leur premier guide Lonely Planet, écrit sur un coin de table.

Lonely Planet est ainsi devenu le plus grand éditeur indépendant de guides de voyage dans le monde. En octobre 2007, Lonely Planet s'est associé à la BBC Worldwide, qui a acquis 75% des parts du groupe, laquelle s'est engagée à maintenir intacte l'indépendance éditoriale des guides. Lonely Planet dispose de bureaux à Melbourne (Australie), Londres (Royaume-Uni) et Oakland (États-Unis).

La collection couvre désormais le monde entier et ne cesse de s'étoffer. L'information est aujourd'hui présentée sur différents supports, mais notre objectif reste constant : donner des clés au voyageur pour qu'il comprenne mieux le pays qu'il découvre.

L'équipe de Lonely Planet est convaincue que les voyageurs peuvent avoir un impact positif sur les pays qu'ils visitent, pour peu qu'ils fassent preuve d'une attitude responsable. Depuis 1986, nous reversons un pourcentage de nos bénéfices à des actions humanitaires, à des campagnes en faveur des droits de l'homme et, plus récemment, à la défense de l'environnement.

du Musée basque de Bayonne et à Alain de l'auberge Erreguina, à Banca). Je ne saurais également trop remercier Ève Poujauran du service culturel de l'université de Pau et des Pays de l'Adour, pour ses précieux contacts et l'enthousiasme qu'elle a mis à partager sa compréhension du Pays basque. Ce guide a été enrichi par les contributions de Maïté Lafourcade, Itxaro Borda, Thierry Malandain, François Pradier, Florence Mourguy, Nicole Bergara et Mayalen Podaven qui ont bien voulu m'accorder des interviews. Enfin, je remercie ma mère et mon beau-père pour m'avoir logée à Biarritz et surtout, comme d'habitude, apporté soutien et réconfort.

OLIVIER CIRENDINI

Un grand merci au personnel de l'office du tourisme d'Oñati pour les visites impromptues, et à leurs homologues de Mutriku, qui m'ont offert un parapluie un jour où c'était vraiment nécessaire… Merci aussi aux Basques dans leur ensemble pour leur accueil chaleureux.

FRÉDÉRIC DALLÉAS

Merci à Didier Ferat de m'avoir proposé cette première expérience d'auteur pour Lonely Planet. Je remercie également les responsables des offices du tourisme béarnais, en particulier ceux de Pau, d'Oloron-Sainte-Marie et de Laruns, pour leur grande disponibilité. Merci aussi à Vicentia Aholoukpé, Gauthier Château, Émeline, Odile, Richard, et Thibaut de m'avoir aidé à préparer mon séjour dans le Béarn, à Ben d'avoir facilité ma découverte de Navarrenx, à Dalila pour son soutien et à Soléman pour sa patience.

HERVÉ MILON

Je tiens à remercier Lonely Planet, en particulier Didier Férat pour sa confiance et ses conseils, Carole Huon pour son pragmatisme, Silvia Azpilicueta Rodriguez-Valdès, directrice du commerce et du tourisme de la mairie de Pamplona, l'artiste peintre randonneur Yves Boudrie qui a "pèleriné" jusqu'à Saint-Jacques-de-Compostelle et que j'ai pu interviewer, Sergio Gambo-Darquié pour m'avoir appris des rudiments en matière de gastronomie navarraise, Ghislaine Graziani qui m'a prêté son très vieux dictionnaire français-espagnol et Bertrand Vinel pour m'avoir supporté durant toutes ces semaines de rédaction.

CRÉDITS PHOTOGRAPHIQUES

Jean-Bernard Carillet p. 11 n°3 et 4, p. 15 n°4, p. 16 n°2, p. 117 n°4, p. 118 n°1, 2 et 3, p. 119 n°4, p. 117 n°4 ; Olivier Cirendini p. 9 n°3 et 5, p. 13 n°3 ; Frédéric Dalléas p. 7 n°5 ; Hervé Milon p. 10 n°2, p. 13 n°5, p. 120 n°1 et 2.

Les photographies suivantes sont disponibles sur **www.lonelyplanetimages.com** : John Banagan/LPI n°4 ; Dominic Bonuccelli/LPI p. 14 n°1 et 2 ; Robin Chapman/LPI p. 8 n°1 ; Jonathan Chester/LPI p. 117 n°3 ; Olivier Cirendini/LPI p. 16 n°1 ; Sara-Jane Cleland/LPI p. 10 n°1 ; John Elk III/LPI p. 116 n°2 ; Philip Game/LPI p. 7 n°3 ; Roberto Gerometta/LPI p. 5, p. 12 n°1 et 2, p. 113, p. 119 n°5 ; Greg Johnston/LPI p. 6 n°2 ; Gareth McCormack/LPI p. 114 n°1 ; Richard Mills/LPI p. 116 n°1 ; Russell Mountford/ LPI p. 6 n°1, p. 16 n°3 ; Oliver Strewe/LPI n°2, p. 9 n°4, p. 13 n°4, p. 91, p. 115 n°3 et 4 ; Dallas Stribley/LPI p. 15 n°3, p. 114 n°2 ; Christopher Wood/LPI p. 283 ; Micah Wright/LPI p. 15 n°5.

Index

Les références des cartes sont
indiquées en **gras**.

Les références des cartes sont indiquées en **gras**.

INDEX

Les références des cartes sont indiquées en **gras**.

INDEX DES ENCADRÉS

Index écotouristique

Au Pays basque et dans le Béarn, certaines entreprises commencent à adopter une position écologiquement responsable. Les enseignes ci-dessous ont été sélectionnées par les auteurs pour leur implication dans le domaine du développement ou du tourisme durable. Vous trouverez des hébergements indépendants et écologiques, privilégiant les énergies renouvelables ou des prestataires portant une attention particulière à la protection de la nature, des animaux et de l'environnement lors des activités qu'ils proposent.

Nous souhaitons continuer à étoffer notre liste d'adresses écologiques. Si vous pensez que nous avons omis un établissement qui devrait figurer ici, ou si vous désapprouvez nos choix, n'hésitez pas à nous en faire part à : **www.lonelyplanet.fr**

Labourd
À VOIR ET À FAIRE
Chemin de la Baie 148
Domaine naturel d'Abbadia 148
Festival Asunak 167
Festival Filmar 150
Maison de l'Environnement 127

**OÙ SE LOGER
ET SE RESTAURER**
Domaine Xixtaberri 164
L'Auberge basque.154
Merko-Lacarra 140
Tamaris plage 139

Basse Navarre
À VOIR ET À FAIRE
La vallée des Aldudes 192

**OÙ SE LOGER
ET SE RESTAURER**
Domaine Arretxea.186
Domaine Ilarria 186

Soule
À VOIR ET À FAIRE
Forêt d'Iraty 203
Forêt des arbailles 201

**OÙ SE LOGER
ET SE RESTAURER**
Camping du Pont d'Abense 200

Béarn
ACHATS
Le marché bio 221

À VOIR ET À FAIRE
Arboretum de Payssas 228
Bois du Laring 228
Festival Equit'art 216
Moulin d'Orcun 273

ACTIVITÉS
Domaine skiable de Gourette 260
Station de ski de La Pierre
  Saint-Martin 279

**OÙ SE LOGER
ET SE RESTAURER**
Camping Barétous-Pyrénées 280
Camping Le Rey 261
Chambres d'hôte
  Les Bains de Secours 260
Chambres d'hôte Moulin
  du Val-Rosé 280
Les Amants du marché 218
Maison Biscar 227

Gipuzkoa
À VOIR ET À FAIRE
Le chemin vert d'Arditurri 292
Parc naturel Aiako Harria 291

**OÙ SE LOGER
ET SE RESTAURER**
Arregi 309
Vinoteca Arroka Berri 288

Álava
À VOIR ET À FAIRE
Défilé de Sobrón 329
Parque Natural
  de Gorbeia 325
Parque Natural de
  Alderejo 329
Réserve ornithologique
  de Mendijur 323
Salines d'Añana 329
Salto del Nervión 327
Vitoria-Gasteiz 317

Biscaye
À VOIR ET À FAIRE
Parque de Doña Casilda
  de Iturrizar 347
Parque Natural de
  Urkiola 356
Réserve de la biosphère
  d'Urdaibai 339

Navarre
À VOIR ET À FAIRE
Foz de Arbayún 375
Foz de Lumbier 374
Laguna de Pitillas 380
Las Bárdenas Reales 383
Nacedero del Urederra 396
Parque Natural Señorío
  de Bertiz 401
Sierra de urbasa et
  de Andia 396
Vía verde del Plazaola 399

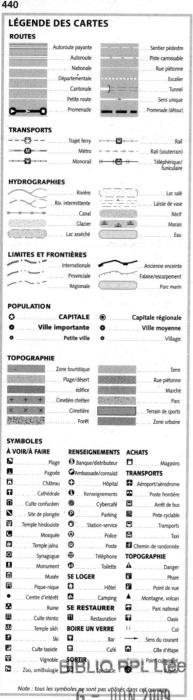

LÉGENDE DES CARTES

ROUTES
- Autoroute payante
- Autoroute
- Nationale
- Départementale
- Cantonale
- Petite route
- Promenade
- Sentier pédestre
- Piste carrossable
- Rue piétonne
- Escalier
- Tunnel
- Sens unique
- Promenade (détour)

TRANSPORTS
- Trajet ferry
- Métro
- Monorail
- Rail
- Rail (souterrain)
- Téléphérique/funiculaire

HYDROGRAPHIES
- Rivière
- Riv. intermittente
- Canal
- Glacier
- Lac asséché
- Lac salé
- Laisse de vase
- Récif
- Marais
- Eau

LIMITES ET FRONTIÈRES
- Internationale
- Provinciale
- Régionale
- Ancienne enceinte
- Falaise/escarpement
- Parc marin

POPULATION
- **CAPITALE**
- **Ville importante**
- Petite ville
- **Capitale régionale**
- **Ville moyenne**
- Village

TOPOGRAPHIE
- Zone touristique
- Plage/désert
- édifice
- Cimetière chrétien
- Cimetière
- Forêt
- Terre
- Rue piétonne
- Marché
- Parc
- Terrain de sports
- Zone urbaine

SYMBOLES

À VOIR/À FAIRE
- Plage
- Pagode
- Château
- Cathédrale
- Culte confucéen
- Site de plongée
- Temple hindouiste
- Mosquée
- Temple jaïna
- Synagogue
- Monument
- Musée
- Pique-nique
- Centre d'intérêt
- Ruine
- Culte shinto
- Temple sikh
- Ski
- Culte taoiste
- Vignoble
- Zoo, ornithologie

RENSEIGNEMENTS
- Banque/distributeur
- Ambassade/consulat
- Hôpital
- Renseignements
- Cybercafé
- Parking
- Station-service
- Police
- Poste
- Téléphone
- Toilette

SE LOGER
- Hôtel
- Camping

SE RESTAURER
- Restauration

BOIRE UN VERRE
- Bar
- Café

SORTIR
- Spectacle

ACHATS
- Magasins

TRANSPORTS
- Aéroport/aérodrome
- Poste frontière
- Arrêt de bus
- Piste cyclable
- Transports
- Taxi
- Chemin de randonnée

TOPOGRAPHIE
- Danger
- Phare
- Point de vue
- Montagne, volcan
- Parc national
- Oasis
- Col
- Sens du courant
- Gîte d'étape
- Point culminant
- Rapide

Note : tous les symboles ne sont pas utilisés dans cet ouvrage

Pays basque France Espagne
1re édition
© Lonely Planet Publications Pty Ltd 2009
et Place des éditeurs 2009

place des éditeurs

© **Lonely Planet 2009**,
12 avenue d'Italie, 75627 Paris cedex 13
☎ 01 44 16 05 00
✉ lonelyplanet@placedesediteurs.com
✉ www.lonelyplanet.fr

Dépôt légal
Avril 2009
ISBN 978-2-84070-820-9